L'État dans la construction doctrinale du droit administratif

Tome 1

Logiques Juridiques

Fondée par Gérard Marcou
Dirigée par Jean-Claude Némery et Thomas Perroud

Le droit n'est pas seulement un savoir, il est d'abord un ensemble de rapports et pratiques que l'on rencontre dans presque toutes les formes de sociétés. C'est pourquoi il a toujours donné lieu à la fois à une littérature de juristes professionnels, produisant le savoir juridique, et à une littérature sur le droit, produite par des philosophes, des sociologues ou des économistes notamment.

Parce que le domaine du droit s'étend sans cesse et rend de plus en plus souvent nécessaire le recours au savoir juridique spécialisé, même dans des matières où il n'avait jadis qu'une importance secondaire, les ouvrages juridiques à caractère professionnel ou pédagogique dominent l'édition, et ils tendent à réduire la recherche en droit à sa seule dimension positive. À l'inverse de cette tendance, la collection « Logiques juridiques » des éditions L'Harmattan est ouverte à toutes les approches du droit. Tout en publiant aussi des ouvrages à vocation professionnelle ou pédagogique, elle se fixe avant tout pour but de contribuer à la publication et à la diffusion des recherches en droit, ainsi qu'au dialogue scientifique sur le droit. Comme son nom l'indique, elle se veut plurielle.

Dernières parutions

Élise FRAYSSE, L'Etat dans la construction doctrinale du droit administratif, Tome 2, 2022.
Nabil MOUNIR, *La liberté d'expression publicitaire, Réflexions critiques*, 2022.
Jacques DELGA, *L'association syndicale libre (ASL). Un mode de gestion alternative de la copropriété,* 2022.
Mon-espoir MFINI, *Droit des affaires : instruments de crédit et de paiement*, 2022.
Abdelmohsen SHEHA, *La régulation du secteur des communications électroniques. Étude comparée des droits français et égyptien. Tome II – L'encadrement*, 2022.

Élise Fraysse

L'ÉTAT DANS LA CONSTRUCTION DOCTRINALE DU DROIT ADMINISTRATIF

Tome 1

Préface de David Mongoin

L'Harmattan

5-7, rue de l'École-Polytechnique ; 75005 Paris
http://www.editions-harmattan.fr
ISBN : 978-2-14-025980-7
EAN : 9782140259807

À la mémoire de mon grand-père

Remerciements

Que, par ces quelques lignes, le Professeur David Mongoin trouve le témoignage de ma profonde gratitude, avant tout pour m'avoir proposé un si beau sujet, mais également et surtout pour sa confiance, sa patience, sa franchise bienveillante et son soutien dans tous les moments qui ont rythmé cette thèse.

Je tiens à remercier Mesdames les Professeures Anne-Laure Girard et Sylvie Caudal ainsi que Messieurs les Professeurs Olivier Beaud et Benoît Plessix pour m'avoir fait l'honneur de juger ce travail et pour tous les échanges fructueux lors de ma soutenance de thèse, le 26 septembre 2019.

Je remercie l'ensemble des doctorants et des enseignants de l'Équipe de droit public de Lyon, dont l'atmosphère rassurante me fut si précieuse, pour ces belles années passées. Je remercie également chaleureusement les personnels des Bibliothèques de l'Université Jean Moulin Lyon 3 ainsi que Françoise Gorokhovski pour l'aide qu'ils m'auront apportée tout au long de ces années.

À mes proches et amis, de Lyon et d'ailleurs, qu'ils soient doctorants ou non – et d'un côté de la rue de l'Université comme de l'autre –, *à vous qui êtes là*, et grâce à qui cette thèse ne fut pas une thébaïde, je veux adresser toute ma reconnaissance. Vous avez rendu ces années plus heureuses.

Que Pierre et Christophe, pour leur soutien, leurs encouragements, mais également pour leurs remarques éclairantes et leurs conseils avisés trouvent ici l'expression de ma sincère reconnaissance. Merci également à Émilie pour son soutien de tous les instants ainsi qu'à Christophe R. pour sa dévotion et ses nombreux conseils.

J'ai pu à la fin de ma thèse compter sur des soutiens et appuis particulièrement précieux. Merci encore à Annabelle, Guilhem, Manon et Pauline.

Je tiens à remercier ma famille et plus particulièrement mes parents pour leur soutien indéfectible tout au long de ces années – eux qui pensaient que ma thèse ne durerait que trois ans. Vos encouragements, surtout au cours des derniers mois, m'ont été aussi précieux que la ténacité que vous m'avez toujours inculquée.

Enfin, j'ose à peine remercier Matthias, pour qui tous les mercis du monde ne suffiraient pas.

TABLE DES ABRÉVIATIONS

act.	actualité
AFDA	Association française pour la recherche en droit administratif
AJDA	Actualité juridique du droit administratif
al.	alinéa
art.	article
Ass.	Assemblée
Bull. civ.	Bulletin des arrêts de la Cour de cassation (chambre civile)
Cass. civ.	Chambres civiles de la Cour de cassation
Cass. crim.	Chambre criminelle de la Cour de cassation
CC	Conseil constitutionnel
CE	Conseil d'État
cf.	confer
chron.	chronique
civ.	civil
coll.	collection
comm.	commentaire
CURAPP	Centre universitaire de recherches sur l'action publique et le politique
D.	Recueil Dalloz
Dr. Adm.	Droit administratif
DDHC	Déclaration des droits de l'homme et du citoyen du 26 août 1789
dact.	dactylographiée
dir.	direction
éd.	édition
EDCE	Études et documents du Conseil d'État

GAJA	Grands arrêts de la jurisprudence administrative
GCJA	Les grandes conclusions de la jurisprudence administrative
ibid.	ibidem (au même endroit)
infra	ci-après
JCP	JurisClasseur périodique (La Semaine juridique)
JCP A	JurisClasseur périodique (La Semaine juridique Administration et collectivités territoriales)
JCP G	JurisClasseur périodique (La Semaine juridique Générale)
JORF	Journal officiel de la République Française
LGDJ	Librairie générale de droit et de jurisprudence
LPA	Les petites affiches
occ.	occurence
n°	numéro
op. cit.	ouvrage cité (opus citatum)
p.	page(s)
préc.	précité
PUAM	Presses universitaires d'Aix-Marseille
PUF	Presses universitaires de France
PUG	Presses universitaires de Grenoble
PUR	Presses universitaires de Rennes
RDP	Revue du droit public et de la science politique en France et à l'étranger
Rec.	Recueil Lebon – Recueil des décisions du Conseil d'État statuant au contentieux, et du Tribunal de conflits
rééd.	réédition
réimp.	réimpression
RFAP	Revue française d'administration publique
RFDA	Revue française de droit administratif
RFHIP	Revue française d'histoire des idées politiques

RFSP	Revue française de science politique
RGA	Revue générale d'administration
RHFD	Revue d'histoire des facultés de droit et de la culture juridique, du monde des juristes et du livre juridique
RISA	Revue internationale de science administrative
RPP	Revue politique et parlementaire
RRJ	Revue de la recherche juridique. Droit prospectif
RTD Civ.	Revue trimestrielle de droit civil
RUDH	Revue universelle des droits de l'Homme
S.	Recueil Sirey
s.	suivant(e)s
Sect.	Section
spéc.	spécifiquement
supra	ci-dessus
TC	Tribunal des conflits
trad.	traduction
v.	voir
vol.	volume

Préface

L'histoire d'une thèse est d'abord celle d'une rencontre. Ma rencontre avec Élise Fraysse a eu lieu lors de son Master 2 de droit public fondamental à l'Université Jean Moulin (Lyon 3). Lors de nos premiers échanges relatifs à son projet de thèse, je lui ai proposé de travailler sur ce que l'on pouvait appeler un non-sujet : l'État dans la doctrine administrativiste. C'était bel et bien un non-sujet, et ce pour au moins deux raisons : d'abord parce que le propre des administrativistes semble être précisément d'éluder la question de l'État ; ensuite parce que le prisme doctrinal retenu est, pour le moins, délaissé au sein de cette discipline. Or, ces deux raisons pouvaient être interrogées.

Si l'esquive de la question de l'État par les administrativistes apparaît difficilement contestable, conduisant notamment Jacques Caillosse à soutenir que, « dans son écrasante majorité, la doctrine des juristes, du moins dans sa forme universitaire, tient sur le droit administratif un discours indifférent à toute théorie de l'État »[1], elle n'en apparaît pas moins doublement paradoxale. Elle l'est d'abord de façon générale lorsque l'on observe l'absence d'une théorie de l'État dans la doctrine publiciste et dans le même mouvement ce que l'on peut appeler la statolâtrie française. C'est ce que relève Olivier Jouanjan lorsqu'il constate que « la théorie de l'État n'est pas, apparemment, une spécialité française. Mais l'État, oui ! »[2]. Elle l'est aussi et surtout de façon particulière dans la mesure où le droit administratif, tel qu'il s'est constitué, présuppose assurément une conception particulière de l'État. Pour le dire différemment, ce droit est fondé sur l'incommensurabilité, c'est-à-dire sur l'absence d'une « commune mesure » entre l'État et l'individu. C'est bien en ce sens qu'il peut être dit dérogatoire du droit privé et est compris comme un droit exorbitant du droit commun. Le droit administratif n'existe que parce que selon les termes exemplaires du commissaire du gouvernement David, dans ses conclusions sur l'arrêt *Blanco* (TC, 8 février 1873), « il nous semble impossible, en bonne raison et en bonne justice, d'assimiler complètement l'État à un simple particulier [...] » En d'autres termes, l'essence du droit administratif français n'est pas à proprement parler l'inégalité, qui n'en est qu'une conséquence, mais son incommensurabilité. L'incommensurabilité entre l'État et les individus a été jugée si forte que seul un double dualisme (juridique et juridictionnel) a été considéré comme étant de nature à en rendre compte. C'est ainsi qu'il faut comprendre l'exorbitance du droit administratif,

---

1 Jacques Caillosse, *L'État du droit administratif*, LGDJ, coll. « Droit et société », 2015, p. 30.

2 Olivier Jouanjan, « Faut-il au droit constitutionnel une théorie de l'État ? Point de vue français », *RUDH*, vol. 15, n° 3-6, 2003, p. 99.

non pas au sens d'une absence de mesure, soit d'une démesure, mais d'une absence de commune mesure. C'est ce qu'exprime de façon particulièrement frappante Ferdinand Larnaude lorsqu'il écrit en 1910 : « Comment pourrait-on comparer l'État, ce géant qui fait trembler le sol quand il marche, cet être colossal et qui grandit toujours, à nous !... à ce pygmée qu'est l'individu ! [3] » Si, comme le défend Hegel dans ses *Leçons sur la philosophie de l'histoire*, « [l]'Anglais a le sentiment de la liberté dans le particulier »[4], force est de relever que le Français a, ou plus certainement avait, ce sentiment de la liberté dans l'universel. Surtout, on peut considérer avec Achille Mestre que « [s]i le Français n'a pas le sens de la liberté, il possède du moins un sens admirable du pouvoir » [5], c'est-à-dire de l'État. Or, il faut bien s'étonner du fait que celui-ci soit largement absent de la production doctrinale des administrativistes, exception faite de ces quelques lignes, au mieux, griffonnées dans l'introduction de certains écrits doctrinaux. Là était assurément le pari fondamental de ce travail : faire l'histoire d'une absence. Et il s'agissait de faire une histoire doctrinale. Sans bien sûr considérer que le champ labouré était largement vierge, et ce alors même que Madame Fraysse a profité des nombreux travaux de toute une génération d'administrativistes qui s'est intéressée, notamment assez récemment, à l'histoire doctrinale du droit administratif, il faut bien mesurer ce qu'a d'audacieuse une telle démarche dans le cadre d'une discipline ordonnée autour de l'idée que le droit administratif a été entièrement construit par la juridiction administrative, c'est-à-dire en fait par le Conseil d'État. On le sait, non sans caricaturer, en tout cas jusqu'à un certain point, les choses, entre Anselme Batbie (approche doctrinale) et Édouard Laferrière (approche contentieuse)[6], c'est bien le second qui a gagné. Reste que « la reconnaissance d'un droit à caractère principalement prétorien n'implique pas nécessairement une vision

---

[3] Ferdinand Larnaude, « Le droit public. Sa conception. Sa méthode », *in* Henry Berthélemy, Paul Deschanel, Émile-Auguste Garçon, Ferdinand Larnaude (dir.), *Les méthodes juridiques. Leçons faites au Collège libre des sciences sociales en 1910*, Giard & Brière, 1911, p. 41.

[4] Hegel, *Leçons sur la philosophie de l'histoire*, Vrin, coll. « Bibliothèque des textes philosophiques », 1998 [1837], p. 322.

[5] Achille Mestre, *Études et Étudiants (Chroniques du Figaro)*, préf. Léon Bérard, Paris, Dalloz, 1928, p. 36.

[6] D'un côté, Anselme Batbie, auteur d'un *Traité théorique et pratique de droit public et administratif* (en 7 volumes publié de 1862 à 1868), placé sous l'empire de cette formule : « Pour bien comprendre le droit administratif, il convient de le rattacher au droit civil comme on rattache l'exception à la règle » et d'un autre côté, Édouard Laferrière, auteur d'un *Traité de la juridiction administrative et des recours contentieux* (en 2 volumes de 1887 à 1888) où est défendue une approche contentieuse du droit administratif surdéterminée par la question de la compétence de la juridiction administrative. Cette surdétermination semble avoir durablement marquée la doctrine.

contentieuse du droit administratif »[7], pour reprendre ici les termes exemplaires d'Anne-Laure Girard. Précisons enfin que s'il s'agit bien d'une histoire doctrinale, elle n'a de sens que pour mieux éclairer le droit administratif contemporain. C'est tout l'objet du dernier chapitre qui s'affranchit des bornes temporelles strictement assignées à ce travail pour mieux montrer que l'histoire racontée donne son sens au droit administratif d'aujourd'hui, notamment tel qu'il est saisi doctrinalement.

C'est un directeur de thèse comblé qui tient désormais la plume car non seulement Madame Fraysse n'a pas immédiatement fui à l'énoncé de ce non-sujet, mais force est de constater que ce non-sujet a rencontré son auteure, c'est-à-dire que Mme Fraysse a su en faire un (vrai) sujet. C'est assurément, selon moi, sa plus grande réussite. Bien sûr, il me semblait dès le début qu'il y avait là un authentique sujet, voire même un sujet cardinal, au moins dans la perspective d'une interrogation sur l'unité du droit public, mais j'aurais été incapable de dire avec un peu de sérieux s'il était possible de reconstituer une sorte de théorie de l'État forgée par les administrativistes certes de façon implicite, voire inconsciente, ou seulement de dégager des matériaux susceptibles d'être agencés afin de rendre compte d'une conception, assez unifiée et plus ou moins autonome, de l'État ? L'auteure apporte sa réponse en défendant l'idée que, pour reprendre ses propres termes, « les administrativistes ont construit leur discipline en justifiant, de façon consciente ou non, l'existence et l'autorité du pouvoir étatique, son bien-fondé ». Ainsi, s'il n'y a pas de théorie de l'État dans la doctrine administrativiste, il existe une sorte d'« inconscient étatique » qui surdétermine la discipline. Pour en rendre compte, Mme Fraysse s'est faite, en quelque sorte, archéologue du droit administratif, en fouillant les écrits doctrinaux de la matière pour tenter de dégager des éléments susceptibles de redonner vie à la figure, c'est-à-dire au concept comme aux formes, de l'État. Dans ce travail d'excavation, et pour donner corps à ce non-sujet, c'est-à-dire pour en faire un véritable sujet, elle a dû opérer un grand nombre de choix. Une thèse est surtout une somme de partis pris. Parmi ceux-ci, le premier a consisté à discerner les figures de la doctrine administrativiste susceptibles d'éclairer cette figure de l'État. Ce travail, qui se concentre spécifiquement sur ce qu'il est vraisemblable de qualifier de doctrine administrativiste, a dû délaisser la doctrine constitutionnaliste et la doctrine internationaliste : une thèse est aussi une somme de regrets. C'est en tout cas la raison pour laquelle l'auteure propose une distinction tripartite originale, à portée essentiellement pédagogique, entre ordonnateurs, précurseurs et théoriciens, et ce afin de guider le lecteur et de hiérarchiser les auteurs. On relèvera d'ailleurs qu'un

---

[7] Anne-Laure Girard, *La formation de la théorie de l'acte administratif unilatéral*, thèse de droit soutenue le 12 décembre 2011, sous la direction de Jean-Jacques Bienvenu, Université Panthéon-Assas (Paris 2), p. 22.

des apports de ce travail, certes secondaire mais notable, est ainsi de remettre en pleine lumière des auteurs importants de la discipline, bien qu'oubliés, à l'instar de René Jacquelin. Le second a consisté à tailler au burin le marbre doctrinal pour dégager cette « figure » de l'État. À cet égard, l'auteure propose une distinction entre l'État-concept et l'État-institution, l'État comme concept renvoyant à l'État tel qu'il est pensé et conceptualisé dans les esprits et l'État comme institution, à l'État déjà-là, tel qu'il est vécu tous les jours. Cette distinction a été retenue afin de faire comprendre la façon dont le sujet a été traité : il ne s'agissait pas seulement de présenter les auteurs de la doctrine qui ont pensé l'État (réduire le sujet à une appréhension que l'on peut dire conceptuelle), mais aussi montrer comment l'État-institution (l'État déjà-là, en quelque sorte) pouvait inversement influencer la doctrine.

C'est ainsi un magnifique panorama doctrinal qui va s'offrir au lecteur, d'autant plus impressionnant que s'y dévoile l'arrière-plan idéologique de l'analyse doctrinale pour chacune des périodes envisagées, avec notamment une distinction particulièrement féconde entre une « pensée étatiste-libérale », « une pensée libérale-étatiste » et une « pensée libérale-individualiste ». Avant de laisser le lecteur au plaisir de découvrir ce beau travail, il me reste à redire à son auteure le bonheur qui fût mien d'en accompagner la naissance et le développement.

David Mongoin

Professeur de droit public à l'Université Jean Moulin (Lyon 3)

SOMMAIRE

« *Ce que je sais, tout le monde peut le savoir. Mais mon cœur n'est qu'à moi.* »

Goethe, *Les souffrances du jeune Werther*

INTRODUCTION GÉNÉRALE

1. « *Désenchanté* »[1], « *impuissant* »[2], « *dépassé* »[3], « *entravé* »[4] ou encore « *banalisé* »[5], l'État apparait manifestement en état de « *crise* »[6], si ce n'est de « *dépérissement* »[7]. Les causes en sont sans doute multiples[8], qu'il s'agisse de la mondialisation[9], du développement des logiques locales ou encore des progrès de l'individualisme[10]. Elles mènent pourtant toutes à un même résultat : l'État ne serait plus que « *l'ombre de lui-même* »[11], apparaissant

---

[1] V. notamment SCANDAMIS (Nikos), « L'État dans l'Union européenne. Passion d'un grand acteur », *RDP*, 2012, n° 5, p. 1339 s.

[2] V. notamment PICARD (Étienne), « L'impuissance publique en droit », *AJDA*, 1999, n° spécial, p. 11.

[3] V. notamment CHEVALLIER (Jacques), *L'État*, Dalloz, 2e éd., 2011, p. 95. Pour un état des lieux doctrinal sur cette question, v. BATTISTELLA (Dario), « Le bel avenir de la théorie de l'État en Relations internationales », *Jus Politicum*, 2012, n° 8 ; LACROIX (Justine), *La pensée française à l'épreuve de l'Europe*, Grasset, 2008.

[4] V. notamment SAUVÉ (Jean-Marc), « Où va l'État ? Ouverture du cycle de conférences du Conseil d'État », *in* CONSEIL D'ÉTAT, *Où va l'État ? Un cycle de conférences du Conseil d'État*, vol. 1, La documentation française, 2015, p. 10.

[5] V. notamment CHEVALLIER (Jacques), *L'État post-moderne*, LGDJ, 2003.

[6] Ce constat a été fait dans l'ensemble des disciplines de sciences sociales. En Droit, v. notamment CAILLOSSE (Jacques), *L'État du droit administratif*, LGDJ, 1e éd., 2015, p. 300 ; DRAGO (Roland) (dir.), *Le rôle et la place de l'État au début du XXIe siècle*, PUF, 2001, p. 3 ; en Histoire, v. ROSANVALLON (Pierre), *La crise de l'État-providence*, Éditions du Seuil, 1981 ; en Économie, v. notamment le rapport fait à la suite des 11e Rencontres économiques d'Aix organisé en 2011 par le Cercle des économistes et intitulé « Le monde dans tous ses États » ; en ligne ; en Sociologie, MERRIEN (François-Xavier), *L'État-providence*, PUF, 3e éd., 2007, spéc. p. 13 s. et p. 77 s.

[7] MILACIC (Slobodan), *La réinvention de l'État. Démocratie politique et ordre juridique en Europe centrale et orientale,* Bruylant, 2003, p. 15 ; V. également CHEVALLIER (Jacques), *L'État post-moderne*, LGDJ, 4e éd., 2017, p. 7.

[8] Sur l'ensemble de ces facteurs de crise, v. notamment AUBY (Jean-Bernard), « La bataille de San Romano. Réflexions sur les évolutions récentes du droit administratif », *AJDA*, 2001, p. 912 s. ; CHARPENTIER (Jean), « Le phénomène étatique à travers les grandes mutations politiques contemporaines », *in* SFDI, *L'État souverain à l'aube du XXIe siècle*, Pedone, 1994, p. 11 s. ; CHEVALLIER (Jacques), *L'État*, *op. cit.*, 2e éd., 2011, p. 92 s.

[9] Plus particulièrement sur les effets de la mondialisation sur l'État, v. CHEMILLIER-GENDREAU (Monique) et MOULIER-BOUTANG (Yann) (dir.), *Le droit dans la mondialisation*, PUF, 2001, spéc. p. 163 s. ; p. 173 s. ; p. 189 s. ; MASPÉTIOL (Roland), « L'État d'aujourd'hui est-il celui d'hier ? », *Archives de philosophie du droit*, 1976, Tome 21, p. 3 s.

[10] Plus particulièrement sur les conséquences de la logique individualiste et communautariste sur l'État, v. FRAISSEIX (Patrick), « De l'État-nation à l'État "groupusculaire" : chronique d'un dépérissement engagé », *D.* 2000, chron. p. 61 s.

[11] ZARKA (Yves-Charles), « L'ombre du Léviathan », *Cités*, 20014, n° 18, p. 3.

« *plutôt assujetti que souverain* »[12]. Dans ce contexte, proposer une étude sur l'État dans la pensée juridique peut paraitre, sinon extravagant, du moins suranné. Le XXIe siècle serait en effet l'occasion pour certains auteurs de concevoir le droit « *sans l'État* »[13], ou du moins en dépassant la seule logique étatique[14]. Bien que ces revendications n'aient pas été formulées expressément dans le champ du droit administratif français, le sentiment selon lequel l'État constituerait un objet d'étude dépassé n'en est pas moins palpable. Les administrativistes ne semblent pas faire aujourd'hui de l'État un objet de leur réflexion.

Ce constat est étayé par la lecture de la littérature contemporaine du droit administratif, à commencer par les manuels. L'État n'y apparait que rarement[15], et ce même dans les introductions, qui présentent pourtant une certaine densité théorique[16]. Dans la majorité d'entre elles, les apparitions du terme d'« État » sont souvent absentes[17]. Seules quelques-unes y font référence expressément, par le prisme de l'État de droit[18] ou par celui, plus original, du rôle de l'État dans la société[19]. Le constat d'une telle absence peut

---

[12] FABIUS (Laurent), « Le rôle et la place de l'État en France », *in* DRAGO (Roland) (dir.), *Le rôle et la place de l'État au début du XXIe siècle*, PUF, 2001, p. 78.

[13] COHEN TANUGI (Laurent), *Le droit sans l'État*, PUF, 3e éd., 2016.

[14] V. par exemple BEAUD (Olivier), *Théorie de la Fédération*, PUF, 2e éd., 2009, p. 33 s. *Adde* TORCOL (Sylvie), « La théorie constitutionnelle face aux mutations contemporaines du droit public ce qu(e n)'en disent (pas ?) les manuels en général et la doctrine en particulier », *Communication au VIIe Congrès français de droit constitutionnel*, 2014 ; en ligne ; « Concilier "liberté et autorité": les prérequis pour penser la Fédération européenne », *Revue de l'Union européenne*, 2014, p. 542 s.

[15] En témoigne l'absence de l'entrée « État » au sein des lexiques desdits manuels. Sans être exhaustif, v. GAUDEMET (Yves), *Droit administratif*, 21e éd., 2015 ; LEBRETON (Gilles), *Droit administratif général*, Dalloz, 9e éd., 2017 ; TRUCHET (Didier), *Droit administratif*, PUF, 7e éd., 2017 ; FRIER (Pierre-Laurent) et PETIT (Jacques), *Droit administratif*, LGDJ, 12e éd., 2018 ; MORAND-DEVILLER (Jacqueline), *Droit administratif*, LGDJ, 13e éd., 2013 ; DUMONT (Gilles), LOMBARD (Martine) et SIRINELLI (Jean), *Droit administratif*, Dalloz, 12e éd., 2017.

[16] Dans le même sens, v. BEAUD (Olivier), « L'État », *in* GONOD (Pascale), MELLERAY (Fabrice), YOLKA (Philippe) (dir.) (et autres), *Traité de droit administratif*, Tome 1, Dalloz, 2011, p. 211 ; DEFFIGIER (Clotilde), « La conception du droit administratif à travers les introductions des traités et manuels de droit administratif », *Revue juridique Centre-Ouest*, 1993, p. 109.

[17] Sans être exhaustif, v. AUTIN (Jean-Louis) et RIBOT (Catherine), *Droit administratif général*, Litec, 2007 ; CHAPUS (René), *Droit administratif général, Tome 1*, Montchrestien, 15e éd., 2001 ; DEBBASCH (Charles) et COLIN (Frédéric), *Droit administratif*, Economica, 11e éd., 2014 ; GAUDEMET (Yves), *Droit administratif*, LGDJ, 21e éd., 2015 ; LEBRETON (Gilles), *Droit administratif général*, Dalloz, 5e éd., 2009 ; MORAND-DEVILLER (Jacqueline), *Droit administratif*, LGDJ, 13e éd., 2013 ; ROUAULT (Marie-Christine), *Droit administratif et institutions administratives*, Larcier, 3e éd., 2015 ; TRUCHET (Didier), Droit *administratif*, PUF, 6e éd., 2014.

[18] SEILLER (Bertrand), *Droit administratif*, Flammarion, 2001.

[19] Il s'agit des manuels de droit administratif de Pierre-Laurent Frier et Jacques Petit, puis de celui de Georges Dupuis, Marie-José Guédon et Patrice Chrétien dont l'introduction traite du

également être fait en dehors des manuels de droit administratif, qu'il s'agisse des articles de revue, des ouvrages collectifs ou encore des thèses, où la question de l'État reste souvent en retrait. Cela fait dire à Jacques Caillosse que, « *dans son écrasante majorité, la doctrine des juristes, du moins dans sa forme universitaire, tient sur le droit administratif un discours indifférent à toute théorie de l'État* »[20]. Bien que ce constat doive être nuancé – certains administrativistes faisant de l'État l'objet même de leurs recherches[21] –, tout se passe comme si l'État n'avait pas sa place en droit administratif et, qu'inversement, le droit administratif n'avait rien à apporter à l'étude de l'État[22]. C'est donc un grand silence qui résonne et semble entourer l'État en droit administratif.

2. Mais de quoi un tel silence est-il le nom ? Rimerait-il avec *absence*, l'État ayant disparu du droit administratif ? Tel n'est pas véritablement le cas. En effet, quelques indices attestent du fait que les administrativistes ne nient pas la prégnance de l'État en droit administratif. À cet égard, on pourrait par exemple relever la popularité doctrinale de la citation d'Hauriou lorsqu'il écrivait « On nous change notre État ! »[23]. Cette exclamation, régulièrement citée par les administrativistes, prouve que leur discipline leur parait liée à l'évolution de la figure de l'État. Dans un autre registre et de façon moins anecdotique, il est également remarquable de voir qu'un cycle de conférences du Conseil d'État fut dédié entre 2013 et 2015 à la question de savoir « Où va l'État ? »[24], preuve de l'actualité de cette question. Plus encore, si le terme d'« État » n'est que peu présent dans la littérature administrativiste, on ne saurait en déduire l'implacable absence de l'État en tant que tel : n'apparait-il pas par métonymie derrière les notions de « puissance publique », de « service public », ou encore d'« administration » par exemple ? Plutôt qu'absent, l'État serait donc « *masqué par des expressions qui décrivent la partie, mais qui*

rôle de l'État comme l'un des problèmes administratifs contemporains (CHRETIEN (Patrice), DUPUIS (Georges) et GUEDON (Marie-José), *Droit administratif*, Dalloz, 12e éd., 2010). Il s'agit enfin du manuel de Jean Waline, qui consacre un paragraphe de son introduction à l'interventionnisme de l'État comme facteur d'évolution du droit administratif, reprenant par-là la structure exacte de l'introduction du manuel de Marcel Waline (WALINE (Jean), *Droit administratif*, Dalloz, 27e éd., 2018).

[20] CAILLOSSE (Jacques), *L'État du droit administratif*, LGDJ, 1e éd., 2015, p. 30.

[21] On songe singulièrement aux travaux de Jacques Caillosse (v. notamment *idem.*) et de Jacques Chevallier (v. notamment *L'État post-moderne*, *op. cit.*, 5e éd., 2017).

[22] Un indice de cela réside dans le fait que pour la rédaction de l'article sur l'« État » dans le Traité de droit administratif paru en 2011, les directeurs de la publication aient fait appel à un auteur, Olivier Beaud, ayant davantage un profil de constitutionnaliste que d'administrativiste, ce que l'auteur souligne d'ailleurs dès les premières lignes de son article. V. BEAUD (Olivier), « L'État », *in Traité de droit administratif*, Tome 1, *op. cit.*, 2011, p. 207.

[23] TC, 9 décembre 1899, *Association syndicale du Canal de Gignac*, *Rec.* p. 731 ; *S.*, 1900, III, p. 49, note M. Hauriou ; *GAJA*, 21e éd., n° 7.

[24] CONSEIL D'ÉTAT (dir.), *Où va l'État ? Un cycle de conférences du Conseil d'État*, La documentation française, 2 Tomes, 2015-2016.

cachent le "tout" »[25]. Enfin, il faut dire qu'aucun administrativiste ne semble contester l'existence de l'État. Si cela semble relever de l'évidence, on ne pourrait semble-t-il pas faire le même constat dans d'autres sciences sociales comme la sociologie ou l'économie, où la critique de l'État en tant que tel peut parfois être acerbe[26]. Ainsi, même les juristes qui ont remis en cause l'existence du droit administratif, qu'ils soient libéraux[27] ou marxistes[28], ont dû pour ce faire se fonder sur une certaine conception de l'État. C'est bien la preuve que le droit administratif peut difficilement se passer d'une certaine « *visée étatique* »[29] et que les administrativistes peuvent difficilement se résoudre à son anéantissement[30].

3. De tels indices déplacent donc la question : ce ne serait pas véritablement l'État qui serait absent en droit administratif, mais sa théorisation. Autrement dit, le silence des administrativistes ne semble pas être synonyme d'ignorance. Tout se passe plutôt comme si l'État, en France, ne posait pas problème[31] : au constat du silence répondrait celui de l'évidence. L'État, entré dans les « *habitudes du cœur* »[32] des français, nourri par la

---

[25] BEAUD (Olivier), « L'État », *in Traité de droit administratif*, Tome 1, *op. cit.*, 2011, p. 230.

[26] Pour Bourdieu, cela tiendrait au fait que les juristes aient de façon générale « *partie liée* » (BOURDIEU (Pierre), *Sur l'État*, Éditions du Seuil, 2012, p. 538) avec l'Etat, si bien qu'aucun d'entre eux ne pourrait souhaiter son dépérissement. Il ne fait pas de doute selon lui que les juristes, « *pour faire triompher leurs intérêts, doivent faire triompher l'État* » (*idem.*).

[27] Sur ce point ; v. DUBOIS (Françoise), ENGUÉLÉGUÉLÉ (Maurice), LEFÈVRE (Géraldine) etLOISELLE (Marc) « La contestation du droit administratif dans le champ intellectuel et politique », *in* CURAPP, *Le droit administratif en mutation*, PUF, 1993, p. 149 s.

[28] On pense à cet égard au mouvement critique du droit, courant qui naquit en France dans les années 1970. Composé d'un certain nombre de marxistes, ce mouvement se pose pour but de décrypter les soubassements politiques, idéologiques, etc. de l'administration et du droit administratif. L'État était alors au cœur de leur nouvelle construction. On pourrait citer, pour l'ouvrage le plus probant, celui de Jean-Jacques GLEIZAL, *Le droit politique de l'État : essai sur la production historique du droit administratif*, PUF, 1980, mais également celui de Michel MIAILLE, *Une introduction critique au droit*, Maspero, 1976 ou d'André DEMICHEL, *Le droit administratif. Essai de réflexion théorique*, LGDJ, 1978, p. 9. Sur ce courant, v. notamment DUPRÉ DE BOULOIS (Xavier) et KALUSZYNSKI (Martine) (dir.), *Le droit en révolution(s). Regards sur la critique du droit des années 1970 à nos jours*, LGDJ, 2011 ; MIAILLE (Michel), Occ. « Critique du droit » *in* ARNAUD (André-Jean) (dir.), *Dictionnaire encyclopédique de théorie et de sociologie du droit*, LGDJ, 2e éd., 1993, p. 131.

[29] CAILLOSSE (Jacques), *L'État du droit administratif*, *op. cit.*, 1e éd., 2015, p. 37.

[30] Sans doute pourrait-on lire par ce prisme la façon dont certains conseillers d'État insistent sur le « besoin d'État » qui traverserait notre époque. V. AGUILA (Yann), « Un nouvel État ? », *in Bien public, bien commun. Mélanges en l'honneur d'Étienne Fatôme*, Dalloz, 2011, p. 1 ; BRAIBANT (Guy), « L'avenir de l'État », *in Études en l'honneur de Georges Dupuis*, LGDJ, 1997, p. 39 ; SAUVÉ (Jean-Marc), « Où va l'État ? Ouverture du cycle de conférences du Conseil d'État », *in* CONSEIL D'ÉTAT, *Où va l'État ? Un cycle de conférences du Conseil d'État*, vol. 1, La documentation française, 2015, p. 12.

[31] V. ROSANVALLON (Pierre), *Histoire de l'État en France de 1789 à nos jours*, Éditions du Seuil, 1990, p. 9.

[32] ZOLLER (Élisabeth), *Introduction au droit public*, Dalloz, 2e éd., 2013, p. 29.

statolâtrie[33] qui l'entoure, apparaitrait comme un véritable idéal[34] qui rendrait inutile sa conceptualisation. Une distorsion, qui peut au premier abord sembler paradoxale, apparait donc entre le culte quasi-sentimental que les français portent à l'État et l'absence quasi-totale de sa théorisation. C'est également ce que relève Olivier Jouanjan, pour qui « *la théorie de l'État n'est pas, apparemment, une spécialité française. Mais l'État, oui ! La France, c'est le vin, les fromages, la gastronomie, la mode, la vie parisienne, et... l'État* »[35]. À ce titre, la comparaison avec l'Allemagne permet de mieux mettre en relief ce paradoxe : Outre-Rhin, la théorie générale de l'État constitue une discipline à part entière[36]. Ayant acquis ses lettres de noblesse avec Bluntschli[37] et Jellinek[38], qui lui consacrèrent de précieuses études, elle est encore aujourd'hui considérée comme le socle du droit public allemand tout entier. Or, eu égard à son histoire, l'Allemagne ne partage pas véritablement la passion française pour l'État[39]. On peut donc penser avec Olivier Beaud qu'« *en Allemagne – où l'on doute de l'État en tant que tel, où l'État tel qu'on le conçoit en France a eu le plus grand mal à s'implanter* [...] – *l'État est particulièrement étudié. Au contraire, on a en France un État pluriséculaire, mais pas de théorie générale de l'État, comme si l'État allait tellement de soi qu'il ne méritait pas d'être étudié spécifiquement.* »[40] La statolâtrie à la

---

33 La statolatrie peut être définie comme le culte voué à l'idée étatique. En ce sens, v. JAMIN (Christophe) et MELLERAY (Fabrice), *Droit civil et droit administratif*, Dalloz, 2018, p. 152 et p. 156. Pour les auteurs, les publicistes seraient « *drogués à l'État* ».

34 LEGENDRE (Pierre), *Jouir du pouvoir. Traité de la bureaucratie patriote*, Éditions de Minuit, 1976, p. 168.

35 JOUANJAN (Olivier), « Faut-il au droit constitutionnel une théorie de l'État ? Point de vue français », *RUDH*, 2003, p. 99.

36 V. notamment SCHÖNBERGER (Christoph), « L'État de la Théorie générale de l'État. Remarques comparatives sur une discipline spécifiquement allemande », *in* CHATRIOT (Alain) et GOSEWINKEL (Dieter), *Figurationen des Staates in Deutschland und Frankreich / Les figures de l'État en Allemagne et en France. 1870-1945,* Munchen, Oldenbourg, 2006, p. 262 ; BEAUD (Olivier), « La théorie générale de l'État (Allgemeine Staatslehre) en France. Quelques notations sur un dialogue contrarié », *in* BEAUD (Olivier) et HEYEN (Erk) (dir.), *Une science juridique franco-allemande (Bilan critique et perspectives d'un dialogue culturel)*, Nomos, 1999, p. 83.

37 BLUNTSCHLI (Johann Kaspar), *Théorie générale de l'État*, trad. fr. par A. de Riedmatten, Guillaumin, 1877.

38 JELLINEK (Georg), *L'État moderne et son droit. Théorie générale de l'État*, trad. fr. par G. Fardis, Giard & Brière, 1911 [réimp. Panthéon-Assas, 2005]. Laband et Gerber, s'ils ont également contribué à la théorie de l'État en Allemagne, n'en ont fait qu'une théorie « particulière » et non « générale », en ne s'attachant qu'à son aspect juridique. Sur ce point, v. notamment MAULIN (Éric), *La théorie de l'État de Carré de Malberg*, PUF, 2003, p. 25.

39 SCHÖNBERGER (Christoph), « L'État de la Théorie générale de l'État. Remarques comparatives sur une discipline spécifiquement allemande », *in* CHATRIOT (Alain) et GOSEWINKEL (Dieter), *Figurationen des Staates in Deutschland und Frankreich / Les figures de l'État en Allemagne et en France. 1870-1945,* Munchen, Oldenbourg, 2006, p. 257 s.

40 BEAUD (Olivier), « La théorie générale de l'État (Allgemeine Staatslehre) en France. Quelques notations sur un dialogue contrarié », *in* BEAUD (Olivier) et HEYEN (Erk) (dir.),

française serait en réalité l'une des causes de l'absence d'une théorisation de l'État en France, car « *ce qui va de soi ne nécessite pas d'attention particulière* »[41].

Mais d'autres causes peuvent également être avancées. Les progrès du positivisme normativiste, qui conduisent les juristes à focaliser leur attention sur la description du droit positif[42], et à s'intéresser au « comment ? » plutôt qu'au « pourquoi ? »[43], n'y sont sans doute pas indifférents. De la même façon, le développement de la mondialisation et de l'intégration européenne, qui conduisent à remettre en cause la centralité de l'État dans l'ordre juridique et à lui appliquer une logique néolibérale, y contribuent nécessairement[44]. Ces différents éléments, sur lesquels nous serons amenés à revenir, permettent d'expliquer non seulement l'absence d'une théorie générale de l'État (conçue comme discipline), mais plus encore le silence actuel qui règne autour de son étude, alors même que d'aucuns constatent un « *besoin d'État* »[45] croissant chez les français.

Ainsi, pour compréhensible qu'il soit, le silence entourant l'État nous semble toutefois devoir être rompu. Même si la France, on l'a vu, ne semble pas présenter un terreau particulièrement favorable à l'érection d'une théorie *générale* de l'État, cela ne doit pas faire obstacle à la nécessité de penser l'État. La supposée « crise » actuelle de l'État ne saurait à cet égard empêcher une telle entreprise[46] ; elle apparait plutôt comme une formidable occasion pour le repenser. Notre étude tâchera d'en poser les jalons en s'intéressant à l'État dans la construction doctrinale du droit administratif, étude dont les intérêts

---

Une science juridique franco-allemande (Bilan critique et perspectives d'un dialogue culturel), *op. cit.*, 1999, p. 106.

41 SCHÖNBERGER (Christoph), « L'État de la Théorie générale de l'État. Remarques comparatives sur une discipline spécifiquement allemande », *in* CHATRIOT (Alain) et GOSEWINKEL (Dieter), *Figurationen des Staates in Deutschland und Frankreich / Les figures de l'État en Allemagne et en France. 1870-1945, op. cit.*, 2006, p. 270.

42 V. notamment CHAMPEIL-DESPLATS (Véronique), *Méthodologies du droit et des sciences du droit*, Dalloz, 2e éd., 2016, p. 113 s.

43 GOYARD-FABRE (Simone), « L'illusion positiviste », *in Mélanges Paul Amselek*, Bruylant, 2005, p. 357.

44 Cf. *infra*. § 511 s.

45 Cf. *supra.*, note n° 30. *Adde* GROSSHOLZ (Caroline), « La liberté d'expression a besoin de l'État », *AJDA*, 2015, p. 185.

46 Notamment parce que l'idée d'une « crise de l'État » a traversé les siècles. Par ordre chronologique, v. TAMBARO (Ignace), « Le principe organique de la constitution politique. Leçon d'introduction à un cours de droit constitutionnel », *RDP*, 1907, p. 211 : « *La doctrine de l'État traverse une crise.* » ; LE FUR (Louis), « Préface » à LA BIGNE DE VILLENEUVE (Marcel de), *Traité général de l'État*, 1929 p. V : « *On parle constamment à notre époque, et non sans raison, de la "crise de l'État".* » ; BENOIST (Charles), *La crise de l'État moderne*, Plon, 1936 ; RUIZ-FABRI (Hélène), « Genèse et disparition de l'État à l'époque contemporaine », *AFDI*, 1992, p. 153.

(**§ 1**), l'enjeu (**§ 2**) et les termes (**§ 3**) devront toutefois être précisés afin de mieux éclairer notre démarche (**§ 4**).

§ 1. *Les intérêts de la recherche*

4. L'étude de l'État comme celle de l'histoire de la pensée juridique en droit administratif présentent l'intérêt commun de donner du sens aux dispositions que le droit administratif contient, voire au droit administratif tout entier. L'analyse du droit administratif par le prisme de l'État, dont le classicisme dévoile sa permanente actualité, peut ainsi s'avérer salvatrice (**A**). De la même façon, l'étude de l'histoire de la pensée juridique en droit administratif, au-delà de l'intérêt qu'elle revêt pour l'enrichissement de notre culture juridique, recèle de nombreuses clés pour comprendre notre discipline[47] (**B**).

A- **L'intérêt d'une recherche portant sur l'État**

5. L'intérêt d'une recherche portant sur l'État en droit administratif répond avant tout, d'un point de vue très prosaïque, au quasi-vide qui entoure ce thème dans les études doctorales. Peu de thèses lui sont en effet consacrées de façon directe[48]. Il ne fait pourtant pas de doute que ce thème classique recouvre un certain intérêt pour les administrativistes. Il convient probablement à cet égard de garder à l'esprit la belle formule d'Hauriou selon laquelle « *il en est du droit comme de la littérature, les thèmes classiques y sont éternels, seulement, de temps à autre, ils ne paraissent plus adaptés à la mentalité des contemporains et il convient de les renouveler dans la forme* »[49]. Tel est précisément le cas de l'État. Mais au-delà de l'intérêt que recouvrent assurément les thèmes « classiques », la mise en lumière des liens qui unissent l'État au droit administratif peut apparaitre utile à deux égards : pour lutter contre la « déréalisation » du droit administratif (**1**) et pour répondre à la crise que traverserait l'État (**2**).

---

[47] Dans le même sens, v. PLESSIX (Benoît), « Nicolas Delamare ou les fondations du droit administratif français », *Droits*, 2003, n° 38, p. 133 : « *l'histoire de la science du droit administratif est un immense champ d'études qui reste encore à labourer mais qui semble promettre tant de récoltes.* »

[48] Olivier Beaud (« L'État », *Traité de droit administratif*, Tome 1, *op. cit.*, 2011, p. 214) relève à cet égard l'existence d'une seule thèse dont le titre fait expressément référence à l'État : DELCROS (Bertrand), *L'unité de la personnalité juridique de l'État*, LGDJ, 1976.

[49] HAURIOU (Maurice), *Principes de droit public*, Sirey, 1e éd., 1910, réimp. Dalloz, 2010, p. 6.

1- *Lutter contre la « déréalisation » du droit administratif*

6. Consacrer une recherche à l'État dans l'histoire de la pensée du droit administratif répond avant tout à la volonté de donner plus de relief au droit administratif. Il s'agit en réalité de lutter contre ce qu'Olivier Beaud a appelé la « *déréalisation du droit administratif* »[50] – qui n'est qu'un des ressorts du positivisme normativiste. Celle-ci provoque en effet un « *certain irréalisme du droit administratif au sens d'une coupure de plus en plus forte de ce droit avec la réalité vivante de son environnement* »[51] ; elle est le résultat d'une approche focalisée sur les normes juridiques, et non sur les institutions. Selon cette conception, « *l'enseignement du droit administratif ne saurait valablement parler d'administration, mais du seul système des règles juridiques auxquelles celle-ci est soumise ou se soumet* »[52], si bien que l'on serait conduit à étudier ces règles en elles-mêmes et pour elles-mêmes. De cette déréalisation résulte une certaine perte de sens, à laquelle la problématique de l'État pourrait venir remédier. S'intéresser à l'État et aux représentations dont il a pu faire l'objet au cours des siècles précédents permet en effet de mieux comprendre l'enjeu et la portée de certaines règles, qu'elles soient législatives, réglementaires ou encore jurisprudentielles. Cela conduit d'une certaine manière à voir le droit administratif en trois dimensions.

De nombreuses dispositions ayant trait au droit administratif pourraient être relues par le prisme de l'État, que l'on songe par exemple à la loi du 2 mars 1982 relative aux droits et libertés des communes, des départements et des régions[53], et dont l'intitulé s'avère particulièrement riche pour comprendre la nouvelle figure de l'État décentralisé. On pourrait encore prendre l'exemple de la loi du 12 avril 2000 *relative aux droits des citoyens dans leurs relations avec les administrations*[54], laquelle tâcha de remodeler l'ensemble de la relation entre l'État et les administrés à l'aune d'une certaine « démocratie administrative ». Mais c'est également la jurisprudence administrative, et alors même que les décisions qu'elle produit vise avant tout à la résolution d'un litige bien précis, qui pourrait être relue à l'aune de l'État – que l'on pense à certains « grands » arrêts ou à des arrêts d'apparence plus anodine[55].

---

[50] BEAUD (Olivier), « L'État », *in Traité de droit administratif*, Tome 1, *op. cit.*, 2011, p. 212.

[51] *Idem.*

[52] CAILLOSSE (Jacques), « Sous le droit administratif, quelle(s) administration(s) ? Réflexions sur l'enseignement actuel du droit administratif », *in Mélanges en l'honneur du Professeur Gustave Peiser*, PUG, 1995, p. 63.

[53] Loi n° 82-213 du 2 mars 1982 *relative aux droits et libertés des communes, des départements et des régions*, *JORF*, 3 mars 1982, p. 730.

[54] Loi n° 2000-321 du 12 avril 2000 *relative aux droits des citoyens dans leurs relations avec les administrations*, *JORF*, 13 avril 2000, p. 5646.

[55] BASSET (Antoine), « De la clause exorbitante au régime exorbitant du droit commun. À propos de l'arrêt du Tribunal des conflits, 13 octobre 2014, Sté Axa France IARD », *RDP*, 2015, n° 4, p. 878-879 : « *En définitive, il semble que le juge cherche à adapter les critères*

Récemment, Fabrice Melleray a par exemple pu analyser l'arrêt *Association du Musée des lettres et manuscrits, société Aristophil*[56] rendu par le Conseil d'État en 2018 et qui portait sur la qualification de certains brouillons du Général de Gaulle en « archives publiques », à la lumière de la question de l'État[57]. Tous les enjeux de cette décision apparaissent alors, notamment la question de savoir où était l'État pendant la Seconde Guerre Mondiale, entre Vichy et Londres. Dans la série des « grands » arrêts, Olivier Beaud a pu de la même façon analyser l'arrêt *Dehaene*[58] du Conseil d'État à l'aune de l'« unité de l'État », l'arrêt *Popin*[59] à l'aune de l'« indivisibilité de la souveraineté » ou encore la jurisprudence *Papon*[60] à la lumière du principe de « continuité de l'État »[61]. Cette approche nous semble particulièrement précieuse, tant parce qu'elle offre un certain nombre de clés de compréhension que parce qu'elle fait apparaitre les enjeux politiques et idéologiques de ces décisions. En dehors de ces arrêts, d'autres pourraient encore bénéficier de cette relecture à l'aune de l'État. Pour se contenter d'un exemple, les jurisprudences portant sur l'intervention économique des collectivités publiques locales, au travers des arrêts *Casanova*[62] de 1901, puis *Chambre syndicale du commerce en détail de Nevers*[63] de 1930 jusqu'à l'arrêt *Ordre*

---

hérités aux formes et aux conceptions toujours mouvantes de l'État : le droit administratif, c'est ce qui nous semble relever de l'État. »

[56] CE, 13 avril 2018, *Association du Musée des lettres et manuscrits, société Aristophil et autres*, *Rec.* p. 131 ; *RFDA*, 2018, note F. Melleray ; *Constitutions*, 2018, p. 289, note S. Monnier ; *D.*, 2018, p. 2373, note O. Beaud ; *RFDA*, 2018, p. 531, note E. Crépey ; *AJDA*, 2018, p. 973, note S. Roussel et C. Nicolas.

[57] MELLERAY (Fabrice), « Où était l'État français entre 1940 et 1944 ? », *RFDA*, 2018, p. 770. V. également BEAUD (Olivier), « Retour sur la question des télégrammes du Général de Gaulle », *D.*, 2018, p. 2373 s.

[58] CE Ass., 7 juillet 1950, *Dehaene*, *Rec.*, p. 426 ; *RDP*, 1950, p. 691, concl. F. Gazier, note M. Waline ; *JCP*, 1950, II, n° 5681, concl. F. Gazier ; *RA*, 1950, p. 366, concl. F. Gazier, note G. Liet-Veaux ; *Dr. soc.*, 1950, p. 317, concl. F. Gazier ; *S.*, 1950, III, p. 109, note J. D. V. ; *D.* 1950.538, note A. Gervais ; *GADLF*, n ° 54, obs. X. Dupré de Boulois ; *GAJA*, 21e éd., n° 58.

[59] CE Sect., 27 février 2004, *Mme Popin,*. *Rec.*, p. 86, concl. R. Schwartz ; *AJDA,* 2004, p. 653, chr. F. Donnat et D. Casas, et p. 672, concl. R. Schwartz ; *D.*, 2004, p. 1922, note A. Legrand ; *DA*, 2004, n° 86, note P. Lombard, concl. R. Schwartz. ; *LPA*, 18 oct. 2004, p. 13, obs. F. Melleray ; *RDP*, 2005, p. 559, obs. C. Guettier ; *GACA*, n° 1, obs. P. Cassia ; *GAJA*, 21e éd., n° 104.

[60] CE Ass., 12 avril 2002, *Papon*, *Rec.*, p. 139, concl. S. Boissard ; *RFDA*, 2002, p. 582, concl. S. Boissard ; *AJDA*, 2002, p. 423, chr. M. Guyomar et P. Collin et 2014, p. 115, note F. Donnat ; *LPA*, 28 mai 2002, concl. S. Boissard, note E. Aubin ; *D.*, 2003, p. 647, note Ph. Delmas Saint-Hilaire ; *JCP* 2002, II, p. 10161, note C. Moniolle ; *Gaz. Pal.*, 28-30 juill. 2002, p. 27, note J. Petit ; *RDP*, 2002, p. 1511, note M. Degoffe, et p. 1531, note C.-M. Alvés ; *RDP*, 2003, p. 470, note Ch. Guettier ; *RFDC*, 2003, p. 513, comm. M. Verpeaux ; *GAJA*, 21e éd., n° 102.

[61] BEAUD (Olivier), « L'État », *in Traité de droit administratif*, Tome 1, *op. cit.*, 2011, p. 244 s.

[62] CE, 29 mars 1901, *Casanova*, *Rec.*, p. 333 ; *S.*, 1901, III, p. 73, note M. Hauriou ; *GAJA*, 21e éd., n° 8.

[63] CE Sect., 30 mai 1930, *Chambre syndicale du commerce en détail de Nevers*, *Rec.*, p. 583, concl. P. Josse ; *RDP*, 1930, p. 530, concl. P. Josse ; *S.*, 1931, III, p. 73, concl. P. Josse, note R.

des avocats au barreau de Paris[64] de 2006, acquièrent tout leur sens si on les relie à la question du rôle économique de l'État. Cette évolution jurisprudentielle, qui s'étend sur plus d'un siècle, et bien qu'elle concerne avant tout les collectivités locales, traduit en effet un double mouvement : le passage d'un État libéral à un État interventionniste, c'est-à-dire d'une intervention exceptionnelle des collectivités publiques en matière économique à une intervention plus ouverte ; celui d'un État providence à un État néolibéral, par l'adjonction des exigences de la mise en concurrence. On le voit, l'examen de ces évolutions jurisprudentielles à la lumière de l'évolution politico-historique de l'État permet assurément d'en offrir une meilleure compréhension. Tel n'est pas le seul intérêt d'une étude portant sur l'État, qui jouit également d'une portée plus prospective.

2- *Répondre à la « crise de l'État »*

7. Tâcher de saisir la conception de l'État qui sous-tend notre pensée juridique revêt un intérêt crucial pour remédier à sa « crise ». En effet, l'État est avant tout une « *idée* » et dans la mesure où il « *n'[a] d'autre réalité que conceptuelle, il n'existe que parce qu'il est pensé* »[65]. À cet égard, pour faire disparaitre l'État, la recette est simple : il suffit de ne plus le penser. Les concepts sont faits pour être constamment repensés, si toutefois on souhaite les conserver. La « crise de l'État » répond dès lors plutôt à la crise de la *pensée* sur l'État : il devient en effet de plus en plus difficile d'appréhender les mutations que connait aujourd'hui l'État à l'aune de nos anciennes catégories mentales. Et pour cause, il connait depuis quelques décennies un certain nombre de secousses. D'emblée, le développement de l'Union européenne peut par exemple être vu comme la marche vers son dépérissement. La souveraineté étatique est largement affectée par l'existence de contraintes juridiques nouvelles, par le transfert de certaines des compétences étatiques – notamment régaliennes –, etc. Le droit constitutionnel français, qui fait une place particulièrement importante à la notion de souveraineté, en a pâti. Pourtant, déduire de ces mutations que l'État n'est plus souverain, et donc que l'État n'est plus l'État, postule que ces

---

Alibert ; *RJEP*, févr. 2011, p. 1, comm. M. Lombard ; *GCJA*, vol. 1, n° 78, concl. P. Josse ; *GAJA*, 21e éd., n° 41.

[64] CE Ass., 31 mai 2006, *Ordre des avocats au barreau de Paris*, *Rec.*, p. 272 ; *BJCP*, 2006, p. 295, concl. D. Casas ; *CJEG*, 2006, p. 430, concl. D. Casas ; *RFDA*, 2006, p. 1048, concl. D. Casas ; *AJDA*, 2006, p. 1584, chr. C. Landais et F. Lenica ; *ACCP*, oct. 2006, p. 78, note L. Renouard ; *CCC*, oct. 2006, comm. F. Rolin ; *CMP*, juill. 2006, n° 202, note G. Eckert ; *Dr. Adm.*, 2006, n° 129, note M. Bazex ; *JCP A*, 2006, p. 113, note F. Linditch ; *Gaz. Pal.*, 2006, p. 7, note O. Renaudie ; *RLC* oct.-déc. 2006, p. 44, note G. Clamour.

[65] BURDEAU (Georges), *L'État*, Éditions du Seuil, 1992, p. 14.

concepts – à savoir celui de « souveraineté » et celui d'« État » – sont immuables, qu'ils possèdent une certaine essence, une nature intrinsèque.

Tel n'est pas notre point de vue. Il apparait selon nous que ni la souveraineté ni l'État n'ont d'essence ou de substance[66], de sorte qu'il ne faut pas se demander ce qu'ils *sont* mais plutôt insister sur la *signification* que l'on choisit de leur conférer[67]. Il ne fait pas de doute à cet égard que si l'on veut par exemple conserver la notion de souveraineté pour décrire l'État, elle ne peut plus être comprise de la même façon qu'à l'époque où elle a été forgée au XVIe siècle : elle nécessite d'être repensée, ce à quoi se sont déjà attelés certains membres de la doctrine, notamment constitutionnaliste[68]. Mais la crise de l'État n'entraine pas uniquement un bouleversement des repères dans le champ du droit constitutionnel. C'est également le cas dans les autres disciplines du droit public comme en droit administratif, lequel a également pour vocation de régir l'organisation et le fonctionnement de l'État. La difficulté de remédier à la crise (de la pensée) de l'État en droit administratif semble toutefois encore plus ardue qu'en droit constitutionnel. Car si les constitutionnalistes sont bien conscients de la représentation de l'État qui irrigue leur discipline, tel n'est pas véritablement le cas chez les administrativistes : on ignore en grande partie sur quelle conception de l'État notre discipline repose.

Or, en étant conscient de la conception de l'État que nous véhiculons, l'ébranlement qu'il subit pourra se résoudre autrement que par un sentiment d'échec ou de résignation. C'est donc à une heureuse introspection au sein des entrailles du droit administratif que nous conduit la « crise de l'État ». S'interroger sur notre propre conception de l'État, sur ses racines historiques, c'est-à-dire tâcher de repenser l'État, s'avère donc être un moyen particulièrement porteur pour dépasser une telle crise.

B- L'intérêt d'une recherche portant sur l'histoire de la pensée juridique

8. Une recherche portant sur l'histoire de la pensée juridique présente quant à elle un triple intérêt. Il s'agit non seulement de désarmer l'idée reçue selon laquelle le droit administratif serait essentiellement jurisprudentiel (**1**), mais également de (re)découvrir certains pans de notre patrimoine doctrinal (**2**). Enfin, une étude portant sur l'histoire de la pensée juridique, par le recul

[66] BEAUD (Olivier), *La puissance de l'État*, PUF, 1994, p. 14.

[67] ROUVILLOIS (Frédéric), *Droit constitutionnel*, Tome 1, Flammarion, 2e éd., 2005, p. 20.

[68] V. par exemple SAURUGGER (Sabine), « Théoriser l'État dans l'Union européenne ou la souveraineté au concret », *Jus Politicum*, 2012, n° 8 ; en ligne.

qu'elle permet de prendre sur notre propre discipline, s'avère être porteuse de solutions face aux « crises » qu'elle a pu traverser (**3**).

1- *Souligner l'importance de la doctrine en droit administratif*

9. Si notre étude a bel et bien vocation à mettre en lumière les liens qui unissent l'État et le droit administratif, elle s'y attèlera par le seul prisme de l'histoire de la pensée juridique. Il nous faudra donc plonger dans les écrits des auteurs passés pour saisir ce que le droit administratif pourrait dire de l'État et quels rapports elle entretient avec lui. Cela peut paraître audacieux dans le cadre d'une discipline qui voue un certain culte à la jurisprudence[69] et où le droit administratif est réputé comme ayant été « *entièrement construit par la juridiction administrative* »[70], et singulièrement par le Conseil d'État. L'idée selon laquelle la doctrine serait « *née sur les genoux de la jurisprudence* »[71], laquelle implique un nécessaire déséquilibre[72] dans ce « *chœur à deux voix* »[73], a pendant longtemps conduit les administrativistes à concentrer leurs recherches sur la jurisprudence, ignorant ainsi la doctrine. Le droit administratif est en effet considéré comme étant le droit jurisprudentiel par excellence[74] si bien qu'il serait étonnant de faire une étude en droit administratif en mettant la jurisprudence administrative au second plan. Tel est pourtant bien notre objectif, dans la lignée d'un certain nombre d'auteurs : il s'agira pour nous de démontrer que cette discipline n'aurait pu exister sans la doctrine. Sans nier l'importance du Conseil d'État dans la construction du droit administratif, nous nous accordons donc avec Mathieu Touzeil-Divina

---

[69] BREDIN (Jean-Denis), « Remarques sur la doctrine », *in Mélanges offerts à Pierre Hébraud*, Dalloz, 1981, p. 111 ; GAUTIER (Pierre-Yves), « Le droit sans doctrine ? », *RHFD*, 2007, n° 27, p. 399 s. ; BEAUD (Olivier), « Doctrine », *in* ALLAND (Denis) et RIALS (Stéphane) (dir.), *Dictionnaire de la culture juridique*, PUF, 2003, p. 388. V. également BURDEAU (François), *Histoire du droit administratif*, PUF, 1995, p. 323 : « *Hypnotisée par la jurisprudence à qui elle doit la vie, la doctrine lui fait cortège* » ; TOUZEIL-DIVINA (Mathieu), *Dix mythes du droit public*, Lextenso, 2019, p. 125 s.

[70] LAROQUE (Pierre), « Droit administratif et histoire », *Revue historique de droit français et étranger*, 1974, p. 763.

[71] RIVERO (Jean), « Jurisprudence et doctrine dans l'élaboration du Droit administratif », *EDCE*, 1955, p. 23.

[72] CHEVALLIER (Jacques), « Changement politique et droit administratif », *in* CURAPP, *Les usages sociaux du droit*, PUF, 1989, p. 309 ; MELLERAY (Fabrice) et JAMIN (Christophe), *Droit civil et droit administratif*, *op. cit.*, 2018, p. 17.

[73] GAZIER (François), « Le chœur à deux voix de la doctrine et de la jurisprudence », *EDCE*, 1956, p. 156.

[74] VEDEL (Georges), « Le droit administratif peut-il être indéfiniment jurisprudentiel ? », *EDCE*, 1979-1980, p. 31.

pour dire que « *c'est dans la théorie juridique universitaire que se trouvent les sources les plus importantes de notre science* »[75].

Et pour cause, la doctrine ne se contente jamais de raconter une histoire ; elle contribue à l'écrire, si bien qu'elle n'est jamais « *transparente* »[76] vis-à-vis de son objet. La pensée administrativiste, par exemple, ne s'est pas contentée de *découvrir* un objet qui lui préexistait – le droit administratif – ; elle a contribué à le construire. Elle est dès lors « *partie prenante au processus de production du droit : elle ne se place pas en position d'extériorité par rapport au droit mais entend se situer dans le droit et intervenir en droit* »[77]. Parce que la doctrine a contribué à construire le droit administratif, en lui donnant un corpus, des concepts structurants, une méthode, etc.[78], il convient également d'avoir à l'esprit que le droit administratif, conçu comme discipline, n'existe pas *en soi* et qu'il aurait pu être tout autre. À ce titre, l'analyse de la pensée doctrinale se veut donc aussi enrichissante et utile qu'une étude dédiée à la jurisprudence : elle montre le droit administratif en train de se faire, au rythme des choix, des résistances et des revirements qui ont présidé à son évolution. C'est donc à la (re)découverte de notre patrimoine doctrinal qu'il faudra s'atteler. Nous n'arrivons toutefois (heureusement) pas en terre inconnue : depuis le tournant du XXIe siècle, de nombreuses études, notamment doctorales[79], ont en effet été consacrées à la doctrine en droit administratif – et singulièrement à celle du XIXe siècle. Ces études, particulièrement précieuses pour comprendre comment s'est construit le droit administratif, méritent à notre sens d'être prolongées.

---

[75] TOUZEIL-DIVINA (Mathieu), *Éléments d'histoire de l'enseignement du droit public. La contribution du doyen Foucart (1799-1860)*, LGDJ, 2007, p. 4.
[76] ATIAS (Christian), *Science des légistes, savoir des juristes*, PUAM, 3e éd., 1993, p. 12.
[77] CHEVALLIER (Jacques), « Doctrine juridique et science juridique », *Droit et société*, 2002, n° 50, p. 105.
[78] PICARD (Étienne), « Science du droit ou doctrine juridique », *in L'unité du droit. Mélanges en hommage à Roland Drago*, Economica, 1996, p. 128.
[79] V. notamment FOULQUIER (Norbert), *Les droits publics subjectifs des administrés. Émergence d'un concept en droit administratif français du XIXe au XXe siècle*, Thèse, Dalloz, 2003 ; FRIEDRICH (Clemmy), *Histoire doctrinale d'une mise en discours : des contrats de l'administration au contrat administratif (1800-1960)*, Thèse dact., Toulouse 1, 2016 ; GILBERT (Simon), *Le juge judiciaire gardien de la propriété immobilière. Étude de droit administratif*, Thèse, Mare & Martin, 2011 ; GIRARD (Anne-Laure), *La formation historique de la théorie de l'acte administratif unilatéral*, Thèse, Dalloz, 2013 ; GUGLIELMI (Gilles J.), *La notion d'administration publique dans la théorie juridique française de la Révolution à l'arrêt Cadot (1789-1889)*, Thèse, LGDJ, 1991 ; PLESSIX (Benoît), *L'utilisation du droit civil dans l'élaboration du droit administratif*, Thèse, Éditions Panthéon-Assas, 2003 ; RICHARD (Guillaume), *Enseigner le droit public sous la IIIe République*, Thèse, Dalloz, coll. « Nouvelle bibliothèque de thèses », 2015 ; TOUZEIL-DIVINA (Mathieu), *Éléments d'histoire de l'enseignement du droit public. La contribution du doyen Foucart (1799-1860)*, Thèse, LGDJ, 2007.

2- *Redécouvrir notre patrimoine doctrinal*

10. Il convient ici de rappeler les intérêts d'une redécouverte de la pensée des auteurs qui ont forgé la discipline du droit administratif.

D'abord, il s'agit sans doute de mieux faire connaître des auteurs pourtant restés célèbres[80]. S'il est certain que le nom de quelques administrativistes a traversé les siècles, et l'on songe principalement à Maurice Hauriou et Léon Duguit, de nombreux pans de leurs pensées restent encore méconnus. Par l'analyse de l'ensemble de leur production scientifique, les mythes qui s'attachent encore à leurs noms, qu'il s'agisse de dire que le premier était conservateur quand le second était progressiste ou anarchiste, que le premier a défendu corps et âme la puissance publique quand le second ne jurait que par le service public, etc. tombent. Plus fondamentalement, c'est leur opposition quasi-viscérale, laquelle fait partie du grand récit du droit administratif, qui ne pourra qu'être remise en cause par l'analyse et le rapprochement, lorsque cela s'avèrera pertinent, de leurs pensées respectives. De cette façon, on mettra ainsi mieux en lumière leurs véritables points de discordes, lesquels sont d'ailleurs loin de concerner le seul critère du droit administratif.

Ensuite, une telle recherche nous permettra d'exhumer certains auteurs injustement oubliés, qui ont pourtant contribué à leur époque à la construction du droit administratif. On pourrait à cet égard citer – pour prendre l'exemple qui nous semble le plus probant – René Jacquelin, contemporain d'Hauriou et Duguit. Il soutint en effet avec une grande modernité l'unité de la personne publique de l'État à une époque où nul ne l'acceptait[81]. Dans la même perspective, la littérature des auteurs dits « répétiteurs » ne devra pas être tout à fait exclue du champ de notre recherche. Les répétiteurs constituent une catégorie d'auteurs extérieurs à l'Université dont le but est avant tout de produire « *un résumé clair et précis des principaux éléments de la matière destinés aux révisions des étudiants* »[82]. Il s'agit d'auteurs comme François Bœuf, Louis Cabantous, Théodule Vaquette ou encore René Foignet, aujourd'hui totalement oubliés. Leurs ouvrages sont dépourvus de développements quant aux querelles doctrinales qui pouvaient agiter une époque, par exemple ; ils ne font que « répéter » les cours prodigués au sein des Facultés de droit, sans y apposer leur propre point de vue. Toutefois, il ne

---

[80] Car, comme l'avait écrit Jean Rivero à propos de Maurice Hauriou, ce dernier est « *célèbre, mais il n'est pas connu* » (RIVERO (Jean), « Préface » à SFEZ (Lucien), *Essai sur la contribution du doyen Hauriou au droit administratif français*, LGDJ, 1966, p. I.

[81] JACQUELIN (René), *Une conception d'ensemble du droit administratif*, Giard & Brière, 1899.

[82] RICHARD (Guillaume), « La Faculté de droit de Paris et l'aide aux étudiants sous la Troisième République », *in* HALPÉRIN (Jean-Louis), *Paris, capitale juridique (1804-1950). Étude de socio-histoire sur la Faculté de droit de Paris*, Rue d'Ulm, 2011, p. 211.

faut pas s'y tromper : ce sont surtout eux qui ont formé des générations d'étudiants. À ce titre, leurs écrits sont indispensables pour comprendre quelle était la *doxa* d'une époque sur une question juridique donnée. C'est ainsi notre culture juridique qui s'en verra consolidée.

Enfin, et de façon plus générale, ce sont les jeux d'influences entre les auteurs que l'on tâchera de mettre en lumière. À ce titre, on aura l'occasion de s'intéresser à la notion d'« École » qui parsème l'histoire doctrinale du droit administratif. Qu'il s'agisse de l'École de Bordeaux, de Toulouse ou encore de Poitiers, celle d'Hauriou ou celle de Duguit[83], toutes ont en commun la volonté d'ériger un auteur en maître et de lui attribuer un certain nombre de disciples. Leur pertinence devra dès lors être interrogée, tant à l'égard de l'utilisation même de la notion d'École, laquelle participe à la « *construction mémorielle d'une discipline* »[84], qu'à la lumière des liens qui existent véritablement entre la pensée des auteurs – que l'on songe par exemple à ceux qui lient Duguit, Jèze et Rolland.

Les jeux d'influence ne se cantonnent toutefois pas aux liens qui peuvent se tisser entre les différents auteurs de droit administratif français. À cet égard, l'hostilité toujours présente des juristes français de la période étudiée envers leurs homologues allemands a eu une influence décisive dans leur façon de concevoir tant le droit administratif que l'État. Avant même la défaite française de 1870, laquelle entraina une certaine « *crise allemande de la pensée française* »[85], les relations difficiles entre les deux pays se jouent également sur le terrain scientifique. De nombreux choix en dépendront et l'on ne saurait de ce fait les ignorer.

Plus encore, les jeux d'influence qu'il nous faudra saisir ne sauraient se restreindre à la pensée juridique. On ne saurait dénier, à cet égard, les emprunts nombreux que les administrativistes ont pu faire à certains sociologues, économistes, philosophes, etc. L'œuvre de Duguit s'avère par exemple difficilement compréhensible si l'on évince ses liens avec Émile Durkheim, de même que celle d'Hauriou est assurément mieux comprise à la lumière de la sociologie de Gabriel Tarde ou encore de l'héritage qu'il porte

---

[83] Sur ce thème, v. notamment GILBERT (Simon), « Les écoles doctrinales en droit administratif », *in* AFDA, *La doctrine en droit administratif*, Litec, 2010, p. 89 s. ; MELLERAY (Fabrice), « École de Bordeaux, école du service public et école duguiste. Proposition de distinction », *RDP*, 2001, p. 1887 s. ; MELLERAY (Fabrice), « Remarques sur l'école de Toulouse », *in Mélanges en l'honneur du Professeur Jean-Arnaud Mazères*, Litec, 2009, p. 534 s. ; TOUZEIL-DIVINA (Mathieu), « De l'inexistence d'une " École de Poitiers" », *in* NÉLIDOFF (Philippe) (dir.), *Les Facultés de droit de province au XIXe siècle. Bilan et perspectives de la recherche*, Presses de l'Université Toulouse 1 Capitole, 2009, p. 313 s.

[84] RICHARD (Guillaume), *Enseigner le droit public sous la Troisième République*, Thèse, Dalloz, 2015, p. 804.

[85] DIGEON (Claude), *La crise allemande de la pensée française (1870-1914)*, PUF, 1959.

de Saint Thomas d'Aquin. Certains courants politiques et philosophiques ont pu de la même manière avoir une influence décisive sur des générations entières d'administrativistes – qu'il s'agisse de les adopter ou de les réfuter – , que l'on songe par exemple à l'organicisme ou au solidarisme.

Mais l'intérêt d'une recherche portant sur l'histoire de la pensée juridique ne se cantonne toutefois pas à cette dimension culturelle et intellectuelle ; elle est, de surcroit, porteuse de certaines solutions, notamment quant aux « crises » que peut traverser une discipline. Quand on sait que la « *crise* » s'avère être « *le mode de description privilégié de l'état du droit administratif* »[86], on mesure à quel point une telle recherche peut s'avérer précieuse.

3- *Répondre à l'état de crise du droit administratif*

11. L'immersion dans l'histoire de la pensée juridique apparait nécessaire pour saisir les racines intellectuelles et idéologiques qui ont conduit à faire du droit administratif ce qu'il est aujourd'hui, mais aussi à comprendre ce qu'il pourrait devenir. S'intéresser à ceux qui ont pensé cette discipline par le passé présente un enjeu similaire à celui des fouilles archéologiques, qui permettent de découvrir, strate par strate, certains objets ou fondations appartenant à l'Histoire en vue d'en écrire le récit. À cet égard, l'adoption d'une perspective historique n'a pas vocation à « *rompre avec le présent* »[87], mais à l'éclairer. En effet, « *l'Histoire administrative n'est* [...] *pas seulement la contemplation du passé accompli, toujours utile à méditer, mais elle devient "opérationnelle"* »[88]. Elle peut par exemple se révéler particulièrement utile pour remédier à certaines pertes de repères. C'est ainsi que, face à la « crise » qui agita le droit administratif à partir des années 1950, l'histoire de la pensée juridique joua un rôle déterminant[89]. Encore faut-il préciser que cette « crise », décriée par les administrativistes pendant plusieurs décennies, n'était sans

---

[86] BIENVENU (Jean-Jacques), « Le droit administratif : une crise sans catastrophe », *Droits*, 1986, n° 4, p. 93.

[87] PLESSIX (Benoît), *L'utilisation du droit civil dans l'élaboration du droit administratif*, Thèse, Panthéon-Assas, 2003, p. 61.

[88] LEGENDRE (Pierre), *Histoire de l'administration de 1750 à nos jours*, Fayard, 1992, p. 20.

[89] DRAGO (Roland), *Les crises de la notion d'établissement public*, Thèse, Pedone, 1950 ; CORAIL (Jean-Louis de), *La crise de la notion juridique de service public en droit administratif français*, Thèse, LGDJ, 1953 ; LAUBADÈRE (André de), « Réflexions sur la crise du droit administratif français », *D.* 1952. Chron. 5. Sur la crise du droit administratif, v. notamment AUBY (Jean-Bernard), « La bataille de San Romano », *AJDA*, 2001, p. 912 ; BIENVENU (Jean-Jacques), « Le droit administratif : une crise sans catastrophe », *Droits*, 1986, n° 4, p. 93 s. ; FORTSAKIS (Théodore), *Conceptualisme et empirisme en droit administratif français*, Thèse, LGDJ, 1987, p. 124 s.

doute que « *le symptôme de l'état de la doctrine* »[90] elle-même. Si l'on reprochait au droit administratif sa perte de cohérence, l'instabilité de ses concepts, c'est en réalité uniquement à la doctrine et son travail de systématisation que l'on pouvait l'imputer, et ce dans la mesure où « *un droit positif n'est* [...] *à proprement parler jamais en crise* »[91]. Dès lors, « *dire que le droit administratif est en crise, c'est porter un jugement doctrinal : ce jugement, émis par la doctrine, se réfère avant tout à celle-ci même* »[92]. Pour remédier à cet état, l'histoire de la pensée juridique est apparue salvatrice. Cela explique sans doute le regain d'intérêt qu'elle a suscité à partir des années 1980 dans les Facultés de droit[93], intérêt qui depuis lors ne s'est pas tari[94].

L'exploration de l'histoire de la pensée juridique a en effet permis à cette époque de « *réagir à une perte de sens* »[95] causée par un « *trop-plein de technique* »[96] caractéristique de la fin du XXe siècle[97]. Précieuse pour la discipline juridique de façon générale, l'histoire de la pensée juridique, en « *démontrant l'irréductibilité du droit à des institutions ou des techniques, [en] donnant à voir la complexité des phénomènes juridiques et [en] renouant les fils distendus entre droit et société* » vient ainsi « *se heurter* [...] *à une approche dogmatique et utilitariste du droit* »[98]. Sans doute le recours sans cesse croissant à l'histoire de la pensée juridique fit-il figure de remède en permettant de relativiser certains mythes, de redécouvrir certains auteurs oubliés ou encore d'observer à quel point certaines questions qui nous apparaissent nouvelles s'étaient en réalité déjà posées – sous des formes souvent différentes – par le passé. C'est bien dans l'histoire de la pensée juridique que l'on peut trouver de tels remèdes car d'une certaine manière, et ainsi que le relève Benoît Plessix, « *le temps n'a pas de prise sur la science*

---

90 BIENVENU(Jean-Jacques), « Le droit administratif : une crise sans catastrophe », *Droits*, 1986, n° 4, p. 93.

91 MELLERAY (Fabrice), « Les historiens du droit administratif sont-ils encore plus positivistes que les administrativistes ? », *Clio@Thémis*, 2018, n° 14, p. 4.

92 FORTSAKIS (Théodore), *Conceptualisme et empirisme en droit administratif français*, Thèse, *op. cit.*, 1987, p. 126.

93 MELLERAY (Fabrice) et HAKIM (Nader), *Le renouveau de la doctrine française. Les grands auteurs de la pensée juridique au tournant du XXe siècle*, Dalloz, 2009, p. 1.

94 Comme en témoignent certaines thèses doctorales parues depuis les années 2000. V. par exemple CHIFFLOT (Nicolas), *Le droit administratif de Charles Eisenmann*, Thèse, Dalloz, 2009 ; GONOD (Pascale), *Édouard Laferrière, un juriste au service de la République*, Thèse, LGDJ, 1997 ; SCHMITZ (Julia), *La théorie de l'institution du doyen Maurice Hauriou*, Thèse, L'Harmattan, 2013 ; TOUZEIL-DIVINA (Mathieu), *Le doyen Foucart (1799-1860), un père du droit administratif moderne*, Thèse, 2007.

95 CAZALS (Géraldine) et HAKIM (Nader), « L'histoire de la pensée juridique : historiographie, actualité et enjeux », *Clio@Thémis*, 2018, n° 14, p. 2.

96 MELLERAY (Fabrice) et HAKIM (Nader), *Le renouveau de la doctrine française. Les grands auteurs de la pensée juridique au tournant du XXe siècle*, *op. cit.*, 2009, p. 141.

97 C'est en réaction à cette tendance que naît en 1985 la revue « Droits ».

98 CAZALS (Géraldine) et HAKIM (Nader), « L'histoire de la pensée juridique : historiographie, actualité et enjeux », *Clio@Thémis*, 2018, n° 14, p. 2.

du droit : les doctrines juridiques sont éternelles. Sinon, pourquoi continuerions-nous de lire Hauriou ou Carré de Malberg ? »[99] Mêmes vieilles de plus d'un siècle, elles parviennent en effet toujours à apporter quelques éléments de réponse face aux problèmes de notre époque, ou du moins à nous orienter vers les bonnes questions.

De la même façon, certaines réactions doctrinales peuvent mieux s'expliquer à la lumière de l'histoire de la pensée juridique. On pense par exemple aux réticences que provoquent le développement de la démocratie administrative en France[100] ou encore au phénomène de subjectivisation du droit administratif[101]. Ces résistances ne peuvent être comprises – ni même dépassées – si l'on ne cherche pas à savoir d'où elles viennent. À ce titre, les études portant sur l'histoire doctrinale permettent bien souvent de relativiser le caractère novateur voire révolutionnaire de certaines évolutions en les remettant en perspective[102]. C'est cette histoire de la pensée juridique en droit administratif que nous souhaiterions prolonger – tout l'enjeu (c'est-à-dire ce que notre recherche met *en jeu*) étant de rendre compte de l'unité du droit public.

§ 2. *L'enjeu de la recherche : l'unité du droit public*

12. Depuis le milieu du XXe siècle, l'étude de l'État apparait au sein de la discipline juridique comme étant du seul apanage du droit constitutionnel. Déjà Marcel Waline, en 1946, à la question de savoir « *Qu'est-ce que l'État ?* », précisait en guise d'introduction que « *cette question intéresse particulièrement le droit administratif, bien qu'en elle-même elle relève du droit constitutionnel ou du droit public général* »[103]. Le droit administratif

[99] PLESSIX (Benoît), « Nicolas Delamare ou les fondations du droit administratif français », *Droits*, 2003, n° 38, p. 115.
[100] DUMONT (Gilles), *La citoyenneté administrative*, Thèse dact., 2002 ; TESTARD (Christophe), *Pouvoir de décision unilatérale de l'administration et démocratie administrative*, Thèse, LGDJ, 2018, spéc. p. 1 s.
[101] V. notamment AUBY (Jean-Bernard), « La bataille de San Romano », *AJDA*, 2001, p. 912 s. ; DELVOLVÉ (Pierre), « Droits publics subjectifs des administrés et subjectivisation du droit administratif », *in* AFDA, *Les droits publics subjectifs des administrés*, LexisNexis, 2011, p. 3 s. ; FOULQUIER (Norbert), *Les droits publics subjectifs des administrés : émergence d'un concept en droit administratif français du XIXe au XXe siècle*, Thèse, Dalloz, 2003 ; FRAISSEIX (Patrick), « La subjectivisation du droit administratif », *Les Petites Affiches*, 15 oct. 2004, p. 12 s.
[102] V. par exemple, FOULQUIER (Norbert), *Les droits publics subjectifs des administrés : émergence d'un concept en droit administratif français du XIXe au XXe siècle*, Thèse, Dalloz, 2003 ; FRIEDRICH (Clemmy), *Histoire doctrinale d'une mise en discours : des contrats de l'administration au contrat administratif*, Thèse, 2016 ; GIRARD (Anne-Laure), *La formation historique de la théorie de l'acte administratif unilatéral*, Thèse, Dalloz, 2013.
[103] WALINE (Marcel), *Manuel élémentaire de droit administratif*, Sirey, 4e éd., 1946, p. 2.

était ainsi conçu, non comme étant totalement étranger à la question de l'État, mais comme n'étant manifestement pas le domaine privilégié de son étude, celle-ci relevant davantage du droit constitutionnel. Cette tendance ne cessera de s'amplifier au fil des décennies. Elle s'avère en effet concomitante, si ce n'est dépendante, du phénomène de spécialisation voire d'« *hyperspécialisation* »[104] qui touche les Facultés de droit, les juristes se cantonnant à l'étude d'une sous-discipline juridique en particulier. De nos jours, et du fait notamment de l'inflation des sources juridiques, il devient plus difficile de s'affirmer « publiciste » ou « privatiste », chacun s'estimant tantôt « administrativiste », « constitutionnaliste », « pénaliste », « fiscaliste » ou encore « affairiste », etc. Ce phénomène, parce qu'il conduit à renforcer « *la parcellisation du savoir et de l'enseignement juridique ainsi que la tendance à la technicisation des approches* »[105], a conduit à faire basculer l'étude de l'État du droit administratif au profit du droit constitutionnel[106], celui-ci devenant le lieu privilégié d'une « théorie de l'État ». Produire une étude sur l'État en droit administratif suppose alors de se départir de cette tendance. Avant de montrer en quoi le droit administratif pourrait constituer un lieu particulièrement propice à la théorisation de l'État (**B**), il nous faut avant tout saisir l'importance et l'intérêt d'une réunification du droit public (**A**).

A- **L'intérêt d'une réunification du droit public**

13. La volonté de réunifier le droit public suppose de rompre avec l'idée selon laquelle ses composantes, qu'il s'agisse du droit international public, du droit administratif, du droit constitutionnel ou encore des finances publiques, produiraient des savoirs cloisonnés, sans rapports les uns avec les autres. En réalité, en raison des objets qu'elles embrassent, ces différentes disciplines mobilisent parfois les mêmes concepts, voire la même logique liée à la prégnance de l'intérêt général et de l'État. Réunifier le droit public supposerait donc de faire une place égale à chacune de ces sous-disciplines dans la construction d'un « droit public » doté d'un contenu positif, celui-ci faisant aujourd'hui figure de coquille vide.

Dans le cadre de notre recherche, nous nous contenterons toutefois principalement de mettre en lumière les liens entre le droit administratif et le droit constitutionnel, qui constituent les deux principales branches du droit public interne. Un tel choix peut en réalité s'expliquer par la lecture que font

---

[104] FORTIER (Charles), *Université, Universités*, Dalloz, 2010, p. 4. Sur ce point, v. également TRUCHET (Didier), « Quelques remarques sur la doctrine du droit administratif », *in Mélanges Paul Amselek*, *op. cit.*, 2005, p. 773.

[105] AUDREN (Frédéric) et HALPÉRIN (Jean-Louis), *La culture juridique française. Entre mythes et réalités*, CNRS Éditions, 2013, p. 232.

[106] Dans le même sens, v. CAILLOSSE (Jacques), *L'État du droit administratif*, LGDJ, 2015, p. 31 ; note 10.

eux-mêmes les administrativistes du XIXe et du XXe siècle de leur discipline. S'ils tissent beaucoup de liens entre le droit administratif et le droit constitutionnel, ils demeurent majoritairement muets sur les liens qui pourraient exister entre le droit administratif et le droit international public, par exemple.

À cet égard, en s'appuyant sur leurs écrits, on pourra voir à quel point la césure opérée entre le droit administratif et le droit constitutionnel s'avère, si ce n'est « *factice* »[107], au moins inopportune. Elle conduit en effet à la « *diffraction* »[108] d'un certain nombre de notions qui leur sont pourtant communes, et rend ainsi plus ardue leur entière compréhension. Cette entreprise de réunification du droit public fut déjà menée, au siècle précédent, par Georges Vedel lorsqu'il érigeait sa théorie des « bases constitutionnelles du droit administratif »[109]. Désireux de montrer que les règles du droit administratif trouvaient leurs fondements dans certaines notions constitutionnelles, ce qui emportait par ailleurs un certain nombre de conséquences quant au critère du droit administratif, sa théorie était en effet guidée par la volonté de démontrer « *l'identité de l'État "constitutionnel" et de l'État "administratif", c'est-à-dire l'unité du droit public français* »[110]. Elle s'appuyait toutefois presque exclusivement sur une approche jurisprudentielle et contentieuse, et non institutionnelle – la question de l'État n'ayant qu'une place réduite dans sa construction. Elle reposait de surcroit sur un postulat lié à la supériorité du droit constitutionnel sur le droit administratif.

Or, il convient selon nous, si l'on veut participer à la reconstruction de l'unité du droit public interne, de ne pas assujettir l'une des disciplines à l'autre ; une telle unité devra être le fruit de l'enrichissement réciproque du droit administratif et du droit constitutionnel. Ces deux branches du droit public interne, aujourd'hui clairement délimitées, ont donc vocation à enrichir chacune à part égale l'étude de l'État – autour de laquelle peut selon nous s'articuler l'unité du droit public. Il ne s'agira donc pas de calquer la conception constitutionnelle de l'État sur le corpus du droit administratif, mais plutôt d'écouter attentivement ce que la doctrine du droit administratif aurait elle aussi à dire de l'État. Ainsi ce dernier pourra-t-il retrouver sa transversalité, cessant alors d'être diffracté au sein des différentes branches du droit public. L'identité du droit public en sortira, elle aussi, grandie.

---

[107] JÈZE (Gaston), *Principes généraux du droit administratif*, Tome 2, Giard, 3e éd., 1930, p. 213 ; note 1.
[108] JOUANJAN (Olivier), « La constitution », *in Traité de droit administratif*, Tome 1, *op. cit.*, 2011, p. 411.
[109] VEDEL (Georges), « Les bases constitutionnelles du droit administratif », *EDCE*, 1954, p. 21 s.
[110] VEDEL (Georges) et DELVOLVÉ (Pierre), *Droit administratif*, Tome 1, 11e éd., PUF, 1990, p. 65.

B- L'État, objet du droit administratif

14. Même si l'État est aujourd'hui globalement exclu du champ de réflexion du droit administratif, il semble toutefois y avoir pleinement sa place. Par le seul fait qu'il constitue une branche du droit public, lequel est parfois défini comme le « *droit de l'État* »[111], le droit administratif semble d'ores et déjà porteur de savoirs sur l'État. Il l'est en réalité au même titre que le droit constitutionnel, et ce même s'il apparait souvent technique, voire aride. Tout comme le droit constitutionnel, il constitue un « *vecteur d'inculcation de valeurs, de représentations* »[112] si bien que derrière chacune de ses règles ou de ses principes, c'est toute une conception de l'État qui se joue[113]. À titre d'exemple, le débat qui divisa pendant quelques années la doctrine administrativiste à propos du « critère du droit administratif »[114], entre les tenants du « service public » et ceux de la « puissance publique », n'eût pas qu'une portée technique et contentieuse. Il fut également porteur d'une réflexion idéologique, si ce n'est politique, sur ce que devait être le droit administratif – et sur ce qu'il devait faire dire à l'État en général[115] : peut-on légitimer un État social voire socialisant ? Doit-on au contraire montrer un État fort et libéral ? C'est bel et bien ce qui se joue derrière la recherche du critère du droit administratif. C'est pourquoi il peut aisément être qualifié à notre sens de « *droit politique* »[116]. Il s'insère en effet « *dans ces problèmes*

---

[111] BLANC (Didier), « Les naissances du droit public », *RDP*, 2017, p. 1561.

[112] CHEVALLIER (Jacques), « Les fondements idéologiques du droit administratif français », *in* CURAPP, *Variations autour de l'idéologie de l'intérêt général*, vol. 2, PUF, 1979, p. 3.

[113] Sur ce point, v. GLEIZAL (Jean-Jacques), *Le droit politique de l'État*, *op. cit.*, 1980, spéc. p. 51 s. ; PONTIER (Jean-Marie), « Qu'est-ce que le droit administratif ? », *AJDA*, 2006, p. 1937 : toute définition du droit administratif est « *représentative d'une conception de l'État* » ; LEGENDRE (Pierre), *Trésor historique de l'État en France : l'Administration classique*, Fayard, 1992, p. 38 : « *le droit administratif tout entier repose sur une philosophie politique précise.* »

[114] Débat qui opposa principalement René Chapus et Paul Amselek. CHAPUS (René), « Le service public et la puissance publique », *RDP*, 1945, p. 202. ; AMSELEK (Paul), « Le service public et la puissance publique. Réflexions autour d'une étude récente », *AJDA*, 1968, p. 492. V. également RIVERO (Jean), « Existe-t-il un critère du droit administratif ? », *RDP*, 1953, p. 279.

[115] Dans le même sens, v. CHEVALLIER (Jacques), « Les fondements idéologiques du droit administratif français », *in* CURAPP, *Variations autour de l'idéologie de l'intérêt général*, vol. 2, *op. cit.*, 1979, p. 31.

[116] WEIL (Prosper), *Le droit administratif*, *op. cit.*, 4e éd., 1971, p. 7 ; 24e éd., p. 4-5. V. également WEIL (Prosper), « Droit international public et droit administratif », *in Mélanges offerts à Monsieur le Doyen Louis Trotabas*, LGDJ, 1970, p. 517 : à propos du droit international et du droit administratif « *on dirait volontiers qu'il s'agit là davantage de droits politiques de droits juridiques* ». V. également MELLERAY (Fabrice), « L'exorbitance du droit administratif en question(s) », *AJDA*, 2003, p. 1961 : « *le droit administratif est fondamentalement un droit politique, au sens où ses différentes règles, des plus essentielles à certaines d'apparence plus anodine, reposent, plus ou moins directement, sur un substrat idéologique, sur une conception du rôle de l'État, du champ de son intervention et de ses rapports avec les administrés.* »

fondamentaux de la science politique que sont les rapports entre l'État et le citoyen, l'autorité et la liberté, la société et l'individu »[117]. L'idéologie dont il est porteur se rapporte en cela à la vie de la Cité, c'est-à-dire au politique[118]. On s'accorde alors avec Jacques Caillosse pour dire qu'« *à travers la mise en œuvre du "droit administratif" une autre partie se joue, où s'affirme un pouvoir d'organisation et de commandement des conduites sociales* », et ce bien que la technique juridique qui s'y déploie conduise souvent à promouvoir son « *insensibilité politique* »[119]. Notre étude n'aura de cesse de démontrer, tout au long de ses développements, le caractère politique du droit administratif.

Dans cette perspective, on comprend mieux pourquoi étudier le droit administratif et son évolution – notamment à travers ceux qui l'ont construit – permet assurément de retracer une certaine histoire de l'État, antre du pouvoir politique. Le droit administratif d'aujourd'hui n'est en effet que le résultat d'une sédimentation progressive de son histoire ; il fait ainsi figure d'« *archive de l'État* »[120]. Dès lors, il porte encore en lui la façon dont se représentait l'État quelques décennies voire quelques siècles plus tôt. C'est en ce sens qu'il convient selon nous de comprendre la formule de Jean Boulouis selon laquelle le droit administratif serait « *l'ombre de l'État éclairé par la lumière du siècle* »[121]. Non seulement le droit administratif n'existerait pas sans l'État[122], de la même manière qu'une ombre n'existerait pas sans l'objet éclairé, mais il apparait de surcroit qu'il se meut et se transforme à l'image de l'État, en fonction des évolutions idéologiques du siècle qui l'éclaire. On voit donc à quel point le droit administratif n'a rien à envier au droit constitutionnel quant aux potentialités qu'il offre pour l'étude et la théorisation de l'État. Les liens qu'il entretient avec l'État existent ; les mettre en lumière permettra d'œuvrer dans le sens de l'unité du droit public, et de saisir à quel point l'une

---

117 WEIL (Prosper), *Le droit administratif*, PUF, 4e éd., 1971, p. 7 ; POUYAUD (Dominique) et WEIL (Prosper), *Le droit administratif*, PUF, 24e éd., 2013, p. 4. Encore présente jusqu'à la 24e édition datant de 2013, cette expression disparait toutefois dans la dernière édition datant de 2017 (cf. POUYAUD (Dominique) et WEIL (Prosper), *Le droit administratif*, PUF, 25e éd., 2017), ce que l'on ne peut que déplorer.

118 BURDEAU (Georges), *L'État*, Editions du Seuil, p. 22.

119 CAILLOSSE (Jacques), *La constitution imaginaire de l'administration*, PUF, 2008, p. 11.

120 CAILLOSSE (Jacques), *L'État du droit administratif*, *op. cit.*, 1e éd., 2015, p. 25.

121 BOULOUIS (Jean), « Supprimer le droit administratif ? », *Pouvoirs*, n° 46, 1988, p. 12.

122 La question se voit ici nécessairement reposée avec l'avènement d'un droit administratif européen, voire d'un droit administratif global (sur ce point, v. notamment CASSESE (Sabino), « Le droit administratif global : une introduction », *Dr.adm.*, 2007, étude n° 5). On voit en effet peu à peu se dégager un droit administratif sans État. Les enseignements qui découleront de notre thèse sur les rapports entre l'État et le droit administratif ne seront pas pour autant périmés avec l'avènement et le développement de l'Union européenne. Il apparait selon nous que l'avènement d'un droit administratif est possible dès lors qu'il existe un pouvoir politique. Dans le cadre de notre recherche, nous prenons donc l'État comme la forme historique du pouvoir politique, mais les hypothèses que nous poserons seront encore d'actualité si le pouvoir politique change de forme, pour prendre celle d'une Fédération par exemple.

de ces disciplines peut difficilement être comprise sans l'autre. Encore faut-il, pour ce faire, s'entendre strictement sur le cadre dans lequel cette recherche sera menée.

§ 3. *Le cadre de la recherche*

15. Partir à la recherche de l'État, objet d'une « *redoutable complexité* » mais également « *d'une grande banalité* »[123], suppose avant tout d'en saisir les contours (**A**). S'il canalise l'ensemble de nos recherches, encore faut-il délimiter le champ de prospection qui semble le plus propice à une telle entreprise (**B**).

A- L'objet de la recherche : l'État

16. Faire de l'État l'objet d'une recherche suppose de passer outre la plasticité de sa définition, telle qu'elle est proposée dans l'ensemble des branches des sciences sociales (**1**). Elle nécessite de surcroit de saisir toute la complexité de cet objet, qui s'avère être tant un concept qu'une institution (**2**).

1- *Un obstacle : la plasticité de la définition de l'État*

17. Étudié dans l'ensemble des branches des sciences sociales, l'« État » fait l'objet d'une pléthore de définitions[124]. Sa « *remarquable polysémie* »[125] s'observe jusqu'au sein même du droit, chaque sous-discipline juridique ayant recours à sa propre définition. En effet, et ainsi que le relève Jacques Caillosse, « *tous les droits n'ont pas le même État* »[126] car chaque discipline en offre une représentation différente en fonction des contingences de sa propre matière. Seule la théorie *générale* allemande de l'État a dans une certaine mesure évité cet écueil : elle considère l'État « *dans son ensemble sans distinguer ses deux faces, le droit et le politique* »[127], transcendant de ce fait les différentes disciplines juridiques. Initiée par un certain nombre d'auteurs de l'École historique du droit de Savigny, puis relayée par Jellinek[128], cette théorie

---

[123] CHEVALLIER (Jacques), *L'État*, Dalloz, 2e éd., 2011, p. 1.

[124] Rares sont les sujets d'étude qui peuvent prétendre avoir été abordés dans l'ensemble des disciplines de science sociale et par les plus grands esprits comme John Locke, Thomas Hobbes ou encore Friedrich Nietzsche, Hannah Arendt, Emmanuel Kant et Max Weber.

[125] CHEVALLIER (Jacques), Occ. « État », *Dictionnaire encyclopédique de théorie et sociologie du droit*, LGDJ, 2e éd., 1993, p. 236.

[126] ALLAND (Denis), « L'État sans qualités », *Droits*, 1992, n° 16, p. 5.

[127] BLUNTSCHLI (Johann Kaspar), *Théorie générale de l'État*, Guillaumin, 1877, p. 3-4.

[128] SCHÖNBERGER (Christoph), « L'État de la Théorie générale de l'État. Remarques comparatives sur une discipline spécifiquement allemande », *in* CHATRIOT (Alain) et

générale n'a pourtant jamais franchi les frontières françaises[129]. Si certains éléments peuvent expliquer cet état de fait[130], qu'il s'agisse du développement précoce en France du droit constitutionnel[131] et de la science politique[132], il n'en reste pas moins que le constat actuel est celui d'une diffraction du concept d'État au sein des différentes disciplines juridiques. Il ne fait pas de doute à cet égard que « *nos concepts ne sont pas des idées innées, le reflet de l'"essence" des choses, mais des instruments que nous formons nous-mêmes pour décrire la réalité* »[133]. Or, chaque discipline peut avoir sa propre conception de la réalité, et donc sa propre définition de l'État. Cela est particulièrement visible pour les disciplines les plus récentes, comme le droit international public et le droit de l'Union européenne. En droit international public, discipline à vocation universelle, en ce qu'elle a pour but ultime de réunir l'ensemble des institutions internationales publiques sous un même droit, il va de soi que la définition de l'État se devait d'être opératoire, c'est-à-dire relativement souple pour s'adapter à l'ensemble des situations présentes

GOSEWINKEL (Dieter), *Figurationen des Staates in Deutschland und Frankreich / Les figures de l'État en Allemagne et en France. 1870-1945, op. cit.*, 2006, p. 264 s.

[129] La seule tentative de transposition d'une théorie de l'État réside dans l'ouvrage de Carré de Malberg, intitulée *Contribution à une théorie générale de l'État.* Or, si l'auteur reconnait la pertinence d'une étude générale sur l'État, combinant plusieurs points de vue, il se limite dans son ouvrage à une théorie purement juridique de l'État, fondée sur le droit positif en vigueur (en l'espèce, celui de la IIIème République), conformément aux préceptes véhiculés par l'École de l'*Isolierung* du droit (v. MAULIN (Éric), *La théorie de l'État de Carré de Malberg*, PUF, 2003, p. 17).

[130] Pour une étude exhaustive, v. SCHÖNBERGER (Christoph), « L'État de la Théorie générale de l'État. Remarques comparatives sur une discipline spécifiquement allemande », *in* CHATRIOT (Alain) et GOSEWINKEL (Dieter), *Figurationen des Staates in Deutschland und Frankreich / Les figures de l'État en Allemagne et en France. 1870-1945, op. cit.*, 2006, p. 257 s.

[131] Le droit constitutionnel tend progressivement à devenir une discipline autonome sous la plume d'Esmein, qui publie en 1896 la première édition de ses *Éléments de droit constitutionnel français.* Avant cette date, le droit constitutionnel n'est étudié qu'en guise d'introduction au droit administratif ; il en constitue certes les têtes de chapitres, mais uniquement cela. Or, le droit constitutionnel devient le lieu propice pour abriter certains fragments d'une théorie de l'État (BEAUD (Olivier), « La théorie générale de l'État (Allgemeine Staatslehre) en France. Quelques notations sur un dialogue contrarié », *in* BEAUD (Olivier), HEYEN (Erk) (dir.), *Une science juridique franco-allemande (Bilan critique et perspectives d'un dialogue culturel), op. cit.*, 1999, p. 107.) ce qui conduira à rendre l'importation de cette dernière inutile.

[132] La science politique se voit ainsi progressivement consacrée en tant que discipline autonome avec la création en 1872 de l'École libre des sciences politiques par Émile Boutmy. Jusqu'alors, les sciences politiques étaient rattachées au droit. Or, selon Boutmy, les « *sciences d'État* », c'est-à-dire les sciences politiques, cultivent « *une méthode et un esprit très différents de ceux qui conviennent pour les études juridiques* » (BOUTMY (Émile), *De l'institution d'une licence ès sciences politiques et administratives dans les facultés de droit*, Georges Chamerot, 1881, p. 8.) Leur autonomie institutionnelle – notamment vis-à-vis des facultés de droit – conduira ainsi à leur autonomie disciplinaire et scientifique. Cette césure entre les études politiques et les études juridiques aura pour effet incontestable d'anéantir le développement de la théorie générale de l'État en France.

[133] ROSS (Alf), « Sur les concepts d'État et d'organes d'État », *Droits*, 1996, n° 23, p. 131.

dans le monde. La diversité des quelques 197 États dénombrés par les Nations Unies ne devait pas faire obstacle à l'appréhension et la définition de l'« État ». C'est ainsi qu'en cette matière, la définition de État est révélée par la réunion de trois critères objectifs, considérés comme étant les « *éléments constitutifs de l'État* »[134] : un territoire, une population et un gouvernement effectif[135] (parfois rapproché de la puissance publique ou de la souveraineté)[136]. Cette identification de l'État, relativement large, et qui permet aux États de se reconnaitre entre eux, répond ainsi au but que poursuit le droit international public dans son ensemble : englober le plus d'entités politiques possible.

En droit de l'Union européenne, dont la construction est encore plus récente, on a également pu voir à quel point la définition de l'État était directement liée aux contingences de la discipline. L'édification de l'Union européenne, guidée par l'idée d'intégration, a en effet conduit à remettre en cause le modèle étatique classique, tant le partage et le transfert des compétences qu'elle met en œuvre – notamment dans les domaines régaliens – conduit à « *l'érosion des marques de souveraineté* »[137] de l'État. La souveraineté, premier attribut de l'État, en vient donc à être redéfinie par le prisme de la « compétence », l'État détenant la « *compétence de sa compétence* »[138]. Plus encore, c'est un nouveau type d'État que certains européanistes tentent de dégager, faisant émerger la notion d'« État intégré » ou d'« État membre »[139] davantage fondé sur la

134 V. par exemple DUPUY (Pierre-Marie) et KERBRAT (Yann), *Droit international public*, Dalloz, 13e éd., 2016, p. 31. Pour une critique de cette expression, v. COMBACAU (Jean), *Droit international public, Montchrestien*, 8e éd., 2008, p. 276 ; BURDEAU (Georges), *Traité de science politique*, Tome 2 : L'État, LGDJ, 1980, p. 82- 83.

135 MOUTON (Jean-Denis), « La notion d'État et le droit international public », *Droits*, 1992, n° 16, p. 49.

136 On ajoute classiquement à ces éléments objectifs une condition subjective d'existence de l'État en droit international : la reconnaissance par les autres États. Mais dès lors qu'il est admis que cette reconnaissance n'est jamais obligatoire, qu'elle appartient à la volonté de chacun des États, la définition de l'État en droit international public passe au second plan : « *il en résulte qu'il est normalement impossible de dire d'une collectivité prétendant à la qualité étatique qu'elle « est » ou « n'est pas » un État, mais seulement qu'elle est tenue ou non pour tel par les autres États, selon le jugement qu'ils portent sur la réalisation des conditions que pose le droit international* » (COMBACAU (Jean) et SUR (Serge), *Droit international public*, LGDJ, 12e éd., 2016, p. 230).

137 MARTI (Gaëlle), « Ce que l'Union européenne fait à l'État. Recherches sur l'incidence de l'appartenance à l'Union européenne sur les États-nations », *Civitas Europa*, 2017, n° 38, p. 322.

138 V. notamment ROLAND (Sébastien), « La souveraineté », *in* AUBY (Jean-Bernard) (dir.), *L'influence du droit européen sur les catégories du droit public*, Dalloz, 2010, p. 119 s. (spéc. p. 132 s.). Cette définition de la souveraineté est bien plus ancienne que la naissance de l'Union européenne, mais elle a acquis une véritable popularité depuis. On doit son apparition non pas à Jellinek, mais à Hugo Heinrich Albin Böhlau, auteur de *Kompetenz-kompetenz*, Leipzig, Veit, 1869, 79 p.

139 V. notamment CHALTIEL (Florence), « Contribution à la théorie juridique du statut de l'État membre de l'Union européenne : l'exemple français » *in* HERVOUËT (François) (dir.),

notion d'identité constitutionnelle que sur celle de souveraineté[140]. Sans se défaire tout à fait de la notion d'État, les européanistes misent donc sur sa plasticité de la notion pour y projeter leurs propres impératifs disciplinaires.

On pourrait encore décliner les diverses approches de l'État dans les différentes branches du droit public. Depuis le droit constitutionnel, l'État est avant tout défini à partir de la souveraineté, donnant à voir un objet spécifique et supérieur. Le droit constitutionnel trouve donc dans l'État ainsi défini sa pleine justification : si l'État ne présentait pas de caractères si singuliers, on voit mal pourquoi un droit spécifique lui serait dédié. C'est une toute autre conception de l'État que nous exposent les administrativistes. Puisqu'ils observent l'État depuis l'administration et dans ses rapports avec les administrés, c'est sur la personnalité juridique de l'État qu'ils mettent aujourd'hui l'accent. Celle-ci s'avère en effet précieuse pour saisir l'ensemble des rapports juridiques, mettant ainsi à jour un « *État en action* »[141]. En réalité, on pourrait encore décliner les différentes conceptions de l'État dans de nombreuses autres disciplines juridiques, y compris celles qui ressortent du droit privé. On apprendrait ainsi que le droit civil donne à voir un « État judiciaire »[142] quand le droit pénal fait apparaitre un « État arbitre »[143]. La constante adaptation, si ce n'est relativité, de la définition donnée nous porte donc à croire qu'il n'y a pas véritablement de vérité concernant l'État, puisque sa conception dépendra pour une large partie de critères d'opportunité[144]. Cette plasticité ne doit toutefois pas empêcher de mieux saisir, à ce stade, ce que recouvre un tel objet.

Démarche communautaire et construction européenne, vol. 1, La documentation française, 2000, p. 163 s. ; DAVID (Éric), « L'État-communautaire », *in* ECKERT (Gabriel), GAUTIER (Yves), KOVAR (Robert) et RITLENG (Dominique) (dir.), *Les incidences du droit communautaire sur le droit public français*, Presses universitaires de Strasbourg, 2007, spéc. p. 13 s. ; HECQUART-THERON (Maryvonne), « La notion d'État en droit communautaire », *RTD Eur.*, 1990, p. 693 s. ; OBERDORFF (Henri), « La France, État membre de l'Union européenne », *in* DUPRAT (Gérard) (dir.), *L'Union européenne, droit, politique, démocratie*, PUF, 1996, p. 81 s. ; QUERMONNE (Jean-Louis), « L'adaptation de l'État à l'intégration européenne », *RDP*, 1998, p. 1405 s. ; TORCOL (Sylvie), « Concilier "liberté et autorité": les prérequis pour penser la Fédération européenne », *Revue de l'Union européenne*, 2014, p. 537 s. *Adde* POITVIN-SOLIS (Laurence) (dir.), *Le statut d'État membre de l'Union européenne*, Bruylant, 2017. La notion d'État membre apparait d'ailleurs dans les traités, dès l'article 1er du Traité sur l'Union européenne.

140 V. sur ce sujet, la thèse de CHALTIEL (Françoise), *La souveraineté de l'État et l'Union européenne, l'exemple français. Recherches sur la souveraineté de l'État membre*, LGDJ, 2000.

141 BEAUD (Olivier), « L'État », *in Traité de droit administratif*, Tome 1, *op. cit.*, 2011, p. 208.

142 CARBONNIER (Jean), « L'État dans une vision civiliste », *Droits*, 1992, n° 15, p. 33.

143 SALAS (Denis), « État et droit pénal. Le droit pénal entre Themis et Dike », *Droits*, 1992, n° 15, p. 77 s.

144 BOBBIO (Norberto), *L'État et la démocratie internationale*, Complexe, 1998, p. 206.

2- *Une nécessité : l'État comme concept et comme institution*

18. Au risque de décevoir notre lecteur, le but de notre recherche ne sera pas d'exhumer une *définition* de l'État commune à l'ensemble des administrativistes et qui aurait traversé les siècles. À titre liminaire, il faut dire que s'il apparait utile de donner une définition solide et stable à certains concepts présentant une utilité directe et concrète dans l'application d'un régime juridique particulier, tel n'est pas véritablement le cas de l'« État »[145]. Le but de notre étude n'est pas de prouver qu'un régime juridique s'applique ou devrait s'appliquer en présence de l'État ; la découverte d'une définition unique n'est donc pas en soi nécessaire. Elle n'est de surcroit pas envisageable dans le cadre de notre recherche. En effet, et notamment parce que nous appréhendons l'État par le seul prisme de la pensée des administrativistes, il ne s'agit pas pour nous d'accéder à une vérité sur l'État. Celle-ci n'existe pas : l'État est avant tout une idée, c'est-à-dire une représentation mentale si bien que sa conception varie en fonction des sensibilités de chacun et de l'endroit à partir duquel il l'étudie. La première question qui se posera alors est celle de la *place* accordée par les administrativistes à la théorisation de l'État dans leurs œuvres. La seconde question est celle de savoir de quelle manière ils ont conçu l'État, quels caractères lui ont-ils attachés ; en un mot, quelle représentation s'en sont-ils fait ? Certains traits communs de l'État pourront alors être dégagés, qui permettront de comprendre comment les administrativistes appréhendent l'État en fonction des époques. Il ne s'agira pas pour nous de savoir s'ils avaient raison ou s'ils avaient tort, mais plutôt de comprendre leur cheminement intellectuel à propos de l'État.

Toutefois, notre étude ne saurait se cantonner à cette appréhension conceptuelle de l'État. Puisqu'il nous faudra démontrer l'importance que ce dernier a pu avoir dans la construction du droit administratif, il conviendra de le concevoir tant comme *concept* que comme *institution*[146]. En d'autres termes, si nous chercherons à comprendre comment les administrativistes ont (ou non) *conceptualisé* l'État, nous nous intéresserons également à la façon dont ils ont *vécu* le poids de l'institution étatique, de façon très concrète. L'État comme *concept*, c'est l'État tel qu'il est pensé et conceptualisé « dans nos têtes » ; l'État comme *institution*, c'est l'État déjà là, tel qu'il est vécu tous les jours. C'est là toute la complexité de l'État, qui ne se contente pas d'être une idée abstraite, mais également une idée concrète, vécue. Ainsi que le relève Jean Picq, « *l'État n'est pas seulement un concept avec son appareillage juridique, il est d'abord une création historique qui a pris, dans*

---

[145] V. en ce sens BERGEL (Jean-Louis), « Différence de nature (égale) différence de régime », *RTD Civ.*, 1984, p. 255.

[146] V. BEAUD (Olivier), « La notion d'État », *Archives de philosophie du droit*, 1990, Tome 35, p. 24.

le temps de l'histoire, des formes diverses plus ou moins élaborées »[147]. Il doit dès lors être également envisagé comme ce phénomène historique, né au courant du XVIe siècle, par une conjonction de différents processus. Par un processus de *monopolisation* du pouvoir d'abord, il réussit à ramener à lui tous les pouvoirs disséminés de la société féodale ; il place les puissances privées sous sa tutelle. Par un processus de *sécularisation* ensuite, l'État s'émancipe de l'Église et fait descendre le pouvoir parmi les hommes[148]. Le pouvoir est ainsi laïcisé grâce à l'idée de souveraineté ; il se fonde sur la raison humaine et non sur l'omnipotence ou la transcendance divine. Par un processus d'*institutionnalisation* du pouvoir enfin, l'État se distingue du Roi. De cette manière, le corps physique du Roi est séparé de son corps mystique, ce qui permet de faire demeurer l'État, même si ceux qui l'incarnent changent sans cesse[149].

Produit de ces différents processus historiquement situés, l'État n'est donc pas une « *catégorie éternelle* »[150] transcendant les époques. Il est une forme particulière d'organisation du pouvoir, laquelle succéda à d'autres ; il constitue de ce fait uniquement la « *forme moderne du problème intemporel qu'est le pouvoir* »[151]. Avant d'être un problème, l'État apparait en effet comme étant une solution, puisque « *les hommes ont inventé l'État pour ne pas obéir aux hommes* »[152]. Il est bien un phénomène historique[153], dont la naissance peut être datée, et dont la mort (même lointaine) apparait inéluctable. Il s'agira donc de mesurer le poids qu'a pu avoir cette institution étatique dans la construction doctrinale du droit administratif. Il ne fait par ailleurs pas de doute que, s'il peut paraitre opportun de distinguer l'État comme concept de l'État comme institution, les deux sont inextricablement liés. Cela explique par exemple pourquoi on date souvent l'origine de l'État, comme phénomène historique et institutionnel, à l'apparition du mot « État »,

---

[147] PICQ (Jean), *Une histoire de l'État en Europe*, Presses de Sciences Po, 2009, p. 19.

[148] BÖCKENFÖRDE (Ernst-Wolfgang), *Le droit, l'État et la constitution démocratique. Essais de théorie juridique, politique et constitutionnelle*, LGDJ, 2000, spéc. chapitre « La naissance de l'État, processus de sécularisation », p. 101 s.

[149] V. notamment KANTOROWICZ (Ernst Hartwig), *Les deux corps du roi. Essai sur la théologie politique au Moyen-Âge*, trad. fr. par J.-Ph. Genet et N. Genet, Gallimard, 1989 ; BURDEAU (Georges), L'État, Éditions du Seuil, 1970, p. 29 s.

[150] MIAILLE (Michel), *Une introduction critique au droit*, *op. cit.*, 1976, p. 146.

[151] BEAUD (Olivier), « Ouverture : l'honneur perdu de l'État ? », *Droits*, 1992, n° 15, p. 7. V. également GOYARD-FABRE (Simone), *L'État. Figure moderne de la politique*, Armand Colin, 1999.

[152] BURDEAU (Georges), *L'État*, *op. cit.*, 1992, p. 15.

[153] POIRAT (Florence), Occ. « État » *in* ALLAND (Denis) et RIALS (Stéphane) (dir.), *Dictionnaire de la culture juridique*, PUF, 2003, p. 642 ; MIAILLE (Michel), *Une introduction critique au droit*, *op. cit.*, 1976, p. 146.

et donc du concept d'État[154]. Notre étude ne saurait ignorer ce perpétuel entrelacement.

B- Le champ de la recherche : la construction doctrinale du droit administratif

19. Plusieurs repères viennent délimiter le champ de notre recherche, relatif à la construction doctrinale du droit administratif. Les bornes chronologiques, d'abord, devront donc être fixées et expliquées (**1**). C'est ensuite sur l'idée de « construction doctrinale », et singulièrement sur l'idée de « doctrine », qu'il nous faudra insister (**2**) avant de clarifier les difficultés que soulève le choix du champ matériel du sujet, limité au droit administratif français (**3**).

1- *Une recherche limitée à la « construction » doctrinale du droit administratif*

20. Littéralement, « construire » signifie « *réaliser quelque chose de cohérent à partir de certains éléments* »[155]. L'idée de construction se rapporte donc à une période pendant laquelle un certain nombre de constructeurs s'attèle à la réalisation d'un ouvrage présentant une cohérence d'ensemble. S'attacher à la période de construction d'une discipline, de façon générale, recèle un intérêt certain : on perçoit alors mieux les choix qui ont gouverné à son apparition, les partis pris desquels elle a résulté, etc. Cette période contient d'une certaine manière le « *code génétique* »[156] de la discipline, auquel il convient de se référer pour comprendre toutes les évolutions dont elle peut faire l'objet. Dans le cadre de notre recherche, et en admettant que l'ouvrage final soit le droit administratif, il s'agit donc de savoir quelle est la période pendant laquelle celui-ci a été construit. On pourrait d'emblée nous rétorquer que le droit administratif est en perpétuelle construction, et qu'il le serait encore aujourd'hui. S'il est vrai que le droit administratif n'est pas une science statique, figée dans le temps, il nous semble toutefois qu'elle a dépassé sa période de construction à partir du moment où elle a trouvé sa cohérence d'ensemble, c'est-à-dire lorsqu'elle est parvenue à se pérenniser en s'articulant autour d'un certain corpus, d'une certaine méthode, voire d'un certain nombre de concepts. Le fait même qu'à un moment donné, le droit administratif connaisse des « crises », c'est-à-dire une certaine perte de repères, atteste en réalité et de façon *a priori* paradoxale de l'existence d'une

[154] V. BRANCOURT (Jean-Pierre), « Des estas à l'État : évolution d'un mot », *Archives de philosophie du droit*, 1976, Tome 21, p. 39 s.
[155] Occ. « Construire », *Trésor de la langue française* ; en ligne.
[156] ROSANVALLON (Pierre), *L'État en France de 1789 à nos jours*, *op. cit.*, 1993, p. 15.

cartographie relativement aboutie du droit administratif – avec ses repères et ses frontières.

La période de construction doctrinale du droit administratif s'étend selon nous de l'année 1804 au début des années 1930. C'est donc sur une période longue de plus d'un siècle, qui connut six régimes constitutionnels différents, qu'il faudra se pencher. À cet égard, il convient dès à présent de préciser que ces dates ne constituent pas des bornes strictes, mais plutôt des repères chronologiques, pouvant dès lors être outrepassés dans une certaine mesure. Cela se comprend d'autant plus que l'histoire du droit administratif, contrairement au droit constitutionnel, n'est pas traversée par les coups d'État, les révolutions ou encore les changements de constitution, c'est-à-dire par des changements brusques[157]. Si l'on se plaît souvent, en droit administratif, à ériger certaines jurisprudences en dates-clés – il y aurait par exemple un avant-*Blanco* et un après-*Blanco*[158] – il apparait plutôt que les changements s'opèrent de façon latente, en s'étendant sur plusieurs années, voire décennies. L'intérêt pédagogique de définir clairement le champ temporel de notre étude ne doit donc pas empiéter sur le souci scientifique de renoncer à l'absoluité des « *dates-écrans* »[159]. Nous nous sentirons donc libre d'appréhender de telles dates avec une certaine « *élasticité* »[160].

21. Un point de départ : 1804. Au commencement de cette période de construction disciplinaire, 1804 nous est apparu être une année pertinente. Encore faut-il ici préciser que nous nous intéressons ici à la construction du droit administratif conçu en tant que *discipline*, et non comme ensemble de règles régissant l'activité administrative. En tant qu'ensemble de règles, il apparait en effet bien antérieurement au XIXe siècle, d'aucuns faisant remonter son apparition à la Révolution[161] voire à l'Ancien Régime[162]. Seule

---

[157] V. notamment VEDEL (Georges), « Discontinuité du droit constitutionnel et continuité du droit administratif. Le rôle du juge », *in Mélanges offerts à Marcel Waline*, LGDJ, 1974, p. 778.

[158] Les Grands arrêts de la Jurisprudence administrative font ainsi figurer l'arrêt Blanco, rendu par le Tribunal des conflits le 8 février 1873, en premier dans l'ouvrage (cf. BRAIBANT (Guy), DELVOLVÉ (Pierre), GENEVOIS (Bruno), LONG (Marceau) et WEIL (Prosper), *Les grands arrêts de la jurisprudence administrative*, Dalloz, 21e éd., 2017).

[159] LEGENDRE (Pierre), « La royauté du droit administratif. Recherches sur les fondements traditionnels de l'État centraliste en France », *Revue historique de droit français et étranger*, 1974, p. 698.

[160] IHERING (Rudolf von), *L'esprit du droit romain*, Tome 1, trad. fr. par O. de Meulenaere, Marescq, 3e éd., 1886, p. 75.

[161] BURDEAU (François), *Histoire du droit administratif*, PUF, 1995 ; « Naissance d'un droit », *in Nonagesimo anno, Mélanges en hommage à Jean Gaudemet*, PUF, 1999, p. 521 s. Voir également BIGOT (Grégoire), *Introduction historique au droit administratif depuis 1789*, PUF, 2002, p. 18-26 et 42-44.

[162] LEGENDRE (Legendre), « La royauté du droit administratif. Recherches sur les fondements traditionnels de l'État centraliste en France », *Revue historique de droit français et étranger*, 1974, p. 696 s. ; MESTRE (Jean-Louis), *Introduction historique au droit administratif français*, PUF, 1985.

la discipline nous intéressera ici. À cet égard, choisir 1804 comme point de départ repose avant tout sur la volonté de se défaire d'un *a priori* selon lequel la science du droit administratif serait « *le résultat d'une génération spontanée* »[163] constituée de Maurice Hauriou, Léon Duguit et Édouard Laferrière[164]. Ceux-ci n'ont en réalité pu théoriser le droit administratif que grâce au travail déjà effectué par leurs prédécesseurs, qu'il convient dès lors de réhabiliter.

Choisir 1804 comme point de départ à la construction doctrinale du droit administratif repose également sur un parti-pris : celui de lier la naissance d'une discipline à l'existence de son enseignement. Nous pensons de la même manière que Théodore Fortsakis que « *l'histoire de la formation d'une doctrine en droit administratif est intimement liée à celle de l'enseignement du droit administratif et du droit public en général* »[165]. Il fait en effet partie des mécanismes propres à « *consolider en permanence les assises de la discipline, à renforcer sa cohésion et à assurer sa reproduction* »[166]. Car, pour que naisse une discipline, il ne suffit pas qu'un objet matériel d'étude existe – sans quoi il existerait certainement des centaines de disciplines juridiques (droit des animaux, droit de l'architecture, etc.). Il faut de surcroit qu'elle s'organise autour d'un corpus, d'une communauté d'auteurs, voire d'un juge, développant ainsi sa propre méthode, de nature à lui faire acquérir une certaine autonomie[167]. À cet égard, l'enseignement nous apparait primordial du fait de la propagation du savoir qu'il entraine, de l'esprit systématique qu'il nécessite[168] et des destinataires auxquels il s'adresse. Il constitue à notre sens le *point de départ* d'une discipline savante, ce que les administrativistes du XIXe siècle avaient semble-t-il déjà perçu[169]. Institutionnalisée grâce à son

---

163 TOUZEIL-DIVINA (Mathieu), *La doctrine publiciste, 1800-1880. Éléments de patristique administrative*, La Mémoire du droit, 2009, p. 5.

164 GUGLIELMI (Gilles J.), « L'émergence d'une rationalité gestionnaire dans les théories du droit administratif au début du XIXème siècle », *in* BEZES (Philippe), DESCAMPS (Florence), KOTT (Sébastien) et TALLINEAU (Lucile) (dir.), *L'invention de la gestion des finances publiques, Comité pour l'Histoire économique et financière de la France*, 2013, p. 253.

165 FORTSAKIS (Théodore), *Conceptualisme et empirisme en droit administratif français*, Thèse, *op. cit.*, 1987, p. 44.

166 CHEVALLIER, « Ce qui fait discipline en droit », *in* AUDREN (Frédéric) et BARBOU DES PLACES (Ségolène) (dir.), *Qu'est ce qu'une discipline juridique ?*, LGDJ, 2018, p. 47 s.

167 DUPRÉ DE BOULOIS (Xavier), « Existe-il un droit des libertés ? », *RDLF*, 2017, chron. n° 4 ; en ligne.

168 FORTSAKIS (Théodore), *Conceptualisme et empirisme en droit administratif français*, Thèse, *op. cit.*, 1987, p. 44.

169 V. par exemple BOULATIGNIER (Sébastien-Joseph), « De l'origine, des progrès et de l'enseignement du droit administratif en France », *Revue étrangère et française de législation et d'économie politique*, 1839, p. 81 s. ; MALLEIN (Antoine-Jules), *Considérations sur l'enseignement du droit administratif*, Plon, 1857 ; GÉRANDO (Joseph-Marie de), « Discours d'ouverture du Cours de Droit public et administratif », *Thémis*, 1820, vol. 1, p. 83 ; MACAREL (Louis-Antoine), *Cours de droit administratif*, Tome 1, Thorel, 1844-1846, voir la

enseignement[170], une discipline peut alors dépasser les murs des Facultés de droit et cristalliser, pour ce qui nous concerne, une certaine façon de faire du droit administratif[171].

Le choix de l'année 1804 coïncide donc à cet égard non seulement avec les premiers cours de « législation administrative », dispensés à l'Académie de législation[172] par Regnaud de St Jean d'Angély[173], mais également avec l'adoption de la loi du 22 ventôse an XII (13 mars 1804) relative aux Écoles de droit, laquelle met en place un cours de « droit civil dans ses rapports avec l'administration publique ». Indéniablement, l'enseignement de cette matière semble à cette époque répondre à un certain besoin, sa nécessité ayant même été soulevée dans les cahiers de doléances[174]. Exposant les motifs de la loi du 22 Ventôse an XII, Fourcroy – alors directeur général de l'instruction publique – affirme en effet que « *les lois d'administration publique* [...] *ne pouvaient être apprises nulle part ; elles étaient, en quelque sorte, ensevelies ou concentrées dans les bureaux et dans la correspondance des administrations ; ce n'était qu'en administrant immédiatement, qu'on pouvait se former à leur connaissance et à leur application. Cette lacune disparaîtra dans les nouveaux établissements ; les jeunes gens apprendront ainsi à lier les connaissances générales du droit avec la législation administrative ; et ceux*

préface ; DUCROCQ (Théophile), *Cours de droit administratif et de législation financière*, Tome 1, Fontemoing, 7e éd., 1897, p. XVII.

170 V. HAKIM (Nader), « La contribution de l'université à l'élaboration de la doctrine civiliste au XIXe siècle », *in* THÉRON (Maryvonne) (dir.), *Les Facultés de Droit inspiratrices du droit ?*, Presses de l'Université Toulouse 1 Capitole, 2005, p. 21 ; note 24 : « *L'enseignement est, en effet, la première forme de systématisation* ». V. également GAUDEMET (Jean), « Tentatives de systématisation du droit à Rome », *Archives de philosophie du droit*, 1986, Tome 31, p. 13 s. ; THIREAU (Jean-Louis), « La doctrine civiliste avant le Code civil », *in* CURAPP, *La doctrine juridique*, PUF, 1993, p. 44.

171 De cette manière, mais nous le verrons plus tard, cette approche ne nous conduit pas à évincer de notre étude tous ceux qui n'auraient pas enseigné la discipline du droit administratif. Ils ont en effet indéniablement subi l'influence de ceux qui l'avaient enseigné, en se calquant bien souvent sur les cours dispensés dans les Facultés.

172 L'Académie de législation est une école libre, créée à l'initiative du comte de Lanjuinais en 1801, dont le but est de combler un vide dans l'enseignement du droit, et qui réunit à cet effet un certain nombre de notables, pour la plupart administrateurs ou législateurs. Même si les enseignements se concentreront peu à peu avant tout sur l'étude du Code civil, l'Académie de législation se veut d'élargir le cercle des enseignements et propose à partir de l'an XIII un cours de « droit civil dans ses rapports avec l'administration ». V. THUILLIER (Guy), « Aux origines de l'École libre des sciences politiques : l'Académie de législation en 1801-1805 », *La revue administrative*, 1985, n° 223, p. 23 s.

173 GILBERT (Simon), « Aux origines doctrinales du droit administratif : Portiez de l'Oise (1765- 1810) », *Revue historique de droit français et étranger*, 2007, p. 252.

174 PORTEMER (Jean), « Recherches sur l'enseignement du droit public au XVIIIe siècle », *Revue historique de droit français et étranger*, 1959, p. 347, note.

qui se destineront à cette dernière carrière, n'y entreront pas sans les lumières qui doivent y diriger sûrement leur pas »[175].

Un tel cours sera dispensé à Paris par Portiez de l'Oise quelques mois à partir de février 1806[176], au moment même où l'expression de « droit administratif » se diffuse. Elle remplace alors progressivement, mais de façon pérenne, la terminologie retenue par la loi du 22 ventôse an XII d'un « droit civil dans ses relations avec l'administration publique ». Selon Jean-Louis Mestre, l'expression de « droit administratif », après être probablement apparue pour la première fois sous la plume de Thomas Métivier[177], s'est en effet « *répandue et officialisée entre la fin de 1805 et la fin de 1807* »[178], les inspecteurs généraux des Écoles de droit y ayant eux-mêmes recours. Enseigné à Paris, le droit administratif l'a également probablement été, ainsi que Mathieu Touzeil-Divina a pu le mettre en lumière, dans les Écoles de droit provinciales[179], à Toulouse, Poitiers et Strasbourg, sans que l'on n'en retrouve toutefois les manuscrits. Il s'agit là des premiers sursauts de son enseignement, qui s'étendent de 1805 à 1812[180]. Globalement délaissé entre 1812 et 1819[181], son enseignement retrouvera sous la Restauration une courte consécration. L'ordonnance du 24 mars 1819 conduit en effet à la création de la première chaire de droit administratif à Paris. Joseph-Marie de Gérando en sera le titulaire de 1819 à 1822, la chaire étant supprimée par l'ordonnance du 6 septembre 1822[182]. Tel est le second sursaut de l'enseignement du droit administratif, qui ne fit pas pour autant mourir toute réflexion à son égard. Il faudra toutefois attendre l'ordonnance du 19 juin 1828 pour que l'enseignement du droit administratif soit pérennisé, celui-ci essaimant alors progressivement dans l'ensemble des Facultés de droit françaises : en 1837, toutes les Facultés de droit dispensent un enseignement de droit administratif. Il aura donc fallu plus de 30 ans pour que son enseignement soit généralisé, et avec lui la littérature du droit administratif consolidée.

---

[175] FOURCROY (Antoine-François), *Recueil Sirey*, Tome IV, 1804, édition Paris, 1827, 1e partie, « Lois et décisions diverses », p. 323-343 ; cité par GILBERT (Simon), « Procédures administratives et construction du droit administratif, *in* AFDA, *Les procédures administratives*, Dalloz, 2015, p. 35.

[176] GILBERT (Simon), « Aux origines doctrinales du droit administratif : Portiez de l'Oise (1765- 1810) », *Revue historique de droit français et étranger*, 2007, p. 257.

[177] MESTRE (Jean-Louis), « Aux origines de l'enseignement du droit administratif. Le "Cours de législation administrative" de Portiez de l'Oise (1808) », *RFDA*, 1993, p. 246.

[178] *Idem.*

[179] TOUZEIL-DIVINA (Mathieu), *Éléments d'histoire de l'enseignement du droit public. La contribution du doyen Foucart (1799-1860)*, *op. cit.*, 2007, p. 461.

[180] *Ibid.*, p. 463.

[181] On note toutefois une tentative de l'introduire dans le cours de droit commercial à la Faculté de droit de Paris en 1815. V. *ibid.*, p. 468.

[182] V. *ibid.*, p. 485.

22. Mais, par ailleurs, considérer que 1804 constitue le point de départ de la discipline du droit administratif ne signifie pas qu'il n'existait pas avant cette date de prémices à son existence. Nous rejoignons à cet égard la position de Patrice Chrétien selon laquelle « *si l'on peut considérer qu'une science du droit administratif commence au début du XIXe siècle, il n'y a pas là son origine* »[183]. On ne saurait notamment[184] faire fi de l'importance d'auteurs comme Jean Domat[185] ou Nicolas Delamare[186]. Le premier, auteur en 1687 d'un traité de droit public, est en effet animé par la volonté de fonder « *un droit public qui se singularise des autres branches du droit en dérogeant au droit commun et répondant à des finalités propres* »[187]. Son droit public, défini comme « *le système des règles qui regardent l'ordre général du gouvernement et de la police d'un État* »[188] s'articule autour de quatre axes : le Gouvernement et la police générale, les fonctions publiques, le droit pénal et l'organisation judiciaire et la procédure. Il est alors synonyme de *droit de l'État*, dans la mesure où il embrasse l'ensemble des règles relatives à son fonctionnement, sans distinguer – en l'absence à l'époque de séparation des pouvoirs – le pouvoir exécutif du pouvoir judiciaire. Bien qu'il ne singularise pas la fonction administrative de l'État[189], il a toutefois posé les bases d'une réflexion sur le droit public. Quant à Delamare, auteur d'un *Traité de la Police* paru à partir de 1705, son apport à une « *forme ancienne de droit administratif* »[190] peut difficilement être niée. Pour Benoît Plessix, cet ouvrage constitue en effet « *un véritable traité de droit administratif* »[191] puisqu'il s'appuie sur une méthode juridique en compilant les différents textes qui se rapportent à la Police tout en tâchant de remonter jusqu'à ses principes[192]. Pour

---

183 CHRÉTIEN (Patrice), « La science du droit administratif », *in Traité de droit administratif*, Tome 1, *op. cit.*, 2011, p. 75.

184 On pourrait ajouter Loyseau, Cardin Le Bret ou Fleury.

185 GILLES (David), « Jean Domat et les fondements du droit public », *RHFD*, 2005-2006, n° 25-26, p. 95 s.

186 PLESSIX (Benoît), « Nicolas Delamare ou les fondations du droit administratif français », *Droits*, 2003, n° 38, p. 113 s.

187 GILLES (David), « Jean Domat et les fondements du droit public », *RHFD*, 2005-2006, n° 25-26, p. 101.

188 DOMAT (Jean), *Préface au Droit Public* ; cité par GILLES (David), « Jean Domat et les fondements du droit public », *RHFD*, 2005-2006, n° 25-26, p. 99.

189 Ainsi que l'écrit Jean-Louis Mestre, Portiez de l'Oise lui reproche même, déjà à son époque, « *d'avoir compris, "sous le titre de droit public, la législation administrative", alors que "l'un et l'autre de ces droits... ont un caractère et un sens bien différent", le premier correspondant au droit constitutionnel* » (MESTRE (Jean-Louis), « Aux origines de l'enseignement du droit administratif. Le "Cours de législation administrative" de Portiez de l'Oise (1808) », *RFDA*, 1993, p. 246).

190 PLESSIX (Benoît), « Nicolas Delamare ou les fondations du droit administratif français », *Droits*, 2003, n° 38, p. 115.

191 *Idem.*

192 DELAMARE (Nicolas), *Traité de la police*, Tome 1, J. et P. Cot, 1705, préface, p. II : « *Je découvris dans ces Réglemens que j'eus à parcourir, tant de sagesse, un si grand ordre, & une*

la première fois, Delamare est parvenu à détacher l'étude de la science de l'administration de celle du droit public, rompant ainsi avec les auteurs comme Domat. Légiste au service du pouvoir royal[193], Delamare produit une « *science camérale* »[194], uniquement destinée à un usage interne, c'est-à-dire au Roi auquel il adresse explicitement son *Traité*. Celui-ci s'adresse donc à « *l'instruction du Prince et de ses conseillers* »[195], ce qui apparait à première vue bien éloigné des considérations des administrativistes des XIXe et XXe siècle, lesquels tâchent avant tout de faire du droit administratif une discipline scientifique.

Il nous semblait à cet égard difficile d'inclure directement dans nos travaux des auteurs comme Delamare et Domat, tant le contexte politique, social et académique différait radicalement de celui des administrativistes des XIXe et XXe siècles. Leur exclusion formelle ne nous a toutefois pas conduit à ignorer complètement la littérature de l'Ancien Régime, bien au contraire. Car pour comprendre comment la science du droit administratif a pu naître au début du XIXe siècle, il convenait indubitablement de saisir les sources d'inspiration dans lesquelles ont puisé ses premiers auteurs. Retenir 1804 comme point de départ nous a donc permis, et l'on sait que cela vaut pour la matière historique en général, de mieux saisir l'héritage laissé par les légistes de l'Ancien Régime. Dotée d'un point de départ, notre recherche se clôture également par un point d'arrivée, fixé aux années 1930.

23. Un point d'arrivée : 1930. Si la date de commencement de la période de construction du droit administratif ouvre potentiellement, on le voit, un grand nombre de débats, tel ne semble pas être le cas de la date de clôture de cette période, qui apparait plus consensuelle. Nous avons choisi de la situer au début des années 1930, c'est-à-dire juste après la disparition des doyens Duguit et Hauriou, respectivement morts en 1928 et 1929. Cela signe selon nous la fin de la période de construction du droit administratif, à la suite de ce

---

liaison si parfaite entre toutes les parties de la Police, que je crûs pouvoir réduire en Art ou en Pratique l'Étude de cette Science, en remontant jusqu'à ses principes. »

[193] Les légistes sont ces juristes de l'Ancien Régime, entièrement dévoués au Roi. Selon Jacques Ellul, « *recrutés dans la petite noblesse ou la bourgeoisie (mais ils deviennent de toute façon chevaliers parce qu'étant au service du Roi), ce sont en même temps des théoriciens et des praticiens. Ils sont en général d'origine méridionale. Ils sont totalement dévoués au Roi qui a fait leur fortune, et à l'institution monarchique par conviction. Ce sont tous des romanistes : et c'est dans le droit romain qu'ils puisent leurs doctrines, qu'ils trouvent l'image d'un Etat centralisé et d'un Prince tout-puissant. C'est la méthode de penser du droit romain qui leur fournit leur méthode d'action politique, et ce sont les textes du droit romain interprétés qui leur donnent des arguments. Leurs théories ne sont jamais en effet des conceptions abstraites, intellectuelles : elles ont toujours un but d'action pratique.* » (ELLUL (Jacques), *Histoire des institutions. Le Moyen Âge*, PUF, 2013, p. 350).

[194] PLESSIX (Benoît), « Nicolas Delamare ou les fondations du droit administratif français », *Droits*, 2003, n° 38, p. 118.

[195] PORTEMER (Jean), « Recherches sur l'enseignement du droit public au XVIIIe siècle », *Revue historique de droit français et étranger*, 1959, p. 341.

que d'aucuns ont pu appeler l'« *âge d'or* »[196] ou encore « *le temps des cathédrales* »[197] de la doctrine du droit administratif. Il apparait en effet à partir des années 1930 que la nouvelle génération doctrinale « *regarde désormais le droit administratif comme une discipline construite, organisée, pérenne* »[198]. Comme le relève Anne-Laure Girard, « *alors qu'en 1904 Berthélemy énonce que la théorie du droit administratif n'est pas encore achevée, il considère, en 1929, que "l'édifice administratif" est entièrement façonné* »[199]. On ne saurait avoir plus belle preuve de l'achèvement de la période de construction du droit administratif, qui précèdera celle des « crises »[200]. En réalité, c'est avant tout la méthode des auteurs de droit administratif qui change : lassés des grandes théories, ils se replient sur la technique juridique – comme l'évolution de la pensée de Jèze en témoigne[201]. Pour Jean-Jacques Bienvenu, Jèze annonce ainsi l'apparition d'une « *autre forme de la doctrine* » qu'il qualifie d'« *ingénierie juridique* »[202]. Les progrès du positivisme juridique conduisent en effet à ce que « *dans l'entre-deux guerres, les mérites de la science sociale passent derrière l'élaboration d'une dogmatique juridique et de la technicité de l'outil juridique* »[203]. Pour l'ensemble de ces raisons, la période de construction du droit administratif nous parait donc s'achever à l'aube des années 1930, hypothèse que nous aurons l'occasion d'éprouver[204]. Nous avons en effet fait le choix de clore notre étude par un chapitre dédié à la période de l'après-1930. Il s'agit par là, d'une part, de démontrer que 1930 constitue bien la fin d'une époque doctrinale – et le début d'une autre. En un sens, sortir de la période délimitée permet de mieux y revenir : on met ainsi en lumière les spécificités doctrinales du tournant du XXe siècle par comparaison avec la période qui l'a suivie. D'autre part, cette incursion au-delà des années 1930 donne une perspective à l'histoire que nous nous efforçons de retracer ; cette dernière se montre ainsi « *opérationnelle* » tant elle permet de mieux comprendre le présent mais également de « *jeter les bases d'une prospective efficace* »[205]. Le point de

---

196 BIENVENU (Jean-Jacques), « Les origines et le développement de la doctrine », *Revue administrative*, n° spécial, 1997, p. 13.

197 BURDEAU (François), *Histoire du droit administrative de 1789 à nos jours*, PUF, 1995, p. 323 s.

198 GIRARD (Anne-Laure), *La formation historique de la théorie de l'acte administratif unilatéral*, Thèse, *op. cit.*, 2013, p. 6.

199 *Idem.*

200 Dans le même sens, v. DEBBASCH (Charles), « Le droit administratif face à l'évolution de l'administration française », *RISA*, 1973, p. 101.

201 BEAUD (Olivier), « L'œuvre de Gaston Jèze signifie-t-elle un repli de la doctrine publiciste française sur la technique juridique ? », *Jus politicum*, 2013, n° 11 ; en ligne.

202 BIENVENU (Jean-Jacques), « Les origines et le développement de la doctrine », *Revue administrative*, n° spécial, 1997, p. 16.

203 AUDREN (Frédéric), « Les professeurs de droit, la République et le nouvel esprit juridique. Introduction », *Mil neuf cent. Revue d'histoire intellectuelle*, 2011, n° 29, p. 33.

204 Cf. *infra.* § 475 s.

205 LEGENDRE (Pierre), *Trésor historique de l'État en France*, *op. cit.*, 1992, p. 44.

départ de cette étude, qui réside dans la volonté de comprendre le silence qui entoure aujourd'hui l'État en droit administratif, pourra ainsi être éclairé.

24. L'unité positive de la période choisie. Par-delà l'explication des repères chronologiques choisis pour notre recherche, la question se pose de l'unité positive d'une telle période, qui s'étend sur près de 130 années. Bien qu'il ne s'agisse pas de mettre tous les auteurs sur le même plan, il convient de relever un point commun qui les relie tous. Celui-ci tient selon nous au fait qu'ils s'attachent tous à étudier le droit administratif *en publicistes*, qu'ils écrivent au début du XIXe siècle ou, un siècle plus tard, au début du XXe siècle. Le droit administratif n'est en effet jamais conçu comme une discipline autosuffisante, tournée sur elle-même ; à chaque époque, bien qu'à des degrés variés, le droit administratif apparait intrinsèquement lié au droit constitutionnel ou au droit public en général. De Gérando, pour qui c'est « *dans le Droit administratif que le Droit public respire, s'applique, se montre ou doit se montrer visible aux regards ; c'est dans le Droit public intérieur que le Droit administratif doit trouver sa règle, son épreuve, son contrôle ; et, s'ils sont bien conçus tous deux, l'un doit dériver de l'autre* »[206], jusqu'à Jèze, qui, plus d'un siècle plus tard, qualifie la césure entre le droit administratif et le droit constitutionnel de « *factice* »[207], l'unité profonde et concrète du droit public ne fait pas de doute. Il leur apparait donc inconcevable de ne pas mettre en valeur les liens qui existent entre les règles du droit administratif et les disciplines qui lui sont connexes (comme le droit constitutionnel principalement). Dès lors, si nous emploierons parfois le terme d'« administrativistes » pour les désigner, c'est donc avant tout par commodité et non par conviction : s'ils construisent le droit administratif, ils le font en publicistes. Ainsi se trouve échafaudée la période de « construction » du droit administratif, à laquelle il convient d'associer la question de la doctrine, qui appelle là encore de nombreuses délimitations.

2- *Une recherche limitée à la construction « doctrinale » du droit administratif*

25. Le choix de s'intéresser à la construction « doctrinale » du droit administratif nécessite de s'interroger sur ce que « doctrine » veut dire[208]. Une

---

206 GÉRANDO (Joseph-Marie de), « Discours d'ouverture du Cours de droit public et administratif », *Thémis*, 1820, vol. 1, p. 76.

207 JÈZE (Gaston), *Principes généraux du droit administratif*, Tome 2, Giard, 3e éd., 1930, p. 213 ; note 1.

208 CIMAMONTI (Sylvie), occ. « Doctrine », *in* ARNAUD (André-Jean) (dir.), *Dictionnaire encyclopédique de théorie et de sociologie du droit*, LGDJ, 2e éd., 1993, p. 186 : « *ensemble des productions dues à la science juridique par opposition à la jurisprudence, en tant que ces travaux ont pour objet d'exposer le droit ou de l'interpréter* ». Elle peut également être définie comme « non seulement la simple expression d'*une opinion,* théorie ou thèse sur le droit

telle définition, on le sait, a suscité un certain nombre de débats[209], notamment quant à la question de savoir si la doctrine devait se cantonner aux universitaires ou s'étendre aux conseillers d'État et praticiens du droit. S'il ne nous appartient pas, dans le cadre d'une telle recherche, de trancher cet épineux débat, il convient toutefois de poser quelques jalons afin de mieux délimiter notre champ d'étude. Notre parti-pris est en réalité contenu dans les termes mêmes de notre sujet puisque l'idée de « construction » doctrinale du droit administratif se rapporte selon nous tant à la construction du *droit administratif* qu'à la construction de la *doctrine* elle-même. La doctrine s'est constituée elle-même en constituant le droit administratif. En ce sens, ce qui nous a donc intéressé, c'est la façon dont toute une pluralité d'auteurs a pu progressivement former une collectivité, sociologiquement identifiable, autour des Facultés de droit.

Au fil des décennies, la science du droit administratif a progressivement formé une *collectivité* d'auteurs, laquelle jouit d'une certaine *autorité*, et ce en devenant un « *savoir socialement reconnu* »[210]. À propos de l'idée de « collectivité », Philippe Jestaz relève en effet que si la notion de doctrine désignait à l'origine une opinion, elle s'est rapidement enrichie au cours du XIXe siècle d'une nouvelle dimension : elle vise alors l'existence d'une « *collectivité et sous-entend une pensée de caractère systémique* »[211]. Cela se produit à compter de la fin du XIXe siècle, à partir du moment où les auteurs de droit administratif commencent à se rassembler sous l'égide universitaire. Cela ne signifie pas nécessairement que la doctrine est alors homogène[212], mais plutôt qu'elle correspond bien à un phénomène social qui dépasse les individualités qui la composent[213]. L'idée d'« autorité » met quant à elle en lumière la différence entre un savoir *sur le droit* et savoir *doctrinal*. Par cette autorité doctrinale, le savoir prodigué accède à une reconnaissance sociale. L'Université joue à cet égard un rôle important : « *maîtrise, doctorat ou même agrégation sont des diplômes qui sanctionnent un certain degré de*

(premier sens), mais encore *l'ensemble des opinions* émises sur le droit (deuxième sens) et, par extension, *les travaux* eux-mêmes et *leurs auteurs* (troisième sens) » (CHEVALLIER (Jacques), « Doctrine juridique et science juridique », *Droit et société*, 2002, n° 50, p. 104).

209 Ceux-ci portent principalement en droit administratif sur la question de savoir si elle devait inclure les membres du Conseil d'État. La revue *Droits* y a consacré un numéro en 1994 (n° 20), la *Revue administrative* en 1997 (n° spécial) et 2001 (pour la célébration du deuxième centenaire du Conseil d'État).

210 SÉRIAUX (Alain), « La notion de doctrine juridique », *Droits*, 1994, n° 20, p. 65.

211 JESTAZ (Philippe), « "Doctrine" vs sociologie. Le refus des juristes », *Droit et société*, 2016, n° 92, p. 140.

212 À cet égard, v. le débat sur la question de l'existence d'une « entité doctrinale » : JAMIN (Christophe) et JESTAZ (Philippe), « L'entité doctrinale française », *D.* 1997, chron. p. 167 s. ; AYNES (Laurent), GAUTIER (Pierre-Yves) et TERRE (François), « Antithèse de "l'entité" (à propos d'une opinion sur la doctrine) », *D.* 1997, p. 229 s.

213 V. JAMIN (Christophe) et JESTAZ (Philippe), « L'entité doctrinale française », *D.* 1997, chron. p. 167.

compétences »[214] et qui consolident tout autant la reconnaissance sociale de celui qui les obtient. Partant, on pressent à quel point la professionnalisation des enseignants du droit, à partir des années 1870, s'avère cruciale dans le développement d'un savoir doctrinal sur le droit : apparait une génération de professeurs de droit professionnels, directement issue du concours d'agrégation. Les professeurs de droit font alors de l'enseignement leur principale profession, contrairement aux auteurs de la génération précédente, souvent avocats, conseillers d'État ou administrateurs[215]. Cela contribue indéniablement à créer un « esprit de corps », mais également à appuyer l'autorité de ces enseignants. Dans le cadre du droit administratif, la grande majorité des auteurs écrivant après 1870 sont ainsi des professeurs agrégés, alors que seul Ducrocq pouvait se prévaloir de ce titre avant les années 1870 – il réussit le concours en 1858. C'est donc à partir de cette période que « *le droit administratif est devenu un ensemble harmonieux et cohérent ayant atteint, au sens propre, son autonomie* » si bien que « *les spécialistes qui l'étudient, l'expliquent et rendent compte de sa logique dans des synthèses générales sont des juristes à part entière : ils sont devenus les égaux des civilistes* »[216] et constituent une doctrine au sens propre du terme.

Au fil du temps, les auteurs du droit administratif ont également progressivement acquis une liberté d'écriture pleine et entière. La proclamation de la liberté de l'enseignement supérieur, par la loi du 12 juillet 1875[217], permet de donner aux universitaires la liberté nécessaire pour parvenir au statut de doctrine tant doctrine et liberté forment un « *couple indissoluble* »[218]. La liberté de l'auteur lui permet d'exposer une « *opinion personnelle* »[219], loin de toute contrainte. Cela ne se produit donc véritablement qu'à compter de la IIIe République.

26. Si l'on confond ces trois caractéristiques – l'existence d'une collectivité, d'une autorité et la jouissance d'une liberté d'écriture – on voit alors que la doctrine n'a pu véritablement se constituer, en droit administratif, qu'à partir des années 1870-1880. Cela fait dire à Jean-Jacques Bienvenu qu'avant cette période « *on ne peut pas parler véritablement de doctrine à propos des auteurs qui ont écrit sur le droit administratif* »[220]. Pour autant, on

---

214 SÉRIAUX (Alain), « La notion de doctrine juridique », *Droits*, 1994, n° 20, p. 72.

215 AUDREN (Frédéric), HALPÉRIN (Jean-Louis), *La culture juridique française. Entre mythes et réalités*, *op. cit.*, 2013, p. 75 s.

216 LEGENDRE (Pierre), *Histoire de l'administration de 1750 à nos jours*, *op. cit.*, 1992, p. 7.

217 Loi du 12 juillet 1875 relative à la liberté de l'enseignement supérieur, *Rec. Duvergier*, 1875, p. 274 s.

218 BEAUD (Olivier), Occ. « Doctrine », *in* ALLAND (Denis) et RIALS (Stéphane) (dir.), *Dictionnaire de la culture juridique*, PUF, 2003, p. 386.

219 TRUCHET (Didier), « Quelques remarques sur la doctrine en droit administratif », *in Mélanges Paul Amselek*, *op. cit.*, 2005, p. 769.

220 BIENVENU (Jean-Jacques), « Les origines et le développement de la doctrine », *Revue administrative*, n° spécial, 1997, p. 13.

peut difficilement nier l'existence au XIXe siècle d'une science du droit administratif, comprise comme une production savante sur le droit[221], ou encore d'une « *paradoctrine* »[222]. Composée de façon hétéroclite, jouissant rarement d'une liberté pleine et entière vis-à-vis du pouvoir central – qu'il s'agisse des conseillers d'État ou des professeurs des Facultés de droit au XIXe siècle –, c'est pourtant à partir de leurs travaux que se constituera la doctrine que l'on connait aujourd'hui. Pour mieux saisir la façon dont s'est opérée la construction doctrinale du droit administratif, il convenait ainsi de ne pas « *projeter sur les administrativistes du XIXe siècle des interrogations qui auraient été problématisées pour notre siècle* »[223] et d'inclure tous ceux qui écrivirent sur le droit administratif, quel que soit leur statut – universitaires, praticiens ou membres du Conseil d'État depuis 1804.

La question de savoir si les conseillers d'État – et plus généralement les membres de la juridiction administrative – pouvaient faire œuvre de doctrine a déjà fait couler beaucoup d'encre[224]. Nous nous contenterons ici de considérer que, d'un point de vue méthodologique, on ne saurait faire fi de l'existence d'une œuvre dont de multiples auteurs se sont inspirés par la suite, qu'ils aient voulu la poursuivre ou, au contraire, la critiquer. Le droit administratif, conçu comme discipline, s'est construit, non pas par une *suite* d'évènements, d'ouvrages, mais plutôt par *l'empilement* de plusieurs strates, de plusieurs études. En soustraire une, alors qu'elle fut prise en considération par les auteurs qui l'ont suivie, c'est aller à l'encontre d'une compréhension globale et cohérente de la construction d'une discipline. De plus, ne restituer que la doctrine universitaire du droit administratif contribuerait à instaurer une fiction selon laquelle le droit administratif se serait construit en dehors de toute influence des conseillers d'État. Si la fiction prédominante, il y a encore quelques temps, était de croire que le droit administratif ne s'était construit que par le biais du Conseil d'État, nous ne devons pas tomber dans l'excès

---

[221] On ne fait pas ici référence au débat doctrinal concernant la distinction entre la « doctrine juridique » et la « science du droit », la première cultivant un « point de vue interne » quand la seconde cultiverait un « point de vue externe » (sociologique, critique, etc.). Cf. CHEVALLIER (Jacques), « Doctrine juridique et science juridique », *Droit et société*, 2002, n° 50, p. 103 s. ; PICARD (Étienne), « " Science du droit" ou "doctrine juridique" », *in Mélanges Roland Drago*, Economica, 1996, p. 119 s.

[222] TOUZEIL-DIVINA (Mathieu), *La doctrine publiciste, 1800-1880. Éléments de patristique administrative*, *op. cit.*, 2009, p. 79 : « *Les praticiens que nous venons de décrire [1800-1880] forment peut être ce qu'il conviendrait mieux d'appeler une "paradoctrine", un ensemble d'auteurs, essentiellement praticiens, avocats et administrateurs, qui ont permis par leurs recherches, leurs descriptions, et leurs connaissances, la construction et la réunion d'un corpus juridique administratif, qu'ensuite, seulement, les membres, essentiellement universitaires, de "la" doctrine pourront exploiter, critiquer, théoriser* ».

[223] FRIEDRICH (Clemmy), *Histoire doctrinale d'une mise en discours : des contrats de l'administration au contrat administratif*, Thèse, 2016, p. xxix.

[224] V. notamment le dossier « Le Conseil d'État et la doctrine », *La Revue administrative*, 1997, n° spécial.

inverse d'un droit administratif construit uniquement par la doctrine universitaire.

Parce que l'histoire doctrinale que l'on se propose de faire est également une histoire de la doctrine elle-même, cela nous permettra mieux de voir si la pensée administrativiste est tributaire (ou non) du Conseil d'État, comment elle a su s'en extirper, mais également de jauger la circulation qui peut exister entre la pensée doctrinale et la jurisprudence, et dont les commissaires du gouvernement se font souvent le relais tant « *de nombreuses théories, consacrées par le droit positif, se trouvent ainsi formalisées non dans des arrêts, mais bien dans des conclusions* »[225]. À ce titre, l'analyse des conclusions permet en effet, comme l'écrit Pierre Legendre, de « *connaître avec plus d'exactitude les relations de la science et du système de droit en formation* »[226], notre but étant de restituer au mieux la construction dont a fait l'objet la science du droit administratif – champ qu'il convient à présent également de délimiter.

3- *Une recherche limitée à la construction doctrinale du « droit administratif »*

27. Le droit administratif constituera le champ d'exploration matériel de notre recherche. Il convient toutefois à cet égard d'être prudent, et de ne pas appliquer aux auteurs du XIXe siècle notre propre conception du droit administratif, avec les contours que nous lui connaissons aujourd'hui. Dans la mesure où nous nous intéressons avant tout à la construction du droit administratif conçu comme discipline, il est important de suivre au fil du temps la façon dont ses contours ont été tracés, et ainsi la façon dont la discipline du droit administratif s'est constituée. Nous adopterons donc à cet égard une démarche avant tout nominaliste. De façon très concrète, il s'agira dès lors pour nous d'étudier l'ensemble des écrits portant le nom de « droit administratif » ou l'adjectif « administratif » – incluant par exemple les *Études administratives* de Vivien. Dans une perspective synchronique, cela nous permettra ainsi de mieux comprendre ce que recouvrait pour les auteurs d'une époque donnée un tel objet. Dans une perspective diachronique, on pourra de cette façon suivre l'évolution progressive de ce que comprend l'objet « droit administratif » au fil des générations. À cet égard, nous nous sommes davantage intéressés aux écrits produits par les auteurs qu'aux auteurs eux-mêmes. Cela implique, par exemple, que lorsqu'un même auteur produit un ouvrage de droit administratif et un ouvrage de droit

---

225 « Présentation générale » à GAUDEMAR (Hervé de) et MONGOIN (David), *Les grandes conclusions de la jurisprudence administrative*, vol. 1 : 1831-1940, LGDJ, 2015, p. 11.

226 V. GIRARD (Anne-Laure), *La formation historique de la théorie de l'acte administratif unilatéral*, Thèse, *op. cit.*, 2013, p. 22.

constitutionnel, le premier est susceptible d'entrer dans le champ de notre recherche. Le second ne sera alors étudié qu'en vue de faire la lumière sur certains points ou à titre de comparaison. Un tel découpage, qui peut apparaitre artisanal, s'avère toutefois nécessaire pour s'adapter au mieux aux contours et aux évolutions rarement linéaires et souvent sinusoïdales de la construction du droit administratif.

28. Toutefois, il est paru impossible de se limiter à cette seule méthode nominaliste pour constituer notre corpus, car cela nous aurait conduit à d'importantes lacunes : on aurait ainsi dû exclure de notre champ d'étude des auteurs pourtant essentiels. En effet, qu'il s'agisse d'Hauriou, de Duguit ou de Michoud, leurs œuvres dépassent largement le seul cadre du droit administratif. Les deux derniers n'ont d'ailleurs à proprement parler jamais écrit d'ouvrage sous la dénomination « droit administratif ». L'adoption d'une démarche purement nominaliste aurait conduit pour une large part à les ignorer. On ne pouvait pourtant faire fi de la singularité de cette époque. La délimitation de notre corpus a donc dû s'adapter aux évolutions qui ont touché l'appréhension de la discipline, car pour se construire, le droit administratif s'est souvent mêlé au droit constitutionnel. Notre approche uniquement formaliste a donc dû être amendée par une approche plus personnelle des auteurs, voire biographique. Il s'agit alors de s'intéresser à ceux qui ont enseigné le droit administratif de façon pérenne et qui ont écrit des ouvrages dans le champ du droit public. Cela nous permet aisément et évidemment d'inclure la plupart des écrits de Michoud[227], Duguit[228] et Hauriou[229], qui ont tous enseigné le droit administratif et produit des ouvrages transversaux recoupant largement les thèmes du droit administratif tel qu'il était conçu à l'époque.

29. Encore faut-il préciser que c'est la construction du droit administratif *français* qui nous occupera tout au long de cette recherche. La pensée doctrinale étrangère n'occupera pas en effet une place centrale dans nos développements. Nous nous contenterons donc, quand cela s'avèrera pertinent, de faire appel à certains pans de la pensée doctrinale étrangère mais ce uniquement en vue de mieux éclairer la pensée française. À cet égard, la pensée doctrinale allemande sera souvent invoquée, celle-ci ayant construit une véritable théorie de l'État. Il ne s'agira toutefois là aucunement d'une entreprise de droit comparé, qui s'appuie sur une méthode rigoureuse[230], et qui

---

227 Michoud a enseigné le droit administratif de 1886 à 1916 à la Faculté de droit de Grenoble et il est l'auteur d'un ouvrage sur la théorie de la personnalité morale, qui est en réalité le prolongement d'articles portant sur la responsabilité et la personnalité de l'État (MICHOUD (Léon), « De la responsabilité de l'État à raison des fautes de ses agents », *RDP*, 1895, Tome 3, p. 401 ; Tome 4, p. 1. ; MICHOUD (Léon), « De la responsabilité des communes à raison des fautes de leurs agents », *RDP*, 1897, p. 41). Son rôle dans la construction du droit administratif ne fait à cet égard pas de doute. Sur ce point, Grégoire Bigot (« Personnalité publique et puissance publique », *in* AFDA, *La personnalité publique*, Litec, 2007) offre d'ailleurs une série d'indices « *pour se convaincre de ce que la théorie de la personnalité de l'État relève principalement du droit administratif* » (*ibid.*, p. 26). Il relève ainsi premièrement que son « *traité, La théorie de la personnalité morale, est né du droit administratif – Michoud enseigne d'ailleurs cette discipline – puisqu'on en trouve les premières bases en 1895 dans un article publié à la Revue du droit public* » (*idem.*). Deuxièmement, il affirme que « *Michoud n'a pas pour préoccupation principale, contrairement à Esmein puis Carré de Malberg, de justifier politiquement sa théorie de la personnalité de l'État en cherchant son adéquation avec le modèle de la période 1789-1791* » (*idem.*). Troisièmement, il apparait qu'en France, la personnalité de l'État est « *sans utilité pour justifier ou expliquer le fonctionnement interne de l'État* » mais qu'elle est « *en revanche fondamentale pour assigner des limites à l'État dans son commerce juridique avec les administrés* » (*ibid.*, p. 27), ce qui est du ressort du droit administratif.

228 Duguit a enseigné le « Droit administratif et constitutionnel » de 1892 à 1928. Ses ouvrages contiennent de nombreux développements propres au droit administratif, qu'il s'agisse de son livre sur *Les transformations du droit public*, de ses *Leçons de droit public général* ou encore de ses traités sur *L'État* – pour ne citer qu'eux – qui (fonctionnaires, responsabilité administrative, etc.).

229 Le cas d'Hauriou est moins problématique, puisqu'outre le fait qu'il ait enseigné le droit administratif de 1887 à 1920, il est également l'auteur d'un *Précis de droit administratif* qui connut plus de 10 éditions. Nous avons de surcroit décidé d'inclure dans notre corpus ses *Principes de droit public*, qui connurent deux éditions, et qui contiennent nombre de développements repris de ses *Précis de droit administratif*, preuve qu'il s'agit là d'une véritable somme de droit administratif comme de droit constitutionnel – les deux étant alors difficilement dissociables. Nous ne pouvions raisonnablement évincer ces œuvres, dont les développements sur le droit administratif sont nombreux.

230 V. notamment CHAMPEIL-DESPLATS (Véronique), *Méthodologies du droit et des sciences du droit*, Dalloz, 2e éd., 2016, p. 221 s. ; PONTHOREAU (Marie-Claire), « Le droit comparé en question(s). Entre pragmatisme et outil épistémologique », *RID comp.*, 2005, n° 1,

nécessite à tout le moins une maitrise de la langue étrangère en question. Ces jalons posés, c'est la démarche adoptée qu'il faut à présent préciser.

§ 4. *La démarche adoptée*

30. Avant d'énoncer la thèse que nous défendons (**C**), il nous faudra préciser la méthode tant historique (**A**) qu'épistémologique (**B**) que nous avons adoptée.

A- **Une méthode historique**

31. Étudier les écrits doctrinaux du passé nécessite un certain nombre de précautions méthodologiques, qu'il convient de mettre en lumière. S'il s'agit bien ici de tenter une histoire de la « pensée » juridique, encore faut-il préciser qu'il s'agit selon nous davantage d'une histoire *intellectuelle* que d'une histoire des *idées*. De nombreux auteurs, à commencer par Foucault[231], ont en effet mis en exergue les faiblesses de cette dernière[232]. Une des limites de l'histoire des idées, et la plus importante selon nous, réside dans la déconnexion entre les idées émises et le contexte dans lequel elles ont vu le jour. Or, ainsi que le relève Pierre Bourdieu, « *cela n'a aucun sens d'étudier des idées comme si elles se promenaient dans une sorte de ciel intelligible, sans référence aux agents qui les produisent ni surtout aux conditions dans lesquelles ces agents les produisent* »[233]. Si l'on procédait de cette façon, on serait alors indéniablement tenté de réinterpréter les idées émises à une époque parfois lointaine à l'aune de notre contexte intellectuel. Cela n'aurait ainsi aucune valeur historique car notre étude serait entachée de « *reconstructivisme* »[234] : on serait par exemple tenté de tronquer certaines œuvres ou certains moments de l'histoire qui s'intègrerait mal dans notre récit. La seconde faiblesse propre à l'histoire des idées est relative à la question des

---

p. 8 s. ; PICARD (Étienne), « L'état du droit comparé en France en 1999 », *RID comp.*, 1999, n° 4, p. 888 s.

231 FOUCAULT (Michel), « Une histoire restée muette », *La Quinzaine littéraire*, n° 8, 1-15 juillet 1966 ; repris dans *Dits et écrits*, 1954-1969, Tome 1, Gallimard, p. 548. ; FOUCAULT (Michel), « Sur les façons d'écrire l'histoire », *Les Lettres françaises*, n° 1187, 15-21 juin 1967, p. 6 s. ; repris dans *Dits et écrits*, *ibid.*, p. 588 ; FOUCAULT (Michel), *L'archéologie du savoir*, Gallimard, 1969, p. 180.

232 V. notamment ROSANVALLON (Pierre), « Pour une histoire conceptuelle du politique », *Revue de synthèse*, janvier-juin 1986, n° 1-2, p. 96 s.

233 BOURDIEU (Pierre), *Sur l'État*, *op. cit.*, 2012, p. 535.

234 ROSANVALLON (Pierre), « Pour une histoire conceptuelle du politique », *Revue de synthèse*, janvier-juin 1986, n° 1-2, p. 99 : « *l'analyse et le commentaire [ayant] dans ce cas pour objet pratique de récrire une œuvre pour rétablir dans une cohérence et une clarté qui est censée faire défaut à l'auteur* ».

contradictions que peut présenter la pensée d'un auteur. L'histoire des idées telle qu'elle est classiquement menée tend parfois, comme le relève Skinner, à se soumettre à la « *mythologie de la cohérence* »[235] et à gommer les contradictions internes d'une pensée. Pour prendre l'exemple le plus probant, la pensée de Maurice Hauriou a considérablement évolué au fil des années, jusqu'à devenir parfois contradictoire. Il est alors considéré comme un personnage aux multiples facettes, à la pensée « *sinueuse, contradictoire, foisonnante,* [...] *qui ne se laisse pas saisir aisément* »[236]. Pour autant, l'existence de contradictions nous semble moins être la preuve d'une incohérence de l'auteur que de l'adaptation constante de la doctrine d'un auteur à son époque ; sa pensée ne peut être totalement imperméable au contexte dans lequel elle s'inscrit ni à l'évolution de ses sensibilités personnelles.

32. C'est pourquoi il nous semble plus opportun d'entreprendre une histoire *intellectuelle*[237], laquelle a vocation à s'intéresser autant aux idées développées par les auteurs qu'au contexte dans lequel elles sont nées. Il faut bien prendre conscience que si certaines idées ont eu, à une époque donnée, un certain succès – que l'on songe par exemple à celle de service public –, c'est parce qu'elles ont bénéficié de certaines « *conditions, tant intellectuelles et morales que matérielles, techniques et institutionnelles* »[238]. Ce sont également ces conditions qu'il convient d'éclairer. À cette fin, il faudra dans la mesure du possible s'immerger dans l'époque des auteurs étudiés afin « *d'acquérir une conscience de l'épaisseur de la texture du passé et de le recréer comme il apparaissait aux acteurs du moment passé* »[239]. Le contexte permet donc de densifier une pensée, en lui donnant un sens, c'est-à-dire un contenu et une direction, puisqu'il joue un rôle indéniable dans les convictions défendues et les arguments employés à une époque donnée[240]. On ne saurait par exemple comprendre la profonde hostilité que la majorité des administrativistes du tournant du XXe siècle cultivent à l'égard du volontarisme juridique si l'on faisait fi des relations houleuses, tant sur le plan politique que scientifique, entre la France et l'Allemagne à l'époque. La recontextualisation historique, politique et juridique d'un discours s'avère donc nécessaire pour ne pas regarder avec nos yeux du XXIe siècle ce qui s'est

[235] SKINNER (Quentin), « Meaning and Understanding *in* the History of Ideas », *History and Theory*, 1969, n° 8, p. 3-53, cité par MATONTI (Frédérique), « Plaidoyer pour une histoire sociale des idées politiques », *Revue d'histoire moderne & contemporaine*, 2012, n° 5, p. 91.

[236] MAZÈRES (Jean-Arnaud), « Réflexions sur une réédition : les "Principes de droit public" de Maurice Hauriou », *Jus politicum* n° 6 ; en ligne.

[237] THOMSON (Ann), « L'histoire intellectuelle : quelles idées, quel contexte ? », *Revue d'histoire moderne et contemporaine*, 2012, n° 5, p. 47.

[238] BERTHELOT (Jean-Michel), *La construction de la sociologie*, PUF, 2005, p. 4.

[239] THOMSON (Ann), « L'histoire intellectuelle : quelles idées, quel contexte ? », *Revue d'histoire moderne et contemporaine*, 2012, n° 5, p. 50-51.

[240] *Ibid.*, p. 60.

passé plusieurs décennies auparavant[241] et pour comprendre tous les enjeux qui s'y attachent[242]. Il s'agira donc, outre de connaitre le vocabulaire de l'époque[243], de « *partir de questions qui préoccupaient les acteurs à un moment donné plutôt que d'imposer nos propres questionnements, sans que cela évacue la question de la pertinence pour nous des discussions du passé* »[244].

33. Si l'on doit dans la mesure du possible éviter tout présentisme, il apparait pourtant difficile et vain de nous extirper totalement de notre propre époque. Nous tâcherons évidemment d'éviter tout anachronisme ou tout jugement hâtif sur certains auteurs, ayant toujours à l'esprit que le droit administratif fit l'objet d'une construction qui s'étendit sur plusieurs décennies. S'il ne s'agit pas pour nous de penser uniquement « *une œuvre* [...] *par rapport à celles qui la suivent ou la précèdent* »[245], l'ordonnancement de l'histoire doctrinale par une périodisation des auteurs nous a toutefois semblé être nécessaire. Une telle périodisation permet en effet de mieux comprendre comment s'est construite l'histoire doctrinale du droit administratif[246]. Certaines ont déjà été proposées par Fabrice Melleray[247], Mathieu Touzeil-Divina[248] ou encore Théodoros Fortsakis[249], dont nous nous inspirerons ici largement. À proprement parler, la classification que nous proposons est davantage conçue comme un outil pédagogique que comme un réel apport

---

[241] BERGSON (Henri), *La pensée et le mouvant*, PUF, 1938, p. 122 : « *tant de ressemblances partielles nous frappent, tant de rapprochements nous paraissent s'imposer, des appels si nombreux, si pressants, sont lancés de toutes parts à notre ingéniosité et à notre érudition, que nous sommes tentés de recomposer la pensée du maitre avec des fragments d'idées pris çà et là, quittes à le louer ensuite d'avoir su exécuter un joli travail de mosaïque.* »

[242] En un mot, nous ferons nôtre la position de Skinner pour qui, si l'on veut comprendre « *les questions auxquelles [les auteurs] cherchaient à répondre* », « *leur position envers les hypothèses et conventions dominantes dans le débat politique, leur attitude d'acceptation et de soutien, de mise en cause et de rejet, ou même de dédain polémique* », c'est-à-dire les intentions qui les animaient lorsqu'ils écrivaient, « *nous ne pouvons espérer atteindre ce niveau de compréhension en nous bornant aux textes eux-mêmes* » (SKINNER (Quentin), *Les fondements de la pensée politique moderne*, Albin Michel, 2009, p. 12).

[243] Tel est également l'un des enseignements de Skinner : « *pour les voir comme réponses à des questions précises, il nous faut connaitre la société où ils ont été écrits ; et pour évaluer avec justesse la tendance et la force de leurs arguments, il nous faut connaitre le vocabulaire politique général de l'époque* » (*idem.*).

[244] THOMSON (Ann), « L'histoire intellectuelle : quelles idées, quel contexte ? », *Revue d'histoire moderne et contemporaine*, 2012, n° 5, p. 63.

[245] ROSANVALLON (Pierre), « Pour une histoire conceptuelle du politique », *Revue de synthèse*, janvier-juin 1986, n° 1-2, p. 98.

[246] V. MELLERAY (Fabrice), « Les historiens du droit administratif sont-ils encore plus positivistes que les administrativistes ? », *Clio@Thémis*, 2018, n° 14, p. 4 s.

[247] *Idem.*

[248] TOUZEIL-DIVINA (Mathieu), « Maurice Hauriou, mystificateur ou héros mythifié ? », *in* TOUZEIL-DIVINA (Mathieu) (dir.), *Miscellanées Maurice Hauriou*, l'Epitoge, 2013, p. 92 s.

[249] FORTSAKIS (Théodore), *Conceptualisme et empirisme en droit administratif français*, Thèse, *op. cit.*, 1987, p. 37.

scientifique ; elle n'a pas vocation, en tant que telle, à être exportée en dehors du cadre de cette étude. Ces précisions faites, il est possible de dégager trois générations d'auteurs pour la période s'étendant de 1804 à 1930, et ce afin de mieux guider le lecteur tout au long de notre étude.

La première, que nous appellerons la génération des « ordonnateurs » s'étend de Portiez de l'Oise à Macarel, en incluant notamment Gérando, Cormenin et Bouchené-Lefer. Ceux-ci ont en effet défriché et mis en ordre la matière administrative, leurs ouvrages ne faisant qu'une place réduite à la théorie. Ils symbolisent en cela la période de gestation de la science du droit administratif, laquelle s'étend globalement de 1804 aux années 1840.

La deuxième génération, propre à réunir les « précurseurs », comprend quant à elle les auteurs qui ont tâché d'aller plus loin que la génération précédente en densifiant l'ensemble de la discipline du droit administratif. Ils ont alors ébauché une certaine théorisation, notamment en s'aventurant en dehors du seul champ de leur discipline comme la philosophie, le droit constitutionnel, etc. Cette génération, qui s'étend de Foucart à Aucoc en passant notamment par Trolley, Dufour, F. Laferrière, Serrigny ou encore Ducrocq, symbolise la véritable éclosion d'une science du droit administratif ; elle court des années 1840 aux années 1870.

Ce n'est qu'avec la génération suivante, dite des « théoriciens », que la science du droit administratif pourra fleurir, en achevant ce processus de théorisation : c'est alors une véritable doctrine qui nait, de façon concomitante à l'avènement de la IIIe République. Elle est alors composée d'Hauriou, Duguit, Berthélemy, Michoud ou encore Batbie, F. Moreau[250] – pour ne citer qu'eux – et s'achève avec Jèze. Ces auteurs relèvent de ce qu'on a pu appeler le « moment 1900 »[251] , lequel s'étend des années 1870 aux années 1930.

34. Il faut d'emblée préciser que certains auteurs s'insèrent mal dans une seule des générations : on pense notamment à Macarel, Aucoc ou Batbie, qui sont en réalité à cheval entre deux générations. Le premier oscille en effet selon nous entre la génération des « ordonnateurs » et celle des « précurseurs », non seulement parce que sa carrière eut une certaine longévité qui le poussa à produire des ouvrages de 1818 à 1857, les derniers étant relativement riches sur le plan théorique. Il nous semblait toutefois impossible de ne pas l'intégrer à la génération des ordonnateurs, tant il fut l'un des premiers à mettre en ordre la matière administrative. Quant au second, il

---

250 Nous ajouterons l'initiale du prénom dans le corps du texte pour éviter les confusions lorsque deux auteurs ont porté le même nom. Tel est le cas de Firmin Laferrière et Édouard Laferrière, mais également de Félix Moreau et Jacques Moreau.

251 AUDREN (Frédéric), « Le "moment 1900" dans l'histoire de la science juridique française », *in* JOUANJAN (Olivier) et ZOLLER (Elizabeth) (dir.), *Le « moment 1900 ». Critique sociale et critique sociologique du droit en Europe et aux États-Unis*, Éditions Panthéon-Assas, 2015, p. 55 s.

oscille entre la génération des « précurseurs » et celle des « théoriciens » par la période durant laquelle il écrit (jusqu'à l'orée du XXe siècle) ; nous avons toutefois choisi de le placer dans la première, même s'il deviendra un contemporain d'Hauriou et Duguit, tant son apport théorique nous semble plus faible que celui des auteurs de la génération des « théoriciens ». On pourrait dire à son égard qu'« *en un demi-siècle, l'auteur n'a pas pu dépouiller le vieil homme* »[252]. Quant au troisième, qui vécut au même moment qu'Aucoc, son cas s'est également avéré épineux. Si nous avons choisi d'intégrer Batbie à la génération des « théoriciens », c'est principalement du fait de son intérêt assez précoce pour la question de l'État, qu'il intègrera à son *Traité* de droit administratif[253]. Nous aurons toutefois l'occasion de voir à quel point il accuse un certain décalage par rapport aux auteurs de son époque.

Le fait que certains administrativistes n'entrent pas dans les catégories établies est bien la preuve, là encore, que l'histoire – qu'elle soit doctrinale ou non – ne peut se résumer comme étant une *succession* d'évènement, d'auteurs ou de générations. Comme le relève Pierre Legendre, l'histoire du droit administratif « *est finalement toute sédimentaire* » ; elle est « *une lente stratification de couches successives où se reconnaissent après coup des âges différents* »[254]. Ainsi, les différentes générations que nous avons tenté d'identifier ne se sont pas succédé clairement les unes après les autres, elles se sont plutôt empilées les unes sur les autres et sont ainsi loin d'être étanches. Cela explique donc que certains auteurs puissent parfois ne pas être totalement intégrés à une génération précise. Il convient à présent d'éclairer la méthode épistémologique que nous avons suivie.

B- **Une méthode épistémologique**

35. Une recherche portant sur l'histoire intellectuelle de la doctrine nécessite d'éclairer la méthode épistémologique retenue. Il s'agit surtout de mettre en lumière la façon dont nous avons conçu les rapports entre le « sujet connaissant » (les auteurs) et l'« objet connu » (le droit administratif). À cet égard, plusieurs positions sont en effet possibles. Dans une certaine perspective, généralement adoptée par les tenants du positivisme juridique, « *l'objet-droit préexiste au sujet connaissant, lui est extérieur, voire lui est*

---

[252] WALINE (Marcel), « Les idées maitresses de deux grands publicistes français : Léon Duguit et Maurice Hauriou », *L'année politique française et étrangère*, mars 1930, p. 39.
[253] Nous avons en effet choisi d'intégrer Batbie à la génération des « théoriciens » compte tenu de la teneur du Tome 1 de la 2e édition de son *Traité théorique et pratique de droit public et administratif*, paru en 1885. Il est ainsi l'un des premiers à consacrer d'amples développements à la question de l'État – il y consacre même un Tome entier. Cf. *infra*. § 317.
[254] LEGENDRE (Pierre), « La facture historique des systèmes. Notations pour une histoire comparative du droit administratif français », *Revue internationale de droit comparé*, 1971, vol. 23, p. 20.

"imposé" »[255]. Dans ce schéma, c'est le législateur ou le juge qui produit le droit, la doctrine ne faisant qu'en rendre compte pour l'enseigner, ce qui explique qu'on lui affuble souvent la qualité, non de source du droit, mais de simple « autorité »[256]. On insiste alors sur le fait que « *l'opinion d'un auteur n'est pas une règle de droit qui s'impose à tous* »[257] – ce qu'on ne saurait raisonnablement nier. Nous ne saurions toutefois nous rallier à ce point de vue. Au-delà de la question de savoir si la doctrine constitue une source du droit à part entière – car en réalité tout dépend ce que nous entendons par « source »[258] –, il nous apparait impossible de dire que les auteurs, c'est-à-dire ceux qui enseignèrent et écrivirent sur le droit administratif, se situent dans une extériorité totale vis-à-vis de leur objet d'étude, qu'ils ne feraient que découvrir – celui-ci étant déjà « prêt à l'emploi ». Car si tel était le cas, on serait dans l'impossibilité d'expliquer pourquoi les administrativistes du début du XIXe siècle n'auraient pas « découvert » la structure du droit administratif telle qu'on la connait aujourd'hui, et pourquoi ils se seraient à l'origine cantonnés à la technique du répertoire. Cela montre bien que le droit administratif, conçu comme discipline, est l'objet, pour une part au moins, d'une véritable construction de la part des auteurs.

36. La méthode épistémologique que nous adopterons tout au long de cette recherche est appelée par Pierre Bourdieu le « *constructivisme structuraliste* »[259]. Par l'idée de constructivisme, on insiste généralement sur le fait que « *le sujet est premier, qu'il construit l'objet de sa connaissance, la réalité extérieure n'étant que le fruit de son esprit* »[260]. Le postulat d'une telle épistémologie est de dire que « *nous vivons dans un monde dont au moins une large part est non donnée mais construite* »[261] si bien que « *la connaissance implique un sujet connaissant et n'a pas de sens ou de valeur en dehors de*

---

255 GESLIN (Albane), « L'importance de l'épistémologie pour la recherche en droit », *in* SERGUES (Bertrand) (dir.), *La recherche juridique vue par ses propres acteurs*, Presses de l'Université de Toulouse 1 Capitole, 2016, p. 103.

256 CARBONNIER (Jean), *Droit civil*, Tome 1, PUF, 7e éd., 1967, p. 79 ; cité par CABRILLAC (Rémy), *Qu'est ce qu'une introduction au droit ?*, Dalloz, 2017, p. 57.

257 CABRILLAC (Rémy), *Introduction générale au droit*, Dalloz, 12e éd., 2017, p. 167.

258 Selon François Terré, que nous rejoignons sur ce point, « *Si nécessaire soit-elle, la métaphore de "source" révèle, de tout temps, l'existence d'un écart spécifique entre le signifiant et le signifié. Rien d'étonnant, dès lors, si après l'érosion des siècles, celle de source du droit devient de plus en plus trompeuse. Pédagogiquement commode, elle a cessé de l'être en termes d'épistémologie juridique. D'où une approche se voulant, à tort ou à raison, plus réaliste des éléments ou des composantes du droit.* » (TERRÉ (François), « La doctrine de la doctrine », *in Études offertes au Doyen Philippe Simler*, Dalloz-Litec, 2006, p. 59).

259 BOURDIEU (Pierre), « Espace social et pouvoir symbolique », *in Choses dites*, Éditions de Minuit, 1987, p. 147.

260 GESLIN (Albane), « L'importance de l'épistémologie pour la recherche en droit », *in* SERGUES (Bertrand) (dir.), *La recherche juridique vue par ses propres acteurs*, *op. cit.*, 2016, p. 104.

261 RABAULT (Hugues), « La réalité comme artefact : le constructivisme sociologique de Niklas Luhmann », *Droit et société*, 2015, n° 89, p. 207.

lui »[262]. Dans cette perspective, le juriste ne découvre pas le système juridique, il le construit. Cette seule approche nous apparait toutefois trop absolue car incapable de prendre en considération certaines structures propres à s'imposer aux sujets. Elle laisse en effet trop peu de place au contexte, qui peut pourtant s'avérer déterminant pour expliquer certaines évolutions, comme la transfiguration que connait la doctrine administrativiste à l'orée des années 1880 par exemple. À ce titre, Bourdieu insistait sur l'existence « *dans le monde social lui-même, et pas seulement dans les systèmes symboliques, langage, mythes, etc., [de] structures objectives, indépendantes de la conscience et de la volonté des agents, qui sont capables d'orienter ou de contraindre leurs pratiques ou leurs représentations* »[263]. Adopter une épistémologie propre au constructivisme structuraliste, c'est donc allier l'objectif au subjectif ; c'est dire que si le sujet construit son objet, on ne peut masquer le fait qu'il soit lui aussi contraint par certaines structures qui le dépassent. C'est donc mêler l'importance de l'individu sans nier l'importance de la structure sociale à laquelle il appartient. Il conviendra alors de s'intéresser à ce qu'écrivent les auteurs sur le droit administratif et sur l'État, mais également aux structures, notamment sociales, qui déterminent leur travail, celles-ci ayant vraisemblablement conditionné les rapports qu'ils ont entretenus avec l'État. Au-delà de l'étude des discours des administrativistes, notre étude ne saurait donc faire l'impasse sur l'histoire des Facultés de droit et de leur fonctionnement, ce point de vue permettant de mieux mettre en lumière le contexte dans lequel leurs écrits ont vu le jour. Ces jalons méthodologiques posés nous permettent de présenter quelle sera la thèse défendue.

C- **La thèse défendue**

37. Problématique. S'interroger sur l'État dans la construction doctrinale du droit administratif fait apparaitre trois termes différents qu'il convient d'articuler entre eux : l'État, le droit administratif, la doctrine. En partant du postulat méthodologique selon lequel la doctrine a *construit* le droit administratif tout en se voyant imposer certaines *structures* qui l'ont guidé dans cette entreprise, on réussit en réalité à embrasser l'ensemble des interactions qui peuvent exister entre ces trois éléments. En effet, cela met en valeur l'existence, d'un côté, d'un rôle actif des auteurs, chargés de construire leur discipline et de penser l'État et de l'autre, l'influence qu'ont sur sa pensée certaines structures qui lui sont extrinsèques. Cela revient donc à poser une double question.

---

[262] LE MOIGNE (Jean-Louis), *Les épistémologies constructivistes*, PUF, 2012, p. 68.
[263] BOURDIEU (Pierre), « Espace social et pouvoir symbolique », *in Choses dites*, Éditions de Minuit, 1987, p. 147.

Premièrement, il faut se demander quelle place les auteurs de droit administratif ont-ils fait à l'État dans la construction de leur discipline, c'est-à-dire comment l'ont-ils pensé, voire théorisé. Dans cette perspective, c'est l'État en tant que *concept* que l'on interroge, en se demandant s'il a pu être théorisé par les auteurs. Quelle place les auteurs, en construisant le droit administratif, ont-ils laissé au concept d'État ? Deuxièmement, il s'agit de savoir quel rôle a joué l'État dans la construction de la discipline du droit administratif. C'est alors sur la place que détient l'État en tant qu'*institution*, en tant que *structure* institutionnelle, dans la pensée des administrativistes qui nous intéressera. Quel rôle l'institution étatique a-t-elle joué dans la construction doctrinale du droit administratif ? En un mot, on le voit, **c'est la question des *rapports* entre l'État, entendu comme concept et comme institution, et la doctrine dans la construction du droit administratif** qui anime l'ensemble de notre recherche.

38. Thèse. À ce titre, il faut dire que la pensée administrativiste n'a jamais été indifférente à l'État, entendu comme concept ou comme institution, dans la construction de sa discipline. Dès lors, le droit administratif a selon nous été construit sur une certaine conception de l'État, celle-ci demeurant en filigrane toujours présente, si ce n'est prégnante dans la pensée des auteurs. Cela ne signifie pas que cette conception de l'État n'a jamais évolué au fil du temps, même si certains traits caractéristiques perdurent à travers les siècles. Car ce qui nous importe, ce n'est pas seulement la définition qu'ils donnent de l'État ou la représentation qu'ils s'en font ; ce qui nous importe surtout, ce sont les rapports que les administrativistes entretiennent avec l'État. Or, de ce point de vue, il apparait que leur façon de le concevoir peut toujours être reliée à une forme de légitimation du modèle étatique. **Ainsi, et c'est la thèse que nous défendrons, loin d'ignorer ou de contester l'État, les administrativistes ont construit leur discipline en justifiant, de façon consciente ou non, l'existence et l'autorité du pouvoir étatique, son bien-fondé[264].**

39. Plan. Cette légitimation du modèle étatique a toutefois pu prendre au fil des XIXe et XXe siècles des formes différentes. Afin de mieux s'en rendre compte, nous avons fait le choix d'adopter un plan chronologique. Si ce type de plan comporte un certain nombre d'inconvénients, notamment parce qu'il implique un « *découpage au moyen de dates approximatives* » qui « *brise le mouvement sourd et progressif de formation des institutions juridiques* »[265], il nous apparaissait incontournable dans le cadre de notre recherche, compte tenu notamment de la durée que celle-ci embrasse. Ce choix nous a en effet

---

264 GOYARD-FABRE (Simone), occ. « Légitimité », *in* ALLAND (Denis) et RIALS (Stéphane) (dir.), *Dictionnaire de la culture juridique*, PUF, 2003, p. 929.
265 GIRARD (Anne-Laure), *La formation historique de la théorie de l'acte administratif unilatéral*, Thèse, *op. cit.*, 2013, p. 19.

permis d'éviter un écueil relatif à l'aplanissement de la pensée des auteurs : sans l'adoption d'un plan chronologique, nous aurions vraisemblablement été tentés de mettre sur un même plan des auteurs comme Gérando et Hauriou, par exemple, afin de raconter un récit unifié, où l'idée de construction aurait été mise à mal. Pourtant, tous deux appartiennent à des contextes radicalement différents. Toujours dans le souci de ne pas détacher artificiellement les idées développées des époques dans lesquelles elles sont nées, l'adoption d'un plan chronologique a ainsi permis de mettre en exergue les changements d'ordre politique, constitutionnel, idéologique ou encore économique, propres à avoir une influence sur la pensée des auteurs et sur leur façon de concevoir l'État.

Reste alors une difficulté, inhérente à l'adoption d'un plan chronologique : le choix d'une date de césure. Indéniablement, dans le cadre de notre recherche, cette date n'existe pas. Tout au plus peut-on dire que c'est au cours de deux décennies que les rapports entre l'État et le droit administratif ont évolué dans la pensée des administrativistes : celles des années 1870-1890. Nous retiendrons toutefois 1870 comme date de césure, car c'est à partir de cette date, et plus particulièrement de l'avènement de la IIIe République, qu'un tournant s'amorce tant dans la façon de concevoir la façon de concevoir le droit administratif que dans celle d'appréhender l'État – ce que nous aurons l'occasion de développer[266].

Si la légitimation du modèle étatique est toujours présente en filigrane dans la construction doctrinale du droit administratif, elle se présente sous une forme différente avant et après les années 1870. Avant 1870, il y a une certaine volonté de légitimer tant le modèle étatique que le pouvoir en place : la façon qu'ont les auteurs de se représenter l'État en dépend entièrement. On a pu parler à cet égard, pour qualifier la pensée administrativiste de cette époque, d'une « pensée d'État » : on y ressent avant tout le poids de l'institution étatique dans la construction du droit administratif. Il s'agit donc davantage pour eux de légitimer le modèle étatique et le pouvoir en place plutôt que de penser l'État comme concept. Cela ne signifie pas que les tentatives de conceptualisation sont inexistantes, mais plutôt qu'elles sont commanditées par la forte pensée d'État qui imprègne ces générations, qu'il s'agisse des « ordonnateurs » ou des « précurseurs ». Il s'agit en un mot pour eux de *légitimer l'État tel qu'il se présente* au XIXe siècle. D'un point de vue idéologique, et parce que l'État du XIXe siècle ne brille pas par son libéralisme, cela implique qu'ils rejoignent un certain « étatisme-libéral », lequel combine une faible *attention* portée à certaines libertés individuelles avec la forte *nécessité* d'affirmer la puissance étatique. En résumé, la période s'étendant de 1804 aux années 1870 apparait donc chez les administrativistes comme étant celle d'une *pensée d'État* (**Partie 1**).

---

266 Cf. *infra*. § 277 s.

Il semble toutefois qu'un tel état d'esprit se modifie progressivement à partir des années 1870 et l'avènement de la IIIe République. L'indépendance qu'acquièrent les administrativistes vis-à-vis du pouvoir en place a entre autres conduit à mettre un terme à la pensée d'État qui animaient les auteurs des générations précédentes. Il y a avant tout pour la génération des « théoriciens » la *volonté* de penser l'État, c'est-à-dire de s'intéresser au concept d'État de façon théorique, jusqu'à parfois ériger une véritable théorie de l'État. Si l'on ne peut donc plus parler d'une pensée d'État – tant leurs représentations de l'État ne sont plus conditionnées par la volonté de légitimer l'État et le pouvoir en place –, il n'en reste pas moins que celle-ci a laissé certaines séquelles parmi eux : ils sont toujours conduits, dans leur volonté de penser l'État, à légitimer le modèle étatique – bien qu'il n'y ait pas là leur volonté première. Cela explique que leur libéralisme soit encore teinté d'étatisme : on parlera alors d'un libéral-étatisme, pour désigner ce libéralisme *par* l'État et non *contre* l'État[267]. En résumé, la période qui s'étend de 1870 à 1930 apparait donc comme étant celle où les administrativistes se sont évertués à *penser l'État* (**Partie 2**).

---

267 JAUME (Lucien), *L'individu effacé ou le paradoxe du libéralisme français*, Fayard, 1997, p. 11.

PARTIE 1
UNE PENSÉE D'ÉTAT (1804-1870)

40. La période qui s'ouvre au lendemain de la Révolution et qui se clôt aux années 1870 – et que nous dénommerons dans les pages qui suivront le « XIXe siècle » – est une période cruciale pour le droit administratif. Elle est celle de la fondation de la discipline, pour laquelle le contexte politique et historique s'est avéré déterminant. En dehors d'un court épisode républicain (1848-1851), le XIXe siècle est en effet traversé par des régimes constitutionnels soit impériaux, qu'il s'agisse du Premier Empire (1804-1814) ou du Second Empire (1852-1870), soit monarchiques, avec la Restauration (1814-1830) et la Monarchie de Juillet (1830-1848). Bien que la Déclaration de 1789 et les Chartes de 1814 et 1830 reconnaissent, sur le plan politique, un certain nombre de droits aux citoyens, ceux-ci restent lettre morte sur le plan administratif. La puissance du citoyen contraste avec la misère de l'administré[1]. En cela, le droit administratif porte en lui l'héritage légué par la récente Révolution, bien sûr, mais surtout celui laissé par l'Ancien Régime – et dont la Révolution est loin d'avoir fait table rase[2]. Il a trouvé dans ces héritages le terreau de son développement.

À cet égard, le rôle des administrativistes, qui forgent la discipline, ne doit pas être sous-estimé. Riches de leur pensée d'État, ils légitiment tant le modèle étatique que le pouvoir en place. Les règles du droit administratif leur permettent de divulguer une conception de l'État fidèle à cet objectif. Ils se nourrissent pour cela de ce que nous avons pu désigner sous le terme d'*étatisme-libéral*[3], c'est-à-dire d'une doctrine politique et philosophique qui promeut la supériorité de l'État sur les individus et leurs libertés. Leur étatisme n'est pas despotique ou autoritaire : s'il est vrai que l'individu est *effacé*[4], voire ignoré, il n'est pas brimé. Leur étatisme est libéral car les administrativistes ne sont pas en soi hostiles au progrès des libertés ; ils ne les promeuvent toutefois que lorsqu'elles permettent d'affirmer l'autorité de

---

[1] ROSANVALLON (Pierre), *L'État en France de 1789 à nos jours*, Éditions du Seuil, 1990, p. 71.
[2] TOCQUEVILLE (Alexis de), *L'Ancien régime et la Révolution*, Michel Lévy Frères, 1856.
[3] Nous nous sommes bien sûr inspirés, pour construire ce terme, des travaux de Lucien Jaume sur le libéralisme (JAUME (Lucien), *L'individu effacé ou le paradoxe du libéralisme français*, Fayard, 1997). Nous aurons toutefois l'occasion de préciser pourquoi nous avons souhaité amender quelque peu sa lecture du XIXe siècle concernant la littérature administrativiste.
[4] JAUME (Lucien), *L'individu effacé*, *op. cit.*, 1997.

l'État. Cela n'est, bien sûr, par exempt de contradictions, lesquelles se reflèteront dans leur façon de concevoir l'État.

Dans ce sillage, ils échafaudent ainsi des rapports singuliers entre l'État et la société, mais également entre l'État et l'administration. Il s'agit d'une part pour eux de montrer l'étroite dépendance de la société à l'État : la société n'existe que grâce à l'État. Ils font alors de ce dernier une figure incontournable du social, seul capable de mettre un terme au chaos postrévolutionnaire. En retour, l'État est censé n'agir qu'en faveur de la société tout entière, ce qui contribue largement à légitimer son pouvoir sans en passer par l'individu. Tout converge alors vers l'État (**Titre 1**). D'autre part, les administrativistes expriment leur pensée d'État dans leur conception des rapports entre l'État et l'administration. Il ne s'agit pas là seulement de légitimer le modèle étatique en soi, mais l'État administratif, c'est-à-dire l'État tel qu'il apparait au XIXe siècle. Dans ce sillage, ils défendent l'idée selon laquelle ce n'est pas le législateur, et encore moins le juge (judiciaire) qui peuvent pérenniser l'État et ancrer son pouvoir : c'est l'administration. Elle est celle par qui tout transite (**Titre 2**).

TITRE 1
ANCRER LE POUVOIR D'ÉTAT : LA DEPENDANCE DE LA SOCIETE A L'ÉTAT

41. Les rapports entre l'État et la société au XIXe siècle ne peuvent être compris que si l'on garde à l'esprit que ce siècle entretient un « *rapport consubstantiel* »[5] avec la Révolution : il ne peut être appréhendé en dehors des mutations profondes qu'elle a engendrées. La pensée administrativiste du XIXe siècle illustre à cet égard toute la complexité de l'héritage révolutionnaire. D'un côté, les administrativistes ne peuvent que prendre en considération le fait que la Révolution a transformé les rapports entre l'État et la société, du fait notamment de la suppression des corps intermédiaires. De l'autre, tout se passe comme s'ils souhaitaient perpétuer certains réflexes propres à l'Ancien Régime. Ils gardent les yeux d'une autre époque, comparable à celle des anciens légistes, pour observer une situation qui – même si elle a pu être perçue comme n'étant que le « *couronnement* »[6] de l'Ancien Régime[7] – a radicalement changé. De ce hiatus nait une certaine conception des rapports entre l'État et la société, propre à faire des administrativistes, non plus les légistes du Roi, mais ceux de l'État. Ils poursuivent sur le plan juridique l'œuvre du pouvoir en place. Or, au XIXe siècle, l'État s'avère d'un point de vue administratif peu soucieux des libertés et du pluralisme social.

De ce fait, d'un point de vue théorique, d'une part, les administrativistes du XIXe siècle vont très rapidement identifier la société à l'État. On pourrait déduire de cela, en soi, un lien d'interdépendance entre l'État et la société : l'un(e) ne pourrait exister sans l'autre. Mais, en réalité, c'est plutôt un rapport de *dépendance* de la société envers l'État qui est mis en valeur par les administrativistes. De cette manière, ils distillent l'idée selon laquelle la société ne pourrait exister sans l'État (**Chapitre 1**). Cette conception théorique des rapports entre la société et l'État a des implications concrètes : elle vient

---

[5] FUREIX (Emmanuel) et JARRIGE (François) (dir.), *La modernité désenchantée. Relire l'histoire du XIXe siècle français*, La Découverte, 2015, p. 281.

[6] Pour Tocqueville, selon François Furet, la Révolution « *est l'aboutissement, le couronnement de tendances à l'œuvre dans la société d'Ancien Régime, bien plus qu'une transformation radicale de la France et des français* » (FURET (François), *Penser la Révolution française*, Gallimard, 1989, p. 213).

[7] TOCQUEVILLE (Alexis de), *L'Ancien Régime et la Révolution*, Michel Lévy Frères, 1856.

au renfort d'une certaine conception de l'État, telle qu'elle est du moins véhiculée au XIXe siècle. Dans la mesure où la société est dépendante de l'État pour exister, cela signifie en creux que l'État doit seul *instituer* la société. Il doit devenir le « *chef de la société* »[8], selon la formule de Guizot. Alors que, sous l'Ancien Régime, la multiplicité des corps intermédiaires permettait de mettre en forme la société et de lui donner une certaine cohésion, ce rôle incombe désormais à l'État seul. C'est ce que Pierre Rosanvallon a appelé la figure de l'État « *instituteur du social* »[9], figure que les administrativistes vont tâcher de légitimer (**Chapitre 2**).

---

[8] Cité par JAUME (Lucien), « Le libéralisme difficile : un tournant historique ? », *in* PERRINEAU (Pascal) et ROUBAN (Luc), *La démocratie de l'entre-soi*, Presses de Sciences Po, 2017, p. 197.

[9] ROSANVALLON (Pierre), *L'État en France de 1789 à nos jours*, Éditions du Seuil, 1990, p. 15.

Chapitre 1
L'identification de l'État à la société

42. L'identification de l'État à la société est l'un des éléments qui permet de mieux saisir comment les administrativistes du XIXe siècle conçoivent l'État. Pourtant, le début du XIXe siècle est loin de faire émerger, en droit administratif, une théorie globale de l'État. Et pour cause ; il s'agit d'une matière nouvelle, qui peine à faire sa place dans le paysage juridique et académique de l'époque. Enseignée par des praticiens, l'heure n'est pas à sa théorisation générale. On ne saurait toutefois en déduire l'absence totale de réflexion sur les fondements de cette matière nouvelle : les ordonnateurs – première génération qui s'attache à mettre en ordre la matière – puis les précurseurs – qui s'émancipent quelque peu de la première génération en développant une approche plus ouverte et plus théorique du droit administratif – vont en réalité progressivement poser les jalons d'une réflexion théorique sur l'État, et ce en dépit des embuches institutionnelles et intellectuelles qu'ils rencontrent (**Section 1**). Cela se matérialise notamment par l'appréhension progressive de l'État comme « personnification de la société ». Cette définition, même si elle n'a pas vocation à embrasser l'ensemble des manifestations étatiques, réussit habilement à combiner le désir naissant de théorisation avec la volonté ferme de produire une pensée d'État, capable de légitimer l'institution étatique telle qu'elle se présente au XIXe siècle (**Section 2**).

Section 1. **L'appréhension théorique de l'État entravée**

43. De façon générale, le champ dans lequel on appréhende l'État conditionne la définition que l'on en donnera : la façon de le penser dépend de là où l'on se place. Cela explique pourquoi la définition généralement retenue de l'État diffère selon qu'on l'appréhende en droit international, en droit constitutionnel, ou encore en sociologie ou en histoire. Le droit administratif, à cet égard, n'échappe pas à la règle : les conditions dans lesquelles il est né, qu'il s'agisse du contexte historique, intellectuel ou institutionnel, ont ainsi déterminé la façon de concevoir l'État. Il nous faut donc faire un détour par ce contexte pour mieux comprendre, ensuite, leur conception de l'État. Les Facultés de droit constituent à cet égard un bon laboratoire d'observation : la façon dont le droit administratif y est enseigné nous montre bien les contingences de cette époque, même s'il est vrai que quelques administrativistes – comme Cormenin, Dufour ou Vivien – n'y enseigneront jamais. De façon générale, on peut alors s'appuyer sur l'enseignement du droit administratif pour montrer à quel point ce dernier est au début du XIXe siècle largement dispensé de toute approche théorique. Cela constitue un handicap pour l'étude de l'État, laquelle se veut en soi majoritairement abstraite (**§ 1**). D'autre part, le fait que le droit administratif s'enseigne majoritairement au sein des Écoles de droit, devenues progressivement Facultés de droit, aura également de fortes implications dans la façon de concevoir l'État. Elles reflètent en effet ce qui se joue de façon plus générale dans la façon de faire du droit administratif : divulguer une pensée d'État, capable de légitimer l'État tel qu'il se présente alors. À l'heure où les régimes non-républicains se succèdent, les Facultés de droit sont plus spécifiquement productrices d'une véritable « *culture d'État* »[1], qui constitue un obstacle pour penser l'État (**§ 2**).

§ 1. *Le droit administratif, une matière dispensée de théorie*

44. Au début du XIXe siècle, le climat dans lequel progressent les administrativistes est peu propice au développement d'une véritable théorisation de l'État. Il existe en effet des « obstacles » à l'étude de l'État dans cette matière – obstacles dont il faut toutefois préciser qu'ils s'avèrent surmontables, à la différence de barrages infranchissables. La rétivité du droit administratif à la théorie est d'une part due à l'extrême jeunesse de la matière, qui ne constitue pas encore à proprement parler une discipline. La pensée d'État qui anime les administrativistes les conduit à resserrer leur travail sur la mise en ordre des textes – qui s'avère plus utile pour les gouvernants et moins subversif que toute entreprise de théorisation (**A**). Elle peut d'autre part s'expliquer par la vocation pratique très tôt allouée au droit administratif, laquelle a pu faire obstacle au développement d'éléments théoriques en la matière, mais qui a surtout conditionné la façon de concevoir l'État (**B**).

A- **Une matière nouvelle**

45. Le droit administratif est, au début du XIXe siècle, une matière nouvelle. Alors qu'elle n'est pas à proprement parler constituée en véritable discipline[2] – ce qui n'adviendra que bien plus tard – les administrativistes de

---

[1] AUDREN (Frédéric) et HALPÉRIN (Jean-Louis), *La culture juridique française, entre mythes et réalités*, CNRS Éditions, 2013, p. 17 s.

[2] CHEVALLIER (Jacques), « Ce qui fait discipline en droit », *in* AUDREN (Frédéric) et BARBOU DES PLACES (Ségolène) (dir.), *Qu'est-ce qu'une discipline juridique ?*, LGDJ, 2018, p. 50 s.

cette époque en posent toutefois les jalons en tâchant de délimiter son périmètre. Plusieurs initiatives naissent en effet pour recenser et mettre en ordre les règles dites « administratives » : les ordonnateurs, comme leur nom l'indique, s'attachent à mettre en ordre les sources de cette matière nouvelle (**1**). Quant à la génération des précurseurs qui suivra, c'est une science qu'ils tâcheront quant à eux de mettre en forme (**2**).

1- *La mise en ordre des sources par les ordonnateurs*

46. L'éparpillement des sources du droit administratif. S'il est possible de remonter jusqu'à l'Ancien Régime pour déceler l'existence d'un droit administratif[3], la science du droit administratif ne prend forme selon nous qu'à partir de la loi du 22 ventôse an XII (13 mars 1804) relative aux Écoles de droit – lesquelles deviendront les Facultés de droit en 1808. Elle permet à la matière de droit administratif de naître, ce qui est un premier pas vers sa disciplinarisation. Cette loi prévoit les enseignements qui y seront dispensés ; ils sont répartis en trois groupes : « *1° le droit civil français, dans l'ordre établi par le code civil, les éléments du droit naturel et du droit des gens, et le droit romain dans ses rapports avec le droit français ; 2°* Le droit public français et le droit civil dans ses rapports avec l'administration publique *; 3° La législation criminelle et la procédure civile et criminelle* »[4]. Si cette loi témoigne de l'apparition « *précoce* »[5] du droit public dans les enseignements juridiques, elle montre surtout la véritable primauté du droit civil sur les autres matières. La date de la création des Écoles de droit en est d'ailleurs le témoin : tout se passe comme si elles avaient été créées pour la seule étude du code civil, dont la rédaction vient alors d'être achevée. Dans ce sillage, on ne peut s'étonner que le « droit administratif » soit appelé « droit civil dans ses rapports avec l'administration publique » et considéré par les civilistes comme une division du droit civil[6].

Les administrativistes de la génération des « ordonnateurs » vont toutefois tâcher, en se saisissant de ce corpus juridique nouveau, d'émanciper la

---

[3] Sur cette question, v. notamment MESTRE (Jean-Louis), « L'histoire du droit administratif », *in* GONOD (Pascale), MELLERAY (Fabrice) et YOLKA (Philippe) (dir.), *Traité de droit administratif*, Tome 1, Dalloz, 2011, p. 3 s.

[4] BEAUCHAMP (Arthur de), *Recueil des lois et règlements sur l'enseignement supérieur*, Tome 1, Delalain, 1880, p. 137. Nous soulignons.

[5] RICHARD (Guillaume), *Enseigner le droit public sous la Troisième République*, Thèse, Dalloz, 2015, p. 44.

[6] PROUDHON (Victor), « Discours », *in Procès-verbal de l'ouverture solennelle de l'École de droit de Dijon*, de Bernard-Defay, 1806, p. 20 : « *On voit, par ce coup d'œil rapide, combien les lois sur l'administration publique embrassent de choses, et combien il est intéressant de composer au moins un corps de doctrine élémentaire sur cette partie de notre Droit civil, pour que la connaissance n'en reste pas entièrement concentrée dans les bureaux ; des divers Administrateurs.* »

législation administrative du carcan civiliste. On ressent chez eux la volonté de constituer le droit administratif en une véritable *science*, laquelle peut être comprise à l'époque comme un ensemble ou un système de connaissances sur quelque matière[7]. La volonté de distinguer la matière administrative du droit civil apparait de surcroit déjà présente en germe. Or, faire du droit administratif une « science » n'est pas à l'époque chose aisée : elle se heurte à un certain nombre de difficultés liées à l'éparpillement des sources. Les ordonnateurs s'attèlent ainsi avant tout à un travail de « mise en ordre » des sources de ce droit ; il s'agit de « *clarifier une matière jugée neuve et inaccessible* »[8]. Pierre Legendre note à cet égard qu'« *après les bouleversements révolutionnaires, la science du Droit administratif fut avant tout un tri ; il fallait démêler l'énorme production législative ou réglementaire, ajoutée souvent comme un sédiment aux amalgames de textes hétéroclites légués par l'Ancien Régime* »[9]. C'est plus particulièrement chez des auteurs comme Gérando[10], Cormenin[11] et Macarel[12] que l'on perçoit, à travers le défrichage qu'ils opèrent, la volonté de faire du droit administratif une véritable science. À cet égard, ces trois auteurs sont parfois considérés comme les « *pères fondateurs* »[13] de la discipline, déjà au XIXe siècle[14]. Et pour cause ; ils ont réussi à rassembler et ordonner les différentes sources

---

[7] Occ. « Science », *Dictionnaire de l'Académie française*, 6e éd., 1835.

[8] BIGOT (Grégoire), *L'administration française. Politique, droit, société*, Tome 1 : 1789-1870, LexisNexis, 2e éd., 2014, p. 317.

[9] LEGENDRE (Pierre), « L'Administration sans Histoire : les courants traditionnels de recherche dans les Facultés de droit », *La Revue Administrative*, 1968, Tome 21, p. 430.

[10] Professeur à la Faculté de droit de Paris entre 1819 et 1822 puis entre 1828 et 1842, Gérando sera également secrétaire général du Ministère de l'Intérieur à partir de 1804, et pendant 17 ans. V. notamment CHAPPEY (Jean-Luc), CHRISTEN (Carole) et MOULLIER (Igor) (dir.), *Joseph-Marie de Gérando (1772-1842). Connaître et réformer la société,* Rennes, PUR, 2014.

[11] Conseiller d'État, Cormenin fut également député de 1828 à 1849. V. notamment BASTID (Paul), *Un juriste pamphlétaire, Cormenin, précurseur et constituant de 1848*, Hachette, 1948.

[12] Conseiller d'État et Professeur à la Faculté de droit de Paris entre 1828 et 1849. Macarel fut à partir de 1837 directeur de l'administration départementale et communale rattaché au ministère de l'intérieur. Sur ce point, v. BECQUEREL (Antoine-César), *Notice biographique sur Louis-Antoine Macarel*, Bouchard-Huzard, 1852, p. 4.

[13] GUGLIELMI (Gilles J.), « Vu par ses pères fondateurs, le droit administratif », *in* CURAPP, *Le droit administratif en mutation*, PUF, 1993, p. 41 s.

[14] Tocqueville relève ainsi dans son rapport sur le livre de Macarel fait à l'Académie en 1846 que « *parmi les hommes qui depuis trente ans ont entrepris de montrer à la France d'après quelles règles on l'administre, trois ont particulièrement attiré l'attention publique* » : Macarel, Gérando et Cormenin. (TOCQUEVILLE (Alexis de), « Rapport fait à l'Académie des sciences morales et politiques (1846) sur le livre de Macarel intitulé : Cours de droit administratif », *in Séances et travaux de l'Académie des sciences morales et politiques*, Tome 9, 1846, p. 106. Également *in Œuvres complètes d'A. de Tocqueville publiées par Mme de Tocqueville*, Michel Lévy frères, 1865, Tome 9, p. 61 et *in* GILBERT (Simon), « Rapport de M. de Tocqueville sur le *Cours de droit administratif* de M. Macarel (1846) », *RFDA*, 2007, p. 1115). À la même époque, Chauveau en fait également « *les maitres en la science* » du droit administratif (CHAUVEAU (Adolphe), *Principes de compétence et de juridiction administratives*, Tome 1, Cotillon-Durand, 1841, p. CLXXX).

administratives de façon à donner un socle solide à la future discipline. Leur méthode pour ce faire peut toutefois au premier abord apparaitre paradoxale : alors qu'ils souhaitent s'émanciper du droit civil, certains d'entre eux auront en effet recours à la méthode de la codification – et nous verrons qu'il n'y a en réalité pas là de véritable paradoxe.

47. Le recours à la méthode de codification. Un certain nombre d'auteurs, dont Gérando reste le plus fameux, s'est tourné vers la codification des lois administratives pour faire du droit administratif une véritable « science ». Ces initiatives, d'origine privée[15], c'est-à-dire personnelle, sont relativement nombreuses[16]. Si certains codificateurs se sont d'abord penchés sur des pans sectoriels de la législation administrative, concernant par exemple l'administration militaire[17], nous nous intéresserons ici uniquement aux codifications à vocation générale, c'est-à-dire à celles dont le but est de saisir la législation administrative dans sa globalité[18]. Elles nous renseignent en effet sur le périmètre choisi pour ce qui deviendra le droit administratif. Il convient à ce titre d'en proposer un rapide aperçu. Le premier codificateur de ce type est Fleurigeon, chef de bureau au Ministère de l'Intérieur, qui publie un *Code administratif* dès 1806, lequel recueille par ordre alphabétique toutes les lois qui concernent l'exercice des fonctions administratives[19]. Ce code, qui est une première initiative pour ordonner les différentes sources juridiques de l'action administrative, sera rapidement suivie par Bonnin, qui publie en 1808 un ouvrage intitulé « De l'importance et de la nécessité d'un code administratif ». Il est alors soucieux d'ordonner cette matière où règne « *la confusion, résultante de l'amalgame des lois nouvelles avec les anciennes* »[20]. Elle est surtout l'étape nécessaire pour construire un nouveau champ scientifique, lui

---

[15] Au cours du XIXe siècle, des initiatives publiques de codification ont également été menées, de façon relativement peu fructueuse. Sur ce point, v. GUGLIELMI (Gilles J.), « L'idée de codification dans la construction du droit administratif français au XIXe siècle », *Jahrbuch für Europäische Verwaltungsgeschichte (Annuaire d'histoire administrative européenne)*, 1996, n° 8, p. 109 s. ; également disponible en ligne.

[16] Benoît Plessix relève bien à cet égard qu'à l'époque, « *le terme "Code" ne renvoyait pas encore à la volonté de promulguer une codification officielle du droit administratif sur le modèle du droit civil, mais seulement au souhait de réalise une entreprise privée de compilation de textes* » (PLESSIX (Benoît), *L'utilisation du droit civil dans l'élaboration du droit administratif*, Thèse, Panthéon-Assas, 2003, p. 358).

[17] V. par exemple QUILLET (Pierre-Nicolas), *État actuel de la législation sur l'administration des troupes et particulièrement sur la solde et les traitements militaires*, Bailleul, 1803 ; BERRIAT (Honoré-Hugues), *Législation militaire, ou Recueil méthodique et raisonné des lois, décrets, règlements, et instructions actuellement en vigueur sur toutes les branches de l'art militaire*, Capriolo, 1812.

[18] Sur l'ensemble de ces codificateurs, v. MOULLIER (Igor), « Une révolution de l'administration ? La naissance de la science administrative impériale (1800-1815) », *Annales historiques de la Révolution française*, 2017, n° 389, p. 139 s.

[19] FLEURIGEON (Citoyen), *Code administratif*, Partie 1, Garnery-Fantin, 1806.

[20] BONNIN (Charles-Jean-Baptiste), *De l'importance et de la nécessité d'un Code administratif*, Garnery, 1808, p. 1.

qui conçoit « *la confection d'un Code administratif comme la base de toute la science* »[21]. Il propose ainsi de construire son code administratif autour de trois parties – l'organisation administrative, l'administration dans ses rapports civils et l'administration dans ses rapports publics – qui rassemblent quelques 708 articles.

En intitulant son ouvrage *Institutes du droit administratif ou Elémens du* code administratif, Gérando s'inscrit lui aussi dans cette lignée. Après avoir constaté que « *les dispositions qui régissent le droit administratif de la France sont éparses dans les volumineux recueils qui contiennent toutes les lois rendues et les règlements portés à diverses époques et sur diverses matières* »[22], Gérando insiste sur la nécessité de procéder à une certaine codification des lois administratives. Celle-ci permettrait en effet de contrecarrer l'idée selon laquelle le droit administratif est « *un chaos informe, confus, sans liaison et sans harmonie* »[23]. Pour lui, il ne semble pas y avoir d'autre voie que celle de la codification pour parvenir à fonder le caractère scientifique du droit administratif ; à l'heure où cet enseignement vient d'être instauré dans les Facultés de droit, seul un code peut permettre de « *constituer une science qui n'a point encore le caractère qu'elle est fondée à obtenir* »[24]. Le travail de Gérando s'apparente alors à première vue à une compilation de différents textes dénuée de réflexions propres à l'auteur, même s'il ne s'interdit pas tout commentaire[25]. On a d'ailleurs pu s'étonner qu'il s'en tienne à une telle méthode[26], car en dehors de son activité juridique, il est également philosophe, philanthrope et anthropologue[27] – et parfois considéré comme son fondateur en France[28]. Dans ces diverses disciplines, il développe une pensée largement théorique, ce qui tranche avec le caractère « *aride* »[29] de ses

---

[21] BONNIN (Charles-Jean-Baptiste), *Principes d'administration publique pour servir à l'étude des lois administratives*, Clament, 2e éd., 1809, p. 12.

[22] GÉRANDO (Joseph-Marie de), *Institutes du droit administratif français ou Elemens du code administratif*, Tome 1, Nêve, 2e éd., 1842, p. VI.

[23] *Ibid.*, p. VII.

[24] GÉRANDO (Joseph-Marie de), *Institutes du droit administratif français ou Elemens du code administratif*, Tome 1, Nêve, 1e éd., 1829, p. 4.

[25] On peut en effet déjà relever chez Gérando qu'il laisse une place, certes réduite, pour « *un petit nombre de considérations sommaires qui puissent servir de préambule* » (GÉRANDO (Joseph-Marie de), *Institutes du droit administratif français*, Tome 1, Nêve, 1e éd., 1829, p. 8) aux textes codifiés. Il ouvre ainsi une brèche dans l'aridité de la codification qui pourra permettre, à terme, d'ouvrir la réflexion sur les dispositions qui fondent le droit administratif.

[26] XIFARAS (Mikhaïl), « Les figures de la doctrine. Essai d'une phénoménologie des "personnages juridiques" dans la doctrine administrative française », *in* AFDA, *La doctrine en droit administratif*, Litec, 2010, p. 189 s.

[27] Sur la grande diversité de l'œuvre de Gérando, v. CHAPPEY (Jean-Luc), CHRISTEN (Carole) et MOULLIER (Igor), *Joseph-Marie de Gérando (1772-1842) : connaitre et réformer la société*, PUR, 2014, p. 7 s.

[28] COPANS (Jean) et JAMIN (Jean), « La place des Considérations de De Gérando », *Aux origines de l'anthropologie française*, Jean Michel Place Éditeur, 1993.

[29] CHELIL (Annabelle), « Joseph-Marie de Gérando, un esprit de système novateur », *RHFD*,

Institutes, aridité qu'il nous conviendra de relativiser[30]. Tout ce qui compte pour lui, en droit administratif, c'est de prouver sa scientificité – préoccupation fondamentale des auteurs de l'époque. Il affirme en effet que « *c'est par la méthode seulement que le droit administratif acquerra* [...] *le caractère de science* »[31] ; il en a alors posé les premiers jalons[32]. Il s'agit sans doute par-là également, plus profondément, d'ancrer le droit administratif dans le paysage juridique de l'époque, lui qui est encore perçu comme une matière « *marginale* », « *dont la juridicité est sujette à caution* »[33]. Mais la question qui se pose à ce stade est celle de savoir pourquoi les auteurs – et singulièrement Gérando – ont-ils choisi, à l'époque, la voie de la codification comme seule méthode capable de faire du droit administratif une discipline scientifique.

48. L'héritage des légistes d'Ancien Régime. À première vue, le choix de la codification semble s'expliquer par l'existence chez les juristes du début du XIXe siècle d'un certain tropisme civiliste : l'ensemble des branches du droit découlerait du droit civil. Les ordonnateurs seraient dès lors contraints de mimer les méthodes du droit civil pour accéder à la reconnaissance de leur matière – le paradoxe étant que pour fonder son autonomie, le droit administratif aurait dû en passer par un certain rapprochement avec le droit privé. Cette hypothèse pourrait au premier abord convaincre. En intitulant son ouvrage *Institutes du droit administratif*, lesquels ne contiennent pas moins de 7022 articles, Gérando ne reprend-t-il pas le terme des *Institutes* de Gaïus, somme de droit romain fondée sur la distinction entre les personnes, les choses et les actions, qui a directement inspiré le Code civil ? Ne considère-t-il pas de surcroit qu'« *un code n'est pas un traité ; un code administratif ne doit point être une exposition de doctrine ; il se dénaturerait par le mélange des discussions, des théories ; il doit emprunter la forme* de nos autres codes »[34] ? À vrai dire, il ne faut pas s'y tromper. D'une part, la notion de code n'a pas à

2013, n° 22, p. 385.

[30] Contrairement à l'image habituellement véhiculée par la doctrine depuis Hauriou. Sur ce point, v. notamment TOUZEIL-DIVINA (Mathieu), « Maurice Hauriou, lecteur de mauvaise foi des "pères" du droit administratif », in *in* ALONSO (Christophe), DURANTHON (Arnaud) et SCHMITZ (Julia) (dir.), *La pensée du doyen Hauriou à l'épreuve du temps : quel(s) héritage(s) ?*, PUAM, 2015, p. 133 s.

[31] GÉRANDO (Joseph-Marie de), *Institutes du droit administratif français*, Tome 1, *op. cit.*, 1e éd., 1829, p. 9.

[32] Cette détermination sera saluée par un certain nombre d'auteurs comme Boulatignier, selon lequel « *après cette publication, cette branche du droit est véritablement entrée dans le domaine des sciences accessibles à tous* » (BOULATIGNIER (Sébastien-Joseph), « De l'origine, des progrès et de l'enseignement du droit administratif en France », *Revue étrangère et française de législation et d'économie politique*, 1839, Tome 6, p. 86).

[33] CHEVALLIER (Jacques), « Le droit administratif entre science administrative et droit constitutionnel », *in* CURAPP, *Le droit administratif en mutation*, PUF, 1993, p. 14.

[34] GÉRANDO (Joseph-Marie de), *Institutes du droit administratif français*, Tome 1, *op. cit.*, 1e éd., 1829, p. 6. Nous soulignons.

l'époque le sens restreint qu'on lui connait aujourd'hui ; elle peut viser tout simplement les « *divers traités de droit qui contiennent les maximes et les règlements relatifs à certaine matière* »[35]. D'autre part, et plus largement, Gérando s'inspire en réalité davantage de la méthode suivie par ceux qui ont inspiré le Code civil que du Code civil lui-même. À cet égard, Benoît Plessix a en effet démontré à quel point les administrativistes du XIXe siècle, et notamment Gérando, avaient moins subi l'influence des civilistes qu'ils ne s'inscrivaient dans une longue tradition datant de l'Ancien Régime : celle des « *légistes précepteurs particuliers du Pouvoir* »[36], qui ne sont autres que des codificateurs privés, au service du pouvoir royal. À ce titre, on notera d'ailleurs que Gérando fait directement référence dans ses *Institutes* à Domat et Pothier[37], qui figurent parmi les plus illustres codificateurs privés de l'Ancien Régime.

Héritiers d'un auteur comme Delamare, qui recensa dans son *Traité de la police*[38] les règles administratives de l'Ancien Régime, les administrativistes du XIXe siècle poursuivent en effet le même objectif : celui de répondre au besoin de l'État, qui, comme sous l'Ancien Régime, « *avait un besoin pratique primordial de connaître les règles de sa propre action et d'en diffuser la quintessence à ses agents au travers de toute une série d'ouvrages pratiques* »[39]. Ceux-ci répertoriaient alors l'ensemble des matières administratives dans lesquelles l'État intervenait au titre de ses pouvoirs de police c'est-à-dire, à l'époque, à tout ce qui a trait au « *bien général & commun de la Société* »[40]. Leurs ouvrages étaient alors destinés au Prince. Or, un siècle plus tard, le travail des ordonnateurs répond de la même façon aux besoins d'« *un État enquêteur, soucieux d'étendre sa connaissance d'une société marquée par de nombreuses transformations politiques, économiques et sociales* »[41] qui caractérisent l'État du XIXe siècle. En cela, l'esprit de codification qui les anime correspond en réalité à la définition de la raison d'État comprise comme le fait pour l'État de vouloir mieux se connaître[42]. La raison d'État ne recouvre en effet pas uniquement le fait pour un État d'entreprendre des « actions hardies et extraordinaires » en se plaçant au-

[35] Occ. « code », *Dictionnaire de l'Académie française*, 6e éd., 1835.
[36] PLESSIX (Benoit), « Nicolas Delamare ou les fondations du droit administratif français », *Droits*, 2003, n° 38, p. 126.
[37] GÉRANDO (Joseph-Marie de), *Institutes du droit administratif français*, Tome 1, *op. cit.*, 1e éd., 1829, p. 2-3.
[38] DELAMARE (Nicolas), *Traité de la police*, J. et P. Cot, 1705, 4 vol.
[39] PLESSIX (Benoît), « Nicolas Delamare ou les fondations du droit administratif français », *Droits*, 2003, n° 38, p. 125.
[40] DELAMARE (Nicolas), *Traité de la police*, *op. cit.*, 1705, p. 1.
[41] FUREIX (Emmanuel) et JARRIGE (François) (dir.), *La modernité désenchantée. Relire l'histoire du XIXe siècle français*, La Découverte, 2015, p. 284-285.
[42] SENELLART (Michel), « Raison d'État et science de la police : deux technologies de l'ordre », *in* KAMMERER (Odile) et LEMAITRE (Alain) (dir.), *Le pouvoir réglementaire*, PUR, 2004, p. 117.

dessus du droit commun. Elle peut également être comprise comme ce qui contribue à renforcer « *la croissance de l'État [par les] progrès obtenus dans la connaissance de tous ses éléments* »[43]. D'une certaine manière, la codification poursuit donc la même finalité que la statistique, en permettant à l'État d'accéder à un savoir sur lui-même. Cette raison d'État peut à tout le moins apparaitre comme la préfiguration de la pensée d'État qui anime les administrativistes du XIXe siècle ; ancrés dans la tradition des légistes de l'Ancien régime, on ressent déjà par là leur volonté de se mettre au service de l'État.

49. Le défrichage de la jurisprudence par Macarel et Cormenin. D'autres auteurs du début du XIXe siècle n'ont pas suivi la voie de la codification, bien qu'ils aient eux aussi désiré faire du droit administratif une véritable science. Macarel, l'un des chefs de file de la génération des ordonnateurs, publie ainsi dès 1818 ses *Éléments de jurisprudence administrative*. Il y déplore le fait que les décisions du Conseil d'État restent « *ensevelies dans les archives du Conseil* »[44], ce à quoi il tente de remédier. Alors que « *l'enseignement des matières du Droit civil* » se généralise, Macarel remarque que « *la science si vaste et si compliquée du Contentieux administratif, révélée seulement à un petit nombre d'adeptes, laissait le reste des citoyens et les Autorités elles-mêmes dans l'ignorance confuse de leurs droits et de leurs devoirs* »[45]. Là encore, la volonté d'ordonner une matière mal connue pour la faire accéder au rang de science véritable est présente ; elle se destine de surcroit aux autorités étatiques. La question se pose toutefois de savoir pourquoi Macarel n'a-t-il pas cherché à l'instar de Gérando à ordonner les différentes *lois* qui régissent l'action administrative ; pourquoi s'est-il plutôt tourné vers la jurisprudence ? En dehors du fait que, sous la Restauration, le Conseil d'État apparait comme une véritable juridiction en étant dépouillé de ses attributions administratives[46], on peut sans doute relever le fait que la jurisprudence est perçue comme une source plus stable, et ainsi plus fiable que la loi pour modeler cette matière nouvelle. Les lois sont en effet pour la plupart, selon Macarel, « *obscures, incomplètes, embarrassées de détails et de dispositions accidentelles et transitoires* »[47]. Le droit administratif aurait-il acquis son caractère jurisprudentiel pour pallier les faiblesses d'une loi sans cesse changeante et rarement intelligible ? C'est en tout cas ce que laisse penser la lecture des *Elémens* de Macarel, pour qui –

---

[43] NAPOLI (Paolo), « Le discours de la police et de l'arithmétique politique (XVIe-XVIIIe siècle) », *in* CAILLÉ (Alain), LAZZERI (Christian) et SENELLART (Michel) (dir.), *Histoire raisonnée de la philosophie morale et politique*, La Découverte, 2001, p. 292.

[44] MACAREL (Louis-Antoine), *Élémens de jurisprudence administrative*, Tome 1, Dondey-Dupré, 1818, p. V.

[45] *Ibid.*, p. VI.

[46] BURDEAU (François), *Histoire du droit administratif*, *op. cit.*, 1995, p. 107.

[47] MACAREL (Louis-Antoine), *Élémens de jurisprudence administrative*, Tome 1, *op. cit.*, 1818, p. XIII.

reprenant à son compte une citation de Cormenin – « *la Jurisprudence a partout expliqué, commenté, remplacé la loi* »[48]. Mais il s'agit également d'une piste qui permet de relativiser l'idée aujourd'hui encore répandue selon laquelle le droit administratif serait, par nature, un droit jurisprudentiel[49] ; s'il l'est, cela s'explique sans doute en partie par les contingences de cette époque. Ce qui est sûr, c'est qu'au début du XIXe siècle, la jurisprudence apparait pour quelques auteurs comme une base plus stable que la législation. Cette dernière en effet vouée aux instabilités politiques et à la vacuité des Chambres[50] ; elle est de surcroit peu présente en matière administrative[51], ce qui constitue un handicap pour fonder une véritable science. La jurisprudence du Conseil d'État, lequel est à l'époque étroitement lié au pouvoir en place, offre ainsi la perspective d'une meilleure stabilité, mais également d'une science favorable au gouvernement. Macarel s'affaire alors – du moins dans un premier temps[52] – à défricher des pans entiers de la jurisprudence jusqu'alors méconnus, dur labeur qui inspirera aussi son contemporain Cormenin.

Cormenin fait en effet lui aussi le constat selon lequel « la législation administrative n'est guère qu'un entassement incohérent d'articles, où tout est mêlé, ce qui est de principe et ce qui est de règlement, ce qui est transitoire et ce qui est définitif, ce qui est des choses et ce qui est des personnes »[53]. Comme Gérando et Macarel, il a conscience d'avoir à défricher un terrain vierge ; il a pour unique volonté de faire du droit administratif une véritable science. Dans cette optique, il publiera en 1818 un ouvrage dédié au Conseil d'État envisagé comme conseil et comme juridiction puis, à partir de 1822, un ouvrage intitulé Questions de droit administratif. La jurisprudence tient pour

---

48 *Ibid.*, p. VIII.

49 Sur ce point, v. notamment VEDEL (Georges), « Le droit administratif peut-il être indéfiniment jurisprudentiel ? », *EDCE*, 1979-1980, p. 31. Pour le caractère mythique que revêt cette proposition, v. TOUZEIL-DIVINA (Mathieu), *Dix mythes du droit public*, LGDJ, 2019, p. 125.

50 L'antiparlementarisme est en effet particulièrement présent sous la Restauration. Sur ce point, v. TRIOMPHE (Pierre), « L'antiparlementarisme sous la Restauration », *Parlement[s], Revue d'histoire politique*, 2013, vol. hors-série 9, p. 35 s.

51 Sur ce point, v. HACHEMI (Anissa), *Le juge administratif et la loi*, Thèse dact., 2016 ; JAMIN (Christophe) et MELLERAY (Fabrice), *Droit civil et droit administratif. Dialogue(s) sur un modèle doctrinal*, Dalloz, 2018, p. 9.

52 Macarel, pour sa part, pourtant auteur de ses *Élémens de jurisprudence administrative*, s'émancipera de cette conception jurisprudentielle du droit administratif. Il ne tardera pas en effet à adopter une approche davantage institutionnelle du droit administratif avec la publication de son *Cours d'administration et de droit administratif*, la jurisprudence ne constituant pour lui qu'un tuteur pour la compréhension de la législation administrative. Il rejoindra de cette manière Gérando, qui avait d'ailleurs semble-t-il déjà adopté un tel prisme en 1829, lorsqu'il s'interdisait alors « *de faire entrer dans son Code les maximes qui ne s'appuient encore que sur la jurisprudence seule* » (GÉRANDO (Joseph-Marie de), *Institutes du droit administratif français*, Tome 1, *op. cit.*, 1e éd., 1829, p. 7).

53 CORMENIN (Louis-Marie), *Questions de droit administratif*, Tome 1, Thorel-Pagnerre, 5e éd., 1840, p. VIII.

lui aussi le rôle principal, ce qui n'étonne guère compte tenu de son statut de conseiller d'État. Avec une certaine modestie, Cormenin reconnait qu'il n'a que « préparé les voies et péniblement avancé sur un terrain nouveau avec la circonscription du doute » en ayant tout à fait conscience du fait que « d'autres viendront ensuite qui joindront à nos labeurs les trésors d'une jurisprudence perfectionnée, et qui, [...] élèveront le droit administratif au rang des sciences véritables »[54]. Cormenin opère alors un travail similaire à celui de Macarel[55]. Il examine l'histoire et la composition du Conseil d'État, passe en revue les différentes autorités administratives (préfet, ministres, etc.) avant d'étudier par ordre alphabétique un certain nombre de thèmes dont on ne peut que relever l'hétérogénéité, des « chemins vicinaux » à la « Cour des comptes » en passant par les « élections départementales » ou les « pensions ». Cormenin se considère à cet égard comme « le tailleur de pierres et le maçon d'un édifice plus régulier qu'après [lui] dresseront les architectes »[56]. Son but consiste avant tout à montrer à quel point la jurisprudence administrative répond à un certain nombre de règles et de principes et qu'ainsi elle n'est pas le fruit de l'arbitraire. En tâchant de systématiser la jurisprudence davantage que les lois et règlements, Macarel et Cormenin développent une méthode qui s'émancipe des habitudes civilistes. Cormenin ira même jusqu'à considérer, non sans audace pour l'époque, que « la Jurisprudence est une seconde législation ; elle est même quelques fois presque toute la législation »[57]. Ces propos tranchent avec l'idée que l'on peut se faire d'un XIXe siècle vouant un culte à la loi ; celle-ci ne parait pas à même de saisir le caractère spécifique de la matière administrative, trop mouvante[58].

50. Des conditions impropres à la théorisation de l'État. Mais en tout état de cause, que les ordonnateurs se fondent sur la jurisprudence ou sur les textes pour ordonner le droit administratif, le constat est le même : il apparait difficile de développer certains aspects théoriques du droit administratif, notamment concernant l'étude de l'État. L'absence d'introduction générale en tête des ouvrages ou encore l'adoption de plans majoritairement alphabétiques révèlent à quel point il ne semble pas y avoir là pour eux une préoccupation majeure. Cormenin, par exemple, n'explique jamais le choix de son plan, ni celui de traiter tel phénomène plutôt qu'un autre ; tout se passe comme s'il

---

[54] CORMENIN (Louis-Marie), *Droit administratif*, Tome 1, Goblet, 1826, p. 28, cité par CHAUVEAU (Adolphe), *Principes de compétence et de juridiction administratives*, Tome 1, *op. cit.*, 1841, p. CLXXI.

[55] Macarel divisait ses *Elemens* en trois parties : la première est consacrée à la compétence des tribunaux et des autorités administratives, la seconde à la procédure contentieuse et la troisième aux règles de fond régissant les différentes matières contentieuses, qu'il classe dans l'ordre alphabétique.

[56] CORMENIN (Louis-Marie), *Droit administratif*, Tome 1, Pagnerre-Thorel, 5e éd., 1840, p. XLIV.

[57] CORMENIN (Louis-Marie), *Droit administratif*, *op. cit.*, 5e éd., 1840, p. XXVII.

[58] Cf. *infra*. § 210.

n'avait pas à expliciter ses choix, tant ceux-là relèveraient de l'évidence. Il y a là peut-être la marque d'un certain jusnaturalisme, qui amène les auteurs à penser que le droit administratif existe déjà en soi, dans la nature des choses, et qu'ils n'ont plus qu'à le découvrir[59] – ce qui annihile l'existence de prises de position personnelle sur la matière. Mais il y a surtout là sans doute le fort héritage des Traités de Police de l'Ancien Régime, sur lesquels les ordonnateurs ont pu se fonder pour construire leurs ouvrages. Ceux-ci faisaient également figure de répertoire, recensant l'ensemble des matières administratives assumées par l'État. En tout état de cause, on voit à quel point la méthode adoptée par les auteurs de cette époque ne semble pas à même de permettre le développement d'une pensée sur l'État. Celle-ci nécessite en effet d'en passer par la question du « pourquoi ? », qui seule interroge les causes et les fondements d'un objet, et rend ainsi possible une étude théorique. Or, au stade de la formation d'une discipline scientifique, caractérisée par la volonté de répertorier et de clarifier les différentes sources existantes, les auteurs, mus par la volonté de décrire au mieux les règles issues de la jurisprudence ou de la législation, s'interrogent davantage sur la question du « comment ? » (« comment peut-on décider d'implanter un moulin sur le territoire d'une commune ? »[60] par exemple), c'est-à-dire sur les *moyens* mis en œuvre par l'administration ou les juridictions. Ils ne se préoccupent ainsi que peu du bien-fondé ou de l'origine des règles qu'ils exposent. Il ne faut pas pour autant dénier l'importance de ce premier travail de mise en ordre : il a permis aux auteurs qui suivront de développer davantage certains aspects théoriques.

2- *La mise en forme d'une science du droit administratif par les précurseurs*

51. Une matière bientôt à l'état de science. À partir des années 1840, la majorité des administrativistes a conscience d'appartenir à cette seconde génération d'auteurs, se sentant redevable de la première qui s'est attelée au défrichage de la législation administrative. Cette seconde génération, dite des « précurseurs », est largement convaincue que le droit administratif est sur le point d'acquérir le caractère de science. Cela s'en ressentira sur la possibilité de développer une pensée plus théorique. Cette génération comprend des

---

[59] L'argument tiré de la « nature des choses » est en effet fréquemment utilisé par les administrativistes du début du XIXe siècle (v. *Droit et nature des choses*, Dalloz, 1965). Il est notamment employé par Gérando qui, de cette manière, « *se couvre du manteau de la culture juridique dominante pour acclimater le droit administratif au cœur des facultés de droit relativement hostiles* » (HAKIM (Nader), « les *Institutes du droit administratif français* : Gérando et l'empire du droit civil », *in* CHAPPEY (Jean-Luc), CHRISTEN (Carole) et MOULLIER (Igor) (dir.), *Joseph-Marie de Gérando (1772-1842). Connaître et réformer la société, op. cit.*, 2014, p. 116).

[60] C'est l'une des questions auxquelles répond par exemple Macarel. V. MACAREL (Louis-Antoine), *Élémens de jurisprudence administrative*, Tome 1, *op. cit.*, 1818, p. 384.

auteurs comme Foucart, Firmin Laferrière, Chauveau, Serrigny, Trolley, ou encore Dufour – pour ne citer qu'eux. Face à l'état de la science du droit administratif, Chauveau s'avère être le plus optimiste d'entre eux : il écrit ainsi dès 1838 que « *le droit administratif a conquis le caractère de science* »[61] et se réjouit du fait que le vœu formulé par Cormenin quelques années plus tôt, qui rêvait que le droit administratif s'élève « *au rang des sciences véritables* »[62], soit accompli. Toutefois, cet optimisme n'est pas partagé par tous les auteurs de l'époque qui, conscients de n'appartenir qu'à la deuxième génération des administrativistes, relativisent son constat. Trolley, Professeur de droit administratif à la Faculté de droit de Caen et qui écrit sensiblement à la même époque, dresse ainsi un constat plus nuancé de l'état de la science du droit administratif. En 1844, il considère encore que le droit administratif jouit d'une « *infériorité relative* »[63] vis-à-vis du droit civil car si ce dernier est « *préexistant et immuable* », le droit administratif est « *essentiellement arbitraire et variable* »[64]. En effet, Trolley déplore le fait que la législation administrative soit dispersée, ou encore que les tribunaux administratifs n'aient « *ni plaidoiries, ni prétoire* »[65]. Pour autant, il s'accorde avec Chauveau pour dire que le droit administratif « *est maintenant à l'état de science* »[66] et que si « *les lois administratives ne sont pas codifiées* », il faut toutefois dire que « *le terrain est déblayé* »[67], grâce aux efforts de Gérando, Cormenin et Duvergier ainsi qu'à ceux du Conseil d'État.

L'hommage rendu aux précédents auteurs est ainsi fréquent. Il se retrouve notamment chez Dufour, avocat au Conseil d'État, qui estime que « *les auteurs qui se sont appliqués à rechercher et à mettre en ordre les dispositions en vigueur sur les diverses matières du domaine de l'administration ont ouvert le chemin* » avant de conclure que « *c'est à eux que la science sera jamais redevable de ses premiers progrès* »[68] – citant alors Gérando, Macarel et Cormenin[69]. Bien que praticien, Dufour a toutefois à cœur de faire du droit administratif une discipline juridique au même titre que le droit civil. Il a conscience qu'en dépit des progrès de l'enseignement du droit administratif

---

61 CHAUVEAU (Adolphe), *Programme d'un cours de droit administratif*, de Dieulafoy, 1838, p. 4.

62 CORMENIN (Louis-Marie), *Questions de droit administratif*, Tome 1, Goblet, 3e éd., 1826, p. 28.

63 TROLLEY (Alfred), *Cours de droit administratif*, Tome 1, Thorel-Joubert, 1844, p. X.

64 *Ibid.*, p. XII.

65 *Ibid.*, p. XIII.

66 *Idem.*

67 *Ibid.*, p. XIV.

68 DUFOUR (Gabriel), *Traité général du droit administratif appliqué*, Tome 1, Delamotte, 1843, p. VI-VII.

69 Pour Dufour, c'est véritablement l'ouvrage de Cormenin qui a changé la donne : grâce à ses *Éléments de jurisprudence administrative*, « *la science* [...] *a reçu une impulsion assez énergique pour autoriser l'espoir de la voir, dans un prochain avenir, regagner par la rapidité de sa marche l'espace qui la sépare encore des autres branches du droit* » (*ibid.*, p. VIII).

et de la littérature y afférente, le droit administratif n'a pas encore acquis tous les attributs d'une véritable science. F. Laferrière, introduisant son *Cours de droit public et administratif*, considère de la même façon qu'il ne fait qu'offrir son « *faible tribut à une science qui est encore près de son berceau, et qui ne peut marcher que dans une voie progressive* »[70]. Cette génération des précurseurs se trouve dans un entre-deux. En effet, l'heure n'est plus à la justification de l'existence même du droit administratif. À cet égard, Foucart – qui fait lui aussi partie d'une telle génération – note l'indéniable évolution qui a eu lieu depuis la première édition de ses *Éléments de droit public et administratif* parue en 1835. Il fallait en effet à l'époque s'attacher avant tout à « *prouver la possibilité de l'enseignement du droit administratif* », et à démontrer que son étude était à la fois « *indispensable* » aux jurisconsultes et administrateurs et « *utiles* »[71] aux citoyens. Tel n'est plus le cas une décennie plus tard. Pour autant, l'œuvre n'est pas aboutie : les auteurs de la seconde génération motivent ainsi souvent l'écriture de leurs ouvrages par la nécessité de *compléter* la littérature du droit administratif. On retrouve cette argumentation tant chez Dufour[72] que chez Foucart, pour qui « *le livre d'initiation, qui se place entre les ouvrages spéculatifs et le Bulletin des Lois* [...] *n'existait pas : c'est celui que j'ai entrepris de composer* »[73]. Il ne s'agit donc plus de collecter les sources du droit administratif, mais d'*initier* les étudiants et futurs administrateurs à la science du droit administratif, ce qui explique d'ailleurs pourquoi Hauriou, quelques décennies plus tard, décrira cette période comme celle de la « *divulgation* »[74] du droit administratif.

52. L'impasse de la voie jurisprudentielle. Plusieurs voies s'offraient toutefois à eux pour ce faire. Or, contrairement à Cormenin et Macarel, les précurseurs ne choisiront pas la voie de la jurisprudence. Ainsi, chez Foucart et F. Laferrière, la jurisprudence ne fait figure que de référence subsidiaire ; les arrêts du Conseil d'État comme de la Cour de cassation ne sont cités qu'avec une grande parcimonie. Le droit administratif n'est pas abordé via les litiges que l'action administrative a pu engendrer ; c'est avant tout l'organisation et le fonctionnement de l'administration qui sont étudiés. Plus

---

70 LAFERRIÈRE (Firmin), *Cours de droit public et administratif*, Joubert, 2e éd., 1841, p. XXVIII.

71 FOUCART (Émile-Victor), *Éléments de droit public et administratif*, Tome 1, Videcoq, 2e éd., 1839, p. I.

72 DUFOUR (Gabriel), *Traité général du droit administratif appliqué*, Tome 1, *op. cit.*, p. IX : « *Mais, en raison de ce caractère, d'ailleurs conforme à leur destination, ces ouvrages n'offrent que peu de ressources aux hommes engagés dans le mouvement des affaires, auxquels il est besoin d'un guide pour sortir des difficultés qui surgissent à tout instant sous leurs pas. Le Traité que j'offre au public après avoir consacré à sa rédaction un nombre d'années déjà grand, a été conçu pour répondre à ce besoin.* »

73 FOUCART (Émile-Victor), *Éléments de droit public et administratif*, Tome 1, Videcoq, 3e éd., 1843, p. III.

74 HAURIOU (Maurice), « De la formation du droit administratif français depuis l'an VIII », *RGA*, 1892, vol. 2, p. 285.

encore, lorsqu'un ouvrage porte sur la juridiction administrative, comme c'est souvent le cas, il arrive que la méthode adoptée soit institutionnelle, et non contentieuse. L'exemple de Chauveau est topique à cet égard. En effet, même s'il intitule son ouvrage « Principes de compétence et de juridiction administrative », il se focalise avant tout sur les différentes attributions des autorités administratives, dont le terme de « compétence », présent dans l'intitulé même de l'ouvrage, laissait déjà présager. L'analyse jurisprudentielle est alors relativement rare. Et pour cause : comme le relève François Burdeau, « *fidèles à une conception légiste du droit qu'ils doivent à leur formation de civilistes, les professeurs de droit administratif, qu'ils soient membre du Conseil ou universitaires, continuent à accorder une place prioritaire à l'analyse des textes législatifs et éprouvent d'évidentes réticences à reconnaitre un rôle normatif à la jurisprudence administrative* »[75]. En droit administratif comme en droit civil, la jurisprudence est encore « *cantonnée dans une fonction subordonnée : les arrêts sont souvent cités dans un cortège de références diverses à titre d'illustration et uniquement pour appuyer une opinion doctrinale* »[76]. Cet état des choses ne tardera pas, du moins en droit administratif, à évoluer.

Certains précurseurs se feront en effet plus sensibles à cette approche jurisprudentielle, comme Serrigny[77], ou comme les derniers auteurs de cette génération : Ducrocq et Aucoc, à l'heure où le droit administratif acquiert une assise plus solide au sein des disciplines juridiques. Ducrocq, avocat et professeur de droit, fait ainsi de la jurisprudence « *la digne émule* »[78] de la doctrine, quand Aucoc, conseiller d'État, affirme dans ses *Conférences* avoir « *rapporté avec un soin tout particulier la jurisprudence du Conseil d'État* »[79] tant celle-ci permet de combler les lacunes d'une législation « *incomplète* »[80]. Cet intérêt renouvelé pour la jurisprudence administrative coïncide avec son développement sans précédent à compter du Second Empire[81]. Avant cela, c'est une réticence globale envers une vision jurisprudentielle du droit

---

75 BURDEAU (François), *Histoire du droit administratif*, *op. cit.*, 1995, p. 112.

76 HALPÉRIN (Jean-Louis), *Histoire du droit privé français depuis 1804*, PUF, 2e éd., 2012, p. 48.

77 SERRIGNY (Denis), *Traité de l'organisation de la compétence et de la procédure en matière contentieuse administrative*, Tome 1, *op. cit.*, 2e éd., 1865, p. VI : « *Outre les ouvrages de MM. Macarel et de Cormenin, qui m'ont été d'un grand secours, j'ai beaucoup puisé dans la jurisprudence du conseil d'état. C'est la source la plus abondante et la plus sûre du droit administratif, à tel point, que je ne crains pas d'affirmer que, sans l'existence de ce conseil, jamais cette partie de la législation ne se serait élevée à l'état de science.* » Un tel prisme a pour conséquence, par exemple, qu'il traite des bois et forêts du point de vue de la compétence des conseils de préfecture en la matière (*ibid.*, Tome 2, *op. cit.*, 2e éd., 1865, p. 550 s.)

78 DUCROCQ (Théophile), *Cours de droit administratif*, Auguste Durand, 1e éd., 1861, p. I.

79 AUCOC (Léon), *Conférences sur l'administration et le droit administratif*, Tome 1, Dunod, 1869, p. VII.

80 *Ibid.*, p. 29.

81 BURDEAU (François), *Histoire du droit administratif*, *op. cit.*, 1995, p. 174 s.

administratif qui s'observe. De façon générale, les administrativistes de cette époque apparaissent donc davantage à la recherche des sources du droit administratif qu'à la recherche de l'État. Le caractère relativement récent de la matière administrative constitue à cet égard un certain obstacle pour penser l'État. Mais un autre obstacle, tout aussi dirimant, réside dans la vocation pratique assignée au droit administratif à l'époque.

B- Une matière à vocation pratique

53. La vocation pratique du droit administratif est révélée par les destinataires auxquels s'adressent les administrativistes : il s'agit avant tout des futurs administrateurs (**1**). Dès lors, cela conduit d'un point de vue universitaire à ce que les administrateurs eux-mêmes enseignent le droit administratif : ils sont le mieux placé pour le faire (**2**). Cela entretient ainsi une dynamique circulaire, propre à pérenniser la vocation pratique de la matière.

1- *Le futur administrateur, principal destinataire du droit administratif*

54. La vocation pratique des Facultés de droit. Depuis ses origines jusqu'aux années 1870, le droit administratif est conçu par ceux qui l'enseignent comme une matière à vocation essentiellement pratique. Cette perspective, si elle est *a fortiori* adoptée par ceux qui n'enseignent pas le droit administratif – et qui sont alors uniquement des praticiens du droit –, constitue en tout état de cause un obstacle de taille pour l'appréhension de l'État, nécessairement théorique. En réalité, la vocation pratique des enseignements n'est pas le propre du droit administratif ; l'enseignement du droit, de façon générale, n'a pas de vocation théorique au début du XIXe siècle. Choisi en 1804, le terme même d'« Écoles » de droit, dans lesquelles le droit est enseigné, ne doit rien au hasard. Comme le relève Frédéric Audren, et même si on leur attribue ensuite l'appellation de « Facultés », c'est le modèle de l'école qui est préconisé, puisque l'on vise uniquement à « *la délivrance d'un diplôme d'État qui ouvre sur l'exercice d'un métier du droit* »[82]. Il ne faudrait pas conclure par-là que les Facultés de droit seraient, au XIXe siècle, des écoles professionnelles : elles ne sont pas « *des écoles pratiques, ni des centres d'apprentissage pour futurs avocats, notaires ou magistrats* »[83]. Les cours dispensés sont en effet semblables dans la forme aux cours magistraux d'aujourd'hui, et il n'est nullement question d'étudier la déontologie ou la

[82] AUDREN (Frédéric) et HALPÉRIN (Jean-Louis), *La culture juridique française*, *op. cit.*, 2013, p. 59.
[83] *Idem.*

rédaction d'actes, par exemple. Si les enseignements ne sont pas en tant que tels d'ordre pratique, en revanche la *vocation* des enseignements est à coup sûr professionnelle. Cette vocation professionnelle de l'enseignement s'exprime alors, comme le relève Guillaume Richard, par la transmission aux étudiants de « *la culture juridique générale supposée nécessaire à l'exercice des professions juridiques* »[84]. C'est seulement en cela que l'on peut dire que les Écoles de droit ont une « vocation pratique ». De ce fait, aucun auteur du début du XIXe siècle n'éprouve véritablement le besoin d'enrichir son ouvrage d'une dimension théorique[85].

55. Le droit administratif initialement destiné aux administrateurs. Le droit administratif s'adresse avant tout aux futurs administrateurs. C'est d'ailleurs pour les former au mieux que la loi du 22 ventôse an XII prévoit l'introduction du cours de droit public et de droit civil dans ses relations avec l'administration publique. En témoigne par exemple l'allocution de Jamme, premier directeur de l'École de droit de Toulouse, lors de l'ouverture de celle-ci, dans laquelle il déclare : « *En France presque tout est administration, et rien de plus rare qu'un bon administrateur ! Pourquoi ? parce que dans nos anciennes institutions, il n'y en avait pas une qui eût donné aux jeunes gens aucune notion relative à ce genre de fonction* [...]. *C'est pour remplir ce vide que dans nos écoles on apprendra les rapports du droit civil avec l'administration publique.* »[86] Étudier cette matière s'inscrit dès lors expressément dans la volonté de former de bons administrateurs. Les ouvrages de droit administratif de l'époque cherchent avant tout, par la mise en ordre des lois et de la jurisprudence, à faciliter les prises de décisions administratives par un guide pratique, tout comme les légistes de l'Ancien Régime[87]. Tel est le cas de Bonnin qui décrit son ouvrage de *Principes d'administration publique* comme un « *ouvrage utile aux Préfets, Sous-Préfets, Maires et Adjoints, etc.* » c'est-à-dire, en un mot, aux administrateurs. Et s'il souhaite ériger un véritable Code administratif, c'est parce qu'il est convaincu de « *sa nécessité pour l'administration et cette foule de citoyens qui, par nos lois, participent à l'administration dans les divers Conseils* »[88]. Dans le

---

[84] RICHARD (Guillaume), *Enseigner le droit public sous la Troisième République*, *op. cit.*, 2015, p. 63.

[85] Dans le même sens, v. BIGOT (Grégoire), *Ce droit qu'on dit administratif*, La Mémoire du Droit, 2015, p. VIII.

[86] JAMME (Alexandre-Auguste), *Procès-verbal de l'ouverture de l'École de droit de la ville de Toulouse*, Dalles, 1805, p. 11. Également cité par TOUZEIL-DIVINA (Mathieu), *Éléments d'histoire de l'enseignement du droit public : la contribution du doyen Foucart (1799-1860)*, LGDJ, 2007, p. 458.

[87] Jacques Ellul nous renseigne sur le fait que les théories des légistes, destinées au Roi et à ses serviteurs, « *ne sont jamais en effet des conceptions abstraites, intellectuelles : elles ont toujours un but d'action pratique.* » (ELLUL (Jacques), *Histoire des institutions. Le Moyen Âge*, PUF, 2013, p. 350).

[88] BONNIN (Charles-Jean-Baptiste), *Principes d'administration publique pour servir l'étude des lois administratives*, Clament, 2e éd., 1809, p. 13.

prolongement d'une science qui s'adresse avant tout à l'État et à ses serviteurs, il souhaite leur prodiguer de façon ordonnée les textes indispensables à l'exercice de leurs fonctions futures, tout comme Fleurigeon – lui aussi auteur d'un Code administratif. Dès l'introduction, ce dernier justifie une telle entreprise par le fait que « *la réunion, le rapprochement de ces lois ou parties de lois, dans un même cadre,* [...] *les décisions des ministres relatives aux dispositions équivoques,* [...], *le classement des titres généraux, par ordre alphabétique, ont paru devoir être d'un grand secours à l'administrateur* »[89]. L'administrateur est donc le destinataire direct du Code administratif, ce qui implique nécessairement une certaine façon d'appréhender son étude. À quoi servirait, dans ce cadre, le seul énoncé de grands principes théoriques ? Il y a là un raisonnement similaire à celui tenu par les privatistes de l'époque : s'ils ne s'adressent pas pour leur part à de futurs administrateurs, ils ont en revanche vocation à former les futurs avoués, notaires, greffiers ou huissiers[90] et adaptent leurs enseignements à cette mission. Le XIXe siècle est donc avant tout, dans le champ du droit public comme dans celui du droit privé, celui de la « *professionnalisation* »[91] des études et non celui de la théorisation.

56. Une finalité pratique assumée par les ordonnateurs. Le but pratique du droit administratif est très clairement assumé par les professeurs de l'époque, notamment chez les ordonnateurs. Ainsi Gérando, dans son discours d'ouverture au *Cours de droit administratif* qu'il prononce en 1819 devant la Faculté de droit de Paris, ne s'adresse non pas à des étudiants avides de connaissances générales et théoriques en vue de s'élever intellectuellement, mais à de futurs administrateurs désireux de mieux comprendre les rouages de l'administration et de mieux anticiper les décisions qu'ils auront à prendre. L'étude du droit, en général, est pour Gérando « *une préparation indispensable pour former de bons administrateurs* »[92] ; les Facultés de droit ont donc avant tout un « *but éminemment pratique* » [93]. La même idée est d'ailleurs encore présente chez Cormenin[94] ou chez Macarel, qui fait de l'administrateur le destinataire privilégié de son *Cours d'administration et de droit administratif.* Ainsi, le rôle du professeur ne consiste pas selon lui à « *sonder* [...] *les profondeurs du droit* », car un tel enseignement, proclame-t-il à ses étudiants, « *tendrait à former des jurisconsultes consommés, et vous*

---

[89] FLEURIGEON (Citoyen), *Code administratif,* Partie 1, Garnery-Fantin, 1806, p. 13.
[90] AUDREN (Frédéric) et HALPÉRIN (Jean-Louis), *La culture juridique française*, *op. cit.*, 2013, p. 75.
[91] *Idem.*
[92] GÉRANDO (Joseph-Marie de), « Discours d'ouverture du Cours de droit public et administratif », *Thémis*, 1820, vol. 1, p. 84.
[93] *Ibid.*, p. 75.
[94] Pour Cormenin, l'étude du droit administratif importe avant tout « *à tous les Fonctionnaires, aux Magistrats, aux Législateurs, aux Entrepreneurs de travaux public, etc.* » (CORMENIN (Louis-Marie), *Droit administratif,* Tome 1, 5e éd., 1840, *op. cit.*, p. XLIII), alors même qu'il n'enseigne pas le droit administratif.

ne pouvez l'être, alors que vous quittez ces bancs pour aborder le monde des réalités et des affaires »[95]. Le public auquel il s'adresse détermine ainsi tant le contenu des enseignements que la méthode adoptée. S'adressant toujours à ses étudiants, il fait part de sa volonté de se soumettre au mieux à leurs attentes : il leur annonce ainsi, en guise de programme, que « *des abstractions il nous faut descendre aux réalités, des spéculations à la pratique* » car « *assurément, l'utilité de celle-ci pour vous est prédominante, et, sur ce point, j'accomplirai mes devoirs* »[96].

Au fil du temps, la nécessité de dispenser aux étudiants des cours directement utiles à la pratique administrative ne s'est pas tarie, même s'il est plus difficile pour nous de la percevoir à partir des années 1850. En effet, à partir de ces années, un certain renouveau éditorial fait que les ouvrages ne sont plus uniquement la retranscription des cours prodigués ; les adresses aux étudiants, qui permettaient de comprendre à qui s'adressaient les professeurs, y sont supprimées. En dépit de cela, la vocation pratique des enseignements se perçoit encore dans l'ouvrage de Cotelle[97], publié à partir de 1831, et celui de Aucoc[98], publié à partir de 1865. Ceux-ci sont directement adressés à de futurs ingénieurs – les cours étant dispensés à l'École impériale des Ponts et Chaussées. Leur vocation pratique et professionnelle est alors indéniable, ce qui ne leur a pas empêché de faire partie des ouvrages fondamentaux de droit administratif en leur temps. On pourrait encore citer les ouvrages de Pradier-Fodéré, pour qui l'enseignement du droit administratif permet de « *donner à la société des administrateurs éclairés, des magistrats vigilants* »[99] ou encore celui de Dufour, qui, bien qu'il ne soit pas enseignant, vise à donner des « *ressources aux hommes engagés dans le mouvement des affaires* » en leur offrant « *un guide pour sortir des difficultés qui surgissent à tout instant sous leurs pas* »[100].

57. L'éclairage allemand de Jules Mallein. Le contenu des enseignements de droit administratif est ainsi directement lié à la conception qu'ont les auteurs-professeurs de la mission des Facultés de droit. Cela est bien mis en lumière par Jules Mallein, bâtonnier de l'ordre des avocats à la Cour impériale de Grenoble et professeur de droit administratif, auteur en 1857 de ses *Considérations sur l'enseignement du droit administratif*. Il y expose la façon dont est enseigné le droit administratif à son époque et y

---

[95] MACAREL (Louis-Antoine), *Cours d'administration et de droit administratif*, Tome 3, Plon Frères, 2e éd., 1852, p. 3. Nous soulignons.
[96] *Ibid.*, p. 10.
[97] COTELLE (Toussaint-Ange), *Cours de droit administratif appliqué aux travaux publics*, de Fain, 1838, p. 23.
[98] AUCOC (Léon), *Conférences sur l'administration et le droit administratif*, Tome 1, *op. cit.*, 1e éd., 1869, p. IV.
[99] PRADIER-FODÉRÉ (Paul), *Précis de droit administratif*, Guillaumin, 7e éd., 1872, p. VIII.
[100] DUFOUR (Gabriel), *Traité général du droit administratif appliqué*, Tome 1, Delamotte, 1843, p. IX.

formule un certain nombre de propositions. La question de savoir à qui s'adresse cet enseignement et celle de savoir quelle doit être sa teneur sont directement évoquées. Pour Mallein, le modèle français d'enseignement du droit s'éloigne du modèle allemand, où « *on fait bon marché* [...] *de l'utilité pratique des études* »[101]. Il cite à cet égard le professeur allemand Léopold Auguste Warnkoenig pour qui le but « *des universités allemandes* [...] *n'est pas de former des praticiens, mais des hommes d'une instruction étendue et profonde* » et où l'on enseigne « *la science pour elle-même* »[102]. Il y a pour Mallein un « *abîme* » entre ce point de vue et le sien : ce qui compte avant tout pour lui, et avec lui tous les professeurs français de droit de son époque, c'est que la science enseignée soit avant tout « *pratique* » et réponde aux attentes tant du « *gouvernement* » que de « *la magistrature et [de] l'administration qui attendent d'elle le personnel de leur recrutement* »[103]. Directement orientés vers la nécessité de servir le gouvernement en formant de futurs administrateurs ou, du moins, de futurs praticiens, les enseignements de droit administratif ne sont pas propres à divulguer des propos théoriques. Cela montre en revanche leur fort attachement à l'État, qu'ils se chargent de servir. Ils ont vocation à former des futurs administrateurs, c'est-à-dire de futurs serviteurs de l'État, mission pour laquelle les entreprises abstraites et théoriques seraient inutiles. Cela conditionne ainsi le recrutement des professeurs de droit administratif.

2- *Les administrateurs, majoritairement professeurs de droit administratif*

58. L'avènement de l'agrégation de droit, instaurée par le décret impérial sur l'organisation des académies du 22 août 1854 et le statut du 20 décembre 1855[104], est à même d'ouvrir une nouvelle ère pour le droit public. Le droit administratif est en effet intégré aux épreuves. L'instauration de ce concours est guidée par la volonté de donner « *une heureuse impulsion à l'enseignement supérieur* »[105] en requérant des candidats un niveau élevé, ceux-ci devant être capables d'avoir une vue d'ensemble sur les différentes matières juridiques. En cela, elle tend davantage à théoriser les différentes disciplines juridiques qu'à les rendre plus pratiques. L'agrégation permet en outre de

---

[101] MALLEIN (Jules), *Considérations sur l'enseignement du droit administratif*, Plon, 1857, p. 139.
[102] *Idem.*
[103] *Ibid.*, p. 140.
[104] Statut sur l'agrégation des Facultés du 20 décembre 1855, *Bulletin administratif de l'instruction publique*, Tome 6, 1855, n° 61 à 72, p. 304.
[105] Instruction du ministre de l'instruction publique et des cultes (Henri Fortoul) du 13 février 1856 relative à l'exécution de l'arrêté du 20 décembre 1855, concernant l'agrégation des facultés, *Circulaires et instructions officielles relatives à l'instruction publique*, Tome 5, Delalain, 1856, p. 15.

professionnaliser le métier de professeur de droit, ce qui constitue une véritable nouveauté en droit administratif, la matière étant jusqu'alors enseignée par des praticiens. Mais en réalité, jusque dans les années 1870, un seul professeur agrégé dédiera sa carrière au droit administratif et publiera de façon prolixe ; il s'agit de Théophile Ducrocq, qui obtient l'agrégation en 1858. Cela ne signifie pas, en contrepoint, que tous les autres professeurs agrégés jusqu'aux années 1870 n'enseignent pas le droit administratif, mais que ceux-ci n'ont pas publié d'ouvrages dans cette discipline. L'influence du concours d'agrégation sur la discipline, dont le progrès passe dans une large mesure par les écrits qui lui sont dédiés, est donc réduite.

Cela explique semble-t-il en partie pourquoi le droit administratif a gardé, jusque dans les années 1870, une vocation pratique. La matière est en effet majoritairement enseignée, en l'absence de professeurs agrégés, par des praticiens – qu'ils soient administrateurs, conseillers d'État ou encore avocats. Dès lors, ainsi que le relève Sabino Cassese, « *avant d'être des auteurs, ce sont des protagonistes (ou, en tout cas, des acteurs) sur la scène politique et administrative* »[106]. Il s'agit là d'un élément fondamental pour comprendre la façon dont la discipline est appréhendée, et la pensée d'État qui les anime. Cela entretient une dynamique circulaire car les praticiens ont naturellement tendance à donner une vocation pratique à leurs enseignements, ce qui renforce en retour la nécessité de faire appel à des praticiens pour enseigner le droit administratif. On songe par exemple au cas de Macarel, conseiller d'État et professeur à la Faculté de droit de Paris, ou à Aucoc, conseiller d'État et professeur à l'École des Ponts et Chaussées. Mais en réalité, ce phénomène s'étend en dehors des murs des Facultés de droit. Benoît Plessix note à cet égard que « *cette mise en ordre pratique des textes continua* [...] *de favoriser la participation active des administrateurs à la construction technique du droit administratif* »[107]. Jusqu'aux années 1870, et singulièrement parmi les ordonnateurs, certains praticiens du droit produisent ainsi des ouvrages en droit administratif sans jamais l'avoir enseigné. C'est le cas de Bonnin – vraisemblablement administrateur[108] –, de Cormenin – conseiller d'État – et de Bouchené-Léfer – avocat puis maître des requêtes au Conseil d'État. De la même façon, quelques administrateurs praticiens sont à l'origine d'encyclopédies (comme Léon Béquet et Maurice Block) ou encore de publications d'ordre technique dans un certain nombre de revues. Cette tradition se perpétue quelque peu chez les précurseurs : Vivien – député, avocat puis conseiller d'État –, Dufour – avocat – et Dareste – avocat puis

106 CASSESE (Sabino), *La construction du droit administratif. France et Royaume-Uni*, Montchrestien, 2000, p. 26.
107 PLESSIX (Benoît), « Nicolas Delamare ou les fondations du droit administratif français », *Droits*, 2003, n° 38, p. 126.
108 ESCOUBE (Pierre), « Charles-Jean Bonnin, précurseur de la science administrative », *La Revue administrative*, 1958, n° 61, p. 16-17.

conseiller à Cour de cassation – n'enseigneront jamais le droit administratif. Ils restent toutefois minoritaires. Face à eux, et de façon plus en plus importante au fil des décennies, le droit administratif tend à devenir l'apanage des professeurs de droit, que l'on songe à Gérando, F. Laferrière, Foucart, Serrigny, Chauveau, Trolley, etc. et même si ceux-ci ont pu en parallèle exercer d'autres fonctions. En tout état de cause, on perçoit à quel point la tradition des « *légistes précepteurs particuliers du Pouvoir* »[109] tels qu'ils existaient sous l'Ancien Régime n'a pas disparu, ces derniers fournissant eux aussi toute une série d'ouvrages à vocation pratique, capables d'éclairer le Roi et son administration.

La destination pratique et professionnelle du droit administratif constitue *a priori* un obstacle majeur au déploiement de considérations théoriques – propres à donner une définition de l'État. Il ne s'agit toutefois que d'*obstacles*, qui peuvent être ainsi surmontés par les auteurs. Un certain nombre d'entre eux, nous le verrons, se départira de la vocation pratique des enseignements pour y introduire quelques éléments théoriques. Mais outre le caractère récent et la vocation pratique du droit administratif, un autre élément va venir conditionner et rendre plus ardue l'appréhension de l'État en droit administratif : les Facultés de droit, vouées pendant longtemps au gouvernement en place, sont l'antre d'une culture d'État. Ceux qui y enseignent ne jouisse pas d'une indépendance plus importante vis-à-vis du pouvoir en place que les administrateurs ou les conseillers d'État.

§ 2. *Les Facultés de droit, antre d'une culture d'État*

59. Les Écoles puis les Facultés de droit peuvent à plusieurs égards être considérées comme l'antre d'une culture d'État. En effet, les professeurs, étroitement liés au pouvoir central, divulguent un discours où la critique envers les institutions est faible et usent d'outils intellectuels et symboliques propres à légitimer le pouvoir en place. Leurs ouvrages ne présentent en cela que peu de différences avec ceux produits par les conseillers d'État ou administrateurs, véritables serviteurs de l'État (**A**). En cela, les Facultés de droit vont transmettre une culture d'État à leurs étudiants, c'est-à-dire un ensemble de valeurs et de savoirs propres à laisser les professeurs exprimer leur *pensée* d'État[110]. Culture d'État et pensée d'État sont liées : la première

[109] PLESSIX (Benoît), « Nicolas Delamare ou les fondations du droit administratif français », *Droits*, 2003, n° 38, p. 127.

[110] Rappelons ici que nous définissons la « pensée d'État » non seulement dans le sens qu'en a donné Pierre Bourdieu, c'est-à-dire comme une pensée qui applique à l'État « *des catégories de pensée produites et garanties par l'État* » (BOURDIEU (Pierre), « Esprits d'État. Genèse et structure du champ bureaucratique », *Actes de la recherche en sciences sociales*, 1993, vol. 96-97, p. 49), mais en ajoutant à cela l'idée d'une légitimation du modèle étatique, souvent doublée

alimente la seconde autant qu'elle est alimentée par elle. On pourrait dire à ce stade que la pensée d'État des auteurs n'est que *l'une des expressions* de cette culture d'État[111]. En tout état de cause, l'une comme l'autre expliquent l'absence significative d'enseignements portant sur les fondements du pouvoir, c'est-à-dire, entre autres, d'enseignements de droit public (**B**).

A- **La divulgation d'une culture d'État**

60. La divulgation d'une culture d'État au sein des Écoles puis Facultés de droit est révélée, structurellement, par l'absence globale d'indépendance des professeurs de droit vis-à-vis du pouvoir politique tout au long du XIXe siècle (**1**). Alors que l'on aurait pu penser que, contrairement aux conseillers d'État par exemple – dont les liens avec le pouvoir en place sont à l'époque particulièrement ténus – les professeurs de droit de l'époque jouissent d'une certaine indépendance, tel n'est manifestement pas le cas. De même, dans le contenu même des cours dispensés, on voit à quel point le droit administratif est un vecteur pour transmettre une telle culture d'État (**2**).

1- *L'absence d'indépendance des professeurs de droit*

61. Le contrôle gouvernemental des professeurs de droit. Dans leur ouvrage sur la culture juridique française, Frédéric Audren et Jean-Louis Halpérin décrivent la période qui s'étend de 1804 à 1870 comme étant celle de « *la structuration de l'enseignement étatique du droit* »[112]. Compte tenu des « *missions qui lui étaient assignées et [de] la manière dont les professeurs envisageaient leurs fonctions* », les deux auteurs n'hésitent pas à soutenir l'hypothèse selon laquelle « *la formation juridique s'est appuyée sur une "culture d'État"* »[113]. Cette culture d'État, qui traduit l'existence d'un ensemble de valeurs propres à ne concevoir le droit et son étude que par le prisme de l'État, trouve sa source et se renforce dans la véritable *pensée* d'État des ordonnateurs puis des précurseurs. Les professeurs répandent en effet une culture officielle de nature à légitimer le pouvoir en place. Ils jouissent d'une faible indépendance vis-à-vis du pouvoir ; « *totalement séparés du reste du monde universitaire et souvent peu liés aux milieux intellectuels, [ils] ont été*

---

d'une légitimation du régime en place. La pensée d'État est ainsi selon nous l'expression d'un certain étatisme, qui vise à défendre avant tout les intérêts de l'État.

[111] La culture d'État s'avère plus large que la seule « pensée » d'État, dont la portée est plus intellectuelle qu'institutionnelle.

[112] AUDREN (Frédéric) et HALPÉRIN (Jean-Louis), *La culture juridique française*, *op. cit.*, 2013, p. 17.

[113] *Idem.*

les serviteurs dévoués de tous les régimes qui se sont succédé »[114], ce qui rappelle le rôle des légistes de l'Ancien Régime, eux aussi dévoués au Roi[115].

Cela se vérifie par l'existence de mécanismes très concrets. Dès les débuts du XIXe siècle, Napoléon instaure ainsi pour tous les professeurs une période de stage obligatoire de trois ans avant l'attribution d'un brevet définitif par l'empereur[116]. Pendant cette période, les professeurs sont donc révocables. Sous la Restauration, les Facultés de droit restent encore largement sous la coupe du pouvoir central. En témoigne par exemple l'« affaire Bavoux »[117], du nom d'un professeur ayant critiqué des dispositions législatives dans ses cours et qui fut poursuivi en justice par le Gouvernement, ou encore les différentes décisions de fermetures de chaires, voire de Facultés toutes entières[118]. Cette mainmise du pouvoir central sur les professeurs de droit ne se tarit pas sous la Monarchie de Juillet, où une loi[119] oblige tous les fonctionnaires publics – et ainsi les professeurs des Facultés de droit – à prêter le serment suivant : « Je jure fidélité au Roi des Français, obéissance à la Charte constitutionnelle et aux lois du royaume. » La mainmise du pouvoir politique sur les enseignants apparait donc prégnante, même si elle ne doit pas être exagérée[120]. Supprimée en 1848, cette obligation de serment sera rétablie en 1852[121]. Puisqu'ils jurent fidélité au chef de l'État, les professeurs de droit limitent considérablement leur propre indépendance vis-à-vis du pouvoir central ; tout ce qui émane du roi, puis de l'Empereur, doit être exempt de critique. Cela affaiblit subséquemment la prise de distance que peuvent prendre les professeurs dans leurs ouvrages juridiques tout en renforçant leur nécessaire soutien à l'État et au pouvoir en place.

Alexis de Tocqueville, dans son rapport fait à l'Académie en 1846 sur le cours de Macarel, relevait déjà le manque d'indépendance des professeurs de droit administratif vis-à-vis du pouvoir central. Prenant l'exemple de Macarel, il considère que celui-ci « *s'abstient presque complètement de juger ; il ne fait*

---

[114] *Ibid.*, p. 56.

[115] ELLUL (Jacques), *Histoire des institutions. Le Moyen Âge*, *op. cit.*, 2013, p. 350.

[116] AUDREN (Frédéric) et HALPÉRIN (Jean-Louis), *La culture juridique française*, *op. cit.*, 2013, p. 22.

[117] En 1819, le professeur Bavoux aurait critiqué des dispositions législatives dans ses cours. Il sera poursuivi par le Gouvernement en place devant la Cour d'assises. Sur ce point, v. *ibid.*, p. 32-33. V. également VENTRE-DENIS (Madeleine), « La Faculté de droit de Paris et la vie politique sous la Restauration. L'affaire Bavoux », *RHFD*, 1987, n° 5, p. 60.

[118] La Faculté de Grenoble sera ainsi supprimée de 1821 à 1824 « *en raison d'un complot libéral dans lequel n'était impliqué qu'un seul étudiant* » (AUDREN (Frédéric) et HALPÉRIN (Jean-Louis), *La culture juridique française*, *op. cit.*, 2013, p. 33).

[119] Loi du 31 août 1830 *relative au serment des fonctionnaires publics*.

[120] V. LE YONCOURT (Tiphaine), « Réflexions autour d'un débat parlementaire : le serment des agents publics en 1814 », *in Études à la mémoire du Professeur François Burdeau*, LexisNexis, 2008, p. 161 s.

[121] Décret des 8-12 mars 1852 *relatif au serment des ministres, des membres des grands corps de l'état, des officiers de terre et de mer, des magistrats et des fonctionnaires.*

que décrire »[122]. Dès lors, « *il se renferme étroitement dans ce qui est, sans jamais chercher ce qui devrait être* »[123]. Bien que Tocqueville comprenne cette posture, tant la science du droit administratif est nouvelle, il regrette le fait que Macarel « *ne se soit pas assez souvenu qu'il avait écrit sur le droit administratif en publiciste avant d'écrire en commentateur* »[124]. À l'époque où ce rapport est écrit, en 1846, le terme de « publiciste » est bien celui qu'on lui donne aujourd'hui[125]. Ainsi, quand Tocqueville reproche à Macarel de ne pas se saisir du droit administratif comme publiciste, lui qui avait pourtant quelques années auparavant écrit un ouvrage sur le droit politique, sans doute déplore-t-il le fait que le droit administratif y soit abordé de façon technique, sans prise de hauteur, sans mise en relation avec le droit constitutionnel et politique, à la façon d'un simple « commentateur ». Les conditions structurelles d'enseignement ne sont pas étrangères à une telle méthode.

Au-delà de la révocabilité des professeurs qui empêche une telle prise de distance, il convient de relever que, pour que les cours qu'ils dispensent soient dépourvus de tout propos proféré à l'encontre du régime, un mécanisme de contrôle a été institué. L'inspection générale des Écoles de droit est ainsi créée sous Napoléon, par la loi du 22 ventôse an XII, en vue d'uniformiser les programmes des différentes Écoles de droit, mais également en vue de contrôler le programme des cours dispensés. Supprimée en 1830, elle sera rétablie en 1838, puis à nouveau supprimée en 1848, avant d'être recréée en 1852. Propre aux régimes non-républicains, cette Inspection permet au pouvoir central d'avoir un regard sur l'ensemble des programmes dispensés dans les Facultés de droit françaises. Pour autant, il ne faut pas s'y tromper « *et faire croire à l'imposition positive de contenus idéologiquement marqués* »[126]. Peu de censures ont en effet été recensées. Ainsi que le relève Guillaume Richard, « *le contrôle est donc essentiellement négatif (empêcher les troubles) plus que positif (imposer un enseignement avec une volonté de*

---

122 TOCQUEVILLE (Alexis de), « Rapport fait à l'Académie des sciences morales et politiques (1846) sur le livre de M. Macarel intitulé : Cours de droit administratif », *in Œuvres complètes d'A. de Tocqueville publiées par Mme de Tocqueville*, *op. cit.*, 1865, vol. 9, p. 65.

123 *Idem.*

124 *Ibid.*, p. 66.

125 Ce n'est que plus tard, semble-t-il dans les années 1870, que le terme de « publiciste » acquiert une nouvelle signification. Il s'agit d'une personne dont les écrits ont trait à la chose publique – la sociologie ou la science politique n'existant pas encore en tant que disciplines – et qui, doté d'une certaine culture générale en histoire, en droit et en philosophie, fait figure d'intellectuel au sein de la société. Comparable à ce que l'on appellerait aujourd'hui un essayiste, le mot est aussi parfois assimilé à celui de journaliste.

126 RICHARD (Guillaume), *Enseigner le droit public à Paris sous la Troisième République*, Thèse, Dalloz, 2015, p. 406.

propagande) »[127]. Quoi qu'il en soit, ce n'est qu'à partir des années 1870 que l'emprise du pouvoir central sur l'enseignement supérieur va s'amoindrir[128].

62. Le caractère impropre de la notion de « doctrine ». Cette absence de distanciation avec le pouvoir en place empêche, entre autres raisons[129], de parler de « doctrine » à proprement parler pour les auteurs d'avant 1870. Une première raison réside dans le fait qu'elle ne constitue pas un corps facilement identifiable ni même homogène : elle regroupe conseillers d'État, administrateurs, professeurs de droit. La question qui peut se poser ici est celle de savoir si cette hétérogénéité a une influence sur leur pensée d'État, c'est-à-dire sur leur volonté de légitimer tant l'État que le pouvoir en place. Si nous aurons l'occasion de le vérifier tout au long de notre étude, force est de constater que leur statut d'administrateurs produira sur eux globalement les mêmes effets que sur les professeurs de droit. Plus encore, les conseillers d'État, compte tenu de l'imbrication de leur institution au sein de l'administration, n'ont qu'une faible indépendance vis-à-vis du pouvoir en place. Le Conseil d'État est à cet égard tout au long du XIXe siècle un « *juge gouvernemental* »[130], dont les membres ne sont d'ailleurs pas protégés par l'inamovibilité. Cela ne signifie pas qu'ils défendront avec ferveur chaque décision politique prise, mais plutôt qu'ils tâcheront de toujours justifier juridiquement l'institution étatique, c'est-à-dire l'État tel qu'il se présente à l'époque.

Il convient toutefois de préciser d'emblée que certains auteurs ont pu produire des écrits en droit administratif alors qu'ils n'étaient ni administrateurs, ni conseillers d'État, ni professeurs de droit. On pourrait citer à cet égard Vivien, qui écrit la première édition de ses *Études administratives* en 1845 alors qu'il n'est plus préfet de police et qu'il n'est pas encore entré au Conseil d'État, ou encore Macarel, qui rédige son premier ouvrage sur les tribunaux administratifs en 1828 alors qu'il est encore avocat ; il entrera au Conseil d'État deux années plus tard. Ces ouvrages peuvent apparaitre au premier abord déliés de toute pensée d'État. S'il est vrai qu'ils contiendront parfois quelques critiques ou propositions, on aura toutefois l'occasion de constater

---

[127] *Ibid.*, p. 408.

[128] Cela aura un impact direct sur le contenu même des enseignements : plus libres, les professeurs s'autoriseront sans doute un regard plus critique sur le droit positif. La loi du 12 juillet 1875 prévoit en effet dès son article premier le principe de liberté de l'enseignement supérieur. C'est d'ailleurs Édouard Laboulaye, devenu député sous la IIIe République, qui fut à l'origine de cette loi. Il faudra toutefois attendre le décret du 28 décembre 1885 pour que l'Inspection générale des Facultés de droit soit supprimée. Les cours seront dorénavant fixés par les Facultés elles-mêmes.

[129] Nous verrons par la suite que ce n'est pas le seul élément qui manque pour qualifier ces auteurs de « doctrine ».

[130] BIGOT (Grégoire), « Le Conseil d'État, juge gouvernemental », *in* BLUCHE (Frédéric) (dir.), *Le Prince, le peuple et le droit. Autour des plébiscites de 1851 et 1852*, PUF, 2000, p. 171 s.

qu'aucun d'entre eux ne se départira réellement d'un certain étatisme-libéral, qui anime toute la pensée administrativiste du XIXe siècle : tous défendront un État fort, tel qu'il existe alors, ne témoignant qu'une faible prise en compte des libertés. Ainsi, loin de remettre en cause l'État ou le pouvoir en place, ils contribueront eux aussi la plupart du temps à le légitimer.

Une seconde raison interdit selon nous de parler de doctrine à l'endroit des administrativistes du XIXe siècle : on pourrait parler avec Mathieu Touzeil-Divina d'une « *paradoctrine* »[131] tant cette littérature sur le droit n'a pas encore tous les gages d'indépendance que suppose un écrit doctrinal[132]. Il y a à cet égard encore un trait qui rapproche les professeurs de droit de l'époque aux légistes de l'Ancien Régime. Ceux-ci, au service du Prince, avaient pour fonction idéologique de « *légitimer par leurs œuvres l'ordre politique existant, soutenir et promouvoir l'État monarchique, unitaire, centralisé et hiérarchisé* »[133]. En effet, comme l'écrit Tocqueville dès le début du XIXe siècle, « *ce sont leurs maximes sur le droit divin des rois, sur les prérogatives inaliénables des souverains, sur les privilèges naturels des couronnes, qui ont le plus puissamment aidé les princes des quinzième et seizième siècles à établir en même temps sur tout le continent de l'Europe la monarchie absolue* »[134]. Les auteurs du XIXe siècle ne font ainsi que perpétuer cette tradition. La vocation pratique du droit administratif, avant tout destiné à former de futurs administrateurs, c'est-à-dire de futurs serviteurs de l'État, incite nécessairement les administrativistes à divulguer dans leurs enseignements une certaine pensée d'État, propre à inculquer des valeurs d'ordre et de dévotion aux futurs fonctionnaires. Le parallèle avec le rôle des légistes est là encore opportun : quand, sous l'Ancien Régime, les gouvernants fournissaient la force matérielle pour assoir leur pouvoir, les légistes, eux, fournissaient le droit[135]. Leur position institutionnelle les condamne d'une certaine façon à ne pouvoir prodiguer qu'une pensée d'État. Cela se retrouve dans le contenu même des enseignements prodigués.

---

[131] TOUZEIL-DIVINA (Mathieu), *La doctrine publiciste, 1800-1880 : éléments de patristique administrative*, La Mémoire du Droit, 2009, p. 79.
[132] V. toutefois sur la nécessaire indépendance requise pour recourir au qualificatif de doctrine TRUCHET (Didier), « Quelques remarques sur la doctrine en droit administratif », *in Mélanges Paul Amselek*, Bruylant, 2005, p. 769.
[133] PLESSIX (Benoît), « Nicolas Delamare ou les fondations du droit administratif français », *Droits*, 2003, n° 38, p. 121.
[134] TOCQUEVILLE (Alexis de), « Rapport fait à l'Académie des sciences morales et politiques (1846) sur le livre de M. Macarel intitulé : Cours de droit administratif », *in Œuvres complètes d'A. de Tocqueville publiées par Mme de Tocqueville*, *op. cit.*, 1865, vol. 9, p. 70.
[135] *Idem.*

2- *La transmission d'une culture d'État dans les enseignements prodigués*

63. La formation des serviteurs de l'État. La culture d'État à laquelle participe l'ensemble des administrativistes du XIXe siècle, de même que leurs similarités avec les légistes d'Ancien Régime, a fait dire à Benoît Plessix que « *la* science *du droit administratif moderne* [...] *n'est manifestement née qu'avec Laferrière et Hauriou ; car avant, de Gérando à Aucoc, c'est l'Ancien Régime qui s'est poursuivi* »[136]. Cette assertion est d'autant plus vraie pour les ordonnateurs, ceux-ci étant nés avant ou pendant la Révolution ; leurs liens avec les légistes de l'Ancien Régime paraissent exacerbés. Leur pensée d'État, propre à alimenter la culture d'État que prodiguent les Facultés de droit, se ressent très vivement dans les cours qu'ils dispensent. Il faut ici louer le fait que jusqu'aux années 1840, les ouvrages de droit administratif publiés ne sont en réalité que la retranscription des cours tenus oralement devant les étudiants. Les adresses à l'égard de ces derniers, on l'a dit, sont alors nombreuses ; elles nous permettent en tout cas de mieux saisir les messages que les auteurs veulent faire passer aux étudiants et ainsi le but qu'ils assignent à l'enseignement du droit administratif.

Or, là encore, l'idée principalement véhiculée semble simple : renforcer la légitimité de l'État, si ce n'est du pouvoir en place. À cet égard, le discours d'ouverture de Portiez de l'Oise à l'École de droit de Paris en 1805 est un véritable plaidoyer en faveur de l'Empereur. Derrière l'enseignement de la législation administrative, c'est une véritable pensée d'État qu'il exprime, et une culture d'État que Portiez de l'Oise se charge de transmettre aux futurs administrateurs. Il enjoint donc ces derniers de se servir de leur influence future pour « *faire connaitre les bienfaits du Gouvernement* »[137], confondant à dessein l'État et le gouvernement. De la même façon, pour Macarel, l'étude du droit administratif « *se propose de former des administrateurs éclairés, des jurisconsultes habiles,* [...] » ; ainsi « *ils connaissent et comprennent [les lois de leur pays], et sont, en général, convaincus de leur équité* »[138]. Enseigner le droit administratif, c'est donc convaincre les futurs administrateurs que le droit en vigueur n'est pas synonyme d'arbitraire, mais de justice et d'équité. Cet enseignement n'est donc pas dénué d'une certaine idéologie, presque expressément assumée : les étudiants doivent devenir de véritables serviteurs de l'État ; ils doivent être convaincus du bien-fondé des règles en vigueur pour mieux les appliquer et ainsi défendre l'ordre établi.

---

[136] PLESSIX (Benoît), « Nicolas Delamare ou les fondations du droit administratif français », *Droits*, 2003, n° 38, p. 134. L'auteur souligne.

[137] PORTIEZ DE L'OISE (Louis-François-René), « Discours prononcé lors de la séance d'ouverture de l'École (26 novembre 1805) », reproduit *in RHFD*, 1992, n° 13, p. 322.

[138] MACAREL (Louis-Antoine), *Cours d'administration et de droit administratif*, Tome 3, *op. cit.*, 2e éd., 1852, p. 5.

Plus encore, les administrativistes s'attèlent à transmettre un certain nombre de valeurs à leur auditoire. Gérando, dans son *Discours d'ouverture au cours de droit administratif*, estime que la « *législation publique* [...] *enseigne surtout la générosité, le patriotisme, la franchise et le dévouement au bien* »[139]. Telles sont les valeurs qu'il faut dès lors transmettre aux futurs administrateurs, car c'est par ces valeurs que passe la culture d'État nécessaire à l'exercice de fonctions administratives. S'adressant directement à ses étudiants, c'est une véritable profession de foi envers les institutions de la Restauration que Gérando proclame : « *Vous qui* [...] *voyez s'ouvrir devant vous tant d'honorables carrières, qui aspirez à vous en rendre dignes, non-seulement par une instruction solide, mais aussi par le zèle et la pratique du bien qui est la meilleure préparation à toute carrière ; vous qui, possédant la plus belle patrie, le meilleur des rois, les institutions les plus généreuses, avez tant de motifs pour les confondre dans votre respect, votre fidélité et votre amour !* »[140] Par ces mots, la pensée d'État de Gérando s'apparenterait même à une religion d'État, tant les termes utilisés par Gérando (« respect », « fidélité », « amour ») tiennent du registre de la foi. Portiez de l'Oise a recours au même champ sémantique, lui qui, visant « *cette institution* » qui n'est autre que « *l'âme de la société* » – sans que l'on sache s'il s'agit de l'État ou de l'Empereur –, demande à ses étudiants de « *s'y attacher fortement, de l'environner de considération, de respect et d'amour* »[141]. C'est ce type de relation, teintée de « considération », de « respect » et d'« amour », que doivent entretenir les administrateurs avec l'administration étatique, mais également avec l'Empereur lui-même. Outre la force des termes employés, c'est la confusion totale ou partielle de l'État avec la personne qui l'incarne qui témoigne ici de la prégnance d'une pensée d'État chez Portiez de l'Oise ; l'État et le gouvernement (ou l'Empereur) ne font qu'un. Légitimer l'un, c'est légitimer l'autre.

Comment ne pas voir ici que, depuis ses débuts, les professeurs de droit administratif ont été chargés de légitimer l'institution étatique par la transmission des valeurs de hiérarchie, de dévotion voire de zèle ? De telles valeurs sont à même de fonder un corps solide d'administrateurs, dévoués au service de l'État. C'est précisément ce qu'écrira Pradier-Fodéré, en confondant la France et l'État, dans l'avant-propos de son *Précis de droit administratif*, en 1853 : « *vulgariser la science administrative,* [...] *c'est* [...] *faire aimer la France, cette terre des grandes et fécondes institutions.* »[142] La

---

[139] GÉRANDO (Joseph-Marie de), « Discours d'ouverture du Cours de droit public et administratif », *Thémis*, 1820, vol. 1, p. 71.
[140] *Ibid.*, p. 89.
[141] PORTIEZ DE L'OISE (Louis-François-René), « Discours prononcé lors de la séance d'ouverture de l'École (26 novembre 1805) », *RHFD*, 1992, n° 13, p. 320.
[142] Reproduit *in* PRADIER-FODÉRÉ (Paul), *Précis de droit administratif*, *op. cit.*, 7e éd., 1872, p. VIII.

question peut d'ailleurs se poser de savoir, lorsqu'ils enseignent de telles maximes à leurs étudiants, si les professeurs de droit ne s'adressent pas en partie à eux-mêmes. Ils sont en effet fonctionnaires, soumis à un serment de fidélité au Roi ou à l'Empereur et œuvrent sans cesse à renforcer la légitimité du pouvoir en place. À croire qu'eux aussi doivent développer un culte de l'État pour pouvoir le transmettre à leurs étudiants.

64. La confusion de l'« État » et du « gouvernement ». Avec le temps, toutefois, il devient moins évident de déceler la volonté chez les professeurs de transmettre cette culture d'État. En effet, les ouvrages juridiques ne se cantonnant plus à la retranscription écrite des enseignements oraux, les adresses aux étudiants n'existent plus. Il devient dès lors plus difficile de saisir les valeurs que souhaitent transmettre les professeurs à leurs étudiants. Pour autant, la volonté de transmettre une culture d'État ne s'est pas évaporée ni des ouvrages ni des enseignements de droit administratif. Elle se fait de façon plus insidieuse, dans les termes employés ou encore dans la méthode suivie par les auteurs. La génération des précurseurs, qui suivra celle des ordonnateurs, restera fidèle à cette volonté de transmettre une culture d'État aux administrateurs, au moyen de la construction d'une pensée d'État, c'est-à-dire une pensée officielle, auxiliaire du pouvoir en place, et vouée à la sauvegarde du modèle d'État. Cela se révèle notamment par la confusion qui existe, tout au long du XIXe siècle, entre l'« État » et le « gouvernement ». Faute de jouir de la personnalité publique, l'État est en effet bien souvent supplanté par le gouvernement, organe concret pouvant exercer le pouvoir politique de l'État. En réalité, la notion de « gouvernement », à cette époque, recouvre déjà ses deux sens. Elle peut être comprise comme « *autorité chargée de la fonction exécutive* »[143], ou comme synonyme du pouvoir politique, c'est-à-dire d'État[144]. Ces deux significations du terme de « gouvernement » se mêlent toutefois chez les administrativistes du XIXe siècle, excepté chez Gérando[145]. Dès lors, tout se passe comme si l'exercice du pouvoir politique ne passait que par le gouvernement. Légitimer l'un, c'est légitimer l'autre. Outre les exemples frappants de Portiez de l'Oise déjà cités, on peut trouver une entreprise similaire chez Macarel. Il écrit, pour savoir si la séparation des pouvoirs est respectée : « *Voyons si notre gouvernement offre les garanties qu'ils signalent comme étant d'une utilité fondamentale.* »[146] Or, il semble bien ici que la question se rapporte plutôt à l'État en général, et à savoir s'il respecte bien la séparation des pouvoirs, qu'au

---

[143] TROPER (Michel), « L'émergence du gouvernement », *in Mélanges Patrice Gélard. Droit constitutionnel*, Montchrestien, 2000, p. 133.

[144] *Idem.*

[145] Gérando tâche en effet de distinguer, dans ses Institutes, le Gouvernement du gouvernement. Cf. GÉRANDO (Joseph-Marie de), *Institutes du droit administratif français ou Elemens du code administratif*, Tome 1, *op. cit.*, 1e éd., 1829, comp. p. 17 et p. 23.

[146] MACAREL (Louis-Antoine), *Cours de droit administratif*, Tome 1, Gustave Thorel, 1e éd., 1844, p. 11.

seul gouvernement. Pourtant, en faisant usage du terme de « gouvernement », il en vient à louer son action. Un autre exemple, parmi les ordonnateurs, témoigne encore de cette confusion : Bouchené-Léfer définit ainsi le droit public interne comme l'ensemble des « *principes qui doivent présider* [...] *aux relations des individus avec la société ou le gouvernement* »[147], sans que l'on ne sache véritablement ce que vise ici le « gouvernement ». Parmi les précurseurs, d'autres exemples peuvent être recensés, comme chez Foucart, qui fait référence à l'utilité d'enseigner le droit administratif pour les citoyens qui, « *dans un gouvernement libre ont toujours besoin de connaître les droits dont ils jouissent et les charges qui pèsent sur leurs personnes ou sur leurs biens* »[148]. Il laisse planer une indétermination sémantique, preuve que la distinction entre l'État et le gouvernement n'est pas encore complètement aboutie. On pourrait encore citer un auteur comme Dufour[149] qui confond expressément le gouvernement et l'État[150]. Chauveau entretient lui aussi la confusion lorsqu'il considère que « *le pouvoir exécutif représent[e] l'État* »[151]. De façon générale, en utilisant le terme de « gouvernement » pour évoquer l'État, on en vient à légitimer le premier dans le même temps que le second.

Une telle confusion, qui a pourtant lieu sur le terrain des idées, est tout à fait révélatrice de la pensée d'État qui anime les administrativistes de cette époque – même chez ceux qui ne l'enseignent pas. Puisqu'ils confondent l'État et le gouvernement et qu'ils mélangent les deux significations du terme de « gouvernement », alors défendre l'État revient à défendre le gouvernement en place. C'est pourquoi leur pensée d'État ne se limite pas à la défense et à la légitimation du modèle étatique et englobe la plupart du temps la légitimation des gouvernants eux-mêmes. Cette partie liée des administrativistes au pouvoir en place, mêlée à cette indétermination sémantique, constituent des obstacles sérieux à la théorisation de l'État dans le champ du droit administratif. Car il est plus difficile, lorsqu'on écrit sous le joug du gouvernement, de produire une théorisation de l'État, laquelle implique un certain nombre de partis pris, que de procéder à la mise en ordre des textes relatifs à l'administration. Cela explique sans doute également la

---

147 BOUCHENÉ-LEFER (Adèle-Gabriel-Denis), *Droit public et administratif français*, Tome 1, *op. cit.*, 1831, p. XLV.

148 FOUCART (Émile-Victor), *Éléments de droit public et administratif*, Tome 1, *op. cit.*, 3e éd., 1843, p. I.

149 DUFOUR (Gabriel), *Traité général de droit administratif appliqué*, Tome 5, Cotillon, 2e éd., 1856, p. 303.

150 Cette confusion entre les deux termes est à notre connaissance peu étudiée. François Burdeau y fait référence dans son ouvrage sur la Troisième République. V. BURDEAU (François), *La IIIe République*, Montchrestien, 1996, p. 116 : « *Pour avoir confondu l'État et le gouvernement, le pouvoir politique depuis la fin du XVIIIe siècle a cherché constamment à enrôler les fonctionnaires au service de ses intérêts partisans.* »

151 CHAUVEAU (Adolphe), *Principes de compétence et de juridiction administratives*, Tome 1, *op. cit.*, 1841, p. 119.

rareté des enseignements dédiés au droit public, et plus particulièrement à l'État.

B- La rareté des enseignements sur l'État

65. La rareté des enseignements sur l'État au sein des Facultés de droit est l'un des traits caractéristiques de l'enseignement juridique au début du XXe siècle. Elle illustre parfaitement la difficulté pour les administrativistes quels qu'ils soient, et parce qu'ils sont liés au pouvoir en place, de produire des énoncés théoriques relatifs au pouvoir. On craint en effet que ceux-ci, en s'émancipant de la culture civiliste, acquièrent une portée subversive vis-à-vis du pouvoir en place – ce qui est pourtant loin d'être le cas. Alors que le début du siècle est le théâtre de nombreux débats visant à réformer l'enseignement juridique, le droit public cristallise l'ensemble des velléités de réforme, d'un côté, et des résistances, de l'autre (**1**). Si, au cours de cette période, l'ensemble des projets de réforme avortera, cela peut notamment s'expliquer par l'enjeu politique que revêt l'intégration des enseignements de droit public (**2**).

1- *L'enseignement du droit public au cœur des projets de réforme de l'enseignement du droit*

66. Le caractère potentiellement subversif du droit public. La culture véhiculée au sein des Facultés de droit au XIXe siècle est fondée sur la centralité du droit civil et le respect de l'autorité. Or, une telle culture est peu favorable, ainsi que le soulignent Frédéric Audren et Jean-Louis Halpérin, *« à toute discussion sur les fondements politiques de l'État »*[152]. Les matières enseignées sont en effet choisies par le pouvoir central, qui fixe les chaires dans chaque Faculté. Si les chaires de droit civil et de droit romain n'ont jamais véritablement été remises en cause depuis leur instauration en 1804, il en est autrement des chaires de droit public, qu'il s'agisse de celle de droit constitutionnel comme de celle de droit administratif. Leur remise en cause perpétuelle n'est toutefois pas étonnante si l'on considère avec Pierre Bourdieu que « *la légitimité d'un pouvoir se mesure à la reconnaissance qui lui est accordée, c'est-à-dire à la méconnaissance de l'arbitraire qui* peut *se trouver à son fondement* »[153]. La légitimation d'un gouvernement autoritaire passe donc nécessairement par le silence autour de ses fondements ; les dissimuler, c'est sauvegarder sa légitimité. En empêchant l'enseignement du

---

[152] AUDREN (Frédéric) et HALPÉRIN (Jean-Louis), *La culture juridique française*, *op. cit.*, 2013, p. 56.

[153] BOURDIEU (Pierre), « Champ du pouvoir et division du travail de domination. Texte manuscrit inédit ayant servi de support de cours au Collège de France, 1985-1986 », *Actes de la recherche en sciences sociales*, 2011, n° 190, p. 136. L'auteur souligne.

droit public, et ainsi du droit administratif, on cultive la méconnaissance des fondements du pouvoirs de l'État, et l'on renforce par là même la légitimité de ce dernier. L'enseignement de ces disciplines est en effet très controversé dans les premières décennies du XIXe siècle. Ce n'est qu'à partir de la Restauration, en 1814, laquelle correspond à un certain progrès des idées libérales, qu'il sera remis au goût du jour.

Parce qu'il est en soi porteur de subversion et recouvre indéniablement un enjeu politique, l'enseignement du droit public connait un développement chaotique au long du XIXe siècle[154]. C'est le cas du droit constitutionnel, qui ne sera de ce fait enseigné qu'à la Faculté de droit de Paris jusqu'à la fin du XIXe siècle[155]. Créée en 1834 à l'initiative de Guizot, la chaire de droit constitutionnel est alors confiée à Rossi, qui l'abandonne en 1848 sans que l'on ne lui trouve un successeur. Elle est supprimée en 1852 – remplacée par une chaire de droit romain – et ne reverra le jour que sous la IIIe République, par le décret du 31 décembre 1879[156]. L'existence brève de cette chaire, de même que les critiques qu'elle a rencontrées[157], montrent à quel point cette discipline « *apparait aux yeux du pouvoir impérial comme une matière dangereuse, voire subversive* »[158]. Elle interroge en effet les fondements du pouvoir et est, à cet égard, redoutée par les gouvernants non-libéraux.

67. Le parcours chaotique de l'enseignement du droit administratif, preuve de sa potentielle subversivité. Le parcours chaotique de l'enseignement du droit constitutionnel masque souvent le traitement dont a fait l'objet celui de droit administratif[159]. Enseigné brièvement à partir de 1805[160], il n'est, après cette date, plus enseigné dans aucune Faculté jusqu'à

---

[154] Sur ce point, v. TOUZEIL-DIVINA (Mathieu), *Éléments d'histoire de l'enseignement du droit public : la contribution du doyen Foucart (1799-1860)*, *op. cit.*, 2007, p. 464 s.

[155] Par le décret du 4 avril 1892 pour les Facultés de Bordeaux, Grenoble, Nancy, Toulouse ; par le décret du 22 février 1896 pour la Faculté de droit de Montpellier ; par le décret du 22 juin 1896 pour Poitiers ; par le décret du 31 juillet 1896 pour Dijon.

[156] La création de cette chaire sera l'occasion pour Adhémar Esmein d'enseigner officiellement l'histoire du droit français, cours qu'on lui confie afin de légitimer le nouveau régime de la IIIe République. Il deviendra alors le véritable « légiste de la République » (l'expression est empruntée à MAULIN (Éric), « Raymond CARRÉ DE MALBERG, le légiste de la République », Préface à la *Contribution à la théorie générale de l'État*, 1920, réimp. Dalloz, 2004). Sur ces aspects, v. SACRISTE (Guillaume), *La République des constitutionnalistes. Professeurs de droit et légitimation de l'État en France (1870-1914)*, Presses de Science Po, 2011.

[157] Le Conseil d'État fut même saisi d'un recours contestant la nomination de Rossi à la Faculté de droit de Paris. CE, 23 octobre 1835, *Bugnet*, *Rec.*, p 587.

[158] RICHARD (Guillaume), *Enseigner le droit public sous la Troisième République*, *op. cit.*, 2015, p. 47.

[159] Sur le caractère « séditieux » du droit administratif, v. notamment TOUZEIL-DIVINA (Mathieu), « Gérando et l'enseignement du droit administratif », *RHFD*, 2013, n° 33, p. 403.

[160] RICHARD (Guillaume), *Enseigner le droit public sous la Troisième République*, *op. cit.*, 2015, p. 44 ; MESTRE (Jean-Louis), « Aux origines de l'enseignement du droit administratif : le Cours de Législation administrative de Portiez de l'Oise (1808) », *RFDA*, 1993, p. 239 s. ;

la Restauration, où une ordonnance du 24 mars 1819 crée une première chaire de droit administratif, toujours à Paris, au profit de Gérando. L'institution d'un tel cours souleva une « *tempête de protestations* »[161] chez les professeurs civilistes ; ils accueillent d'un mauvais œil cette nouvelle discipline qui s'émancipe de l'étude du Code civil. Quoiqu'il en soit, cette expérience sera de courte durée ; la chaire sera supprimée en 1822 sous l'impulsion de Joseph de Villèle, président du Conseil ultraroyaliste. Le droit administratif, comme le droit constitutionnel, est en effet accusé de « *donner à la jeunesse l'occasion d'agiter des idées dangereuses* »[162]. Il faudra attendre l'ordonnance du 19 juin 1828, prise sous la Présidence du Conseil de Martignac, plus modéré que son prédécesseur, pour que la chaire de droit administratif de la Faculté de droit de Paris soit rétablie – et de nouveau attribuée à Gérando. À partir des années 1830, les Facultés de droit provinciales se verront elles aussi attribuer une chaire de droit administratif. À cet égard, Grégoire Bigot note que c'est « *logiquement que l'État favorise la généralisation de l'enseignement de ce droit administratif, jusqu'ici cantonné à Paris, aux universités de province* » tant celui-ci devient le « *gage d'un pouvoir mesuré* »[163] qui tient en cela les promesses de libéralisme de Louis-Philippe. Nous ajouterons de surcroit que la fidélité dont témoignent les ordonnateurs vis-à-vis de l'État pendant les premières années du XIXe siècle a tué toute suspicion de subversion dans leurs rangs. L'instauration pérenne du droit administratif en France était dès lors possible.

68. L'hostilité vis-à-vis de l'intégration du droit administratif aux Facultés de droit. Bien que la Monarchie de Juillet, instaurée en 1830, ait permis la pérennisation de l'enseignement du droit administratif, cette période n'est pas de tout repos. Elle coïncide en effet avec l'apparition de débats sur la réorganisation des études juridiques en France, qui passionne un grand nombre d'auteurs. Il est à cet égard nécessairement question de la place de l'enseignement du droit administratif. Cette question cristallise tout le débat concernant le rôle des Facultés de droit. Dans ce débat, les « conservateurs », c'est-à-dire ceux qui souhaitent que l'enseignement du droit se limite à l'étude du Code civil, s'opposent schématiquement aux « réformateurs », qui souhaitent d'une façon ou d'une autre émanciper l'enseignement juridique du tropisme civiliste. Parmi les réformateurs, plusieurs courants se distinguent. Certains plaident pour que les Facultés de droit intègrent directement ces

---

GILBERT (Simon), « Aux origines doctrinales du droit administratif : Portiez de l'Oise (1765-1810) », *Revue historique de droit français et étranger*, 2007, p. 247-272.

161 LECOMTE (Catherine), « La Faculté de droit de Paris dans la tourmente politique, 1830-1848 », *RHFD*, 1990, n° 10-11, p. 71.

162 FRAYSSINOUS (Denis), « Rapport au Roi sur la situation morale de l'Instruction et de l'éducation », cité par GARNIER (Adrien), *Frayssinous, son rôle dans l'Université sous la Restauration*, Thèse Lettres, Picard, 1925, p. 194.

163 BIGOT (Grégoire), « Les bases constitutionnelles du droit administratif avant 1875 », *RFDA*, 2003, p. 220.

nouveaux enseignements. Ainsi Georges Hepp, professeur de droit à la Faculté de droit de Strasbourg de 1819 à 1867, souhaite adjoindre de nouvelles chaires aux Facultés de droit comme celle de droit de gens, d'économie politique, mais également de droit public – qui comprendrait tant le droit constitutionnel que le droit administratif[164]. Pour sa part, Jules Cauvet, professeur suppléant à la Faculté de droit de Caen, souhaite également ajouter plusieurs enseignements au sein des Facultés de droit, comme ceux de droit public et administratif, d'histoire des institutions ou encore d'économie politique[165].

D'autres professeurs plaident toutefois pour une solution différente : bien qu'ils estiment nécessaire de développer les enseignements de droit public, ils s'opposent à la possibilité de les intégrer au sein des Facultés de droit. Ils feront ainsi des propositions d'une toute autre nature. Le Doyen Blondeau, par exemple, considère que les Facultés de droit doivent avant tout former des jurisconsultes, et non des administrateurs[166], ce qui conduit potentiellement à l'éviction des enseignements administratifs des Facultés. Il appelle en effet de ses vœux la création *ex nihilo* de Facultés des sciences politiques et administratives, où l'on pourrait enseigner le droit administratif. Il reprend ainsi le système défendu d'abord par Macarel[167], puis par Émile de Girardin[168] et Vivien[169], tous favorables à la création de Facultés politiques et administratives. Édouard Laboulaye, quant à lui, s'il fut d'abord favorable à l'ajout d'enseignements au sein des Facultés de droit, défendit par la suite la création de Facultés d'administration autonomes[170]. Les Facultés de droit seraient alors entièrement dédiées à l'étude du droit civil et du droit romain.

Victor Duruy, ministre de l'Instruction publique sous le Second Empire, s'inspira de ces différents projets pour proposer la création d'une section spéciale aux Facultés de droit, dédiée à l'enseignement des sciences

---

164 V. LECOMTE (Catherine), « La Faculté de droit de Paris dans la tourmente politique, 1830-1848 », *RHFD*, 1990, n° 10-11, p. 78 s.

165 CAUVET (Jules), « De l'organisation de l'enseignement administratif », *Revue de législation*, 1849, vol. 2, p. 193 s.

166 BLONDEAU (Hyacinthe), *Discours prononcé à la Séance de rentrée de la Faculté de droit de Paris le 7 novembre* Cosson, 1840, p. 9 : « *Il faut, suivant moi, se garder de mettre sur la même ligne le simple jurisconsulte (l'avocat ou le juge) et l'homme politique ou l'administrateur ; les besoins scientifiques de l'un peuvent, à certains égards, être les mêmes que ceux des autres ; mais il y a bien des choses que le jurisconsulte peut se dispenser d'étudier, et dont la connaissance est nécessaire à l'administrateur, au diplomate, à l'homme d'état* (sic) ».

167 MACAREL (Louis-Antoine), *Éléments de droit politique*, Nêve, 1833, p. 511.

168 GIRARDIN (Émile de), *De l'instruction publique*, Desrez, 1838, p. 343.

169 TRANCHANT (Charles), « De la préparation aux services publics en France », *RGA*, 1878, vol. 1, p. 516 s.

170 Sur ce point, v. DAUTERIBES (André), « Laboulaye et la réforme des études de droit », *RHFD*, 1990, n° 10-11, p. 13 s.

administratives et politiques[171]. Ce projet ne vit toutefois jamais le jour. D'autres réformateurs, comme Boulatignier ou encore Serrigny, vont encore plus loin en proposant la création d'une École spéciale, chargée de former des administrateurs[172]. Cette idée prendra d'ailleurs vie puisqu'en 1848, l'École nationale d'administration fut instituée[173], avant d'être supprimée un an plus tard[174].

L'ensemble de ces projets et la difficulté de leur mise en place concrète témoigne de la véritable difficulté que représente la réforme de l'enseignement du droit à l'époque où, ainsi que l'écrit Guillaume Richard, « *l'opposition de la Faculté à l'intégration des enseignements administratifs et politiques, ancienne, entre toujours plus directement en tension avec la revendication de son monopole sur la formation des administrateurs* »[175]. Les Facultés de droit craignent en effet qu'en créant une formation spécifique aux administrateurs, une concurrence trop importante leur soit portée. C'est donc malgré elles qu'elles accueillent entre leurs murs certains cours relevant du droit public. Mais jusque dans les années 1870, un certain *statu quo* demeure : si le droit administratif existe dans l'ensemble des Facultés de droit à partir de 1837, il est encore largement considéré comme un auxiliaire du droit civil par les civilistes. Quant au droit constitutionnel ou à l'économie politique, aucune chaire ne leur est pour l'instant dédiée[176]. Les différents projets de création d'Écoles d'administration permettent en réalité de remettre à plus tard une

---

[171] Sur ce point, v. THUILLIER (Guy), « Les projets d'ENA et de nationalisation de l'École libre des sciences politiques (1876-1881), *La Revue administrative*, 1981, n° 201, p. 250 s. ; LANGROD (Georges), « La science de l'Administration publique en France au 19e et au 20e siècle. Aperçu historique et état actuel », *La Revue administrative*, 1961, n° 80, p. 125 s.

[172] Les projets proposés sont très nombreux et variés – les modalités d'organisation et de fonctionnement différant selon les auteurs. Pour une recension exhaustive, v. TRANCHANT (Charles), « De la préparation aux services publics en France », *RGA*, 1878, vol. 1, p. 325 s. et p. 509 s. ; 1878, vol. 2, p. 22 s. Sur ce sujet, v. également THUILLIER (Guy), *L'ENA avant l'ENA*, PUF, 1983.

[173] Elle le fut suite à l'impulsion de Salvandy, ministre de l'instruction publique sous la Monarchie de Juillet, et matérialisée par le gouvernement provisoire de la Deuxième République. Sur ce point, v. THUILLIER (Guy), « L'ENA avant L'ENA : L'École spéciale des sciences politiques et administratives de Salvandy (1846) », *La Revue administrative*, 1983, n° 207, p. 249 s.

[174] La loi du 9 août 1849 supprima l'École, qui fédérait de nombreuses oppositions.

[175] RICHARD (Guillaume), *Enseigner le droit public à Paris sous la Troisième République*, *op. cit.*, 2015, p. 52.

[176] Le droit constitutionnel ne le sera de façon pérenne qu'à partir de la IIIe République et l'économie politique qu'à partir de 1864. Concernant le droit constitutionnel, v. PÉTROFF (Marlène), « L'éclipse du droit constitutionnel », *in* BLUCHE (Frédéric) (dir.), *Le prince, le peuple et le droit. Autour des plébiscites de 1851 et 1852*, PUF, 2000, p. 161 s. Concernant l'économie politique, v. VENTRE-DENIS (Madeleine), « Sciences sociales et Université au XIX e siècle. Une tentative d'enseignement de l'économie politique à Paris sous la Restauration », *Revue historique*, 1976, vol. 256, p. 321 s. ; LE VAN-LEMESLE (Lucette), « La Faculté de droit de Paris et l'introduction de l'économie politique dans son enseignement, 1864-1878 », *Réflexions historiques*, 1980, p. 327 s.

véritable réforme des Facultés de droit, qui intégrerait des enseignements plus diversifiés. Face à l'hostilité que suscite l'institutionnalisation des enseignements administratifs, sans doute peut-on poser l'hypothèse selon laquelle les administrativistes de cette époque ont eu tout intérêt à témoigner de la plus grande pensée d'État possible, et ce afin de convaincre les gouvernements successifs d'instituer des enseignements (inoffensifs) de droit public, notamment administratif.

2- *L'intégration du droit public à l'enseignement juridique : un enjeu politique*

69. La crainte d'une utilisation démocratique du droit public. La résistance des civilistes à la réforme de l'enseignement du droit n'est pas seulement le fruit de positions scientifiques. L'enjeu est en effet également politique. Conservateurs concernant le rôle des Facultés de droit, les civilistes parisiens sont aussi majoritairement acquis au pouvoir central ; « *la majorité des professeurs parisiens était solidaire des notables et un indéfectible soutien du régime* »[177], note ainsi Catherine Lecomte. Or, le droit administratif, le droit constitutionnel et l'économie politique, en ce qu'ils interrogent les fondements du pouvoir, pourraient faire naitre chez les étudiants une critique du régime en place. Il est donc impossible que de tels enseignements voient le jour à la Faculté de droit de Paris, et ainsi dans toute la province, tant la Faculté parisienne fait à l'époque figure de « *Faculté test du ministère* »[178]. Les réticences formulées par les civilistes conservateurs sont toutefois majoritairement infondées.

Seul Laboulaye, d'un libéralisme étranger aux administrativistes de son époque, emploie des arguments politiques et libéraux pour défendre l'intégration du droit public dans les Facultés de droit. En effet, l'enseignement juridique a pour lui un rôle à jouer dans la Cité ; il doit être mobilisé pour transformer la vie politique. Pour lui, le droit administratif comme le droit constitutionnel doivent être enseignés du fait de la mise en place d'un gouvernement parlementaire sous la Monarchie de Juillet, car à présent, « *c'est l'opinion qui dirige* »[179]. Si l'« opinion » prend davantage de place, alors elle doit être éduquée – et l'on ne peut faire l'économie des enseignements de droit public – tant les citoyens doivent avoir « *conscience des idées qui sont au fond des institutions* »[180]. Pour Laboulaye, qui écrit en

---

177 LECOMTE (Catherine), « La Faculté de droit de Paris dans la tourmente politique, 1830-1848 », *RHFD*, 1990, vol. 10-11, p. 69-70.

178 RICHARD (Guillaume), *Enseigner le droit public à Paris sous la Troisième République*, *op. cit.*, 2015, p. 48 s.

179 LABOULAYE (Édouard), *Histoire de l'enseignement supérieur en France*, Tome 2, Colin, 1894, p. 204.

180 *Idem.*

1843, les enseignements de droit public ne doivent donc plus s'adresser uniquement au futur administrateur, mais également au citoyen, « *qui par son vote ou son opinion, peut être appelé quelque jour à décider pour sa part de l'avenir du pays* »[181]. L'on comprendrait donc pourquoi les civilistes parisiens, peu libéraux, se soient opposés au développement des sciences de droit public, eux qui soutenaient avant tout le pouvoir monarchique. Mais en réalité, Laboulaye est le seul à soutenir une telle argumentation, dont il est certain qu'elle ne fait pas l'unanimité chez les administrativistes – qui soutiennent majoritairement la monarchie puis l'Empire. Plus encore, Laboulaye est en réalité lui-même épris d'un certain étatisme : s'il souhaite l'intégration des sciences de l'État à l'enseignement public, c'est parce qu'il est convaincu que « *c'est par l'Université et dans l'Université que le progrès doit se faire, si l'on ne veut pas abandonner l'opinion à la merci de la passion ou du charlatanisme, et faire d'une force, un danger* »[182]. C'est donc également dans un but de protection du pouvoir d'État que le droit public doit être enseigné de la sorte ; il n'y a pas chez Laboulaye de velléité révolutionnaire. Il faut au contraire que l'Université s'empare de ce savoir, sans quoi les citoyens devront s'en remettre à « *des écrits souvent dangereux par les doctrines fausses ou hostiles à l'État* »[183]. Pour Laboulaye, les enseignements de droit public n'entrainent pas le risque de remettre en cause la légitimité de l'État en se penchant sur les fondements de son pouvoir – comme le craignent les civilistes. Ils ont plutôt l'avantage, en revanche, de cultiver chez le citoyen un véritable sens de l'État.

70. Les gages d'un enseignement au service de l'État. On voit donc ici à quel point la réticence des civilistes était davantage fondée sur une opposition de principe au développement du droit public – ceux-ci craignant de perdre leur monopole au sein des Facultés de droit – que sur une crainte pour la stabilité du pouvoir de l'État. Même Hepp, professeur de droit des gens à la Faculté de droit de Strasbourg et qui s'inscrit largement parmi les réformateurs, témoigne d'une certaine pensée d'État lorsqu'il défend l'intégration du droit public aux enseignements juridiques. En effet, à l'heure où il écrit, et alors que les enseignements juridiques sont tout entiers tournés vers le droit civil, il pointe du doigt une véritable lacune : « *l'enseignement tel qu'il est donné,* écrit-il alors, *ne fait rien* [...] *pour donner [aux élèves] l'intelligence du système général des lois sous lesquelles ils vivent,* pour engager leur obéissance spontanée et leur dévouement au service des instituions de leur patrie »[184]. L'intégration d'éléments administratifs et

---

[181] LABOULAYE (Édouard), « De l'enseignement et du noviciat administratif en Allemagne », *Revue de législation*, 1843, vol. 18, p. 520.
[182] *Ibid.*, p. 514.
[183] *Ibid.*, p. 517.
[184] HEPP (Georges-Philippe), « Essai sur la réorganisation de l'enseignement du droit en France et sur l'introduction des études politiques et administratives », *Revue de législation*, 1841, vol.

politiques permettrait donc de développer chez les étudiants leur sens de l'État, leur dévouement aux institutions. La teneur de cet argument est loin d'être révolutionnaire ; il s'agit même au contraire, en proposant cette réforme, de renforcer la légitimité du pouvoir et des lois. Ainsi les juristes, même les plus réformateurs, semblent ne jamais perdre de vue leur pensée d'État. Ce n'est qu'en fournissant les gages d'une dévotion à l'État et au gouvernement que le droit administratif, conçu comme discipline académique, a pu naître. S'il avait gardé sa connotation subversive, il ne fait pas de doute que les divers gouvernements autoritaires qui se sont succédé au cours du XXe siècle l'auraient anéanti. Et s'il est vrai qu'un certain nombre d'administrativistes n'en passera pas par les Facultés de droit, force est de constater que les ouvrages de droit administratif en subiront l'influence et en reprendront les codes : le droit administratif n'est pas une science subversive, il est avant tout une science capable de justifier l'autorité et la légitimité de l'État, voire du pouvoir en place. Or cela va largement conditionner leur façon de concevoir l'État, ce qui se révèle particulièrement bien dans la définition qu'ils en donnent.

Section 2. **L'appréhension progressive de l'État comme personnification de la société**

71. L'ensemble des difficultés et obstacles posés à l'encontre d'une appréhension théorique de l'État en droit administratif n'a pas empêché les administrativistes du XIXe siècle de divulguer une certaine façon de concevoir l'État. Faute d'en développer une théorisation complète, ils ont toutefois posé les jalons pour faire, plus tard, du droit administratif un véritable lieu de savoirs sur l'État (**§ 1**). Cela ne remet pas en cause la pensée d'État qui les anime, car celle-ci s'exprime par la définition que lui donneront les ordonnateurs puis les précurseurs : l'État comme personnification de la société (**§ 2**).

§ 1. *Le droit administratif, champ propice à l'étude de l'État*

72. Les administrativistes du XIXe siècle, ordonnateurs comme précurseurs, auront quelles que soient leurs méthodes et leurs approches, réussi ce tour de force consistant à faire sortir le droit administratif de l'orbite du droit civil (**A**). Ce rattachement progressif du droit administratif au droit

13, p. 300. Nous soulignons.

public témoigne de la présence d'une intuition, chez les auteurs : le droit administratif est davantage proche du droit politique, c'est-à-dire du droit de l'État. Les jalons pour une future théorisation de l'État en droit administratif étaient alors posés (**B**).

A- L'émancipation du droit administratif vis-à-vis du droit civil

73. Il parait aujourd'hui logique de faire du droit administratif une branche du droit public. Il ne faut toutefois pas s'y tromper : cela n'a rien de naturel ; il s'agit du résultat d'une construction à laquelle les administrativistes du XIXe siècle ont pris une part relativement importante. En étant à l'origine officiellement dénommé « droit civil dans ses relations avec l'administration publique », le droit administratif était *a priori* davantage destiné à devenir une branche du droit privé que du droit public. Si les administrativistes tentent progressivement d'émanciper le droit administratif du droit civil, ce qui révèle notamment l'absence de réelle connexité entre leurs objets d'étude, cette émancipation est de deux types. D'une part, elle est méthodologique : en effet, c'est avant tout sur la façon de faire du droit administratif que les ordonnateurs puis les précurseurs vont progressivement s'éloigner des canons civilistes, en retenant une approche institutionnelle du droit administratif (**1**). D'autre part, cette émancipation est d'ordre scientifique : les administrativistes tâchent de doter le droit administratif de « bases constitutionnelles » (**2**).

1- *L'appréhension institutionnelle du droit administratif*

74. L'administration au cœur de l'étude du droit administratif. L'une des caractéristiques principales de la littérature en droit administratif jusqu'à la fin du Second Empire consiste à aborder le droit administratif par un prisme institutionnel[185]. Il faut dire que le droit administratif cultive à cet égard une certaine spécificité, puisqu'il s'attache avant tout à l'administration, c'est-à-dire à un organe, voire à un pouvoir, étatique – et non à des règles. Cette méthode, impossible en droit privé, puisque celui-ci ne repose pas sur le fonctionnement d'institutions, permet au droit administratif de s'émanciper du carcan civiliste. Elle renoue en réalité là encore avec les méthodes des légistes de l'Ancien Régime : comme pour eux, *« la description des compétences offrait l'avantage de permettre la description neutre de l'organisation publique tout en valorisant un État centralisateur et hiérarchisé »*[186]. Le

---

[185] Dans le même sens, v. PLESSIX (Benoît), *L'utilisation du droit civil dans l'élaboration du droit administratif*, *op. cit.*, 2003, p. 366 : « *La science du droit administratif ne fit que prolonger l'aspect institutionnel du droit public ; elle remit à l'honneur, pour mieux l'amplifier, le goût de la description des autorités administratives et de leurs compétences.* »
[186] *Idem.*

Traité de la police de Delamare, publié en 1705, présente ainsi les différents officiers et magistrats du royaume avant d'en étudier les attributions.

Dans le sillage de cette tradition de l'Ancien Régime, les administrativistes du XIXe siècle s'intéressent avant tout aux institutions elles-mêmes, puis éventuellement aux matières qui constituent le droit administratif, au titre desquelles on trouve par exemple l'étude des établissements dangereux, insalubres et incommodes, des bois et forêts, etc. On peut citer à titre d'exemple Foucart, dont l'influence sera notoire, qui divise ses *Éléments de droit public et administratif*[187] en trois parties : la première concerne « le pouvoir considéré dans son organisation, dans ses attributions et dans sa répartition », la deuxième « l'administration générale de l'Empire » ainsi que celle des départements, arrondissements, etc. et la troisième « l'organisation des tribunaux administratifs, les règles de leur compétence et de leur procédure ». Son analyse est donc davantage centrée sur les autorités administratives que sur les règles juridiques que celles-ci appliquent. Si certains diviseront leurs ouvrages en faisant également une place aux « matières administratives » tout autant qu'aux « autorités administratives », comme Macarel[188], Dufour[189] ou encore Ducrocq[190], d'autres n'envisageront la discipline en ne recourant qu'à des divisions fondées sur les autorités administratives, comme F. Laferrière[191] ou Vivien[192], qui analysent successivement l'organisation et les attributions de chacune d'entre elles. En

---

187 FOUCART (Émile-Victor), *Éléments de droit public et administratif*, Marescq-Dujardin, 4e éd., 1855.

188 Il distingue dans son Cours d'administration et de droit administratif deux parties : la première sur l'organisation et les attributions des autorités administratives, la seconde sur les principes généraux des matières administratives. V. MACAREL (Louis-Antoine), *Cours d'administration et de droit administratif*, Tome 3, *op. cit.*, 2e éd., 1852.

189 Il étudie, au titre des autorités administratives le Roi, les ministres, les préfets, le Conseil d'État, etc. puis les matières administratives comme les bois et forêts, les chemins vicinaux mais également les communes, ce qui atteste de la prégnance du prisme institutionnel adopté. V. DUFOUR (Gabriel), *Traité général du droit administratif appliqué*, Delamotte, 1843.

190 Il consacre classiquement sa première partie aux autorités, conseils et tribunaux administratifs ; elle s'intéresse ainsi aux attributions des préfets, maires, etc. La seconde, qui témoigne de l'imbrication du droit administratif et du droit public, est consacrée à la réglementation administrative des principes de droit public ; il y étudie les principes de l'ordre politique (comme la séparation des autorités administratives et judiciaires), ceux de l'ordre religieux et ceux de l'ordre naturel, c'est-à-dire les droits et libertés. Enfin, la troisième partie est consacrée, de façon encore plus originale, aux personnes morales qui relèvent du droit administratif, au premier rang desquelles figure l'État. V. DUCROCQ (Théophile), *Cours de droit administratif*, *op. cit.*, 1e éd., 1861.

191 Dans son *Cours de droit public et administratif*, il distingue trois parties : l'administration générale d'abord, l'administration locale ensuite, la justice administrative enfin. V. LAFERRIÈRE (Firmin), *Cours de droit public et administratif*, *op. cit.*, 2e éd., 1841.

192 Il adopte dans ses *Études administratives* un point de vue original, mais toujours empreint de ce caractère institutionnel : son ouvrage, divisé en cinq parties, s'intéresse au pouvoir administratif, aux fonctionnaires publics, au Conseil d'État, au préfet de police et enfin aux théâtres. V. VIVIEN (Auguste), *Études administratives*, Guillaumin, 1e éd., 1845.

réalité, tous les plans des ouvrages de droit administratif de l'époque pourraient être déclinés pour se rendre compte à quel point le point de vue institutionnel est prégnant : l'administration est ainsi au cœur de leurs développements, bien qu'elle n'apparaisse pas comme un concept unifié en se voyant diffractée entre les multiples autorités qui la composent[193].

Le droit administratif apparait donc avant tout comme un droit qui se préoccupe de la structure de l'administration, voire éventuellement de ses attributions (imprimerie, pêche, voies navigables, sucres exotiques, etc.), mais très peu des rapports (juridiques) que celle-ci entretient avec les administrés : même s'il s'attache parfois à *l'action* ou à *l'activité* administrative, le droit administratif n'est en tout cas pas un droit relatif aux *relations* qu'entretient l'administration. En témoigne par exemple l'introduction du *Cours de droit public et administratif* de F. Laferrière, où il considère qu'étudier le droit administratif, ce n'est pas uniquement s'intéresser à « *l'ensemble des droits et des devoirs de l'administration et des citoyens* »[194], tant cela constituerait une vision tronquée de la matière. Il s'agit plutôt d'étudier « *l'administration de son pays* »[195] tout entière. Cette approche du droit administratif, qui passe par une analyse, souvent rébarbative, des différentes matières dans lesquelles l'administration est compétente, a pu être attribuée à l'extrême jeunesse de la discipline, source de l'inexpérience des administrativistes d'alors. À cet égard, Benoît Plessix relève en réalité que les administrativistes du XIXe siècle ont « *perpétué la grande tradition de la science de la police et sa méthode du répertoire des matières administratives* » en suivant « *simplement la liste des matières administratives fixée au début du XVIIIe siècle par Delamare* »[196]. Delamare, dans son *Traité*, répertoriait ainsi l'ensemble des attributions de l'administration, de la Religion à la Voirie en passant par le Commerce. Ainsi, jusque dans les méthodes adoptées par les administrativistes du XIXe siècle, il y a l'idée, tout comme les légistes de l'Ancien Régime, d'« *offrir à l'État, l'objet de toutes leurs attentions, un statut juridique destiné à consolider ses fondements* »[197]. Leur pensée d'État semble ainsi déterminante ; elle conduit les administrativistes à s'émanciper des carcans méthodologiques du droit civil.

75. Un droit administratif constitutionnel. En affirmant la prégnance du caractère institutionnel du droit administratif, les auteurs du XIXe siècle consacrent, selon Grégoire Bigot, « *le droit administratif comme un droit*

---

193 GUGLIELMI (Gilles J.), *La notion d'administration publique dans la théorie juridique française de la Révolution à l'arrêt Cadot (1789-1889)*, Thèse, LGDJ, 1991, p. 82 s.

194 LAFERRIÈRE (Firmin), *Cours de droit public et administratif*, *op. cit.*, 2e éd., 1841, p. VI.

195 *Idem.*

196 PLESSIX (Benoît), « Nicolas Delamare ou les fondations du droit administratif français », *Droits*, 2003, n° 38, p. 133.

197 PLESSIX (Benoît), *L'utilisation du droit civil dans l'élaboration du droit administratif*, *op. cit.*, 2003, p. 361.

public au sens large, c'est-à-dire, pour l'essentiel, comme un droit constitutionnel qui ne dit pas son nom »[198]. L'analyse du droit administratif n'est en effet pas subjective mais objective ; elle est centrée sur l'organisation de l'administration plutôt que sur les relations qu'elle entretient. Il constitue en cela un « droit constitutionnel », compris comme un droit qui s'intéresse davantage aux institutions en elles-mêmes qu'à leurs activités, par opposition à un « droit relationnel ». Ce constat est d'autant plus frappant que la majorité des administrativistes d'aujourd'hui définissent le droit administratif comme le droit des relations entre l'administration et les administrés. On voit ici à quel point le droit administratif, ou plutôt la façon que l'on a de *faire* du droit administratif, a pu s'acculturer au cours des siècles, en s'éloignant radicalement de sa conception institutionnelle initiale. En tout état de cause, l'aspect institutionnel du droit administratif ainsi cultivé à ses origines a pu constituer un terreau favorable au développement d'une théorisation de l'État, qui constitue la première des institutions. En n'étudiant pas les règles juridiques *in abstracto*, mais en tâchant de les relier à des institutions, le droit administratif s'émancipe du droit civil. Droit « public », le droit administratif pourra devenir le lieu, aux côtés du droit constitutionnel, de l'étude de l'État. Cette intuition ne se verra que renforcée par l'édification, par les administrativistes du XIXe siècle, de véritables « bases constitutionnelles » au droit administratif naissant.

2- *L'exhumation des bases constitutionnelles du droit administratif*

76. Les bases constitutionnelles du droit administratif chez les ordonnateurs. Si l'idée de « bases constitutionnelles du droit administratif » fait aujourd'hui immédiatement penser à la théorie développée par Georges Vedel en 1954[199], elle apparait en réalité d'une certaine manière déjà au début du XIXe siècle. Elle ne peut toutefois être comprise de la même façon : si Vedel adopte avant tout une approche kelsénienne des normes, tel n'est évidemment pas le cas au XIXe siècle. Pourtant, l'édification de bases constitutionnelles du droit administratif semble jusqu'à un certain point viser le même objectif : fonder le droit administratif, et par là même son exorbitance. En inscrivant l'administration dans le prolongement du pouvoir exécutif, les administrativistes du XIXe siècle ont en effet tâché de faire du droit administratif un droit exorbitant (même si le terme n'est pas employé) devant jouir du privilège de juridiction[200]. En fondant le droit administratif sur

---

[198] BIGOT (Grégoire), *Ce droit qu'on dit administratif*, *op. cit.*, 2015, p. XII.
[199] VEDEL (Georges), « Les bases constitutionnelles du droit administratif », *EDCE*, 1954, p. 21 s.
[200] BIGOT (Grégoire), « Les bases constitutionnelles du droit administratif avant 1875 », *RFDA*, 2003, p. 218 s.

des bases constitutionnelles, ils ont affirmé l'appartenance de la discipline au droit public.

Parmi les ordonnateurs, Gérando et Macarel sont ceux qui développeront le plus cette idée. Pour Gérando, la première des « *sources du droit administratif* » recouvre « *les dispositions fondamentales du droit public* »[201]. Il écrit ainsi que « *le droit administratif a son fondement dans le droit public* » ; il « *se sépare essentiellement du droit commun, soit civil, soit criminel* »[202]. C'est d'ailleurs bien un cours de « droit public & administratif » qu'il enseigne à la Faculté de droit de Paris[203]. Convaincu de leur indissociabilité, il proclame lors du discours d'ouverture de son Cours : « *Le droit public intérieur est* [...] *la définition, la forme de la société particulière à laquelle on appartient ; le droit administratif n'est que cette même société vivante, agissante, si l'on peut dire ainsi.* »[204] Le droit public et le droit administratif semblent donc être les deux faces d'une même médaille. Pour Macarel, professeur suppléant de Gérando à la Faculté de droit de Paris qui sera amené à le remplacer définitivement après sa mort en 1842, il est également important de souligner que « *les principes de notre droit public sont, en quelque sorte, les têtes de chapitre de notre droit administratif* »[205]. Partie intégrante du droit public, le droit administratif pourrait constituer un lieu propice à une étude de l'État. Mais encore faut-il s'entendre sur ce que l'on désigne par « droit public » au XIXe siècle.

77. La signification du « droit public » au XIXe siècle. Le « droit public » porte au début du XIXe siècle plusieurs significations : s'il s'oppose au « droit privé », il peut aussi être compris comme synonyme de « droit constitutionnel », appelé également « droit politique »[206]. Le XIXe siècle est

---

201 GÉRANDO (Joseph-Marie de), *Institutes du droit administratif français*, Tome 1, *op. cit.*, 1e éd., 1829, p. 62.

202 *Ibid.*, p. 63.

203 Sur ce point, v. TOUZEIL-DIVINA (Mathieu), « Gérando et l'enseignement du droit administratif », *RHFD*, 2013, n° 33, p. 402 s.

204 GÉRANDO (Joseph-Marie de), « Discours d'ouverture du cours de Droit public et administratif », *Thémis*, 1820, vol. 1, p. 75.

205 MACAREL (Louis-Antoine), *Cours d'administration et de droit administratif*, Tome 1, *op. cit.*, 2e éd., 1852, p. 46.

206 En réalité, on trouve également dès le milieu du XIXe siècle une troisième signification au terme de « droit public », utilisée de façon plus parcellaire. Ainsi, dans le *Répertoire méthodique et alphabétique de législation, de doctrine et de jurisprudence* publié en 1852 sous la direction de Désiré Dalloz, le droit public se subdivise « *en droit public proprement dit, en droit constitutionnel et en droit administratif* » (« Droit public », *in* DALLOZ (Désiré) (dir.), *Répertoire méthodique et alphabétique de législation, de doctrine et de jurisprudence, Bureau de la jurisprudence générale*, 1852, t. XIX, p. 198). Séparé du droit constitutionnel et du droit administratif, le « droit public proprement dit » est défini comme ce qui a pour « *objet direct et principal l'intérêt de la masse* » ; il comprend ainsi avant tout « *les droits individuels* » (*idem.*) tels qu'ils ont été consacrés par les Chartes de 1814 et 1830. En réalité, l'auteur fait directement référence aux termes employés par ces mêmes Chartes, qui évoquent le « Droit public des français » pour désigner les différents droits dont jouissent les citoyens français. Le terme de

donc caractérisé par un chevauchement des différentes expressions – entre « droit public », « droit politique » et « droit constitutionnel »[207]. Si les ordonnateurs ne s'attardent pas sur ces questions sémantiques[208], les précurseurs perçoivent quant à eux la nécessité de mieux situer le droit administratif au sein du droit public, et le droit public au sein du droit tout entier – et ainsi d'en fixer les périmètres respectifs. Les différentes définitions données au « droit public » attestent de sa polysémie. Pour Foucart par exemple, « *le droit public interne comprend le droit politique* [...] *et le droit administratif* »[209]. Le « droit public » est alors indiscutablement compris comme ce qui s'oppose au droit privé. Mais pour F. Laferrière, par exemple, le terme de « droit public » semble revêtir deux significations : « *le droit public proprement dit* », équivalent de notre droit constitutionnel, et le « *droit public* » qui englobe le droit constitutionnel et le droit administratif[210]. L'expression de « droit public » vise alors tant une *partie* que le *tout*. Cédant largement à la polysémie des termes à son époque, F. Laferrière n'hésite pas à affirmer que le « droit public » « *se confond, dans une même notion, avec le droit politique et le droit constitutionnel* »[211]. Trolley, quant à lui, précise que « *le droit administratif n'est pas* [...] *le droit public ou politique* », ce dernier visant « *les grands rapports des gouvernants et des gouvernés* »[212], ce qui se

« droit public » est dès lors compris au sens subjectif, si bien qu'il vaudrait mieux parler de « droits publics ». Il faut toutefois dire que le « droit public » n'est compris ainsi que de façon marginale. On voit à quel point chaque auteur tente de distiller sa propre conception du « droit public » sans qu'un sens commun n'émerge.

[207] Le terme de « droit constitutionnel » ne s'est pas encore imposé en France, bien qu'il apparaisse à partir de la Révolution (MESTRE (Jean-Louis), « Les emplois initiaux de l'expression "Droit constitutionnel" », *RFDC*, 2003, vol. 55, p. 456) et alors qu'il aurait pu permettre d'échapper à la confusion résultant de la polysémie du terme de « droit public ». Jusqu'aux années 1870, le terme de « droit public » sera en effet préféré à celui de « droit constitutionnel », bien que Rossi enseigne déjà, dès les années 1830, le « droit constitutionnel ». Droit public et droit politique, autre terme pour désigner le droit constitutionnel, sont dès lors pour lui synonymes. Si ce terme a longtemps été relégué au second plan, Jean-Louis Mestre l'explique par le fait qu'il revêt lui aussi un « sens subjectif ». On parle en effet de « droits constitutionnels », compris comme « *les facultés censées provenir de la constitution* » (*ibid.*, p. 454) Si cette signification subjective se rencontre déjà « *dans les écrits datant du règne de Louis XVI* » où elle est beaucoup utilisée, elle reste « *d'un usage assez fréquent pendant la première moitié du XIXe siècle* » (*ibid.*, p. 472). La connotation subjective du terme de « droit constitutionnel » est un élément qui permet de comprendre pourquoi il n'a pas immédiatement remplacé celui de « droit public » et ainsi pourquoi les ouvrages de l'époque s'intitulent « Droit public et administratif » et non pas « Droit constitutionnel et administratif ».

[208] On peut toutefois citer Macarel pour qui « *le droit public,* ou politique*, n'est que le droit de la nature appliqué à l'organisation particulière et intérieure de chaque société civile* » (MACAREL (Louis-Antoine), *Éléments de droit politique*, Nêve, 1833, p. 1. Nous soulignons).

[209] FOUCART (Émile-Victor), *Éléments de droit public et administratif*, Tome 1, *op. cit.*, 3e éd., 1843, prolégomènes.

[210] LAFERRIÈRE (Firmin), *Cours de droit public et administratif*, Tome 1, Cotillon, 5e éd., 1860, p. 39.

[211] LAFERRIÈRE (Firmin), *Cours de droit public et administratif*, *op. cit.*, 2e éd., 1841, p. VIII.

[212] TROLLEY (Alfred), *Cours de droit administratif*, Tome 1, *op. cit.*, 1844, p. 18.

rapporte à ce que nous désignons aujourd'hui sous l'appellation de droit constitutionnel. Ainsi, non seulement le terme de « droit public » ne vise-t-il pas la même chose en fonction des auteurs, mais il souffre de la confusion avec certains synonymes[213].

Il semble toutefois que, dans le cas qui nous préoccupe, le droit public soit compris comme synonyme de droit constitutionnel. Macarel, qui fait des principes du « droit public » les têtes de chapitre du droit administratif, s'attache en effet, au début de chaque chapitre, à faire le lien entre les principes *constitutionnels* en vigueur (qu'il s'agisse du principe de gouvernement représentatif, de celui de la responsabilité ministérielle, etc.) et les règles de droit administratif qu'il étudie. Citant certains articles de la Charte constitutionnelle de 1830 qu'il estime fondamentaux, Macarel en fait de la même façon des « *principes de droit public* »[214]. À la déclaration des bases de « droit public » du droit administratif répond une association récurrente des règles administratives à certains principes constitutionnels.

78. Les bases constitutionnelles du droit administratif chez les précurseurs. Cela se vérifie avec les précurseurs, qui franchissent une nouvelle marche dans l'édification des bases constitutionnelles du droit administratif : elles apparaissent dans l'intitulé même des ouvrages. Certains administrativistes intitulent ainsi leurs ouvrages « Droit public et administratif ». Le lien entre les deux matières est ainsi clairement établi, et on notera à cet égard qu'il n'existe pas d'ouvrages nommés « Droit civil et administratif », par exemple. De la même façon que les auteurs de la génération précédente, les précurseurs sont ainsi amenés à relier le droit administratif à certains principes constitutionnels. Bouchené-Lefer, habituellement classé parmi les ordonnateurs, est le premier intitulera son ouvrage « Droit public et administratif ». Sa position est toutefois ambiguë : il avoue n'utiliser le terme de « droit administratif » que pour « *[se] conformer à l'usage* »[215]. Ainsi écrit-il que s'il s'est toujours élevé contre l'expression de

---

[213] Cette confusion durera d'ailleurs jusqu'à la fin du XIXe siècle, comme en témoigne Batbie. Il mettra parfaitement en exergue la polysémie que recouvre le terme de « droit public » à cette époque dans son *Traité théorique et pratique de droit public et administratif* en 1861 : « *les mots droit public,* écrit-il, *sont pris par les auteurs dans plusieurs sens. Suivant une acception très-étendue, on entend par là toutes les parties de la législation qui touchent à l'intérêt général de la cité* » (BATBIE (Anselme), *Traité théorique et pratique de droit public et administratif*, Tome 1, Cotillon, 1e éd., 1861, p. 27). En ce sens, le « droit public » s'emploie « *par opposition au droit privé et [comprend] le droit constitutionnel et le droit administratif* » (*idem*). Mais dans un sens plus restreint, le droit public s'entend comme un synonyme du « droit constitutionnel ». Un tel constat sera encore fait par Batbie jusqu'en 1876 dans son *Précis du Cours de droit public et administratif.*

[214] MACAREL (Louis-Antoine), *Cours d'administration et de droit administratif*, Tome 1, *op. cit.*, 2e éd., 1852, p. 12.

[215] BOUCHENÉ-LEFER (Adèle-Gabriel-Denis), *Droit public et administratif français*, Tome 1, Sédillot, 1831, p. XLVII.

« droit administratif », c'est parce qu'il n'a « *jamais pu déterminer d'une manière précise la limite qui le séparerait du droit public* »[216]. Selon lui, il s'agit en effet d'« *un seul et même droit* »[217]. En réalité, le contenu de son ouvrage en témoigne : il va jusqu'à dénier toute la spécificité d'une discipline du droit administratif pour le fondre entièrement dans le droit constitutionnel. Son ouvrage, composé de quatre tomes, est en effet divisé en deux « livres » : l'un sur le pouvoir législatif, l'autre sur le pouvoir exécutif et l'administration. Le découpage est dès lors propre à un ouvrage de droit constitutionnel, chaque partie contenant toutefois des développements de droit administratif. D'une certaine manière, Bouchené-Lefer est tellement convaincu de l'existence de bases constitutionnelles du droit administratif qu'il nie même la spécificité de ce droit – si ce n'est son existence. Il est en réalité profondément empreint de l'influence de Domat, légiste de l'Ancien Régime, qui concevait lui aussi le droit public d'un bloc, sans faire une place spécifique au droit de l'administration[218]. Bouchené-Lefer ne cache d'ailleurs pas son accointance avec ce dernier puisqu'il lui consacre un article en 1863[219]. Indéniablement, cela lui permet de « *mettre en avant un auteur qui* [...] *considérait qu'étaient matières de droit public toutes celles qui ont un rapport avec "l'ordre général de l'État"* »[220] et de disposer ainsi d'une forte assise scientifique à l'appui de sa position. À la même époque, Schützenberger, professeur à la Faculté de droit de Strasbourg, s'inscrit lui aussi dans cette volonté d'unifier le droit public tout entier en intitulant son ouvrage « Études de droit public », en y incluant des développements de droit administratif. Le plan qu'il choisit révèle son approche globale et théorique, en s'intéressant dans une première partie à la « nature du droit » avant de s'intéresser en seconde partie à la « nature de l'État »[221]. On voit à quel point, déjà sous la Monarchie de Juillet, le droit administratif vient embrasser des sujets tenant à la philosophie politique.

Quant aux deux chefs de file de la génération des précurseurs, Foucart et F. Laferrière, ils intitulent également leurs ouvrages « Droit public et administratif ». Ils conserveront toutefois la spécificité de chaque discipline tout en affirmant, à l'instar de F. Laferrière par exemple, que « *séparer le droit administratif du droit public, ce serait lui enlever sa raison d'existence* »[222]. Affirmer cela, c'est poser les bases nécessaires à une théorisation future de

---

216 BOUCHENÉ-LEFER (Adèle-Gabriel-Denis), « Quel est le véritable objet du droit dit administratif ? », *Revue pratique du droit français*, 1864, vol. 17, p. 104.

217 *Idem.*

218 Cf. *supra.* § 22.

219 BOUCHENÉ-LEFER (Adèle-Gabriel-Denis), « Le droit administratif par Domat », *Revue pratique de droit français*, 1863, Tome 16, p. 358 s.

220 PLESSIX (Benoît), *L'utilisation du droit civil dans l'élaboration du droit administratif*, *op. cit.*, 2003, p. 367.

221 SCHÜTZENBERGER (Frédéric), *Études de droit public*, Levrault, 1837.

222 LAFERRIÈRE (Firmin), *Cours de droit public et administratif*, *op. cit.*, 2e éd., 1841, p. XXVIII.

l'État en droit administratif, tant cela insiste sur l'intégration du droit administratif au droit public. Cette pensée se retrouve également chez Foucart, pour qui il était indispensable de « *réunir dans un même livre le droit politique et le droit administratif, parce que la connaissance de l'un serait incomplète sans la connaissance de l'autre* »[223]. Il ne s'agit pas pour autant de confondre les deux disciplines. Le droit administratif reste ainsi au cœur de leurs ouvrages, le but étant plutôt de donner des bases constitutionnelles au droit administratif en vue de renforcer son assise et sa spécificité de ce dernier – ce que Bouchené-Lefer par exemple déniait faire. Sur ce point, F. Laferrière considère qu'il est nécessaire de « *distinguer, dans les termes et dans la réalité, le droit administratif du droit public* »[224]. En d'autres termes, leur rapprochement ne doit pas faire perdre leur singularité. Tout tend donc à arroger des bases constitutionnelles au droit administratif sans nier la spécificité de ce dernier.

Là encore, cette idée a des retombées très concrètes. L'existence de telles bases constitutionnelles fait ainsi dire à F. Laferrière que « *l'Assemblée constituante, le Consulat, les Chartes de 1814 et 1830, voilà donc la triple source du Droit administratif* »[225]. Foucart comme F. Laferrière tâchent de plonger les racines du droit administratif naissant dans les dispositions constitutionnelles, ce qui aura pour conséquence de rendre les développements moins arides, en les reliant à des propos plus théoriques, et l'on pense ici notamment à la théorie de la séparation des pouvoirs. Au-delà des intitulés mêmes des ouvrages, les auteurs qui n'ont pas adopté l'intitulé de « Droit public et administratif » insistent eux aussi largement sur la connexité des deux disciplines dans leurs développements. Dès lors, tous les ouvrages de droit administratif contiennent à partir des années 1840, parfois de façon substantielle, des développements sur le droit constitutionnel. Bien qu'il n'ait pas écrit d'ouvrage en droit administratif, on peut citer à cet égard Georges Hepp, chargé du cours de droit administratif à la Faculté de droit de Strasbourg, et qui s'est beaucoup intéressé à partir des années 1830 à la question de l'enseignement du droit. Dans l'un de ses nombreux articles sur la question, il plaide dès 1841 pour « *confondre dans un seul enseignement le Droit constitutionnel et le Droit administratif* »[226]. En effet, selon lui, « *les formes et l'esprit des institutions administratives sont essentiellement déterminés par la constitution même de l'état* (sic)*, à laquelle ils se rattachent*

[223] FOUCART (Émile-Victor), *Éléments de droit public et administratif*, Tome 1, *op. cit.*, 3e éd., 1843, p. III.
[224] LAFERRIÈRE (Firmin), *Cours théorique et pratique de droit public et administratif mis en rapport avec la constitution de 1848*, Tome 1, *op. cit.*, 3e éd., 1850, p. 7.
[225] *Ibid.*, p. 6.
[226] HEPP (Georges-Philippe), « Essai sur la réorganisation de l'enseignement du droit en France et sur l'introduction des études politiques et administratives. Troisième article », *Revue de législation et de jurisprudence*, 1841, vol. 14, p. 103.

comme des corollaires nécessaires »[227]. Le droit administratif apparait alors, selon lui, comme une discipline constitutionnelle.

Cela conduira toutefois souvent les administrativistes à développer un rapport de subordination entre le droit constitutionnel et le droit administratif, le second n'étant que l'application du premier. Cela est perceptible chez Trolley, pour qui « *le droit public [constitutionnel] détermine les* grands rapports *des gouvernants et des gouvernés* » quand « *le droit administratif détermine les* rapports secondaires »[228]. Si ces deux branches du droit public n'ont pas le même objet, « *sur beaucoup de points [elles] se touchent, et quelques matières sont communes* »[229], résume-t-il. Ce rapport de subordination est encore perceptible chez Ducrocq, pour qui « *l'enseignement du Droit administratif doit supposer connues ou doit préalablement exposer d'une manière succincte certaines notions de Droit constitutionnel* »[230]. On retrouve ici l'idée des « têtes de chapitre » que constitueraient les dispositions constitutionnelles[231]. Outre la connexité, si ce n'est la subordination du droit administratif vis-à-vis du droit constitutionnel, cela témoigne de l'intégration totale du droit administratif à l'ensemble « droit public ». Échappant à l'emprise du droit civil pour rejoindre le tropisme du droit constitutionnel, le droit administratif est ainsi en passe de devenir une branche du droit public à part entière. Il est de cette manière directement relié aux régimes en place. Puisque l'étude du droit administratif ne peut en effet se faire sans le socle des dispositions constitutionnelles en vigueur[232], cela les conduira à défendre et soutenir de telles dispositions, et par là même les régimes politiques y afférant. Le rattachement du droit administratif au droit constitutionnel enrichit donc leur pensée d'État tout autant qu'elle permet de mettre en valeur la teneur étatique du droit administratif.

B- La conscience de la « teneur étatique » du droit administratif

79. Dire que le droit administratif aurait une « teneur étatique » signifie que le droit administratif serait un champ privilégié, par les règles et les institutions qu'il étudie, pour l'étude de l'État ; il s'agit donc de jauger son

---

227 *Idem.*

228 TROLLEY (Alfred), *Cours de droit administratif*, Tome 1, *op. cit.*, 1844, p. 18. Nous soulignons.

229 *Idem.*

230 DUCROCQ (Théophile), *Cours de droit administratif*, Auguste Durand, 2e éd., 1863, p. 2.

231 Aucoc, quant à lui, n'insiste pas sur ce rapport de subordination ; il fait du droit administratif une branche du droit public au même titre que le droit politique et constitutionnel et le droit pénal (AUCOC (Léon), *Introduction à l'étude du droit administratif*, Paul Dupont, 1865, p. 22.)

232 En ce sens, F. Laferrière écrira que « *les principes généraux de notre Droit public et administratif se rattachent à la constitution de l'État* » (LAFERRIÈRE (Firmin), *Cours de droit public et administratif*, *op. cit.*, 2e éd., 1841, p. XXIV).

« étaticité ». En d'autres termes, c'est le caractère politique du droit administratif que l'on interroge, c'est-à-dire sa capacité à régir les rapports de pouvoir et de domination entre les gouvernants et les gouvernés. Or, très tôt, les administrativistes du XIXe siècle sont selon nous parvenus à dégager les enjeux politiques du droit administratif. Ils ont en effet pris conscience, même si cela n'est pas nécessairement abouti, du fait que le droit administratif régit lui aussi de tels rapports de pouvoir. Cela s'observe plus concrètement de deux façons. De façon très directe, cela peut se déceler dans la définition même que les auteurs donnent du droit administratif (**2**). Toutefois, tous les administrativistes – si ce n'est la majorité – ne s'encombrent pas à donner une telle définition. C'est dès lors par l'intégration du droit administratif à la branche du droit public que l'on peut déceler à quel point les auteurs entendent faire de leur discipline un champ propice à l'étude de l'État (**1**).

1- *Par l'intégration au droit public*

80. La structuration de la distinction entre droit public et droit privé. La construction de bases constitutionnelles du droit administratif, on l'a vu, a conduit le droit administratif à se rapprocher du droit constitutionnel et subséquemment à intégrer le droit public. Il est alors clair, pour Gérando par exemple, que « *le droit administratif forme l'une des deux branches du droit public intérieur* »[233], aux côtés du droit constitutionnel. Parmi les précurseurs, seuls Foucart[234], Aucoc[235] et Ducrocq[236] affirmeront expressément cette idée. Cela témoigne-t-il d'une conscience de la teneur étatique et politique du droit administratif ? Tout dépend en réalité comment est défini le droit public, compris par opposition au droit privé[237]. Le droit administratif ne pourra être appréhendé comme un lieu propice à l'étude de l'État que si le droit public est lui-même conçu comme tel.

---

[233] GÉRANDO (Joseph-Marie de), *Institutes du droit administratif français*, Tome 1, Nêve, 2e éd., 1842, p. 1.

[234] FOUCART (Émile-Victor), *Éléments de droit public et administratif*, Tome 1, Videcoq, 3e éd., 1843, prolégomènes non-paginés : « *Le droit public interne comprend le droit politique, qui a rapport au gouvernement de la société, et le droit administratif, qui est relatif à la gestion des intérêts collectifs.* »

[235] AUCOC (Léon), *Conférences sur l'administration et le droit administratif*, Tome 1, *op. cit.*, 1e éd., 1869, p. 9 : « *Le droit public se subdivise en trois parties : droit public proprement dit ou droit politique et constitutionnel,— droit administratif, — droit pénal.* »

[236] DUCROCQ (Théophile), *Cours de droit administratif*, *op. cit.*, 2e éd., 1863, p. 1-2 : « *Le Droit public proprement dit règle les rapports de l'État, soit avec les autres États, formant alors le Droit international ou Droit des gens, soit avec les citoyens, et à ce point de vue il comprend de Droit constitutionnel et le Droit administratif.* »

[237] Sur la polysémie du terme de « droit public », cf. *supra.* § 77.

Si l'on fait souvent remonter la distinction entre le droit public et le droit privé à Ulpien et à sa définition dégagée au IIIe siècle[238], cette définition ne proliférera au sein de la littérature juridique qu'à partir de la fin du XVIIe siècle[239]. Pour Éric Desmons, « *c'est avec d'Aguesseau et surtout Domat que s'achève, autour de la notion de gouvernement, de se constituer en science un droit public nettement séparé de la politique et de l'économie, tout comme, bien entendu, du droit privé* »[240]. C'est en effet avec ces auteurs que l'on trouve « *les premiers ouvrages dont le titre se réfère expressément au droit public* »[241]. Mais si l'on prend l'exemple de Domat, qui s'est largement intéressé au droit public, la ligne de partage entre le droit public et le droit privé peut étonner : pour lui, le droit public, c'est le droit de *tout* l'État. Il comprend « le gouvernement & la police générale d'un État », « les personnes qui participent aux fonctions publiques » mais également les « crimes et délits » ainsi que l'« ordre judiciaire »[242]. Le droit public n'est donc pas synonyme de droit *politique* de l'État. Si la frontière est amenée à se déplacer entre le droit public et le droit privé, il n'en reste pas moins que la *divisio* existe ainsi bel et bien à compter du XVIIe siècle. Elle ne sera toutefois érigée en véritable « *summa* » *divisio* qu'après la Révolution[243], voire pour certains auteurs qu'à compter du XIXe siècle, c'est-à-dire au moment où elle se concrétise dans le droit positif[244]. Si la distinction entre droit public et droit privé s'avère si structurante au XIXe siècle, c'est selon nous en raison de la forte teneur idéologique qu'elle contient[245]. Relier le droit administratif au droit public n'est pas neutre ; cela revient à lui faire rejoindre cette sphère des

---

238 Traduite par Guillaume Richard dans sa thèse : v. RICHARD (Guillaume), *Enseigner le droit public à Paris sous la Troisième République*, *op. cit.*, 2015, p. 14 : « *il y a deux branches dans l'étude du droit, le droit public et le droit privé. Le droit public concerne la stabilité de l'État romain ; le droit privé concerne les intérêts particuliers* ».

239 V. BLANC (Didier), « Les naissances du droit public », *RDP*, 2017, p. 1561 s. ; BARRAUD (Boris) « Droit public-droit privé : de la summa divisio à la ratio divisio ? », *RRJ*, 2015, p. 1103 : « *Si ses prémisses peuvent être identifiées dès l'Empire romain, la divisio moderne ne s'est pas imposée durant de nombreux siècles et on observe que son véritable développement ne remonterait qu'au XVIe s., concomitamment à la naissance des États modernes.* »

240 DESMONS (Éric), « Droit privé, droit public », *in* ALLAND (Denis) et RIALS (Stéphane) (dir.), *Dictionnaire de la culture juridique*, Lamy-PUF, 2003, p. 522.

241 THIREAU (Jean-Louis), « Le droit public dans la doctrine française du XVIe et du début du XVIIe siècle », *RHFD*, 2005-2006, vol. 25-26, p. 73.

242 Il s'agit là des quatre livres de son ouvrage sur le droit public. Cf. DOMAT (Jean), *Les quatre livres du droit public*, Joseph Rémy, 1697, réimp. Centre de philosophie juridique et politique, 1989.

243 BARRIÈRE (Louis-Augustin), « Une approche historique de la *summa divisio* droit public droit privé », *in* BONNET (Baptiste) et DEUMIER (Pascale) (dir.), *De l'intérêt de la summa divisio droit public-droit privé ?*, Dalloz, 2010, p. 7 s.

244 BARRAUD (Boris), « Droit public-droit privé : de la summa divisio à la ratio divisio ? », *RRJ*, 2015, p. 1101 s.

245 CAILLOSSE (Jacques), « Droit public-droit privé : sens et portée d'un partage académique », *AJDA*, 1996, p. 955.

« *choses sublimes, [des] buts sociaux les plus nobles* »[246] qui caractérisent le droit public. Ainsi que le relève Pierre Legendre, le clivage entre le droit privé et le droit public est en réalité celui qui « *sépare la famille et l'État* »[247]. Penser que le droit administratif doive intégrer le droit public, c'est dès lors reconnaitre que celui-ci a trait à la chose publique, et plus précisément à l'État. Pour s'en convaincre, il convient de voir comment les administrativistes eux-mêmes ont défini le droit public.

81. La définition donnée au « droit public » par les administrativistes. Il faut de prime abord constater la relative pauvreté des écrits des administrativistes du XIXᵉ siècle concernant la définition du « droit public ». À cet égard, et cela peut au premier abord surprendre, ceux qui tiennent à définir le droit public sont avant tout les répétiteurs[248]. Le caractère synthétique de leurs ouvrages, destinés aux étudiants pour la révision de leurs examens, s'avère sans doute particulièrement propre à la divulgation de définitions reconnues de tous, qui n'appellent pas de développements supplémentaires. En cela, la littérature des répétiteurs, qui se concentre sur les connaissances fondamentales d'une matière, est précieuse, car elle permet de mieux connaitre les lieux communs de la pensée juridique d'une époque. À partir des années 1860, les ouvrages des répétiteurs témoignent ainsi de la définition commune donnée au droit public, par opposition au droit privé. Pour Louis Cabantous, le droit public comprend ainsi « *les règles qui président à l'organisation du gouvernement et à ses rapports, soit avec les gouvernements étrangers, soit avec les gouvernés* »[249]. Preuve là encore que le gouvernement a été confondu avec l'État, il y a de surcroit l'idée selon laquelle ces règles diffèrent de celles qui régissent les rapports entre les particuliers. On perçoit dans cette définition les trois composantes du droit public : le droit constitutionnel, qui rassemble les règles relatives à l'organisation du gouvernement ; le droit international public, qui comprend les règles organisant les rapports entre les gouvernements eux-mêmes ; le droit administratif, qui régit les rapports entre les gouvernants et les gouvernés. On retrouve chez François Bœuf une définition similaire du droit public (interne) : il s'agit du droit qui « *règle les rapports des particuliers avec l'État* »[250]. Cela signifie donc, par extension, que le droit administratif règle lui aussi les

---

246 LEGENDRE (Pierre), *Jouir du pouvoir. Traité de la bureaucratie patriote*, Éditions de Minuit, 1976, p. 169.

247 LEGENDRE (Pierre), *L'Amour du censeur. Essai sur l'ordre dogmatique*, Éditions du Seuil, 1974, p. 226.

248 Sur la figure des répétiteurs, v. notamment RICHARD (Guillaume), « Les professeurs de droit parisiens et l'édition juridique sous la Troisième République », *RHFD*, 2017, n° 37, p. 733 s.

249 CABANTOUS (Louis), *Répétitions écrites sur le droit administratif*, Marescq, 4ᵉ éd., 1867, p. 3.

250 BŒUF (François), *Résumé de répétitions écrites sur le droit administratif*, Dauvin, 1866, p. 1.

rapports entre les particuliers et l'État – les auteurs ne démentant pas l'intégration du droit administratif au droit public.

En dehors des répétiteurs, certains auteurs s'attacheront également à définir le droit public, par opposition au droit privé, comme celui, chez Foucart, « *qui règle les rapports de l'État soit avec les autres États, soit avec les individus* »[251] ou encore comme « *l'ensemble des rapports qui existent entre les gouvernants et les gouvernés* »[252]. Ces définitions sont particulièrement riches, car elles montrent expressément à quel point le droit administratif, qui a intégré le droit public, a trait au fonctionnement de l'État. L'utilisation des termes de « gouvernants » et de « gouvernés », qui supposent une relation d'ordre politique, est particulièrement révélatrice de la « teneur étatique » du droit public. Ducrocq développe d'ailleurs sensiblement la même définition lorsqu'il affirme que « *le droit public proprement dit règle les rapports de l'État* »[253]. Dès lors, il semble clair que si les auteurs rattachent le droit administratif au droit public, c'est parce qu'ils sont convaincus que celui-ci ne traite pas des rapports entre individus, mais qu'il s'intéresse à l'État : lui aussi règle les rapports de ce dernier avec les individus ou encore les rapports entre les gouvernants et les gouvernés. L'ensemble des définitions données par les auteurs laisse à penser que le droit public détient une certaine teneur politique, qu'il est étranger aux seuls rapports interindividuels, et ainsi qu'il cultive un intérêt particulier pour la chose étatique, ce qui se retrouve encore chez Aucoc[254] et Bouchené-Léfer[255]. Cette hypothèse est de surcroit renforcée par la définition que les auteurs donnent du droit administratif.

2- *Par la définition donnée au droit administratif*

82. La mise en valeur relative du caractère politique du droit administratif. La conscience de la teneur étatique et politique du droit administratif est encore révélée par la définition que les administrativistes donnent de leur discipline. Ces derniers se placent selon nous sur un *continuum*, compte tenu de leur prise en considération, faible ou importante, du caractère politique du droit administratif. Ce caractère se révèle avant tout par le vocabulaire employé : certains termes, comme l'« État », le « citoyen », etc., en ce qu'ils sont empruntés aux théories constitutionnelles et politiques et qu'ils témoignent de la relation de pouvoir, si ce n'est de coercition, qui peut exister entre les gouvernants et les gouvernés, démontrent selon nous la

---

[251] FOUCART (Émile-Victor), *Éléments de droit public et administratif*, Videcoq, 4e éd., 1855, p. IV.
[252] *Ibid.*, p. 58.
[253] DUCROCQ (Théophile), *Cours de droit administratif*, *op. cit.*, 2e éd., 1863, p. 1.
[254] AUCOC (Léon), *Introduction à l'étude du droit administratif*, *op. cit.*, 1865, p. 22.
[255] BOUCHENÉ-LEFER (Adèle-Gabriel-Denis), *Droit public et administratif français*, Tome 1, *op. cit.*, 1831, p. XLV.

teneur politique d'un droit. D'autres termes, plus policés, comme celui d'« administration » ou d'« administré », et dont la formulation ne doit toutefois pas être laissée au hasard, relèvent selon nous bien moins du vocabulaire politique.

Parmi les auteurs qui mettent le moins en exergue le caractère politique du droit administratif, c'est-à-dire la prégnance des rapports de pouvoir qu'il régit, on trouve un ordonnateur comme Gérando, un précurseur comme Vivien ou encore un répétiteur comme Pradier-Fodéré. Ces auteurs auront tendance à considérer que le droit administratif règle les rapports entre l'administration et les administrés. C'est le cas de Vivien, qui définit le droit administratif comme régissant les « *rapports entre l'administration avec les intérêts locaux ou individuels* »[256] ou encore de Pradier-Fodéré lorsqu'il définit le droit administratif comme « *l'ensemble des règles par lesquelles sont régis les droits des particuliers dans leur rencontre avec l'action administrative* »[257]. Les termes employés ne font pas véritablement partie du vocabulaire politique ; ils ne mettent pas en lumière le rattachement du droit administratif au droit politique constitutionnel. Quant à Gérando, s'il ne nie pas le caractère politique du droit administratif, il le cantonne à certains domaines. Il considère ainsi que dans certaines matières, en ce qui concerne les services publics propres à la sûreté de l'État, « *le droit administratif ne se distingue point encore du droit public ; il a un caractère essentiellement politique* »[258]. C'est donc quand l'administration fait usage de la force coercitive, comme c'est le cas concernant la sûreté de l'État, qu'il est considéré comme « politique ». Si le droit public (constitutionnel) est classiquement considéré comme un droit politique, le droit administratif ne le serait donc que lorsqu'il touche à certaines problématiques précises.

D'autres auteurs mettent quant à eux davantage en exergue le caractère politique du droit administratif. Ainsi F. Laferrière, en le définissant comme « *la science de l'action et de la compétence du pouvoir exécutif central et des administrations locales, dans leur rapport avec les administrés* »[259], donne selon nous une teneur politique au droit administratif. En effet, la seule présence du « pouvoir exécutif » témoigne du lien qu'il fait entre le droit administratif et l'État dans son acception constitutionnelle. Chez d'autres auteurs, comme Macarel et Aucoc, c'est le terme de « citoyen », autre terme propre au champ politique, qui apparait dans la définition du droit administratif, alors même que le terme d'« administré » existe déjà sous la Révolution. Pour Macarel, le droit administratif se compose en effet « *des lois d'intérêt public qui [...] règlent les droits et les devoirs respectifs de*

---

[256] VIVIEN (Auguste), *Études administratives*, Guillaumin, 1e éd., 1845, p. V.
[257] PRADIER-FODÉRÉ (Paul), *Précis de droit administratif*, *op. cit.*, 7e éd., 1872, p. 13.
[258] GÉRANDO (Joseph-Marie de), *Institutes du droit administratif français*, Tome 1, *op. cit.*, 1e éd., 1829, p. 24.
[259] LAFERRIÈRE (Firmin), *Cours de droit public et administratif*, *op. cit.*, 2e éd., 1841, p. VIII.

l'administration et des citoyens »[260]. Pour Aucoc également, le droit administratif régit les « *rapports de l'autorité administrative avec les citoyens* »[261]. Or, le terme de « citoyen » fait directement référence à l'individu conçu comme membre de la société politique. Pour ces auteurs, c'est donc à l'individu politique que s'adresse l'action administrative. Le droit administratif, comme le droit constitutionnel, est ainsi apte à saisir les rapports politiques de l'État.

83. La mise en lumière totale du caractère politique du droit administratif. Si l'on poursuit le *continuum*, une troisième catégorie d'auteurs ira encore plus loin en concevant le droit administratif comme le droit de l'État, à côté du droit constitutionnel. Ces auteurs semblent se rendre compte de sa teneur politique tant « *il s'insère dans ces problèmes fondamentaux de la science politique que sont les rapports entre l'État et le citoyen, l'autorité et la liberté, la société et l'individu* »[262] – ainsi que le formulera bien plus tard Prosper Weil. Ces problématiques sont très tôt présentes chez certains auteurs de droit administratif et témoignent du fait que le droit administratif régit lui aussi, tout comme le droit constitutionnel, les rapports d'ordre politique entre ceux qui détiennent le pouvoir politique et ceux qui sont censés y obéir. Serrigny, l'un des chefs de file des précurseurs, définit le droit administratif comme étant « *cette partie du droit public qui comprend les rapports des gouvernants et des gouvernés dans le détail de l'exécution des mesures qui les régissent* »[263]. Allant plus loin que les auteurs précédents, il n'est plus question ici d'« administration », mais de « gouvernants » et de « gouvernés ». L'utilisation de ces termes rapproche non seulement le droit administratif du droit constitutionnel, mais témoigne également de la teneur politique des rapports régis par le droit administratif. En effet, les rapports entre les gouvernants et les gouvernés sont essentiellement d'ordre politique puisqu'ils sont ordonnés autour de l'idée de sujétion entre ceux qui détiennent le pouvoir et ceux qui le subissent. Si le droit administratif contribue en partie à les régir, c'est qu'il est conçu comme un vecteur du pouvoir politique. Plusieurs autres auteurs ont adopté cette définition du droit administratif, comme Trolley qui considérait lui aussi en 1844 que le droit administratif réglait les rapports entre les gouvernants et les

---

260 MACAREL (Louis-Antoine), *Cours d'administration et de droit administratif*, Tome 1, *op. cit.*, 2e éd., 1852, p. 19.
261 AUCOC (Léon), *Introduction à l'étude du droit administratif*, *op. cit.*, 1865, p. 27.
262 WEIL (Prosper) et POUYAUD (Dominique), *Le droit administratif*, PUF, 24e éd., 2013, p. 7.
263 SERRIGNY (Denis), *Traité du droit public des français*, Tome 1, Joubert, 1846, p. 96.

gouvernés[264], ou Ducrocq[265]. On retrouve également cette définition dans le *Répertoire méthodique et alphabétique de législation, de doctrine et de jurisprudence* publié sous la direction de Dalloz[266], de même que chez Gougeon. Ce dernier, professeur à la Faculté de droit de Rennes entre 1832 et 1867 et auteur oublié d'un *Cours de droit administratif* en 1847, définit le droit administratif comme « *le droit qui règle les rapports des citoyens avec l'État* »[267]. Il semble dès lors avoir pleinement conscience des enjeux politiques du droit administratif, lui qui était pourtant loin d'être administrativiste[268] – et c'est sans doute en cela qu'il a pu dégager une telle définition. Toujours parmi les précurseurs, il convient d'ajouter Dareste à cette liste. Ce dernier est une figure singulière de la science du droit administratif : « *Praticien, il avait un goût prononcé pour la théorie ; non universitaire, il fit bien plus de recherches que certains de ses contemporains des Facultés de droit.* »[269] La conclusion de son ouvrage sur la justice administrative en atteste, lorsqu'il tâche de relativiser les privilèges qui s'attachent à l'application du droit administratif. Il écrit alors : « *Les modifications apportées à notre législation civile, dans l'intérêt de l'État, résultent de la nature même des choses* »[270]. Il a donc bien conscience que ce qui change entre le droit administratif et le droit civil, c'est la présence de l'intérêt de l'État. On ne saurait mieux mettre en valeur la teneur étatique du droit administratif.

Pour tous les auteurs de cette dernière catégorie, le droit administratif semble être un maillon fondamental pour régir le rapport de domination politique qui existe entre les gouvernants et les gouvernés. Cette façon de concevoir l'objet du droit administratif laisse à penser qu'il serait consubstantiel à l'existence d'un pouvoir politique, celui-ci étant à l'origine même de la distinction gouvernants/gouvernés. Dans cette perspective, il n'y aurait dès lors pas d'organisation politique sans droit administratif – conçu non comme une discipline mais comme un ensemble de règles – et inversement[271]. Pour autant,

---

[264] TROLLEY (Alfred), *Cours de droit administratif*, Tome 1, *op. cit.*, 1844, p. II : « *Le Droit administratif, au contraire, n'est pas préexistant ; il est arbitraire et positif. Chargé de déterminer les rapports des gouvernants et des gouvernés, il se lie aux institutions politiques, divers, variable et passager comme elles.* »

[265] Il reprend en la citant la définition de Serrigny. DUCROCQ (Théophile), *Cours de droit administratif*, Thorin, 4e éd., 1874, p. 5.

[266] DALLOZ (Désiré) (dir.), *Répertoire méthodique et alphabétique de législation, de doctrine et de jurisprudence*, Tome 19, *op. cit.*, p. 198.

[267] GOUGEON (Charles), *Cours de droit administratif*, Tome 1, Jausions, 1847, p. 6.

[268] Charles Gougeon a en effet assumé au pied levé le cours de droit administratif à la Faculté de droit de Rennes à la place de F. Laferrière, bien qu'il se déclare bien souvent incompétent dans la matière.

[269] PLESSIX (Benoît), « Rodolphe Dareste ou le droit administratif vu par un avocat aux conseils érudits au XIXe siècle », *RHFD*, 2004, n° 24, p. 66.

[270] DARESTE (Rodolphe), *La justice administrative en France*, Auguste Durand, 1862, p. 675.

[271] Cela explique sans doute pourquoi un certain nombre d'auteurs du XIXe siècle considère

cela ne conduit pas véritablement les administrativistes à proposer une étude théorique de l'État. Et pour cause : au XIXe siècle, force est de constater que les propos théoriques des administrativistes sont relativement rares et que l'État, du moins en surface, n'apparait qu'exceptionnellement. Le hiatus est donc entier entre la conception souterraine que recèle le droit administratif de l'État et sa formalisation concrète, pour le moins discrète. Il en existe en réalité une principale concrétisation : celle de la définition de l'État comme personnification de la société.

§ 2. *La définition de l'État en droit administratif*

84. La définition de l'État en droit administratif doit son existence, au XIXe siècle, à une forme d'alignement des « planètes ». Elle est en effet le fruit de la rencontre entre l'intuition prégnante selon laquelle le droit administratif serait porteur de savoirs sur l'État, d'une part, avec la non moins prégnante pensée d'État qui anime les administrativistes de l'époque, d'autre part. C'est même, d'une certaine façon, et aussi paradoxal que cela puisse paraître, la pensée d'État des auteurs qui sera le moteur de cette première ébauche de théorisation de l'État. En définissant l'État comme personnification de la société (**A**), les administrativistes du XIXe siècle mettent en lumière le profond étatisme-libéral qui guide leur pensée (**B**).

A- **L'État conçu comme la personnification de la société**

85. L'État est majoritairement conçu, au XIXe siècle, comme la personnification de la société, que les administrativistes le définissent expressément comme tel (**1**) ou qu'ils en trouvent des avatars (**2**).

1- *La définition explicite de l'État comme personnification de la société*

86. Les tenants de la définition de l'État comme personnification de la société. On retrouve chez bon nombre d'administrativistes du XIXe siècle une définition de l'État selon laquelle il serait la « personnification de la société ».

---

que l'origine du droit administratif remonte jusqu'à la Rome antique, car l'organisation politique qui s'y développait alors – bien qu'il ne s'agisse pas d'un État à proprement parler – était nécessairement régie par des règles relevant du droit administratif. Serrigny sera ainsi à l'origine en 1862 d'un ouvrage intitulé « Droit public et administratif romain », convaincu que « *l'origine principale de toutes nos institutions sur le droit public, administratif, économique et social, c'est le droit romain* » (SERRIGNY (Denis), *Droit public et administratif romain*, Tome 1, 1862, p. 2).

Au premier abord, cette expression fait l'effet d'un pastiche de l'expression, encore employée aujourd'hui, de l'État comme « personnification (juridique) de la nation ». C'est Adhémar Esmein, dans ses *Éléments de droit constitutionnel* qu'il publia à partir de 1896, qui aurait pour la première fois, et ce dès les premières lignes de son ouvrage, défini l'État comme étant la « *personnification juridique d'une nation* »[272]. Il est vrai qu'auparavant, nul auteur n'avait employé cette expression mot pour mot. Pour autant, l'idée que l'État personnifierait une autre entité n'est quant à elle pas entièrement nouvelle. Dans son ouvrage sur *L'État et ses limites* paru en 1863, Édouard Laboulaye définissait déjà l'État comme étant la « *personnification de la nation* »[273], sans toutefois donner de plus amples explications. En dépit de la proximité des deux expressions, il ne faut toutefois pas s'y méprendre : la personnification telle que l'entend Laboulaye ne peut être assimilée à la personnification « juridique » défendue par Esmein[274]. Si Esmein fait référence à la technique de la personnalité morale, tel n'est pas le cas de Laboulaye, pour qui la « personnification » revêt un sens plus philosophique que juridique. C'est ce premier sens que les administrativistes développeront au cours du XIXe siècle. À notre connaissance, cette idée est pour la première fois présente chez Schützenberger, dans ses *Études de droit public* publiées en 1837. Il y considère que « *l'État est l'expression morale et personnifiée de la société* »[275] ou encore que « *la société, considérée comme une personnalité, s'appelle l'État* »[276].

Cette idée de personnification ne doit pas être laissée au hasard. Elle ne doit pas être vue dans un sens strictement juridique si bien qu'on ne saurait voir à travers elle la reconnaissance précoce de la personnalité juridique de l'État. Elle permet plutôt de penser quelque chose d'inanimé, d'abstrait, comme s'il s'agissait d'une personne agissante. Dans la sixième édition du *Dictionnaire de l'Académie française*, publiée en 1835, le terme de « personnifier » est ainsi défini comme le fait d'« *attribuer à une chose inanimée ou métaphysique*

---

[272] ESMEIN (Adhémar), *Éléments de droit constitutionnel*, Larose, 2e éd., 1899, p. 1.

[273] LABOULAYE (Édouard), *L'État et ses limites*, Charpentier, 1863, p. 132. Laboulaye fait ainsi figure de précurseur, et ce notamment parce qu'il utilise le terme de « nation », relativement délaissée au cours du XIXe siècle. Le terme de « nation » est en effet principalement employé, à cette époque et dans le domaine juridique, dans les ouvrages de droit international. Les dictionnaires de l'époque en témoignent : dans le *Dictionnaire politique* par exemple, les auteurs considèrent que contrairement à la « société », « *le mot Nation sert plus particulièrement à caractériser un peuple dans ses rapports avec les autres peuples* » (*Dictionnaire politique*, Pagnerre, 6e éd., 1860, p. 889). La « nation » ne fera son grand retour dans le vocabulaire politique et constitutionnel qu'à partir des années 1880, ce dont témoigne par exemple l'ouvrage d'Ernst Renan intitulé « Qu'est-ce qu'une nation ? » (RENAN (Ernst), *Qu'est ce qu'une nation ?*, Lévy, 1882) qui n'est autre que la publication d'une conférence du même nom donnée en 1882.

[274] ESMEIN (Adhémar), *Éléments de droit constitutionnel*, Larose, 1e éd., 1896, p. 1.

[275] SCHÜTZENBERGER (Frédéric), *Études de droit public*, Levrault, 1837, p. 229.

[276] *Ibid.*, p. 228.

la figure, les sentiments, le langage d'une personne réelle »[277]. Dès lors, ce qui se joue lorsque l'on évoque l'État comme personnification de la société, c'est bien plus qu'un mécanisme de représentation par lequel l'État, son administration, *représenteraient* la société en la personnalisant. C'est bien davantage un mécanisme d'*incarnation* qui se joue : l'État incarne la société, car il donne vie à quelque chose qui n'en aurait pas sans lui. Si « représenter » consiste à « rendre présent » quelque chose d'absent, « incarner » consiste plutôt à rendre *vivant* – ou existant – quelque chose d'inanimé, sans vie. Or, ici la société ne semble exister que par le biais de l'État. On peut donc dire, avec Simon Gilbert, que les administrativistes de cette époque « *pensent l'État comme une incarnation à travers l'idée de personnification sociale* »[278]. Il en ressort une identité forte entre l'État et la société : si la société trouve son unique moyen d'expression à travers l'État, l'État ne peut en contrepoint agir que dans l'intérêt de la société qui se trouve à son fondement. Cette construction est propre à légitimer l'institution étatique. Elle a pour effet de débarrasser le pouvoir en place du spectre de l'illégitimité en lui donnant une « présomption morale » d'agir conformément aux intérêts de la société[279].

87. Une définition répandue chez les ordonnateurs et les précurseurs. L'idée d'une incarnation de la société dans l'État est bien présente dans les écrits de droit administratif du XIXe siècle. Schützenberger, qui définissait l'État comme la personnification de la société, développe l'idée selon laquelle l'État, par rapport à la société, est « *le produit organique de toutes ses facultés et de toutes ses forces, la réalisation de la volonté sociale sous la direction d'un gouvernement* », et ainsi « *l'expression la plus vraie, la plus complète de son développement* »[280]. Dès lors, cette idée d'une identification de la société à l'État conduit non seulement à faire de l'État la réalisation de la société mais également de la société l'unique finalité de l'État. Cette idée est encore présente chez Macarel en 1844. Défini comme étant la « *personnification de la société* »[281], l'État donne vie à la société, mais celui-ci s'astreint alors à avoir comme « *but unique* » « *l'utilité sociale, la satisfaction des besoins généraux* »[282]. L'idée d'une identification entre la société et l'État est alors prégnante : l'État ne peut outrepasser le « mandat » qu'il tient de la société elle-même ; elle est la seule raison d'être de l'action étatique. Cette même idée est présente chez Dufour, pour qui le gouvernement doit « *pourvoir à un*

---

[277] Occ. « Personnifier », *in Dictionnaire de l'Académie française*, 6e éd., 1835, p. 2398.

[278] GILBERT (Simon), « Débat », *in* DUPRÉ DE BOULOIS (Xavier) et YOLKA (Philippe), *Léon Michoud*, Institut Universitaire Varenne, 2014, p. 135.

[279] Elle conforte en cela l'ensemble des discours politiques de l'époque, qui œuvrent également en ce sens. Sur ce point, v. JAUME (Lucien), *L'individu effacé ou le paradoxe du libéralisme français*, Fayard, 1997, p. 152.

[280] SCHÜTZENBERGER (Frédéric), *Études de droit public*, *op. cit.*, 1837, p. 229.

[281] MACAREL (Louis-Antoine), *Cours de droit administratif*, Tome 1, *op. cit.*, 1e éd., 1844, p. 17.

[282] *Ibid.*, p. 15.

besoin du corps social, et il est à cet égard le représentant, la personnification de la société prise comme individualité » dans la mesure où « *il agit en son nom, il est son organe* »[283], preuve qu'elle ne pourrait vivre sans lui. L'État n'est ainsi que l'émanation de la société, celle-ci ne pouvant agir en dehors de lui – ce qui n'est toutefois pas assorti d'une quelconque sanction. Aucoc se représente également l'État et la société en ces termes puisqu'il existe selon lui un rapport de personnification très poussé entre l'État et la société : cette « *immense force qui s'appelle la société* » est « *représentée par la puissance publique* »[284], d'où il résulte que l'État est la « *personnification de la société* »[285]. Par cette affirmation implacable, difficilement contestable, les administrativistes mettent leurs outils intellectuels au service de l'État : il est bien certain que nul ne peut vérifier si l'État agit véritablement et concrètement en faveur de la société. Mais le dire, c'est renforcer la croyance qu'il le fait.

Si cette idée est encore présente chez le conseiller d'État Boulatignier en 1863, selon qui « *l'État n'est en réalité que la personnification morale de la société* »[286], l'expression la plus complète se trouve selon nous chez Pradier-Fodéré. Pourtant habituellement considéré comme un répétiteur, il consacrera les premiers développements de la septième édition de son *Précis de droit administratif* à la question de l'État[287]. En définissant l'État comme étant « *la personnification de la société* »[288], Pradier-Fodéré présente également les rapports circulaires qu'entretiennent l'État et la société. Il explique ainsi ce mécanisme de personnification entre l'État et la société : « *Pour se conserver et se développer, la société ainsi personnifiée a dû se substituer à l'empire aveugle et désordonné des forces individuelles, une force intelligente et suprême, la puissance publique, chargée de satisfaire à l'intérêt commun, après l'avoir reconnu et constaté.* »[289] La société trouve donc son moyen de conservation et de développement dans l'État lui-même ; seul l'État peut permettre aux besoins sociaux d'être satisfaits en dépassant les querelles individuelles : il se substitue à la société pour mieux répondre à ses besoins. Ici, Pradier-Fodéré insiste donc sur la finalité de l'action de l'État, qui doit être tout entier dirigée vers la société, dans la mesure où il en est la

---

283 DUFOUR (Gabriel), *Traité général de droit administratif appliqué*, Tome 5, Cotillon, 2e éd., 1856, p. 303.

284 AUCOC (Léon), *Conférences sur l'administration et le droit administratif*, Tome 1, *op. cit.*, 1e éd., 1869, p. 18.

285 AUCOC (Léon), *Introduction à l'étude du droit administratif*, *op. cit.*, 1865, p. 27.

286 BOULATIGNIER (Sébastien-Joseph), « Coups d'œil sur les publications administratives récentes », *Mémoires de l'Académie royale des sciences, arts et belles-lettres de Caen*, Chalopin, 1863, p. 215.

287 La septième édition de son ouvrage demeure aujourd'hui la seule encore disponible ; la question de savoir si la première édition, parue au moins 7 ans précédemment en 1865, présentait déjà de tels propos introductifs, restera donc sans doute à jamais ouverte.

288 PRADIER-FODÉRÉ (Paul), *Précis de droit administratif*, *op. cit.*, 7e éd., 1872, p. 1.

289 *Idem.*

personnification. Si seul l'État peut répondre ainsi aux besoins de la société, il est également tenu de ne répondre *qu'à* ses besoins. Cette idée s'avère être un puissant instrument de légitimation l'institution étatique, puisque les auteurs font ressortir l'idée selon laquelle c'est la nature même de l'État, son code génétique pour ainsi dire, qui l'empêcherait d'agir dans un intérêt autre que celui de la société. On voit ici à quel point la pensée d'État des auteurs rejoint leur effort de théorisation, la définition donnée à l'État ayant également trouvé un certain nombre d'avatars.

2- *Les avatars de la définition de l'État comme personnification de la société*

88. L'État comme personnification de l'intérêt public. La définition de l'État comme personnification de la société implique un mécanisme d'incarnation de la société dans l'État, qui rend la première *incapable* sans le second : elle ne peut exister que par le biais de l'État. Ce mécanisme d'incarnation, en droit administratif, est affirmé par Gérando, même s'il ne définit pas l'État comme personnification de la société, lorsqu'il considère que l'État « *représente la société entière* »[290]. La façon dont il conçoit cette « représentation » rejoint en effet l'idée d'incarnation. Gérando développe cette idée en considérant que « *la société se produit et se montre elle-même, animée, agissante, personnalisée en quelque sorte, parce que l'autorité publique représente nécessairement l'intérêt général, et qu'elle parle en son nom* »[291]. On voit ici à quel point, et même si Gérando évoque l'idée d'une « représentation », la société ne peut exister qu'à travers l'État ; elle apparait *parce que* l'État la fait exister. La même idée semble partagée chez les autres administrativistes qui ne définissent pas expressément l'État comme étant la personnification de la société. Chauveau, par exemple, considère que lorsque l'État « *veille à la sécurité et à la salubrité publiques, à la libre circulation sur toutes les voies publiques, à l'exercice des droits politiques, etc.* », il ne s'agit pas là d'un « *simple propriétaire* » mais c'est alors « *la personnification de l'intérêt public,* [...] *c'est la nation toute entière dont les grands intérêts sociaux se résument dans ce seul mot : l'état* (sic) »[292]. L'État, là encore, est assimilé à l'intérêt public et à la nation, idée qui sera reprise par Cabantous[293].

89. L'État comme « puissance sociale ». Un autre avatar de cette expression, qui exprime de la même façon l'identification entre l'État et la

---

290 GÉRANDO (Joseph-Marie de), *Institutes du droit administratif français*, Tome 1, *op. cit.*, 2e éd., 1842, p. XVI.

291 GÉRANDO (Joseph-Marie de), « Discours d'ouverture du Cours de Droit public et administratif », *Thémis*, 1820, vol. 1, p. 69.

292 CHAUVEAU (Adolphe), *Principes de compétence et de juridiction administratives*, Tome 1, *op. cit.*, 1841, p. 93.

293 CABANTOUS (Louis), *Répétitions écrites sur le droit administratif*, Marescq, 1863, p. 626.

société, réside dans l'expression de « puissance sociale ». Cette expression est employée par exemple dès 1854 par Serrigny, qui considère qu'« *il faut toujours concilier [les] droits individuels avec ceux de la puissance sociale, personnifiés dans l'administration quand il s'agit des intérêts de l'État* »[294]. Cette citation est particulièrement riche. Qu'entend Serrigny par l'expression de « puissance sociale » ? Ici, la puissance sociale, qui s'oppose aux droits individuels, semble être personnifiée par l'État – par le relais de l'administration. Par le terme de « puissance sociale », Serrigny veut montrer à quel point la puissance qu'exerce l'État sur les droits individuels n'est pas l'expression d'intérêts propres à l'État, mais ceux de la société tout entière, qui imposent que certaines restrictions soient faites aux différents droits des individus. Le terme de « puissance sociale » témoigne ainsi de l'identification faite par les auteurs de l'époque entre l'État et la société ; elle combine – voire confond à dessein – la puissance politique avec le but social qu'elle poursuit. Cette expression sera également employée par Aucoc, là encore pour évoquer ses limites vis-à-vis des intérêts individuels[295]. L'utilisation de cette expression témoigne d'un rapport de personnification très poussé entre l'État et la société.

90. L'interchangeabilité des termes d'État et de société. Aucoc est d'ailleurs celui chez qui l'assimilation entre l'État et la société semble la plus aboutie, notamment parce qu'il utilise souvent l'un des termes pour l'autre : ce que les autres auteurs nomment communément l'« État », Aucoc l'appelle parfois la « société ». Il évoque par exemple la réduction du rôle de la « société » « *au soin de la sécurité publique* », alors que la majorité des auteurs évoquent le rôle de *l'État* en la matière[296]. Cette tendance à l'interchangeabilité des termes n'est toutefois pas nouvelle, et l'on trouvait déjà chez Macarel, voire chez Portiez de l'Oise, une idée similaire. Ce dernier, définissant l'objet de son cours, considérait alors qu'il s'agissait de « *déterminer l'action de la société sur les individus qui la composent, et les rapports habituels, nécessaires, instantanés de l'individu avec la société* »[297]. Pour mieux saisir ce qu'il entendait par « société », Portiez de l'Oise affirme qu'elle « *intervient par le ministère public près les tribunaux* », qu'elle « *réclame des individus, par la voie administrative, la dette que ceux-ci ont*

[294] SERRIGNY (Denis), « Quelle est l'autorité compétence pour statuer sur les demandes en indemnités à raison des terrains pris pour l'élargissement des terrains non navigables ? », *RCLJ*, 1854, vol. 4, p. 578.
[295] AUCOC (Léon), *Conférences sur l'administration et le droit administratif*, Tome 1, *op. cit.*, 1e éd., 1869, p. 17.
[296] *Idem.* Aucoc considère également « *l'essence de la société* » est « *de pourvoir à la satisfaction des besoins collectifs qu'éprouvent ses membres* », preuve de la confusion entre l'État et la société (*ibid.*, p. 18).
[297] PORTIEZ DE L'OISE (Louis-François-René), *Cours de législation administrative*, Tome 1, *op. cit.*, 1808, p. 10.

contractée envers elle »[298], etc. Indéniablement, la « société » que vise Portiez de l'Oise n'est pas sociologique ; elle est synonyme d'État. Macarel considère lui aussi, lorsqu'il résume ainsi les rôles respectifs du gouvernement et de l'administration, qu'« *il est la tête, elle est le bras de la* société »[299]. L'administration comme le gouvernement sont ainsi directement ceux de la société elle-même. Cette expression sera notamment reprise par Théophile Ducrocq[300] ainsi que par le répétiteur François Bœuf[301]. Pour ces auteurs, les notions d'État et de société ne sont pas interchangeables : seule la « société » peut venir remplacer l'« État », et non l'inverse. La question qui se pose alors est celle de savoir ce que signifie cette association, si ce n'est cette confusion, des termes « État » et « société » par les auteurs, au-delà de la légitimité qu'elle procure au premier.

B- Les ressorts étatistes-libéraux de la définition de l'État comme personnification de la société

91. La définition de l'État comme personnification de la société est particulièrement riche de sens dans la mesure où elle témoigne de la logique qui sous-tend le droit administratif d'alors. Parce qu'elle conduit à faire absorber l'individu par la société, et ainsi par l'État (**1**) elle permet de mieux saisir l'« étatisme-libéral » qui anime les administrativistes du XIXe siècle (**2**).

1- *L'absorption de l'individu par la société*

92. L'appréhension de l'individu par le prisme de la société. La définition de l'État comme personnification de la société, ainsi que les nombreux avatars que nous avons recensés, est le résultat d'un heureux paradoxe : celui d'une pensée d'État, vouée à la légitimation du modèle étatique et du pouvoir en place, qui rencontre le terreau fertile du droit administratif, où l'on pressent que l'État est en réalité partout. Leur définition de l'État est avant tout le produit de leur pensée d'État, ce qui explique qu'elle n'ait pas vocation à saisir l'ensemble de ses manifestations : il n'est pas par exemple question de sa puissance, voire de sa souveraineté, alors même que cet élément est loin d'être nié par les administrativistes – nous le verrons. En faisant de la société tant la finalité que le fondement de l'action de l'action étatique, les auteurs légitiment un État tout entier tourné vers la société et vers

---

298 *Idem.*
299 MACAREL (Louis-Antoine), *Cours d'administration et de droit administratif*, Tome 1, *op. cit.*, 2e éd., 1852, p. 13. Nous soulignons.
300 DUCROCQ (Théophile), *Cours de droit administratif*, Thorin, 3e éd., 1868, p. 15.
301 BŒUF (François), *Résumé de répétitions écrites sur le droit administratif*, Larose et Forcel, 10e éd., 1886, p. XVI.

la satisfaction des besoins de ses membres. Cette finalité permet d'assoir la puissance de l'État et de mettre les gouvernants à l'abri de toute suspicion de despotisme. Elle est également riche d'implications pour l'individu. Si l'on a vu que la société s'incarnait dans l'État, quelle place reste-t-il pour l'individu ?

En réalité, il est un lieu commun, dans le droit administratif du XIXe siècle, de n'appréhender l'individu que par le prisme de la société. L'individu est sans cesse capté par la société, auquel il ne peut dès lors s'opposer. Cela est prégnant chez les ordonnateurs. Dans son discours d'ouverture de l'École de droit de Paris, Portiez de l'Oise fait ainsi le constat selon lequel « *l'homme social est administré tous les jours de la vie* »[302] : il prend ainsi la peine de préciser qu'il ne se penchera que sur « l'homme social », c'est-à-dire l'homme dans la société, le seul homme que l'État puisse administrer. Il ne fait dès lors pas mention d'un homme qui ne serait pas « social » ; le plan de son ouvrage est même calqué sur la vie sociale de l'homme : « *nous verrons l'homme passer successivement par les diverses situations où il doit se trouver pendant son existence sociale.* »[303] C'est donc déjà de l'homme *en société* dont traite Portiez de l'Oise. C'est également le cas Bonnin, dont il est vrai qu'il étudie plutôt la science administrative que le droit administratif proprement dit. Toutefois, on ne peut ignorer l'étroite imbrication de ces deux disciplines naissantes, loin d'être tout à fait dissociées. La première phrase de ses *Principes d'administration* est éloquente : « *l'administration est une conséquence naturelle de l'état social, qui est lui-même un fait de la sociabilité naturelle de l'homme* »[304]. Or, si l'homme ne peut vivre qu'en société, alors il doit se soumettre à ses règles. L'état social semble donc être perçu comme un élément nécessaire à la vie de l'individu tout autant qu'à celle de l'État. Plus tard, Gérando insiste lui aussi particulièrement sur la nature sociale de l'homme : l'association des hommes, dit-il, est « *naturelle et nécessaire : naturelle, parce que nous naissons dans le sein d'une société déjà formée ; nécessaire, en ce que l'association peut seule donner les garanties exigées pour notre sureté, notre liberté et notre propriété individuelle* »[305]. En d'autres termes, l'individu ne peut être pensé en dehors de la société dans laquelle il s'inscrit naturellement ; sa destination à l'existence sociale « *lui est révélée par sa propre nature* »[306]. Le recours à la nature des choses est un

---

302 PORTIEZ DE L'OISE (Louis-François-René), « Discours prononcé lors de la séance d'ouverture de l'École de droit de Paris le 26 novembre 1805 », reproduit *in RHFD*, 1992, vol. 13, p. 319.

303 PORTIEZ DE L'OISE (Louis-François-René), *Cours de législation administrative*, Tome 1, Garnery, 1808, p. XXXII.

304 BONNIN (Charles-Jean-Baptiste), *Abrégé des Principes d'administration publié d'après la troisième édition*, Amable-Costes, 1829, p. XIII.

305 GÉRANDO (Joseph-Marie de), « Discours d'ouverture du Cours de Droit public et administratif », *Thémis*, 1820, vol. 1, p. 74-75.

306 *Ibid.*, p. 70.

argument d'autorité ; il « *offre au droit une sorte d'ultime raison, celle de l'implacable nécessité* »[307]. En utilisant l'argument tiré de la nature des choses, Gérando veut signifier que l'homme ne peut pas s'inscrire dans un milieu autre que celui dans lequel il est, comme si aucune discussion ne pouvait naître à ce sujet. Or, s'il est impossible de contester l'idée selon laquelle l'homme serait *par nature* social, il devient également inconcevable de ne pas le soumettre aux règles de la société, qui ne sont autres – compte tenu de la confusion souvent opérée entre les notions de « société » et d'« État » – que les règles de l'État.

Bien que les précurseurs n'aillent pas si loin dans cette voie, on en retrouve toutefois de larges séquelles. Outre Serrigny ou encore Trolley, qui n'abordent pas la question, on peut dire de façon générale que les auteurs de cette époque se font les pourfendeurs de l'idée d'un état de nature, tel qu'il a par exemple été professé par Rousseau ou Hobbes, et qui recèle une certaine forme d'individualisme. Ainsi Foucart considère-t-il que « *l'homme vit en société non pas en vertu d'une loi qu'il s'est faite, mais en vertu d'une loi qui lui est imposée* »[308]. Si l'individu n'a pas fait le choix d'entrer en société, il ne peut pas non plus en sortir. Foucart semble donc, comme F. Laferrière, faire de la société « *un état nécessaire et légitime* »[309]. En réalité, cette idée semble être partagée de tous, comme en témoigne plus tard l'adresse d'Aucoc à ses étudiants en 1865 : « *Que l'homme soit né pour vivre en société,* déclare-t-il, *que l'état de société seul lui permette de se conserver et de se développer au point de vue physique, intellectuel et moral, vous n'en doutez pas plus que moi, et je ne perdrai pas de temps à vous le démontrer* »[310]. Si cette assertion n'est pas démontrée, elle semble toutefois être pour la grande majorité des auteurs un passage obligé pour introduire l'étude du droit administratif, que l'on retrouve également chez Pradier-Fodéré[311] ou Schützenberger[312].

93. La négation de l'individu. En soi, le fait de dire que l'homme vit nécessairement en société n'impose pas de l'ignorer en tant

[307] CAILLOSSE (Jacques), « Droit public-droit privé : sens et portée d'un partage académique », *AJDA*, 1996, p. 955.
[308] FOUCART (Émile-Victor), *Éléments de droit public et administratif*, Tome 1, *op. cit.*, 3e éd., 1843, p. 8.
[309] LAFERRIÈRE (Firmin), *Cours de droit public et administratif*, *op. cit.*, 2e éd., 1841, p. XI.
[310] AUCOC (Léon), *Introduction à l'étude du droit administratif*, *op. cit.*, 1865, p. 19.
[311] PRADIER-FODÉRÉ (Paul), *Précis de droit administratif*, *op. cit.*, 7e éd., 1872, p. 1 : « *Pour se conserver et se développer, la société ainsi personnifiée a dû se substituer à l'empire aveugle et désordonné des forces individuelles.* »
[312] SCHÜTZENBERGER (Frédéric), « Discours d'ouverture du Cours de droit administratif », *Revue d'Alsace*, 1837, p. 145 : « *Cependant l'État n'existe point dans son propre intérêt ; il a un but à remplir, c'est de garantir le développement libre et complet de la personnalité de l'homme, dans l'État social, qui est son état de nature.* »

qu'individualité[313]. Il y a toutefois là un postulat qui permet non seulement de rompre avec un certain individualisme, mais également de poser les jalons pour appréhender l'individu uniquement par le prisme de la société. La société fait écran entre l'individu et l'État si bien qu'on élimine la possibilité d'un face à face entre eux. L'individu n'existe qu'au travers de la société, et donc au travers de l'État qui la personnifie. On ne s'intéresse en effet à l'individu *qu'en tant que membre de la société*, ce qui lui retire dès lors son individualité. Cela est formulé par un ordonnateur comme Bouchené-Léfer, pour qui « *le droit public traite de l'homme considéré comme membre de cette autre famille, qu'on nomme la commune, et de cette famille plus grande et plus étendue encore qu'on nomme l'État* »[314]. Pour Bouchené-Léfer, l'État est donc une famille, certes étendue, et l'individu n'est pas appréhendé comme étant au dehors de cette famille, mais comme en étant « membre ». En sapant le rapport d'extériorité entre l'homme et son groupe, son individualité demeure limitée. Cela revient, nous aurons l'occasion de le constater, à nier l'existence politique et juridique de l'individu en droit administratif. On retrouve la même idée chez Macarel qui, lorsqu'il définit le droit administratif, considère qu'il s'agit des « *droits et [des] devoirs respectifs de l'administration et des citoyens, comme* membres de l'État »[315]. Le fait que les citoyens soient présentés comme *membres* de l'État leur retire la possibilité d'être considérés comme des entités extérieures à lui : tout procède de l'État. Le rapport qu'entretiennent l'État et l'individu est donc un rapport d'*équité*, non d'égalité, où chaque droit individuel n'est qu'une concession faite par le pouvoir étatique. Il y a là la marque profonde d'un « État administratif » – figure de l'État que nous serons amené à développer plus avant[316] –, c'est-à-dire d'un État qui administre les libertés[317], comme un médecin administrerait un médicament. Pour être exercées, les libertés doivent être préalablement être reconnues dans leur principe comme dans leur exercice. L'État administratif rompt en cela, comme l'a énoncé Lucien Jaume, avec l'État du constitutionnalisme[318], lequel accorde une place prépondérante à l'individu dans la sphère politique, mais également administrative.

---

[313] C'est le cas de Laboulaye, beaucoup plus libéral que les administrativistes de son époque. V. Laboulaye, « Considérations sur la constitution (juillet 1848) », *in Questions constitutionnelles*, Charpentier, 1872, p. 23.

[314] BOUCHENÉ-LEFER (Adèle-Gabriel-Denis), *Droit public et administratif français*, Tome 1, *op. cit.*, 1831, p. XLVIII.

[315] MACAREL (Louis-Antoine), *Cours d'administration et de droit administratif*, Tome 1, *op. cit.*, 2e éd., 1852, p. 19. Nous soulignons.

[316] Cf. *infra.* § 159 s.

[317] BIGOT (Grégoire), « La conception de l'État dans l'œuvre d'Édouard Laboulaye », *Revue française d'histoire des idées politiques*, 2018, n° 47, p. 61.

[318] JAUME (Lucien), « Entre droit de l'État et droits de la société : le choix de Tocqueville », *Historia constitucional*, 2005, vol. 6, § 6 ; en ligne.

On se rend d'autant mieux compte de la faible place faite à l'individu chez les administrativistes lorsque l'on s'intéresse en contrepoint aux écrits des auteurs libéraux de cette période. La différence est notable. Eugène Poitou par exemple, essayiste libéral du XIXe siècle, dénonce ceux pour qui « *l'État est une puissance supérieure, un être moral en qui se personnifie la société, et qui concentre et qui résume en soi tous les droits et tous les devoirs sociaux* »[319]. Dans un tel système, ajoute-t-il, « *la société est tout, l'individu n'est rien ou presque rien* »[320]. En n'émettant pas la moindre critique vis-à-vis de ce système, les administrativistes du XIXe siècle légitiment cette conception de l'État, qualifiée par Poitou d'« *État administrateur universel* »[321]. De la même façon, un auteur comme Laboulaye, par la critique qu'il formule à l'encontre de l'État administratif du XIXe siècle, montre en contrepoint l'absence totale de critique de la part des administrativistes. Laboulaye qualifie en effet l'État de la Restauration d'« *État absolu* »[322] et celui de la République de 1848 de « *Saturne impitoyable* »[323]. Cultivant un « *libéralisme radical* »[324], il déplore que ni les gouvernements monarchiques ni les gouvernements républicains n'aient fait de la liberté leur axiome de pensée. Laboulaye est pourtant loin de nier l'existence ou la nécessité de l'État[325], mais l'équilibre entre l'État et l'individu lui apparait, au cours du XIXe siècle, disproportionné. De telles critiques sont inexistantes chez les administrativistes de son époque, ce qui montre leur attachement profond à ce que nous avons appelé l'« étatisme-libéral ».

2- *L'expression d'un étatisme-libéral*

94. La conception des rapports entre l'État, la société et l'individu qui s'esquisse au travers des ouvrages des différents auteurs de l'époque témoigne du caractère peu libéral de la *science* du droit administratif d'alors. Il faut toutefois d'emblée préciser que cela ne préjuge pas nécessairement du caractère libéral, ou non, des règles du droit administratif en tant que telles, tant il est vrai qu'après la Révolution, la législation administrative a acquis un caractère incomparablement plus libéral que sous l'Ancien Régime. Par « libéral », il faut ici entendre le courant de pensée qui prône le respect des

---

319 POITOU (Eugène), *La liberté civile et le pouvoir administratif en France*, Charpentier, 1869, p. 82.
320 *Ibid.*, p. 84.
321 *Ibid.*, p. 87.
322 LABOULAYE (Édouard), *L'État et ses limites*, Charpentier, 3e éd., 1865, p. 42
323 LABOULAYE (Édouard), « Considérations sur la constitution (juillet 1848) », *in Questions constitutionnelles*, *op. cit.*, 1872, p. 18.
324 BIGOT (Grégoire), « La conception de l'État dans l'œuvre d'Édouard Laboulaye », *Revue française d'histoire des idées politiques*, 2018, n° 47, p. 62.
325 LABOULAYE (Édouard), « Considérations sur la constitution (juillet 1848) », *in Questions constitutionnelles*, *op. cit.*, 1872, p. 23.

libertés individuelles en soi et pour soi, ce qui évacue ici la question du libéralisme économique et de l'intervention économique de l'État – même si ces questions sont en partie liées[326]. Or, on l'a vu, la définition que les auteurs proposent de l'État, en tant que personnification de la société, s'appuie davantage sur l'idée d'une mise à l'écart de l'individu ; l'individu est, dans le cadre du droit administratif, absorbé par la puissance sociale. C'est bien ce modèle que blâmaient les libéraux-individualistes de l'époque, comme Laboulaye qui s'insurgeait contre ce « *pouvoir politique qui, quelle que soit sa nature (monarchie, république), fait passer l'avènement de sa souveraineté avant la préservation des libertés individuelles et sociales* »[327]. On verra, tout au long de cette recherche, en ce qui concerne par exemple l'étude de la justice administrative[328], à quel point cela sera sans cesse confirmé. Si la science du droit administratif s'avère donc peu libérale, il serait faux de dire qu'elle n'est pas libérale du tout : les administrativistes du XIXe siècle n'ignorent pas les avancées produites par la Révolution et sont loin de nier l'existence et la nécessité des libertés individuelles dans leur système juridique. Pour autant, dans le champ du droit administratif, cela ne leur semble pas prioritaire, si bien que leur étatisme prime bien souvent sur leur libéralisme.

Nous parlerons donc, à l'égard des générations des ordonnateurs et des précurseurs, d'un « étatisme-libéral ». Ce terme s'inspire bien sûr des travaux de Lucien Jaume : dans son ouvrage fondateur sur les paradoxes du libéralisme français, l'auteur a mis en lumière l'existence d'une tradition libérale-étatiste dans la pensée politique française[329]. Par « libéral-étatisme », l'auteur vise ce libéralisme *par* l'État, distinct d'un libéralisme *contre* l'État, dit individualiste. Il nous a toutefois fallu, pour mieux saisir les ressorts de la pensée administrativiste, aller plus loin, dans la mesure où les administrativistes du XIXe siècle ne peuvent selon nous être qualifiés de libéraux. Le libéralisme, quel qu'il soit, implique en effet que la liberté soit « *le bien suprême, le bien en soi* » et non « *une liberté pour toute autre valeur prééminente, pour une Loi supérieure* »[330]. Or, il nous apparait que les administrativistes du XIXe siècle ne souhaitent pas protéger la liberté individuelle en soi et pour soi, mais *pour* l'État. Cela ne signifie pas qu'ils rejoignent les rives d'un étatisme autoritaire ou totalitaire, lequel sacraliserait un État tout puissant brimant l'individu. Mais jusqu'aux années 1870, la défense des intérêts des individus dans le champ du droit administratif n'est possible qu'à partir du moment où ceux de l'État ne sont pas compromis.

[326] V. par exemple GUÉNAIRE (Michel), *Les deux libéralismes. Anthologie*, Perrin, 2011.
[327] BIGOT (Grégoire), « La conception de l'État dans l'œuvre d'Édouard Laboulaye », *RFHIP*, 2018, n° 47, p. 61.
[328] Cf. *infra*. § 244.
[329] JAUME (Lucien), *L'individu effacé*, *op. cit.*, 1997.
[330] *Ibid.*, p. 12.

Absorbé par la société, et donc par l'État, l'individu apparait pour le moins « *effacé* »[331].

[331] JAUME (Lucien), *L'individu effacé*, *op. cit.*, 1997.

Conclusion du Chapitre

95. Au terme de cette présentation de l'état de la pensée administrativiste au XIXe siècle, plusieurs constats s'imposent. Premièrement, il apparait que le droit administratif n'aurait pu se développer, au XIXe siècle, sans les administrativistes. Il ne fait pas de doute que sans eux, c'est-à-dire « *sans l'effort régulier pour introduire, dans la réglementation ou les jurisprudences, les concepts classificatoires, sans cette capitalisation des doctrines, le droit administratif serait resté une pratique de l'Administration, plus ou moins incontrôlable et incontrôlée* »[332]. De la même façon, c'est parce que les administrativistes de cette époque se sont faits les hérauts d'une pensée d'État, capable de légitimer le modèle étatique voire le pouvoir en place – et notamment le chef de l'État –, que la science du droit administratif a pu acquérir une certaine pérennité. Le droit administratif n'aurait pas pu naître, à cette époque, s'il s'était doté d'une dimension subversive. Cela vaut bien sûr pour les professeurs de droit, mais également pour les conseillers d'État ou administrateurs qui s'y intéressent. En s'inscrivant dans la longue tradition des légistes de l'Ancien Régime – preuve que notre droit administratif est loin de plonger ses origines dans un quelconque libéralisme –, les administrativistes du XIXe siècle ont permis au droit administratif de n'être pas mort-né.

De la même façon, on a vu à quel point la prétendue aridité du droit administratif de l'époque devait être relativisée. Il apparait indéniable que certains germes naissent pour faire une place, plus tard, à l'étude de l'État en droit administratif. Déjà les ordonnateurs, en tâchant de faire du droit administratif une science intégrée au droit public, en posent les jalons. Les auteurs de la génération des précurseurs iront encore plus loin, en laissant entrapercevoir le caractère politique du droit administratif. Contrairement à ce que l'on pourrait penser, la littérature administrativiste du XIXe siècle n'est donc pas d'une sécheresse telle qu'elle se limiterait à la compilation des textes en vigueur, classés par ordre alphabétique. Le droit administratif de cette époque repose déjà sur une certaine conception de l'État. Loin d'être anodine, la définition de l'État comme *personnification de la société* se rapporte à une certaine représentation des rapports entre l'État, la société et l'individu : l'État incarne la société, qui elle-même tend à absorber l'individu, dans une logique « étatiste-libérale » propre à légitimer l'État tel qu'il se présente au XIXe siècle. Elle constitue la grille de lecture de la littérature administrativiste avant l'avènement de la IIIe République. Elle permet, plus simplement, de mieux

332 LEGENDRE (Pierre), « La facture historique des systèmes. Notations pour une histoire comparative du droit administratif français », *Revue internationale de droit comparé*, 1971, n° 23, p. 26.

saisir le rôle que les administrativistes attribuent à l'État dans la société : il fait figure d'instituteur du social.

Chapitre 2
La consécration de l'État instituteur du social

96. La Révolution française, en procédant à l'« *avènement d'une société d'individus* »[1], a laissé un héritage avec lequel le XIXe siècle doit composer. Face à la suppression des corps intermédiaires, il convient en effet de terminer la Révolution car celle-ci a laissé la société dans un état chaotique. Il convient donc, pour les hommes politiques de l'époque comme pour les administrativistes, de venir liquider cet héritage. De façon générale, l'État apparait comme étant la solution pour remédier à ce désordre ; il vient combler le vide laissé par la suppression de ces corps qui permettaient de structurer la société. En témoignent les paroles de Guizot en 1819 : il n'y a plus selon lui « *que le gouvernement et des citoyens ou des individus. La puissance publique est la seule qui soit réelle et forte.* »[2] L'État doit assumer cette tâche en s'érigeant en *« force d'institution du social »,* c'est-à-dire en *« produi[sant] de la cohésion en jouant le rôle tenu auparavant par les corps intermédiaires* »[3]. Cette figure de l'État sera largement soutenue et légitimée par les administrativistes du XIXe siècle, ceux-ci se fondant alors sur leur étatisme-libéral mais également à l'héritage laissé par la Police de l'Ancien Régime. On aura ici l'occasion de voir à quel point la Police, laquelle tendait à rassembler l'ensemble des matières « *discipliner la vie sociale* »[4], a laissé une forte empreinte dans la façon de faire du droit administratif. Elle consistait en effet, pour ceux qui la théorisaient, à établir la liste exhaustive des tâches pour lesquels l'État agissait en tant qu'administrateur. Elle peut en cela être comprise comme le « *nom traditionnel attribué à une authentique fonction administrative* »[5]. Delamare, théoricien de la Police, donnait ainsi à voir un État tout entier dévoué à l'ordre et au bien-être de la société, au travers de thèmes comme la sécurité et la tranquillité, mais également le commerce et la religion, et saisissait en cela l'« *ensemble des besoins primaires indispensables à la vie d'une communauté* »[6]. D'une façon similaire, les administrativistes du XIXe siècle parviennent à neutraliser intellectuellement

---

[1] ROSANVALLON (Pierre), *L'État en France de 1789 à nos jours*, Éditions du Seuil, 1990, p. 15.

[2] GUIZOT (François), *Projet de loi sur le cautionnement des journaux*, 3 mai 1819, Archives parlementaires, 2e série, T. XXIV, p. 166.

[3] *Idem.*

[4] PLESSIX (Benoît), « Nicolas Delamare ou les fondations du droit administratif français », *Droits*, 2003, n° 38, p. 123.

[5] *Ibid.*, p. 121.

[6] NAPOLI (Paolo), *Naissance de la police moderne. Pouvoir, normes, société*, La Découverte, 2003, p. 23.

les différents corps intermédiaires qui ont survécu à la Révolution (**Section 1**) et ce en vue de justifier le fait que l'État détienne le monopole de la puissance sociale. À leurs yeux, l'État peut seul exercer un pouvoir coercitif propre à ordonner et à modeler le social (**Section 2**).

Section 1. **La neutralisation des corps intermédiaires**

97. Les administrativistes du XIXe siècle, dans l'optique de légitimer l'État comme véritable instituteur du social, vont participer avec le pouvoir en place à la neutralisation des corps intermédiaires. Il faut ici entendre les « corps intermédiaires » dans un sens relativement large ; il s'agit de les définir, avec Pierre Rosanvallon, comme étant « *les diverses formes sociales ou politiques entre l'État et les individus* »[7]. Ainsi définis, les corps intermédiaires dépassent la question des seules corporations, jurandes et autres maitrises, abolies par la loi Le Chapelier du 14 juin 1791 et le décret d'Allarde des 2-17 mars 1791 ; ils englobent plutôt l'ensemble des corps qui viendraient concurrencer le pouvoir d'État en exerçant une fonction sociale ou politique. Une telle définition permet de considérer les collectivités locales, mais également l'Église et les associations comme étant de véritables corps intermédiaires. Car le propre de ces entités est d'entretenir avec l'État un rapport d'exclusion/inclusion : pour chacun d'eux, la question s'est posée de savoir si elles se situaient à l'intérieur ou à l'extérieur de l'État. C'est d'ailleurs en cela qu'ils ont pu être qualifiés d'« intermédiaires ».

Forts de leur pensée d'État, qui vise à protéger tant le modèle étatique que le pouvoir en place, on devine que les administrativistes – ordonnateurs comme précurseurs – sont peu favorables, non pas à l'existence même de ces corps, mais au fait précisément qu'ils soient « intermédiaires ». La concurrence qu'ils portent à l'État doit être annihilée ; ils doivent être neutralisés. En effet, neutraliser, c'est mettre quelque chose hors d'état de nuire. Cette neutralisation des corps intermédiaires se résout rarement de façon extrêmement tranchée par l'intégration, ou au contraire par l'exclusion de ceux-ci de l'État, tant il est nécessaire que les administrativistes tâchent de rester le plus possible fidèles à la réalité. Tous ont toutefois voulu mettre *intellectuellement* hors d'état de nuire les différents corps intermédiaires existants, afin de poser l'État comme la seule « puissance sociale », de fonder son unité. Cela permettra de justifier le contrôle resserré qu'exerce l'État sur ces entités et d'éviter que certains corps ne jouissent d'une situation propre à déstabiliser la puissance étatique. Il s'agira donc d'étudier successivement la

---

[7] ROSANVALLON (Pierre), *Le modèle politique français. La société civile contre le jacobinisme de 1789 à nos jours*, Éditions du Seuil, 2004, p. 11 ; note.

façon dont les administrativistes neutralisent les collectivités locales, et singulièrement les communes qui existent selon les auteurs de façon spontanée (**§ 1**), mais également l'Église, dont on tâchera de démontrer la banalisation (**§ 2**) et enfin les associations, dont la qualification de corps intermédiaire est plus évidente, et qui suscitent chez les administrativistes une volonté claire de neutralisation (**§ 3**).

§ 1. *La neutralisation des collectivités locales*

98. Les collectivités locales, c'est-à-dire à l'époque les communes et les départements, font l'objet de nombreuses réflexions de la part des administrativistes du XIXe siècle. Ces entités sont en effet juridiquement nouvelles : elles ont été créées par les décrets des 14 et 22 décembre 1789[8]. À titre préliminaire, et bien que nous y reviendrons par la suite, il convient de retracer brièvement l'évolution qu'ont pu connaitre les communes et départements jusqu'à la IIIe République. À cet égard, trois dates clés peuvent être retenues : en 1831 et 1833, d'abord, l'élection des conseillers municipaux et généraux est instituée. Le maire reste quant à lui nommé par le pouvoir central. Quelques années plus tard, en 1837 et 1838, la personnalité civile est accordée aux communes et départements. Sous le Second Empire, en 1852, Bonaparte renforce les pouvoirs du préfet sans porter atteinte au principe d'élection des conseillers – le maire est en revanche toujours nommé par le pouvoir central.

De façon générale, il convient de dire que la commune et le département ne présentent pas les mêmes enjeux : la commune, par son origine considérée comme « *spontanée* »[9], découlant directement de l'existence de villes, a suscité davantage de réflexions que le département quant à ses rapports avec l'État. Il faudra donc lui accorder une place particulière. Le département, parce qu'il est davantage considéré comme artificiel en ne répondant pas à une réalité géographique ou historique, a fait l'objet de plus maigres réflexions. Depuis la Révolution, les communes sont « *analysées comme les cadres d'une activité* sui generis *reconnue par l'État mais non créé par lui* », tandis qu'« *il est bien connu qu'aux yeux des Constituants, le département est essentiellement une subdivision de l'État ; ses tâches relèvent de l'administration générale et lui sont déléguées par l'État* »[10]. Qu'elles soient spontanées ou non, ces entités sont à la source d'une certaine incertitude chez les administrativistes : se situent-elles dans un rapport d'intériorité ou

---

[8] Décret du 14 décembre 1789 *relatif à la constitution des municipalités*, *Rec. Duvergier*, 1834, Tome 1, p. 63 ; Décret du 22 décembre 1789 *relatif à la constitution des assemblées primaires et des assemblées administratives*, *Rec. Duvergier*, 1834, Tome 1, p. 73.

[9] Cf. *infra*. § 101.

[10] BURDEAU (François), *Liberté, libertés locales chéries !*, Cujas, 1983, p. 42-43.

d'altérité vis-à-vis de l'État ? Font-elles partie de l'État ou constituent-elles des entités privées bien distinctes de l'État ? Ces questions traversent en réalité l'ensemble des écrits du XIXe siècle en droit administratif.

Lorsque l'on se penche à première vue sur la définition donnée aux communes ou aux départements par les auteurs, on s'aperçoit qu'ils cultivent leur statut ambigu vis-à-vis de l'État : tantôt à l'intérieur, tantôt au dehors (**A**). Mais l'ambiguïté tenant au rapport d'intériorité et/ou d'extériorité des collectivités locales à l'État a rapidement été dépassé par la volonté de neutraliser de tels corps, qui pourraient se révéler dangereux pour l'État, en démontrant un attachement tout particulier à la centralisation (**B**). Les collectivités locales, *in fine* intégrées à l'État, sont ainsi mises hors d'état de nuire ; les mesures particulièrement restrictives prises par les gouvernements successifs sont légitimées.

A- **L'intégration des collectivités locales à l'État**

99. Il faut toujours avoir à l'esprit qu'avant la Révolution, à l'heure où la notion de « commune » n'existe pas encore, les « *villes* » ne se distinguent pas véritablement « *des communautés religieuses, des familles ou des corps de métiers* »[11]. Cela change à compter de la Révolution, même si l'on en voit encore les séquelles dans la pensée des administrativistes. Mais forts de leur pensée d'État, et dans l'optique de la mise hors d'état de nuire des communes et des départements, les ordonnateurs puis les précurseurs parviennent à disséminer l'idée, défendue par le pouvoir central, selon laquelle l'État absorbe ces entités. Les communes, héritières des villes, doivent s'inscrire dans le giron d'un État centralisé. Cette conviction fut toutefois soumise à rude épreuve par l'apparition de la personnalité juridique des collectivités locales en 1837. Si les ordonnateurs tâchaient tant bien que mal de les intégrer à l'État (**1**), cela deviendra d'autant plus difficile après cette date (**2**). Les collectivités locales apparaissent alors « *à la fois dans un rapport d'intégration et dans un rapport d'altérité vis-à-vis de l'État* »[12], c'est-à-dire dans un rapport d'inclusion/exclusion. La notion de « tutelle administrative » apparait donc salvatrice pour affirmer franchement l'intégration, voire la soumission, des communes et départements à l'État, dans la droite ligne d'un État centralisé (**3**).

---

[11] FAURE (Bertrand), *Droit des collectivités territoriales*, Dalloz, 5e éd., 2018, p. 10.

[12] MAZÈRES (Jean-Arnaud), « Les collectivités locales et la représentation », *RDP*, 1990, p. 633.

1- *La naissance d'un rapport inclusion/exclusion*

100. L'héritage de l'Ancien Régime. On attribue généralement à la Révolution la mise en place d'une centralisation puissante, source d'une organisation hiérarchique entre les collectivités locales et l'État. Celle-ci aurait été accentuée par la Constitution du 22 frimaire an VIII, qui rompt avec le système d'élection du maire, et par la loi du 28 pluviôse an VIII, qui institue les préfets. Cette logique s'opposerait frontalement à l'organisation administrative de l'Ancien Régime, caractérisée par le chevauchement des institutions et l'indépendance, voire la résistance, de certaines entités locales vis-à-vis du pouvoir central. Des études ont toutefois démontré qu'une telle présentation, si elle avait été reprise par les Révolutionnaires, ne reflétait pas nécessairement la réalité. Il convient donc, ainsi que nous y invitait Pierre Legendre, à « *renverser les fausses valeurs de temps que sont les dates-écrans* »[13] : la Révolution n'a pas, concernant la centralisation, constitué un revirement aussi tranché. Remettant en perspective les héritages respectifs de l'Ancien Régime et de la Révolution, Grégoire Bigot rappelle que, concernant la centralisation, « *l'Ancien Régime s'est amendé et l'Assemblée constituante a trouvé dans certaines de ses innovations une source d'inspiration directe* »[14]. L'idée d'une forte centralisation serait alors déjà présente sous l'Ancien Régime. C'est ce que postulait également Tocqueville, qui s'attacha dans son ouvrage sur *L'Ancien régime et la Révolution* à mettre en valeur les éléments de continuité qu'il pouvait exister entre les deux régimes : dès lors, « *au moment où la Révolution survint*, écrit-il, *on n'avait encore presque rien détruit du vieil édifice administratif de la France ; on en avait, pour ainsi dire, bâti un autre en sous-œuvre* »[15]. Lucien Jaume et Sylvain Soleil, pour leur part, contestent cette thèse en considérant que la centralisation n'est pas l'œuvre de l'Ancien Régime, mais plutôt de la Révolution[16].

En réalité, et l'étude des écrits des administrativistes du XIXe siècle l'illustre très bien, il est particulièrement difficile – si ce n'est vain – de chercher à comprendre ce qu'ont voulu établir l'Ancien Régime et la Révolution à l'aune de nos concepts de centralisation et de décentralisation. Le premier tâchait sans doute davantage de soumettre tous les seigneurs à l'autorité royale par un contrôle qui se voulait, au moins théoriquement, exigeant, quand la seconde visait avant tout l'uniformité du territoire « *dans une logique unitaire de la*

[13] LEGENDRE (Pierre), « La royauté du droit administratif. Recherches sur les fondements traditionnels de l'État centraliste en France », *in Trésor historique de l'État en France. L'Administration classique*, Fayard, 1992, p. 579.

[14] BIGOT (Grégoire), *L'Administration française. Politique, droit et société*, Tome 1 : 1789-1870, LexisNexis, 2e éd., 2014, p. 16.

[15] TOCQUEVILLE (Alexis de), *L'Ancien Régime et la Révolution*, Michel Lévy Frères, 4e éd., 1860, Chapitre V, p. 108.

[16] JAUME (Lucien) et SOLEIL (Sylvain), « Centralisation/Décentralisation. Retour sur quelques certitudes historiques », *AJDA*, 2005, p. 760 s.

nation représentée »[17]. Si les différents héritages ont été mêlés, l'idéal de l'unité de l'État n'a quant à lui jamais été remis en cause. Ce sont les administrativistes, qu'importe leur génération, qui vont en être les artisans.

101. Le laborieux rattachement des communes à l'État avant 1837. Il convient avant tout de se pencher sur les auteurs ayant écrit en droit administratif avant 1837, année qui vit naitre la loi du 18 juillet relative à l'administration communale[18]. Cette loi conduit à reconnaitre la personnalité juridique aux communes et à accroitre leurs attributions. L'année suivante, une évolution similaire aura lieu concernant les départements, par la loi du 10 mai 1838[19]. Ces lois constituent pour les administrativistes de l'époque une avancée colossale, qui conduira à renouveler leur pensée sur la question. Pour l'heure, il s'agit davantage pour les ordonnateurs ayant écrit avant 1837, comme Portiez de l'Oise, Gérando ou encore Bonnin, de se focaliser sur les communes en démontrant leur rattachement à l'État. La chose n'est pas aisée car, contrairement aux départements qui ont été créés de toute pièce et de façon volontairement artificielle par les Révolutionnaires, les communes répondent à une certaine réalité géographique, historique et sociologique qui conduit les auteurs à penser qu'elles existaient bien avant la Révolution. L'exemple des communes s'avère particulièrement révélateur de la pensée d'État qui anime les administrativistes d'alors : pourtant convaincus de l'origine « naturelle » des communes, ils s'évertueront à les intégrer à l'État, les mettant ainsi hors d'état de nuire. Ils auraient pourtant pu considérer les communes comme des entités existant *ex nihilo*, en dehors de l'emprise de l'État. C'est ce que défendent d'ailleurs un certain nombre de légitimistes de l'époque, comme Louis de Bonald, lequel considère que les communes « *avaient préexisté à la monarchie, elles avaient existé sans l'État, et l'État n'avait pu exister sans elles* »[20]. Il s'oppose ainsi à ce que les communes requièrent une autorisation législative pour vendre leurs biens. De telles revendications prennent leur source dans la « *[remise] en cause [des] formes de l'État napoléonien et au nom d'un libéralisme politique qui contraint à reconnaître la liberté communale comme préexistante à l'État* »[21]. Dans la mesure où les communes ont préexisté à l'État, elles ne peuvent soumettre leurs actes à son approbation. Mais cette position en faveur d'une plus large autonomie locale n'est pas l'apanage des traditionnalistes ; les auteurs libéraux de l'époque plaident également en faveur d'une plus large

[17] BIGOT (Grégoire), *L'Administration française*, Tome 1, *op. cit.*, 2e éd., 2014, p. 28.

[18] Loi du 18 juillet 1837 *sur l'administration municipale*, *Rec. Duvergier*, 1837, p. 227.

[19] Loi du 10 mai 1838 *sur les attributions des conseils généraux et des conseils d'arrondissements*, *Rec. Duvergier*, 1838, p. 287.

[20] BONALD (Louis de), Opinion lors de la séance du 19 mars 1816, *Archives parlementaires*, Tome XVI, 2e série, 1869, p. 643 ; reproduit in BONALD (Louis de), *Pensées sur divers sujets, et discours politiques*, Tome 2, Adrien Le Clere, 1817, p. 134.

[21] BIGOT (Grégoire), « L'administration napoléonienne est-elle compatible avec l'esprit libéral de la Charte ? », *Jus Politicum*, 2014, n° 13 ; en ligne.

décentralisation[22]. Nombre d'entre eux appellent, avant que la loi du 21 mars 1831 et celle du 22 juin 1833 ne concrétisent que de façon parcellaire leurs vœux[23], à la restauration des élections locales. C'est notamment le cas de Duvergier de la Hauranne[24] ou de Barante[25]. Benjamin Constant, tenant d'un libéralisme individualiste, ira jusqu'à prôner la reconnaissance d'un pouvoir municipal comme quatrième pouvoir[26]. Sous la Restauration, les différentes familles de pensée se rejoignent donc très largement pour prôner une plus grande autonomie locale. Cela contraste tout particulièrement avec les administrativistes de l'époque : leur pensée d'État les conduit à forger l'unité centralisatrice de l'État sans jamais faire écho aux velléités décentralisatrices de leurs contemporains.

Portiez de l'Oise estime par exemple que si les communes sont des « *agrégations* » de citoyens, elles sont devenues « *membres de l'État* » dans la mesure où elles ont « *mis à sa disposition [de l'État] toutes leurs facultés* »[27]. Portiez de l'Oise semble ainsi convaincu que de telles agrégations se sont formées avant tout en dehors de l'État, de l'initiative des individus eux-mêmes, mais ne peut s'empêcher d'insister sur leur captation par l'État. Ce fragile équilibre est encore présent chez Gérando. Il affirme en effet d'une part que les « *les communes ont une existence propre, naturelle* » [28]. Ce n'est donc pas l'État qui en est à l'origine. Mais Gérando poursuit, d'autre part, avec une formule pour le moins obscure, en écrivant que les communes « *sont à l'État ce que les familles sont à elles-mêmes* »[29]. Si les communes sont à l'État ce que les familles sont à elles-mêmes, alors peut-on en déduire que les communes et l'État font partie d'un même tout, d'une même famille. Plus tard, Gérando sera amené à définir les départements et les communes comme de véritables « *familles politiques* »[30]. S'il ne prend pas la peine d'éclairer son lecteur sur l'emploi d'une telle expression, on peut d'une part noter que l'emploi du terme de « famille », qui rappelle les rapports interindividuels et témoigne de la tradition de l'Ancien Régime, s'oppose *a priori* à celui de « politique ». Le terme de « famille politique », qui recèle selon nous un

---

[22] *Idem.*

[23] Ces deux lois restaurent le principe électif, mais au prix d'un cens très élevé et d'un renforcement du pouvoir de tutelle.

[24] DUVERGIER DE LA HAURANNE (Jean-Marie), *Réflexions sur l'organisation municipale et les conseils généraux de département et les conseils d'arrondissement*, Hacquart, 1818, p. 37.

[25] BARANTE (Prosper de), *Des communes et de l'aristocratie*, Ladvocat, 2e éd., 1821, p. 22-23.

[26] CONSTANT (Benjamin), *Principes de politique*, Eymery, 1815, p. 193 s.

[27] PORTIEZ DE L'OISE (Louis-François-René), *Cours de législation administrative*, Tome 1, Garnery, 1808, p. 232.

[28] GÉRANDO (Joseph-Marie de), *Institutes du droit administratif français ou Elemens du code administratif*, Tome 2, Nêve, 1e éd., 1829, p. 355.

[29] *Idem.*

[30] GÉRANDO (Joseph-Marie de), *Institutes du droit administratif français*, Tome 1, *op. cit.*, 1e éd., 1829, p. 34.

intéressant oxymore, est propre à montrer à quel point les communes sont conçues à la fois dans un rapport d'altérité à l'État, notamment du fait de leurs origines, mais également dans un rapport d'intégration à elles – par l'utilisation du terme de « politique », qui se rapporte à l'État. Il y a d'un côté la volonté de restaurer ce qu'ils considèrent comme une vérité historique et de l'autre leur volonté de ne pas constituer ces entités comme des dangers pour l'État.

Bonnin, qui écrit à la même époque, adopte la même posture : s'il considère la commune comme « une agglomération de familles, formées du voisinage par la nature même, c'est-à-dire par une de ces lois primitives qui découlent de la sociabilité naturelle de l'homme »[31], cette agglomération dépasse les simples rapports d'ordre privé qui existent entre plusieurs individus. En effet, en étant reconnues par la loi, les communes ont accédé à une existence politique. Dès lors, s'il est certain qu'elles jouissent vis-à-vis de l'État d'une certaine « indépendance », elles se rattachent toutefois « au tout politique » dans la mesure où « elles forment le peuple par leur confédération »[32], employant ici un argument propre aux révolutionnaires. En d'autres termes, elle est politique car le peuple, qui est la véritable base de l'État tout entier, se retrouve à l'échelon communal. C'est parce qu'il existe un lien entre le peuple au niveau national et le peuple au niveau local que la commune acquiert un caractère politique. Il nous semble donc ici, à la lecture de Gérando comme de Bonnin, que si les communes ont une dimension politique, c'est parce qu'elles participent d'une certaine façon à donner un socle à l'État et qu'elles s'éloignent des simples rapports d'ordre privé. Si celles-ci conservent a priori indéniablement une certaine indépendance vis-à-vis du pouvoir central, elles n'en sont pas moins incorporées à l'État. Un tel paradoxe va être entretenu par les auteurs au long du XIXe siècle, preuve que leur arbitrage entre les différents héritages historiques s'avère ardu.

2- *L'accentuation du rapport inclusion/exclusion*

102. Le rejet d'un rapport d'exclusion entre les collectivités territoriales et l'État. Les lois du 18 juillet 1837 et du 22 juin 1838, on l'a dit, conduisent à l'accroissement des attributions données aux conseils municipaux et généraux, mais également à la reconnaissance de la personnalité juridique tant aux communes qu'aux départements[33]. Elles ne reviennent pas sur le système

---

[31] BONNIN (Charles-Jean-Baptiste), *Abrégé des Principes d'administration publié d'après la troisième édition*, Amable-Costes, 1829, p. 478.
[32] *Ibid.*, p. 482.
[33] Sur ce point, v. BACOT (Guillaume), « Sur les conceptions respectives des municipalités et des départements sous la Monarchie de juillet », *in Études à la mémoire du Professeur François Burdeau*, LexisNexis, 2008, p. 21 s.

électif censitaire des conseillers municipaux et généraux, instauré par les lois de 1831 et 1833 et le maire reste quant à lui nommé par l'autorité préfectorale ou royale. Il n'est donc pas question de décentralisation. En effet, les attributions transférées aux communes et départements « *restent extrêmement modestes et, surtout, étroitement placées sous la tutelle de l'État* »[34]. Pour autant, ces lois ont paradoxalement contribué à épuiser la grande majorité des idées décentralisatrices[35]. Ces lois sont l'occasion pour les administrativistes d'alors de pérenniser, si ce n'est d'accentuer, le rapport exclusion/inclusion qu'entretiennent les collectivités locales avec l'État. L'indépendance des collectivités vis-à-vis de l'État se fait en effet plus grande, mais la question qui se pose est en réalité celle de savoir si une telle indépendance se joue *vis-à-vis de* l'État ou *au sein de* l'État. Il demeure en tout état de cause une certitude : aucun des administrativistes du XIXe siècle ne soutiendra la thèse d'un rapport d'exclusion totale entre les collectivités locales et l'État, menant à considérer que celles-ci lui sont purement étrangères et constituent des entités à part. Le risque d'une telle position serait bien entendu de faire entrer l'État et les collectivités locales dans un rapport de concurrence, ce que leur pensée d'État exclut. Par ailleurs, il faut bien voir ici que les lois de 1837 et 1838 auraient pu être l'occasion pour les auteurs de proposer un nouveau modèle d'organisation politique, fondé sur les libertés locales[36]. C'est d'ailleurs de cette manière qu'un certain nombre de penseurs ont étudié la question à partir de la Révolution, considérant que les organisations locales jouissaient de libertés à l'égard du pouvoir central. Tocqueville ira même jusqu'à assimiler les collectivités locales à de simples associations, indépendantes vis-à-vis du pouvoir central[37]. Ces propositions ne trouveront aucun écho parmi les administrativistes. Partant, ils se répartissent en deux catégories : ceux qui ne prônent qu'un rapport d'inclusion (ou d'intégration) de ces collectivités à l'État et ceux qui reconnaitront plutôt l'existence d'un rapport dual, entre inclusion et exclusion à l'État.

103. Des collectivités territoriales aux facettes multiples : la faible prévalence du rapport d'inclusion. Cette dernière catégorie compte le plus d'adeptes parmi les ordonnateurs et les précurseurs de cette période. Nombreux sont ceux en effet qui reconnaissent une multitude de facettes aux communes, voire aux départements, en fonction des rapports que ceux-ci sont censés entretenir avec l'État. Le débat se cristallise alors autour de la qualification des communes et des départements en tant que circonscriptions « *politiques* » et/ou « *administratives* », sans que le sens de ces termes ne soit

---

[34] BIGOT (Grégoire), *L'Administration française*, Tome 1, *op. cit.*, 2e éd., 2014, p. 184.
[35] *Ibid.*, p. 222 s.
[36] Sur ce point, v. BURDEAU (François), *Liberté, Libertés locales chéries !*, *op. cit.*, 1983 ; BACOT (Guillaume), « L'apport de Tocqueville aux idées décentralisatrices », *La Revue Tocqueville*, 1995, vol. XVI, p. 187 s.
[37] TOCQUEVILLE (Alexis de), *Œuvres complètes*, Tome 1, Gallimard, 1991, p. 194 s.

toutefois précisé. Parmi les ordonnateurs, cela se retrouve chez Macarel. Selon lui, le département comme la commune constituent chacun une « *unité politique et administrative* »[38] distincte de l'État. En effet, il défend l'idée selon laquelle l'État « *n'est pas la seule* unité *qui existe en France ; il y a, dans l'enceinte même du royaume, soit des corporations légales, soit des sociétés naturelles, qui ont aussi un être moral, des intérêts distincts, spéciaux, je dirais presque domestiques* »[39]. Outre le fait qu'il reprenne l'idée de Gérando selon laquelle la commune serait une entité naturelle, Macarel admet que les collectivités locales jouissent d'une certaine indépendance vis-à-vis de l'État. Toutefois, il ne s'arrête pas là : il considère ainsi les collectivités locales comme des « *individualités politiques subordonnées* »[40]. Macarel rappelle par ailleurs que les communes et départements sont devenus des personnes civiles, en plus d'être des divisions politiques et administratives, sans toutefois « *se séparer ou s'isoler de l'unité nationale, sans cesser de prêter à l'État le concours nécessaire aux fins de la grande association française* »[41]. En dépit d'une certaine indépendance des collectivités locales vis-à-vis du pouvoir central, le rapport d'inclusion apparait ainsi prépondérant, car *in fine* les collectivités locales sont toujours rattachées à l'État. Macarel parvient ainsi à conserver l'héritage de l'Ancien Régime, en ne faisant pas découler l'existence des collectivités locales de l'État, tout en appuyant sa pensée d'État, laquelle le conduit à mettre ces collectivités hors d'état de nuire.

Parmi les précurseurs, l'expression d'un rapport d'inclusion/exclusion entre l'État et les collectivités locales se fait encore plus ambiguë. Trolley en constitue le cas le plus topique. Ainsi considère-t-il que la commune « *a plusieurs faces* » : elle est d'abord une « *circonscription administrative* », elle est ensuite un « *être moral avec ses biens et ses dettes* » et elle est enfin « *une association politique avec son régime à part et sa magistrature municipale* »[42]. Le terme de « politique » est ici clairement compris par Trolley comme étant le signe d'une certaine indépendance, la commune ayant « *son régime à part* »[43]. Il ira même jusqu'à considérer que la commune constitue une « *république dans l'État* », voire « *un État dans l'État* »[44] – expression reprise par Bouchené-Lefer[45]. L'emploi d'une telle expression,

---

[38] MACAREL (Louis-Antoine), *Cours d'administration et de droit administratif*, Tome 2, Plon Frères, 2e éd., 1852, p. 642.
[39] MACAREL (Louis-Antoine), *Cours d'administration et de droit administratif*, Tome 1, *op. cit.*, 2e éd., 1852, p. 152. L'auteur souligne.
[40] *Ibid.*, p. 153.
[41] *Idem.*
[42] TROLLEY (Alfred), *Cours de droit administratif*, Tome 1, Thorel-Joubert, 1844, p. 412.
[43] *Ibid.*, p. 414.
[44] *Ibid.*, p. 58.
[45] Concernant le département, Bouchené-Léfer considérera ainsi qu'il est, outre une « *circonscription territoriale* » et « *une personne civile* », une véritable « *association politique,*

également employée concernant les corps intermédiaires classiques comme les associations[46], démontre à quel point ces deux problématiques se posent dans les mêmes termes aux auteurs. Les collectivités locales, et singulièrement les communes, disposeraient ainsi d'une indépendance telle vis-à-vis de l'État qu'elles constitueraient des associations politiques en elles-mêmes. Le paradoxe qu'exprimait le rapport inclusion/exclusion entre l'État et les collectivités locales parvient ici à son expression la plus radicale. « *République dans l'État* », la commune n'en reste pas moins « *intimement rattachée à l'État par les liens étroits de la centralisation* »[47]. Nulle volonté, donc, chez Trolley, de défaire le pouvoir de l'État en renforçant l'indépendance des collectivités locales[48] et en plaidant pour une plus large décentralisation. Telle est bien l'idée qui ressort également des écrits de Bouchené-Lefer, qui recourrait pourtant lui aussi à l'expression d'« État dans l'État ». Il rappelle ainsi que les collectivités locales n'ont été créées que « *pour faciliter l'exécution des lois de l'État, c'est-à-dire de l'intérêt le plus général, et à laquelle sont préposés un représentant et des agents ou auxiliaires du chef du pouvoir exécutif* »[49]. En ce sens, la commune et le département sont non seulement conçus comme des parties intégrantes de l'État, mais leur création s'avèrerait même une mesure de pure centralisation, menée afin de renforcer la hiérarchie interne au pouvoir exécutif. On voit là tous les paradoxes que révèlent leur pensée et leurs difficultés à saisir juridiquement ces objets.

Parmi les autres précurseurs qui oscillent entre un rapport d'intégration et un rapport d'exclusion, on retrouve des auteurs comme Foucart ou Aucoc. Foucart appréhende la commune de trois points de vue différents : d'un point de vue territorial, d'un point de vue administratif et du point de vue de sa personnalité juridique. La commune est donc, d'un point de vue administratif, le « *siège d'une autorité municipale* », mais elle est également une « *corporation politique* »[50]. Pour Foucart, si la commune peut également être qualifiée de « politique », c'est parce que les membres de la commune « *sont unis entre eux par la communauté des droits, des intérêts et des charges qui naît du voisinage des habitations ou des propriétés* »[51]. Il semble ainsi que

---

et pour ainsi dire un État dans l'État » (BOUCHENÉ-LEFER (Adèle-Gabriel-Denis), *Principes et notions élémentaires pratiques du droit public-administratif*, Cosse et Marchal, 1862, p. 19). Il aura recours à la même définition pour la commune *(ibid.*, p. 22).

[46] Cf. *infra.* § 132.

[47] TROLLEY (Alfred), *Cours de droit administratif*, Tome 1, *op. cit.*, 1844, p. 412.

[48] On notera par ailleurs que Trolley évoque le « pouvoir central », et non « l'État », car l'État comprend le pouvoir central et les différents pouvoirs locaux. En d'autres termes, l'État ne semble pas se limiter au pouvoir central.

[49] BOUCHENÉ-LEFER (Adèle-Gabriel-Denis), *Principes et notions élémentaires pratiques du droit public-administratif*, *op. cit.*, 1862, p. 19.

[50] FOUCART (Émile-Victor), *Éléments de droit public et administratif*, Tome 2, Videcoq, 3e éd., 1843, p. 720.

[51] *Idem.*

l'existence d'un lien spécial entre les habitants d'une même commune, qui permet de la distinguer d'une autre, soit à l'origine de son caractère politique. Aucoc présente une théorie similaire[52]. À la fois politique et administrative, la commune est à la fois à l'intérieur et à l'extérieur de l'État. En reliant toujours *in fine* les collectivités locales à l'État, les administrativistes récusent très largement les arguments libéraux de l'époque, pourtant particulièrement relayés, et montrent leurs difficultés à concilier l'héritage de l'Ancien Régime avec celui de la Révolution.

104. La défense du seul rapport d'inclusion par F. Laferrière et Dufour. La seconde catégorie des précurseurs préconise seulement un rapport d'intégration des collectivités locales à l'État. F. Laferrière, l'un des chefs de file de cette génération, n'emploie en effet jamais l'adjectif de « politique » pour désigner les communes et départements. S'il estime, à propos de la commune, que « *son existence est une comme société locale* », il s'empresse d'ajouter qu'« *elle ne peut être séparée complètement de la société nationale* »[53]. Il admet en effet que les communes sont « *un tout, et une partie d'un tout plus vaste* »[54]. Très clairvoyant concernant la concurrence que pourraient apporter les collectivités locales à l'État, il estime que « *la théorie du pouvoir municipal, dans ses rapports avec l'État, est fondée sur ce principe, que son exercice ne doit pas être une occasion de lutte, et que le pouvoir municipal ne doit pas se constituer l'adversaire du pouvoir central* »[55]. Il en déduit dès lors « *la supériorité de l'administration générale sur l'administration municipale* » comme « *loi nécessaire de leurs rapports* »[56]. F. Laferrière met donc en avant la nécessité d'un système hiérarchique contraignant, selon lequel les corps locaux ne doivent jamais s'inscrire en rivalité avec l'État, mais y être intégrés. L'opposition avec les idées libérales de l'époque est ici patente et prouve la prégnance de sa pensée d'État. Dufour se fait encore plus incisif à ce propos. Déniant une quelconque indépendance des collectivités locales vis-à-vis de l'État, il parvient véritablement à les neutraliser, et ce en vue de protéger l'État. Selon lui, la Révolution a en effet mis un terme à l'existence d'« *individualités politiques* »[57] au sein de l'État. Il considère dès lors que « *tandis que le*

---

[52] AUCOC (Léon), *Conférences sur l'administration et le droit administratif*, Tome 1, Dunod, 1e éd., 1869, p. 148-149.

[53] LAFERRIÈRE (Firmin), *Cours de droit public et administratif*, Joubert, 2e éd., 1841, p. 544.

[54] *Idem*.

[55] *Ibid.*, p. 545.

[56] *Idem*.

[57] DUFOUR (Gabriel), *Traité général de droit administratif appliqué*, Tome 1, Cotillon, 2e éd., 1854, p. 443 : « *La pensée dominante de l'assemblée nationale dans l'organisation qu'elle donna au pays, fut d'effacer les traces et, de prévenir le retour ; des obstacles que l'action du gouvernement avait rencontrés sous le régime qui venait de prendre fin. Résolue à n'admettre dans l'État d'autres divisions que celles qui seraient destinées à en faciliter l'administration, elle se refusa à adopter les circonscriptions qui, dans les institutions et dans les traditions, du passé, correspondaient à des individualités politiques.* »

caractère prédominant de l'ancienne commune en faisait une circonscription politique, la municipalité constituée par l'assemblée nationale ne représente à vrai dire qu'une circonscription administrative »[58]. Remodelant l'héritage révolutionnaire pour le faire correspondre à sa pensée d'État, Dufour refuse de s'emparer de la brèche ouverte par les lois de 1837 et 1838 pour affirmer le caractère politique des collectivités locales. Il se montre ainsi sans surprise particulièrement hostile au principe de l'élection du maire, car elle conduirait à « *l'abandon des affaires de la commune à l'empire de l'ignorance et de la passion* »[59]. Fort de ne pas contrarier le pouvoir en place, il n'adopte toutefois pas une telle position concernant l'élection des conseils municipaux – laquelle est en vigueur et fut renforcée par la loi du 7 juillet 1852[60]. Pour F. Laferrière comme pour Dufour, la reconnaissance expresse de la personnalité juridique des communes et départements ne semble donc pas avoir bouleversé leur conception des rapports entre les collectivités locales et l'État, tant ils favorisent l'idée d'intégration de celles-ci à ce dernier.

Cette position demeure toutefois marginale, car la reconnaissance de la personnalité juridique des communes et des départements a généralement eu pour effet de renforcer l'indépendance dont les collectivités locales jouissent vis-à-vis de l'État, allant jusqu'à considérer qu'elles constituent de véritables enclaves en son sein. Il n'y a là, en réalité, que les prémices d'un mouvement qui sera amené à se développer, notamment avec l'apparition de la personnalité *publique* des collectivités locales au XXe siècle[61]. Les communes et départements seront ainsi de plus en plus considérés comme des entités extérieures à l'État, déséquilibrant le rapport d'inclusion/exclusion établi au XIXe siècle. Mais pour l'heure, et alors que les ordonnateurs et précurseurs oscillent entre inclusion et exclusion, c'est l'idée d'une *tutelle* qui viendra renforcer l'intégration des collectivités territoriales à l'État. Cela se réalise selon nous à n'en pas douter dans le sillage d'une pensée d'État désirant neutraliser les entités concurrentes à l'État.

3- *L'idée salvatrice de la tutelle administrative*

105. Le recours à l'idée de tutelle chez les ordonnateurs. Si l'on peut encore avoir des doutes sur la conviction qu'ont les ordonnateurs et les précurseurs du rapport d'intégration entre les collectivités territoriales et l'État, l'emploi du terme de « tutelle administrative » pourra nous en convaincre. L'emploi d'un tel terme, emprunté au droit civil, permet aux

---

[58] *Ibid.*, p. 446-447.
[59] *Ibid.*, p. 474-475.
[60] V. BIGOT (Grégoire), *L'Administration française*, Tome, *op. cit.*, 2e éd., 2014, p. 252 s.
[61] Cf. *infra*. § 386.

administrativistes de mieux préparer l'avènement d'un État instituteur du social, débarrassé de tous les corps intermédiaires concurrents. Plus concrètement, il leur permet d'appréhender les rapports entre l'État et les collectivités locales, le premier pouvant exercer un contrôle étroit sur les actes émis par les communes et départements[62]. Mais en réalité, l'emploi du terme de « tutelle » révèle davantage un héritage tiré de l'Ancien Régime qu'un emprunt automatique au droit civil. Car déjà les légistes du roi avaient pu qualifier les « *communautés d'habitants* » locales de « *mineures* »[63]. Ils contribuaient ainsi à façonner « *un nouveau visage du pouvoir royal, sorte de tuteur venant au secours des communautés d'habitants victimes des spoliations seigneuriales* »[64]. En adoptant le terme de « tutelle », on donne donc à voir un État tuteur face à des communes mineures ou incapables. Si le Conseil d'État s'est le premier engouffré dans cette voie au XIXe siècle[65], les administrativistes marcheront dans ses pas. Pour Gérando par exemple, il ne fait pas de doute que « *les communes et les établissements publics sont assimilés aux mineurs* »[66]. Ils sont en d'autres termes considérés comme des incapables, ce qui justifie que l'État doive les surveiller. Gérando analyse l'ensemble des rapports entre l'État et les collectivités locales à l'aune de la tutelle administrative. De cette manière, il « *reprend à son compte tout le travail législatif de l'ancienne monarchie, ainsi que les synthèses doctrinales des légistes* »[67]. La notion de tutelle administrative constitue donc une formidable ressource pour les administrativistes, qui leur permet de justifier l'inexistence d'un véritable *pouvoir* municipal, par opposition aux libéraux de l'époque. Toujours chez les ordonnateurs, Cormenin estime que « *les communes sont en état perpétuel de minorité* » et pose en principe directeur le fait qu'« *il est sage de ne pas les laisser s'engager sans autorisation, par irréflexion ou par passion, dans des procès mauvais et ruineux* »[68]. Il ne semble y avoir, dans son esprit, aucune différence entre les communes et un mineur sous tutelle. Cela est encore particulièrement visible chez Macarel, où la surveillance opérée par État apparait salvatrice pour préserver l'existence même des communes qui, si elles en étaient dépourvues, seraient en péril. Cette surveillance, rappelle-t-il, « *n'est établie qu'afin de secourir la minorité des communes, et d'empêcher l'abandon de leurs intérêts et la dilapidation*

---

[62] V. BIGOT (Grégoire), *L'Administration française*, Tome 1, *op. cit.*, 2e éd., 2014, p. 217 s.

[63] LA POIX DE FRÉMINVILLE (Edme de), *Traité général du gouvernement des biens et affaires des communautés d'habitans des villes, bourgs, villages et paroisses du royaume*, Gissey, 1760, p. 13.

[64] PLESSIX (Benoît), *Droit administratif général*, LexisNexis, 2e éd., 2018, p. 301.

[65] PLESSIX (Benoît), *L'utilisation du droit civil dans l'élaboration du droit administratif*, Thèse, Panthéon-Assas, 2004, p. 617.

[66] GÉRANDO (Joseph-Marie de), *Institutes du droit administratif français*, Tome 2, *op. cit.*, 1e éd., 1829, p. 174.

[67] PLESSIX (Benoît), *L'utilisation du droit civil dans l'élaboration du droit administratif*, *op. cit.*, 2004, p. 611.

[68] CORMENIN (Louis-Marie de), *Droit administratif*, Tome 1, Thorel, 5e éd., 1840, p. 401.

de leur fortune »[69]. La question de la tutelle, on le voit, leur permet de se prononcer très explicitement sur la faible indépendance qu'ils souhaitent laisser aux collectivités territoriales tout en perpétuant la tradition des légistes d'Ancien Régime : ces collectivités ne doivent pas nuire aux intérêts ou à la fortune de l'État.

106. L'idée de tutelle maintenue chez la majorité des précurseurs. Il ne faut pas croire qu'une telle analogie serait le propre des ordonnateurs : la majorité des précurseurs s'y ralliera également. Il y a là une position radicalement éloignée à celle des libéraux de cette époque, à la manière de Tocqueville pour qui c'est « *une maxime insolente que de dire que l'État est le tuteur des gouvernés, qu'il a le droit de forcer les particuliers à bien faire leurs affaires* »[70]. Selon lui, l'État ne doit donc pas s'immiscer dans les affaires locales[71]. À rebours de cette conception, Foucart considère par exemple que dans l'intérêt général comme dans l'intérêt des communes et des départements eux-mêmes, il convient que les collectivités locales « *soient soumises à une tutelle qui surveille la gestion de leurs biens, l'emploi de leurs revenus, autorise, dirige et contrôle leurs dépenses : cette tutelle doit être confiée à l'administration supérieure, qui est placée de manière à voir les choses de haut et à prononcer avec impartialité* »[72]. La méfiance envers ces corps locaux est palpable : on craint leur partialité, leur imprudence voire leur corruptibilité, ce qui tranche avec l'image de l'État central, qui apparait juste et impartial. Cette argumentation est reprise par Trolley, par exemple[73], qui ne cache pas sa méfiance vis-à-vis des collectivités locales.

F. Laferrière, pour sa part, s'étend moins sur la notion de tutelle à proprement parler. De façon générale, il est celui qui donne une part plus importante au libéralisme dans sa pensée. Pour autant, il déduit de cette idée générale le principe de l'« *incapacité du conseil municipal* »[74]. De ce principe découle la règle selon laquelle « *toute délibération d'un conseil municipal portant sur*

---

[69] MACAREL (Louis-Antoine), *Cours de droit administratif*, Tome 1, Thorel, 1e éd., 1844, p. 319.

[70] TOCQUEVILLE (Alexis de), *Œuvres complètes*, Tome 3, vol. 3, Gallimard, *op. cit.*, p. 66.

[71] V. BACOT (Guillaume), « L'apport de Tocqueville aux idées décentralisatrices », *La Revue Tocqueville*, 1995, vol. XVI, p. 229.

[72] FOUCART (Émile-Victor), *Éléments de droit public et administratif*, Tome 1, Marescq-Dujardin, 4e éd., 1855, p. 190.

[73] TROLLEY (Alfred), *Cours de droit administratif*, Tome 1, *op. cit.*, 1844, p. 10 : les communes et départements (entre autres) « *sont des mineurs, et leurs intérêts sont livrés à la merci d'administrateurs. D'un autre côté, leur existence, leur prospérité ou leur ruine sont des faits graves et qui importent à la société. Il ne faut pas qu'ils puissent centraliser des richesses trop considérables, au grand dommage du commerce et des familles ; il ne faut pas non plus qu'ils puissent imprudemment dissiper leur patrimoine, presque toujours affecté à des services publics. On devait donc les placer sous la protection et la surveillance d'une haute tutelle ; et cette tutelle, on l'a tout naturellement confiée à l'administration.* »

[74] LAFERRIÈRE (Firmin), *Cours de droit public et administratif*, *op. cit.*, 2e éd., 1841, p. 582.

des objets étrangers à ses attributions est nulle de plein droit »[75], ce à quoi s'ajoutent toutes les règles relatives au contrôle qu'exerce le pouvoir central sur les délibérations des conseils municipaux. Serrigny, autre chef de file des précurseurs, s'engouffrera plus avant dans la voie de la tutelle administrative : « *pour comprendre ces fonctions de tutelle,* écrit-il, *il faut se rappeler que les communes et les établissements publics sont censés être dans un état de minorité perpétuelle.* »[76] S'il analyse les rapports entre l'État et les collectivités locales par ce prisme, c'est encore semble-t-il en raison de la défiance qu'il cultive à l'égard de ces dernières. La tutelle permet donc que « *les droits des générations futures soient défendus par un pouvoir protecteur et impartial contre les passions et les intérêts des générations présentes* », tant les administrateurs locaux « *pourraient facilement sacrifier le bien de leurs administrés à leurs intérêts personnels* »[77]. Or, ce pouvoir pérenne, protecteur et impartial réside uniquement dans le pouvoir étatique, unique solution face à ce chaos local. Dès lors, il considère que « *cette haute tutelle ne saurait être placée qu'entre les mains du chef suprême de l'état* (sic), *qui, en cette qualité, a intérêt de voir prospérer les communes* »[78]. On ne saurait trouver meilleure illustration de la pensée d'État qui anime ici Serrigny, et avec lui la majorité des administrativistes de l'époque. Non seulement l'emploi du terme de tutelle témoigne de la crainte qu'ils cultivent envers les communes et les départements, mais plus encore, cela leur permet d'ériger l'État – et singulièrement l'Empereur à sa tête – comme la figure d'impartialité et de justice au sein du territoire.

107. L'opposition à la notion de « tutelle » chez Ducrocq et Aucoc. Parmi la génération des précurseurs, seuls deux auteurs s'opposeront au terme de « tutelle administrative » pour décrire les liens entre l'État et les collectivités locales – expression qui avait déjà été récusée par Thiers en 1833[79]. Il s'agit de Ducrocq et d'Aucoc, épris d'un plus grand libéralisme que commande en partie la période à laquelle ils écrivent. En effet, contrairement aux autres précurseurs, leurs ouvrages sont publiés à partir des années 1860, c'est-à-dire sous l'« Empire libéral »[80], et non plus sous la Monarchie de Juillet. Ducrocq emploie ainsi l'expression de « tutelle » dans les premières éditions de son

---

[75] *Idem.*

[76] SERRIGNY (Denis), *Traité de l'organisation de la compétence et de la procédure en matière contentieuse administrative*, Tome 1, Auguste Durand, 2e éd., 1865, p. 126.

[77] *Idem.*

[78] *Idem.*

[79] THIERS (Adolphe), Séance du 6 mai 1833 à la Chambre des députés, *Moniteur*, 8 mai 1833, p. 1275 : « *ces expressions de tutelle et de minorité sont fausses et que c'est avec des expressions fausses qu'on répand dans le pays des erreurs dommageables.* »

[80] V. notamment OLLIVIER (Émile), *L'Empire libéral*, Garnier Frères, 1895-1918, 17 vol. V. également ANCEAU (Éric), *L'Empire libéral*, Éditions SPM, 2017, 2 vol. ; « De quoi l'empire libéral est-il le nom ? », *Histoire, économie & société*, 2017, n° 3, p. 35 s.

Cours sans la remettre en cause[81]. Ce n'est qu'à partir de 1868 qu'il se montre plus circonspect vis-à-vis de cette appellation. Il considère en effet, en incise, que cette expression est « *très-impropre, car d'après le Code Napoléon le tuteur gère seul et directement les affaires du mineur, tandis que d'après les lois de 1837 et 1838 les départements et les communes représentés par leurs conseils électifs avaient déjà la plénitude de l'initiative, l'autorité supérieure n'exerçant qu'un simple droit de surveillance et de veto* »[82]. Il sera toutefois amené à muscler son argumentaire dans les éditions suivantes de son *Cours*. Ainsi que l'a rappelé Benoît Plessix, il fera alors usage de deux arguments pour réfuter l'application de la tutelle aux communes et départements : d'une part, « *le contrôle de l'État n'avait pas et ne pouvait avoir la même cause que la tutelle civile : celui-là était institué dans l'intérêt de l'État alors que celle-ci était instituée dans l'intérêt du mineur* »[83]. D'autre part, « *dans la tutelle, le tuteur était le représentant légal du mineur alors que, lorsque le préfet exerçait la tutelle administrative, il n'était en aucun cas le représentant de la commune* »[84]. Fort de ces arguments, il finira par considérer, au crépuscule du XIXe siècle, que la terminologie de « tutelle administrative » est « *"injurieuse" pour les communes et "attentatoire" à la liberté municipale* »[85], preuve que leur étatisme-libéral se mue progressivement vers un libéral-étatisme. Il sera rejoint en cela par Aucoc, qui adopte une attitude similaire dès 1869, bien que moins virulente. C'est en effet avec regret qu'il constate l'adoption du terme de tutelle administrative, « *car le mot ne donne pas une idée exacte d'une institution établie au moins autant pour la défense des intérêts généraux que pour la protection et la tutelle des intérêts locaux* »[86], reprenant ainsi l'argumentaire de Ducrocq. Il ne faut toutefois pas s'y tromper : même chez Aucoc et Ducrocq, leur idéal étatique reste très largement centralisateur. De façon générale, les administrativistes du XIXe siècle vont en effet s'employer à tisser des liens inaltérables entre l'unité de l'État et la centralisation, si bien qu'il n'existerait d'État que centralisé.

B- La défense notionnelle de la « centralisation »

108. Il ne s'agit plus ici d'étudier la question de savoir comment les auteurs conçoivent les départements et les communes, mais davantage de mettre en valeur l'attachement des administrativistes à la notion de « centralisation ».

---

[81] DUCROCQ (Théophile), *Cours de droit administratif*, Auguste Durand, 2e éd., 1863, p. 57.
[82] DUCROCQ (Théophile), *Cours de droit administratif*, Ernest Thorin, 3e éd., 1868, p. 56.
[83] PLESSIX (Benoît), *L'utilisation du droit civil dans l'élaboration du droit administratif*, *op. cit.*, 2004, p. 626.
[84] *Idem.*
[85] DUCROCQ (Théophile), *Cours de droit administratif*, Tome 1, Fontemoing, 7e éd., 1897, p. 384.
[86] AUCOC (Léon), *Conférences sur l'administration et le droit administratif*, Tome 1, *op. cit.*, 1e éd., 1869, p. 17.

L'analyse sera ici avant tout sémantique, concentrée sur la construction intellectuelle et juridique de cette notion nouvelle. Il s'agit donc de comprendre comment le terme même de « centralisation » a-t-il été construit et ce qu'il revêt pour les auteurs. Il s'agira surtout de voir comment, en dépit des évolutions législatives qui auraient pu l'affecter, les auteurs se sont attachés à ce terme, et ce pour mieux appuyer juridiquement le pouvoir central. Toutes les évolutions législatives seront là encore interprétées par les auteurs à la faveur du modèle étatique centralisé. Si le terme de centralisation s'est construit comme véritable synonyme de l'unité de l'État (**1**), les administrativistes se sont attelés, en dépit des évolutions législatives l'affectant, à créer de nouveaux termes et catégories juridiques pour éviter de remettre en cause le mot – et ainsi le modèle – de « centralisation » (**2**).

1- *La création d'un lien inaltérable entre la centralisation et l'unité de l'État*

109. Centralisation et unité de l'État chez les ordonnateurs. Le terme de « centralisation » apparait vraisemblablement à la fin du XVIIIe siècle : absent de la quatrième édition du *Dictionnaire de l'Académie française* parue en 1762, il intègre la cinquième édition, datant de 1798. Mais la centralisation n'est alors comprise que comme la « *réunion de l'autorité dans un petit nombre de mains* »[87]. Ce n'est que dans la sixième édition, parue en 1832, que la centralisation acquière une connotation territoriale si l'on en croit l'exemple donné par les Académiciens : « *centraliser l'administration* »[88]. Dans le champ du droit administratif, c'est en effet à partir des années 1830 que les auteurs s'emparent de ce terme. Avant cette date, des auteurs comme Portiez de l'Oise ou Bonnin n'en font pas mention. Si la question se pose ici de savoir comment les auteurs se sont emparés de ce mot nouveau et quelle définition ils lui ont donnée, il faut d'emblée annoncer que le terme de « centralisation » a été construit comme étant le synonyme d'unité de l'État. Les signes précurseurs de cette signification se trouvent déjà chez Gérando, dans un article paru en 1835 au sein de l'*Encyclopédie des gens du monde*. Il y définit en effet la centralisation comme l'« *action de centraliser, de ramener à un centre en créant et en donnant un centre à ce qui n'en avait pas* »[89]. Reliant la centralisation à l'existence d'un « centre », il poursuit en précisant que « *le centre est l'expression, le fondement de l'unité* »[90]. Appliqué à l'État, ce raisonnement le conduit indubitablement à ne concevoir l'unité de l'État que par le biais de la centralisation, raisonnement qui sera repris par Cormenin,

[87] Occ. « Centralisation », *Dictionnaire de l'Académie française*, 5e éd., 1798.
[88] Occ. « Centraliser », *Dictionnaire de l'Académie française*, 6e éd., 1832.
[89] GÉRANDO (Joseph-Marie de), « Centralisation », *Encyclopédie des gens du monde*, Tome 5, Treuttel et Würtz, 1835, p. 238.
[90] *Idem.*

ardent défenseur de la centralisation à laquelle il consacre l'introduction de son manuel de droit administratif. Il y considère qu'en France, et grâce à la Révolution, « *la Centralisation a résolu le grand problème de* l'unité *dans le Territoire, la Législation, et le Gouvernement* »[91]. Le terme de centralisation permet ainsi de matérialiser et de juridiciser le besoin d'unité de l'État, qu'il considère comme étant une valeur fondamentalement française. En effet, si « *chaque nation a son caractère propre, son humeur,* [...] *son tempérament* », « *le nôtre tend à l'unité* »[92], écrit-il. Selon lui, cette inclination vers l'unité est révélée par le fait que « *nous sentons par une sorte d'instinct notre faiblesse comme individus, notre force comme Nation* »[93]. Cormenin justifie en réalité ici le fait que l'individu n'est amené à se réaliser qu'au sein de la nation, car en dehors de celle-ci, son existence juridique est nulle – ce qui n'est qu'un prolongement de la définition de l'État comme personnification de la société[94] et l'expression de son étatisme-libéral.

Chez un autre ordonnateur comme Macarel, la centralisation est également un facteur d'unité : c'est notamment grâce à elle que se sont établis en France « *la promptitude et la sûreté de l'action administrative, et avec elle l'ordre, la régularité, l'harmonie et* l'unité *de l'ensemble* »[95]. Facteur d'unité, la centralisation permet de penser l'État comme un tout indivisible, et ainsi épuré de tout corps intermédiaire nuisible. Si, au temps de la féodalité, les communes ont pu s'organiser de façon autonome vis-à-vis du pouvoir central, Cormenin note qu'« *aujourd'hui, il n'y a et il ne peut y avoir d'autre corps politique dans l'État, que l'État* »[96]. La centralisation est l'unique moyen, pour ces auteurs, de conserver l'unité de l'État ; la décentralisation n'est synonyme que de division. Or, dans la mesure où l'on ne saurait remettre en cause l'idéal d'unité de l'État, la centralisation semble indépassable.

110. Centralisation et unité de l'État chez les précurseurs. Ce lien entre l'idée de centralisation et celle d'unité de l'État sera prolongé par la génération des précurseurs, notamment par Foucart et F. Laferrière – particulièrement influents à l'époque. Foucart développe pour sa part l'idée selon laquelle la centralisation aurait permis de rompre avec la pratique de l'Ancien Régime. Il considère en effet que l'un des deux caractères de l'autorité administrative en France est l'unité – avec l'indépendance. L'unité fait « *disparaitre toutes les divergences dans les vues, et* [...] *soumet les intérêts locaux à l'intérêt*

---

[91] CORMENIN (Louis-Marie), *Droit administratif*, Tome 1, Pagnerre-Thorel, 5e éd., 1840, p. I. Nous soulignons.
[92] *Ibid.*, p. VIII.
[93] *Idem.*
[94] Cf. *supra.* § 86 s.
[95] MACAREL (Louis-Antoine), *Cours d'administration et de droit administratif*, Tome 1, *op. cit.*, 2e éd., 1852, p. 44. Nous soulignons.
[96] CORMENIN (Louis-Marie) dit TIMON, *De la centralisation*, Pagnerre, 1842, p. 131.

général »[97]. Or cette unité ne fut rendue possible que par la centralisation, qui permit d'enlever « *aux anciennes provinces [leur] individualité, à laquelle se rattachaient des intérêts particuliers* » et cela « *pour les fondre en une seule nation qui ne doit plus avoir qu'un seul intérêt* »[98]. L'exagération de certains traits de l'Ancien Régime permet de mieux mettre en valeur l'idée selon laquelle la centralisation aurait permis, au sortir de la Révolution, de constituer l'unité de l'État. L'unité de l'État est donc comprise de façon négative, comme le moyen d'empêcher que certains corps viennent concurrencer, et ainsi anéantir, le pouvoir de l'État. De façon positive, l'unité est un moyen d'assoir l'autorité de l'État en soumettant les intérêts locaux à l'intérêt général. Il y a bien là l'idée sous-jacente de neutraliser intellectuellement le pouvoir des collectivités locales, et ainsi de promouvoir un certain modèle étatique, où l'unité est condition de sa pérennité. Leur pensée d'État apparait ici prégnante. La centralisation est en effet favorable à l'État, lequel peut exercer son action en uniformisant les territoires ; elle dénie dès lors à ces derniers, et par la même à la population qui la compose, toute force d'impulsion ou d'initiative. Tout se passe donc comme si les collectivités territoriales avaient été créées, non pas pour donner plus de pouvoirs à ces entités locales, mais plutôt pour faciliter l'action du pouvoir central.

Ce système hiérarchique est perçu comme le seul moyen de parvenir à l'unité de l'État, ce qui s'observe encore chez F. Laferrière[99]. De façon générale, le terme même de « centralisation » permet de ramener l'ensemble des entités locales à l'État. Elle est, selon les mots de Trolley, ce « *lien commun [qui] réunit toutes ces sphères diverses et maintient l'unité dans la division* »[100]. Pour ce dernier auteur, la centralisation, c'est donc « *l'unité de nation et l'unité de pouvoir* »[101]. Trolley perçoit ainsi parfaitement ce qui se joue en ce début de XIXe siècle : l'unité de pouvoir, héritée de l'Ancien Régime, se lie à l'unité de nation, héritée de la Révolution. Le mouvement de centralisation, ainsi que le suggère Trolley, ne se fait donc pas à cette période uniquement dans un but d'égalité des territoires, mais également dans le but d'asseoir solidement l'autorité de l'État auprès des collectivités locales. En défendant la centralisation, ils justifient non seulement la volonté d'uniformisation des territoires telle qu'elle a été exposée à la Révolution mais également la puissance de l'État qui ne peut pas être concurrencée. On peut à cet égard prendre l'exemple de Vivien qui ne voit dans un premier temps dans la centralisation que « *l'existence d'un pouvoir destiné à imprimer à toutes les*

---

[97] FOUCART (Émile-Victor), *Éléments de droit public et administratif*, Tome 1, *op. cit.*, 3e éd., 1843, p. 149.
[98] *Ibid.*, p. 150.
[99] LAFERRIÈRE (Firmin), *Cours de droit public et administratif*, *op. cit.*, 2e éd., 1841, p. XXVI : « *la centralisation subordonne l'action de la commune et des autres divisions administratives à l'unité prédominante de l'État.* »
[100] TROLLEY (Alfred), *Cours de droit administratif*, Tome 1, *op. cit.*, 1844, p. 80.
[101] *Idem.*

parties d'un pays une direction uniforme »[102]. Ce n'est qu'au fil des phrases qu'il révèle ce que la centralisation implique réellement : « *point de résistance locale à l'action du pouvoir suprême. Le pays tout entier s'organise au premier ordre.* »[103] Au mythe d'une centralisation révolutionnaire tournée vers l'égalité et l'uniformité[104], les auteurs ajoutent la nécessité d'une centralisation tournée vers l'assise de la puissance étatique. Tel est profondément ce qui ressort encore de la pensée de Trolley, lequel considère qu'à une époque rongée par l'« *individualisme* » « *qui éparpille toutes les forces sociales* » et par l'« *égoïsme* »[105], la centralisation apparait salvatrice. Non sans emphase, il écrit ainsi : « *la centralisation, c'est le salut, c'est la vie* »[106]. En d'autres termes, la centralisation permettrait de parvenir à une meilleure cohésion de la société, renforcée par son unité et son uniformité. Ainsi se trouve clairement exprimée la pensée d'État qui les anime. Elle rompt particulièrement avec la façon dont les auteurs libéraux conçoivent pour leur part l'unité de l'État. C'est le cas d'Édouard Laboulaye, qui non seulement préfère parler d'« *unité nationale* » plutôt que d'unité de l'État, mais qui considère de surcroit que celle-ci « *n'a rien à voir avec le pouvoir absolu, ni avec l'uniformité de la centralisation, ni avec l'arbitraire de l'administration* »[107].

Cela n'a pas empêché au lien entre l'unité de l'État et la centralisation d'être consolidé dans l'ensemble de la littérature du droit administratif. Ce lien sera ainsi encore fait chez des auteurs comme Bouchené-Lefer, qui fait de la centralisation « *l'origine et le but* »[108] de l'unité de l'État, ou encore Gougeon, qui fait des deux termes des synonymes[109]. Ce lien est à l'origine d'une certaine sacralisation de la centralisation, mais également de l'idée selon laquelle un État *ne peut être que* centralisé. L'unité de la nation leur importe peu. Forts de leur pensée d'État, l'existence d'un tel lien entre centralisation et unité de l'État est pérennisée.

---

[102] VIVIEN (Auguste), *Études administratives*, Guillaumin, 1e éd., 1845, p. 25.

[103] *Ibid.*, p. 26.

[104] V. GUIGNARD (Didier), *La notion d'uniformité en droit public français*, Thèse, Dalloz, 2004, spéc. p. 259 s.

[105] TROLLEY (Alfred), *Cours de droit administratif*, Tome 1, *op. cit.*, 1844, p. 100.

[106] *Idem.*

[107] LABOULAYE (Édouard), *Le parti libéral, son programme et son avenir*, Charpentier, 1863, p. 55. Sur ce point, v. BIGOT (Grégoire), « La conception de l'État dans l'œuvre d'Édouard Laboulaye », *RFHIP*, 2018, n° 47, p. 59 s.

[108] BOUCHENÉ-LEFER (Adèle-Gabriel-Denis), *Principes et notions élémentaires pratiques du droit public-administratif*, *op. cit.*, 1861, p. 72.

[109] Évoquant l'organisation administrative et territoriale de la France, il écrit : « *c'est ce qu'on appelle l'unité ou la centralisation administrative* » (GOUGEON (Charles), *Cours de droit administratif*, Jausions, 1847, p. 113).

2- *L'attachement indéfectible des auteurs à la « centralisation »*

111. Les excès de la centralisation relevés. Le terme même de « centralisation », parce qu'il a été construit en étant intrinsèquement relié à l'idée d'unité de l'État, sera contre vents et marées conservé par les auteurs. Il s'agit ici de comprendre pourquoi les auteurs n'ont jamais réussi à se défaire du terme de « centralisation », en dépit des différentes évolutions législatives qui auraient pu la mettre à mal. Notre hypothèse est la suivante : remettre en cause la centralisation dans son principe reviendrait à briser l'unité de l'État. En effet, dans la mesure où les auteurs assimilent centralisation et unité de l'État, l'affaiblissement de l'une fait craindre le dépérissement de l'autre. S'il y a là le témoignage de leur pensée d'État, on voit également à quel point leur représentation de l'État est sur ce point relativement aboutie. Il ne s'agit pas toutefois de défendre aveuglément la centralisation. La majorité des administrativistes lui reconnait même certaines limites ; ils en dénoncent les excès, et ce dès le début du XIXe siècle.

Parmi les ordonnateurs, Cormenin, qui se fait pourtant le plus grand défenseur de la centralisation, à laquelle il consacre l'introduction de son ouvrage de droit administratif, juge que « *nous faisons vite abus des meilleures choses* »[110]. S'il relève que la centralisation a permis que « *les routes, dans la traversée des départements, s'entrecroisent, se rejoignent et suivent des lignes plus droites* », que « *les chambres et le Gouvernement n'autorisent pas de très grandes villes à grever leur avenir par des emprunts ruineux* », il ne peut nier le fait que « *la Centralisation, poussée à l'excès, ne serait pas sans dangers* »[111]. Selon lui, une extrême centralisation présenterait deux dangers principaux. D'une part, elle pourrait présenter un danger « *pour le pouvoir* »[112]. Il prend à ce titre l'exemple de Charles X qui, « *en perdant sa capitale, perdit son royaume* »[113]. Une trop grande centralisation, en concentrant tout le pouvoir dans la capitale, rendrait ainsi le pouvoir étatique plus vulnérable. Mais à ce danger de la centralisation pour le pouvoir lui-même s'ajoute d'autre part un danger pour la liberté des citoyens et pour la bonne gestion des intérêts locaux : « *la Centralisation à ressorts trop tendus,* écrit-il, *ne serait pas moins menaçante pour la liberté des citoyens.* »[114] En ce sens, une centralisation poussée à son extrême conduirait à rompre « *l'équilibre entre les forces actives et passives de la société* »[115]. L'argumentation de Cormenin montre le lien qui existe entre le maintien de la

---

[110] CORMENIN (Louis-Marie), *Droit administratif*, Tome 1, *op. cit.*, 5e éd., 1840, p. XVIII.
[111] *Idem.*
[112] *Ibid.*, p. XIX.
[113] *Idem.*
[114] *Idem.*
[115] *Idem.*

puissance étatique et la défense des libertés individuelles. Défendre l'un et l'autre pourrait paraitre contradictoire. Mais Cormenin s'inscrit en réalité dans un courant étatiste-libéral prégnant au sein des administrativistes de cette époque, qui promeut une défense des libertés individuelles non pas *contre* l'État, ou en dehors de lui, mais *pour* l'État. En d'autres termes, il s'agit de défendre les libertés uniquement en tant que cela permet de renforcer l'autorité de l'État. En portant une attention toute particulière à la défense de l'autorité de l'État, les administrativistes cultivent une certaine pensée d'État, propre à légitimer le modèle étatique et le pouvoir en place, sans que cela ne fasse d'eux les partisans d'un régime où les libertés individuelles seraient brimées. Amender à la marge la centralisation permet de mieux la conserver.

Cette tendance se poursuivra chez les précurseurs, dont certains sont également conscients des dangers d'une centralisation excessive. Foucart estime lui aussi que la centralisation a pu conduire à un certain nombre d'excès. Il considère qu'« *il en est de la centralisation comme de tous les principes généraux ; on ne doit l'appliquer qu'avec un sage discernement, sous peine de compromettre les bons effets qu'elle doit produire* »[116]. Après la Révolution, l'esprit de méfiance cultivé contre les administrations locales conduisit selon lui à une « *centralisation excessive* » de sorte que « *rien ne se fit plus alors que sous la direction du Conseil d'État* » et « *il fallut, pour les affaires les plus simples, envoyer les pièces à Paris* »[117] ce qui entraina de nombreuses complications et lenteurs administratives. Pour Foucart, « *le Conseil d'État était placé trop loin et trop haut pour bien apprécier une foule de considérations qui exigent la connaissance des localités et l'intelligence de l'esprit des populations* »[118]. D'une certaine façon, la centralisation dessert ici sa propre cause. Même Vivien, qui considère pourtant que « *le gouvernement n'a point d'instrument plus nécessaire que la centralisation* »[119] – témoignant là encore de la confusion entre l'État et le gouvernement –, admet qu'il faille y apporter quelques limitations. Ignorer les critiques faites à son encontre n'est pas le meilleur moyen pour la maintenir comme principe d'organisation. Il la défend d'ailleurs inlassablement[120]. On peut d'ailleurs observer à ce stade que ceux qui dénoncent les excès de la centralisation sont en réalité ceux qui sont le plus favorables à son maintien. Ils paraissent dès lors conscients du fait qu'il vaut mieux amender quelque peu le fonctionnement concret de la centralisation pour en conserver le principe. Telle est bien la pensée de Vivien lorsqu'il considère que si « *tout en exige* […] *le maintien* », *il serait inutile et*

116 FOUCART (Émile-Victor), *Éléments de droit public et administratif*, Tome 1, *op. cit.*, 3e éd., 1843, p. 152.

117 *Ibid.*, p. 151.

118 *Ibid.*, p. 152.

119 VIVIEN (Auguste), *Études administratives*, *op. cit.*, 1e éd., 1845, p. 27.

120 La centralisation touche selon lui à la fois « *à la grandeur du pays, aux principes de la liberté et de l'égalité devant la loi, aux progrès des réformes administratives et économiques.* » (*ibid.*, p. 29).

dommageable de lui donner une extension démesurée »[121]. Il en conclut qu'« *il serait sage de faire cesser les plaintes qui portent moins sur le principe [de la centralisation] lui-même que sur l'application qu'il reçoit* »[122]. Le principe de la centralisation n'est donc selon lui pas remis en question. Corriger les imperfections dans son application, qui tiennent principalement à la lenteur et la complexité des procédures, ne fera d'ailleurs que renforcer le principe. Vivien a conscience, ainsi que ses contemporains[123], de l'ambivalence de la centralisation : elle doit être mobilisée qu'à fin de consacrer l'unité de l'État, si bien qu'elle doit être méticuleusement mesurée : « *qu'un bras unique* [...] *soit chargé [de l'action administrative], l'intérêt de l'état* (sic) *l'exige* », mais « *si l'administration cédait au caprice ou manquait de lumière, son énergie même serait un danger public* »[124], c'est-à-dire un danger pour les administrés, peut-être, mais surtout un danger pour l'État lui-même. Les auteurs de l'époque semblent ainsi tomber d'accord : si la centralisation a permis de construire l'unité de l'État, elle ne doit pas conduire à ce que l'État soit trop distancié des administrés vivant sur l'ensemble du territoire, ce qui nuirait à l'efficacité de son pouvoir. Les administrativistes s'attèlent donc à trouver un équilibre entre la nécessaire conservation de l'unité de l'État et la volonté de corriger une centralisation trop poussée. Dès lors, tous sont pour le moins favorables à lui apporter quelques aménagements. Mais comment corriger les excès de la centralisation sans lui porter atteinte, et ainsi sans rompre avec l'idée d'unité de l'État ?

112. Le maintien inéluctable de la notion de centralisation par les ordonnateurs. Telle sera la question que se poseront les ordonnateurs comme les précurseurs tout au long du XIXe siècle. La façon dont ils appréhendent les lois du 21 mars 1831[125], concernant les conseils municipaux, et du 22 juin 1833[126], concernant les conseils généraux, en témoigne. Ces lois concrétisent en réalité l'article 69 de la Charte de 1830, selon lequel une loi devait créer « *des institutions départementales et municipales fondées sur un système électif* ». Elles sont à l'origine des élections, pour l'heure selon les règles du suffrage censitaire, des conseillers municipaux et départementaux – le maire restant nommé par le roi ou le préfet. Bien que l'État conserve un contrôle sur

---

121 VIVIEN (Auguste), *Études administratives*, *op. cit.*, 1e éd., 1845, p. 27.
122 *Idem.*
123 Un auteur comme Gougeon reconnait lui aussi à cette époque les limites de la centralisation : Si elle est « *nécessaire dans notre état social et une heureuse conquête de la civilisation moderne* », « *il est vrai qu'on peut en abuser, comme de tout bon principe en l'exagérant, ce qui ne l'empêche pas d'être un bienfait immense* » (GOUGEON (Charles), *Cours de droit administratif*, *op. cit.*, 1847, p. 113).
124 VIVIEN (Auguste), *Études administratives*, *op. cit.*, 1e éd., 1845, p. 33.
125 Loi du 21 mars 1831 *sur l'organisation municipale*, *Rec. Duvergier*, 1838 (2e éd.), p. 67 s.
126 Loi du 22 juin 1833 *sur l'organisation des conseils généraux de département et des conseils d'arrondissement*, *Rec. Duvergier*, 1833, p. 159 s.

les conseils, dont les actes sont étroitement contrôlés[127], ces lois constituaient à n'en pas douter, pour de nombreux hommes politiques par exemple[128], des mesures de décentralisation. Un tel terme n'avait en effet pas le même sens qu'il revêt aujourd'hui : tout ce qui conduisait à élargir les compétences des collectivités locales, et *a fortiori* à y introduire le principe électif, constituait une mesure de décentralisation. Les administrativistes de l'époque, souvent favorables aux lois de 1831 et 1833, récusant toute idée de décentralisation, vont quant à eux ancrer de telles mesures *au sein* de la centralisation.

Parmi les ordonnateurs, c'est ce à quoi s'attèle Gérando. Il se montre ainsi favorable aux évolutions législatives qui, « *en faisant disparaitre un grave excès de la centralisation et en assignant aux localités leur juste part d'indépendance ont, en droit, enlevé tout motif d'hostilité contre l'unité générale, et, en fait, contribué à ramener les esprits prévenus* »[129]. Il ne faut toutefois pas s'y tromper : pour Gérando, de telles réformes s'inscrivent indubitablement dans le cadre de la centralisation ; elles n'en sont que des amendements. Cette idée est donc fondamentale chez les auteurs de l'époque : il ne faut pas sortir de la centralisation. Telle sera la voie suivie par un ordonnateur comme Cormenin, qui se déclare favorable à la tenue d'élections locales. En effet, « *des Élections larges, fréquentes et sincères, borneraient la Centralisation dans tous ses degrés, sans gêner son action et sans affaiblir son principe* »[130]. De telles élections ne conduisent donc pas pour lui à remettre en cause le principe de centralisation, auquel il est tant attaché. En réalité, il semble considérer que les élections locales seraient un moyen particulièrement efficace pour renforcer la structure hiérarchique de l'administration française, et ainsi son unité. En accentuant la participation des citoyens à tous les échelons, on canalise les éventuels mécontentements locaux et on s'assure que les décisions prises soient mieux acceptées. C'est le cheminement intellectuel qu'il semble adopter, puisque la principale raison qu'il avance en faveur des élections locales consiste en ce que « *si les élections représentent fidèlement la commune, il n'y aura pas de plainte de la commune contre le maire* » – raisonnement qu'il reproduit pour le département – avant de conclure : « *appelez tous les citoyens [à voter], et ensuite nous n'aurons plus qu'à dire aux citoyens : faites votre devoir !* »[131] En amendant quelque peu la centralisation, on ne fait en réalité que la renforcer ; on justifie d'autant plus la puissance du pouvoir central, lequel est encore grandement assimilé à

---

127 V. BIGOT (Grégoire), *L'Administration française*, Tome 1, *op. cit.*, 2e éd., 2014, p. 205 s.

128 Cf. notamment la retranscription de la séance parlementaire du 6 avril 1829, *Le Constitutionnel*, 7 avril 1829, p. 3.

129 GÉRANDO (Joseph-Marie de), « Centralisation », *in Encyclopédie des gens du monde*, Tome 5, *op. cit.*, 1835, p. 241.

130 CORMENIN (Louis-Marie), *Droit administratif*, Tome 1, *op. cit.*, 5e éd., 1840, p. XX.

131 *Idem.*

l'État. Bien que Cormenin ne soit pas encore conseiller d'État à l'heure où il écrit, il fait déjà montre d'une certaine pensée d'État.

Il n'y a donc pas d'antinomie, pour les administrativistes, entre la défense ferme de la centralisation et l'instauration d'élections locales. Si l'avènement des élections locales a pu être entendu à l'époque comme une mesure de décentralisation, les auteurs de droit administratif s'y sont toutefois toujours refusé : ils ne placent pas en effet leurs réflexions dans le cadre d'un nouveau modèle d'organisation administrative, témoignant par là de leur attachement à la centralisation. Cormenin, par exemple, dont on a vu qu'il était globalement favorable aux élections locales et à une certaine indépendance des conseils généraux, se déclare dans le même temps radicalement hostile à ce qu'il appelle la « décentralisation »[132], tant ce mot est à l'époque synonyme de division de l'État. Plus probant à cet égard est encore le point de vue de Gérando, pour qui les administrations locales sont « *chargées de la gestion des intérêts des départements et des communes* » et « *qui,* au sein et non en dehors de la centralisation*, ont à certains égards une existence qui leur est propre* »[133]. Ainsi, favorable, on l'a vu, à une certaine indépendance des communes et départements vis-à-vis du pouvoir central, Gérando prend la peine de préciser que cela ne change pas le modèle centralisateur. Inlassablement, la centralisation doit donc être défendue, qu'importent les progrès réels de la décentralisation. Ceux-ci deviennent en réalité l'occasion pour les auteurs, comme s'ils se devaient de rassurer leur auditoire, ou plutôt de se rassurer eux-mêmes, de réaffirmer sans cesse le principe de l'unité de l'État. Cet argumentaire sera poursuivi par les précurseurs, mais sous une forme différente. S'ils maintiennent la notion de centralisation, ils seront amenés à la compléter.

113. Le recours à la notion de déconcentration. C'est ainsi que, dans un second temps, l'invention de termes nouveaux – comme celui de « déconcentration » – va permettre de placer ces différentes corrections et amendements à l'intérieur de la « centralisation », laquelle reste dès lors intacte – et avec elle le principe d'unité de l'État. L'avènement de termes nouveaux permet ainsi d'éviter d'employer le terme de « décentralisation », encore synonyme de division de l'État. C'est l'entrée en vigueur de deux décrets en date des 25 mars 1852 et 13 avril 1861 qui conduira les auteurs à s'interroger sur le terme de « décentralisation ». Ces deux décrets, qui renforcent les pouvoirs du préfet en l'autorisant « *à statuer en dernier ressort dans toutes les matières qui, jusqu'ici, requérait l'approbation des ministres*

---

[132] Pour Cormenin, il ne faut pas « *organiser des centres hors du centre, des États dans l'État* » car « *la France décentralisée perdrait sa puissance, avec sa puissance son indépendance, avec son indépendance, sa liberté.* » (*ibid.*, p. XVI).

[133] GÉRANDO (Joseph-Marie de), *Institutes du droit administratif français*, Tome 5, Thorel, 2e éd., 1846, p. 128. Nous soulignons.

ou du chef de l'État »[134], ont en effet été appelés « décrets de décentralisation » par Bonaparte. Seul Macarel reprendra le terme de « décentralisation », pour lui synonyme de « *déplacement de la force centrale* » ; « *on déplace tout simplement la centralisation, on la proportionne à l'application qu'elle doit recevoir* »[135], écrit-il. De cette manière, et aussi paradoxal que cela puisse apparaitre, Macarel conserve la décentralisation au sein de la centralisation : cette dernière n'est pas amendée, elle est simplement « déplacée ». Il est dès lors hors de question de sortir du modèle centralisateur.

Le reste des administrativistes, qui appartient à la génération des précurseurs, va en revanche se montrer hostile à l'emploi du terme de « décentralisation », synonyme encore de division de l'État. De façon générale, ils se contenteront de reprendre matériellement les évolutions consacrées par les décrets sans reprendre leur dénomination – et on peut sans doute ici y voir l'indice qu'ils l'estiment erronée. Parce qu'ils refusent sans doute de vouloir froisser le pouvoir en place, la majorité des auteurs de l'époque comme Foucart, F. Laferrière ou encore un répétiteur comme Pradier-Fodéré, feront l'impasse sur une telle dénomination pourtant utilisée par les décrets de 1852 et 1861, sans davantage de développements. Vivien, dès 1852, se prononcera quant à lui explicitement sur celle-ci en estimant que « *c'est à tort que l'on a qualifié [cette mesure] de décentralisation administrative* » car « *loin de diminuer les pouvoirs du gouvernement, le décret les a étendus en quelques points* »[136]. Ainsi, « *la centralisation subsiste toute entière, elle est même développée ; il n'y a de changé que la forme* »[137]. Vivien ne se risque pas pour autant à nommer ce phénomène, mais engage les prémices d'une réflexion visant à restreindre le champ de la « décentralisation » aux mesures qui diminuent véritablement les pouvoirs du gouvernement central. Quelques années plus tard, le répétiteur Chantagrel percevra également le fait que ce décret n'était pas du ressort de la décentralisation classique. Ainsi considère-t-il en 1859 qu'il existe « *un autre système de décentralisation, celui de la décentralisation des affaires* »[138] auquel répond ledit décret. La décentralisation des affaires, version édulcorée de la décentralisation, consiste selon lui à « *substituer dans un grand nombre de cas l'autorité du préfet à celle du ministre ou de l'empereur* »[139]. On pressent donc bien que donner plus de pouvoirs aux préfets ne revient pas à donner une plus large autonomie aux collectivités locales, et ce dans la mesure où les préfets sont sous les ordres du

---

[134] BIGOT (Grégoire), *L'Administration française*, Tome 1, *op. cit.*, 2ᵉ éd., 2014, p. 228.
[135] *Idem.*
[136] VIVIEN (Auguste), *Études administratives*, Tome 1, Guillaumin, 2ᵉ éd., 1852, p. 60.
[137] *Idem.*
[138] CHANTAGREL (Jean), *Droit administratif. Questionnaire, résumé et supplément*, Masson, 1859, p. 197.
[139] *Idem.*

gouvernement central. C'est afin de mieux saisir cette réalité que Chantagrel évoque la « décentralisation des affaires ».

C'est toutefois à Aucoc[140] que l'on doit la plus grande avancée sémantique sur ce point – ou du moins celle que l'histoire aura retenue jusqu'à aujourd'hui. Il part en effet du constat, en 1865, que « *la centralisation n'implique pas que tout se fasse par le pouvoir central ; elle implique que tout soit dirigé ou contrôlé par lui* »[141]. Ainsi, « *que l'action émane du pouvoir central lui-même ou qu'elle émane de ses agents sous sa direction, il n'y en a pas moins centralisation* »[142]. Ce qu'Aucoc veut dire, c'est que la centralisation implique uniquement qu'il y ait un centre, c'est-à-dire un pouvoir central, non que toute action émane de lui. La centralisation ne doit ainsi pas être confondue avec la « concentration », qui mène pour sa part à une véritable monopolisation du pouvoir par l'autorité centrale uniquement. Déjà Gérando, en 1835, faisait la différence entre la « centralisation », conçue comme l'action de « *ramener à un centre, en créant et en donnant un centre à ce qui n'en avait pas* », et la « concentration », « *qui exprime l'action de rapprocher du centre existant ce qui en a déjà un* »[143]. Si Gérando ne faisait pas état, à l'inverse, de la « décentralisation » et de la « déconcentration », il n'en reste pas moins qu'il a sans doute été une source d'inspiration pour Aucoc. Appliquant ces différentes distinctions, Aucoc considère que le décret de 1852 dit « de décentralisation » a été mal qualifié car « *les mesures prises par ce décret n'avaient pour objet qu'une* déconcentration »[144]. Parler de déconcentration plutôt que de décentralisation, c'est admettre qu'un État *centralisé* puisse être *déconcentré* et qu'ainsi certaines autorités, placées sur le territoire, puissent exercer certaines prérogatives sans remettre en cause l'idée de centralisation. L'unité de l'État, encore rattachée exclusivement à la centralisation, est ainsi protégée. Dans la mesure où des doutes subsistent encore chez les administrativistes sur la possibilité de concilier décentralisation et unité de l'État, conserver l'idée d'un État centralisé permet sans aucun doute de préserver celle d'un État unitaire.

114. Le recours à la distinction entre centralisation administrative et centralisation politique. Sauvée des eaux, la notion de « centralisation », va faire l'objet d'une nouvelle subdivision : celle entre la centralisation administrative et la centralisation gouvernementale. L'intérêt de cette

140 Sur ce point, v. SAUTEL (Gérard), « Vocabulaire et exercice du pouvoir administratif : aux origines du terme "déconcentration" », *in Mélanges Le pouvoir. Mélanges offerts à Georges Burdeau*, LGDJ, 1977, p. 981 s.

141 CORMENIN (Louis-Marie), *Droit administratif*, Tome 1, *op. cit.*, 5e éd., 1840, p. 88.

142 AUCOC (Léon), *Introduction à l'étude du droit administratif*, Paul Dupont, 1865, p. 64 ; note 1.

143 GÉRANDO (Joseph-Marie de), « Centralisation », *in Encyclopédie des gens du monde*, Tome 5, *op. cit.*, 1835, p. 238.

144 AUCOC (Léon), *Conférences sur l'administration et le droit administratif*, Tome 1, *op. cit.*, 1e éd., 1869, p. 88. L'auteur souligne.

distinction, là encore, est de conserver le plus possible la notion de centralisation, synonyme d'unité de l'État, et ce en dépit des évolutions législatives qui poussent progressivement à l'abandonner. Dans ce sillage, on avance l'idée selon laquelle l'unité de l'État serait en réalité due à l'existence d'une centralisation *gouvernementale*, ce qui laisse la possibilité de procéder à une décentralisation *administrative* sans affecter l'unité de l'État. C'est en réalité Tocqueville qui, dès 1835, systématisera cette distinction. Il tente en effet de remédier au fait selon lequel « *la centralisation est un mot que l'on répète sans cesse de nos jours, et dont personne, en général, ne cherche à préciser le sens* »[145]. Or, il existe selon lui « *deux espèces de centralisation très distinctes* » qu'il convient de ne pas confondre[146]. La première, qu'il appelle la « *centralisation gouvernementale* », consiste dans le fait de « *concentrer dans un même lieu ou dans une même main le pouvoir de diriger [les intérêts] communs à toutes les parties de la nation* »[147]. Il s'agit par exemple des intérêts touchant à la fonction législative ou diplomatique. La seconde, qui répond au nom de « *centralisation administrative* », consiste dans le fait de concentrer de la même façon le pouvoir de diriger les intérêts « *spéciaux à certaines parties de la nation* »[148] comme la commune ou le département. S'il ne saurait « *concevoir qu'une nation puisse vivre* [...] *sans une forte centralisation gouvernementale* », la centralisation administrative n'est selon lui « *propre qu'à énerver les peuples qui s'y soumettent, parce qu'elle tend sans cesse à diminuer parmi eux l'esprit de cité* »[149]. Il s'estime donc favorable à une certaine décentralisation administrative. En revanche, la centralisation gouvernementale doit perdurer si l'on veut conserver le principe de l'unité de l'État. L'unité de l'État est ainsi réduite à l'unité de gouvernement, et l'on retrouve ici la confusion souvent faite à l'époque entre les concepts d'État et de gouvernement[150].

Cette distinction sera accueillie par les administrativistes près de dix années plus tard, preuve qu'elle n'est pas encore audible sous la Monarchie de Juillet. Louis Florent-Lefebvre, avocat à la Cour d'appel de Paris, y consacre même un ouvrage qu'il nomme « *De la décentralisation ou essai d'un système de centralisation politique et de décentralisation administrative* » [151] en 1849 – ce qui démontre la nouveauté et la relative popularité de la notion. Parmi les précurseurs, Dufour est l'un des premiers à la reprendre en 1848 : il fait de cette distinction « *la base de l'organisation à venir* », c'est-à-dire la base de

---

[145] TOCQUEVILLE (Alexis de), *De la démocratie en Amérique*, Tome 1, Bruxelles, Louis Hauman, 1e éd., 1835, p. 133.
[146] *Idem.*
[147] *Idem.*
[148] *Ibid.*, p. 134.
[149] *Ibid.*, p. 135.
[150] Cf. *supra.* § 64 s.
[151] FLORENT-LEFEBVRE (Louis), *De la décentralisation ou essai d'un système de centralisation politique et de décentralisation administrative*, Marescq, 1849, p. 144.

l'organisation de la IIIe République nouvellement installée. Il préconise ainsi de conserver la centralisation gouvernementale mais de tempérer la centralisation administrative[152]. Passée la IIe République, et alors qu'il écrit sous le Second Empire, il ne réitèrera pas de tels propos. Cette distinction va néanmoins permettre, plus tard, de cantonner la décentralisation à l'administration, et ainsi de préserver la centralisation gouvernementale de l'État – et donc son unité. Aucoc, à la fin des années 1860, distingue lui aussi la centralisation politique – qui conduisit à l'édification d'« *un pouvoir unique, se faisant obéir de tout le pays, disposant de l'armée nationale, à la formation de laquelle contribueraient tous les citoyens* », mais également d'« *une législation unique pour toutes les parties du territoire* » ainsi que d'« *un trésor public, une bourse commune formée d'un prélèvement sur les deniers de tous les citoyens* »[153] – de la centralisation administrative.

On le voit, Aucoc opte pour l'adoption de l'expression de « centralisation politique » plutôt que de « centralisation gouvernementale » promue par Tocqueville, ce qui permet d'inclure certes l'existence d'un gouvernement unique, mais également l'unicité du pouvoir législatif, de même que celle de l'armée et du trésor public. Cette formule permet de mettre hors d'atteinte des attributions qui doivent être réservées au pouvoir central, sans quoi l'État perdrait son unité. Il y a là un point important, qui montre que l'unité de l'État n'est plus uniquement liée à celle du gouvernement, mais également à d'autres organes comme le Parlement : l'assimilation entre les concepts d'État et de gouvernement est doucement remise en cause à partir de la fin du XIXe siècle. Si la centralisation administrative doit être atténuée et peut faire l'objet de réformes, la centralisation politique reste en dehors de ces velléités réformatrices. Ainsi l'unité de l'État semble-t-elle préservée. Cette distinction, imaginée par le libéral Tocqueville, a sans doute pu être reprise par Aucoc compte tenu du contexte plus libéral qui caractérise la fin du Second Empire. Car avant cela, ni les ordonnateurs ni les précurseurs n'auraient sans doute imaginé reprendre les propositions de Tocqueville, à l'heure où la préoccupation principale était de mettre hors d'état de nuire les collectivités locales. Cette volonté de neutraliser les corps concurrents à l'État se retrouve également concernant l'Église.

§ 2. *La neutralisation de l'Église*

115. Contrairement aux autres corps intermédiaires, l'Église présente une spécificité tenant à son caractère transnational ; elle n'a pas en principe

---

[152] DUFOUR (Gabriel), *Du pouvoir exécutif*, De Hennuyer, 1848, p. 58.
[153] AUCOC (Léon), *Conférences sur l'administration et le droit administratif*, Tome 1, *op. cit.*, 1e éd., 1869, p. 78.

vocation à s'enfermer dans les frontières d'un État en particulier. En cela, elle a pu de nos jours être perçue comme un ordre juridique distinct de l'État, dotée d'une organisation institutionnelle hiérarchisée, d'un pouvoir d'édicter des règles et de les assortir de sanctions, ainsi que de juridictions[154]. Dans la lignée du Concordat de 1801, les administrativistes vont toutefois participer à intégrer intellectuellement l'Église à l'État. S'il n'est pas question d'anéantir totalement l'Église, il s'agit toutefois de réduire celle-ci à la question des congrégations censées les représenter. D'une certaine manière, l'Église est traitée par les auteurs de la même façon que les associations – que nous étudierons ensuite[155]. Les auteurs de droit administratif, dans la lignée du pouvoir en place, défendent à cet égard la doctrine du gallicanisme (**A**), dont l'un des ressorts vise à placer l'Église dans un rapport de subordination vis-à-vis de l'État (**B**). De cette façon, l'Église, intégrée et contrôlée par l'État, est mise hors d'état de nuire.

A- **La défense du gallicanisme**

116. Déjà présente sous l'Ancien Régime, la doctrine du gallicanisme, laquelle contient en germe la prédominance de l'État sur l'Église, sera largement défendue par les administrativistes au XIXe siècle. Elle se caractérise par l'appréhension objective de la question religieuse, en dehors de la question des libertés (**1**), et ainsi par une division claire entre pouvoirs temporel et spirituel (**2**), propre à affirmer la primauté du premier sur le second.

1- *L'appréhension objective de la question religieuse*

117. Présentation de la doctrine gallicane. Loin d'être le fruit de la loi du 9 décembre 1905 sur la séparation des Églises et de l'État, la distinction entre les pouvoirs temporel et spirituel est bien plus ancienne. Dès 1329, Pierre de Cugnières, plaidant contre les empiètements des juridictions ecclésiastiques devant l'assemblée de Vincennes, proclame : « *Rendez à César ce qui est à César, et à Dieu ce qui est à Dieu ; or, la* temporelle puissance *appartient au roi, et la* spirituelle *aux évêques* »[156]. En réalité, cette distinction est inhérente à la religion chrétienne puisque la Bible elle-même y fait référence. C'est ce qui a notamment mené Marcel Gauchet à dire que le christianisme était « *la*

---

[154] SILD (Nicolas), *Le Gallicanisme et la construction de l'État (1563-1905)*, Thèse, Institut Universitaire Varenne, 2016, p. 24.
[155] Cf. *infra*. § 123.
[156] Discours de Pierre de CUGNIÈRES cité par DUCROCQ (Théophile), *Cours de droit administratif et de législation française des finances*, Tome 3, *op. cit.*, 7e éd.,1898, p. 449. Nous soulignons.

religion de la sortie de la religion »[157], puisqu'elle admet elle-même qu'elle ne peut prétendre régir tous les domaines de la vie humaine et sociale. Mais c'est à partir du XIVe siècle que l'idée d'une séparation entre deux sphères, l'une spirituelle, l'autre temporelle, se généralise. Cette séparation sera le fondement du gallicanisme, doctrine religieuse majoritaire en France du XIVe au XVIIIe siècle, qui postule non seulement « *l'existence d'une Église de France autonome dans son fonctionnement vis-à-vis du Saint-Siège* » mais également la non-immixtion du pape « *dans le gouvernement des affaires temporelles* »[158]. Le gallicanisme permet de poser la primauté du pouvoir temporel sur le pouvoir spirituel. En d'autres termes, et selon les mots de Nicolas Sild, « *le gallicanisme postule* [...] *l'existence d'une Église de France autonome dans son fonctionnement, vis-à-vis du Saint Siège, sans jamais rompre les liens qui l'unissent au pape* »[159]. Il permet également l'intervention du pouvoir étatique – temporel – dans les affaires religieuses de l'Église de France[160]. Cette doctrine s'oppose ainsi à l'ultramontanisme qui promeut la subordination de la puissance temporelle à la puissance spirituelle. En réalité, le gallicanisme, « codifié » par Pierre Pithou dans les *Libertés de l'Église gallicane* de 1594, qui inspira plus tard la Déclaration des Quatre articles de 1692 rédigée par Bossuet, innerve encore la pensée religieuse et politique du XIXe siècle ; il se poursuit indubitablement avec le Concordat de 1801 dont nous serons amenés à examiner quelques dispositions.

118. La question religieuse appréhendée en dehors des libertés. Dans le champ du droit administratif, le gallicanisme est défendu par l'ensemble des auteurs du XIXe siècle. Il permet de développer leur pensée d'État en matière religieuse. En témoigne en premier lieu la façon dont l'Église, et plus largement la question religieuse, est appréhendée dans leurs différents ouvrages. Plusieurs angles de vue étaient en effet possibles pour aborder cette question. Il était possible de partir de l'article 10 de la Déclaration des droits de l'Homme et du citoyen qui dispose que « *Nul ne doit être inquiété pour ses opinions, même religieuses, pourvu que leur manifestation ne trouble pas l'ordre public établi par la Loi* ». Cet article s'est d'ailleurs vu conforter par l'article 5 de la Charte constitutionnelle de 1814 et par l'article 5 de la Charte constitutionnelle de 1830, rédigés dans les mêmes termes[161]. La question se poserait alors en termes de droits et libertés des individus, notamment via la liberté de conscience ; il s'agirait de cerner son étendue et ses limites d'un point de vue subjectif. Même si, au XIXe siècle, la Déclaration n'a pas la

[157] GAUCHET (Marcel), *Le désenchantement du monde. Une histoire politique de la religion*, Gallimard, 1985.
[158] SILD (Nicolas), *Le Gallicanisme et la construction de l'État (1563-1905)*, *op. cit.*, 2016, p. 6-7.
[159] *Ibid.*, p. 11.
[160] *Ibid.*, p. 16.
[161] « Chacun professe sa religion avec une égale liberté, et obtient pour son culte la même protection. »

valeur juridique qu'on lui reconnait aujourd'hui, sa dimension symbolique est indéniable. Mais la forte empreinte du gallicanisme, mêlée à leur considération toute relative pour les libertés individuelles[162] n'a toutefois pas conduit les administrativistes dans cette voie : mis à part Foucart, aucun auteur n'aborde la question religieuse à partir de la liberté de conscience et de culte. Ils restent en cela *a priori* fidèles au gallicanisme, qui s'attache davantage à un prisme objectif fondé sur l'existence de deux sphères indépendantes – l'une temporelle, l'autre spirituelle[163] – et perpétuent la tradition des légistes de l'Ancien Régime[164], dont la pensée était elle aussi imprégnée des préceptes gallicans[165].

Dans les traités et manuels de droit administratif du XIXe siècle, la question religieuse est en effet majoritairement abordée via le recours « d'appel comme d'abus ». Présent dès l'Ancien Régime, « l'appel comme d'abus » était alors utilisé pour « *réprimer les empiètements quelconques de l'autorité ecclésiastique vis-à-vis du pouvoir civil* »[166] devant les Parlements. Il fut restauré par les articles 6 et 7 du Concordat du 26 messidor an IX (15 juillet 1801), retranscrits par les articles organiques de la loi du 18 germinal an X (8 avril 1802). Ce recours, formé devant le Conseil d'État, vise alors à sanctionner tant les abus ecclésiastiques que les abus civils ; il sert en effet à « *maintenir les limites des deux puissances, et à empêcher que l'une n'usurpe sur l'autre* »[167]. C'est donc par le biais de ce recours que la question religieuse est abordée chez Macarel[168], chez les précurseurs comme Serrigny[169] et Ducrocq[170] ou même par les répétiteurs comme Pradier-Fodéré[171],

---

162 Cf. *supra*. § 93.

163 En témoigne le *Traitez des droits et des libertez de l'église gallicane* de Pierre Pithou, p. 231 : « *Que des deux puissances ordonnées de Dieu pour le salut des hommes, & la tranquillité publique, l'une regarde le spirituel, l'autre le temporel, & combien qu'elles fraternifient & s'aident mutuellement, l'une soit nécessaire à l'autre,* [...] *toutefois leurs fonctions sont tellement différentes, que si elles étaient confondues, s'en ensuivrait confusion universelle, en l'estat Ecclesiastique & politique* ».

164 V. par exemple DOMAT (Jean), *Les Loix civiles dans leur ordre naturel, le droit public, et legum delectus*, Hérissant, 1705, p. xiii.

165 SILD (Nicolas), *Le Gallicanisme et la construction de l'État (1563-1905)*, *op. cit.*, 2016, p. 340 s.

166 ROUSSEL (Charles), « Un récent appel comme d'abus », *RDP*, 1894, Tome 1, p. 242.

167 SERRIGNY (Denis), *Traité de l'organisation de la compétence et de la compétence en matière contentieuse administrative*, Tome 1, Auguste Durand, 2e éd., 1865, p. 172.

168 MACAREL (Louis-Antoine), *Cours d'administration et de droit administratif*, Tome 2, *op. cit.*, 2e éd., 1852, p. 384 s.

169 SERRIGNY (Denis), *Questions et traités de droit administratif*, *op. cit.*, 1854, p. 1 s.

170 DUCROCQ (Théophile), *Cours de droit administratif*, *op. cit.*, 3e éd., 1868, p. 305 s.

171 PRADIER-FODÉRÉ (Paul), *Précis de droit administratif*, Guillaumin, 7e éd., 1872, p. 494 s.

Cabantous[172] ou encore Chantagrel[173]. Elle est occasionnellement abordée via les attributions de l'État dans les cultes chez Gérando[174] et Dufour[175], ou encore chez F. Laferrière par l'organisation et la séparation des pouvoirs spirituel et politique[176]. Ce prisme objectif témoigne selon nous de la prégnance du gallicanisme dans leur pensée. L'analyse ne prend donc pas pour point de départ l'individu et ses libertés, mais l'organisation objective des pouvoirs répartis entre l'État et l'Église, dans la lignée de l'ancien droit administratif. L'empreinte du gallicanisme est également mise en lumière par l'usage de l'expression d'un « Droit public ecclésiastique », chez des auteurs comme F. Laferrière[177], Dufour[178], Gougeon[179] ou encore Ducrocq[180], qui démontre à quel point le phénomène religieux est saisi par le droit public, c'est-à-dire par l'État. En en faisant une branche du droit public, le droit ecclésiastique semble ainsi se mettre sous la coupe, au moins dans une certaine mesure, du pouvoir temporel. Il est en tout état de cause un objet du droit administratif, comme il l'était sous l'Ancien Régime à travers les traités de Police[181], lesquels établissaient « *la liste des matières dans lesquelles l'État était légitime à intervenir en qualité d'administrateur de l'ordre et de dispensateur du bonheur, tout en traçant la frontière au-delà de laquelle l'encadrement juridique des activités privées par la puissance publique devait cesser* »[182].

2- *La séparation des pouvoirs temporel et spirituel*

119. L'empreinte du gallicanisme chez les auteurs qui sera propre, nous le verrons[183], à affirmer la primauté de l'État sur l'Église, est révélée par leur attachement constant à la séparation des pouvoirs temporel et spirituel, c'est-à-dire à la distinction claire et objective de deux sphères d'action autonomes.

---

172 CABANTOUS (Louis), *Répétitions écrites sur le droit administratif*, Marescq, 1863, p. 588 s.
173 CHANTAGREL (Jean), *Droit administratif théorique et pratique*, *op. cit.*, 2e éd., 1859, p. 190 s.
174 GÉRANDO (Joseph-Marie de), *Institutes du droit administratif français*, Tome 2, *op. cit.*, 2e éd., 1842, p. 1 s.
175 DUFOUR (Gabriel), *Traité général de droit administratif*, Tome 5, *op. cit.*, 2e éd., 1856, p. 1 s.
176 LAFERRIÈRE (Firmin), *Cours de droit public et administratif*, *op. cit.*, 2e éd., 1841, p. 59 s.
177 *Idem.*
178 DUFOUR (Gabriel), *Traité général de droit administratif appliqué*, Tome 5, *op. cit.*, 2e éd., 1856, p. 52.
179 GOUGEON (Charles), *Cours de droit administratif*, *op. cit.*, 1847, p. 549.
180 DUCROCQ (Théophile), *Cours de droit administratif*, *op. cit.*, 3e éd., 1868, p. 309.
181 V. DELAMARE (Nicolas), *Traité de la police*, Tome 1, J. et P. Cot, 1705, p. 267 s.
182 PLESSIX (Benoît), « Nicolas Delamare ou les fondations du droit administratif français », *Droits*, 2003, n° 38, p. 124.
183 Cf. *infra*. § 120 s.

Chez l'ensemble des auteurs, il est donc classique d'opérer la distinction entre ces deux sphères. Cela se retrouve chez les ordonnateurs. Gérando évoque ainsi les « *limites légales entre l'autorité civile et l'autorité ecclésiastique* »[184] quand Macarel, plus disert, estime que « *la religion, si nécessaire au bonheur des hommes, garde, dans notre pays, sa légitime domination sur les consciences ; elle n'y peut dépasser les limites assignées à la puissance spirituelle* »[185]. Déjà Portiez de l'Oise exprimait l'idée selon laquelle « *les Rois et les Princes ne sont point soumis, pour leur temporel* (sic), *à la puissance ecclésiastique, et ils ne peuvent être déposés directement ni indirectement, par l'autorité des chefs de l'église, ni leurs sujets exemptés de la fidélité et de l'obéissance qu'ils leur doivent* »[186]. Les autorités politiques doivent donc être en capacité d'exercer leur pouvoir en toute indépendance, sans que le pouvoir spirituel puisse y exercer une quelconque influence. De surcroit, les autorités religieuses ne doivent pas s'immiscer dans la relation entre l'État et les citoyens, car alors elles outrepasseraient les limites de la sphère spirituelle.

L'idée classique d'une séparation entre la puissance temporelle et la puissance spirituelle se poursuit ainsi tout au long du XIXe siècle, tous les auteurs y faisant référence, de Bouchené-Léfer[187] à Ducrocq[188] en passant par Laferrière[189] et Foucart. Ce dernier s'emploie même à définir ce que revêt pour lui la puissance spirituelle : régissant les domaines de l'esprit, il lui appartient « *de décider ce qu'il faut croire et ce qu'il faut pratiquer dans l'ordre de la religion* »[190]. Quant au pouvoir temporel, qui relève de la finitude de la vie des hommes, il « *règle les matières purement humaines* »[191]. Ce dernier, exercé par l'État, régit la vie extérieure des hommes quand le pouvoir spirituel, exercé par l'Église, prétend régir leur vie intérieure. La distinction entre les pouvoirs spirituel et temporel, reproduite par tous les auteurs, outre qu'elle marque leur attachement au gallicanisme, n'est que la première étape de la reconnaissance d'une supériorité de l'État sur l'Église.

---

184 GÉRANDO (Joseph-Marie de), *Institutes du droit administratif*, Tome 2, *op. cit.*, 2e éd., 1842, p. 8.

185 MACAREL (Louis-Antoine), *Cours d'administration et de droit administratif*, Tome 2, *op. cit.*, 2e éd., 1852, p. 385.

186 PORTIEZ DE L'OISE (Louis-François-René), *Cours de législation administrative*, Tome 1, *op. cit.*, 1808, p. 165.

187 BOUCHENÉ-LEFER (Adèle-Gabriel-Denis), *Principes et notions élémentaires pratiques de droit public-administratif*, *op. cit.*, 1862, p. 8 : « *indépendamment de la puissance publique civile ou politique* [...] *il existe, dans les sociétés organisées, une puissance spirituelle ou religieuse.* »

188 DUCROCQ (Théophile), *Cours de droit administratif*, *op. cit.*, 3e éd., 1868, p. 306.

189 LAFERRIÈRE (Firmin), *Cours de droit public et administratif*, *op. cit.*, 2e éd., 1841, p. 82.

190 FOUCART (Émile-Victor), *Éléments de droit public et administratif*, Tome 1, Videcoq, 2e éd., 1839, p. 412.

191 *Idem.*

B- La supériorité de l'État sur l'Église

120. Contenue en germe dans la doctrine gallicane, la supériorité de l'État sur l'Église se concrétise chez les administrativistes du XIXe siècle par l'intégration de l'Église au sein de l'État (**1**) ainsi que par la réduction de l'Église à la question des associations, et plus particulièrement des congrégations religieuses (**2**).

1- *L'intégration de l'Église à l'État*

121. S'il l'on a pu voir à quel point la distinction objective entre le pouvoir temporel et le pouvoir spirituel importait pour les administrativistes du XIXe siècle, reste à savoir comment ils ont réussi à soumettre au sein des frontières étatiques le pouvoir spirituel au pouvoir temporel. Le problème est parfaitement posé par un précurseur comme Trolley, dont l'énoncé permet également de saisir la proximité des enjeux propres à l'Église avec ceux des associations. Il énonce ainsi qu'« *on avait à craindre que l'église catholique, avec sa vaste organisation, et la secrète et profonde influence qu'elle exerce sur la société religieuse, ne fût quelquefois un embarras et un danger* »[192]. De façon claire, Trolley montre à quel point l'État a pu craindre de se faire concurrencer dans l'exercice de son pouvoir. Rapidement, il désamorce toutefois cette crainte, en rappelant avant tout leurs domaines distincts d'action : « *l'église est une puissance. Mais c'est dans le sanctuaire et dans le domaine de la conscience* »[193]. Dès lors, il en conclut que « *hors du temple et dans l'État, c'est un simple citoyen soumis aux lois et protégé par elles* »[194]. Si donc l'Église, sur le plan spirituel, constitue indéniablement une puissance, elle ne peut véritablement faire face à l'État. L'Église perd alors son caractère de puissance pour se perdre dans la société.

L'idée selon laquelle l'Église constituerait un danger pour l'État a été développée à de nombreuses reprises par les administrativistes. Déjà Portiez de l'Oise faisait de la surveillance des cultes par l'État une véritable nécessité, sous peine de voir certains cultes « *dégénérer en conspiration sourde contre l'État* »[195]. L'ensemble des pouvoirs de surveillance répond selon les auteurs à une nécessité « *d'ordre social* »[196] ou encore à un impératif de « *paix publique* »[197]. Cela montre à quel point l'État jouit alors d'une supériorité vis-à-vis de l'Église. Jamais l'État n'est en effet présenté comme un danger pour

---

[192] TROLLEY (Alfred), *Cours de droit administratif*, Tome 1, *op. cit.*, 1844, p. 94.
[193] *Idem.*
[194] *Ibid.*, p. 95.
[195] PORTIEZ DE L'OISE (Louis-François-René), *Cours de législation administrative*, Tome 1, *op. cit.*, 1808, p. 158.
[196] DUCROCQ (Théophile), *Cours de droit administratif*, *op. cit.*, 3e éd., 1868, p. 306.
[197] PRADIER-FODÉRÉ (Paul), *Précis de droit administratif*, *op. cit.*, 7e éd., 1872, p. 495.

l'Église. Ainsi, lorsqu'ils présentent le recours comme d'abus, et bien que celui-ci soit en principe destiné à éviter tous les empiètements tant du pouvoir spirituel que du pouvoir temporel, il est en réalité majoritairement utilisé et étudié comme un instrument *au service de l'État* contre les empiètements de l'Église – et rarement l'inverse. Le fait que le Conseil d'État, autorité purement temporelle, soit chargé de trancher les conflits, est révélateur de cette asymétrie[198]. Cette asymétrie est même défendue par un certain nombre d'auteurs comme Macarel ou Vivien. Le premier fait en effet du droit de surveillance des cultes une attribution propre de l'État, qui tient à « *l'essence même de sa souveraineté* »[199]. Il en déduit que « *c'est à lui qu'il appartient d'empêcher ou de faire cesser les collisions qui peuvent naître entre les deux puissances* »[200]. L'État n'est donc pas à égalité avec l'Église, dans la mesure où il est à la fois partie au conflit, mais également arbitre de ce même conflit. On aurait pu imaginer que ces conflits entre deux puissances aient été du ressort d'une entité tierce et neutre, composée paritairement de membres de la puissance temporelle et de membres de la puissance spirituelle. Il n'en est rien. L'État garde, dans le prolongement de l'Ancien Régime, un pouvoir de « *police ecclésiastique* »[201] – même si le terme n'est plus utilisé – capable de fonder l'appel comme d'abus[202].

Dans ce même sillage, et alors que s'élève au milieu du XIXe siècle un débat sur la valeur de certains articles organiques – destinés à compléter les dispositions du Concordat –, Vivien considère qu'« *il appartient au pouvoir politique de juger quelles questions appartiennent à son domaine* »[203]. En d'autres termes, ce n'est pas à l'Église de fixer la répartition concrète des compétences entre le pouvoir temporel et le pouvoir spirituel, mais à l'État seul. Cette position entre en résonance avec l'idée défendue notamment par Foucart selon laquelle « *ce n'est pas l'État qui est dans l'Église, mais l'Église dans l'État* »[204]. En réalité, Foucart ne fait que reprendre les différents principes dégagés par Guizot et auxquels il adhère parfaitement : « *c'est à [l'État] de donner à la société religieuse la forme, les institutions qui*

[198] Sur le rôle du Conseil d'État à propos des questions religieuses tout au long du XIXe siècle, v. BASDEVANT-GAUDEMET (Brigitte), DAMIEN (André), TOUZERY (Robert) et LONG (Marceau), « Le Conseil d'État et les questions religieuses au XIXe siècle », *La Revue administrative*, 1999, n° 2, p. 16 s.

[199] MACAREL (Louis-Antoine), *Cours d'administration et de droit administratif*, Tome 2, *op. cit.*, 2e éd., 1852, p. 385.

[200] *Idem.*

[201] COQUILLE (Guy), *Les Œuvres de Maistre Guy Coquille Sieur de Romenay contenant plusieurs traitez touchant les Libertez de l'Eglise Gallicane*, Bordeaux, Labottière, 1646 ; CHOPPIN (René), *Traité de la police ecclésiastique*, Coutterot, 1662.

[202] SILD (Nicolas), *Le Gallicanisme et la construction de l'État (1563-1905)*, *op. cit.*, 2015, p. 340.

[203] VIVIEN (Auguste), *Études administratives*, Tome 2, Guillaumin, 3e éd., 1859, p. 271.

[204] FOUCART (Émile-Victor), *Éléments de droit public et administratif*, Tome 1, *op. cit.*, 2e éd., 1839, p. 401.

conviennent le mieux à la société générale. »[205] On ne saurait exprimer de façon plus claire la subordination de l'Église vis-à-vis de l'État, et même l'*intégration* de l'Église à l'État. F. Laferrière ira même plus loin en ce sens en affirmant que « *notre organisation politique comprend les pouvoirs législatif, exécutif, judiciaire, religieux* »[206]. Le pouvoir religieux est intégré à l'État ; il est un pouvoir comme un autre et n'appartient donc pas à l'Église. La soumission du pouvoir spirituel au pouvoir temporel est ici totale. Il ira jusqu'à considérer que « *l'Église est dans l'État* » : ce faisant, « *l'État la protège ; mais il protège aussi sa propre indépendance* »[207]. L'intégration de l'Église dans l'État permet donc indéniablement de la surveiller et d'assoir la supériorité de l'État vis-à-vis d'elle. Elle justifie, plus concrètement, le contrôle des différents groupements à objet religieux par l'État, telles que les fabriques, les congrégations, etc.

2- *L'Église réduite aux congrégations religieuses*

122. Dès la Révolution, la question des congrégations religieuses, pourtant dotées de pouvoirs spécifiques[208], se pose dans les mêmes termes que celle des jurandes et corporations ; « *c'est l'existence de corps intermédiaires qui est dans les deux cas visée* »[209]. La question religieuse est absorbée par la nécessité première de conjurer l'existence de corps intermédiaires entre l'État et l'individu. Pierre Rosanvallon soutient l'idée selon laquelle la suppression des congrégations n'est pas liée à un sentiment antireligieux, mais davantage à une volonté de libérer les individus des groupements corporatifs[210]. La distinction entre le pouvoir temporel et le pouvoir spirituel vient donc au soutien de la volonté de surveiller les différents groupements, en l'occurrence religieux, dans la mesure où, comme l'enseigne Foucart, « *dès que les croyances cessent d'être individuelles, dès qu'elles donnent naissance à des associations, celles-ci tombent sous l'atteinte du pouvoir temporel, seul véritable pouvoir* »[211]. C'est ici l'idée d'association, quelle qu'elle soit, qui est avant tout visée. Il y a là, toujours dans la perspective d'une pensée d'État, la volonté de faire de l'État la seule entité capable de modeler le social en soumettant toute activité qui dépasse le seul caractère individuel (comme les associations) à la surveillance de l'État. C'est à l'occasion de l'étude des

---

[205] *Idem.*
[206] LAFERRIÈRE (Firmin), *Cours de droit public et administratif*, *op. cit.*, 2e éd., 1841, p. 17.
[207] *Ibid.*, p. 94.
[208] Sur ce point et sur les congrégations religieuses en général, v. MACHELON (Jean-Pierre), « L'État et les congrégations religieuses », *La Revue Administrative*, 1984, n° 221, p. 443 s.
[209] ROSANVALLON (Pierre), *Le modèle politique français*, *op. cit.*, 2004, p. 30.
[210] *Idem.*
[211] FOUCART (Émile-Victor), *Éléments de droit public et administratif*, Tome 1, *op. cit.*, 2e éd., 1839, p. 401.

congrégations religieuses de femmes, qui doivent faire l'objet d'une autorisation depuis la loi du 24 mai 1825, que Macarel développe les propos les plus incisifs sur les relations entre l'État et les différents groupements, qu'ils soient religieux ou politiques. Ces dernières doivent selon lui faire l'objet d'une surveillance spéciale par l'État, compte tenu de leur objet. Et pour cause, écrit-il, « *il peut être à craindre que les liens volontaires qui nous unissent à une association cosmopolite, devenue la famille de notre choix, ne nous détachent de la grande famille de l'État* »[212]. L'État est ainsi la famille de chaque individu ; il est la famille que nous n'avons pas choisie mais qui nous a fait grandir, ce qui évoque à certains égards la figure d'un « *État paternel* »[213], déjà présent sous l'Ancien Régime.

Cela justifie plus concrètement le contrôle que l'État peut exercer sur les divers groupements amenés à le concurrencer et à l'emporter sur « *l'intérêt permanent de l'État* »[214]. L'argumentation de Macarel ne semble ici pas reliée à un sentiment anticlérical, mais bien à la volonté de dissoudre tous les groupements considérés comme dangereux pour l'autorité de l'État. Cela est encore plus frappant chez un précurseur comme Serrigny, pour qui le problème des congrégations religieuses s'intègre dans une réflexion plus générale sur les associations. Il ne fait apparaitre aucune différence fondamentale de nature entre ces deux types de groupements. Il note ainsi simplement que si « *la conciliation du droit individuel et du droit social est difficile en matière d'association* », celle-ci « *augmente quand le but de cette association est la religion* »[215]. La différence entre une association non-religieuse et une association religieuse semble donc uniquement être une différence de degré, et non de nature, si bien que les raisonnements valables pour les unes sont *a fortiori* valables pour les autres. Il y a lieu, dès lors, d'étudier de façon globale l'appréhension des associations par les auteurs, tant elle suscite des développements similaires.

§ 3. *La neutralisation des associations*

123. Les administrativistes du XIXe siècle, alimentés par leur étatisme-libéral propre à faire prévaloir l'intérêt de l'État sur les intérêts (et *a fortiori* les libertés) des individus, adoptent une conception relativement restrictive des libertés d'association et de réunion, en se montrant particulièrement

---

212 MACAREL (Louis-Antoine), *Cours d'administration et de droit administratif*, Tome 2, *op. cit.*, 2e éd., 1852, p. 397.

213 V. LEGENDRE (Pierre), « La facture historique des systèmes. Notations pour une histoire comparative du droit administratif français », *Revue internationale de droit comparé*, 1971, n° 23, p. 18 s.

214 *Idem.*

215 SERRIGNY (Denis), *Traité du droit public des français*, Tome 1, Joubert, 1846, p. 505.

hostiles aux groupements d'individus. Parmi tous les groupements, nous nous limiterons donc à l'étude du discours des administrativistes sur la question des associations, qui, de loin, mobilise le plus de commentaires. Il faut toutefois ici noter que d'autres groupements d'individus existent au XIXe siècle, comme les syndicats[216], mais leur importance est limitée. L'analyse des écrits des ordonnateurs comme des précurseurs à propos des associations permet en tout état de cause de saisir à quel point leur pensée d'État est largement prégnante : il s'agit dans une large mesure de légitimer le droit existant en justifiant le fait que les associations comportent un danger pour l'État. Leur façon d'appréhender les associations (**A**), de même que les développements substantiels qui y sont consacrés, lesquels révèlent une crainte à leur égard (**B**), en témoignent.

A- L'appréhension étatiste-libérale des associations

124. On pourrait croire au premier abord que le basculement entre les ordonnateurs et les précurseurs conduit à un changement dans la façon d'appréhender la question des associations. On dit par exemple de Foucart, l'un des chefs de file des précurseurs, qu'il a en partie renouvelé l'étude du droit administratif en laissant une part plus grande aux libertés individuelles[217]. Cette césure mérite d'être éprouvée à l'aune de la question des associations. Il apparait toutefois qu'entre les ordonnateurs (**1**) et les précurseurs (**2**), le rapport soit plus à la continuité qu'à la rupture : les deux générations sont en effet empreintes d'un étatisme-libéral certain, où les libertés ne sont défendues qu'en tant qu'elles renforcent la légitimité et l'autorité de l'État.

1- *La négation de la liberté d'association chez les ordonnateurs*

125. L'absence de la liberté d'association. Pour soutenir l'idée selon laquelle les administrativistes du XIXe siècle auraient contribué à la neutralisation des associations, la première question à se poser est celle de savoir par quel prisme elles ont été appréhendées. Il s'agit ici de jauger l'empreinte des idées libérales dans la littérature du droit administratif de l'époque. À cet égard, on peut *a priori* convenir que si les associations sont

---

[216] Par cette expression, les auteurs visent un groupement de propriétaires qui se forme pour mener à bien la procédure de dessèchement d'un marais, par exemple. Ils ne doivent donc pas être confondus avec les syndicats que l'on connait aujourd'hui, ceux-ci n'ayant émergé qu'à partir de la fin du XIXe siècle.

[217] TOUZEIL-DIVINA (Mathieu), *Le doyen Foucart (1799-1860), un père du droit administratif moderne*, ANRT, 2014, p. 472.

appréhendées via la liberté d'association, cela diffère d'une approche d'ordre institutionnel, fondée sur leur contrôle par l'administration centrale par exemple. Encore faut-il préciser qu'un certain nombre d'auteurs n'aborde pas même cette question, à l'instar des répétiteurs comme Chantagrel, Cabantous ou encore Bœuf, ou des ordonnateurs et précurseurs comme Cormenin, Chauveau[218] ou Vivien[219]. Mais en dehors de ces auteurs, tous les autres consacrent quelques développements aux associations, comprises comme des entités privées d'intérêt collectif, propres à regrouper un certain nombre d'individus. La place qu'elles occupent, la section dans laquelle elles sont intégrées dans les ouvrages, s'avère fondamentale pour comprendre le traitement dont elles feront l'objet.

Pendant les premières décennies du XIXe siècle, le thème des associations n'est pas abordé en droit administratif *via* la liberté d'association. Cela ne peut guère étonner, notamment compte tenu du traitement juridique de cette liberté. Ignorée par les révolutionnaires, la liberté d'association fait l'objet d'une reconnaissance *a minima* avec la loi du 21 août 1790 qui proclame le droit pour les citoyens « *de s'assembler paisiblement et de former entre eux des sociétés libres* »[220]. Les associations professionnelles, héritières des corporations de l'Ancien Régime, sont quant à elles strictement interdites par la loi Le Chapelier du 17 juin 1791. Quelques années plus tard, en 1795, la Constitution du 5 fructidor an III pose en son article 360 le principe selon lequel « *il ne peut être formé de corporations ni d'associations contraires à l'ordre public* ». Jusqu'à la Révolution de 1848, le régime des associations ne fera que se durcir. Sous l'Empire, l'avènement du Code pénal napoléonien fait naitre l'article 291, qui soumet à l'autorisation préalable du gouvernement toute association de plus de 20 personnes, qu'importe son objet[221], autorisation qui s'étend par la suite à toutes les associations[222]. C'est donc dans ce contexte

---

[218] Quant à Cormenin et Chauveau, le prisme contentieux qu'ils adoptent est sans doute à l'origine de cette omission.

[219] Dans ses *Études administratives*, Vivien n'étudie qu'un nombre limité de thèmes comme les fonctionnaires publics, le Conseil d'État et le Préfet de police. Visiblement intéressé par la législation sur les théâtres, à laquelle il consacra quelques années plus tôt un *Traité* tout entier, il ajoute aussi dans ses *Études* une partie sur la législation théâtrale. Bien que le thème des théâtres se rapproche d'une certaine façon de celui des associations, tant ils constituent des entités qui doivent être placés sous la surveillance des administrateurs, Vivien n'y fait pas référence. V. VIVIEN (Auguste), *Études administratives*, *op. cit.*, 1e éd., 1845.

[220] Décret des 13-19 novembre 1790 *qui déclare que tous les citoyens ont droit de s'assembler et de former des sociétés libres*, *Rec. Duvergier*, 1834, Tome 2, p. 19.

[221] Article 291 Code pénal (12 août 1810) : « *Nulle association de plus de vingt personnes, dont le but sera de se réunir tous les jours ou à certains jours marqués pour s'occuper d'objets religieux, littéraires, politiques ou autres, ne pourra se former qu'avec l'agrément du gouvernement, et sous les conditions qu'il plaira à l'autorité publique d'imposer à la société. Dans le nombre de personnes indiqué par le présent article, ne sont pas comprises celles domiciliées dans la maison où l'association se réunit.* »

[222] Cette nécessaire autorisation pour l'ensemble des associations, même celles de moins de 20 personnes, est portée par l'article 291 du Code pénal dans sa version issue de la loi du 10 avril

de prohibition des associations que les premiers auteurs de droit administratif s'inscrivent, ce qui explique sans doute l'absence de référence à la liberté d'association dans leurs ouvrages. Au-delà d'un auteur comme Cormenin qui, on l'a vu, ne pose pas le problème des associations, il convient de s'intéresser plus précisément à l'endroit même, au sein des ouvrages, où le problème des associations est abordé. Chez un ordonnateur comme Gérando par exemple, les associations sont appréhendées dans la section propre à la tutelle administrative, c'est-à-dire via le « *patronage* » ou encore la « *protection et la surveillance* »[223] qu'exerce l'État sur elles. Les associations deviennent ainsi l'objet de développements en ce qu'elles constituent une attribution de l'administration étatique ; elles sont loin d'être conçues comme un contre-pouvoir, ou comme une entité véritablement distincte de l'État. Il n'y a donc pas de face à face entre l'État d'une part et les associations d'autre part : les associations sont d'une certaine façon intégrées, si ce n'est absorbées, à l'activité administrative proprement dite.

Cela témoigne de la véritable emprise que doit détenir l'État sur les activités de la société ; l'État est le point de départ de toute réflexion. Cela se retrouve chez Macarel qui aborde le thème des associations dans une section consacrée au Conseil d'État, non considéré comme une juridiction, mais comme une branche de l'administration générale et centrale – au même titre par exemple que le Ministère de l'Agriculture ou encore celui des Travaux publics. La question des associations intègre plus précisément les « attributions administratives » du Conseil d'État[224]. Là encore, la question n'est pas posée à travers un face à face avec la puissance publique, mais par le traitement qu'en fait l'État lui-même, via son administration. Le prisme adopté révèle, outre la prégnance de la tradition des Traités de Police de l'Ancien Régime, la volonté de mettre en exergue la contrainte administrative qui pèse sur les associations.

126. La marque de l'étatisme-libéral. Il est relativement aisé de comprendre pourquoi les administrativistes du XIXe siècle n'examinent pas la question des associations par le prisme des libertés. Cela tient selon nous à leur conception des libertés. Loin d'être opposés à la reconnaissance de

---

1834, *Bulletin des lois de la République française*, 1834, Tome VI, p. 25 : « *Nulle association de plus de vingt personnes, dont le but sera de se réunir tous les jours ou à certains jours marqués* ***ou non marqués*** *pour s'occuper d'objets religieux, littéraires, politiques ou autres, ne peut se former qu'avec l'agrément du gouvernement et sous les conditions qu'il plait à l'autorité publique d'imposer à la société.* ***Cette disposition est applicable alors même que l'association serait partagée en section de moins de vingt membres. L'autorisation donnée par le gouvernement est toujours révocable*** ». Nous avons marqué en gras les dispositions ajoutées par la loi du 10 avril 1834.

[223] GÉRANDO (Joseph-Marie de), *Institutes du droit administratif français*, Tome 2, *op. cit.*, 1e éd., 1829, p. 172.

[224] MACAREL, *Cours d'administration et de droit administratif*, Tome 2, *op. cit.*, 2e éd., 1852, p. 393.

libertés de façon générale, tant ces auteurs sont assurément « *attachés à la liberté et aux droits individuels* »[225], c'est toutefois leur étatisme qui domine. Bien que la Révolution ait laissé son empreinte libérale, elle ne peut faire table rase de la profonde tradition des légistes de l'Ancien Régime, laquelle se perpétue – tout en s'adaptant – au XIXe siècle. Face à l'État, l'administré apparait donc comme un « *citoyen amputé* »[226] ; il ne peut pas compter sur la réalisation concrète de ses libertés. De façon générale, les libertés sont défendues tant qu'elles ne viennent pas remettre en cause l'assise et la légitimité étatique. C'est en ce sens qu'il faut entendre leur étatisme-libéral. Il s'agit avant tout pour eux de faire fructifier leur pensée d'État sans pour autant négliger les libertés des individus. Leur étatisme n'est donc pas synonyme d'autoritarisme : alors même que la liberté d'association recèle un risque particulièrement élevé compte tenu de sa dimension collective, elle est reconnue dans son principe.

En tout état de cause, la protection des libertés n'est donc pas antinomique d'un État fort. La littérature du droit administratif du XIXe siècle en témoigne. Il suffit par exemple de citer Cormenin, qui considère que « *ceux qui aiment le plus la liberté sérieuse et développée sont ceux qui aiment le plus aussi un pouvoir régulier et fort* »[227]. Tout se passe comme si les libertés individuelles ne pouvaient exister qu'en présence d'un État fort. Parmi les précurseurs, une telle pensée sera encore affichée clairement par Serrigny, dans la citation de Fénelon qu'il choisit comme épigraphe à son *Traité de droit public des Français* : « *la liberté sans ordre est un libertinage qui attire le despotisme.* »[228] La véritable liberté nécessite donc l'ordre, si ce n'est l'autorité de l'État, sans quoi elle conduirait à s'annihiler elle-même. Tel est bien le cas à propos de la liberté d'association : elle n'est appréhendée que par le prisme des attributions administratives de l'État car c'est l'État lui-même qui est réputé avoir concédé son exercice, certes restreint. Il n'est pas question de l'appréhender via la liberté d'association, car alors cela impliquerait l'existence d'un face à face entre l'État et le détenteur de cette liberté, ce que leur étatisme-libéral exclut. Il y a là plus encore la marque profonde d'un État dit administratif par lequel « *l'État prétend administrer des libertés qu'il*

---

225 GILBERT (Simon), « Les écoles doctrinales en droit administratif français », *in* AFDA, *La doctrine en droit administratif*, Litec, 2010, p. 100.

226 BIGOT (Grégoire), « Les habitudes de l'administration : l'histoire irrésolue de la police administrative », *in* DISSAUX (Nicolas) et GUENZOUI (Youssef) (dir.), *Les habitudes du droit, op. cit.*, 2015, p. 123.

227 CORMENIN (Louis-Marie), *Questions de droit administratif*, Tome 1, Guyot et Scribe, 4e éd., 1837, p. 16.

228 FÉNÉLON, *Examen de conscience sur les Devoirs de la Royauté*, de Didot, 1838, p. 351, cité par SERRIGNY (Denis), *Traité de droit public des français*, Tome 1, Joubert, 1846, page de couverture non paginée.

reconnaît en théorie tout en les niant en pratique »[229] et qui caractérise le début du XIXe siècle.

127. La liberté d'association exclue du champ du droit administratif. À cet égard, une autre piste, explorée par François Saint-Bonnet, peut elle aussi permettre de comprendre pourquoi les auteurs de cette époque n'abordent pas le thème de l'association (et plus largement, le droit administratif) par le prisme des libertés. Cette piste consiste à dire que « *les libertés ne sauraient être un des objets du droit administratif* »[230]. Cela se vérifie en effet chez les ordonnateurs : bien que les libertés soient ponctuellement présentes dans leurs ouvrages, elles ne constituent pas à proprement parler un « objet » de leur droit administratif. Cela ne signifie pas, encore une fois, que les auteurs de droit administratif de l'époque, comme Cormenin et Macarel, « *n'aient pas d'égards pour elles par ailleurs* »[231], mais plutôt que le thème des libertés relève avant tout de la sphère du politique. Il faut ainsi noter, avec François Saint-Bonnet, que Cormenin, s'il ne consacre pas de développement spécifique aux libertés dans son ouvrage de droit administratif a pourtant œuvré, en tant que député, à la protection des libertés. Cormenin a publié un certain nombre d'ouvrages en dehors du droit administratif, parfois sous le pseudonyme de Timon, où il est davantage question des libertés. Cormenin n'en reste pas moins attaché à son étatisme-libéral ; il écrit par exemple, dans son essai sur la légomanie[232] : « *j'aime l'autorité avec une vieille et sincère tendresse ; il y en a même qui ont prétendu que je l'aimais plus que la liberté.* »[233]

Chez Macarel également, le droit administratif ne semble pas être le lieu pour s'entretenir des libertés : il n'en est ainsi nullement question dans ses *Éléments de jurisprudence administrative*. En revanche, la lecture de ses *Éléments de droit politique* comporte de nombreux développements relatifs aux libertés : son chapitre sur « la bonté intrinsèque des gouvernements » est l'occasion d'évoquer la liberté de l'industrie, celle de l'opinion et de la conscience, etc., thèmes qui ne figurent pas dans ses ouvrages de droit administratif. Dès cette époque, c'est donc au droit constitutionnel que revient le thème des libertés. Cela fait dire à François Saint-Bonnet que « *l'objet du droit administratif n'est pas la liberté, mais l'ordre* »[234]. On voit, là encore, à quel point la tradition

---

229 BIGOT (Grégoire), « La conception de l'État dans l'œuvre d'Édouard Laboulaye », *Revue française d'histoire des idées politiques*, 2018, n° 47, p. 61.

230 SAINT-BONNET (François), « Le droit des libertés publiques, antonyme du droit administratif au XIXe siècle », *RDP*, 2012, p. 457.

231 *Idem.*

232 CORMENIN (Louis-Marie) dit TIMON, *La légomanie*, Pagnerre, 1844. Il définit la légomanie comme le phénomène selon lequel les parlementaires se seraient investis du pouvoir d'initiative des lois, menant à une certaine inflation législative.

233 CORMENIN (Louis-Marie), *Droit administratif*, Tome 1, *op. cit.*, 5e éd., 1840, p. 24.

234 SAINT-BONNET (François), « Le droit des libertés publiques, antonyme du droit administratif au XIXe siècle », *RDP*, 2012, p. 457.

des légistes de l'Ancien Régime et d'un droit administratif centré sur la police est prégnante[235]. En effet, bien que la conception monarchique de la Police dépassait alors la seule question de l'ordre public, le Prince demeurait son unique pourvoyeur. Au XIXe siècle, cette représentation des choses n'a pas fondamentalement changé : la science du droit administratif s'intéresse avant tout à l'administration et à ses attributions, à la façon dont elle pourvoit aux besoins des administrés et dont elle règle la vie en société, sans que l'individu n'y ait une quelconque place. Le fait que, depuis l'Empire, l'administration soit chargée « *d'administrer les libertés* »[236] en soumettant celles-ci à des régimes stricts d'autorisation et d'interdiction, n'incite pas les auteurs à envisager les libertés par le prisme de leur protection. Tant que les libertés ne permettent pas de renforcer l'assise et la légitimité de l'État, alors elles doivent être limitées. Compte tenu du danger que revêtent les associations pour l'État, il apparait alors logique qu'elles ne soient appréhendées que par le biais des restrictions qui leur sont apportées. Les précurseurs n'annoncent pas selon nous une véritable rupture à cet égard.

2- *Les faibles progrès de la liberté d'association chez les précurseurs*

128. Les progrès limités de la liberté d'association. Mathieu Touzeil-Divina a développé l'idée selon laquelle la libéralisation du régime entre 1830 et 1840 aurait permis l'avènement du droit administratif *moderne*, c'est-à-dire libéral. Il soutient en effet l'idée selon laquelle les auteurs de cette époque sont « *des libéraux convaincus et non des défenseurs des prérogatives de la Puissance publique* »[237]. Foucart aurait par exemple été le premier des « libéraux citoyens » parmi les auteurs de droit administratif. Sans contester le fait que ces auteurs s'enquéraient du respect des libertés des citoyens, ce n'est pas le prisme d'analyse que nous adopterons. Nous pensons plutôt qu'il existe une certaine continuité dans la perception du droit administratif – qui ne doit certes pas masquer l'existence d'évolutions – entre les auteurs du naissant XIXe siècle et ceux enseignant à partir de la Monarchie de Juillet. Il y a en effet encore à cette époque une volonté de légitimer le modèle étatique et d'assoir le pouvoir en place. C'est encore bien une « pensée d'État » qui se poursuit tout au long du XIXe siècle. Dès lors, s'il est désormais question chez les précurseurs de la *liberté* d'association, ceux-ci ne l'abordent encore que par le prisme des restrictions qui lui sont apportées.

---

235 Sur ce point, v. notamment PLESSIX (Benoît), « Nicolas Delamare ou les fondations du droit administratif français », *Droits*, 2003, n° 38, p. 133.

236 BIGOT (Grégoire), *L'Administration française*, Tome 1, *op. cit.*, 2e éd., 2014, p. 332.

237 TOUZEIL-DIVINA (Mathieu), *Le doyen Foucart (1799-1860), un père du droit administratif moderne*, ANRT, 2014, p. 472.

Le progrès de la présence des libertés dans les ouvrages de droit administratif des précurseurs est indéniable. Cela est dû à deux évolutions. D'une part, les années 1840 voient naitre un certain renouveau dans le contenu des ouvrages puisque ceux-ci réunissent de plus en plus fréquemment le droit constitutionnel et le droit administratif. Si Bouchené-Lefer, on l'a vu, est le premier à opérer un tel rapprochement, il dénie également l'existence propre du droit administratif[238]. C'est donc à Foucart que revient le premier ouvrage qui fait la part belle au droit constitutionnel dans l'étude du droit administratif. Il sera suivi par F. Laferrière et, plus tard, par Batbie. En réalité, l'intégration du droit constitutionnel aux ouvrages de droit administratif permet d'intégrer des développements relatifs aux libertés individuelles, telles qu'elles sont protégées par la Charte de 1830. Mathieu Touzeil-Divina a pu noter à ce propos que, selon Foucart, « *le droit administratif doit être étudié non du point de vue de l'administration mais de celui des administrés* »[239]. S'il est vrai que Foucart consacre un pan tout entier de ses *Éléments* aux « *personnes sous le point de vue du droit public* » en s'attachant notamment aux « *droits naturels garantis par la loi politique* », cette méthode d'exposition ne conduit pas pour autant, comme l'écrit Simon Gilbert, à la défense des droits des administrés[240]. Il y a là peut-être davantage le signe de « *l'habitude d'un professeur qui, avant d'enseigner le droit administratif, avait enseigné le droit civil durant des années* »[241]. Car si l'on s'attarde plus précisément sur le contenu des développements consacrés aux libertés, on s'aperçoit très rapidement que, si les libertés sont exposées, c'est pour mieux montrer comment elles peuvent être limitées[242]. L'exposé des principes d'égalité et de liberté est ainsi directement suivi par un chapitre consacré aux « restrictions au principe de la liberté individuelles » à la « liberté d'industrie et des modifications qu'elle reçoit ». Viennent ensuite deux chapitres consacrés aux « charges qui portent sur les personnes » puis aux « charges qui portent sur la propriété ». Benoît Plessix note à cet égard que, forts de l'héritage laissé par des auteurs comme Delamare, qui prenait la police pour point de départ de l'étude de la législation administrative, ceux qui voulurent plus tard, comme Foucart, « *véritablement retracer l'État libéral hors du cadre du droit constitutionnel* », ont toutefois conçu « *le droit administratif comme une collection de restrictions aux libertés individuelles* »[243]. Le droit administratif semble ainsi toujours conçu

---

[238] Cf. *supra*. § 78.

[239] TOUZEIL-DIVINA (Mathieu), *La doctrine publiciste : 1800-1880 : éléments de patristique administrative*, La mémoire du droit, 2009, p. 150.

[240] GILBERT (Simon), « Les écoles doctrinales en droit administratif français », *in* AFDA, *La doctrine en droit administratif*, *op. cit.*, 2010, p. 100.

[241] *Ibid.*, p. 100 ; note 81.

[242] MESTRE (Achille), « L'évolution du droit administratif (Doctrine) de 1869 à 1919 », *Bulletin de la Société de législation comparée*, 1922, p. 251 : Pour l'École de Poitiers, « *le droit administratif ne serait, dans cette doctrine, que la mise en œuvre des limitations apportées au nom de l'intérêt public au libre exercice des droits individuels* ».

[243] PLESSIX (Benoît), « Nicolas Delamare ou les fondations du droit administratif français »,

comme n'étant pas véritablement le lieu de déploiement des libertés. Un décalage s'opère alors entre les progrès du libéralisme sur un plan constitutionnel et politique et la façon qu'ont les auteurs d'appréhender le droit administratif, semblable à celle adoptée par la science de la police sous l'Ancien Régime[244]. Nous pensons dès lors que Foucart n'amorce pas tant une rupture qu'une certaine continuité dans la façon d'appréhender les libertés en droit administratif. L'hypothèse selon laquelle les libertés seraient abordées par le biais de leur restriction, si elle est également vraie concernant la liberté de la presse[245] ou encore la liberté d'enseignement[246], se vérifie tout particulièrement concernant la liberté d'association.

129. La liberté d'association appréhendée par ses restrictions. Foucart commence par poser le principe selon lequel « *la législation positive doit respecter le droit d'association ; elle doit même l'entourer de sa protection* »[247]. Mais, une fois rappelé ce principe, Foucart précise que « *l'association, comme toutes les choses qui ont de grands avantages, peut aussi avoir de grands inconvénients ; la force qu'elle donne pour faire le bien, elle la donne aussi pour faire le mal* »[248]. Foucart justifie alors, de la même façon que ses prédécesseurs, le bien-fondé de l'article 291 du Code pénal, dont on se souvient qu'il soumettait à autorisation administrative la création de toute association de plus de vingt personnes[249]. Article pourtant bien peu libéral, Foucart tente de rassurer son lectorat sur le fait que ces « *associations ne sont pas prohibées d'une manière absolue* » et qu'elles sont uniquement « *soumises à une autorisation* »[250]. De surcroit, il précise que dans la mesure où seules les associations de plus de vingt personnes sont soumises à ce régime, « *la loi a laissé dans le droit commun un grand nombre d'associations qui peuvent être fortes utiles* »[251], témoignant ainsi de sa pensée d'État en

---

Droits, 2003, n° 38, p. 133.

244 Dans le même sens, v. *ibid.*, p. 130.

245 FOUCART (Émile-Victor), *Éléments de droit public et administratif*, Tome 1, *op. cit.*, 2e éd., 1839, p. 380. Dès les premières lignes consacrées à la liberté de la presse, Foucart relève ainsi qu'« *aussitôt que la pensée prend un corps et se manifeste au dehors, elle tombe sous l'action du pouvoir, et, comme tous les actes extérieurs de l'homme, elle est soumise aux répressions de la loi* ». Et il poursuit : « *que deviendrait en effet la société s'il était permis de l'attaquer dans la moralité humaine qui est sa base, dans les institutions politiques et civiles qui sont sa forme !* »

246 *Ibid.*, p. 392. À la première ligne consacrée à la liberté d'enseignement, on lit : « *S'il est vrai de dire qu'en thèse générale tout homme a le droit de communiquer aux autres ses idées, sans pouvoir être soumis à des mesures préventives, il faut reconnaître aussi qu'il est certaines circonstances dans lesquelles ce principe ne pourrait être appliqué d'une manière absolue sans danger.* »

247 *Ibid.*, p. 247.

248 *Idem.*

249 Cf. *supra.* § 125.

250 FOUCART (Émile-Victor), *Éléments de droit public et administratif*, Tome 1, *op. cit.*, 2e éd., 1839, p. 249.

251 *Idem.*

défendant le droit existant. Cette justification des limitations apportées à la liberté d'association, qui témoigne du fait que les libertés ne sont encore appréhendées que via les restrictions qui leur sont apportées, se retrouve chez l'ensemble des autres auteurs de l'époque.

Le fait d'aborder le droit administratif comme étant « *la mise en œuvre des limitations apportées au nom de l'intérêt public au libre exercice des droits individuels* »[252], ainsi que l'écrit Achille Mestre, n'est en effet pas le propre de ce qu'il appelle l'École de Poitiers[253], et dont Foucart a été présenté comme étant le chef de file. Chez F. Laferrière aussi, le droit administratif semble être perçu comme regroupant les règles apportant des limitations aux libertés individuelles. Cela est perceptible dès la définition qu'il peut donner du droit administratif : contrairement au droit constitutionnel, qui s'intéresse à « *la déclaration des droits individuels comme déclaration de principes et de droits fondamentaux* », le droit administratif est l'ensemble des « *règles qui ont pour but d'assurer l'exercice, de déterminer les formes et les conditions, l'étendue et les limites des droits individuels* »[254]. La question des associations intègre d'ailleurs une partie plus générale consacrée à « la défense sociale », c'est-à-dire aux « *mesures préventives et restrictives dans le cercle desquelles s'exerce la police de l'État pour la défense et la conservation de la société* »[255] et plus spécifiquement une subdivision dédiée à la « *nécessité de prévenir ou de comprimer les troubles publics et les séditions intérieures* »[256]. Mais si F. Laferrière semble s'accorder sur le fait de poser des limites à la liberté d'association, il est toutefois opposé à son anéantissement total, et se montre réticent à la rédaction de l'article 291 du Code pénal modifié par la loi du 10 avril 1834, qui soumettait toute association à autorisation administrative. On voit ici l'un des rares contre-exemples où un administrativiste se montre expressément sceptique face à un texte : il s'agit toutefois ici d'émettre une critique à l'encontre du législateur, non du Roi. Il explique sa position de la façon suivante : « *le principe de l'association, dans de justes limites, est le principe même de notre civilisation et de notre ordre politique ; c'est le principe du christianisme et des communes* »[257]. Il semblerait que son profond

---

[252] MESTRE (Achille), « L'évolution du droit administratif (Doctrine) de 1869 à 1919 », *Bulletin de la société de législation comparée*, 1922, vol. 51, p. 241.

[253] Ainsi que l'ont écrit Jacques Chevallier, Mathieu Touzeil-Divina et Simon Gilbert, on ne peut d'ailleurs pas à proprement parler d'École de Poitiers. CHEVALLIER (Jacques), « La fin des écoles ? », *RDP*, 1997, p. 683 ; GILBERT (Simon), « Les écoles doctrinales en droit administratif français », *in* AFDA, *La doctrine en droit administratif*, *op. cit.*, 2010, p. 95 s. ; « De l'inexistence d'une " École de Poitiers" », *in* NÉLIDOFF (Philippe) (dir.), *Les Facultés de droit de province au XIXe siècle. Bilan et perspectives de la recherche*, Presses de l'Université Toulouse 1 Capitole, 2009, p. 313 s.

[254] LAFERRIÈRE (Firmin), *Cours de droit public et administratif*, Tome 1, Cotillon, 5e éd., 1860, p. 62.

[255] LAFERRIÈRE (Firmin), *Cours de droit public et administratif*, *op. cit.*, 2e éd., 1841, p. 341.

[256] *Ibid.*, p. 303.

[257] *Ibid.*, p. 305.

christianisme[258] et son attention plus prononcée que les autres auteurs au libéralisme l'ait en effet incité à défendre une conception plus ouverte de la liberté d'association, de crainte que l'ensemble des associations religieuses ne soient mises à mal. Il ne faut toutefois pas s'y tromper : si F. Laferrière est sensible aux progrès de la liberté d'association, elle doit être justement encadrée. Il ne s'éloigne pas en cela véritablement de la tradition étatiste-libérale. Pour lui, protéger l'ordre, c'est protéger les libertés. Il s'agit donc bien de ne défendre les libertés qu'en tant qu'elles permettent de renforcer l'assise de l'État. Ainsi F. Laferrière écrit-il que « *les droits de la liberté* » ne peuvent prospérer qu'à condition d'« *unir dans une alliance féconde la liberté et le pouvoir* »[259]. La liberté et le pouvoir ne sont ainsi que les deux faces d'une même médaille si bien que la première ne peut se réaliser, voire exister, sans le second. Outre ces deux exemples, des conclusions similaires peuvent être faites concernant le reste des ouvrages. Qu'il s'agisse de Gougeon[260], de Pradier-Fodéré[261], de Chauveau[262] ou encore de Ducrocq[263], tous les auteurs de l'époque qui abordent la question des associations le font par le prisme des restrictions apportées à la liberté tant elles constituent un danger pour l'État.

B- **Les associations constitutives d'un danger pour l'État**

130. Si la question des associations est absente chez les ordonnateurs (**1**), elle verra le jour chez les précurseurs avec la ferme intention de montrer à quel point elles peuvent être dangereuses pour l'État – ce qui est une autre manière de justifier leur complet anéantissement (**2**).

---

258 V. JULIEN-LAFERRIÈRE (François), « Firmin et Édouard Laferrière, juristes français », *La Revue Administrative*, 1994, n° 282, p. 636 s.

259 LAFERRIÈRE (Firmin), *Cours de droit public et administratif*, *op. cit.*, 2e éd., 1841, p. 18.

260 Gougeon aborde la question des associations dans une leçon dédiée aux « restrictions à la liberté individuelle » (GOUGEON (Charles), *Cours de droit administratif*, *op. cit.*, 1847, p. 390).

261 Pradier-Fodéré aborde la question des associations dans un chapitre dédié aux « restrictions apportées au principe de la liberté individuelles » (PRADIER-FODÉRÉ (Paul), *Précis de droit administratif*, Guillaumin, 7e éd., 1872, p. 307).

262 Chauveau aborde la question des associations par le prisme de la tutelle, c'est-à-dire des contrôles faits par l'autorité administrative centrale sur les associations (CHAUVEAU (Adolphe), *Principes de compétence et de juridiction administratives*, Tome 1, Cotillon-Durand, 1841, p. 46).

263 Ducrocq, s'il aborde la question de la liberté d'association au sein d'un chapitre dédié aux principes de l'ordre naturel ou civil, précise d'emblée qu'il s'agit de la liberté qui fait le plus l'objet d'une « réglementation restrictive » (DUCROCQ (Théophile), *Cours de droit administratif*, *op. cit.*, 2e éd., 1863, p. 299).

1- *La question des associations absente chez les ordonnateurs*

131. Si l'on a pu mettre en exergue le fait que les administrativistes insistaient davantage sur les restrictions qui sont apportées à la liberté d'association plutôt que sur son principe et ses garanties, il s'agit à présent d'examiner l'argumentaire développé sur la question. Celui-ci révèle à quel point les administrativistes sont hostiles, de façon générale, au développement de telles associations. Elles constituent en réalité selon eux une menace pour l'État. Il faut avant tout préciser que ces réflexions sont absentes chez les ordonnateurs, de Portiez de l'Oise à Cormenin en passant par Gérando. En effet, on l'a vu, le droit administratif est pour eux véritablement stato-centré : les associations ne sont dès lors abordées que par le biais des compétences des autorités administratives et non par la question de la liberté d'association. L'exemple de Cormenin est ici topique tant il conçoit le droit administratif comme l'ensemble des compétences de l'administration, et non comme un droit régissant les interactions entre l'administration et l'administré, l'État et les individus. Son ouvrage de droit administratif est ainsi composé de trois titres : le premier est dédié au Conseil d'État, à son fonctionnement et à son organisation ; le second concerne l'étude des autres autorités administratives qui ressortissent au Conseil d'État (préfets, ministres, conseils de préfecture, etc.) ; la troisième classe par ordre alphabétique les différentes matières administratives, de l'appel comme d'abus à la voirie en passant par les conseils généraux, les émigrés, les mines ou encore les théâtres[264]. Tout ce qui se situe en dehors de l'administration ne se rattache pas au droit administratif. Il n'est dès lors pas question, pour Cormenin, d'étudier les menaces provenant de la société qui pourraient remettre en cause l'autorité, si ce n'est le monopole du pouvoir que détient l'État, tant cela se situe en dehors de son champ d'étude. On peut globalement faire le même constat chez l'ensemble des administrativistes de l'époque. Tel n'est toutefois pas le cas chez les précurseurs.

2- *Une question importante pour les précurseurs*

132. La crainte d'un État dans l'État. Ce n'est qu'avec les précurseurs, à partir des années 1840, qu'une place plus importante sera faite aux associations, notamment dans leurs rapports avec l'État, ce qui les poussera à s'attarder sur les raisons qui motivent leur régime particulièrement restrictif, issu de l'article 291 du Code pénal. C'est encore à Foucart que l'on doit une telle avancée dans le domaine de la science juridique : il s'attache le premier à expliquer pourquoi les associations constituent un danger potentiel pour l'État. Dès 1839, il considère ainsi que l'association, de façon générale,

---

[264] CORMENIN (Louis-Marie), *Droit administratif*, *op. cit.*, 5e éd., 1840, 2 vol.

présente un inconvénient majeur dans la mesure où « *elle fournit aux mécontents et aux factieux les moyens d'opposer au gouvernement une résistance toujours dangereuse, et même de livrer le pays aux horreurs de la guerre civile* »[265]. Il semble donc normal d'apporter certaines restrictions à la formation de telles entités. Mais ce que Foucart craint par-dessus tout, c'est que ces associations conduisent peu à peu à la formation d'« *un état dans l'État* »[266]. Les associations constituent ainsi une menace directe pour l'État, propre à affaiblir son pouvoir, et dont il convient dès lors de se prémunir. L'étatisme de Foucart, certes parfois teinté de libéralisme, ne fait ici pas de doute : Foucart, comme les autres auteurs, est attaché au modèle étatique qu'il ne veut pas voir disparaitre et qui ne doit dès lors pas être concurrencé. Il veut également mettre à l'abri le pouvoir en place. Sans doute y a-t-il là encore la volonté de rompre avec la tradition des corps intermédiaires qui ont fragilisé l'État sous l'Ancien Régime. Il y a plus fondamentalement l'idée, très présente au début du XIXe siècle – ainsi que nous le rapporte Tocqueville – selon laquelle, contrairement aux États-Unis, on ne voit en France « *dans la liberté d'association que le droit de faire la guerre aux gouvernants* »[267]. Trolley, à la même époque, s'inscrit également dans cette lignée en justifiant le fait qu'une association (ou communauté) doive être autorisée par le pouvoir central pour exister juridiquement. En effet, selon lui, « *une communauté riche et puissante est une force et pourrait devenir un obstacle* »[268], sans qu'il ne détaille davantage à quoi elle ferait obstacle. On peut toutefois émettre l'hypothèse selon laquelle cette communauté, si elle acquiert de plus en plus de pouvoir, deviendrait un frein à l'action étatique, celle-ci étant directement concurrencée. C'est l'unité de l'État qu'ils défendent : elle ne tolère aucun concurrent dans son orbite.

Les administrativistes vont encore plus loin que la *doxa* de l'époque, telle qu'elle est véhiculée par le pouvoir en place et par les discours politiques, et notamment par Guizot. Celui-ci considère par exemple en 1819 qu'« *il n'existe presque plus aucune de ces puissances intermédiaires ou locales qui créent ailleurs soit le patronage aristocratique soit les liens des corporations soit les privilèges particuliers, et qui, exerçant dans leur ressort des droits avoués et une force positive, dispensent le pouvoir central d'une partie des soins nécessaires pour que l'ordre soit maintenu partout* »[269]. Or, il faut bien voir ici que de telles idées ne correspondent pas nécessairement à la réalité. À cet égard, Pierre Rosanvallon défend l'idée selon laquelle cette histoire des

---

265 FOUCART (Émile-Victor), *Éléments de droit public et administratif*, Tome 1, *op. cit.*, 2e éd., 1839, p. 247 ; 3e éd., 1843, p. 273.

266 *Idem.*

267 TOCQUEVILLE (Alexis de), *De la démocratie en Amérique*, Tome 2, Pagnerre, 1848, p. 38.

268 TROLLEY (Alfred), *Cours de droit administratif*, Tome 1, *op. cit.*, 1844, p. 94.

269 GUIZOT (François), « Projet de loi sur le cautionnement des journaux », 3 mai 1819, *Archives parlementaires*, 2e série, Tome 24, p. 166.

idées politiques, confortant l'existence d'un pouvoir centralisé niant tout corps intermédiaire, contraste avec l'histoire sociale, qui s'intéresse au fonctionnement effectif des institutions et pour laquelle les corps intermédiaires n'ont jamais véritablement disparu[270]. Un divorce s'opèrerait donc entre le discours et la réalité, entre l'histoire des idées et l'histoire sociale. En d'autres termes, il ne serait pas vrai de dire que la Révolution a supprimé l'ensemble des corps intermédiaires. Cela se perçoit chez les administrativistes car, si ces corps avaient véritablement disparu, pourquoi s'attacher à les combattre ?

133. La justification des restrictions portées à la liberté d'association. Les précurseurs seront à ce titre toujours hostiles à un développement trop important des associations. Outre Foucart et Trolley, d'autres précurseurs développent également un argumentaire visant à justifier les restrictions faites à la liberté d'association, telles qu'elles ressortent notamment de l'article 291 du Code pénal[271]. Un auteur comme Gougeon justifie de telles restrictions notamment pour « *les associations qui auraient un but politique et qui seraient un moyen caché ou ostensible de lutter avec violence contre les lois constitutionnelles* »[272]. Selon lui, ces associations, « *par la concentration de leur ardeur, tendent toujours au bouleversement et sont un danger menaçant pour la paix publique* »[273]. Il est donc inconcevable qu'une association ait un but politique, tant elle constituerait un danger pour l'État. En réalité, Gougeon, en limitant ces restrictions aux associations politiques, semble faire preuve d'un certain libéralisme en comparaison des autres auteurs de l'époque. Car pour Serrigny et Dufour, qui écrivent à la même époque, ce sont tous les types d'associations qui constituent un danger pour l'État, et pas seulement celles qui ont un but politique.

Serrigny, l'un des chefs de file de la génération des précurseurs, s'oppose en effet à la reconnaissance d'un droit d'association de façon générale car si tel était le cas, « *il pourrait s'y former des sociétés rivales du pouvoir organisé, et assez puissantes pour le dominer et le renverser* » : elles deviendraient alors « *des machines de guerre qui multiplient les forces hostiles à l'ordre politique établi dans un État* » [274]. Serrigny, on le voit, s'inscrit pleinement dans la pensée dénoncée par Tocqueville selon laquelle on ne verrait dans les associations que des dangers pour l'État et son unité. Dufour adopte peu ou prou le même raisonnement : se concentrant plus particulièrement sur les associations de bienfaisance, qui ne poursuivent donc pas un but à proprement politique, il se montre particulièrement méfiant vis-à-vis d'elles. En effet, selon lui, « *l'exercice de la bienfaisance avec la puissance d'une action*

---

270 ROSANVALLON (Pierre), *Le modèle politique français*, *op. cit.*, 2004, p. 11.
271 Article 291 Code pénal (12 août 1810), préc.
272 GOUGEON (Charles), *Cours de droit administratif*, *op. cit.*, 1847, p. 390.
273 *Ibid.*, p. 391.
274 SERRIGNY (Denis), *Traité de droit public des français*, Tome 1, Joubert, 1846, p. 478.

collective touche de trop près à la moralité des classes inférieures pour échapper au contrôle de l'autorité publique »[275]. En d'autres termes, ces associations pourraient constituer un danger pour l'État, qui doit dès lors les contrôler, dans la mesure où il s'agit d'une force collective qui regroupe de surcroit les citoyens les plus pauvres, et dont Serrigny semble penser qu'ils seraient plus à même de se révolter.

134. La problématique des biens de mainmorte. Ces auteurs ont le mérite d'aborder le problème que posent les associations de façon frontale. À partir des années 1860, et en dépit des divergences de sensibilité des différents auteurs, la volonté d'endiguer le pouvoir des associations est toujours présente. F. Laferrière, qui fait sur ce point preuve d'un plus grand libéralisme que ses prédécesseurs, n'approuve pas l'anéantissement total des associations par le pouvoir politique, même s'il ne remet pas en cause la nécessité de les surveiller. Il aborde toutefois la question par un moyen détourné : celui des biens de mainmorte, c'est-à-dire des biens qui appartiennent à une personne morale, dont la durée de vie peut être indéfinie, et qui échappent ainsi au régime des successions[276]. Ils constituent un certain manque à gagner pour l'État. C'est ainsi notamment pour éviter l'accumulation des biens de mainmorte que F. Laferrière érige comme « *principe de notre droit public moderne [le fait] que les corporations ne peuvent se former dans un pays sans l'approbation des grands pouvoirs de l'État* »[277]. Pradier-Fodéré souscrit à ce principe. Auteur éminemment moins libéral que F. Laferrière, il estime même que l'article 291 du Code pénal, qui soumet à autorisation les associations de plus de vingt personnes, est une nécessité. Écartant d'emblée les arguments libéraux insistant sur l'importance de la liberté d'association, Pradier-Fodéré estime nécessaire que le droit d'association subisse des restrictions « *exigées par l'intérêt suprême de la sécurité publique* »[278]. L'État n'étant qu'une

---

[275] DUFOUR (Gabriel), *Traité général de droit administratif appliqué*, Tome 3, Delamotte, 1e éd., 1844, p. 404.

[276] Déjà sous la Révolution, la question du danger que pouvait représenter l'existence de biens communaux avait été soulevée ; elle présente en réalité les mêmes problématiques que les biens de mainmorte appartenant à des entités non-étatiques. Lors d'une enquête réalisée par le Comité d'Agriculture de l'Assemblée législative en 1791, le district de Montpellier s'oppose ainsi en ces termes à l'existence des biens communaux : « *La Constitution ne reconnait qu'une seule corporation, celle de tous les français, elle ne s'occupe que d'un seul intérêt, celui de la nation, qui se compose de la masse des intérêts réunis de tous les citoyens. Il ne peut exister à ses yeux que deux genres de propriété, la propriété nationale et la propriété individuelle. Rien n'est plus opposé à ces principes que l'existence des biens communaux et intransmissibles ; c'est par eux qu'est détruite l'unité d'administration ; ils isolent le citoyen de la grande communauté, en substituant à l'intérêt général des intérêts locaux et partiels.* », *in* BOURGIN (Georges), *Le partage des biens communaux. Documents sur la préparation de la loi du 10 juin 1793*, Imprimerie nationale, 1908, p. 103 ; cité par ROSANVALLON (Pierre), *Le modèle politique français*, *op. cit.*, 2004, p. 50.

[277] LAFERRIÈRE (Firmin), *Cours de droit public et administratif*, Tome 1, *op. cit.*, 5e éd., 1860, p. 273.

[278] PRADIER-FODÉRÉ (Paul), *Précis de droit administratif*, *op. cit.*, 7e éd., 1872, p. 311.

grande association – « *le résultat légal le plus large du droit d'association* » –, il en ressort « *qu'à côté de cette organisation régulière, aucune autre ne peut s'établir dans le but de la détruire et de la renverser* »[279]. Il prend par ailleurs en considération l'hostilité dont ces associations politiques ont pu faire preuve envers les institutions étatiques pour en conclure qu'il était « *impossible de condamner le gouvernement à les laisser grandir et se fortifier à l'ombre d'une prétendue légalité* »[280]. Quant à Ducrocq, il abordera le problème de façon moins passionnelle, notant plus simplement que « *de tous les principes de droit public proclamés en 1789, il n'en est pas qui présente le droit des citoyens plus intimement lié à un système de réglementation restrictive* »[281]. Il relève en effet que les gouvernements ont dû se résoudre à apporter de telles limites à cette liberté « *dans l'intérêt de l'ordre public* »[282]. À partir des années 1870, Ducrocq continue de poser le problème des associations en ces termes, mais y ajoute la question des biens de mainmorte[283]. On voit donc, encore à cette époque, à quel point l'étatisme-libéral des auteurs demeure, même s'il tend à s'amoindrir.

En insistant sur la surveillance des associations, les auteurs tentent en réalité d'« administrativiser » ce sujet. Le face à face qui aurait pu exister entre l'État et les associations, notamment par le truchement de la reconnaissance concrète et entière de la liberté d'association, n'a en réalité pas eu lieu : cette relation est monopolisée par la question de leur autorisation administrative ; elle donne à voir une soumission des associations à l'État. Ainsi sont-elles neutralisées, du moins intellectuellement, ce qui témoigne là encore d'une certaine pensée d'État, chargée de conforter de façon générale la législation en vigueur tout en mettant en garde les gouvernants et les citoyens des dangers que peuvent revêtir les associations pour l'État lui-même et pour son unité. L'étatisme-libéral qui les anime, qui implique une faible réalisation concrète pour les libertés, s'est de cette façon mis au service de leur pensée d'État. Cette neutralisation a progressivement permis d'ériger l'État comme seul détenteur de la puissance sociale.

---

279 *Idem.*
280 *Idem.*
281 DUCROCQ (Théophile), *Cours de droit administratif*, *op. cit.*, 2e éd., 1863, p. 298-299.
282 *Ibid.*, p. 299.
283 DUCROCQ (Théophile), *Cours de droit administratif*, Tome 2, Ernest Thorin, 4e éd., 1874, p. 480.

Section 2. **La défense du monopole étatique de la puissance sociale**

135. À la lumière des éléments dégagés précédemment, qu'il s'agisse de la façon qu'ont eu les administrativistes de neutraliser les corps intermédiaires ou de leur redéfinition de l'État comme personnification de la société[284], la question se pose ici de savoir quelles en seront les conséquences concernant le rôle de l'État. Celui-ci est perçu comme détenant le monopole de la « puissance sociale », expression qui permet, on l'a vu[285], de rendre inséparable l'idée de coercition et celle de société, toutes deux réunies dans l'État. La neutralisation des corps intermédiaires répond à la volonté de laisser seul à l'État la tâche d'instituer le social, c'est-à-dire de produire de la cohésion sociale, du lien social et de l'unité, pour mettre en forme la société[286], ce qui n'est pas sans rappeler l'ancienne fonction de Police sous l'Ancien Régime – nous le verrons. Les corps intermédiaires ne peuvent donc poursuivre une finalité sociale (**§ 1**). Seul le pouvoir étatique le peut. Mais en réalité, l'idée d'un État instituteur du social va plus loin que cela : chez les administrativistes, se développe également l'idée selon laquelle la puissance étatique est inhérente à l'idée de société et que, dès lors, le social est *institué* par le pouvoir coercitif que détient l'État. En cela, les ordonnateurs puis les précurseurs font de l'État le maillon indispensable à la vie en société (**§ 2**). Dans ce sillage, le rôle de l'État se limite chez les administrativistes à cette fonction d'instituteur du social, sans devenir pour l'heure un véritable État interventionniste (**§ 3**).

§ 1. *L'exclusion des corps non-étatiques dans la poursuite d'une finalité sociale*

136. La construction, chez les administrativistes, d'un lien inaltérable entre les notions d'« intérêt social » et d'État (**A**) témoigne de l'exclusivité dont jouit l'État dans la poursuite d'une finalité sociale, ce qui s'illustre par ailleurs parfaitement au travers du thème de la charité (**B**).

A- **La construction du lien entre « intérêt social » et État**

137. La neutralisation des corps intermédiaires à la suite de la Révolution a eu un impact direct sur le rôle de l'État vis-à-vis de la société. Pierre

---

[284] Cf. *supra*. § 86.
[285] Cf. *supra*. § 89.
[286] ROSANVALLON (Pierre), *L'État en France de 1789 à nos jours*, *op. cit.*, 1990, p. 15.

Rosanvallon note à cet égard que « *l'anticorporatisme théorique de la culture politique révolutionnaire et les effets des dispositions juridiques de 1791 [du décret portant suppression des maîtrises et des jurandes] se conjuguent pour conduire l'État à combler le vide de sociabilité et le déficit de régulation engendrés par la mise hors la loi des corporations, comme de toutes les autres formes de corps intermédiaires* »[287]. L'État doit en effet remplacer les différentes entités auparavant chargées de créer et de consolider le lien social. Dans ce sillage, les administrativistes du XIXe siècle développent l'idée selon laquelle le lien social ne pourrait pas se développer de façon spontanée. Il nécessiterait pour le moins un tuteur – qu'il s'agisse de corporations ou d'un État –, si ce n'est un moteur. La suppression théorique des corps intermédiaires, soutenue par les ordonnateurs puis par les précurseurs, les conduit donc à faire de l'État « *la seule figure incarnant l'intérêt général en même temps qu'il résume en lui la sphère publique* »[288]. Si Pierre Rosanvallon parle du monopole de l'« intérêt général » que détiendrait l'État, nous préfèrerons parler – pour rester le plus fidèle possible à la pensée des auteurs de l'époque – d'un monopole du « social », voire de l'« intérêt social ». Le terme d'« intérêt général », s'il revêt peu ou prou la même idée, est plus rarement employé par les auteurs eux-mêmes. Ils utilisent en revanche très couramment le terme de « social », popularisé quant à lui à la fin du XVIIIe siècle.

Et pour cause, l'adjectif « social » illustre davantage le rôle qu'ils souhaitent assigner à l'État. À ce titre, il est frappant de relever les synonymes qu'usent les auteurs pour désigner l'État : on trouve ainsi les termes d'« *édifice social* »[289] chez Dufour, d'« *organisation sociale* » chez F. Laferrière[290] ou Ducrocq[291], voire de « *grande famille sociale* »[292] chez Macarel, pour ne citer qu'eux. Il apparait en outre que le terme de « social » renvoie toujours à l'État, qu'il s'agisse de l'« intérêt social », de l'« action sociale », etc. Si l'on prend l'exemple de l'« intérêt social », celui-ci s'oppose toujours à l'intérêt privé et se rapproche chez tous les auteurs de l'intérêt public – qu'il s'agisse de

---

287 *Ibid.*, p. 96-97.
288 *Ibid.*, p. 97.
289 DUFOUR (Gabriel), *Traité général de droit administratif appliqué*, Tome 1, *op. cit.*, 1e éd., 1843, p. 62 : « *Au sommet de l'édifice social nous avons rencontré le roi, chef suprême de l'état, représentant de l'unité nationale, et immédiatement au-dessous de lui, ses ministres.* »
290 LAFERRIÈRE (Firmin), *Cours de droit public et administratif*, *op. cit.*, 2e éd., 1841, p. 14.
291 DUCROCQ (Théophile), *Cours de droit administratif*, *op. cit.*, 3e éd., 1868, p. 504.
292 MACAREL (Louis-Antoine), *Cours d'administration et de droit administratif*, Tome 1, *op. cit.*, 2e éd., 1852, p. 10.

Macarel[293], Foucart[294], F. Laferrière[295] ou encore Aucoc[296]. Le qualificatif de « social » est souvent préféré à celui de « général » ou de « public » pour qualifier l'intérêt (ou l'utilité) que l'administration poursuit. Ils n'apportent pourtant aucune définition de l'un ou des autres termes et ne se justifient pas sur le choix de leur emploi. Macarel fait d'ailleurs de l'intérêt public et de l'intérêt social des synonymes : s'intéressant au rôle du juge administratif, il considère que « *le débat se trouve alors engagé entre l'intérêt public ou social, dont l'administration est le défenseur, et l'intérêt privé* »[297]. Une confusion s'opère alors de façon assez claire entre l'administration étatique, l'intérêt public et l'intérêt social. Il faut donc relativiser la différence qui pourrait exister entre l'intérêt public et l'intérêt social et n'y voir en réalité que la volonté pour les auteurs de montrer à quel point l'administration n'agit qu'en vue de satisfaire les besoins sociaux. Plus que cela, l'État apparait chez les administrativistes comme étant le premier, si ce n'est le seul, à pouvoir répondre à de tels besoins.

Nous avons démontré précédemment que l'existence d'une forte crainte, chez les administrativistes, de voir certains corps intermédiaires concurrencer l'État, a cristallisé leur volonté de les mettre hors d'état de nuire en défendant ainsi l'unité étatique. Les collectivités locales, intégrées *in fine* à l'État par le processus de centralisation, ont ainsi été neutralisées par les administrativistes. L'Église, retranchée dans la sphère spirituelle, a été également neutralisée en étant assimilée à une simple association. Le cas des associations reste plus complexe : sans être totalement condamnées, tout est mis en œuvre pour réduire au maximum la liberté d'association. Toutes ces restrictions répondent à l'idée constante selon laquelle il n'y a pas, pour les administrativistes de l'époque, de « public » ou de « social » en dehors de l'État. Dès lors, seul l'État peut produire du social, ce qui s'observe tout particulièrement à propos de la charité.

B- L'exemple de la distinction entre charité privée et charité publique

138. L'exemple de la charité est topique pour montrer à quel point l'État est seul à pouvoir mener une action dite « sociale ». Gérando, dès 1839, consacre

---

[293] MACAREL (Louis-Antoine), *Cours d'administration et de droit administratif*, Tome 2, *op. cit.*, 2e éd., 1852, p. 430.
[294] FOUCART (Émile-Victor), *Éléments de droit public et administratif*, Tome 1, *op. cit.*, 2e éd., 1839, p. 43.
[295] LAFERRIÈRE (Firmin), *Cours de droit public et administratif*, *op. cit.*, 2e éd., 1841, p. 503.
[296] AUCOC (Léon), *Conférences sur l'administration et le droit administratif*, Tome 1, *op. cit.*, 1e éd., 1869, p. 274.
[297] MACAREL (Louis-Antoine), *Cours d'administration et de droit administratif*, Tome 1, *op. cit.*, 2e éd., 1852, p. 56.

un ouvrage entier à la bienfaisance publique, thème particulièrement étudié à l'époque. Ce thème lui permet notamment d'évoquer les rapports entre charité publique et charité privée. Si selon lui toutes deux se livrent « *à la même étude* », à savoir « *connaitre les besoins auxquels elle apporte son assistance* », il considère qu'elles n'ont pas la même portée. En effet, la charité privée « *visite la personne de l'indigent* » quand la charité publique « *cherche à définir l'indigence comme calamité sociale* »[298]. La première n'a donc pas vocation, selon Gérando, à jouer un rôle *social*. Devient social ce qui est assumé par l'État. Dès l'introduction de son ouvrage, Gérando cherche alors à convaincre son lectorat du fait que la bienfaisance publique « *se mêle intimement à tous les intérêts de l'ordre social* »[299]. Il défend cette idée en affirmant que « *la politique, qui l'avait trop souvent dédaignée, découvre* [...] *qu'au sein de cette étude sont des questions desquelles peuvent dépendre le repos des états* (sic) *et la destinée des peuples* »[300]. Il semblerait donc que Gérando lie la qualification sociale de la bienfaisance à sa prise en charge par le pouvoir politique, c'est-à-dire par l'État : la bienfaisance recouvre un intérêt social à partir du moment où le pouvoir politique a découvert qu'elle pouvait avoir une incidence sur le « repos » de l'État, c'est-à-dire sur sa pérennité[301]. Dès lors, aucune association ne peut exercer une action *sociale* en lieu et place de l'État. La séparation entre ce qui relève de la sphère publique, et donc sociale, ou de la sphère privée est donc relativement imperméable, conformément à l'idée que l'on peut se faire d'un État économiquement libéral.

Cette idée est particulièrement présente chez Dufour, qui étudie lui aussi au sein de son *Traité général de droit administratif* la question de la charité et de son passage de la sphère privée à la sphère du social. Ainsi écrit-il que « *la charité est l'inspiration de cette bienveillance qui nous porte à prêter assistance et secours à ceux qui souffrent* », mais qu'elle est à l'origine « *de sa nature de se produire par des actes privés* »[302]. Toutefois, Dufour note qu'« *à mesure que l'organisation sociale se perfectionne, elle tend à comprendre ce besoin moral dans ses prévisions et à faire concourir à le satisfaire les moyens si puissants dont elle dispose pour le plus grand bien de tous ceux qui vivent sous sa protection* »[303]. La charité, d'origine privée, est ainsi devenue un élément essentiel de « l'organisation sociale » à partir du moment où elle a été assumée par la puissance publique. L'État ne semble

---

298 GÉRANDO (Joseph-Marie de), *De la bienfaisance publique*, Tome 1, Renouard, 1839, p. 4.
299 *Ibid.*, p. VII.
300 *Idem.*
301 Cela rejoint ainsi la définition que Hannah Arendt donne du social, le concevant comme une immixtion progressive du politique dans certains pans de la sphère privée. Cf. ARENDT (Hannah), *Condition de l'homme moderne*, Calman-Lévy, 1983, p. 76 s.
302 DUFOUR (Gabriel), *Traité général de droit administratif appliqué*, Tome 3, *op. cit.*, 1e éd., 1844, p. 396.
303 *Idem.*

donc pas avoir un rôle passif, limité à l'enregistrement et la satisfaction de certains besoins : en étant à l'origine de la définition du « social », il fonde lui-même un certain nombre de domaines dans lesquels il doit agir – et en a ainsi nécessairement le monopole.

Cette exclusion des entités privées à la poursuite d'un intérêt social est également présente chez Macarel lorsqu'il s'intéresse aux associations de bienfaisance. Il ressort de son analyse que celles-ci exerceront effectivement des « *fonctions publiques* », en posant « *l'intérêt public comme objet* »[304], uniquement si elles ont été intégrées à l'État. Macarel relève en effet que « *la puissance publique peut seule, dans l'État, déclarer l'utilité publique* »[305]. Il est donc inconcevable qu'une personne privée poursuive par elle seule un « *intérêt social* »[306]. Cela n'est en réalité possible que si ladite association a fait l'objet d'une « *incorporation à la grande société* »[307] qu'est l'État. Si seul l'État peut transformer une activité privée en une activité sociale, c'est-à-dire en la publicisant, alors les personnes privées ne peuvent, en elles-mêmes, poursuivre un intérêt public. Qu'importe si une même activité est exercée par l'État ou par une personne privée, elle deviendra « publique », ou « sociale » d'un côté mais restera « privée » de l'autre. C'est en cela que la distinction opérée par un bon nombre d'auteurs entre la charité publique et la charité privée est précieuse.

Les réflexions apportées par Ducrocq sur ce point conduisent aux mêmes conclusions. Pour lui, tant qu'elle reste dans le giron de la sphère privée, la charité est certes « *digne de tous les encouragements du législateur* », mais « *l'intérêt qui s'y attache ne [peut] toutefois soustraire au droit commun les associations qui se forment dans le but de l'exercer* »[308]. En d'autres termes, tant que la charité reste privée, c'est-à-dire tant qu'elle se meut en dehors de l'État, les associations qui l'exercent ne peuvent être soumises au droit administratif : elles doivent rester dans le giron du droit privé, qui règle les intérêts privés. Cela explique également, dans un autre registre, que les communes, dont on a vu qu'elles pouvaient être comprises comme des corps intermédiaires, soient soumises tout au long du XIXe siècle au droit privé[309]. Elles ne peuvent être régies par le droit administratif, même si cela finira par évoluer. Si donc, n'est social que ce qui est reconnu comme tel par l'État, il apparait logique que l'État en ait le monopole. En appuyant cette idée, les

304 MACAREL (Louis-Antoine), *Cours d'administration et de droit administratif*, Tome 2, *op. cit.*, 2e éd., 1852, p. 395.
305 *Idem.*
306 *Idem.*
307 *Idem.*
308 DUCROCQ (Théophile), *Cours de droit administratif*, *op. cit.*, 3e éd., 1868, p. 327.
309 Sur ce point, v. MESTRE (Jean-Louis), « Des précédents de la jurisprudence Giry. Les Juridictions judiçiaires et le Contentieux des collectivités locales au XIXe siècle », *RDP*, 1980, p. 5 s.

administrativistes participent ainsi à la construction de l'idée selon laquelle l'État serait le premier acteur de la cohésion *sociale* – l'ensemble des associations n'exerçant que des activités privées.

§ 2. *L'affirmation de l'État comme seul instituteur du social*

139. Identifié à la société qu'il personnifie[310], l'État s'ordonne en cela au social. Selon ce modèle, toute son action doit en effet être dirigée vers la société. Le fait que l'État, via son administration, doive répondre à l'ensemble des besoins sociaux est induit par la définition de l'État comme personnification de la société : la société n'existe que parce qu'elle est personnifiée dans l'État, mais l'État ne peut perdurer que s'il répond aux besoins de la société. Cette idée de personnification permet donc de matérialiser la relation circulaire qui peut exister entre l'État et la société en tendant à leur identification, sans toutefois aller jusqu'à une complète assimilation de l'une à l'autre. Mais les administrativistes du XIXe siècle ne sont pas parvenus au terme d'un État tout entier ordonné au social. Un hiatus perdure en effet : bien qu'ils reconnaissent la vocation sociale de l'État tout entier (**A**), ils considèrent parfois qu'il agit en tant que personne privée – conduisant ainsi à une certaine diffraction de l'État (**B**).

A- Le pouvoir d'État, à l'origine du social

140. Il ressort de la littérature des ordonnateurs comme des précurseurs que le pouvoir, conçu comme une capacité d'action coercitive, conditionne l'existence même du social. Il ne s'agit donc pas uniquement de dire que l'État s'ordonne au social mais bien que le social n'existerait pas sans lui. Il y a là inévitablement une tentative de légitimation de l'institution étatique, puisque celui-ci s'avère indispensable pour instituer la société. Les administrativistes posent comme principe la nécessité d'un pouvoir coercitif pour modeler la société (**1**). De même, certains d'entre eux insistent sur la nécessité d'un pouvoir qui impose des règles juridiques pour instituer la société, c'est-à-dire d'un pouvoir juridique[311] (**2**).

---

[310] Cf. *supra*. § 86 s.

[311] Bien que l'on tâche de distinguer pouvoir coercitif et pouvoir juridique, il ne fait pas de doute que ces deux types de pouvoir ne sont pas séparés par une frontière étanche.

1- *La nécessité d'un pouvoir coercitif*

141. L'action administrative de l'État dirigée vers la société, une formulation rare. Dans la mesure où il n'existe pas, au sein des ouvrages de droit administratif du XIXe siècle, de représentation globale de *l'État* propre à saisir les finalités qui lui sont assignées, il convient ici de s'intéresser aux buts poursuivis par son *administration*. En effet, l'État est majoritairement étudié en droit administratif, à cette époque, par le prisme de l'administration. Si nous verrons ultérieurement la question des rapports entre l'administration et l'État[312], il faut à ce stade postuler l'idée selon laquelle l'administration correspond à l'État agissant. Ce postulat nous permet de déduire des finalités assignées à l'administration les buts que poursuit l'État lui-même. Or, les administrativistes considèrent que l'administration est tout entière ordonnée au social. Cette idée trouve toutefois une façon singulière de s'exprimer. Il ne s'agit pas vraiment, comme aujourd'hui, de dire expressément que l'administration poursuit un but d'intérêt général (ou d'intérêt social). De cela, on en trouve uniquement quelques illustrations, chez Gérando par exemple, lorsqu'il écrit que l'administration agit « *avec le caractère de la puissance sociale, pour l'intérêt social qu'elle représente et qu'elle est chargée de satisfaire* »[313]. Macarel aura également l'occasion d'écrire que l'administration trouve « *son but unique est l'utilité sociale, la satisfaction des besoins généraux* »[314]. L'administration n'est donc pas ordonnée au particulier, à l'intérêt privé, mais au contraire au « social ». Si cette assertion relève aujourd'hui de l'évidence et intègre l'ensemble des manuels de droit administratif, force est de constater que tel n'était pas le cas à l'époque : elle est assez rarement énoncée. Tous s'inscrivent globalement dans les pas de Portiez de l'Oise qui, bien qu'il ne formule jamais expressément et de façon concise l'idée selon laquelle l'administration étatique réponde par son action à un intérêt social, en dissémine l'idée à plusieurs reprises dans son *Cours de législation administrative*[315]. Il n'estime donc pas nécessaire de la formuler expressément, à titre liminaire, comme un prérequis à son étude. L'affirmation concise d'une finalité unique donnée à l'administration ne se développera que bien plus tard avec Aucoc et Ducrocq. Ce dernier définit l'administration comme « *l'ensemble des services publics destinés à concourir à l'exécution*

---

[312] Cf. *infra*. § 159 s.

[313] GÉRANDO (Joseph-Marie de), « Discours d'ouverture du Cours de droit public et administratif », *Thémis*, 1820, vol. 1, p. 78.

[314] MACAREL (Louis-Antoine), *Cours d'administration et de droit administratif*, Tome 1, *op. cit.*, 2e éd., 1852, p. 15.

[315] À titre d'exemple, on peut relever ces quelques développements de Portiez de l'Oise à propos de la propriété, qui montrent que l'État peut procéder à une expropriation si l'intérêt social l'exige : « *La propriété privée est quelquefois réclamée pour l'intérêt général. L'État peut avoir besoin, pour l'utilité commune, de la propriété d'un individu, pour un chemin, un pont, une place publique.* » (PORTIEZ DE L'OISE (Louis-François-René), *Cours de législation administrative*, Tome 1, *op. cit.*, 1808, p. XXXIX).

des actes du gouvernement et à l'exécution des lois d'intérêt général »[316]. De façon moins policée, Aucoc, lorsqu'il définit l'objet de l'administration publique, affirme qu'« *il est de l'essence de la société de pourvoir à la satisfaction des besoins collectifs qu'éprouvent ses membres* »[317]. On retrouve bien dans cette formule tant l'assimilation de l'État à la société – en intervertissant les termes – que sa conséquence : la nécessaire satisfaction par l'État et son administration des besoins sociaux. Mais en réalité, l'affirmation selon laquelle l'administration serait ordonnée au social s'exprime au cours du XIXe siècle d'une toute autre manière, dans une perspective conforme à celle de l'Ancien Régime.

142. L'État, moteur de la machine sociale. Pour les administrativistes du XIXe siècle, il apparait certain que l'État n'a pas un rôle passif vis-à-vis de la société, cantonné à l'enregistrement des besoins sociaux. En réalité, la dialectique entre l'État et la société telle qu'elle se déduit des écrits des auteurs de l'époque suit la logique opposée : l'État a un rôle *actif* dans la formation d'une certaine cohésion sociale. Bonnin semble être le premier à développer une telle réflexion, et ce dès 1829. Il définit l'administration publique comme « *une puissance qui ordonne, corrige et améliore ce qui est, et donne une direction plus convenable aux êtres organisés et aux choses* »[318]. Au-delà de son rôle de conservation de l'ordre social, des rapports sociaux, l'administration assume donc un rôle de direction : l'administration devient « *le moteur* » des « *rapports naturels en qui consiste cette vie sociale* »[319]. En un mot, elle est « *la chaîne qui lie toutes les parties de la cité [pour] n'en forme[r] qu'un ensemble* »[320]. L'administration est bien plus qu'un instrument placé au service de la cohésion sociale ; elle donne forme à la société. En effet, en ordonnant ainsi les rapports sociaux, elle contribue à attacher « *chaque individu à la communauté* [...], *[en le faisant] participer aux avantages des services et des secours rendus à la cité* »[321]. Il ne semble pas possible, pour Bonnin, de laisser de côté certaines composantes de la société ; tous les individus doivent travailler à sa cohésion sous l'impulsion de l'État. Pour Bonnin, l'administration étatique a donc un rôle positif dans la formation d'une interdépendance sociale, où chaque individu est amené à participer à égalité. La même idée est présente chez Gérando dès les années 1830, qui considère qu'« *il est un grand art pour l'administration, dans tous les objets d'utilité publique : c'est de mettre en mouvement l'activité individuelle, d'en*

---

[316] DUCROCQ (Théophile), *Cours de droit administratif*, *op. cit.*, 3e éd., 1868, p. 16.
[317] AUCOC (Léon), *Conférences sur l'administration et le droit administratif*, Tome 1, *op. cit.*, 1e éd., 1869, p. 18.
[318] BONNIN (Charles-Jean-Baptiste), *Abrégé des principes d'administration*, Amable-Costes, 3e éd., 1829, p. 5.
[319] *Ibid.*, p. 47.
[320] *Ibid.*, p. 20.
[321] *Ibid.*, p. 48.

diriger l'action, de s'aider de son concours et de lui prêter son appui »[322]. Il développe cette idée notamment concernant le secours aux indigents, c'est-à-dire la bienfaisance publique. L'administration joue ici le rôle de tuteur, voire de *moteur* de la société. On est dès lors loin de l'image d'Épinal selon laquelle le rôle de l'État du début du XXe siècle se serait limité à la police et aux activités régaliennes[323] ; l'État a un rôle positif à jouer dans la société. Cette idée de « moteur » de la société, qui montre à quel point le pouvoir met en marche la société et la fait vivre, est également présente chez Gougeon, qui la développe concernant le seul pouvoir exécutif : « *dans ses mains sont remises les destinées sociales, puisqu'il les dirige et donne l'impulsion à tout* »[324].

Chez Foucart, auteur des *Éléments de droit public et administratif*, la même idée d'un État moteur du social est développée. Il lui donne même une certaine ampleur par la généralité des termes employés. Il se pose en effet la question de savoir « *à qui appartient le pouvoir de créer ou de modifier la forme sociale, ou, en d'autres termes, où réside la souveraineté* »[325]. De façon limpide, Foucart lie donc l'idée de souveraineté à la faculté de créer, c'est-à-dire d'instituer et de modeler le corps social. En d'autres termes, être souverain, c'est créer et modifier la forme sociale. Cette définition de la souveraineté se distingue tant de la définition qui a pu être développée par Bodin[326] que de celle qui sera plus tard défendue par les constitutionnalistes du XXe siècle[327], même si l'on retrouve bien évidemment toujours l'idée de puissance de commandement. Dans le cadre du droit administratif, la souveraineté acquiert une coloration sociale. Cela rejoint d'ailleurs la façon dont les auteurs désignent l'État en employant les termes de « puissance sociale » ou encore de « force sociale »[328], etc. Mieux que tous, Serrigny a pu exprimer l'ensemble de ces idées dans l'introduction de son ouvrage dédié au *Droit public des français*, dont on peut estimer qu'il irrigue également sa

---

322 GÉRANDO (Joseph-Marie de), *Le visiteur du pauvre*, Colas, 4e éd., 1837, p. 340.
323 Dans le même sens, v. LEGENDRE (Pierre), « La facture historique des systèmes. Notations pour une histoire comparative du droit administratif français », *Revue internationale de droit comparé*, 1971, n° 23, p. 18.
324 GOUGEON (Charles), *Cours de droit administratif*, *op. cit.*, 1847, p. 110.
325 FOUCART (Émile-Victor), *Éléments de droit public et administratif*, Tome 1, *op. cit.*, 2e éd., 1839, p. 6.
326 Jean Bodin la définit en effet comme « *la puissance absolue et perpétuelle d'une République* » *in Les Six Livres de la République, I, chap. IX.*
327 V. par exemple la définition qu'en donne Adhémar Esmein : ESMEIN (Adhémar), *Éléments de droit constitutionnel*, Larose, 2e éd., 1899, p. 1 : « *Ce qui constitue en droit une nation, c'est l'existence, dans cette société d'hommes, d'une autorité supérieure aux volontés individuelles. Cette autorité, qui naturellement ne reconnaît point de puissance supérieure, ou concurrente quant aux rapports qu'elle régit, s'appelle la souveraineté. Elle a deux faces : la souveraineté intérieure, ou le droit de commander à tous les citoyens composant la nation, et même à tous ceux qui président sur le territoire national ; la souveraineté extérieure, ou le droit de représenter la nation et de l'engager dans ses rapports avec les autres nations.* »
328 Cf. *supra*. § 89.

conception du droit administratif : liant la destinée de la société à l'existence de l'État, il ajoute qu'il faut dès lors considérer « *le pouvoir social comme une force affirmative, positive, et non comme une simple négation ou neutralisation des atteintes portées aux droits des individus* »[329]. Indiscutablement, l'État – assimilé à la puissance sociale – ne joue pas un simple rôle de régulateur ; il donne par son action positive une direction à l'ensemble de la société ; il constitue, de ses propres mots, « *le moteur de la machine sociale* »[330]. Il faut bien voir à quel point les administrativistes, en maintenant une telle présentation, rompent radicalement avec le projet libéral de la Révolution. Alors que la Révolution « *ne veut pas de fonction publique constitutive de la société, mais une société libre résultant du simple exercice des libertés privées* »[331] et assigne de ce fait à l'État une seule fonction de *conservation* de la société pour garantir son ordre – sa sécurité, sa salubrité et sa tranquillité –, les administrativistes du XIXe siècle ne l'entendent pas de cette façon. Ils veulent faire de l'État le moteur de la société, dans le digne héritage de la Police de l'Ancien Régime, laquelle tendait à la réalisation du « *bien général & commun de la Société* »[332] ou encore au « *règlement de la cité* »[333]. En s'articulant autour de l'ordre et du bien-être[334], regroupée autour de thèmes comme la religion, la santé, la sureté, les vivres, la voirie, le commerce ou encore les pauvres[335], elle était en réalité conçue comme « *la fonction sociale constitutive de la cité ou de l'État* »[336].

143. L'administration responsable du bonheur social. Il y a là un héritage que les administrativistes vont faire perdurer : la nécessité pour l'État d'assumer un rôle positif pour conserver et développer la société est doublée par leur volonté de rendre l'existence de ce pouvoir indispensable, dans une perspective de légitimation du pouvoir en place. Déjà un ordonnateur comme Macarel faisait de la « puissance publique » l'élément clé permettant de passer de l'état de nature à l'état de société lorsqu'il considérait qu'« *un seul être moral, la puissance publique, c'est-à-dire la force intelligente et suprême*

---

329 SERRIGNY (Denis), *Traité du droit public des français*, Tome 1, Joubert, 1846, p. 15.

330 SERRIGNY (Denis), *Traité de l'organisation de la compétence et de la procédure en matière contentieuse administrative dans leurs rapports avec le droit civil*, Tome 1, Auguste Durand, 2e éd., 1865, p. 68.

331 PICARD (Étienne), « Les classifications des fonctions administratives : la métamorphose des concepts juridiques », *in* CONSEIL D'ÉTAT, *Conférences « Vincent Wright »*, Tome 2, La documentation française, 2015, p. 129.

332 DELAMARE (Nicolas), *Traité de la police*, *op. cit.*, 1705, p. 1.

333 LOYSEAU (Charles), *Traité des seigneureries*, Abel L'Angelier, 1610, p. 91.

334 PLESSIX (Benoît), « Nicolas Delamare ou les fondations du droit administratif français », *Droits*, 2003, n° 38, p. 123.

335 DELAMARE (Nicolas), *Traité de la police*, *op. cit.*, 1705, p. 4. Il s'agit là des principaux thèmes retenus par Delamare.

336 PICARD (Étienne), « Les classifications des fonctions administratives : la métamorphose des concepts juridiques », *in* CONSEIL D'ÉTAT, *Conférences « Vincent Wright »*, Tome 2, La documentation française, 2015, p. 129.

qu'en se constituant, et pour se conserver, la société civile a substituée à l'empire aveugle et désordonné des forces individuelles »[337]. La puissance publique est donc directement issue de la société, ce qui prouve leur indissociabilité, mais une telle puissance ne se cantonne pas à un rôle passif : elle doit permettre à la société de se conserver et, ajoutera-t-il ensuite, d'« *avancer dans les voies du perfectionnement* »[338] ; elle une véritable « *providence humaine* »[339]. Le pouvoir étatique se présente incontestablement comme le moteur de la société : il l'actionne et, davantage encore, lui permet d'exister. Pour Macarel, la tâche de l'administration ne se cantonne pas à rendre *possible* la vie en société, mais à « *s'occupe[r] incessamment de tout ce qui touche au* bonheur *des hommes réunis dans une société politique* »[340]. L'emploi du terme de *bonheur*, s'il peut étonner, est utilisé par la grande majorité des administrativistes du XIXe siècle. Il y a là une continuité remarquable avec les légistes de l'Ancien Régime, pour qui la police recouvre « *l'ensemble des moyens nécessaires au maintien du bon ordre de la communauté politique et à l'accroissement de ses forces en vue du* bonheur *de tous* »[341]. Pour Delamare par exemple, elle permet de « *conduire l'homme à la plus parfaite félicité dont il puisse jouir en cette vie* »[342]. On retrouve également cette conception de la Police en Allemagne, et ce jusqu'à la fin du XVIIIe siècle. Elle conduira même à l'avènement d'un « *État de bien-être* »[343] (Wohlfahrtsstaat), conçu comme une « *forme de gouvernement paternaliste et despotique, œuvrant au bonheur de ses sujets par des voies autoritaires tout en s'efforçant d'accroître sa propre puissance* »[344]. Sans aller jusqu'à un gouvernement despotique, cette conception de l'État semble également

---

337 MACAREL (Louis-Antoine), *Cours d'administration et de droit administratif*, Tome 1, *op. cit.*, 2e éd., 1852, p. 9. L'auteur souligne.
338 *Idem.*
339 *Ibid.*, p. 15.
340 MACAREL (Louis-Antoine), *Cours d'administration et de droit administratif*, Tome 1, *op. cit.*, 2e éd., 1852, p. 15.
341 SENELLART (Michel), « La science de la police et l'État de bien-être (Wohlfahrtsstaat) en Allemagne », *in Histoire raisonnée de la philosophie morale et politique*, *op. cit.*, 2001, p. 475. Nous soulignons.
342 DELAMARE (Nicolas), *Traité de la police*, *op. cit.*, 1705, Préface, p. II.
343 SENELLART (Michel), « La science de la police et l'État de bien-être (Wohlfahrtsstaat) en Allemagne », *in Histoire raisonnée de la philosophie morale et politique*, *op. cit.*, 2001, p. 474 s.
344 *Idem.* Il est par ailleurs très intéressant de voir comment Kant s'empara de cette forme de gouvernement. Il écrit : « *Un gouvernement qui serait fondé sur le principe de la bienveillance envers le peuple, tel celui du père envers ses enfants, c'est-à-dire un gouvernement paternel (imperium paternale), où par conséquent les sujets, tels des enfants mineurs, incapables de décider de ce qui leur est vraiment utile ou nuisible, sont obligés de se comporter de manière uniquement passive, afin d'attendre uniquement du jugement du chef de l'État la façon dont ils doivent être heureux, et uniquement de sa bonté qu'il le veuille également – un tel gouvernement, dis-je, est le plus grand despotisme que l'on puisse concevoir (constitution qui supprime toute liberté des sujets qui, dès lors, ne possèdent plus aucun droit).* » (KANT (Emmanuel), *Théorie et pratique*, 1793, II, cité par M. Senellart, *idem.*).

présente dans les écrits des administrativistes français du XIXe siècle, et ce même si elle ne se rattache plus exclusivement à la notion de police, mais à celle d'administration. La Révolution a en effet conduit à resserrer l'emploi du terme de police sur sa « *dimension strictement préventive* » et « *autour d'un objet plus réduit* » [345] qu'est l'ordre public. S'ils ne définissent plus la police de la même manière, ils ont conservé l'idée – peut-être par habitude[346] – selon laquelle l'administration, dans le prolongement d'un « État paternel »[347], doit œuvrer pour le « bien-être » ou le « bonheur ». La Police de l'Ancien Régime se voulait en effet être la « *traduction d'un État autoritaire et paternaliste qui désire instruire et faire progresser par le haut la société tout entière* »[348]. Dès lors, elle ne se « *born[ait] plus à* prévenir *tout ce qui [était] susceptible de troubler la tranquillité et l'ordre public ; elle ambitionn[ait] d'apporter le* bien-être *à chaque individu* »[349].

Or, l'emploi de ces termes se retrouve chez Dufour : examinant les différentes missions de l'administration, il rappelle qu'elle doit « *pourvoir à la sûreté extérieure de l'état, et au maintien de l'ordre public* », mais il ajoute également qu'elle a pour mission d'« *opérer la répartition des avantages et des charges que comporte la vie sociale, et de procurer ainsi aux citoyens la plus grande somme de bonheur possible* »[350]. L'État apparait ainsi comme étant le moteur de la vie sociale, l'administration étant chargée de la conduire à sa propre fin : le bonheur social. L'administration ne se limite donc pas à rendre la vie en société possible en veillant au maintien de l'ordre public, elle doit de surcroit rendre les conditions de la vie en société les meilleures possibles. L'État doit désormais répondre, ainsi que l'énoncent Foucart[351] ou Gougeon par exemple, au « *bien-être social* »[352]. Tout se passe comme si la société, et dès lors l'individu, ne pouvait accéder au bien-être sans l'État.

144. Le pouvoir d'État nécessaire à la société. Sans qu'il utilise les notions de bonheur ou de puissance sociale, l'idée selon laquelle l'État serait

---

345 PLESSIX (Benoît), *Droit administratif général*, *op. cit.*, 2e éd., 2018, p. 350.

346 BIGOT (Grégoire), « Les habitudes de l'administration : l'histoire irrésolue de la police administrative », *in* DISSAUX (Nicolas) et GUENZOUI (Youssef) (dir.), *Les habitudes du droit*, *op. cit.*, 2015, p. 113 s.

347 LEGENDRE (Pierre), « La facture historique des systèmes. Notations pour une histoire comparative du droit administratif français », *Revue internationale de droit comparé*, 1971, n° 23, p. 18 s.

348 PLESSIX (Benoît), « Nicolas Delamare ou les fondations du droit administratif français », *Droits*, 2003, n° 38, p. 123.

349 *Idem*. L'auteur souligne.

350 DUFOUR (Gabriel), *Traité général de droit administratif appliqué*, Tome 1, *op. cit.*, 1e éd., 1843, p. 87.

351 FOUCART (Émile-Victor), *Éléments de droit public et administratif*, *op. cit.*, 4e éd., 1855, p. 243 : il y définit en effet le droit administratif comme étant l'ensemble des règles qui ont « *pour but la gestion des intérêts collectifs en vue du bien-être social* ». On peut donc en déduire que l'État agit en vue du bien-être social, du moins lorsqu'il est soumis au droit administratif.

352 GOUGEON (Charles), *Cours de droit administratif*, *op. cit.*, 1847, p. 198.

entièrement ordonné à la société par un rapport d'indentification très poussé se retrouve chez F. Laferrière. Il assigne à l'État deux missions : conserver la société et la développer « *pour atteindre le but de sa destination naturelle* »[353]. L'État est ainsi seul chargé, via son administration, de la conduire à sa destination naturelle ; il « *a pour objet normal de conserver la société et de la diriger vers son but* »[354], ce qui rejoint pour partie l'idée d'une « providence ». À l'époque où il écrit, la notion de providence est en effet usuellement comprise comme ce qui contribue beaucoup au bonheur, à la fortune de quelqu'un[355]. On retrouve alors l'idée de « bonheur » déjà présente chez les autres administrativistes et les légistes de l'Ancien Régime. Plus spécifiquement, le terme de « providence » désigne à l'origine le fait pour Dieu de conduire les événements et les créatures vers la fin qu'il leur a assignée[356]. Non seulement l'État semble être le seul à pouvoir exercer une telle mission, mais il apparait également que sans lui, la société ne pourrait ni se conserver ni se développer. Il l'affirme même expressément lorsqu'il écrit que « *la société ne peut exister sans un pouvoir* »[357]. Il ne donne d'ailleurs aucun adjectif pour qualifier un tel « pouvoir », bien qu'il parle indubitablement de celui de l'État, ce qui argue de l'évidence avec laquelle le pouvoir ne peut être qu'étatique. F. Laferrière ne se contente donc pas d'identifier la société à l'État pour légitimer son action ; il fait de l'État un producteur du social en lui arrogeant un rôle positif : le pouvoir est une condition *sine qua non* de l'existence même de la société. Sans lui, la société serait réduite à une collection d'individus. Cela rejoint parfaitement l'idée développée par Pierre Rosanvallon selon laquelle « *l'État n'est plus seulement compris comme le sommet régulateur et organisateur d'une hiérarchie articulée de corps intermédiaires. Il est érigé en instance de production du social et devient l'agent principal d'unification d'une société d'individus atomisés* »[358].

Cela explique notamment que la police administrative, de nature *préventive*, ait acquis une certaine importance : contrairement à la police répressive, elle donne à l'État le pouvoir de policer la société en amont si bien que les individus « *perdent l'habitude de se fier à eux-mêmes* »[359]. En effet, comme le relève Vivien, « *on s'en rapporte à la puissance publique, qui s'est fait la dispensatrice des industries et des droits* »[360]. Il faut là encore bien voir la rupture qui s'opère avec le libéralisme de la Révolution, car tandis que « *l'État*

---

[353] LAFERRIÈRE (Firmin), *Cours de droit public et administratif*, *op. cit.*, 2e éd., 1841, p. 96.
[354] LAFERRIÈRE (Firmin), *Cours de droit public et administratif*, Tome 1, *op. cit.*, 5e éd., 1860, p. 32.
[355] Occ. « Providence », Dictionnaire de l'Académie française, 6e éd., 1835.
[356] Occ. « Providence », Dictionnaire Larousse.
[357] *Ibid.*, p. 33.
[358] ROSANVALLON (Pierre), *L'État en France de 1789 à nos jours*, *op. cit.*, 1990, p. 96.
[359] VIVIEN (Auguste), *Études administratives*, Tome 1, *op. cit.*, 3e éd., 1859, p. 50.
[360] *Idem.*

libéral et constitutionnel s'appuie sur l'initiative individuelle et s'en remet à la répression *pour les cas de violation envers la loi, l'État administratif préfère les mesures de* prévention, *indiquant à l'avance, aux individus, ce qu'ils ont à faire* »[361]. L'État instituteur du social, forme de l'État administratif, se fonde en cela « *sur une habitude de défiance de l'État envers les individus et vise à leur inculquer l'habitude d'une confiance aveugle dans le gouvernement* »[362]. Cette idée rend l'État indispensable, ce qui est l'expression la plus frappante de leur pensée d'État. Cela se retrouve encore chez Ducrocq, pour qui « *l'idée de pouvoir est inhérente à celle de société* »[363], qui fait alors du pouvoir un fait naturel. Il s'agit là d'une conséquence concrète de la définition de l'État comme personnification de la société, qui montre leur commune destinée et la forte prégnance d'un étatisme-libéral. Dire que l'idée de pouvoir est inhérente à celle de société s'inscrit pleinement dans cette pensée d'État qui caractérise la pensée des auteurs du XIXe siècle, propre à légitimer l'institution étatique en la rendant indispensable et indépassable. Sa concrétisation ne s'arrête toutefois pas ici : elle se prolonge dans la nécessité reconnue d'un pouvoir d'ordre juridique pour modeler la société.

2- *La nécessité d'un pouvoir juridique*

145. La fin du pluralisme juridique. Au-delà de la légitimation d'un pouvoir étatique seul chargé d'ordonner la société, les administrativistes prolongent cette idée en l'appliquant à la nécessité qu'elle se voie appliquer certaines règles. Cette idée est notamment défendue par Foucart pour qui « *l'état de société* [...] *ne peut exister sans un pouvoir qui détermine et qui règle les rapports des individus entre eux ou avec le corps social* »[364]. Sans que Foucart ne précise la façon dont il convient de régler ces rapports, il ne fait pas de doute toutefois que l'état de société rend nécessaire l'existence d'un pouvoir chargé de faire respecter l'ordre tant de façon concrète (par l'exercice de son pouvoir de police, par exemple) que de façon juridique, en étant l'unique source du droit. Les auteurs s'attachent ainsi, dans le prolongement de l'idéologie révolutionnaire, à combattre le pluralisme juridique, qui conduit à reconnaitre l'existence de règles juridiques en dehors de celles que produit l'État. Il s'agit là de renforcer l'autorité de l'État. Le pluralisme juridique correspond en effet à l'idée selon laquelle « *les différents groupes sociaux*

---

361 JAUME (Lucien), « Entre droit de l'État et droits de la société : le choix de Tocqueville », *Historia constitucional*, 2005, vol. 6, § 6 ; en ligne. L'auteur souligne.

362 BIGOT (Grégoire), « Les habitudes de l'administration : l'histoire irrésolue de la police administrative », *in* DISSAUX (Nicolas) et GUENZOUI (Youssef) (dir.), *Les habitudes du droit*, *op. cit.*, 2015, p. 124.

363 DUCROCQ (Théophile), *Cours de droit administratif*, Tome 1, Thorin, 6e éd., 1881, p. 8.

364 FOUCART (Émile-Victor), *Éléments de droit public et administratif*, Tome 1, *op. cit.*, 2e éd., 1839, p. 14.

voient se croiser en leur sein de multiples ordres juridiques : le droit étatique, mais aussi celui que produisent d'autres groupes, droits qui peuvent coïncider ou diverger »[365]. Il se manifeste dès lors notamment, sous l'Ancien Régime, par l'existence de privilèges, qui peuvent être définis comme des « *lois particulières* »[366]. En cela, il est le pendant juridique des corps intermédiaires tant ils conduisent à fractionner soit l'État, soit le droit. Pour les administrativistes du XIXe siècle, il convient donc de nier la possibilité d'un droit existant en dehors de l'État.

Cela se révèle incontestablement par les sources du droit qu'ils analysent au sein de leurs manuels : il n'est nullement question de coutume ou de règles juridiques en dehors de celles que produit directement l'État, comme la loi ou les règlements. Il y a bien là « *un phénomène d'occultation du droit* » selon lequel « *seul existerait le droit officiel, celui de l'État postulat inspirant la fameuse équation droit = loi* »[367]. L'étude du droit, là encore, se met incontestablement au service de l'État. Aucoc résume la façon dont sont construits à l'époque les rapports entre l'État, la société et le droit : il écrit ainsi qu'« *il doit exister dans toute société civilisée une puissance publique, dont la mission est d'établir au sein de la société l'ordre et la justice, de poser les règles de conduite que doivent suivre les citoyens et de veiller à l'observation de ces règles, en employant au besoin la contrainte à l'égard de ceux qui refuseraient de s'y soumettre* »[368]. La société nécessite, pour survivre, un certain nombre de règles juridiques qui doivent s'appliquer sous la tutelle d'un pouvoir coercitif. Cette présentation, aujourd'hui classique, s'est en réalité érigée progressivement en faisant fi de l'existence de règles coutumières ou corporatives, qui ont ainsi pu être ignorées pour mieux mettre en valeur le monopole juridique de l'État.

Certains auteurs, même si cela peut étonner compte tenu de l'origine jurisprudentielle que l'on attribue aujourd'hui au droit administratif, érigeront la loi comme la règle principale permettant de régir la société. Cela s'observe avant tout par les titres des premiers ouvrages en la matière, dénommés « Législation administrative », chez Portiez de l'Oise par exemple – et qui font ainsi une référence directe à la loi. Mais la loi est également au départ la source la plus mobilisée par les auteurs dans leurs cours de droit administratif. Sans doute renvoie-t-elle en effet encore, chez ces auteurs, à « *une affirmation répétée d'un pouvoir de la généralité* »[369], qui permet de régir l'ensemble de

---

365 ROULAND (Norbert), *L'État français et le pluralisme. Histoire politique des institutions publiques de 476 à 1792*, Odile Jacob, 1995, p. 125.

366 GUIGNARD (Didier), *La notion d'uniformité en droit public français*, Thèse, Dalloz, 2004, p. 254.

367 ROULAND (Norbert), *Anthropologie juridique*, PUF, 1988, p. 74.

368 AUCOC (Léon), *Conférences sur l'administration et le droit administratif*, Tome 1, *op. cit.*, 1e éd., 1869, p. 5.

369 ROSANVALLON (Pierre), *Le modèle politique français*, *op. cit.*, 2004, p. 93.

la société de façon uniforme. On ne peut toutefois pas conclure, dans les rangs administrativistes du XIXe siècle, à une quelconque glorification de la loi. Car au-delà du fait qu'elle brille souvent par son absence[370], la loi est avant tout conçue comme un instrument au service de la puissance publique ; elle n'est pas *en soi* sacralisée. Si elle est mise en valeur par certains auteurs, c'est davantage parce qu'elle permet de matérialiser la puissance sociale. Ainsi pour Vivien, « *la puissance publique a pour suprême organe la loi, la loi devant laquelle toute autre autorité fléchit et qui règne sur la société entière* »[371]. La puissance publique vient ainsi se concrétiser dans la loi ; ce n'est pas la loi qui est au fondement de cette même puissance. De la même façon, pour F. Laferrière, « *si la société entraîne avec soi l'idée de souveraineté et de pouvoir, la souveraineté et le pouvoir emportent avec eux l'idée de loi* »[372]. Tout se passe comme si, intrinsèquement, la loi n'était que l'expression naturelle du pouvoir, lui-même étant naturellement issu de la société. À part ces auteurs, nul administrativiste ne dissertera sur le rôle ou l'importance de la loi.

146. L'État, maitre de la puissance juridique. Mais au-delà de la question de savoir quelle est la source du droit (de la loi, du règlement ou de la jurisprudence) la plus importante aux yeux des auteurs, la question du rôle des règles juridiques s'avère intéressante. Macarel, par exemple, pose l'existence nécessaire de « règles de conduite » – sans préciser lesquelles – capables de régir tant les relations individuelles que les rapports sociaux, et ce pour que la société « *puisse avancer dans les voies du perfectionnement* »[373]. De cette nécessité, il conclut : « *pour que ces règles de conduite aient de l'autorité, pour qu'elles soient observées, ne faut-il pas qu'une volonté domine toutes les autres ?* »[374]. La question qui se pose à lui est donc de savoir comment faire pour que les règles édictées par l'État soient respectées. Pour cela, l'État doit être la seule entité capable de créer et d'appliquer des règles de façon coercitive. En réalité, il aurait été possible pour les auteurs d'affirmer purement et simplement la supériorité naturelle et intrinsèque de l'État, pour en déduire le caractère coercitif des règles qu'il dégage. Ce n'est pas cette voie que les administrativistes ont suivie. Ils ont plutôt préféré s'en remettre à l'idée selon laquelle l'intérêt social poursuivi par l'État était *par essence* supérieur aux différents intérêts individuels, qu'il était même d'une autre nature. Cette idée d'une incommensurabilité de l'intérêt de l'État fut, on le

---

[370] Sur ce point, v. HACHEMI (Anissa), *Le juge administratif et la loi*, Thèse dact., 2016, p. 26 s. L'auteure montre à quel point, si les lois qui *organisent* l'administration sont nombreuses, celles qui règlent la manière dont elle doit exercer son action, alors appelées « substantielles », sont très rares.

[371] VIVIEN (Auguste), *Études administratives*, *op. cit.*, 1e éd., 1845, p. 1.

[372] LAFERRIÈRE (Firmin), *Cours de droit public et administratif*, *op. cit.*, 2e éd., 1841, p. 6.

[373] MACAREL (Louis-Antoine), *Cours d'administration et de droit administratif*, Tome 1, *op. cit.*, 2e éd., 1852, p. 9.

[374] *Ibid.*, p. 10.

sait, décisive pour la construction du droit administratif. Schützenberger défendra ainsi l'idée selon laquelle « *la loi est réputée l'expression d'une pensée sociale* », ce dont il déduit que cela « *la place de fait au-dessus des opinions individuelles* »[375]. C'est parce que la loi exprime une pensée sociale qu'elle s'impose aux individus. Cela signifie que l'État, à travers la loi, peut seul déterminer ce qu'est la pensée sociale, à l'exclusion des opinions individuelles. Cette pensée se déclinera surtout, on le verra[376], à propos des actes administratifs.

L'État apparait quoi qu'il en soit comme une instance qui surplombe autant qu'elle modèle la société. Comme l'explique Julien Barroche, en tant qu'« *instance surplombante se comprenant comme capable d'embrasser à elle seule l'ensemble de la matière sociale, l'État ne se laisse pas réduire au rôle d'arbitre entre différentes conceptions de l'intérêt général en concurrence* »[377]. En d'autres termes, l'État n'a pas à se fier aux intérêts individuels pour savoir ce qu'est l'intérêt social, dont il est le seul maître. Cela rejoint parfaitement l'idée défendue par Pierre Rosanvallon et selon laquelle l'État instituteur du social se « *conçoit fondamentalement comme un acteur du social et non pas comme un juge ou un arbitre* »[378]. Plus encore, l'État est alors chargé de contraindre les individus pour les faire participer à la cohésion sociale selon la direction qu'il a choisie. Il peut *seul* instituer le social et définir ce qu'est l'intérêt social, à l'exclusion des corps intermédiaires et de l'Église notamment. Il ne faut à cet égard pas perdre de vue que cette idée, qui sera largement relayée et ce jusqu'à nos jours, est une construction intellectuelle destinée à protéger l'État et, *in fine*, à le légitimer dans l'exercice de ses fonctions. Cette construction permet en effet de neutraliser les différents intérêts individuels qui pourraient eux aussi prétendre modeler ou instituer la société. L'État institue lui-même le social et force les intérêts privés à s'y soumettre.

Cette conception de l'intérêt social, qui révèle à n'en pas douter une certaine conception de l'État instituteur du social, semble en tout état de cause avoir traversé les siècles. À travers l'empilement des différentes strates historiques, la « strate » d'un État instituteur du social – telle qu'elle a été fomentée au XIXe siècle – n'a donc pas disparu ; elle a conditionné la formation des « strates » suivantes. Or cette conception d'un État instituteur du social, capable de définir ce qu'est l'intérêt social en transcendant les intérêts privés, correspond à une conception à laquelle les juristes – principalement en droit

---

375 SCHÜTZENBERGER (Frédéric), *Études de droit public*, Levrault, 1837, p. 42.
376 Cf. *infra*. § 186 s.
377 BARROCHE (Julien), « L'inconscient catholique de l'État républicain. Brèves réflexions sur une histoire française », *Mil neuf cent. Revue d'histoire intellectuelle*, 2016, n° 34, p. 66.
378 ROSANVALLON (Pierre), *L'État en France de 1789 à nos jours*, *op. cit.*, 1990, p. 125.

administratif – se montrent particulièrement attachés[379]. Cette conception, laquelle s'oppose à une conception dite « utilitariste », où l'intérêt général ne serait réduit qu'à la somme des intérêts particuliers, est souvent comprise comme la « *conception volontariste de l'intérêt général* »[380]. Le Conseil d'État, tâchant d'éclairer le sens de cette dénomination dans son rapport public de 1999 consacré à l'intérêt général, l'explique par le fait que ce dernier serait « *l'expression de la volonté générale* »[381]. Or, au regard des écrits des auteurs du XIXe siècle tels que nous les avons retracés, une telle explication semble peu pertinente. Il n'est en effet jamais question chez les premiers auteurs de droit administratif, qui ont été les premiers à affirmer l'irréductibilité de l'intérêt social aux intérêts privés, de « volonté générale ». Cette expression, dont la référence à Rousseau est évidente, renvoie à un vocabulaire politique absent des ouvrages de droit administratif. Qui plus est, et alors que le Conseil d'État souhaite visiblement insuffler un esprit démocratique dans cette conception de l'intérêt général, cet esprit n'a pas véritablement imprégné les administrativistes de l'époque. Pour ces derniers, la logique suivie est en réalité inversée : ce n'est pas parce que l'intérêt social est l'intérêt de tous (ou parce qu'il exprime la volonté générale) qu'il devient intérêt social ; c'est parce que l'État a décidé ce qu'était l'intérêt social qu'il devient l'intérêt de tous. C'est donc une conception davantage « étatiste », ou bien « volontariste » – à condition qu'elle fasse référence à la volonté de l'État – qui se dégage.

B- L'inaboutissement d'un État tout entier ordonné au social

147. L'exemple du domaine privé de l'État. Si, de façon générale, il ressort des ouvrages de droit administratif l'idée selon laquelle l'État, via son administration, serait tout entier ordonné au social, cette construction ne semble toutefois pas avoir pleinement abouti. Il nous faut ici prendre l'exemple le plus révélateur de cet inaboutissement : celui du domaine privé de l'État. L'appréhension de cet objet a conduit les administrativistes à ordonner l'État non plus au social, mais à ses propres intérêts – comme s'il s'agissait d'un individu. Il convient avant tout, pour mieux cibler l'enjeu de ces développements, de rappeler la construction progressive des distinctions concernant le domaine de l'État. Durant l'Ancien Régime, une distinction

---

379 V. par exemple RENAUDINEAU (Guillaume), « L'intérêt général » *in* AUBY (Jean-Bernard), *L'influence du droit européen sur les catégories du droit public*, Dalloz, 2010, p. 303 s. Sur cette question, plus largement, v. CHEVALLIER (Jacques), « Réflexions sur l'idéologie de l'intérêt général », *in* CURAPP, *Variations autour de l'idéologie de l'intérêt général*, vol. 1, PUF, 1980, p. 11 s. ; CLAMOUR (Guylain), *Intérêt général et concurrence. Essai sur la pérennité du droit public en économie de marché*, Thèse, Dalloz, 2006, p. 16 s.

380 CONSEIL D'ÉTAT, *Rapport public 1999 : Réflexions sur l'intérêt général, La documentation française*, 1999, p. 239.

381 *Ibid.*, p. 257.

s'opère peu à peu entre le domaine de la Couronne et le domaine du Roi. Une telle distinction a été mise en œuvre par les « domanistes », doctrine à laquelle s'attachent un certain nombre d'auteurs des XVIIe et XVIIIe siècles comme Charondas Le Caron, Bacquet, Nicolas Delamare ou encore Loyseau[382]. Ceux-ci tentent de façon générale de retrancher « *du patrimoine "privé" du roi les biens et droits attachés à la fonction royale, à la Couronne* »[383]. Le domaine de la Couronne est alors entièrement dédié à la poursuite du bien commun ; la « *personne du monarque disparait derrière la fonction* »[384]. En rejetant la conception patrimoniale du pouvoir, les domanistes sont à l'origine d'une doctrine qui défend le principe d'indisponibilité des compétences et des biens, point nodal de la construction de l'État moderne. Si la doctrine des domanistes s'éteint à partir de la Révolution, elle aura selon Yves Gaudemet laissé derrière elle un certain nombre de principes qui s'inscriront définitivement dans la représentation moderne de l'État. Yves Gaudemet récuse néanmoins l'existence d'une filiation entre la doctrine du domaine de la Couronne et celle du domaine public qui se développe à partir du début du XIXe siècle[385]. En effet, « *si la doctrine des domanistes était une doctrine constitutionnelle de la continuité et de la conservation de l'État* », la doctrine du domaine public est quant à elle « *une doctrine administrative de l'affectation et de la gestion des biens domaniaux* »[386]. La première cherche *in fine* à institutionnaliser le pouvoir d'État en l'opposant à la personnalisation du pouvoir[387], la seconde cherche à discriminer le domaine public du domaine privé en leur attribuant des affectations différentes. En toute logique, le domaine du Roi ne rejoint donc pas le domaine privé – qui n'appartient pas personnellement au Roi. Nous serons ici amenés à relativiser cette scission, du moins telle qu'elle ressort de son appréhension par les administrativistes de l'époque : en effet, la distinction entre les différents types de domaines par les auteurs du début du XIXe siècle pose aussi, d'une certaine manière, la question de

[382] V. GAUDEMET (Yves), « Le droit des biens publics : d'hier à aujourd'hui », *in Le service public. Liber amicorum en l'honneur de Marceau Long*, Dalloz, 2016, p. 203.
[383] GAUDEMET (Yves), « Du domaine de la couronne au domaine public. Étude d'histoire des doctrines », *in Le droit administratif, permanences et convergences. Mélanges en l'honneur de Jean-François Lachaume*, Dalloz, 2007, p. 527.
[384] *Idem.*
[385] Sur le passage progressif d'un domaine de la Couronne à la distinction entre le domaine public et le domaine privé, v. CHAMARD (Caroline), *La distinction des biens publics et des biens privés. Contribution à la définition de la notion de biens publics*, Thèse, Dalloz, 2004, p. 104 s.
[386] GAUDEMET (Yves), « Du domaine de la couronne au domaine public. Étude d'histoire des doctrines », *in Le droit administratif, permanences et convergences. Mélanges en l'honneur de Jean-François Lachaume*, *op. cit.*, 2007, p. 531-532.
[387] Pour Georges Burdeau, le pouvoir est institutionnalisé dans l'État quand « *il est transféré de la personne des gouvernants qui n'en ont plus que l'exercice, à l'État qui en devient désormais le seul propriétaire.* » (BURDEAU (Georges), *L'État*, Éditions du Seuil, 1970, p. 31).

l'institutionnalisation du pouvoir en ce qu'elle interroge la dissociation de l'autorité étatique avec l'individu qui l'exerce.

148. La distinction entre l'État propriétaire et l'État administrateur. La dichotomie entre domaine public et domaine privé n'est pas à proprement parler encore présente chez les auteurs du XIXe siècle. Ceux-ci opèrent en revanche une distinction entre le « domaine public », d'un côté, et le « domaine de l'État » de l'autre. Le premier, affecté à l'usage du public, se distingue du second, qui comprend les biens de nature patrimoniale. Cette distinction sera particulièrement promue, après les commentateurs du Code civil, par Proudhon[388]. Si « *le domaine de l'État ne s'applique qu'aux choses qui sont communément productives d'un revenu* [...] *et dont il jouit propriétairement comme un simple particulier jouit de ce qui lui appartient* »[389], tel n'est pas le cas du domaine public. On ne peut pas selon Proudhon, et selon d'autres administrativistes comme Serrigny[390] ou Macarel[391], jouir *propriétairement* du domaine public : le « *gouvernement* » ne détient sur lui qu'un « *pouvoir d'administration dans l'intérêt de tous les membres de la société* »[392]. Cette distinction entre domaine de l'État et domaine public en recoupe en réalité une autre, plus fondamentale : celle entre l'État-administrateur et l'État-propriétaire. Au départ, c'est l'ensemble du domaine de l'État qui est compris sous l'égide de l'État-propriétaire, comme chez Gérando par exemple. Celui-ci considère en effet que l'administration « *doit se soumettre au droit commun toutes les fois qu'elle se comporte comme une personne privée, par exemple, dans les questions qui concernent le domaine public* »[393]. En effet, « *l'intérêt social se trouvant à son tour subordonné aux droits privés, l'administration ne se présente elle-même que comme un individu privé* »[394], ce qui entraine la compétence des tribunaux judiciaires. Le droit de propriété, parce qu'il est conçu depuis la Révolution française comme un droit strictement individuel[395], ne peut par conséquent être exercé que par un individu : si l'État exerce un droit de propriété, c'est qu'il n'agit alors que comme un individu. C'est également le raisonnement

---

388 Sur ce point, v. CHAMARD (Caroline), *La distinction des biens publics et des biens privés. Contribution à la définition de la notion de biens publics*, *op. cit.*, 2004, p. 386.

389 PROUDHON (Jean-Baptiste-Victor), *Traité du domaine public ou de la distinction des biens considérés principalement par rapport au domaine public*, Tome 1, Lagier, 1e éd., 1833, p. 270.

390 SERRIGNY (Denis), *Questions et traités de droit administratif*, *op. cit.*, 1854, p. 198.

391 V. par exemple CORMENIN (Louis-Marie), *Droit administratif*, Tome 2, *op. cit.*, 5e éd., 1840, p. 41 s.

392 PROUDHON (Jean-Baptiste-Victor), *Traité du domaine public ou de la distinction des biens considérés principalement par rapport au domaine public*, Tome 1, *op. cit.*, 1e éd., 1833, p. 270.

393 GÉRANDO (Joseph-Marie de), *Institutes du droit administratif*, Tome 1, *op. cit.*, 1e éd., 1829, p. 64.

394 *Ibid.*, p. 79.

395 QUIOT (Gérard), « La distinction entre État administrateur et État propriétaire : clef du partage de compétences juridictionnelles pour les litiges administratifs en France au début du XIXe siècle », *Annuaire d'histoire administrative européenne*, 1996, p. 80.

que reprend Dalloz en 1848 : il écrit ainsi dans son article relatif à la compétence administrative que « *lorsqu'il agit comme propriétaire, l'État, soit qu'il stipule, soit qu'il oblige, est considéré comme un simple particulier* »[396]. À travers les lignes, il faut donc bien comprendre que, si l'État est considéré comme un simple particulier, cela signifie qu'il poursuit ses intérêts privés. Peu à peu, les auteurs vont réduire le champ de l'État-propriétaire en distinguant d'un côté l'État qui *administre* certains biens, à l'usage de tous, de l'État qui détient un véritable droit de *propriété* privée sur certains autres biens. Mais en tout état de cause, à partir du moment où il existe un droit de propriété, il est censé être exercé par une personne privée, et doit par conséquent être soumis au droit privé. Ce raisonnement est encore partagé par un autre ordonnateur comme Cormenin qui considère que « *le domaine de l'État se compose de biens de la même nature que ceux qui forment des propriétés privées* » si bien que « *comme tout autre propriétaire* », il peut « *disposer librement et pleinement de sa chose* »[397]. En ce cas, il ne poursuit que son propre intérêt, c'est-à-dire un intérêt privé. L'État n'est dès lors plus ordonné tout entier au social ; il se dissocie en fonction de la mission qu'il exerce. Cette idée, encore développée par des précurseurs comme Trolley[398] et Vivien[399], est également présentée par Chauveau, qui considère que « *l'état* (sic) *doit être envisagé sous une double physionomie* » si bien que l'État « *personne morale, propriétaire* », qui est alors « *justiciable, comme le simple particulier, des tribunaux ordinaires* », s'oppose à l'État « *nation, royaume* »[400]. Ce n'est dès lors « *plus le simple propriétaire* » qui agit, mais « *la personnification de l'intérêt public* »[401], alors soumise au droit administratif.

En tout état de cause, au temps de la distinction entre État administrateur et État propriétaire, une véritable dissociation se fait jour et se poursuit tout au long du siècle avec des auteurs comme Foucart ou F. Laferrière, qui prolongent en cela l'œuvre de leurs prédécesseurs. Foucart appréhende ainsi l'État de deux points de vue : d'une part, « *sous le point de vue de sa mission*

---

396 DALLOZ (Désiré), « Compétence administrative », *in Répertoire de législation, de doctrine et de jurisprudence*, Tome X, 1848, p. 444.

397 CORMENIN (Louis-Marie), *Droit administratif*, Tome 2, *op. cit.*, 5e éd., 1840, p. 43.

398 TROLLEY (Alfred), *Cours de droit administratif*, Tome 1, *op. cit.*, 1844, p. 10 : « *La gestion de la fortune publique n'est pas non plus un acte d'administration proprement dit. Souvent la puissance publique agit au nom de l'État propriétaire, et les actes qu'elle fait sont des actes privés.* »

399 VIVIEN (Auguste), *Études administratives*, *op. cit.*, 1e éd., 1845, p. 295 : « *On ne doit voir en lui [l'État], ainsi qu'il a été dit encore, que le pouvoir public agissant comme conservateur de l'ordre social et non comme propriétaire de ses domaines, ou comme exerçant des actions civiles.* » Cela témoigne de l'existence d'une double facette de l'État, tantôt propriétaire soumis au droit civil, tantôt pouvoir public soumis au droit administratif.

400 CHAUVEAU (Adolphe), *Principes de compétence et de juridiction administratives*, Tome 1, *op. cit.*, 1841, p. 93.

401 *Idem.*

politique et administrative [l'État] a vis-à-vis des simples particuliers, à l'occasion du domaine, des droits que nécessite et justifie l'intérêt général » ; mais d'autre part, quand l'État est « *considéré simplement comme propriétaire ou gérant des biens du domaine* », il est « *une personne morale soumise aux règles du droit commun* »[402]. Dans la mesure où la personne morale de droit public n'existe pas encore, Foucart assimile donc l'État à une personne morale de droit privé. F. Laferrière reprend sensiblement les mêmes arguments et ne s'exprime sur le sujet on ne peut plus clairement : « *nous pensons,* écrit-il, *qu'il faut distinguer entre l'État puissance publique et l'État personne privée.* »[403] Cela signifie donc que dans un certain nombre de cas, l'État n'agit pas pour répondre à des besoins sociaux, pour instituer le social, mais – comme s'il était un véritable individu – pour répondre à ses propres besoins. Cela est guidé par une vision substantialisée du droit selon laquelle l'application du droit public ou du droit privé révèle la nature de l'intérêt poursuivi, lui-même indissociable de la nature de la personne qui l'exerce. L'État est ainsi soumis au droit privé parce qu'il se comporte comme un individu. En ce sens, l'opinion de Joseph Jousselin, avocat au Conseil d'État et à la Cour de cassation, et auteur d'un article en 1854 sur ce sujet, semble intéressante. Il propose en effet de distinguer l'État administrateur de « *l'État-individu* »[404]. Il ira donc encore plus loin que ses contemporains en assimilant complètement l'État à un individu, les autres administrativistes s'étant limité à l'idée d'un État agissant *comme* un individu.

149. Les tenants et aboutissants de la distinction entre État administrateur et État propriétaire. Si cette distinction entre l'État propriétaire et l'État administrateur a pu parfois se confondre avec celle faite entre les actes de gestion et les actes d'autorité – qui verra le jour à partir de la fin du XIXe siècle[405] – il semble toutefois que ces deux distinctions ne jouent

---

402 FOUCART (Émile-Victor), *Éléments de droit public et administratif*, Tome 2, *op. cit.*, 4e éd., 1855, p. 316.

403 LAFERRIÈRE (Firmin), *Cours de droit public et administratif*, Tome 2, Cotillon, 5ème éd., 1860, p. 823 ; note.

404 JOUSSELIN (Joseph), « À quelle autorité appartient-il de prononcer sur les actions qui tendent à faire déclarer l'État débiteur ? », *Revue critique de jurisprudence*, 1852, p. 445.

405 Cf. *infra.* § 368. Avant Édouard Laferrière, qui formalisera cette distinction, Ducrocq l'énonce à partir des années 1860. Il affirme dès 1864 que les contrats passés par l'État « *ne sont pas des actes d'autorité, mais des actes de gestion ; l'administration n'y figure pas comme puissance publique, mais comme partie contractante représentant et obligeant la personnalité civile de l'État* » (DUCROCQ (Théophile), Note sous Cour impériale de Poitiers, 1ère ch., 17 février 1864, Bonneau c. Dabault et ville de Niort, *S.* 1864, II, p. 34). Cette idée est également présente dans son *Cours de droit administratif*, où il considère dès 1862 que la juridiction administrative est compétente pour les « actes administratifs proprement dits » (DUCROCQ (Théophile), *Cours de droit administratif*, Durand, 1e éd., 1862, p. 64), catégorie qu'il détaillera dans la deuxième édition de son *Cours* : « *au lieu d'être des actes de gestion comme les contrats passés par l'administration, ils constituent des actes de la puissance publique* » (DUCROCQ (Théophile), *Cours de droit administratif*, Durand, 2e éd., 1863, p. 90).

pas exactement sur le même plan. En effet, ce qui distingue les actes de gestion des actes d'autorité, c'est avant tout l'existence (ou non) de procédés de puissance publique : elle sera érigée dans un but de répartition des compétences entre le juge judiciaire et le juge administratif. En revanche, la distinction entre l'État administrateur et l'État propriétaire « *sépare les actes de l'État faits dans l'intérêt général de ceux faits par celui-ci dans son intérêt privé de propriétaire* »[406]. Nous ne serons toutefois pas aussi catégorique que Gérard Quiot, qui affirme qu'il n'existe aucun lien entre ces deux distinctions. Nous pensons plutôt que la distinction des actes d'autorité et des actes de gestion, dont la finalité est avant tout contentieuse, a pu se greffer au fil des décennies sur d'autres distinctions, comme celle entre État propriétaire et État administrateur ou celle entre État personne publique et État personne privée, qui verra le jour au tournant du XXe siècle. Elle n'emporte en effet pas, en elle-même, d'indications quant à la finalité de l'intérêt poursuivi.

L'ensemble de ces constructions destinées à scinder l'État ne prendront fin qu'au XXe siècle, ce qui conduira par là même à sauver le principe de continuité de l'État. En effet, admettre qu'il existe un État personne privée, c'est remettre en cause le processus d'institutionnalisation du pouvoir de l'État : assimilé à un individu, l'État détient donc personnellement les biens dont il dispose – à la façon d'une personne privée ou du Roi sous l'Ancien Régime. L'État est d'une certaine façon privatisé ; il est considéré comme agissant uniquement pour son intérêt propre. Or, rien de ce que dispose l'État ne peut faire l'objet d'une appropriation, d'une logique de propriété privée. Encore aujourd'hui, l'idée selon laquelle seul le domaine public répondrait à un intérêt général n'a pas disparu[407]. En creux, cela signifie-t-il que l'État ne poursuivrait au sein de son domaine privé qu'un intérêt privé ? En dépit de l'existence d'une double-face de l'État, propre à faire de lui dans certaines circonstances un propriétaire privé comme un autre, cela ne doit pas entacher le mouvement général que nous avons décrit, par lequel on tend à assigner à l'État tout entier une finalité sociale. Véritables hérauts d'un État *instituteur* du social, les administrativistes du XIXe siècle refusent toutefois d'en faire un État interventionniste.

---

406 QUIOT (Gérard), « La distinction entre État administrateur et État propriétaire : clef du partage de compétences juridictionnelles pour les litiges administratifs en France au début du XIXe siècle », *Annuaire d'histoire administrative européenne*, 1996, p. 77.

407 V. par exemple DUBOUT (Édouard), « Les formes publique et privée de l'État. Essai de modélisation à l'aune du droit européen de la concurrence », *Dr. Adm.*, décembre 2013, étude 17, p. 10.

§ 3. *L'action du pouvoir limitée à l'institution du social*

150. Forts de leur pensée d'État qui nourrit progressivement l'idéologie d'un État instituteur du social, les administrativistes ne se font pas pour autant les défenseurs d'un État interventionniste. Si la distinction entre les deux parait au premier abord ténue, c'est en réalité toute une conception des rapports entre l'État et la société qui est en jeu. Lorsque l'État institue le social, il ne joue pas un rôle extérieur par rapport à la société ; il n'y *intervient* pas mais y est étroitement imbriqué, si bien que la destination même de la société ne semble pouvoir se réaliser sans l'action de l'État. « Intervenir » suppose en revanche d'être un agent extérieur qui prend part à un jeu auquel il n'est pas initialement partie. Cet attachement au seul État instituteur du social se révèle en réalité tant par les domaines d'action de l'État que les administrativistes étudient (**A**) que par le rejet d'une intervention trop large de l'État – qui se perçoit notamment par leur appréhension du principe d'égalité (**B**).

A- **Des domaines clés d'action étatique**

151. La volonté d'uniformiser la société. La Révolution française n'ayant laissé que des individus esseulés, il appartient à l'État de reconstruire le social, de recomposer la société, ce qui passe notamment par la reconstruction d'un certain imaginaire. Pour Pierre Rosanvallon, il s'agit ainsi pour l'État « *d'agir sur tout ce qui gouverne sensiblement le lien social – l'organisation de l'espace, la langue, la mesure des choses, la mémoire – pour instaurer dans l'imagination des hommes le sens d'une appartenance que plus aucune structure sociale ne signifie désormais directement* »[408]. Les ordonnateurs comme les précurseurs se feront les hérauts de cette régénération du rôle de l'État vis-à-vis de la société. Il n'agit plus à la façon d'un agent extérieur à la société, chargé uniquement – à la manière d'un policier devant une manifestation – de la contenir et de veiller à l'absence de débordement. Il s'agit plus insidieusement pour l'État de s'insérer par divers moyens au sein de la société pour la modeler de l'intérieur, pour qu'elle-même lie son destin à celui de l'État et consente par elle-même à ce qu'il exerce un pouvoir coercitif. En d'autres termes, « *on cherche à substituer les formes d'un pouvoir plus intérieur, immergé dans le système social ; à doubler en quelque sorte l'appareil mécanique d'État d'un pouvoir de type spirituel* »[409]. L'État devient ainsi, comme le note encore Pierre Rosanvallon, « *une force de*

---

[408] ROSANVALLON (Pierre), *L'État en France de 1789 à nos jours*, *op. cit.*, 1990, p. 110.
[409] *Ibid.*, p. 115.

gouvernement et de recomposition du tissu social »[410], dans le droit héritage de la Police de l'Ancien Régime.

Cela passe concrètement par l'action de l'État dans certains domaines particuliers – dont les administrativistes se feront les relais – comme l'unification des systèmes de mesure, de la monnaie et de la langue, qui permettent d'unifier le langage et de rendre possible les échanges entre les individus. Il est particulièrement remarquable que de tels développements prennent place au sein des ouvrages de droit administratif, comme s'il s'agissait du rôle de la seule administration[411]. D'une certaine façon, il ne s'agit là que de poursuivre le travail de centralisation, au-delà de sa simple dimension territoriale. Cormenin a pu relier de façon extrêmement explicite ces différents phénomènes. Il écrit ainsi : « *sans la Centralisation, comment établir la péréquation cadastrale, l'uniformité des poids et mesures et l'enseignement de la langue nationale ?* »[412]. Cette citation révèle une idée fondamentale pour les auteurs de l'époque : l'unité de l'État et, partant, son rôle d'unique instituteur du social, passe nécessairement par l'idée d'uniformité[413]. Il y a là encore une continuité remarquable avec les auteurs de l'Ancien Régime et leur conception de la Police, qui tâchait de « *policer, au sens de rendre lisses et uniformes, les comportements* » afin de faire « *tenir les hommes ensemble* » [414]. Cette recherche d'uniformité est, après la Révolution, le signe d'un État dit administratif, lequel compte sur l'administration – plutôt que sur l'individu – pour mettre en forme la société.

Cette volonté d'uniformiser la société s'observe par exemple à propos des poids et mesures[415] : relevant qu'auparavant, « *les moyens de constater la quotité n'étaient pas uniformes dans tout le royaume* »[416], Foucart consacre d'amples développements à la façon dont les poids et mesures ont été unifiés, et de quelle manière l'administration veille à ce que ces poids et mesures soient correctement utilisés. À cet égard, on apprend ainsi que des « vérificateurs » sont chargés de faire plusieurs fois dans l'année « *des visites*

---

410 *Idem.*

411 Comme TROLLEY (Alfred), *Cours de droit administratif*, Tome 1, *op. cit.*, 1844, p. 498 s. ; PRADIER-FODÉRÉ, *Précis de droit administratif*, *op. cit.*, 7e éd., 1872, p. 251 ; BOUCHENÉ-LEFER (Adèle-Gabriel-Denis), *Droit public et administratif français*, Tome 3, Sédillot, 1831, p. 473 s. ; LAFERRIÈRE (Firmin), *Cours de droit public et administratif*, *op. cit.*, 2e éd., 1841, p. 334 s. Cet intérêt des administrativistes montre à quel point il s'agit bien d'un domaine dans lequel l'action de l'administration revêt pour eux une certaine importance.

412 CORMENIN (Louis-Marie), *Droit administratif*, Tome 1, *op. cit.*, 5e éd., 1840, p. XVII.

413 GUIGNARD (Didier), *La notion d'uniformité en droit public*, Dalloz, 2004.

414 BIGOT (Grégoire), « Les habitudes de l'administration : l'histoire irrésolue de la police administrative », *in* DISSAUX (Nicolas) et GUENZOUI (Youssef) (dir.), *Les habitudes du droit*, *op. cit.*, 2015, p. 114.

415 FOUCART (Émile-Victor), *Éléments de droit public et administratif*, Tome 1, *op. cit.*, 2e éd., 1839, p. 366.

416 *Idem.*

dans les boutiques et magasins, dans les places publiques, foires et marchés, à l'effet de s'assurer de l'exactitude et du fidèle usage des poids et mesures »[417]. Au-delà de l'anecdote, cela révèle l'importance donnée à l'uniformisation de certains éléments nécessaires à la vie sociale ; l'État institue ainsi le social « *par un ensemble de réformes relatives au domaine quotidien, traduction d'une conception éminemment politique* »[418]. La loi du 4 juillet 1837 entérinera par exemple définitivement l'idée d'un système métrologique uniforme, en mettant fin à la tolérance passée pour les anciennes mesures[419]. Il s'agit tant de rompre avec les particularismes locaux propres à l'Ancien Régime que d'appuyer l'idée d'un État instituant le social. La question des poids et mesures acquiert un caractère politique, au-delà de son caractère pratique évident. Mais la question de l'uniformité des mesures, si elle est étudiée par les administrativistes, tient toutefois une place moindre par rapport à d'autres domaines dans lesquels l'administration agit – et qui sont particulièrement significatifs pour révéler le rôle d'instituteur du social de l'État.

152. L'exemple de l'instruction. L'instruction, dans un premier temps, apparait particulièrement nécessaire pour gouverner les esprits et leur inculquer les connaissances validées par l'État. L'École permet en effet de former de futurs citoyens, c'est-à-dire de faire entrer les individus dans l'existence sociale et politique, en transmettant un certain nombre de valeurs communes. Macarel exprime cette idée sans ambages : l'instruction publique doit « *procurer à l'État des citoyens moraux et éclairés, et [donner] aux institutions des sujets fidèles* »[420]. Ainsi que le relève Grégoire Bigot, l'école est alors « *avant tout un projet politique : celui d'une éducation nationale, où l'État devient instituteur* »[421]. Il s'agit toutefois davantage selon les administrativistes de l'époque d'*instruire* plutôt que d'*éduquer*, c'est-à-dire d'inculquer certaines connaissances propres à faire société chez les hommes, sans s'intéresser au développement personnel des individus. L'*éducation* ne tombe ainsi pas encore pour les auteurs sous la coupe de l'État, contrairement à l'*instruction* qui vise à transmettre aux générations futures un certain nombre de connaissances. L'instruction devient rapidement pour tous les administrativistes une attribution classique de l'État, qu'il s'agisse de

---

[417] *Ibid.*, p. 375.

[418] GUIGNARD (Didier), *La notion d'uniformité en droit public*, *op. cit.*, 2004, p. 313.

[419] La tolérance pour les anciennes mesures s'étend ainsi uniquement, par cette loi, jusqu'au 1er janvier 1840. Article 3 loi relative aux poids et mesures en date du 4 juillet 1837 (IX, Bull. DXIII, n° 6901 ; Duvergier, Tome 37, 1838, p. 164) : « *A partir du 1er janvier 1840, tous poids et mesures autres que les poids et mesures établis par les lois des 18 germinal an 3 et 19 frimaire an 8, constitutifs du système métrique décimal, seront interdits sous les peines portées par l'art. 479 du Code pénal.* »

[420] MACAREL (Louis-Antoine), *Cours d'administration et de droit administratif*, Tome 1, *op. cit.*, 2e éd., 1852, p. 100.

[421] BIGOT (Grégoire), *L'Administration française*, Tome 1, *op. cit.*, 2e éd., 2014, p. 126.

Cormenin[422] ou de Macarel, ce dernier faisant un parallèle frappant entre la figure du père et celle de l'administration : une « *paternelle administration,* écrit-il, *doit pourvoir à la vie matérielle du peuple* », mais encore à sa « *vie intellectuelle* » en pourvoyant à « *l'instruction, à l'éducation générales* »[423]. Il confond en cela la figure du père avec celui de l'État, preuve que la rupture avec les habitudes de l'Ancien Régime, qui donnait à voir un État paternel, n'est là encore pas consommée. Ce devoir qu'a l'État d'instruire les membres de la société se retrouve chez l'ensemble des administrativistes, ordonnateurs comme précurseurs, de Cormenin[424] à Pradier-Fodéré[425] en passant par F. Laferrière, qui considère même que « *l'éducation publique est une dette de l'État* »[426]. De même, chez Gérando, l'instruction fait partie des attributions de l'administration, tant elle permet selon lui de satisfaire aux « intérêts moraux de la société ». Il ajoute à ce propos qu'il « *n'est certainement, pour l'administration publique, aucune mission plus sacrée et plus noble à la fois, que celle qui l'appelle à procurer, autant qu'il dépend d'elle, les progrès de la civilisation par l'amélioration des mœurs, l'avancement et la propagation des lumières* »[427]. Gérando met ici bien en exergue la nécessité pour l'État de satisfaire à de tels besoins, car si la société se porte bien, l'État se portera d'autant mieux. En procurant une instruction à ses habitants, l'État fait bien plus qu'instituer le social : il participe par là même à renforcer sa propre légitimité, à savoir celle d'un État qui s'enquiert du bien-être moral des membres de la société. Les administrativistes placent dès lors l'État comme étant l'acteur nécessaire et indispensable à l'instruction des individus : s'il est « *évident* », pour Foucart par exemple, que l'administration doive « *suppléer à la vigilance paternelle* », elle doit toutefois s'assurer elle-même de répondre à la « *mission si importante de former à la fois l'intelligence et le cœur des enfants* »[428]. Former le « cœur des enfants », c'est là encore créer chez eux un sentiment d'appartenance à la société, ainsi qu'à la nation en faisant d'eux de

---

422 CORMENIN (Louis-Marie), *Droit administratif*, Tome 2, *op. cit.*, 5e éd., 1840, p. 292 s.

423 MACAREL (Louis-Antoine), *Cours d'administration et de droit administratif*, Tome 1, *op. cit.*, 2e éd., 1852, p. 17.

424 CORMENIN (Louis-Marie), *Droit administratif*, Tome 2, *op. cit.*, 5e éd., 1840, p. 295 : « *Du principe que les écoles normales destinées à former des instituteurs, sont le couronnement de tout bon enseignement et que les conditions de leur organisation rentrent dans les attributions générales du gouvernement.* »

425 PRADIER-FODÉRÉ (Paul), *Précis de droit administratif*, *op. cit.*, 7e éd., 1872, p. 522 : « *Les attributions spéciales des ministres sont aussi étendues que les besoins sociaux qu'ils ont à diriger ou à satisfaire. La distribution des ministères et des attributions spéciales de chaque ministre est due à l'Assemblée nationale. Elle correspond aux trois grandes exigences sociales : la vie matérielle du peuple, la vie intellectuelle, la sécurité pour l'État, les personnes et les biens.* […] *Vie intellectuelle : ministère de l'instruction publique, ministère des cultes.* »

426 LAFERRIÈRE (Firmin), *Cours de droit public et administratif*, *op. cit.*, 2e éd., 1841, p. 425.

427 GÉRANDO (Joseph-Marie de), *Institutes du droit administratif français*, Tome 1, *op. cit.*, 2e éd., 1842, p. 371.

428 FOUCART (Émile-Victor), *Éléments de droit public et administratif*, Tome 1, *op. cit.*, 2e éd., 1839, p. 392.

futurs citoyens. Par l'instruction publique, ils entrent dans l'existence sociale et politique ; par l'instruction publique, l'État conforte son autorité et sa légitimité.

Cette idée ressort déjà tout particulièrement du *Cours de législation administrative* de Portiez de l'Oise, qui insiste sur la vocation sociale de l'instruction. Il relève ainsi que « *si l'on ne considérait l'instruction que sous le rapport de l'individu qui la reçoit, le gouvernement pourrait l'abandonner à la sollicitude paternelle, et se borner, à cet égard, à une surveillance générale* »[429]. Or, conscient du fait que l'instruction ne s'épuise pas dans sa finalité individuelle, il affirme qu'elle doit également être appréhendée du point de vue de « *l'utilité publique* »[430]. En effet, c'est à l'instruction « *qu'il appartient de former les hommes que [l'État] appellera un jour, dans les administrations et les fonctions publiques, au partage de l'autorité qui lui est confiée* »[431]. Dès lors, « *ce n'est donc pas seulement un droit qu'exerce le Gouvernement, mais un devoir indispensable qu'il remplit, lorsqu'il intervient dans l'éducation de la jeunesse, pour préparer de longue main les ressorts les plus importants du corps politique* »[432]. On ne saurait trouver une expression plus tangible d'un État instituteur du social, dont l'action se révèle nécessaire pour modeler le social en inculquant à l'ensemble des enfants français un certain nombre de valeurs déterminées, propres à faire naitre chez eux un sentiment d'appartenance à la société française et le désir d'un avenir commun. Cette idée est également parfaitement perceptible, plus tard, chez un précurseur comme Vivien : retraçant le rôle de l'administration au fil de la vie d'un individu, il commence par rappeler qu'elle « *prend le citoyen à son entrée dans la vie et lui donne un état civil* » et qu'ensuite, elle « *lui procure l'instruction qui le rend propre à l'existence sociale* »[433]. Pour Vivien, c'est donc l'instruction publique qui permet de faire entrer chaque individu dans la vie sociale : grâce à l'État et à l'enseignement qu'il prodigue, les individus formeront dès lors société.

Les mots de Gérando, à cet égard, sont particulièrement évocateurs lorsqu'il cherche à savoir comment regrouper les hommes autour de grands principes communs, permettant à l'État de modeler le social. Partant du constat que l'« *on avance peu en s'adressant à des hommes faits* », il apparait nécessaire remodeler l'homme lui-même : « *faisons l'homme. Ne pouvant être prince, soyons instituteur* »[434]. Par cette phrase, qui résume la pensée des administrativistes de l'époque, on perçoit à quel point l'instruction est un

---

429 PORTIEZ DE L'OISE (Louis-François-René), *Cours de législation administrative*, Tome 1, *op. cit.*, 1808, p. 210.
430 *Idem.*
431 *Idem.*
432 *Idem.*
433 VIVIEN (Auguste), *Études administratives*, *op. cit.*, 1e éd., 1845, p. 3.
434 *Idem.*

moyen de perpétuation de l'État. Il y a une similarité avec l'idée d'ancienne Police qu'il convient de relever, lorsque l'on considérait, au milieu du XVIIIe siècle, que « *la véritable Police, la Police digne d'un grand Prince, d'un Père du peuple, de l'Oint du Seigneur, consiste moins à punir les crimes qu'à sécher les germes des vices en réchauffant & faisant éclore celui des vertus* »[435]. Si la Police ainsi comprise n'est plus, et si le Prince ne peut plus changer les hommes, alors l'instituteur devra réaliser cette tâche pour la pérennité de l'État. Cela se retrouve dans une certaine mesure chez Macarel, pour qui l'instruction permet de parvenir à « *l'uniformité du droit* »[436], celle-ci étant à l'origine de la puissance de l'État lui-même. En effet, une telle uniformité du droit, nous prévient-il, n'est pas celle de la seule « *législation positive* », mais « *un ensemble des mêmes notions et des mêmes sentiments sur les droits et les obligations réciproques des citoyens, soit envers leurs semblables, soit envers l'État, soit envers eux-mêmes* »[437]. L'instruction doit donc permettre de créer un sentiment uniforme chez les citoyens, de leur faire intégrer un certain nombre de valeurs communes propres à renforcer et à légitimer la puissance de l'État. L'instruction parait ainsi être le meilleur moyen pour façonner l'homme, pour le remodeler en vue de le faire appartenir au social. Ce n'est donc pas par la coercition que les individus en viendront à se fondre au sein d'une société, mais par l'instruction de valeurs et d'une histoire communes – idéologie que les administrativistes tâchent de défendre.

153. L'exemple de la bienfaisance publique. Dans un second temps, les auteurs s'intéressent également à un autre pan de l'action administrative : la bienfaisance publique, c'est-à-dire la façon dont l'État se saisit des problématiques sociales relatives à la pauvreté et à la santé. L'idée de bienfaisance publique apparait au cours des années 1830. Ce terme nouveau révèle une perspective nouvelle dans l'appréhension de ces fléaux. Comme l'explique Vivien dans son éloquent rapport sur la loi du 30 juin 1838 sur les aliénés, on ne songeait avant, dit-il, « *qu'aux dangers dont l'insensé furieux pouvait menacer la sûreté publique* » mais « *on ne s'était point occupé de la protection qui était due au malheur dans la personne de l'aliéné* »[438]. L'hospice était alors « *pour l'aliéné une prison* »[439]. Pour remédier à cet état de fait, il souhaite que la législation protège « *en même temps la société et*

---

[435] RIQUETI DE MIRABEAU (Victor), *L'Ami des hommes ou Traité de la population*, Tome 2, Hérissant, 1757, p. 127-128 ; cité par NAPOLI (Paolo), *Naissance de la police moderne. Pouvoir, normes, société*, La Découverte, 2003, p. 62.

[436] MACAREL (Louis-Antoine), *Cours d'administration et de droit administratif*, Tome 1, *op. cit.*, 2e éd., 1852, p. 32.

[437] *Idem.*

[438] DUVERGIER (Jean-Baptiste) (dir), *Collection complète des lois, décrets, ordonnances, réglemens, avis du Conseil d'État (de 1788 à 1830 inclusivement, par ordre chronologique)*, Tome 38, 1839, p. 491.

[439] *Idem.*

l'aliéné »[440]. Le but est non plus d'exclure l'aliéné, en ne se préoccupant que des atteintes qu'il pourrait porter à l'ordre public, mais au contraire de tenter de le resocialiser. Ainsi que l'écrit Pierre Rosanvallon à propos des aliénés et des prisonniers, « *en se donnant pour tâche le traitement de ces deux formes de déviance sociale, l'État met symboliquement au cœur de son action le projet de changer l'homme pour recomposer le tissu social* »[441]. Pour instituer le social, l'État se doit donc nécessairement de travailler à changer l'homme, ce qu'illustre bien la problématique de la bienfaisance publique. Il est à cet égard remarquable de voir la place que prend peu à peu celle-ci dans les ouvrages de droit administratif. Gérando fait ainsi du secours aux indigents et aux aliénés une cause sociale dont l'État doit se saisir : la bienfaisance publique est ainsi « *l'un des devoirs les plus essentiels imposés à la société et au gouvernement qui la représente* »[442]. Gérando ne conçoit pas les aliénés ou les indigents comme un seul risque pour l'ordre public : il propose en effet de « *prévenir l'indigence à sa source, autant qu'il se peut* »[443]. Le but affiché est ainsi éminemment social ; il vise à intégrer l'ensemble des hommes à la société. Plus encore, Gérando regrette que la législation n'ait pendant un temps considéré la police relative aux aliénés uniquement par son aspect relatif « *aux intérêts de l'ordre et de la sûreté publique* » et non comme une branche de la « *bienfaisance publique* »[444]. Gérando est en réalité un véritable précurseur en la matière, et il dédie d'ailleurs une part importante de son œuvre aux questions sociales, et au rôle de l'État en la matière. Ses ouvrages sur la bienfaisance publique, sur l'éducation des sourds-muets ou encore sur l'indigence[445], dans lesquels il invite l'administration à assumer une véritable action sociale, ont fait de lui « *l'un des tout premiers inspirateurs de la philanthropie contemporaine* »[446].

Si tous les auteurs n'ont pas été pareillement engagés, la bienfaisance publique n'en reste pas moins un pan particulièrement étudié au XIXe siècle. Macarel, lorsqu'il dégage en introduction de son cours de droit administratif les

---

440 *Idem.*

441 ROSANVALLON (Pierre), *L'État en France de 1789 à nos jours*, *op. cit.*, 1990, p. 124.

442 GÉRANDO (Joseph-Marie de), *Institutes du droit administratif français*, Tome 1, *op. cit.*, 2e éd., 1842, p. 175.

443 *Idem.*

444 *Ibid.*, p. 198.

445 De tels ouvrages ne sont en réalité que la concrétisation d'un engagement plus général de Gérando en ces domaines au sein de la société. Gérando est en effet membre (parfois fondateur) d'un certain nombre d'organisations œuvrant pour la charité comme la Société d'encouragement pour l'industrie nationale, la Société pour l'instruction élémentaire ou encore la Société des établissements charitables. Sur ce point, v. notamment MOULLIER (Igor), CHRISTEN (Carole) et CHAPPEY (Jean-Luc) (dir.), *Joseph-Marie de Gérando (1772-1842). Connaître et réformer la société*, PUR, 2014.

446 DUPRAT (Catherine), *« Pour l'amour de l'humanité ». Le temps des philanthropes. La philanthropie parisienne des Lumières à la monarchie de Juillet*, Éditions du CTHS, 1993, p. 435.

différents principes qui irriguent l'action de l'État cite en premier lieu celui selon lequel « *la société doit protection et secours aux malheureux* »[447]. Il s'agit selon lui d'un principe général, auquel s'ajoute celui selon lequel « *des établissements de bienfaisance publique doivent être fondés pour recevoir les indigents, et surtout les indigents malades* »[448]. L'État, via son administration, a incontestablement un rôle à jouer dans « l'ordre moral de la société » : il doit en d'autres termes mettre de l'ordre dans la société, notamment pour ce qui a trait aux questions morales – que l'on qualifierait de « sociales » aujourd'hui. L'adjectif de « moral » montre bien à quel point l'État ne s'intéresse plus uniquement à l'activité extérieure des individus, à l'« *ordre matériel et extérieur* »[449] pour reprendre les mots d'Hauriou, et qui caractérise un rôle de simple police, mais tente d'uniformiser les comportements en ramenant les esprits déviants à un ordre établi dans la droite lignée de la Police d'Ancien Régime[450]. Macarel se situe, à ce propos, dans le même sillage que Gérando. En effet, l'action et la surveillance de l'État en matière de bienfaisance publique répond selon lui à « *un but d'ordre et d'humanité tout à la fois* »[451]. Il contribue ainsi à donner une dimension sociale à des questions qui ne peuvent ressortir de la seule sphère privée. De cette façon, la question des indigents intègre peu à peu l'ensemble des ouvrages de droit administratif, non au titre de la police et de l'ordre public, mais au titre de la bienfaisance publique. Foucart prend par exemple le soin de préciser que « *dans aucun cas [les aliénés] ne doivent être conduits avec les condamnés ou les prévenus, ni déposés dans une prison* »[452] et accueille de façon très favorable les évolutions législatives récentes.

F. Laferrière, de la même façon, insiste sur le fait que l'aliéné ne peut plus être uniquement conçu comme une menace pour l'ordre public : « *avant la loi de 1838*, écrit-il, *les moyens de prévenir ces divagations ou ces évènements funestes n'étaient point indiqués par la loi* »[453]. Le but d'ordre public, s'il ne disparait pas, se colore d'une finalité sociale. F. Laferrière estime ici qu'il y avait en effet « *un système à créer* » ; il décrypte la législation nouvelle en affirmant qu'elle a eu pour objet « *de protéger à la fois à la société et la personne de l'aliéné* »[454]. Il y a là une donnée fondamentale, car au-delà de la

---

[447] MACAREL (Louis-Antoine), *Cours d'administration et de droit administratif*, Tome 1, *op. cit.*, 2e éd., 1852, p. 23.
[448] *Idem.*
[449] HAURIOU (Maurice), *Précis de droit administratif et de droit public*, Sirey, 12e éd., 1933, réimp. Dalloz, 2002, p. 549.
[450] NAPOLI (Paolo), *Naissance de la police moderne. Pouvoir, normes, société*, *op. cit.*, 2003, p. 48.
[451] MACAREL (Louis-Antoine), *Cours d'administration et de droit administratif*, Tome 1, *op. cit.*, 2e éd., 1852, p. 104.
[452] FOUCART (Émile-Victor), *Éléments de droit public et administratif*, Tome 3, *op. cit.*, 2e éd., 1839, p. 379.
[453] LAFERRIÈRE (Firmin), *Cours de droit public et administratif*, *op. cit.*, 2e éd., 1841, p. 530.
[454] *Idem.*

volonté de protéger la société, c'est-à-dire l'ordre public, F. Laferrière instille l'idée selon laquelle l'État aurait également pour vocation de protéger l'individu dans un but évident de charité, pour qu'il ne soit pas complètement exclu de la société. Ceci explique pourquoi l'emprisonnement des aliénés n'est pas défendu par les administrativistes[455], en continuité avec les évolutions législatives. Avec le temps, les explications quant au bien-fondé d'une bienfaisance publique se font toutefois de plus en plus rares, les auteurs se contentant de la ranger parmi les attributions des différentes collectivités, comme chez Aucoc[456] et Ducrocq[457]. Elle apparait comme l'une des tâches classiques de l'État dans son rôle d'instituteur du social, qui ne doit pas être confondu avec la figure de l'État interventionniste.

B- Le refus d'un État interventionniste

154. Le principe d'égalité, exemple topique du refus d'un État interventionniste. L'idée d'une action sociale de l'État dès le XIXe siècle, soutenue par les administrativistes, conduit à relativiser l'idée selon laquelle le rôle de l'État à cette époque se cantonnerait à la police (au sens moderne du terme). Il est toutefois impératif de ne pas tomber dans un autre travers qui consisterait à affirmer que, dès le début du XIXe siècle, l'État pourrait être qualifié d'« État interventionniste ». Pierre Rosanvallon a bien mis en exergue la différence qui existe entre la figure d'un État instituteur du social et celle d'un État interventionniste, ou État providence. Par définition, l'État instituteur du social n'*intervient* pas dans la société ; il l'institue. En d'autres termes, il modèle le social et « *se donne comme finalité de produire le social et non pas de protéger l'individu* »[458]. Son action, fut-elle sociale, tend donc davantage à améliorer la « *gouvernabilité des hommes* »[459]. L'État providence, en revanche, est pour Pierre Rosanvallon intrinsèquement lié à l'État de droit et à l'individu comme sujet : l'État se donne alors avant tout comme finalité la protection de l'individu. Or, l'individu, on l'a vu, est au début du XIXe siècle majoritairement absorbé par la puissance sociale ; il n'existe qu'à travers la société. Il ne peut dès lors être question de forger une

---

455 DUFOUR (Gabriel), *Traité général de droit administratif appliqué*, Tome 3, *op. cit.*, 1e éd., 1844, p. 444 : « *la législation [est] basée sur le principe que l'aliéné est un malade, et ne saurait sous aucun prétexte être traité comme un criminel.* »

456 AUCOC (Léon), *Conférences sur l'administration et le droit administratif*, Tome 1, *op. cit.*, 1e éd., 1869, p. 254 s.

457 DUCROCQ (Théophile), *Cours de droit administratif*, Tome 1, *op. cit.*, 2e éd., 1863, p. 554 s.

458 ROSANVALLON (Pierre), *L'État en France de 1789 à nos jours*, *op. cit.*, 1990, p. 134.

459 BIGOT (Grégoire), « Les habitudes de l'administration : l'histoire irrésolue de la police administrative », *in* DISSAUX (Nicolas) et GUENZOUI (Youssef) (dir.), *Les habitudes du droit*, *op. cit.*, 2015, p. 121.

représentation de l'État-providence, dont le but est de protéger concrètement les individus.

À cet égard, la façon dont est appréhendé le principe d'égalité est largement révélatrice de la tâche que les administrativistes font incomber à l'État vis-à-vis de la société. Font-ils montre, ainsi que le décrivait Tocqueville dès 1837, d'une véritable passion de l'égalité ? La naissance d'une telle passion serait, pour cet auteur, directement liée à l'abolition des corps intermédiaires à la Révolution. En effet, il considère qu'« *au moment où l'ancienne hiérarchie sociale, longtemps menacée, achève de se détruire, après une dernière lutte intestine, et que les barrières qui séparaient les citoyens sont enfin renversées* », « *les hommes se précipitent alors sur l'égalité comme sur une conquête, et ils s'y attachent comme à un bien précieux qu'on veut leur ravir* »[460]. C'est de là que nait « *la passion d'égalité [qui] pénètre de toutes parts dans le cœur humain, elle s'y étend, elle le remplit tout entier* »[461]. Cette passion de l'égalité n'est en réalité pas particulièrement prégnante chez les administrativistes du XIXe siècle. Ceux-ci, s'ils sont bien sûr sensibles au principe constitutionnel d'égalité, ne donnent en effet pas à ce principe une portée concrète ; l'égalité reste uniquement abstraite. Pour les auteurs du XIXe siècle, un seul type d'égalité peut donc être défendu : celui d'égalité en droit, et plus particulièrement d'égalité devant la loi, non celui d'égalité concrète, dite égalité de fait.

155. La reconnaissance du seul principe d'égalité devant la loi. C'est la consécration des bases constitutionnelles du droit administratif, déjà développée[462], qui va conduire les administrativistes du XIXe siècle à évoquer le principe d'égalité. Dégagé à la Révolution dans le premier article de la Déclaration des droits de l'homme et du citoyen, il est peu à peu hissé en véritable principe juridique. Il permet en effet de rendre possible la vie en société et correspond en cela à n'en pas douter à l'idée d'un État instituteur du social, chargé de la cohésion de la société. Dès les années 1830, les administrativistes vont ainsi se saisir de ce principe. Il est donc entendu, conformément aux dispositions constitutionnelles, comme le principe d'égalité de tous devant la loi, en rupture avec le régime féodal des privilèges. Parmi les ordonnateurs, Cormenin, faisant écho aux écrits de Tocqueville, souligne « *ce besoin excellemment français* »[463] qu'est l'égalité. Bouchené-Léfer se saisit quant à lui du principe d'égalité en le faisant découler de la Constitution du 3 septembre 1791 : « *les Français sont égaux devant la loi, quels que soient d'ailleurs leurs titres et leurs rangs* »[464], résume-t-il. Cette

460 TOCQUEVILLE (Alexis de), *De la démocratie en Amérique*, Tome 3, [Deuxième partie, Chapitre 1], Pagnerre, 5e éd., 1848, p. 191.
461 *Idem.*
462 Cf. *supra.* § 76.
463 CORMENIN (Louis-Marie), *Droit administratif*, Tome 1, *op. cit.*, 5e éd., 1840, p. XVII.
464 BOUCHENÉ-LEFER (Adèle-Gabriel-Denis), *Droit public et administratif français*, Tome

posture sera réaffirmée par Macarel qui, développant les tenants et aboutissants du principe d'égalité devant la loi, sera amené à le qualifier de « *principe fondamental* »[465]. Considérant qu'« *il n'y a* [...] *qu'une loi pour tous* », il s'accorde à dire qu'il y a sans doute « *dans la société des inégalités nécessaires ; mais les droits n'en doivent pas moins rester égaux devant la loi* » sans quoi on « *détruirait l'unité sociale* »[466]. L'égalité devant la loi permet donc, selon lui, de créer une certaine unité dans la société, tous les hommes devenant indifférenciés devant l'État. Il s'agit bien ici, dans le cadre de l'affirmation des bases constitutionnelles du droit administratif, de relayer les grands principes dégagés dans les différents textes constitutionnels, sans toutefois promouvoir une quelconque égalisation concrète des conditions. L'exemple de Trolley permet d'illustrer cette assertion, lorsqu'il écrit que le principe de généralité de la loi est la « *conséquence nécessaire de ce principe écrit en tête de la Charte, et qui est la base de notre société nouvelle, l'égalité devant la loi* »[467]. Il s'agit de façon générale de défendre le principe d'égalité uniquement dans les contours qui ont été reconnus par les textes constitutionnels.

Cantonnée au principe d'égalité devant la loi, la reconnaissance du principe d'égalité permet là encore de poser l'État comme instituteur du social, mais non comme un État interventionniste. À cet égard, le plus frappant réside en ce que les administrativistes continueront à défendre une telle conception du principe d'égalité, alors même que se développe à partir des années 1830-1840 une conception renouvelée de ce principe. C'est à cette période en effet que naît le mot de « socialisme », sous la plume de Pierre Leroux[468] – qui n'est que le signe d'une volonté d'aller plus loin dans la mise en ordre du social en s'opposant à l'individualisme. Il convient rapidement de voir ce que Pierre Leroux soutient afin de mieux situer la position des auteurs de droit administratif à l'époque. Il écrit ainsi : « *demandez aux partisans de l'individualisme ce qu'ils pensent de l'égalité des hommes : certes ils se garderont de la nier, mais c'est pour eux une chimère sans importance ; ils n'ont aucun moyen de la réaliser.* »[469] Deux conceptions du principe d'égalité tendent ainsi peu à peu à se dégager : une égalité en droit et une égalité en fait, cette dernière étant assortie de moyens concrets pour la réaliser. Foucart, qui reconnait le principe d'égalité devant la loi comme étant l'un des droits les plus importants aux côtés de la liberté individuelle et de l'inviolabilité de la propriété[470], se montre particulièrement sceptique concernant les autres

---

1, *op. cit.*, 1831, p. 149.

465 MACAREL (Louis-Antoine), *Éléments de droit politique*, Nêve, 1833, p. 21.

466 *Idem.*

467 TROLLEY (Alfred), *Cours de droit administratif*, Tome 1, *op. cit.*, 1844, p. 471.

468 LEROUX (Pierre), « Individualisme et socialisme », *La Revue philosophique*, 1834, Tome LX, reproduit *in Œuvres*, Slatkine, 1850, p. 365.

469 *Ibid.*, p. 376.

470 FOUCART (Émile-Victor), *Éléments de droit public et administratif*, Tome 1, *op. cit.*, 2e

déclinaisons du principe d'égalité. Pour lui, le principe d'égalité ne doit recouvrir que ce qui permet de rompre avec le régime féodal et l'existence de privilèges, c'est-à-dire principalement l'égalité devant la loi. Il part en effet du constat selon lequel « *les hommes sont inégaux en force, en intelligence, en vertu* »[471] et déduit de cette « inégalité physique » une « inégalité sociale », qu'il ne convient pas de résorber entièrement. En effet, « *le pouvoir de l'homme ne va pas jusqu'à changer les lois établies par Dieu même* »[472]. Le pouvoir étatique n'a donc pas vocation à s'enquérir de la situation personnelle de chaque individu afin d'améliorer ses conditions de vie. Il doit en revanche tâcher de ne pas créer, par son action, d'inégalités propres à dissoudre la cohésion sociale.

Partant de cela, Foucart en vient à justifier l'absence de droit de vote des femmes, considérant que « *l'égalité des droits politiques est condamnée par la nature elle-même, qui a fait l'inégalité des intelligences* »[473]. Or, le but de l'État n'est pas de résorber de telles inégalités. Au contraire, pour Foucart, « *les femmes et les mineurs sont naturellement placés, par la faiblesse habituelle de leur intelligence, dans une position d'infériorité que personne ne contestera* »[474], argument d'une parfaite intelligence qui entraine à n'en pas douter l'incapacité des femmes à voter. En tout état de cause, le principe d'égalité n'a donc pas vocation à résorber les inégalités concrètes entre les individus, mais uniquement à rendre possible la vie en société suite à la disparition des corps intermédiaires. Seul le principe d'égalité devant la loi permet d'atteindre cet objectif. F. Laferrière poursuivra ces réflexions en opérant de façon plus précise encore une distinction entre « *l'égalité devant la loi qui est un droit* » et « *l'égalité des conditions ou des fonctions sociales* »[475] qui n'en est pas un. F. Laferrière considère ainsi que « *les hommes, comme individus, ont droit à une parfaite égalité pour l'exercice de leur liberté individuelle et civile* », mais qu'en revanche, « *comme être social, [l'homme] n'a pas droit à l'égalité absolue dans l'exercice du pouvoir et des droits politiques* »[476]. Cette distinction lui permet lui aussi de fonder juridiquement l'absence de droits électoraux pour certaines catégories de la population que sont, à l'époque, les mineurs et les femmes[477]. On ne peut ici ignorer la véritable pensée d'État que recèlent les auteurs en mettant à la disposition du pouvoir central des outils juridiques afin de justifier leurs positions politiques.

éd., 1839, p. 165.

[471] *Ibid.*, p. 201.

[472] *Ibid.*, p. 202.

[473] *Ibid.*, p. 10.

[474] *Ibid.*, p. 9.

[475] LAFERRIÈRE (Firmin), *Cours de droit public et administratif*, Tome 1, *op. cit.*, 5e éd., 1860, p. 20.

[476] *Ibid.*, p. 33.

[477] *Idem.*

La défense de la seule égalité devant la loi sera encore la position soutenue par des auteurs comme Ducrocq[478] et Aucoc[479].

156. Le refus d'une intervention économique de l'État. Par ailleurs, et même si les administrativistes du XIXe siècle ne s'aventurent que peu sur la question du rôle de l'État dans l'économie – question qui ne prendra de l'ampleur qu'à partir des années 1870-1880 –, il est toutefois possible, çà et là, d'en saisir la teneur et de percevoir à quel point ils ne sont pas particulièrement favorables à une intervention de l'État. Déjà Gérando considérait-il qu'« *il est un grand art pour l'administration, dans tous les objets d'utilité publique ; c'est de mettre en mouvement l'activité individuelle, d'en diriger l'action, de s'aider de son concours et de lui prêter son appui* »[480], mais jamais de se substituer à elle. Le rôle de l'État doit être ainsi uniquement compris comme un moteur à l'activité individuelle. Cette idée semble également être partagée par un auteur comme Vivien, pour qui l'« intervention » économique de l'État est déjà allée trop loin : « *une longue intervention du gouvernement dans presque toutes les affaires a fait perdre aux citoyens l'habitude des efforts personnels et le sentiment de la responsabilité* »[481], écrit-il. La question de *l'intervention* de l'État est donc sensible, tant elle témoigne de l'immixtion de ce dernier dans la société, allant dès lors au-delà de son rôle de simple moteur. Cette idée se retrouve chez Pradier-Fodéré, qui enjoint au gouvernement de « *reste[r] dans son rôle* » : « *qu'il patronne, qu'il surveille, qu'il excite, qu'il encourage, qu'il récompense, qu'il n'intervienne que là où l'initiative personnelle fera défaut* »[482]. L'intervention directe de l'État doit donc rester exceptionnelle, principe que la jurisprudence du Conseil d'État reprendra pendant de nombreuses décennies jusqu'à son affirmation principielle de l'arrêt *Casanova*[483] en 1901. Les administrativistes ne soutiennent donc en aucun cas un État-interventionniste, en dépit de leur soutien quant à l'action sociale de l'État, mais bien un État instituteur du social.

---

478 DUCROCQ (Théophile), *Cours de droit administratif*, Tome 1, *op. cit.*, 2e éd., 1863, p. 288 s.

479 AUCOC (Léon), *Conférences sur l'administration et le droit administratif*, Tome 1, *op. cit.*, 1e éd., 1869, p. 10.

480 GÉRANDO (Joseph-Marie de), *Le visiteur du pauvre*, *op. cit.*, 4e éd., 1837, p. 340.

481 VIVIEN (Auguste), *Études administratives*, *op. cit.*, 1e éd., 1845, p. 44.

482 PRADIER-FODÉRÉ (Paul), *Précis de droit administratif*, *op. cit.*, 7e éd., 1872, p. 249.

483 CE, 29 mars 1901, *Casanova*, *Rec.*, p. 333 ; *S.*, 1901, III, p. 73, note M. Hauriou ; *GAJA*, 21e éd., n° 8.

Conclusion du Chapitre

157. Si l'on n'assiste pas à une véritable théorisation de la part des administrativistes du XIXe siècle concernant les rapports entre l'État et la société, ces derniers ont toutefois une idée pratique des relations qui doivent s'instaurer entre eux. Cela est dû aux profondes convictions étatistes-libéral qu'ils cultivent mais également aux racines profondes qu'ils tiennent de l'Ancien Régime. Alors que les philosophes du contrat social avaient tâché de construire les rapports entre l'État et la société en partant de *l'homme* situé dans l'« état de nature », les administrativistes du XIXe siècle suivent le chemin inverse : ils partent de *l'État*, chargé d'instituer la société tout entière dans une perspective plus descendante qu'ascendante[484]. Il ne peut à leur sens exister de société sans État. Ils rejoignent alors l'idée selon laquelle, face à l'état chaotique de la société après la Révolution, l'État doit *instituer* le social, et donc administrer la société en s'érigeant comme son unique moteur.

L'uniformité constitue à cet égard l'axiome principal de l'action de l'État. Il doit mener une action empreinte d'une égalité arithmétique sur l'ensemble de son territoire. Dans ce sillage, les administrativistes du XIXe siècle défendent coûte que coûte le modèle centralisateur, et jusqu'au mot de « centralisation » selon eux synonyme d'« unité de l'État » – mais d'une unité qui tend vers l'uniformité. En uniformisant son action, l'État uniformise également la société ; il la modèle. C'est ce que les administrativistes du XIXe siècle s'évertueront à défendre : la société doit être reconstruite en dehors des corps intermédiaires, qui constituent un danger pour l'unité de l'État, et sur des bases solides, grâce à l'instruction d'État ou encore à l'uniformisation des poids et mesures.

De cette manière, l'État, par son pouvoir coercitif, institue le social ; il « *agit seul comme force sociale en vue de policer la société* »[485], à l'exclusion des corps intermédiaires, de l'Église ou des associations. La société est ainsi lissée, propre à être gouvernée plus facilement. L'État est de la même façon glorifié, car il permet seul de « *remédier à la "poussière d'individus"* [...] *qu'aurait léguée la décennie révolutionnaire au XIXe siècle* »[486]. Il y a là les jalons de ce qu'on a pu appeler l'*État administratif*, dont nous aurons à examiner les ressorts : sa logique ne repose pas sur les droits des individus, lesquels introduisent le chaos, mais sur la nécessité d'une société unifiée.

---

484 BIGOT (Grégoire) et LE YONCOURT (Tiphaine), *L'Administration française. Politique, droit et société*, Tome 2 : 1870-1944, LexisNexis, 2e éd., 2014, p. 3.

485 BIGOT (Grégoire), « Les habitudes de l'administration : l'histoire irrésolue de la police administrative », *in* DISSAUX (Nicolas) et GUENZOUI (Youssef) (dir.), *Les habitudes du droit*, *op. cit.*, 2015, p. 121.

486 *Idem.*

Conclusion du Titre

158. La période qui s'ouvre à partir des premières années du XIXe siècle s'avère cruciale pour comprendre le droit administratif tel qu'il fut et tel qu'il demeure encore aujourd'hui. Alors que toute la discipline est à construire, les ordonnateurs comme les précurseurs vont fonder son véritable code génétique. Ce dernier se résume selon nous de façon très concise : le droit administratif français est conçu, dès l'origine, comme un droit stato-centré – méthodologiquement et scientifiquement. Tout part de l'État, et tout revient à l'État. L'agencement des ouvrages de droit administratif, par exemple, en témoigne. Il faut bien voir ici que tout aurait pu *en soi* être construit de façon différente : mais compte tenu des sensibilités des auteurs, de la configuration des Facultés de droit, ou encore du contexte politique dans lequel ils s'inscrivent, c'est cette vision de la discipline qui a primé et qui a seule permis sa pérennisation. Le droit administratif n'a pu perdurer, dans un contexte marqué par l'hégémonie civiliste, que parce qu'il est devenu le vecteur principal d'une pensée d'État.

Cruciale, cette période s'avère également particulièrement intéressante pour comprendre ce que les administrativistes ont reçu en héritage. Une chose est sûre : la Révolution française est loin d'avoir fait table rase du passé. La pensée d'État des administrativistes se nourrit ainsi de façon non négligeable des méthodes des légistes de l'Ancien Régime, lesquels étaient chargés d'assister et de légitimer le pouvoir du Roi, mais également de l'ancienne notion de Police. Fort de cet héritage, ils tâchent toutefois de l'adapter aux relations nouvelles entre l'État et la société, lesquelles devaient être repensées à la suite de la Révolution. Si d'aucuns ont tâché de reconstruire ces relations sur des bases libérales, voire individualistes, en donnant le primat à l'individu, tel n'est pas le cas des administrativistes. Leur conception des rapports entre l'État et la société, là encore, peut être énoncée simplement : elle consiste à concevoir l'État comme la personnification de la société. De cette définition découle une certaine dépendance de la société à l'État : l'État peut seul, dans leurs esprits, instituer et modeler le social. Les ordonnateurs comme les précurseurs ont dès lors tâché de donner tous les outils intellectuels pour mettre hors d'état de nuire les corps intermédiaires, qui pourraient venir concurrencer l'État, mais également pour ériger l'État comme figure indispensable pour la vie en société. Dans cette logique étatiste-libérale, l'individu est quasiment absent. Absorbé à la société, il n'est globalement perçu que dans sa soumission à l'État.

Si ces développements ont permis de mieux cerner, grâce notamment au fil conducteur qu'est l'étatisme-libéral, la façon dont les administrativistes concevaient les relations entre l'État et la société, la question des relations entre l'État et l'administration reste entière.

TITRE 2
PROTEGER LE POUVOIR D'ÉTAT : LA REALISATION DE L'ÉTAT PAR L'ADMINISTRATION

159. Dans le sillage de leur pensée d'État, les administrativistes du XIXe siècle légitiment la façon dont fonctionne l'État à leur époque. Alors que tout au long du XIXe siècle, l'administration acquiert une place de plus en plus importante au sein de l'État, il convient de légitimer cet état de fait. Ils tâchent alors de conforter juridiquement la figure d'un État administratif[1], selon lequel la souveraineté étatique s'exerce par les canaux d'une administration dans une optique davantage étatiste que libérale[2]. Cette figure de l'État s'oppose à l'État du constitutionnalisme[3], lequel s'évertue avant tout à reconnaitre de véritables droits aux individus venant contrarier et limiter le pouvoir de l'État. Dans l'État administratif en revanche, dont les maîtres mots sont l'uniformité et l'obéissance des administrés[4] – ce qui conduit à adopter une conception tronquée de la liberté – l'administration devient la pierre angulaire de l'État. Elle incarne en effet ses deux attributs principaux : sa puissance et sa continuité, ce que tâcheront de légitimer les administrativistes de l'époque (**Chapitre 1**).

D'autre part, le pouvoir d'État doit faire face à une menace bien plus importante à l'époque : celle que recouvre le juge judiciaire et, par devers lui, l'individu. Cette fois, l'administration joue un rôle de rempart contre les assauts éventuels de ce juge qui favorise les intérêts privés au détriment de l'intérêt général. Alors que le souvenir des Parlements d'Ancien Régime est encore vif, les administrativistes mettent tout en œuvre pour que l'administration, qui constitue alors la pierre angulaire de l'État, ne puisse être limitée que par son bon vouloir – conformément au fonctionnement de l'État à l'époque. Ils appuient en cela scientifiquement l'idée selon laquelle l'administration serait la mesure de l'État : si le pouvoir administratif de l'État peut être contrôlé, il ne peut l'être que par l'administration elle-même. Elle ne

---

[1] V. JAUME (Lucien), « L'État administratif et le libéralisme : une histoire française », *in* REYNIÉ (Dominique) (dir.), *Innovation politique*, PUF, 2011, p. 627 s.
[2] BIGOT (Grégoire), « La conception de l'État dans l'œuvre d'Édouard Laboulaye », *RFHIP*, 2018, n° 47, p. 71.
[3] JAUME (Lucien), « Entre droit de l'État et droits de la société : le choix de Tocqueville », *Historia Constitucional*, 2005, n° 6, § 6 ; en ligne.
[4] *Idem.*

vient pas contraindre le pouvoir, mais davantage le mesurer, c'est-à-dire en régler l'exercice (**Chapitre 2**).

Chapitre 1
L'administration, pierre angulaire de l'État

160. À la question de savoir par quel prisme l'État est abordé en droit administratif, la réponse ne fait pas de doute : il l'est inévitablement *via* l'administration. Si cela relève de l'évidence, tant le champ d'étude détermine nécessairement la façon d'aborder un objet, la question des rapports qu'entretiennent l'administration et l'État reste toutefois entière. Que constitue l'administration pour l'État ? Encore aujourd'hui, cette question n'est que peu abordée par les juristes. Au XIXe siècle, elle est encore complexifiée par le flou qui entoure la notion d'« administration » : conçue à la fois organiquement (comme un ensemble d'organes) et matériellement (comme le fait d'administrer), les administrativistes ne s'attachent que peu à lui donner une consistance propre[1]. Pourtant, tâcher d'y donner certains éléments de réponse permet d'éclairer leur façon de concevoir l'État. En faisant de l'administration la pierre angulaire de l'État, c'est la figure de l'État administratif qui est tout entier légitimé, l'administration se parant des caractéristiques propres à l'État. D'une part, elle contribue à exprimer la puissance de l'État, comprise comme la « *puissance de commandement unilatéral* »[2], au sens allemand de « *Staatsgewalt* »[3], et que d'aucuns rattachent à la notion plus globale de souveraineté[4]. Se dégage ainsi la puissance administrative de l'État (**Section 1**). D'autre part, l'administration est progressivement érigée comme le vecteur principal de la continuité de l'État, et participe ainsi à l'idée même État, qui « reste debout » (lat. *status*) quand les gouvernants passent ; c'est la continuité administrative de l'État (**Section 2**).

Section 1. **L'administration, expression de la puissance de l'État**

161. L'administration est perçue, par les administrativistes du XIXe siècle, comme l'expression de la puissance de l'État, c'est-à-dire de son pouvoir

---

[1] GUGLIELMI (Gilles J.), *La notion d'administration publique dans la théorie juridique française*, Thèse, LGDJ, 1990, p. 79 s.
[2] BEAUD (Olivier), *La puissance de l'État*, PUF, 1994, p. 18.
[3] *Idem*. V. également CARRÉ DE MALBERG (Raymond), *Contribution à la théorie générale de l'État*, Tome 1, Sirey, 1920, réimp. Dalloz, 2003, p. 79.
[4] BEAUD (Olivier), *La puissance de l'État*, *op. cit.*, 1994, p. 18.

coercitif de commandement unilatéral. Il ne s'agit pas de dire que l'administration constitue pour eux l'unique vecteur de la puissance de l'État, mais plutôt qu'elle en est un vecteur privilégié – conformément à la puissance qu'acquiert l'administration au fil du XIXe siècle. Cela se révèle par l'adoption du terme de « pouvoir administratif ». Son emploi met en lumière une certaine contradiction. Intégré au pouvoir exécutif, il fait dans le même temps figure de véritable *pouvoir*, ce qui laisse à penser qu'il jouit d'une certaine indépendance vis-à-vis du pouvoir exécutif. Comment un pouvoir peut-il garder sa qualité de « pouvoir » tout en étant intégré à un autre ? En cultivant cette contradiction, les administrativistes vont participer à donner une place centrale à l'administration au sein du pouvoir exécutif, mais également au sein de l'État tout entier (**§ 1**). Le rattachement au pouvoir *exécutif* n'est en effet pas anodin : il montre à quel point l'administration s'inscrit dans *l'action* étatique, dans la capacité concrète de contraindre et d'employer la force, ce qui recoupe largement la définition de la puissance étatique comme « *souveraineté concrète-matérielle* »[5]. À l'époque, le pouvoir exécutif est en effet associé à l'action, à la coercition, à une volonté *agissante*, quand le pouvoir législatif est souvent réduit à l'idée de volonté[6]. En tâchant d'intégrer le pouvoir administratif au pouvoir exécutif, les administrativistes insistent donc sur son ancrage dans l'action étatique tout en soulignant la possibilité de son *indépendance* vis-à-vis du pouvoir exécutif. Cela s'avère fructueux pour concevoir l'administration comme expression de la puissance de l'État. De façon plus concrète, cela va en effet entrainer la conscience progressive et peu à peu systématisée de l'usage de prérogatives exorbitantes par l'administration. Pouvoir *dans* l'État, au même titre que le pouvoir législatif par exemple, on perçoit donc également les prémices de l'idée selon laquelle l'administration participerait à l'exercice de la puissance *de* l'État, c'est-à-dire à son pouvoir de commandement unilatéral. On pourrait parler à cet égard de la puissance administrative de l'État (**§ 2**).

§ 1. *L'intégration fructueuse du pouvoir administratif au pouvoir exécutif*

162. La notion de « pouvoir administratif », aujourd'hui davantage utilisée par les politistes et les sociologues que par les juristes, est particulièrement employée par les ordonnateurs puis par les précurseurs. Sans doute son origine peut-elle être datée à la Révolution : elle est liée au fait que les fonctionnaires, alors élus, apparaissent davantage redevables des citoyens que du pouvoir central. Dans ce contexte, et ainsi que le relève François Burdeau,

---

[5] *Idem*.

[6] ROLAND (Sébastien), « La notion d'exécution dans la doctrine du XIXe siècle », *RFHIP*, 2011, n° 34, p. 317.

« *l'administration prend la forme d'une sorte de quatrième pouvoir* »[7]. Au moment où le terme de « pouvoir administratif » apparait, il n'est donc pas question de le rattacher au pouvoir exécutif ; bien au contraire, cela révèle une « *conception quasiment autonomiste de la fonction administrative* »[8]. Ce n'est que sous le Directoire que l'on assiste à une certaine « *étatisation* » de la fonction administrative, qui devient dès lors un « *attribut de l'Exécutif* »[9]. La question se pose toutefois, à partir du XIXe siècle, de savoir pourquoi les administrativistes ont-ils conservé cette notion de « pouvoir administratif », alors même que l'administration est indéniablement conçue comme partie du pouvoir exécutif. Cela révèle en réalité exactement la façon dont les auteurs conçoivent l'administration. Intégrée aux pouvoirs étatiques, elle jouit dans le même temps d'une certaine autonomie : « *le pouvoir administratif, initialement constitué au service des droits civiques, est devenu l'attribut d'un gouvernement maître de l'appareil d'État, et décidé à reprendre à son compte et à étendre son autonomie d'antan* »[10]. À cette apparente contradiction d'un pouvoir administratif intégré au pouvoir exécutif (**A**) répond progressivement la volonté de faire du pouvoir administratif le cœur du pouvoir exécutif, en s'affranchissant quelque peu de son caractère subordonné (**B**).

A- **Le pouvoir administratif au creux du pouvoir exécutif**

163. L'intégration du pouvoir administratif au pouvoir exécutif a tout d'abord nécessité une certaine dose d'étatisme-libéral : alors que l'administration aurait pu être considérée comme un pouvoir autonome de l'État, suite à sa formulation révolutionnaire, les administrativistes ont appuyé l'idée d'une « *appropriation par des organes intégrés à l'appareil de l'État de l'ensemble des activités administratives* »[11]. En plus de cela, leur volonté de légitimer l'État administratif, où l'administration apparait hypertrophiée, les a conduits à construire leur propre conception de la théorie de la séparation des pouvoirs. Il n'existe en effet pour eux que deux pouvoirs étatiques : le pouvoir législatif et le pouvoir exécutif (**1**). Le pouvoir administratif, intégré au pouvoir exécutif, vient alors faire face au pouvoir judiciaire (**2**).

---

[7] BURDEAU (François), « Pouvoir administratif et droit public français (I). Le sens de l'expérience administrative de la Révolution », *Giornale di storia costituzionnale*, 2001, n° 2, p. 38-39.
[8] *Ibid.*, p. 39.
[9] *Ibid.*, p. 35.
[10] *Ibid.*, p. 48.
[11] *Ibid.*, p. 36.

1- *L'adhésion commune à une séparation bipartite des pouvoirs*

164. L'absence de recours à la théorie de la séparation des pouvoirs avant 1840. Avant d'en venir au pouvoir administratif proprement dit, il convient de se replacer dans l'environnement de l'époque, en saisissant notamment comment les administrativistes conçoivent la séparation des pouvoirs. À ce titre, et ils n'échappent pas à leur époque, ils font preuve d'une certaine défiance vis-à-vis des juges judiciaires. Il n'existe alors pour eux que deux pouvoirs au sein de l'État : le pouvoir de faire la loi et le pouvoir de l'exécuter. Si cette idée n'est pas nouvelle, puisqu'elle est déjà d'une certaine manière contenue en germe dans les écrits de Montesquieu[12], il est toutefois remarquable que la grande majorité des auteurs de droit administratif y adhère. Elle conditionne en effet, nous le verrons, l'adoption d'un modèle de justice administrative retenue[13]. Elle annonce également la place qui pourra être faite à l'administration. À l'aube du XIXe siècle, Henrion de Pansey défend déjà le fait que « *la souveraineté se compose de deux éléments : la puissance législative et le pouvoir exécutif* »[14]. Les ordonnateurs mettront quant à eux un certain nombre d'années avant d'intégrer cette idée à leurs cours et à leurs manuels. Et pour cause : jusqu'aux années 1840, les considérations propres à la séparation des pouvoirs sont absentes des ouvrages de droit administratif. Des auteurs comme Portiez de l'Oise, Gérando ou encore Cormenin n'appréhendent pas leur objet d'étude en le rattachant à la théorie constitutionnelle de la séparation des pouvoirs. L'administration est étudiée de façon autonome sans être reliée à un pouvoir constitué. On ne saurait en déduire que l'administration n'appartient pas pour eux à l'État, mais plutôt que, faute d'avoir relié le droit administratif au droit constitutionnel, ils restent encore attachés à une façon monarchique de présenter le droit administratif. Chez Gérando par exemple, la « distinction des pouvoirs » ne fait l'objet que d'une note de bas de page dans la première édition de ses *Institutes* en 1829[15] avant de rejoindre l'introduction dans sa seconde édition en 1842[16]. Le cas de Portiez de l'Oise est également révélateur de l'absence totale de la problématique de la séparation des pouvoirs dans les premières décennies du XIXe siècle. En dédiant le premier chapitre de son *Cours de législation*

---

[12] Montesquieu évoque ainsi la puissance judiciaire comme étant « invisible & nulle » (MONTESQUIEU (Charles Louis de Secondat), *De l'esprit des lois*, Livre XI, Chapitre VI : De la constitution d'Angleterre).

[13] Cf. *infra*. § 235.

[14] HENRION DE PANSEY (Pierre-Paul-Nicolas), *De l'autorité judiciaire dans les gouvernements monarchiques*, Théophile Barrois, 1810, p. 71.

[15] GÉRANDO (Joseph-Marie de), *Institutes du droit administratif français*, Tome 1, Nêve, 1e éd., 1829, p. 78 ; note.

[16] GÉRANDO (Joseph-Marie de), *Institutes du droit administratif français*, Tome 1, Nêve, 2e éd., 1842, p. 3.

administrative à la loi, on pouvait en toute logique s'attendre à ce qu'il fasse référence à la séparation des pouvoirs. Or, tel n'est pas le cas : il ne s'intéresse pas en effet au législateur en tant que pouvoir, mais considère davantage la loi comme une source du droit administratif. Cette démarche correspond en réalité parfaitement au titre qu'il donne à son cours : étudier la « *législation* administrative ». Avant 1840, il est donc rare de trouver dans les manuels généraux de droit administratif l'étude de la séparation des pouvoirs.

165. L'adhésion minoritaire à une séparation tripartite des pouvoirs. Ce n'est qu'avec les précurseurs, qui commencent à tisser des liens entre le droit administratif et le droit public (*i.e.* constitutionnel), en rédigeant notamment des ouvrages de *droit public et administratif*[17], que de telles problématiques émergent. Le droit administratif s'octroie alors de véritables bases constitutionnelles – les auteurs allant puiser dans la constitution des fondements au droit administratif. Dans ce cadre, si l'ensemble des auteurs du XIXe siècle rejoint plutôt l'idée d'une séparation bipartite des pouvoirs à l'image d'Henrion de Pansey, certains y restent réfractaires, comme Bouchené-Lefer, Chauveau ou F. Laferrière. Pour ces derniers, le pouvoir judiciaire constitue un véritable pouvoir, aux côtés des pouvoirs législatif et exécutif – chacun pour des raisons qui leur sont propres, mais sur lesquelles ils n'avancent que peu d'explications. On ne peut toutefois véritablement s'étonner de trouver ici Bouchené-Lefer, qui s'inscrit souvent en contrepoint avec l'opinion majoritaire de l'époque, en déniant notamment l'existence spécifique du droit administratif[18]. Son point de vue est ainsi davantage commandé par le droit constitutionnel. Sans doute Bouchené-Lefer se montre-t-il ainsi plus attentif à la Charte constitutionnelle de 1830[19] pour dégager l'existence de trois pouvoirs, en considérant que « *la Charte reconnaît trois attributions distinctes de la souveraineté, FAIRE LES LOIS, les APPLIQUER (aux cas litigieux), et les FAIRE EXÉCUTER. De là l'organisation des trois pouvoirs, législatif, judiciaire, exécutif (autrement dit administratif).* »[20] À cet égard, il est remarquable d'observer qu'en droit constitutionnel, les rares auteurs de l'époque optent pour une tripartition des pouvoirs, à l'instar de Pellegrino Rossi. Seul professeur titulaire d'une chaire de droit constitutionnel au début du XIXe siècle[21], il appréhende en effet « *le pouvoir social sous trois*

---

[17] Cf. *supra*. § 78.
[18] Cf. *supra*. § 78.
[19] Celle-ci ne reconnait en réalité que deux « puissances » : la « puissance exécutive » (art. 12) et la « puissance législative » (art. 14 et 20), mais consacre un titre entier à l'« ordre judiciaire ».
[20] BOUCHENÉ-LEFER (Adèle-Gabriel-Denis), *Droit public et administratif français*, Tome 1, Sédillot, 1831, p. 1.
[21] Rossi sera titulaire de la chaire de droit constitutionnel de la Faculté de droit de Paris créée par Guizot en 1834. Il abandonnera sa chaire en 1848. Aucun successeur ne sera nommé et la chaire sera supprimée par le décret du 8 décembre 1852 pour être remplacée par une chaire de droit romain. La chaire de droit constitutionnel ne sera recréée qu'en 1879, toujours à Paris. Sur ces points, v. RICHARD (Guillaume), *Enseigner le droit public à Paris sous la Troisième*

points de vue, selon qu'il exerce les fonctions législatives, exécutives ou administratives, et judiciaires »[22]. Sans qu'il soit possible de savoir si cette tripartition du pouvoir est propre à Pellegrino Rossi ou si elle découle de l'étude du droit constitutionnel, il est toutefois remarquable de voir que le seul véritable constitutionnaliste de l'époque, au sens académique du terme, se positionne en faveur de l'existence de trois pouvoirs. Quant à F. Laferrière[23] et Chauveau[24], on le verra[25], ils insistent largement sur l'indépendance totale du pouvoir judiciaire vis-à-vis du pouvoir exécutif, notamment en vertu des garanties d'inamovibilité dont jouissent les juges, pour en déduire une séparation tripartite des pouvoirs. Ces auteurs ne semblent donc pas en tout état de cause animés par une crainte envers le pouvoir judiciaire, qui condamnerait une telle qualification. On retrouve là à tout le moins l'existence chez F. Laferrière d'une pensée plus éprise de libéralisme que ses contemporains.

166. La défense majoritaire d'une séparation bipartite des pouvoirs. Pour Macarel, par exemple, qui appartient à la génération des ordonnateurs, mais qui se rapproche de plus en plus de la génération des précurseurs à la fin de sa carrière, « *deux pouvoirs sont* [...] *nécessaires dans toute société civile organisée : un pouvoir qui fasse les lois, un autre qui pourvoie à leur exécution* »[26]. Plus tard, on retrouvera également cette idée chez un précurseur comme Serrigny, pour qui « *les lois ne posent que des principes. La nature du pouvoir exécutif consiste à procurer leur action, à les mettre en activité* »[27], sans qu'un troisième pouvoir ne viennent compléter le schéma. Le pouvoir judiciaire est alors inexistant. Cette séparation bipartite des pouvoirs traverse en réalité le siècle puisqu'elle sera encore défendue notamment par des

---

République, Thèse, Dalloz, 2015, p. 46 s. ; BOUDON (Julien), « Introduction » à ROSSI (Pellegrino), *Cours de droit constitutionnel*, Guillaumin, 1866, réimp. Dalloz, 2012, non paginé.

22 ROSSI (Pellegrino), *Sténographie du cours de droit constitutionnel. Année scolaire 1835-1836*, Ebrard, 1836, p. 66.

23 LAFERRIÈRE (Firmin), *Cours de droit public et administratif*, Joubert, 1e éd., 1839, p. 84 s.

24 CHAUVEAU (Adolphe), *Principes de compétence et de juridiction administratives*, Tome 1, Cotillon-Durand, 1841, p. xviii.

25 Cf. *infra*. § 168.

26 MACAREL (Louis-Antoine), *Cours d'administration et de droit administratif*, Tome 1, Plon Frères, 2e éd., 1852, p. 10.

27 SERRIGNY (Denis), *Traité de l'organisation de la compétence et de la procédure en matière contentieuse administrative*, Tome 1, Auguste Durand, 2e éd., 1865, p. 2.

précurseurs comme Foucart[28], Trolley[29], Ducrocq[30] ou encore chez Aucoc qui souligne la nécessité « *pour l'ordre et la prospérité d'une société qu'il existe une autorité chargée d'établir les règles de conduite que doivent suivre les citoyens* [...], *et une autorité chargée de veiller à ce que ces règles de conduite soient suivies dans la pratique* »[31]. C'est donc selon lui « *de la force même des choses* » que naît « *la division du pouvoir législatif et du pouvoir exécutif* »[32]. Le pouvoir judiciaire ne doit pas devenir un contre-pouvoir aux deux autres[33].

167. L'argument tiré de la nature des choses. À cet égard, certains administrativistes auront tendance à se fonder sur un argument d'ordre « *conceptuel* »[34] : ils considèrent en effet que, naturellement, n'importe quel système ne connait que deux fonctions – la volonté et l'action. Ils développent ainsi un argument d'autorité : il ne peut exister, en soi, que deux pouvoirs. Michel Troper qualifie cette construction d'« *anthropomorphique* »[35] tant elle vise à faire une analogie entre le fonctionnement humain et celui d'une institution. C'est le cas de Macarel, qui dans une perspective organiciste de l'État, considère que « *naturellement, l'homme a deux mobiles : la* volonté, *qui détermine ses actions, et la* force, *qui les exécute* »[36]. Par analogie, il en déduit l'existence de « *deux sortes de* pouvoirs », car « *tout aussi bien que l'homme, le corps politique a deux mobiles nécessaires à son existence : il* veut *et il* agit *; le premier exprime donc sa* volonté, *le second l'accomplit par* l'exécution »[37]. On retrouve la même idée chez Ducrocq[38]. En réalité, il s'agit ici davantage d'un postulat, par nature indémontrable, que d'une véritable

---

[28] FOUCART (Émile-Victor), *Éléments de droit public et administratif*, Tome 1, Videcoq, 2e éd., 1839, p. 42 : « *D'après la constitution actuelle, le pouvoir législatif est confié au Roi et à deux assemblées composées d'éléments divers ; le pouvoir exécutif appartient au Roi, assisté de ministres responsables.* » Foucart ne fait pas référence ici, ni dans la construction du plan de son ouvrage, à un troisième pouvoir.

[29] TROLLEY (Alfred), *Cours de droit administratif*, Tome 1, Thorel-Journet, 1844, p. 2 : « *La Charte divise la souveraineté en deux grands pouvoirs : le pouvoir législatif et le pouvoir exécutif.* »

[30] DUCROCQ (Théophile), *Cours de droit administratif*, Tome 1, Ernest Thorin, 3e éd., 1868, p. 19 : « *Si l'on examine la question au point de vue des textes aujourd'hui en vigueur, on observe que la Constitution du 14 janvier 1852 n'a organisé que deux pouvoirs, le pouvoir législatif et le pouvoir exécutif.* »

[31] AUCOC (Léon), *Conférences sur l'administration et le droit administratif*, Tome 1, Dunod, 1e éd., 1869, p. 43.

[32] *Ibid.*, p. 43-44.

[33] ZOLLER (Elisabeth), *Introduction au droit public*, Dalloz, 2e éd., 2013, p. 209 s.

[34] ROLAND (Sébastien), « La notion d'exécution dans la doctrine du XIXe siècle », *RFHIP*, 2011, n° 34, p. 320.

[35] TROPER (Michel), *La séparation des pouvoirs et l'histoire constitutionnelle française*, LGDJ, 1973, réimp. LGDJ, 2014, p. 116.

[36] MACAREL (Louis-Antoine), *Éléments de droit politique*, Nêve, 1833, p. 17-19. L'auteur souligne.

[37] *Idem*. L'auteur souligne.

[38] DUCROCQ (Théophile), *Cours de droit administratif*, Tome 1, Ernest Thorin, 6e éd., 1881, p. 27.

démonstration. Elle ne doit bien sûr pas tromper sur la volonté pour ces auteurs de remettre à la nature ce qui relève d'un choix humain. Un certain nombre de penseurs politiques de l'époque, comme Alexis de Tocqueville[39] ou Benjamin Constant[40], ou encore d'administrativistes – on l'a vu plus haut –, opte d'ailleurs pour une séparation tripartite des pouvoirs, preuve que la séparation bipartite des pouvoirs n'a rien de naturel. Ces divergences de points de vue montrent à quel point l'adoption par les auteurs de droit administratif d'une séparation bipartite des pouvoirs doit être vue comme un choix délibéré de leur part. Cela va les conduire, quoi qu'il en soit, à affirmer que le pouvoir judiciaire – ou plutôt l'autorité judiciaire – est une dépendance du pouvoir exécutif.

168. Juger, c'est exécuter. Ainsi Foucart exprime clairement l'idée selon laquelle « *l'autorité judiciaire n'est pas, comme le soutiennent plusieurs publicistes, un troisième pouvoir de l'État* »[41]. Dans la mesure où sa « *mission est d'appliquer la loi à des faits reconnus constants, [elle] n'est qu'une branche du pouvoir exécutif chargée de résoudre les difficultés d'application* »[42]. C'est également l'idée que développe Trolley en considérant que « *le pouvoir judiciaire est une branche, une division du pouvoir exécutif* »[43]. Dès lors juger, à l'époque, c'est exécuter[44]. Pour eux, le juge judiciaire, lorsqu'il tranche des litiges, participe à la bonne exécution de la loi. Pour Ducrocq par exemple, il ne fait pas de doute que « *l'autorité judiciaire est chargée de l'application des lois de droit privé et des lois d'ordre pénal, de même que l'autorité administrative est chargée de l'application des lois d'intérêt général* »[45]. Et pour cause, cette solution semble découler de l'interprétation de la Charte de 1830 puis de la Constitution de 1852. Toutes deux proclament respectivement que « *Toute justice émane du roi* »[46] (article 48) et que « *La justice se rend au nom de l'Empereur* » (article 7). Qu'importent donc les règles d'inamovibilité et d'indépendance de la justice : un tel rattachement à l'Empereur est propre selon eux à inclure le pouvoir judiciaire au pouvoir exécutif dont l'Empereur est à la tête. Il n'y a alors que deux pouvoirs au sein de l'État. Ainsi Serrigny, l'un des chefs de file des précurseurs, estime « *évident que la charte, en disant Toute justice émane du roi, [ait] voulu signifier que le pouvoir judiciaire était*

---

[39] TOCQUEVILLE (Alexis de), *De la démocratie en Amérique*, Tome 4, Pagnerre, 5e éd., 1848, p. 371 s.
[40] CONSTANT (Benjamin), *Principes de politique*, Eymery, 1815, p. 34.
[41] FOUCART (Émile-Victor), *Précis de droit public et administratif*, Videcoq, 1844, p. 21.
[42] *Ibid.*, p. 22.
[43] TROLLEY (Alfred), *Cours de droit administratif*, Tome 1, *op. cit.*, 1844, p. 6.
[44] Sur ce point, v. notamment ROLAND (Sébastien), « La notion d'exécution dans la doctrine du XIXe siècle », *RFHIP*, 2011, n° 34, p. 319.
[45] DUCROCQ (Théophile), *Cours de droit administratif*, Auguste Durand, 2e éd., 1863, p. 9.
[46] Cette disposition était déjà présente dans l'article 57 de la Charte de 1814.

une émanation du pouvoir royal »[47]. Il sera sur ce point rejoint par Pradier-Fodéré[48] et Aucoc[49] ou encore par Ducrocq, pour qui l'inamovibilité des juges judiciaires est « *impuissante à élever l'autorité judiciaire au rang de troisième pouvoir dans l'État* »[50]. Le pouvoir judiciaire s'ordonne donc à l'Empereur. On peut y voir une rémanence de l'ancien État de justice[51] par lequel l'État était érigé « *en instance juridictionnelle chargé de maintenir, par ses arrêts la paix du royaume* »[52]. Du Roi émanait toute justice. Dans la lignée des constitutions susvisées du XIXe siècle, les administrativistes renouent ainsi avec l'adage formé par les légistes de l'Ancien Régime, lesquels avaient réussi à faire « *admettre que le Roi est source de toute justice, et que les seigneurs sont ses délégués : ceci était historiquement inexact, mais ils réussirent à répandre l'idée que "toute justice émane du Roi"* »[53].

En prenant appui sur des dispositions constitutionnelles, les précurseurs donnent ainsi une base solide, si ce n'est irréfutable, au rattachement du pouvoir judiciaire au pouvoir exécutif et, subséquemment, à la conception bipartite des pouvoirs. Il ne faut toutefois pas s'y tromper : il ne s'agit que d'une lecture faite par les auteurs de droit administratif de l'époque. Benoît Plessix considère à cet égard que même si, dans ces régimes, la justice est rendue au nom du Roi ou de l'Empereur, il n'a jamais été question pour autant de toucher « *à l'existence séparée d'une justice judiciaire, dont l'indépendance de ses organes, l'inamovibilité de ses juges et sa vocation de gardien des libertés se sont plutôt enracinées sous de tels régimes* »[54]. Seul F. Laferrière, qui adhère à une tripartition des pouvoirs et dont on voit déjà que la pensée tend vers un plus grand libéralisme, s'opposera à l'analyse développée par la majorité des précurseurs en affirmant que la Charte de 1830 reconnait l'existence d'une véritable « *puissance de juger* »[55]. Pour lui, le pouvoir judiciaire constitue dès lors « *une branche différente du pouvoir*

---

[47] SERRIGNY (Denis), *Traité de l'organisation de la compétence et de la procédure en matière contentieuse administrative*, Tome 1, *op. cit.*, 2e éd., 1865, p. 19.
[48] PRADIER-FODÉRÉ (Paul), *Précis de droit administratif*, Guillaumin-Durand et Pédone, 7e éd., 1872, p. 7 : « *le corps judiciaire ne dépend, en réalité, du pouvoir exécutif, qu'en ce que les magistrats rendant la justice sont nommés par le chef de l'État, et que c'est aussi au nom de ce chef que sont intitulés les jugements.* »
[49] AUCOC (Léon), *Conférences sur l'administration et le droit administratif*, Tome 1, *op. cit.*, 1e éd., 1869, p. 12 : « *Enfin, vient l'autorité judiciaire. On en a fait, dans plusieurs constitutions qui ont régi la France, un pouvoir distinct du pouvoir exécutif ; mais, dans une monarchie, elle n'est, selon nous et selon la majorité des publicistes, au nombre desquels on peut compter de savants magistrats, qu'une branche du pouvoir chargé de faire exécuter la loi.* »
[50] DUCROCQ (Théophile), *Cours de droit administratif*, *op. cit.*, 2e éd., 1863, p. 10.
[51] KRYNEN (Jacques), L'*État de justice. France, XIIIe-XXe siècles. I. L'idéologie de la magistrature ancienne*, Gallimard, 2009.
[52] BURDEAU (François), *Histoire du droit administratif*, PUF, 1995, p. 30.
[53] ELLUL (Jacques), *Histoire des institutions. Le Moyen Âge*, PUF, 2013, p. 352.
[54] PLESSIX (Benoît), *Droit administratif général*, LexisNexis, 2e éd., 2018, p. 336.
[55] LAFERRIÈRE (Firmin), *Cours de droit public et administratif*, Joubert, 2e éd., 1841, p. 47.

exécutif proprement dit »[56] dans la mesure où elle s'exerce, dans la pratique, indépendamment du Roi. Or, le plaidoyer de la majorité des administrativistes en faveur d'une conception bipartite des pouvoirs va contribuer à la reconnaissance d'un pouvoir administratif intégré au pouvoir exécutif.

2- *La reconnaissance d'un pouvoir administratif*

169. La dissociation du pouvoir exécutif. À ce stade, le paysage brossé est le suivant : d'une part, il n'existe que deux types de pouvoirs, le pouvoir exécutif et le pouvoir législatif ; d'autre part, le pouvoir judiciaire est intégré au pouvoir exécutif. Une telle construction conduit à imaginer une autre composante au pouvoir exécutif, aux côtés du pouvoir judiciaire : le pouvoir administratif. En effet, le pouvoir exécutif ne saurait s'épuiser dans le pouvoir judiciaire, lequel a été fortement amoindri sous la Révolution[57]. Tel est le schéma qui va progressivement se dégager chez les administrativistes du XIXe siècle, conforté par le désormais fameux article 13 de la loi des 16 et 24 août 1790 et par le décret du 16 fructidor an III. Ces dispositions, en affirmant notamment que « *les fonctions judiciaires sont distinctes et demeureront toujours séparées des fonctions administratives* », conduisent indéniablement à consolider cette opposition entre les fonctions administratives et les fonctions judiciaires au sein du pouvoir exécutif. Si on se souvient que, parmi les ordonnateurs, ni Cormenin ni Gérando ne consacraient de développements à la séparation des pouvoirs, l'idée d'une division interne du pouvoir exécutif est présente chez Macarel. Ce dernier estime ainsi que « *le pouvoir exécutif se divise en deux branches, savoir : l'une, qui prend le nom de pouvoir administratif* [...] *; l'autre, qui prend le nom de pouvoir judiciaire* »[58]. Cette dichotomie du pouvoir exécutif se retrouve plus tard chez des ordonnateurs comme Serrigny, pour qui le pouvoir exécutif peut « *se diviser en deux branches : l'exécutif administratif et l'exécutif judiciaire* »[59], ou Trolley, qui divise le pouvoir exécutif « *en pouvoir exécutif proprement dit et en pouvoir judiciaire* »[60].

Mais un second argument va venir conforter l'opposition du pouvoir judiciaire et du pouvoir administratif au sein du pouvoir exécutif. En effet, sous la Monarchie de Juillet et le Second Empire, le Tribunal des conflits n'existe pas.

---

[56] *Idem.*
[57] BURDEAU (François), « Pouvoir administratif et droit public français (I). Le sens de l'expérience administrative de la Révolution », *Giornale di storia costituzionale*, 2001, n° 2, p. 37 : la justice, au sortir de la Révolution, « *rompt avec l'appréciation traditionnellement extensive d'une fonction dont la "police" semblait une composante naturelle* ».
[58] MACAREL (Louis-Antoine), *Éléments de droit politique*, *op. cit.*, 1833, p. 32.
[59] SERRIGNY (Denis), *Traité de l'organisation de la compétence et de la procédure en matière contentieuse administrative*, Tome 1, *op. cit.*, 2e éd., 1865, p. 21.
[60] TROLLEY (Alfred), *Cours de droit administratif*, Tome 1, *op. cit.*, 1844, p. 5.

Tout conflit d'attribution entre l'autorité judiciaire et l'autorité administrative est ainsi *in fine* tranché par le Roi (sous la Monarchie de Juillet) ou par l'Empereur (sous le Second Empire). Pour les auteurs de l'époque, cet état du droit s'explique par la dissociation interne du pouvoir exécutif. Pour Foucart par exemple, si le conflit d'attribution doit être porté devant le Roi, c'est parce que « *l'autorité judiciaire et l'autorité administrative ne sont, comme nous l'avons déjà dit, que deux modes d'action du pouvoir exécutif* »[61]. Il en conclut que « *le roi, revêtu de ce pouvoir, est donc naturellement* [...] *le juge des contestations qui peuvent s'élever à l'occasion des attributions de l'une et de l'autre* »[62]. Cette idée est encore défendue par des auteurs comme Serrigny[63] ou Dufour[64]. Tous les éléments ont ainsi été mis en œuvre pour intégrer le pouvoir judiciaire au pouvoir exécutif, velléité alimentée par la défiance cultivée à l'égard du juge judiciaire. On l'empêche ainsi de devenir un pouvoir à part, c'est-à-dire un réel « pouvoir » doué d'une autonomie, même si cela conduit à « *diluer au maximum le sens du mot exécution et donc à procéder avec une notion vaste et molle de l'exécution* »[65], laquelle n'a pas vraiment de consistance.

170. Les enjeux du terme de «*pouvoir* administratif». Dans cette perspective, l'idée d'un *pouvoir* judiciaire est parfois remise en cause, celui-ci se transformant peu à peu en *autorité* judiciaire[66]. Tel n'est toutefois pas le

---

[61] FOUCART (Émile-Victor), *Éléments de droit public et administratif*, Tome 3, *op. cit.*, 2e éd., 1839, p. 279-280.

[62] *Ibid.*, p. 280.

[63] SERRIGNY (Denis), *Traité de l'organisation de la compétence et de la procédure en matière contentieuse administrative*, Tome 1, *op. cit.*, 2e éd., 1865, p. 22 : « *La théorie qui fait de l'ordre judiciaire une branche du pouvoir exécutif, au lieu d'un pouvoir propre et parallèle à la puissance exécutive, n'est pas purement oiseuse ; elle produit des conséquences pratiques très importantes. Nous n'en ferons remarquer qu'une seule quant à présent : c'est qu'elle sert de base aux règlements des conflits d'attributions qui s'élèvent entre l'autorité judiciaire et l'autorité administrative. Supposons que le pouvoir judiciaire soit un pouvoir constitutionnel dans l'état, égal, par sa nature et son origine, au pouvoir exécutif : où sera le supérieur commun pour faire cesser la lutte entre eux ? Ce ne serait aucun des deux pouvoirs judiciaire ou administratif, puisqu'on les suppose égaux et indépendants l'un de l'autre.* »

[64] DUFOUR (Gabriel), *Traité général de droit administratif appliqué*, Tome 2, Delamotte, 1e éd., 1843, p. 6.

[65] JOUANJAN (Olivier), « La notion d'exécution dans la doctrine classique », *RFHIP*, 2011, n° 34, p. 348.

[66] Pour les auteurs qui utilisent généralement le terme d'« autorité administrative » et jamais ou rarement celui de « pouvoir administratif », v. par exemple, HENRION DE PANSEY (Pierre-Paul-Nicolas), *De l'autorité judiciaire dans les gouvernements monarchiques*, Théophile Barrois, 1810 ; GÉRANDO (Joseph-Marie de), *Institutes du droit administratif français*, Tome 1, *op. cit.*, 2e éd., 1842, p. XV ; MACAREL (Louis-Antoine), *Cours de droit administratif*, Tome 1, Gustave Thorel, 1e éd., 1844, p. 14 ; DUFOUR (Gabriel), *Traité général de droit administratif appliqué*, Tome 1, Cotillon, 2e éd., 1854. Il est vrai qu'avec les précurseurs, l'emploi du terme de « pouvoir judiciaire » semble se développer, du fait de l'intégration du droit constitutionnel à leurs ouvrages. Pourtant, cela ne correspond pas à un rehaussement de la considération pour le pouvoir judiciaire, comme en témoigne par exemple Trolley : « *Le*

cas pour le « pouvoir administratif », qui conserve le nom de « pouvoir ». Comment expliquer que les administrativistes défendent globalement l'idée d'un *pouvoir* administratif, ce qui présuppose une certaine autonomie, tout en le rattachant, voire en le subordonnant, au pouvoir exécutif ? À cet égard, il faut insister à titre préliminaire sur l'absence de véritable rigueur dans l'emploi de ce terme. Certains auteurs utilisent ainsi tantôt l'expression de « pouvoir administratif », tantôt celle d'« autorité administrative » ou encore d'« administration », sans qu'une véritable logique ne semble y présider. Pour autant, l'emploi du terme de « pouvoir administratif » est porteur de sens : il révèle la réappropriation de l'un des héritages de la Révolution, qui fit naître l'expression de « pouvoir administratif ». Sous la Constituante, on l'a dit, le « pouvoir » est étroitement associé à l'idée d'élection, de sorte qu'« *il n'existe de pouvoir qu'élu* »[67]. Les fonctionnaires sont de ce fait élus. Cela explique pourquoi « *le pouvoir judiciaire va apparaître comme ne pouvant être qu'une simple "autorité", puisque non élue* »[68]. Dans ces conditions, comment expliquer que la notion de « pouvoir administratif » demeure, alors même qu'à l'heure où les ordonnateurs et les précurseurs écrivent, les fonctionnaires ne sont plus élus ? Sans doute peut-on y voir un indice de ce que l'administration a vocation à revêtir une certaine importance, voire une certaine autonomie. À l'hypertrophie de la fonction de justice sous l'Ancien Régime succède une hypertrophie de l'administration au XIXe siècle. On passe alors, et même si l'on en garde quelques séquelles, d'un État de justice à un État administratif[69] : alors que la souveraineté s'exerçait par les canaux de la justice, elle s'exerce désormais par ceux de l'administration. Dans ce contexte, la volonté de rattacher l'administration au pouvoir exécutif, et ainsi à la séparation des pouvoirs, peut étonner : pourquoi ne pas avoir, dès le départ, considéré que l'administration était un organe autonome doté de ses propres pouvoirs ? On peut y voir les marques d'un certain étatisme, lequel conduit les administrativistes du XIXe siècle à intégrer impérativement l'administration à l'État : il est alors hors de question que la fonction administrative s'exerce en dehors de l'orbite étatique. Il y a là une rupture avec l'idéologie véhiculée par la Constituante selon laquelle la fonction d'administrer serait « *une activité du ressort naturel des citoyens eux-mêmes* »[70]. Cette contrariété inhérente à l'emploi du « pouvoir administratif », lequel est à la fois intégré à l'État mais

---

pouvoir judiciaire n'est donc pas, comme on l'a soutenu, un troisième pouvoir dans l'État. » (TROLLEY (Alfred), *Cours de droit administratif*, Tome 1, *op. cit.*, 1844, p. 6). En d'autres termes, ce pouvoir n'est pas un *pouvoir* (sic).

67 DAUGERON (Bruno), *La notion d'élection en droit constitutionnel : contribution à une théorie juridique de l'élection à partir du droit public français*, Thèse, Dalloz, 2011, p. 139.

68 *Idem.*

69 BURDEAU (François), *Histoire du droit administratif*, *op. cit.*, 1995, p. 30.

70 BURDEAU (François), « Pouvoir administratif et droit public français (I). Le sens de l'expérience administrative de la Révolution », *Giornale di storia costituzionale*, 2001, n° 2, p. 37.

également qualifié de *pouvoir*, explique la place particulièrement importante qu'il occupera au sein du pouvoir exécutif.

B- Le pouvoir administratif au cœur du pouvoir exécutif

171. Si l'on a déjà perçu la contradiction inhérente à l'intégration du *pouvoir* administratif au pouvoir exécutif, laquelle tend à valoriser le pouvoir de l'administration, il convient de déterminer à quel point ce pouvoir se situe *au cœur* du pouvoir exécutif. Cette idée ressort de deux séries d'arguments. D'une part, de façon relative, si le pouvoir exécutif est bien partagé entre le pouvoir administratif et le pouvoir judiciaire, on ne peut que constater chez les administrativistes la préséance du premier sur le second (**1**). D'autre part, et de façon plus absolue, le pouvoir administratif va même jusqu'à dépasser la simple idée d'exécution ; il enrichit ainsi considérablement l'idée même de pouvoir exécutif, donnant à voir un véritable État administratif (**2**).

1- *La préséance du pouvoir administratif sur le pouvoir judiciaire*

172. L'assimilation du pouvoir administratif au pouvoir exécutif chez les partisans d'une séparation tripartite des pouvoirs. Dès le début du XIXe siècle, le pouvoir administratif recouvre une certaine importance au sein du pouvoir exécutif. Pour les administrativistes qui optent pour une tripartition des pouvoirs – le pouvoir judiciaire constituant un pouvoir à part entière aux côtés des pouvoirs exécutif et législatif –, le pouvoir exécutif est même souvent assimilé au pouvoir administratif. On trouve parmi eux tant des ordonnateurs que des précurseurs. Ainsi Chauveau considère-t-il que « *le pouvoir administratif, l'autorité administrative, c'est le pouvoir exécutif* »[71]. De la même façon, Bouchené-Lefer intitule un de ses titres « *Du pouvoir exécutif ou de l'administration* »[72] quand F. Laferrière évoque au cours de ses développements le « *pouvoir exécutif ou administratif* »[73]. Dans ce cas, l'identité qui s'opère entre le pouvoir exécutif et l'administration montre l'importance que revêt l'administration au sein de l'État tout entier, puisqu'elle est alors élevée au rang de pouvoir au même titre que les pouvoirs législatif et judiciaire. Elle témoigne également d'une certaine évanescence de la notion de « pouvoir exécutif », lequel n'a pas de consistance propre. De

---

[71] CHAUVEAU (Adolphe), *Principes de compétence et de juridiction administratives*, Tome 1, *op. cit.*, 1841, p. xix.
[72] BOUCHENÉ-LEFER (Adèle-Gabriel-Denis), *Droit public et administratif français*, Tome 1, *op. cit.*, 1831, p. 159.
[73] LAFERRIÈRE (Firmin), *Cours de droit public et administratif*, *op. cit.*, 2e éd., 1841, p. XXVII.

même, prendre le pouvoir exécutif et le pouvoir administratif comme synonymes témoigne de la volonté sous-jacente de relier le pouvoir administratif, et ainsi l'administration, à la théorie constitutionnelle de la séparation des pouvoirs. On voit aussi chez ces auteurs à quel point le pouvoir administratif est sans commune mesure avec le pouvoir judiciaire. Bonnin est celui qui ira le plus loin dans cette voie, en considérant que « *l'ordre judiciaire n'est qu'une conséquence de l'ordre administratif* »[74], montrant la prééminence de l'administration. À ce déclassement du juge judiciaire répond un rehaussement de l'administration, laquelle revêt pour lui « *tout ce qui est exécution des lois* »[75]. L'administration occupe ainsi une place centrale au sein de l'État, justifiant ainsi pleinement son caractère de « pouvoir ». La conception de l'administration selon Bonnin est si extensive qu'il se demande même de façon rhétorique si « *Tout n'est-il pas administration dans l'État ?* »[76], donnant à voir une administration hypertrophiée et les bases d'un État administratif venant rompre avec l'État de justice de l'Ancien Régime.

173. L'asymétrie flagrante entre le pouvoir administratif et l'autorité judiciaire chez les partisans d'une séparation bipartite des pouvoirs. La proposition de Bonnin, relativement audacieuse, tranche avec la majorité des autres auteurs du XIXe siècle, qui, adoptant une séparation bipartite des pouvoirs, vont faire de l'administration une composante du pouvoir exécutif, *a priori* au même titre que la justice (judiciaire). Mais, en réalité, les administrativistes qui optent pour une bipartition des pouvoirs de l'État ne traitent pas de façon similaire ces deux branches du pouvoir exécutif[77]. Il nous faut commencer par un auteur dont l'influence chez les ordonnateurs puis les précurseurs est indéniable, mais qui se limitera à des incursions dans le champ du droit administratif : Henrion de Pansey. Homme politique et magistrat, il s'intéresse fortement à la séparation des pouvoirs dans le cadre de son étude sur l'autorité judiciaire. Ainsi, dès les premières années du XIXe siècle, il scinde le pouvoir exécutif en trois branches : la première est relative au droit des gens (c'est-à-dire au droit international), la seconde au droit public et la troisième au droit civil[78]. Ces trois branches revêtent respectivement les noms de « pouvoir exécutif » pour la première, « pouvoir administratif » pour la deuxième, et « autorité judiciaire » pour la troisième. L'asymétrie est patente : alors qu'il qualifie de « pouvoir » les deux premières branches, il utilise le

---

74 BONNIN (Charles-Jean-Baptiste), *Principes d'administration publique*, Tome 3, Renaudière, 3e éd., 1812, p. 21.

75 BONNIN (Charles-Jean-Baptiste), *Principes d'administration publique*, Clament, 2e éd., 1809, p. 113.

76 BONNIN (Charles-Jean-Baptiste), *Principes d'administration publique*, Tome 3, *op. cit.*, 3e éd., 1812, p. 21.

77 Étant entendu que les rapports entre l'administration et le gouvernement, dont la distinction est parfois opérée par les auteurs, seront étudiés plus tard.

78 HENRION DE PANSEY (Pierre-Paul-Nicolas), *De l'autorité judiciaire dans les gouvernements monarchiques*, *op. cit.*, 1810, p. 72.

terme d'« autorité » pour la branche relative au juge judiciaire. Il faut dire qu'à l'époque, l'administration comprend tant l'administration active que l'administration contentieuse, quand le juge se limite à une fonction juridictionnelle. L'administration occupe dès lors une place particulière au sein du pouvoir exécutif. Mais qu'en disent à ce propos les ordonnateurs ?

Macarel décrit par exemple le pouvoir administratif comme étant le « *pouvoir exécutif proprement dit* »[79]. Or, on imagine mal que le pouvoir judiciaire soit qualifié ainsi. L'asymétrie qui existe entre le pouvoir administratif et le pouvoir judiciaire est d'autant plus visible lorsque Macarel dresse une liste de tous les points qui distinguent l'autorité administrative et l'autorité judiciaire. Il relève notamment le fait que la première, dont le rôle ne consiste pas uniquement à trancher des différends, « *ordonne et dispose* » quand « *les décisions des juges [judiciaires] ne sont que déclaratives* »[80]. De même, « *l'autorité administrative a une sphère d'activité plus étendue [que l'autorité judiciaire] : elle peut disposer pour l'avenir ; elle peut agir sans être provoquée* »[81], etc. Non seulement le rôle reconnu à l'administration semble être particulièrement étendu, mais il faut de surcroit relever la différence de traitement entre l'administration et le juge judiciaire. On retrouve une telle comparaison chez Foucart[82] ou encore chez Aucoc pour qui, « *assurément, l'autorité judiciaire n'est pas rattachée au pouvoir exécutif dans les mêmes conditions que l'autorité administrative* »[83], l'autorité judiciaire étant caractérisée par son inamovibilité et par le caractère provoqué de son intervention. En insistant de la sorte sur les différences de missions entre le pouvoir administratif et le pouvoir judiciaire, les précurseurs ont tendance à donner une importance moindre à ce dernier, Schützenberger allant même jusqu'à définir le juge judiciaire comme « *l'esclave, l'organe impassible de la loi* »[84]. Le juge judiciaire ne semble en tout état de cause ne pas être au cœur

---

[79] MACAREL (Louis-Antoine), *Éléments de droit politique*, *op. cit.*, 1833, p. XVIII. Nous soulignons.
[80] MACAREL (Louis-Antoine), *Cours de droit administratif*, Tome 1, *op. cit.*, 1e éd., 1844, p. 14.
[81] *Ibid.*, p. 15.
[82] FOUCART (Émile-Victor), *Éléments de droit public et administratif*, Tome 1, *op. cit.*, 2e éd., 1839, p. 124-125 : « *La mission de l'autorité administrative est bien différente de celle de l'autorité judiciaire. Il s'agit pour elle, non pas d'appliquer une règle inflexible à des faits accomplis que les débats d'une cause ont fait connaître, mais au contraire de prévoir les événements à venir, de prendre des mesures capables d'éloigner ceux qui seraient dangereux ou de faire naître ceux qui seraient utiles pour la prospérité publique, de pourvoir aux besoins nombreux et continuellement variables de la société.* »
[83] AUCOC (Léon), *Conférences sur l'administration et le droit administratif*, Tome 1, *op. cit.*, 1e éd., 1869, p. 12.
[84] SCHÜTZENBERGER (Frédéric), *Études de droit public*, Levrault, 1837, p. 61.

du pouvoir exécutif, réduit bien souvent à un simple rôle d'application automatique de la loi[85], ce qui rappelle ce qu'en disait Montesquieu.

Tel n'est pas le cas du pouvoir administratif, qui tend à devenir la pierre angulaire du pouvoir exécutif, si ce n'est de l'État tout entier. L'administration prend ainsi de l'importance au sein du pouvoir exécutif, et bientôt dans l'État tout entier, ce qui donne à voir un véritable État administratif. Cela se matérialise dans les écrits d'un certain nombre d'auteurs à partir de la moitié du XIXe siècle, avant tout en dehors de la sphère des administrativistes. C'est notamment le cas d'Eugène Poitou, magistrat à la Cour impériale d'Angers et tenant d'un libéralisme individualiste, qui fait paraitre en 1869 son ouvrage intitulé *La liberté civile et le pouvoir administratif en France*. Il y critique le pouvoir dont dispose l'administration sous le Second Empire. Ses premières lignes sont éloquentes : « *L'administration*, écrit-il, *n'a pas seulement chez nous des attributions universelles ; elle est investie d'une sorte de souveraineté. Elle n'est pas seulement indépendante, elle est omnipotente.* »[86] Tout au long de son ouvrage, Poitou ne cesse de mettre en exergue le pouvoir prédominant de l'administration au sein de l'État, qualifiant ce dernier d'État « *administrateur et tuteur universel* »[87]. L'administration ne constitue plus seulement une simple composante du pouvoir exécutif, elle semble englober tous les autres pouvoirs de l'État pour en devenir la pierre angulaire. De tels propos sont relativement iconoclastes pour les auteurs de droit administratif de l'époque, dont les développements sont généralement plus sibyllins[88]. Il faut toutefois retenir à cet égard le nom de Macarel, qui conçoit l'administration comme expression de l'État tout entier. Cherchant à définir l'autorité administrative, il considère qu'elle est « *celle qui, par l'exécution des lois d'intérêt général, pourvoit sans cesse à la sûreté de l'État, au maintien de l'ordre public, et à la satisfaction de tous les autres besoins de la société* »[89]. On voit ici que l'administration puise non seulement ses fondements dans le pouvoir exécutif, et ainsi dans la séparation des pouvoirs, mais elle poursuit également les buts que lui assigne l'État tout entier, ce que l'on a déjà pour partie eu l'occasion d'étudier[90]. Elle devient donc à la fois composante de l'État et facette de l'État. Une telle idée, dont on trouvait déjà les prémices chez Bonnin, semble à première vue absente du reste des écrits

---

[85] V. également MACAREL (Louis-Antoine), *Cours de droit administratif*, Tome 1, *op. cit.*, 1e éd., 1844, p. 14 : « *L'autorité judiciaire étant l'un des ministres de la loi, les juges doivent s'en montrer les rigides observateurs.* »

[86] POITOU (Eugène), *La liberté civile et le pouvoir administratif*, Charpentier, 1869, p. V-VI.

[87] *Ibid.*, p. XI.

[88] Dans le même sens, v., GUGLIELMI (Gilles J.), *La notion d'administration publique dans la théorie juridique française de la Révolution à l'arrêt Cadot (1789-1889)*, Thèse, LGDJ, 1991, p. 242.

[89] MACAREL (Louis-Antoine), *Cours de droit administratif*, Tome 1, *op. cit.*, 1e éd., 1844, p. 13.

[90] Cf. *supra*. § 141 s.

des ordonnateurs puis des précurseurs. Il n'en reste pas moins que les auteurs d'alors vont progressivement détacher l'administration de sa simple mission exécutrice. Il faut ainsi lire scrupuleusement les présentations faites de l'administration pour déceler l'existence effective d'un *pouvoir* administratif, qui ne se limite pas comme l'autorité judiciaire – selon eux – à exécuter machinalement la loi.

2- *Le pouvoir administratif ne fait pas qu'exécuter la loi*

174. L'émancipation du pouvoir administratif. Derrière leur langage policé, qui pourrait laisser croire qu'ils conçoivent l'administration comme étant le simple bras armé d'une volonté qui la dépasse et qui l'engage, les administrativistes du XIXe siècle dégagent en réalité une toute autre idée du pouvoir administratif. Ils s'émancipent d'une conception faisant de l'administration la simple exécutrice de la loi, comprise comme la réalisation pratique d'une volonté prédéterminée. Cela est déjà visible chez les premiers ordonnateurs. Au début du siècle, Portiez de l'Oise est l'auteur d'un *Cours de législation administrative* : le titre indique indiscutablement que la loi est la source principale qu'il étudie, dans le champ de l'administration. Cela ne peut d'ailleurs être démenti à la lecture de cet ouvrage, l'auteur rappelant dès l'introduction que le rôle de l'administration est d'agir en exécutant la loi[91], si bien que ce sont pour lui « *les pensées du législateur qu'il est essentiel de connaitre, d'étudier et d'approfondir* »[92]. Sans renier cette idée, Portiez de l'Oise y apporte toutefois quelques tempéraments au fil de son ouvrage. Lorsqu'il étudie les décisions administratives, Portiez en dégage deux types : celles qui « *portent sur des mesures que prend l'autorité pour l'exécution des lois ou le maintien de l'ordre public* », et celles qui « *s'étendent à des objets sur lesquels l'administration a quelque intérêt direct* », notamment « *sous le rapport de la propriété ou de l'intérêt public* »[93]. Il conçoit dès lors, par l'utilisation du mot « ou », que l'administration puisse prendre des décisions qui s'émancipent de la pure exécution des lois, que ce soit pour maintenir l'ordre public, mais surtout pour répondre à un intérêt public qui ne serait pas saisi directement par la loi, dans la droite ligne de la Police de l'Ancien Régime. Il ne faut pas déduire de cela que l'administration agirait en dehors de la loi, mais plutôt qu'elle pourrait dépasser sa simple exécution comprise

---

[91] PORTIEZ DE L'OISE (Louis), *Cours de législation administrative*, Tome 1, Garnery, 1808, p. XVIII s.
[92] *Ibid.*, p. XIX.
[93] *Ibid.*, p. 65-66.

comme sa seule mise en œuvre concrète. Il apparait donc, selon les mots d'Olivier Jouanjan, qu'« *administrer, c'est plus qu'exécuter* »[94].

Ce rapport entre l'administration et la loi est encore développé par Gérando, qui concilie lui aussi la primauté de la loi avec la nécessaire indépendance de l'administration : « *l'administration civile a reçu des lois, la mission de rechercher et procurer l'utilité publique* »[95]. La loi donne donc mandat à l'administration de poursuivre l'utilité publique, mais également de la « rechercher », ce qui implique que l'utilité publique ne se dégage pas uniquement de la loi : l'administration elle-même a pour mission de la dégager. Si cela nous parait sans doute aujourd'hui classique, voire banal, il ne faut pas perdre de vue le fait que les administrativistes auraient pu dans leurs présentations s'en tenir au fait que l'administration était chargée de mettre en œuvre la loi. Le fait qu'ils aillent plus loin que cette assertion révèle leur volonté de s'émanciper d'une conception instrumentale de l'administration, chargée de la seule application les règles législatives aux faits d'espèce. Cette tendance s'observe chez l'ensemble des auteurs de l'époque, et se développe singulièrement chez les précurseurs, de Trolley[96] à Aucoc[97] en passant par F. Laferrière[98], lesquels attribuent à l'administration une mission beaucoup plus étendue. Déjà peut-on voir ici que l'administration est certes pensée comme une composante du pouvoir exécutif *de l'État* – ce que commande leur étatisme-libéral – mais surtout comme jouissant d'une certaine autonomie, propre à faire de l'administration la pièce maitresse de l'État – conformément à l'image d'un État administratif héritier de la Police de l'Ancien Régime, laquelle avait vocation à embrasser l'ensemble des attributions administratives de l'État.

---

94 JOUANJAN (Olivier), « La notion d'exécution dans la doctrine classique », *RFHIP*, 2011, n° 34, p. 347.

95 GÉRANDO (Joseph-Marie de), *Institutes du droit administratif français*, Tome 1, Nêve, 2e éd., 1842, p. 30.

96 TROLLEY (Alfred), *Cours de droit administratif*, Tome 1, *op. cit.*, 1844, p. 9 : « *L'administration civile intérieure veille au maintien de l'ordre, pourvoit à l'exécution des lois et aux besoins de la société.* »

97 AUCOC (Léon), *Conférences sur l'administration et le droit administratif*, Tome 1, *op. cit.*, 1e éd., 1869, p. 67 : « *Nous avons déjà dit qu'elle est chargée de pourvoir aux besoins collectifs des citoyens que l'initiative des individus ou des associations d'individus ne pourrait satisfaire d'une manière suffisante; qu'elle doit réunir les ressources, en hommes et en argent, nécessaires pour l'existence et la marche de la société ; qu'elle a des actes de gestion à accomplir pour la mise en action des services publics, par exemple, pour l'exécution des travaux publics ; qu'elle a des actes de surveillance à faire, des mesures de prévoyance à prendre pour conserver les biens destinés à l'usage du public, pour maintenir l'ordre et la prospérité dans la société.* »

98 LAFERRIÈRE (Firmin), *Cours de droit public et administratif*, *op. cit.*, 2e éd., 1841, p. 598 : « *En effet, administrer, c'est assurer l'exécution des lois dans l'intérêt général et local, ou prendre des mesures utiles en vue des intérêts collectifs de l'agriculture, du commerce et de l'industrie.* »

175. Le remodelage de l'idée d'exécution. L'administration ne serait-elle pas à l'étroit au sein du pouvoir exécutif, auquel on alloue souvent l'action dépourvue de réflexion et de volonté ? C'est en effet ce qui ressort des écrits des ordonnateurs et des précurseurs du XIXe siècle[99]. Ainsi, de façon plus frontale, certains précurseurs comme Vivien vont expliquer ce qu'ils entendent par « exécution ». Selon ce dernier, l'exécution de la loi dont est chargée l'administration « *ne se borne point à l'emploi des forces vives nécessaires pour convertir le droit en fait* » de même qu'elle « *ne consiste pas seulement à suivre le texte littéral d'une prescription* »[100]. Exécuter la loi, c'est faire beaucoup plus que cela ; c'est en cela que le rôle de l'administration se distingue foncièrement de celui du juge judiciaire. Une telle idée sera étayée par les administrativistes : le juge judiciaire et l'administration, pourtant inclus dans ce même sous-ensemble, n'exécutent pas la loi de la même façon. L'administration hérite en cela de l'ancienne conception de la Police, laquelle avait pour but d'instituer la société tout entière[101]. On le voit notamment chez Foucart, lorsqu'il met en perspective les rôles des différentes composantes du pouvoir exécutif : contrairement au juge judiciaire, le rôle de l'administration n'est pas « *d'appliquer une règle inflexible à des faits accomplis que les débats d'une cause ont fait connaître* »[102]. Pradier-Fodéré, qui reprend cette argumentation, en conclut dès lors que l'administration jouit d'une « *sphère d'action plus étendue* »[103] que celle du juge judiciaire. L'administration est en effet chargée de « *prévoir les événements à venir, de prendre des mesures capables d'éloigner ceux qui seraient dangereux ou de faire naître ceux qui seraient utiles pour la prospérité publique, de pourvoir aux besoins nombreux et continuellement variables de la société* »[104], ce qui n'est manifestement pas le cas de l'autorité judiciaire. Il reconnait même la nécessité pour elle de jouir d'un pouvoir d'initiative « *très large* »[105], pouvoir qui semble dépasser la simple tâche d'exécution. Ainsi, l'analyse des différentes définitions de l'administration par les administrativistes montre à quel point ceux-ci tendent à associer deux points de vue pour décrire l'administration : avant tout rattachée au pouvoir exécutif et ainsi à la séparation des pouvoirs, elle tend également à être décrite à partir des fins qu'elle poursuit vis-à-vis de la société – qu'il s'agisse de l'utilité publique, de l'intérêt général ou encore des besoins de la société. La notion d'administration est saisie par les auteurs d'un point

[99] Sur la définition donnée à la notion d'exécution dans la pensée des administrativistes du XIXe siècle, v. ROLAND (Sébastien), « La notion d'exécution dans la doctrine du XIXe siècle », *RFHIP*, 2011, n° 34, p. 311 s.

[100] VIVIEN (Auguste), *Études administratives*, Guillaumin, 1e éd., 1845, p. 4.

[101] Cf. *supra*. § 142.

[102] FOUCART (Émile-Victor), *Éléments de droit public et administratif*, Tome 1, *op. cit.*, 2e éd., 1839, p. 124.

[103] PRADIER-FODÉRÉ (Paul), *Précis de droit administratif*, *op. cit.*, 7e éd., 1872, p. 6.

[104] FOUCART (Émile-Victor), *Éléments de droit public et administratif*, Tome 1, *op. cit.*, 2e éd., 1839, p. 124-125.

[105] PRADIER-FODÉRÉ (Paul), *Précis de droit administratif*, *op. cit.*, 7e éd., 1872, p. 17.

de vue tant organique que fonctionnel[106]. Ainsi les jalons conceptuels étaient posés pour concevoir l'administration comme expression de la puissance étatique. Il ne restait plus dès lors qu'à systématiser l'existence de prérogatives exorbitantes propres à l'administration.

§ 2. *La conscience progressive des prérogatives exorbitantes de l'administration*

176. Au XIXe siècle, les administrativistes vont peu à peu mettre en lumière le caractère coercitif de l'action administrative. D'une part, ils mettent progressivement en valeur l'un des attributs du caractère unilatéral des actes du pouvoir administratif : son caractère décisoire, lequel implique qu'un « *acte* s'impose *à son destinataire sans que celui-ci puisse y consentir* »[107]. Ce caractère permet indéniablement de jauger la puissance étatique qu'exerce l'administration : elle devient selon les administrativistes le vecteur favori de la puissance de l'État (**A**). D'autre part, de façon plus générale et même si cet argument est directement lié au précédent, les auteurs reconnaissent la puissance que détient l'administration pour imposer l'intérêt général en sacrifiant les intérêts particuliers, témoignant de la pauvreté de leur libéralisme et de la grandeur de leur étatisme (**B**).

A- **Les privilèges découlant de l'unilatéralité des actes de l'administration**

177. La question des actes de l'administration constitue pour les administrativistes d'aujourd'hui le domaine topique illustrant l'unilatéralité de l'action administrative, celle-ci apparaissant comme « *le condensé de la puissance juridique de l'administration et l'expression de sa supériorité intrinsèque* »[108]. Au XIXe siècle, cette unilatéralité se décline déjà en un certain nombre de privilèges qui ne sont que l'expression de la puissance de l'État. Les administrativistes viennent en cela la légitimer, dans le droit fil de leur pensée d'État. S'il n'existe pas encore à cette époque une réflexion et une systématisation globale de l'acte administratif unilatéral, il n'en reste pas moins que l'on perçoit déjà les prémices de privilèges s'attachant tant à la formation des décisions (**1**) qu'à leur exécution (**2**).

---

106 GUGLIELMI (Gilles J.), *La notion d'administration publique dans la théorie juridique française de la Révolution à l'arrêt Cadot (1789-1889)*, *op. cit.*, 1991, p. 82 s.

107 BEAUD (Olivier), *La puissance de l'État*, *op. cit.*, 1994, p. 70.

108 CHEVALLIER (Jacques), « Le droit administratif, un droit de privilèges ? », *Pouvoirs*, 1988, n° 46, p. 60.

1- *L'esquisse de privilèges s'attachant à la formation des décisions*

178. L'absence de représentation générale de l'acte administratif unilatéral. Une première observation consiste à dire qu'il n'existe pas, chez les administrativistes du XIXe siècle, de « *représentation générale de l'acte administratif unilatéral* »[109]. Celui-ci est étudié de façon disparate, à l'occasion d'autres développements. Il y a toutefois déjà l'idée selon laquelle ces actes s'imposent sans le consentement de leurs destinataires. On voit alors poindre l'idée selon laquelle l'administration exercerait un véritable pouvoir de commandement, propre à prouver l'existence d'une puissance administrative de l'État. Il convient toutefois ici d'être mesuré : s'il existe, tant parmi certains ordonnateurs que parmi certains précurseurs, les marques d'une telle pensée, celle-ci n'est pas répandue de façon uniforme. En effet, bien souvent, les administrativistes ne s'attardent pas sur les caractères que revêtent les actes pris par l'administration. Cela ne signifie pas, bien sûr, que les actes pris par l'administration ne sont pas véritablement coercitifs, mais puisqu'ici seul le discours produit par les auteurs nous intéresse, force est de constater qu'il ne s'agit pas pour eux d'une préoccupation première. Cela s'explique peut-être par le fait que plus un pouvoir est fort, plus il convient d'en masquer les apparats. La façon même dont ils structurent leurs ouvrages peut également l'expliquer : s'il est question de l'organisation administrative et des matières administratives, à la manière des traités de Police de l'Ancien Régime, les administrativistes du XIXe siècle ne s'intéressent pas véritablement aux *moyens* de l'administration.

D'aucuns ont toutefois pu en saisir quelque peu la portée. À cet égard, les écrits de Proudhon[110] revêtent une certaine importance. Bien qu'il n'ait jamais enseigné le droit administratif mais le droit civil, il est l'auteur d'un *Traité du domaine public*, paru dès 1833, et particulièrement riche sur ces questions. Proudhon joue ainsi un rôle quelque peu particulier au sein des ordonnateurs, dans la mesure où il ne considère pas lui-même faire une étude de droit administratif, ni même de droit public. Son traité s'inscrit selon lui dans le prolongement de ses ouvrages relatifs au Code civil et prend pour point nodal la question de la propriété. C'est d'ailleurs sans doute grâce à ce prisme que Proudhon a manifesté une forte sensibilité à propos du caractère coercitif des actes de l'administration. Il met ainsi en exergue l'existence d'un réel pouvoir de l'administration n'appartenant qu'à elle[111] ; il reconnait aux préfets le droit

---

[109] GIRARD (Anne-Laure), *La formation historique de la théorie de l'acte administratif*, Thèse, Dalloz, 2013, p. 512.

[110] Il s'agit ici de Jean-Baptiste-Victor Proudhon, à ne pas confondre avec le philosophe anarchiste Pierre-Joseph Proudhon.

[111] PROUDHON (Jean-Baptiste-Victor), *Traité du domaine public*, Tome 1, Victor Lagier, 1833, p. 166.

« *d'agir d'office, et [de] prescrire toutes les mesures administratives qui peuvent être nécessaires ou utiles au bien général des administrés* »[112] ou encore à l'administration tout entière de « *prescrire toutes les mesures nécessaires pour entretenir les routes* »[113], etc. En un mot, il estime ainsi que « *c'est un principe incontestable que la puissance exécutive agit en souveraine* »[114] pour édicter des actes prescriptifs dans le champ administratif. Un administrativiste de l'époque n'aurait sans doute jamais utilisé de tels mots pour décrire la puissance de l'administration, tant la notion de souveraineté est habituellement rattachée à l'État tout entier, voire au législateur, mais jamais à l'administration. Les administrativistes, qu'ils soient ordonnateurs ou précurseurs, paraissent en effet bien timorés en comparaison de Proudhon.

179. La reconnaissance du pouvoir réglementaire de l'administration. Si la majorité des auteurs de l'époque n'est pas aussi explicite, certains indices montrent toutefois à quel point l'administration détient selon eux *en propre* un véritable pouvoir de prescription juridique unilatéral, c'est-à-dire d'un pouvoir réglementaire, lequel ne cesse de se renforcer sous le régime napoléonien[115]. La question du pouvoir réglementaire s'avère en soi « *redoutable* » car « *il reste à savoir s'il n'est qu'une excroissance du pouvoir législatif (hypothèse de la confusion des pouvoirs propre à l'avant-1789) ou une simple modalité d'exécution des lois (hypothèse de la séparation respectée des pouvoirs après 1789)* »[116]. Or, les administrativistes du XIXe siècle vont plutôt avoir tendance à se rallier à la première proposition. Cela s'observe par la comparaison souvent faite entre le pouvoir réglementaire de l'administration et le pouvoir législatif. Le pouvoir réglementaire de l'administration est en effet parfois comparé à une « *législation secondaire* »[117] par les auteurs. Pour Gérando, les règlements que l'administration peut prendre sont « *une suite, un développement de la loi elle-même* »[118]. Si cela est commandé par la nature même du pouvoir exécutif, soumis au pouvoir législatif, les caractères propres à la loi parviennent toutefois à déteindre sur le règlement. Le lien établi entre la loi et le règlement permet aux auteurs de renforcer la force obligatoire de ce dernier en lui donnant une base solide, propre à légitimer de fortes restrictions aux libertés

[112] *Ibid.*, p. 149.
[113] *Ibid.*, p. 399.
[114] *Ibid.*, p. 85.
[115] ROLAND (Sébastien), « La notion d'exécution dans la doctrine du XIXe siècle », *RFHIP*, 2011, n° 34, p. 329.
[116] BIGOT (Grégoire), « Les habitudes de l'administration : l'histoire irrésolue de la police administrative », *in* DISSAUX (Nicolas) et GUENZOUI (Youssef) (dir.), *Les habitudes du droit*, Dalloz, 2015, p. 117.
[117] FOUCART (Émile-Victor), *Éléments de droit public et administratif*, Tome 1, Videcoq, 3e éd., 1843, p. 102 ; AUCOC (Léon), *Conférences sur l'administration et le droit administratif*, Tome 1, *op. cit.*, 1e éd., 1869, p. 80.
[118] GÉRANDO (Joseph-Marie de), *Institutes du droit administratif français*, Tome 1, *op. cit.*, 1e éd., 1829, p. 25.

individuelles. Outre Proudhon, dont on a vu qu'il occupait une place à part, ce type de développements n'est présent chez les ordonnateurs que chez Gérando. Celui-ci fait ainsi du « *pouvoir de faire des règlements généraux obligatoires pour les citoyens* »[119] le premier attribut de l'administration pour remplir sa mission. Il y a là les prémices de la reconnaissance d'un pouvoir de prendre des mesures coercitives comme conséquence directe du pouvoir administratif, qui sera par la suite développé.

Parmi les précurseurs, Vivien, par son approche empreinte de science administrative, mettra également l'accent sur l'existence d'un pouvoir réglementaire de l'administration. Selon lui, l'administration est chargée « *par un mandat qui l'associe à l'œuvre même du législateur, de prendre elle-même et d'imposer aux citoyens toutes les mesures propres à développer, à compléter, à vivifier cette œuvre, et à en assurer la pleine exécution* »[120]. L'administration doit ainsi donner vie à l'œuvre du législateur grâce à son pouvoir de commandement qui s'exerce « *à l'aide de règlements, obligatoires comme la loi elle-même* »[121]. Exécuter, ce n'est pas seulement mettre en œuvre la loi, la réaliser concrètement ; c'est la compléter, et ce avec une force obligatoire. Naissent alors les prémices d'un véritable pouvoir réglementaire[122], doté d'une certaine généralité et qui tend à concurrencer le pouvoir législatif lui-même. La force de l'administration est ainsi traduite juridiquement. Parmi les précurseurs, on trouvera des développements similaires chez Serrigny[123] et Ducrocq[124], pour qui le règlement, caractérisé par sa force obligatoire, apparait comme l'expression même d'un pouvoir de commandement saisi par le droit. L'administration est alors investie d'un pouvoir juridique contraignant, qui lui appartient en propre. Cela montre par ailleurs la « *désarticulation définitive [qui s'opère] entre justice et commandement* »[125] : alors que sous l'Ancien régime, le commandement est l'attribut de la seule justice, il devient à compter du début du XIXe siècle celui de l'administration. C'est ce qui caractérise là encore le passage d'un État de justice à un État administratif, les attributs de ce dernier étant largement légitimés par les administrativistes.

---

[119] GÉRANDO (Joseph-Marie de), *Institutes du droit administratif français*, Tome 1, *op. cit.*, 2e éd., 1842, p. 31.
[120] VIVIEN (Auguste), *Études administratives*, *op. cit.*, 1e éd., 1845, p. 4.
[121] *Idem.*
[122] VERPEAUX (Michel), *La naissance du pouvoir réglementaire (1789-1799)*, Thèse, PUF, 1991.
[123] Pour Serrigny par exemple, l'administration agit par le biais d'« actes de commandements », « soit qu'elle réglemente, soit qu'elle fasse l'application des lois ou de ses règlements » (SERRIGNY (Denis), *Traité de l'organisation de la compétence et de la procédure en matière contentieuse administrative*, Tome 1, *op. cit.*, 2e éd., 1865, p. 29).
[124] DUCROCQ (Théophile), *Cours de droit administratif*, *op. cit.*, 3e éd., 1868, p. 26.
[125] BIGOT (Grégoire), « La dictature administrative au XIXe siècle : théorie historique du droit administratif », *RFDA*, 2003, p. 437.

180. L'opportunité contentieuse de la catégorie des actes discrétionnaires de l'administration. L'unilatéralité de l'action administrative propre au pouvoir de prescription qu'elle détient se manifeste également par l'existence d'un pouvoir discrétionnaire. Jacques Chevallier relève à cet égard que l'unilatéralité « *ne prend sa véritable dimension que dans la mesure où la décision administrative est un authentique acte de volonté, qui ne se réduit pas à la simple application de normes juridiques supérieures mais contient une part de création* »[126]. Si les administrativistes de l'époque tâchent de conforter l'existence d'un pouvoir contraignant, ils affirment également la possibilité pour l'administration de prendre ses actes avec une certaine liberté. L'administration n'est donc pas uniquement chargée d'appliquer automatiquement la loi ; elle dispose parfois d'une marge de manœuvre non négligeable pour adopter ses actes. Elle jouit ainsi d'un pouvoir discrétionnaire, ce que les administrativistes vont tâcher de justifier et de légitimer. Ce pouvoir laissé à l'administration montre à quel point ils conçoivent concrètement l'existence d'un véritable « pouvoir administratif » : au-delà de son pouvoir contraignant, la faculté de choisir quelle décision prendre révèle que l'administration n'est pas uniquement une autorité subordonnée, mais un pouvoir doté d'une certaine autonomie, notamment vis-à-vis du pouvoir législatif. La séparation des pouvoirs, dans le champ du droit administratif, semble remodelée pour faire prévaloir l'administration.

Dès le début du XIXe siècle, l'existence d'un pouvoir discrétionnaire est reconnue, mais dans une perspective purement contentieuse. En effet, les ordonnateurs opposent généralement deux types d'actes : aux actes de l'administration « pure » ou « discrétionnaire », s'opposent les actes de l'administration dite « contentieuse ». Si les actes de la première ne peuvent faire l'objet d'un recours devant le Conseil d'État, tel n'est pas le cas des actes de la seconde[127]. On considère alors que lorsque l'administration a pris des actes avec une certaine liberté, ceux-ci ne pourront être contestés. Cette distinction est déjà contenue en germe chez Cormenin[128] ou Macarel, lequel distingue deux types d'actes administratifs : ceux de nature « contentieuse » et ceux de nature « discrétionnaire », appelés encore « *actes de pure administration* »[129], et qui révèlent l'existence d'un « *pur commandement* »[130] insusceptibles de recours. Outre la difficulté à saisir concrètement la frontière qui sépare les actes discrétionnaires des actes contentieux[131], dans la mesure

[126] CHEVALLIER (Jacques), « Le droit administratif, droit de privilèges ? », *Pouvoirs*, 1988, n° 46, p. 61-62.
[127] Cf. *infra*. § 249.
[128] CORMENIN (Louis-Marie), *Droit administratif*, Tome 1, Pagnerre-Thorel, 5e éd., 1840, p. 91 ; note.
[129] MACAREL (Louis-Antoine), *Des tribunaux administratifs, ou introduction à l'étude de la jurisprudence administrative*, Roret, 1828, p. 110.
[130] *Ibid.*, p. 111.
[131] Cf. *infra*. § 248.

où les autorités administratives exercent tant un pouvoir de commandement qu'un pouvoir de juridiction[132], cette distinction permet de faire émerger l'idée d'un pouvoir discrétionnaire de l'administration.

À mesure que cette distinction se répand, elle rend de plus en plus commune l'idée d'un pouvoir discrétionnaire de l'administration. C'est le cas chez Vivien, qui dégage d'une part les actes pris dans le cadre du pouvoir discrétionnaire de l'administration, qui ne peuvent faire l'objet d'aucun recours contentieux, et d'autre part les actes « *pour lesquels l'administration ne jouissait pas d'une pleine autorité* », qui peuvent faire l'objet d'un recours contentieux[133]. Grâce à cette distinction, d'origine purement contentieuse, l'idée d'un pouvoir discrétionnaire de l'administration se banalise et vient encore enrichir l'idée d'un pouvoir administratif. Chez les précurseurs du milieu du XIXe siècle, cette distinction sera également reprise, et notamment par ceux qui développent une approche contentieuse du droit administratif comme Dufour[134] ou Serrigny. Ce dernier divise ainsi l'autorité administrative « *en administration pure et en administration contentieuse* », la première consistant « *dans l'exercice des actes qui s'accomplissent sous le pouvoir discrétionnaire des agents investis de l'action administrative* »[135]. Ils confortent ainsi le fait que quand l'administration agit discrétionnairement, en plein commandement, aucun recours ne peut venir la contrarier. Ils consacrent surtout le fait qu'il est normal pour l'administration d'agir discrétionnairement, dans la mesure où elle exerce un véritable pouvoir. Grâce à cette approche contentieuse, il a été possible d'exhumer l'existence d'une telle puissance. Administrer devient alors synonyme d'une « *puissance d'action qui en tant que telle doit pouvoir disposer du mouvement nécessaire, de la latitude requise, c'est-à-dire d'une marge suffisante de discrétionnarité* »[136], et ce souvent au détriment des libertés des individus – ce qui est la marque de leur étatisme-libéral.

---

132 Macarel résume ainsi : « *tant que l'ordre de l'administrateur n'a point rencontré d'obstacle, l'affaire était simplement administrative ; mais elle est devenue contentieuse par la seule intervention d'un contradicteur : transit in contentiosam interventu justi adversarii. Si donc, malgré l'opposition et la lutte des droits privés, l'administrateur prononce, il fait lui-même, par une décision et en connaissance de cause, l'application de la loi à un cas particulier ; il participe à la juridiction contentieuse.* » (MACAREL (Louis-Antoine), *Des tribunaux administratifs, ou introduction à l'étude de la jurisprudence administrative*, *op. cit.*, 1828, p. 112).

133 VIVIEN (Auguste), « Rapport sur la loi du 3 mars 1849 », *Le Moniteur*, p. 108.

134 DUFOUR (Gabriel), *Traité général de droit administratif appliqué*, Tome 1, *op. cit.*, 1e éd., 1843, p. 6.

135 SERRIGNY (Denis), *Traité de l'organisation de la compétence et de la procédure en matière contentieuse administrative*, Tome 1, *op. cit.*, 2e éd., 1865, p. 29.

136 ROLAND (Sébastien), « La notion d'exécution dans la doctrine du XIXe siècle », *RFHIP*, 2011, n° 34, p. 318.

181. La reconnaissance d'un pouvoir discrétionnaire de l'administration. Le pouvoir discrétionnaire de l'administration va progressivement acquérir une dimension nouvelle, au-delà de cette approche purement contentieuse. Cette tendance, absente chez les ordonnateurs du début du siècle, se développe chez certains auteurs de la génération des précurseurs. On peut s'étonner que F. Laferrière, dont la teneur des propos théoriques a pu souvent être relevée, ne se prononce pas sur cette question ; il n'emploie même jamais l'expression de « pouvoir discrétionnaire », ce qui est peut-être la preuve de son plus grand attachement aux principes révolutionnaires. En la matière, des auteurs comme Foucart, Trolley ou encore Vivien se feront plus prolixes, en développant l'idée d'un pouvoir discrétionnaire de l'administration en dehors de ses implications contentieuses. Ceux-ci semblent dès lors vouloir mieux cerner l'administration ainsi que les caractéristiques qui s'y attachent, en mettant en valeur et en légitimant un véritable pouvoir administratif. L'indépendance de ce dernier est propre à exercer la puissance de l'État, c'est-à-dire un pouvoir de commandement unilatéral et coercitif, dans la lignée d'un État administratif qui recherche avant tout l'obéissance des administrés[137].

Foucart est l'un des premiers à développer l'idée selon laquelle « *l'administration active, chargée d'exécuter, jouit nécessairement d'un pouvoir discrétionnaire dans les limites fixées par la loi* »[138]. Cette dernière jouit d'une certaine marge de manœuvre pour réaliser sa fonction. Plus encore, Foucart insiste sur le fait que, sans ce pouvoir discrétionnaire, l'administration ne pourrait exercer correctement sa fonction. Il écrit : « *il faut savoir user, pour le plus grand bien de tous, d'un pouvoir souvent discrétionnaire.* »[139] Foucart légitime ainsi l'existence d'une telle marge de manœuvre, qui seule permettrait d'atteindre l'intérêt général. C'est également ce que défendent Vivien et Trolley de façon encore plus explicite. La nécessité d'un pouvoir discrétionnaire est affirmée avec une certaine ardeur par Vivien : après avoir rappelé la mission de l'administration, qui consiste à *« régler les intérêts généraux* [...] *en les faisant prévaloir sur les intérêts privés* », il affirme que l'administration a besoin pour cela « *d'air et d'espace* » car « *la liberté est sa vie* »[140]. En effet, « *l'administration n'est pas un instrument aveugle et fatal* » : « *quand la loi*, écrit-il, *l'enferme dans des liens étroits qui en gênent tous les mouvements et qui la privent de tout essor, il peut y avoir encore des agents qui se décorent du titre d'administrateurs, mais il n'y a plus*

---

137 JAUME (Lucien), « Entre droit de l'État et droits de la société : le choix de Tocqueville », *Historia Constitucional*, 2005, n° 6, § 6 ; en ligne.

138 FOUCART (Émile-Victor), *Éléments de droit public et administratif*, Tome 1, *op. cit.*, 2e éd., 1839, p. 161.

139 *Ibid.*, p. 125.

140 VIVIEN (Auguste), *Études administratives*, *op. cit.*, 1e éd., 1845, p. 280.

d'administration »[141]. En d'autres termes, l'existence d'un pouvoir discrétionnaire, c'est-à-dire d'une marge de manœuvre tant vis-à-vis du législateur que des intérêts privés, est consubstantielle à la mission de l'administration. Le rôle de cette dernière ne se limite donc pas, pour ces auteurs, à l'exécution mécanique de la loi ; elle jouit de son propre espace et d'un pouvoir qui lui est propre. Elle semble se rapprocher en cela de l'ancienne mission de Police[142], qui n'était alors pas circonscrite par la loi, la séparation des pouvoirs n'ayant pas été formalisée. Trolley, qui ne fait pourtant pas partie des chefs de file de cette génération, affirme également sans nuance que « *l'administration active agit discrétionnairement* » dans la mesure où « *elle prend les mesures qu'elle juge convenables dans l'intérêt général de la société* »[143]. Si l'on suit cette idée, il semblerait donc que l'organe étatique chargé de la définition de l'intérêt général et de sa réalisation soit l'administration, plutôt que le législateur. Cette idée est déjà présente en filigrane chez un auteur comme Gérando, pour qui, déjà en 1829, l'administration est « *l'organe de l'intérêt général* »[144], ainsi que chez Macarel[145].

182. Vers une conception renouvelée de l'administration. Cette présentation est en phase avec les régimes constitutionnels de l'époque qui sont alors largement dominés par l'exécutif. Les administrativistes légitiment ainsi les régimes en place tout en célébrant la figure de l'État administratif, lequel est notamment fondé sur la centralité de l'administration pour définir l'intérêt général. Dire que l'administration est l'organe de l'intérêt général suppose pourtant d'exclure le législateur de cette mission. Une déconnexion progressive s'opère ici entre l'intérêt général, porté et défini par l'administration, et la volonté générale, portée par le législateur[146]. L'administration s'émancipe progressivement du carcan d'une simple mission exécutive. Ainsi que le relève Pierre Rosanvallon, l'administration tend à ne plus seulement être comprise « *comme le bras séculier d'un pouvoir exécutif lui-même dépendant du pouvoir législatif* » mais « *comme la forme transformée d'un État de type nouveau, l'agent direct et immédiat de réalisation de l'intérêt général* »[147]. En d'autres termes, la focale change : d'une administration partie intégrante du pouvoir exécutif, l'administration

---

[141] *Idem.*
[142] Cf. *supra.* § 143.
[143] TROLLEY (Alfred), *Cours de droit administratif*, Tome 1, *op. cit.*, 1844, p. 10-11. V. aussi p. 11 : « *Discrétion et arbitraire, c'est donc le caractère essentiel de l'action administrative.* »
[144] GÉRANDO (Joseph-Marie de), *Institutes du droit administratif français*, Tome 1, *op. cit.*, 2e éd., 1842, p. 30.
[145] MACAREL (Louis-Antoine), *Cours de droit administratif*, Tome 3, *op. cit.*, 1e éd., 1846, p. 460.
[146] En ce sens, v. ROSANVALLON (Pierre), *L'État en France de 1789 à nos jours*, Éditions du Seuil, 1990, p. 82 s.
[147] *Ibid.*, p. 87.

devient progressivement l'expression concrète de l'État tout entier[148]. Leur pensée d'État s'incarne de cette manière dans la défense de l'État administratif.

À ce titre, il convient de relever que la reconnaissance de tels pouvoirs à l'administration, propres aux actes qu'elle peut prendre, ne se limite pas aux seules entités centrales. En effet, le pouvoir de prescription juridique n'est pas uniquement reconnu au Roi ou à l'Empereur, mais également à l'ensemble des autorités administratives. L'administration tout entière, qu'elle soit centrale ou locale, détient un pouvoir contraignant de prendre des mesures administratives. Il n'existe pas d'enclave administrative qui serait dispensée de l'exercice d'un tel pouvoir, ni du pouvoir discrétionnaire. Dès lors, l'ensemble de l'administration peut être désignée sous le vocable de pouvoir administratif, qui correspond aux frontières de l'État tout entier[149]. Aucoc, par exemple, qui appartient à la génération des précurseurs, consacre ainsi certains développements au pouvoir du préfet qui détient lui aussi « *un pouvoir de commandement à l'égard des citoyens, pour l'exécution des lois, pour l'application des servitudes que la législation impose* »[150] mais également au pouvoir du maire qui exerce son pouvoir de police « *par des mesures générales, des règlements, ou par des mesures individuelles* »[151]. D'un point de vue organique, ce sont ainsi à toutes les autorités administratives dispersées sur le territoire que l'on reconnait l'existence d'un tel pouvoir de prescription juridique[152].

On voit ainsi à quel point s'autonomise le pouvoir administratif vis-à-vis du pouvoir exécutif : il tend en effet à dégager sa propre sphère d'action, en ne se caractérisant plus uniquement par son caractère subordonné. Pour un auteur comme Sabino Cassese, c'est d'ailleurs cette autonomisation du pouvoir administratif vis-à-vis du pouvoir exécutif, qui n'est pas encore parfaitement assumée au XIXe siècle, qui a permis de mettre au jour le droit administratif moderne en France[153]. On en voit d'ailleurs incontestablement les prémices :

---

148 V. CAILLOSSE (Jacques), « Les fonctions sociopolitiques de l'État », *in* TROPER (Michel) et CHAGNOLLAUD (Dominique) (dir.), *Traité international de droit constitutionnel*, Tome 3, Dalloz, 2012, p. 328.

149 Cf. *supra.* § 171.

150 AUCOC (Léon), *Conférences sur l'administration et le droit administratif*, Tome 1, *op. cit.*, 1e éd., 1869, p. 139.

151 *Ibid.*, p. 209.

152 Si le pouvoir administratif se répand donc à tous les échelons de l'organisation administrative, cela ne signifie pas pour autant, à l'époque, que tous les actes pris par les autorités administratives (qu'elles soient centrales ou locales) sont considérés comme étant l'expression du pouvoir administratif. Les autorités locales sont encore en effet très largement soumises au droit privé à cette époque. Sur ce point, v. MESTRE (Jean-Louis), « Des précédents de la jurisprudence Giry. Les Juridictions judiciaires et le Contentieux des collectivités locales au XIXe siècle », *RDP*, 1980, p. 5 s.

153 CASSESE (Sabino), « Une des formes de l'État nouveau du monde : réflexions sur le droit administratif français », *AJDA*, 1995, p. 167.

la reconnaissance globale d'un pouvoir administratif leur permettra à terme d'ordonner, puis de systématiser la législation administrative. À titre d'exemple, la présentation générale du pouvoir réglementaire, le caractère coercitif qu'il revêt, de même que son pouvoir discrétionnaire, constitue un préalable pour Aucoc pour étudier le rôle du préfet concernant « *les terrains dans lesquels les entrepreneurs de travaux publics peuvent extraire des matériaux* » ou encore « *les autorisations nécessaires pour établir des barrages dans le lit des cours d'eau non navigables* »[154]. Mais, outre les privilèges s'attachant à la formation des décisions, c'est ceux relatifs à l'exécution des décisions administratives qui seront esquissés par les administrativistes du XIXe siècle.

2- *L'esquisse des privilèges s'attachant à l'exécution des décisions*

183. L'assimilation des effets des actes administratifs à ceux d'un jugement. Les manifestations du pouvoir coercitif de l'administration ne se limitent pas, chez les administrativistes du XIXe siècle, à son étude sur le plan de la formation des actes. Ce pouvoir s'étend encore à l'exécution de l'acte administratif. En dépit de la « *confusion entourant la figure de l'acte administratif unilatéral* »[155] qui règne à l'époque, ce qui compte chez les administrativistes, c'est de démontrer que l'administration peut user de la force, et que son action revêt un caractère éminemment coercitif au stade de l'exécution de ses décisions. On peut y voir l'un des avatars du caractère unilatéral de ses actes, tant « *l'unilatéralité n'acquiert toute sa portée que lorsqu'elle prend la forme de la* décision exécutoire, *s'imposant aux administrés avec force obligatoire* »[156]. Pourtant, une véritable incertitude sémantique règne à l'époque, si bien qu'il semble impossible de lire les écrits des ordonnateurs ou des précurseurs à la lumière de nos catégories actuelles en la matière. S'il est aujourd'hui commun de bien distinguer le caractère exécutoire d'un acte de l'exécution forcée[157], tel n'est pas le cas à l'époque. De même, la question est au XIXe siècle « *largement obscurcie par la conception du ministre juge* »[158], qui conduit à confondre les effets propres

---

[154] AUCOC (Léon), *Conférences sur l'administration et le droit administratif*, Tome 1, *op. cit.*, 1e éd., 1869, p. 140.

[155] GIRARD (Anne-Laure), *La formation historique de la théorie de l'acte administratif*, *op. cit.*, 2013, p. 512.

[156] CHEVALLIER (Jacques), « Le droit administratif, droit de privilèges ? », *Pouvoirs*, 1988, n° 46, p. 60. L'auteur souligne.

[157] Comme l'écrit Benoît Plessix, « *de ce que l'Administration a le pouvoir de conférer elle-même à ses actions un caractère exécutable, il ne s'ensuit pas nécessairement qu'elle ait le droit de les exécuter elle-même* » (PLESSIX (Benoît), *Droit administratif général*, *op. cit.*, 2e éd., 2018, p. 589).

[158] DARCY (Gilles), « La décision exécutoire, esquisse méthodologique », *AJDA*, 1994, p. 667.

des décisions administratives avec ceux des décisions contentieuses. Il conviendra ici de montrer que malgré l'absence de distinctions claires quant aux différentes manifestations du caractère unilatéral de l'action administrative, les auteurs tentent de développer les privilèges dont jouit l'administration en matière d'exécution[159].

Si l'on prend l'exemple du pouvoir d'exécution d'office, qui n'est toutefois pas nommé comme tel par les administrativistes, les conditions de sa naissance peuvent étonner. Anne-Laure Girard relève à cet égard que les administrativistes « *étend[ent] progressivement l'attribut propre à l'une de ses espèces à l'ensemble des décisions de l'administration* »[160]. Ils se sont en effet saisis d'une règle spéciale propre à la matière fiscale, qui révèle la puissance de l'État, pour lui donner une portée plus générale. Au sortir de la Révolution, l'administration a été autorisée, en matière fiscale, à imposer des contraintes pour le recouvrement de certaines créances. Alors que l'exécution d'office ne s'appliquait qu'à ces « contraintes », celle-ci va progressivement s'étendre à l'ensemble des actes de l'administration. La contrainte est définie par Merlin, qui dirige le *Répertoire universel et raisonné de jurisprudence*, comme « *un mandement décerné contre un redevable de deniers publics ou de droits dus au fisc* »[161]. Dotée de l'exécution forcée, cette contrainte peut s'exercer sur les biens (par la saisie par exemple) voire sur la personne même du débiteur (contrainte par le corps)[162].

C'est dans un premier temps à l'ensemble des décisions *contentieuses* de l'administration que l'idée d'une exécution forcée va être mobilisée par les auteurs. Macarel, à la suite de Sirey[163], considère ainsi que « *dès qu'elles sont rendues, signées et délivrées aux parties, les décisions de tous les juges administratifs se trouvent empreintes du sceau de l'autorité publique ; elles ont tous les caractères et les effets des décisions de l'autorité judiciaire* »[164]. Ce parallèle étonnant avec les décisions de l'autorité judiciaire et les conséquences qu'il emporte s'explique par le fait que le Conseil d'État a attribué dans un avis en date du 16 thermidor an XII les effets des jugements aux contraintes décernées par l'administration[165]. Il y a sans doute là aussi une

---

159 Dans le même sens, v. GIRARD (Anne-Laure), *La formation historique de la théorie de l'acte administratif*, *op. cit.*, 2013, p. 516.

160 *Ibid.*, p. 512.

161 Occ. « Contrainte » *in* MERLIN (Philippe-Antoine) (dir.), *Répertoire universel et raisonné de jurisprudence*, Tome 3, Garnery, 4e éd., 1812, p. 56.

162 GIRARD (Anne-Laure), *La formation historique de la théorie de l'acte administratif*, *op. cit.*, 2013, p. 513.

163 SIREY (Jean-Baptiste), *Du Conseil d'État selon la Charte constitutionnelle*, Imprimerie de Mme Veuve Agasse, 1818, p. 485.

164 MACAREL (Louis-Antoine), *Cours d'administration et de droit administratif*, Tome 2, *op. cit.*, 2e éd., 1852, p. 616.

165 CE, Avis, 16 thermidor an XII, sur l'application aux actes émanés de l'autorité administrative des dispositions des lois des 11 brumaire an VII, sur le régime hypothécaire, et

réminiscence de l'Ancien régime, où « *l'action administrative était uniquement envisagée selon un modèle de nature juridictionnelle* »[166] si bien que l'on ne voyait d'autorité que dans la justice. Tout se passe comme si les marques de l'État de justice, propre à l'Ancien Régime, se prolongeaient sous l'État administratif. Serrigny explique à cet égard que « *les administrateurs, comme les juges ordinaires, concourent à l'application des lois* » ; dès lors « *chacun des pouvoirs administratif et judiciaire est investi du droit d'en procurer l'exécution* »[167]. On assiste donc à une confusion conceptuelle entre les effets produits par un jugement et ceux produits par les décisions administratives[168]. Les explications prodiguées par Serrigny, que l'on retrouve également chez Chauveau[169], permettent de comprendre le glissement qui va s'opérer : dans la mesure où, à cette époque, les juges administratifs sont pleinement intégrés à l'administration, selon la théorie dite de l'administrateur-juge, l'exécution forcée propre aux décisions contentieuses va bientôt infiltrer les décisions administratives non-contentieuses, c'est-à-dire les actes administratifs unilatéraux. En effet, puisque le pouvoir d'exécution forcée est offert à l'administration contentieuse, pourquoi ne le serait-il pas à l'administration active, qui fait elle aussi partie du pouvoir exécutif ? Ainsi se généralise le principe d'exécution forcée des décisions administratives. Il faudra attendre la fin du XIXe siècle pour qu'Aucoc dissipe un certain nombre de malentendus nés de l'émergence de ce principe : il tient en effet à préciser que l'existence d'un caractère exécutoire d'un acte n'est pas liée à son caractère de jugement, si bien que l'ensemble des « *décisions des agents de l'administration* »[170] en est assurément doté. Aucoc se départit

de l'article 2123 du Code civil accordant hypothèque aux condamnations judiciaires, *Bulletin des lois de l'Empire français*, 1812, Tome 16, p. 282- 283. Pour Boulatignier, cet avis « *décide que les condamnations et les contraintes émanées des administrateurs, dans les cas et pour les matières de leur compétence, emportent hypothèque de la même manière et aux mêmes conditions que celles de l'autorité judiciaire* » (BOULATIGNIER (Sébastien-Joseph), « Rapport sur le livre quatrième de la loi sur l'administration intérieure. Des conseils de préfecture », *Impressions. Projets de lois, propositions, rapports, etc.*, Imprimerie de l'Assemblée Nationale, 1851, Tome 29, p. 45 ; note 1).

166 BURDEAU (François), « Pouvoir administratif et droit public français (I). Le sens de l'expérience administrative de la Révolution », *Giornale di storia costituzionnale*, 2001, n° 2, p. 36.

167 SERRIGNY (Denis), *Traité de l'organisation de la compétence et de la procédure en matière contentieuse administrative*, Tome 3, *op. cit.*, 2e éd., 1865, p. 225.

168 Cela conduit subséquemment à renforcer la théorie du ministre-juge puisque « *tous les auteurs de la première moitié du siècle assimilent les décisions prises par les ministres en matière contentieuse à des jugements* » (BURDEAU (François), « Pouvoir administratif et droit public français (III). L'épanouissement du pouvoir ministériel sous la Monarchie censitaire », *Giornale di storia costituzionale*, 2003, n° 6, p. 56).

169 CHAUVEAU (Adolphe), *Code d'instruction administrative*, Tome 2, Armaing, 2e éd., 1861, p. 36. Sur l'apport de cet auteur, v. DARCY (Gilles), « La décision exécutoire, esquisse méthodologique », *AJDA*, 1994, p. 667 s.

170 AUCOC (Léon), *Conférences sur l'administration et le droit administratif*, Tome 1, *op. cit.*, 1e éd., 1869, p. 468.

de cette manière de l'interprétation faite quelques années plus tôt par le Conseil d'État selon laquelle les contraintes, et ainsi les actes administratifs, revêtaient les mêmes apparats que les jugements. Il étend par la même considérablement la portée d'une telle exécution, qui revêt un caractère unilatéral et exorbitant. D'une règle particulière, elle acquiert une vocation générale s'appliquant à l'ensemble des actes administratifs.

184. La possibilité reconnue pour l'administration d'exécuter elle-même ses décisions. Outre cette question, les précurseurs développeront l'idée selon laquelle l'administration est chargée d'exécuter elle-même ses décisions. L'administration « *est dispensée de s'adresser au juge pour obtenir des administrés qu'ils obéissent à ses prescriptions* »[171] ; la décision est immédiatement exécutoire. C'est ce qui ressort de ce qu'on appellera plus tard le privilège du préalable : les administrés doivent se soumettre aux actes administratifs avant même que de pouvoir les contester[172]. Ce principe, dont on attribue souvent la paternité à Hauriou[173], est déjà esquissé par les auteurs du XIXe siècle. Dufour et Trolley reconnaissent cette possibilité, mais uniquement lorsque le juge judiciaire n'est pas habilité à le faire[174], en se fondant sur la jurisprudence de la Cour de cassation[175]. Trolley dresse à cet égard quelques exemples dans lesquels l'administration peut *« faire exécuter, même par la force, manu militari, les règlements et les arrêtés »*[176], comme lorsqu'un péril imminent pèse sur la sécurité et la salubrité publique d'une commune. Trolley confond ici le fait que l'acte administratif soit directement obligatoire, d'une part, et le fait qu'il puisse faire l'objet d'une exécution forcée, d'autre part. Mais qu'importe : il se dégage bien l'idée générale du caractère coercitif des actes pris par l'administration, qui peut imposer ses actes aux particuliers contre leurs volontés. Serrigny va quant à lui davantage insister sur le caractère obligatoire de l'acte : il considère en effet que les actes

---

171 CHEVALLIER (Jacques), « Le droit administratif, droit de privilèges ? », *Pouvoirs*, 1988, n° 46, p. 60.

172 LOCHAK (Danièle), « Le droit administratif, rempart contre l'arbitraire ? », *Pouvoirs*, 1988, n° 46, p. 50.

173 HAURIOU (Maurice), *Précis de droit administratif et de droit public*, Sirey, 4e éd., 1900, p. 233.

174 DUFOUR (Gabriel), *Traité général de droit administratif appliqué*, Tome 1, *op. cit.*, 2e éd., 1854, p. 369.

175 Cass., 26 avril 1834, *D.* 1834.1.354 : « *Attendu, en droit, que le pouvoir de faire exécuter elle-même, aux frais des contrevenants , les arrêtés concernant la petite voirie n'est attribué à l'autorité municipale par les art. 5, n° VI, titre xi de la loi du 16-24 août 1790, 16, titre Ier de celle du 19-22 juillet 4794 , et 474 du Code pénal que lorsque ces arrêtés portent sommation , dans l'intérêt imminent de la sûreté publique, de réparer ou démolir les édifices menaçant ruine; que, hors de ce cas, spécial ou déterminé, l'exécution des arrêtés dont il s'agit reste soumise au principe du droit commun, d'après lequel les tribunaux de répression peuvent seuls en punir les infracteurs, et leur ordonner en même temps de faire disparaître le fait constitutif de la contravention.* »

176 TROLLEY (Alfred), *Cours de droit administratif*, Tome 1, *op. cit.*, 1844, p. 525.

du pouvoir administratif doivent être « *obligatoires par eux-mêmes* »[177]. Il estime que « *s'il en était autrement, et s'il fallait recourir à l'autorité judiciaire pour obtenir d'elle, en faveur des décisions administratives, la force obligatoire, elle dominerait le pouvoir administratif* »[178], ce qui serait contraire au principe de séparation des pouvoirs administratif et judiciaire. On voit ici poindre les prémices du privilège du préalable : l'administration ne doit pas en passer par le juge pour imposer ses décisions. Les actes de l'administration se parent ainsi progressivement de l'exorbitance[179], dans la mesure où l'on perçoit bien l'existence d'un « *pouvoir de commander, c'est-à-dire de prendre des décisions qui s'imposent aux individus sans le consentement de ceux-ci et, en certains cas, de ramener ces décisions à exécution par la contrainte* »[180]. Forts de leur pensée d'État, les administrativistes tâchent de cette façon d'ancrer et de justifier juridiquement les prérogatives exorbitantes de l'administration.

185. La justification du caractère non-suspensif des recours. L'idée qui découle du caractère obligatoire des actes administratifs est relative aux recours dont ils peuvent faire l'objet : ces derniers ne sont pas suspensifs. Dès le début du XIXe siècle, les auteurs posent en effet le principe selon lequel les actes administratifs sont « exécutoires par provision », qu'il s'agisse d'un ordonnateur comme Cormenin, ou de précurseurs comme Trolley[181], F. Laferrière ou encore de Dareste qui fait de ce principe « *un des principes les plus anciens et les plus constants de la procédure administrative* »[182]. Les décisions prises par l'administration continuent ainsi à s'appliquer tant qu'elles n'ont pas été sanctionnées d'un excès de pouvoir. Ainsi que l'explique encore Dareste, grâce à cette règle « *la puissance publique a la présomption pour elle. Elle n'a pas besoin de demander un titre authentique et exécutoire, elle donne elle-même à ses propres actes l'authenticité et la force d'exécution* »[183]. Les raisons avancées par les auteurs à cette solution se recoupent. Serrigny, à la même époque, évoque ainsi la rapidité, voire l'urgence avec laquelle l'administration doit agir : dans la mesure où les « *matières administratives sont légalement présumées requérir urgence et célérité* »[184], cela explique qu'elles s'appliquent immédiatement, sans attendre

---

177 SERRIGNY (Denis), *Traité de l'organisation de la compétence et de la procédure en matière contentieuse administrative*, Tome 3, *op. cit.*, 2e éd., 1865, p. 225.
178 *Idem.*
179 V. SAILLANT (Élodie), *L'exorbitance en droit public*, Thèse, Dalloz, 2014, p. 112 s.
180 VEDEL (Georges), « Les bases constitutionnelles du droit administratif », *EDCE*, 1954, p. 42.
181 TROLLEY (Alfred), *Cours de droit administratif*, Tome 1, *op. cit.*, 1844, p. 346 : « *Les arrêtés du préfet et du sous-préfet sont, comme les actes administratifs, exécutoires par provision et nonobstant opposition ou appel.* »
182 DARESTE (Rodolphe), *La justice administrative en France*, Auguste Durand, 1862, p. 660.
183 *Ibid.*, p. 554.
184 SERRIGNY (Denis), *Traité de l'organisation de la compétence et de la procédure en matière contentieuse administrative*, Tome 1, *op. cit.*, 2e éd., 1865, p. 372.

l'aval d'un juge. Cet argument était déjà utilisé par un ordonnateur comme Cormenin, pour qui « *dans les affaires administratives, dont la marche doit être rapide, l'exécution provisoire de toutes les autorités qui ressortissent au conseil d'État, a lieu de plein droit, et le recours au conseil n'est pas suspensif* »[185]. On voit ici à quel point les différents privilèges de l'administration sont repérés et disséminés dans les différents développements des administrativistes, notamment à partir des précurseurs. Cela est encore particulièrement visible chez Aucoc. Pour lui, le fait que l'administration doive « *satisfaire l'intérêt public* », de même que la présomption selon laquelle « *il y a urgence à exécuter la décision rendue* »[186] sont de nature à expliquer l'absence de recours suspensif. Il y a l'idée que « *l'autorité publique est toujours censée avoir provisoirement raison* »[187], ce qui montre par ailleurs la prégnance de leur pensée d'État.

Mais quelles que soient les raisons retenues pour justifier d'une telle situation, une constante s'observe chez tous les administrativistes : ils ne cessent en effet de « *martele[r] que ce principe s'oppose à celui adopté en matière civile* »[188]. Qu'il s'agisse de Cormenin[189], de Dareste[190], de Serrigny[191], ou encore d'Aucoc[192], ces auteurs tâchent toujours de mettre en exergue la différence de situation qui existe entre l'administration et les particuliers. Ainsi que le relève Anne-Laure Girard, les auteurs soulignent « *le sort privilégié de l'administration et la faiblesse des particuliers* »[193], signe que leur étatisme-libéral est encore bien présent. Ils propagent eux-mêmes l'idée selon laquelle l'administration étatique ne doit pas être contrariée par les intérêts individuels. On perçoit bien ici à quel point « *l'administré est en quelque sorte un citoyen*

---

185 CORMENIN (Louis-Marie), *Droit administratif*, Tome 1, *op. cit.*, 5e éd., 1840, p. 48 ; note.

186 AUCOC (Léon), *Conférences sur l'administration et le droit administratif*, Tome 1, *op. cit.*, 1e éd., 1869, p. 517.

187 *Ibid.*, p. 460.

188 GIRARD (Anne-Laure), *La formation historique de la théorie de l'acte administratif*, *op. cit.*, 2013, p. 418.

189 CORMENIN (Louis-Marie), *Droit administratif*, Tome 1, *op. cit.*, 5e éd., 1840, p. 48.

190 DARESTE (Rodolphe), *La justice administrative en France*, *op. cit.*, 1862, p. 660 : « *En droit commun, l'appel est suspensif, sauf les cas où, par exception, la décision frappée d'appel emporte exécution provisoire. En droit administratif, la règle est inverse. Toutes décisions administratives comportent exécution provisoire, sauf de très rares exceptions, et sauf le droit qui appartient au Conseil d'État d'ordonner un sursis en connaissance de cause* ».

191 SERRIGNY (Denis), *Traité de l'organisation de la compétence et de la procédure en matière contentieuse administrative*, Tome 1, *op. cit.*, 2e éd., 1865, p. 372 : « *Suivant le droit commun, l'appel suspend l'exécution des jugements attaqués, si l'exécution provisoire n'a pas été ordonnée par le juge dans les cas autorisés par la loi (art. 135 et 457 cod. proc.). Ici, le recours au conseil ne suspend pas l'exécution, à moins que le contraire ne soit ordonné.* »

192 AUCOC (Léon), *Conférences sur l'administration et le droit administratif*, Tome 1, *op. cit.*, 1e éd., 1869, p. 460.

193 GIRARD (Anne-Laure), *La formation historique de la théorie de l'acte administratif*, *op. cit.*, 2013, p. 518.

amputé »[194], soumis à la puissance de l'administration. Il y a en tout état de cause déjà le signe d'une certaine exorbitance, peu à peu mise en lumière par les auteurs, qui révèle l'existence d'une véritable puissance administrative de l'État. Celle-ci est encore révélée plus concrètement par l'émergence progressive d'un principe : l'administration peut, pour poursuivre l'intérêt général, assujettir et sacrifier les intérêts particuliers.

B- L'assujettissement des intérêts particuliers par l'administration

186. Au-delà du caractère unilatéral qui s'attache progressivement à l'ensemble des actes de l'administration, c'est sur le pouvoir concret, c'est-à-dire la puissance matérielle de l'administration que les auteurs vont progressivement insister. On a vu précédemment[195] à quel point l'État, instituteur du social, parvenait à faire émerger l'intérêt social en dehors des intérêts particuliers. Il s'agit ici plus spécifiquement de voir comment les auteurs ont progressivement érigé en principe fondamental du droit administratif le fait que l'administration puisse faire *prévaloir* l'intérêt général sur les intérêts privés. L'idée d'une relation inégalitaire entre l'administration et les administrés naît de l'impulsion de leur pensée d'État et de leur étatisme-libéral. Il s'agira ici de démontrer que l'administration a à cet égard une place privilégiée au sein de l'État puisqu'elle participe pour une part non négligeable à l'exercice de son pouvoir coercitif à l'égard des individus. La ligne de partage ne suivra toutefois pas ici la distinction chronologique entre les ordonnateurs d'abord et les précurseurs ensuite. En effet, des sensibilités à ce principe ont affleuré de façon différente au sein même de ces périodes. On retrouve chez une certaine catégorie d'auteurs uniquement une présence circonstanciée de ce principe (**1**), alors qu'il tend à devenir chez une autre catégorie d'auteurs un axiome du droit administratif (**2**).

1- *La présence circonstanciée du principe*

187. Le cas topique de l'expropriation. Chez les ordonnateurs du début du XIXe siècle, l'idée selon laquelle les intérêts privés doivent plier devant l'intérêt général, porté par l'administration, émerge de façon parcellaire dans des domaines très spécifiques. Cette idée est alors principalement développée concernant l'expropriation pour cause d'utilité publique. Cela ne s'explique pas tant parce qu'elle en constitue l'une des expressions les plus flagrantes,

---

[194] BIGOT (Grégoire), « Les habitudes de l'administration : l'histoire irrésolue de la police administrative », *in* DISSAUX (Nicolas) et GUENZOUI (Youssef) (dir.), *Les habitudes du droit*, *op. cit.*, 2015, p. 123.
[195] Cf. *supra*. § 137.

mais plutôt parce qu'elle dispose de sources constitutionnelles explicites, auxquelles les administrativistes sont, du moins en apparence, particulièrement attachés[196]. Les Chartes constitutionnelles de 1814 et de 1830 constituent bien souvent un préalable, parfois un fil directeur dans l'étude du droit administratif. Or, il se trouve que ces Chartes énoncent la règle selon laquelle « *l'État peut exiger le sacrifice d'une propriété, pour cause d'intérêt public légalement constaté, mais avec une indemnité préalable* »[197]. C'est à partir du moment où elles reconnaissent expressément cette faculté que les administrativistes vont y faire référence. Chez Portiez de l'Oise, qui écrit son *Cours de législation administrative* en 1808, il est bien question à quelques reprises de l'expropriation, mais celle-ci n'est jamais abordée par le prisme des sacrifices qu'emportent l'utilité publique pour les intérêts privés. Une telle idée était pourtant déjà présente dans la Déclaration des Droits de l'Homme et du Citoyen de 1789. Toutefois, Portiez de l'Oise, peu sensible aux bases constitutionnelles du droit administratif, ne s'y réfèrera pas pour traiter de l'expropriation. L'inscription constitutionnelle de ce principe, de même que l'ouverture des auteurs au droit constitutionnel, aura plus tard une influence sur les développements des administrativistes. Par ailleurs, et paradoxalement, c'est à l'occasion des développements relatifs à l'expropriation que les auteurs font le plus expressément référence au pouvoir exorbitant de l'administration, alors même que, selon François Burdeau, la propriété est à l'époque « *sans doute le droit le plus efficacement prémuni contre l'arbitraire administratif* »[198]. À bien y penser, cela n'a en réalité rien d'un paradoxe : pour mettre en valeur le pouvoir coercitif de l'administration, encore faut-il que des intérêts, voire des droits individuels existent véritablement en face d'elle. L'expropriation, encadrée par les Chartes, et confrontée au droit de propriété, a ainsi permis aux ordonnateurs de dégager le caractère exorbitant du pouvoir de l'administration.

188. Un principe mobilisé occasionnellement par Gérando et Cormenin. L'utilisation des bases constitutionnelles du droit administratif pour mettre en valeur la prévalence de l'intérêt public sur l'intérêt privé est particulièrement visible chez deux ordonnateurs : Gérando et Cormenin. Il est vrai que Bouchené-Lefer fera également référence aux articles des Chartes, mais il se contente de restituer l'article 10 de la Charte de 1830 dans une section relative à l'objet que les lois peuvent revêtir[199]. Gérando tentera en revanche d'extraire de cet article constitutionnel un principe plus général. Il écrit ainsi, inversant la cause et l'effet : « *Du principe que l'intérêt privé doit céder à l'utilité*

---

[196] Cf. *supra.* § 76 s.

[197] Art. 9 de la Charte constitutionnelle du 4 juin 1814 ; Art. 10 de la Charte constitutionnelle du 14 août 1830.

[198] BURDEAU (François), *Histoire du droit administratif*, *op. cit.*, 1995, p. 141.

[199] BOUCHENÉ-LEFER (Adèle-Gabriel-Denis), *Droit public et administratif français*, Tome 1, *op. cit.*, 1831, p. 137.

publique, est résultée la règle qui autorise l'expropriation quand l'utilité publique l'exige »[200], avant de faire référence à l'article 9 de la Charte de 1830. Il existe donc bien déjà, selon lui, un principe selon lequel l'utilité publique doit faire plier l'intérêt privé, principe qui sera repris par d'autres ordonnateurs. Même si ce principe semble exister, il est toutefois directement rattaché chez Gérando à l'expropriation, et sa formulation semble majoritairement déterminée par sa reconnaissance constitutionnelle. Cormenin, qui écrit à la même époque, y fait également une place très réduite. Ce n'est en effet qu'au détour d'une note de bas de page qu'il explique que si les préfets sont compétents pour « *ordonner toutes les mesures et travaux quelconques, propres à faciliter l'écoulement des eaux, ou à empêcher qu'il ne nuise à personne* », c'est au motif que « *l'intérêt général doit l'emporter sur l'intérêt particulier* »[201]. Une incertitude sémantique règne de surcroit autour de la notion d'intérêt général chez Cormenin, et il faut là encore se prémunir contre la réinterprétation rétrospective de certaines expressions dont le sens a pu évoluer au cours des siècles. En effet, Cormenin évoque parfois « *l'intérêt général des riverains* »[202], ou encore « *l'intérêt général des propriétaires* »[203] ; l'intérêt général semble être circonstancié, ce qui lui retire par endroits ses caractères de généralité et d'unité.

189. Un principe mobilisé à dessein par Dufour, Trolley, Serrigny et Ducrocq. On pourrait attendre de la génération des précurseurs qu'ils donnent une ampleur plus importante à un tel principe. Si Foucart et Aucoc ont effectivement suivi cette voie[204], tel n'est pas le cas de F. Laferrière – dont on se souvient qu'il n'était, de la même façon, pas particulièrement novateur ni prolixe concernant le caractère unilatéral des actes administratifs. Il se contente de faire référence à cette opposition entre l'intérêt général et les intérêts particuliers à l'occasion de l'étude de la législation financière, sans d'ailleurs insister sur la prééminence du premier[205]. Parmi le reste des précurseurs, l'idée d'un intérêt général faisant plier les intérêts privés n'est encore présente que de façon très disparate, souvent à dessein. Ainsi, c'est au cours de l'étude de la servitude de halage que Dufour note que « *l'administration [est] toujours soigneuse de n'imposer à l'intérêt privé que*

---

[200] GÉRANDO (Joseph-Marie de), *Institutes du droit administratif français*, Tome 4, *op. cit.*, 2e éd., 1842, p. 663.
[201] CORMENIN (Louis-Marie), *Droit administratif*, Tome 1, *op. cit.*, 5e éd., 1840, p. 548.
[202] *Ibid.*, p. 515.
[203] *Ibid.*, p. 510.
[204] Cf. *infra*. § 191.
[205] LAFERRIÈRE (Firmin), *Cours de droit public et administratif*, *op. cit.*, 2e éd., 1841, p. 154 : « *Le but de la législation actuelle est de concilier l'intérêt public, qui demande la conservation des bois, avec le droit de la propriété privée qui réclame son libre exercice. L'ancienne législation sacrifiait le droit des particuliers à l'intérêt présumé du public; le Code de 1827 est une transaction entre ces intérêts rivaux, mais transaction fondée à la fois et sur l'expérience et sur les progrès de l'économie sociale.* »

les sacrifices commandés par l'intérêt public »[206]. L'étude du curage des rivières lui permet également d'affirmer que lorsqu'une « *question se lie si étroitement aux intérêts généraux que l'administration a mission d'apprécier et de servir* », ceux-ci, « *ici particulièrement, dominent souverainement l'intérêt privé* »[207]. Des développements similaires peuvent être trouvés chez Trolley, à propos de l'expropriation[208], ou de Serrigny, à propos des cours d'eau non navigables[209]. Quant à Ducrocq, l'opposition entre l'intérêt général et les intérêts privés lui permet d'expliquer le rôle de la juridiction administrative. Ainsi explique-t-il que « *dans les litiges administratifs, cet intérêt général [de l'administration] est représenté par l'acte administratif proprement dit qui a heurté les droits ou les intérêts privés réclamant contre lui* »[210]. L'opposition entre les différents intérêts est donc étudiée uniquement sous son volet contentieux, quand elle se fait plus flagrante. En creux, on voit donc que, en dehors du contentieux ou de certains cas particuliers, tout se passe comme si l'intérêt public englobait l'intérêt particulier, et qu'ainsi aucune opposition véritable ne pouvait naître entre eux – ce qui est l'une des manifestations concrètes d'un État conçu comme personnification de la société. Si la prévalence de l'intérêt général sur les intérêts privés n'est pour l'instant étudiée qu'à dessein et de façon circonstanciée, il n'en reste pas moins qu'elle permettra à certains auteurs d'acquérir une certaine hauteur de vue, propre à faire de ce principe un véritable axiome. Cotelle illustre particulièrement ce basculement : professeur à l'École des Ponts et Chaussés et auteur d'un ouvrage sur le droit administratif appliqué aux travaux publics, la question du dessèchement des marais est l'occasion pour lui d'affirmer, au détour d'une ligne, que « *dans le nouveau système, l'administration fit tout plier devant elle, même la propriété des citoyens* »[211]. Cette prise de hauteur sur la matière, si elle est observable à l'échelle d'un seul ouvrage, va

---

[206] DUFOUR (Gabriel), *Traité général de droit administratif appliqué*, Tome 2, *op. cit.*, 1e éd., 1843, p. 316.

[207] *Ibid.*, p. 361.

[208] TROLLEY (Alfred), *Cours de droit administratif*, Tome 1, *op. cit.*, 1844, p. 48 : « *De l'action administrative en ce qui concerne les sacrifices que l'utilité publique peut demander à la propriété privée. De l'expropriation pour cause d'utilité publique ; des desséchements de marais ; des mines.* »

[209] SERRIGNY (Denis), *Questions et traités de droit administratif*, Auguste Durand, 1854, p. 495 : « *Les cours d'eau non navigables ont beaucoup d'analogie avec le régime des chemins vicinaux ; ils étaient, les uns comme les autres, soumis à la police des seigneurs justiciers ; l'intérêt public exige, encore plus. Impérativement peut-être que pour les chemins, qu'ils soient soumis à l'autorité protectrice de l'administration, parce qu'ils sont exposés aux entreprises des riverains. La voie du progrès social consiste à faire prédominer l'intérêt général de la société, sur les intérêts purement individuels, non pas sacrifiant ceux-ci, mais en conciliant les deux intérêts au point de leur intersection ; par le moyen d'une indemnité légitime.* »

[210] DUCROCQ (Théophile), *Cours de droit administratif*, *op. cit.*, 2e éd., 1863, p. 92.

[211] COTELLE (Toussaint-Ange), *Cours de droit administratif appliqué aux travaux publics*, Tome 1, 2e éd., 1838, p. 397.

progressivement s'étendre de façon plus structurelle à l'ensemble d'une époque.

2- *La présence axiomatique du principe*

190. La présence axiomatique du principe chez les tenants de la science administrative. Le principe selon lequel l'intérêt général, formulé par l'administration, doit faire plier les intérêts privés est présent de façon axiomatique chez deux types d'auteurs, qu'ils soient ordonnateurs ou précurseurs. Il s'agit d'une part des tenants de la science administrative comme Bonnin puis Vivien. Ceux-ci, qui s'intéressent davantage à l'administration qu'à la législation administrative, ont développé cette idée de façon bien plus importante que leurs contemporains respectifs. Chez Bonnin, la question de la propriété, qui occupe une place particulièrement importante dans ses *Principes d'administration*, est l'occasion de mettre en lumière ce principe. Avant même d'entamer ses développements, Bonnin s'évertue à rappeler que dès que « *la nécessité d'ouvrir une route, de creuser un canal, de former un marché, d'élever des constructions publiques, est constatée,* [...] *l'intérêt particulier doit céder à l'intérêt public* »[212]. En effet, « *l'utilité générale, le commerce, les communications ne peuvent être entravés par la volonté ou l'intérêt d'un citoyen* »[213]. Déjà en 1829, la formulation de cette idée apparait nécessaire pour l'auteur pour expliquer les rapports qu'entretient l'administration avec la propriété et pour conforter l'idée que « *tout doit concourir au maintien et à la conservation de la société* »[214]. Pour la première fois, un auteur fait de l'expropriation un simple exemple illustrant la prééminence de l'intérêt général sur les intérêts particuliers, condition de la survivance de l'État. Car sans ce rapport de supériorité, la chose publique, et ainsi l'État, est condamnée à disparaitre. Sa pensée d'État, propre à légitimer l'institution étatique, transparait alors : le droit administratif doit justifier juridiquement le fait que les intérêts privés soient sacrifiés à l'intérêt général. Quelques années plus tard, un autre tenant de la science administrative, Vivien, semble lui aussi avoir saisi l'importance de ce principe en droit administratif. Il l'évoque en effet dès la préface de son manuel en relevant que dans l'accomplissement de sa mission, « *l'administration se trouve en contact et parfois en opposition* [...] *avec les citoyens considérés individuellement* »[215]. Il donne ainsi une portée générale à ce principe, sans doute capable à lui seul d'inclure l'ensemble de ses développements. De façon encore plus explicite, il tâchait déjà en 1835 de démontrer que l'administration

---

212 BONNIN (Charles-Jean-Baptiste), *Abrégé des Principes d'administration*, Amable-Costes, 1829, p. 260.

213 *Idem.*

214 *Idem.*

215 VIVIEN (Auguste), *Études administratives*, *op. cit.*, 1e éd., 1845, p. V.

a ses propres principes, « *lesquels tiennent à son essence même, à son but particulier* »[216]. À ce titre, il décide de n'en citer qu'un seul : « *l'intérêt privé doit toujours plier devant l'intérêt général* »[217]. L'idée d'un rapport inégalitaire entre l'administration et les administrés est ainsi explicitement mis en lumière. En effet, si l'intérêt privé plie devant l'intérêt général, cela signifie en creux qu'une puissance, qu'une force coercitive, le fait plier. L'étatisme-libéral de ces auteurs est donc bien présent, et ce notamment parce que « *ce ne sont pas tant deux sujets de droits situés sur un plan égal qui s'opposent et que l'on met en regard, mais avant tout deux intérêts : l'intérêt "public" et l'intérêt "privé"* »[218]. Or, les intérêts, contrairement aux droits, ne rentrent pas en conflit : ils se concilient. Il ne fait dès lors pas de doute que « *si l'on pense d'abord le rapport entre l'individu et l'État en termes d'"intérêts" c'est parce que l'État est conçu comme une "personnification morale de la société"* », c'est-à-dire comme une puissance sociale incarnée par l'État, où l'individu est à ce titre « *dominé* »[219].

De façon plus générale, deux enseignements peuvent être tirés de cela. D'une part, d'un point de vue substantiel, il apparait progressivement que c'est l'administration, au sein de l'État, qui est désignée comme détenant cette puissance, capable de faire plier les intérêts privés. Même s'il faut convenir ici que le prisme adopté par les administrativistes – à savoir le droit administratif – déforme certainement la façon qu'ils ont de concevoir le rôle et l'importance de l'administration, on perçoit toutefois l'idée d'une puissance administrative de l'État – et par transparence la figure de l'État administratif. Cet État administratif, qui s'oppose à l'État du constitutionnalisme, permet de remettre de l'ordre dans une société fragmentée par la Révolution[220] : cela passe par une administration forte, irresponsable, et qui n'accepte que peu la contradiction. D'autre part, il convient ici de souligner l'importance de la science administrative pour faire émerger les différents principes capables de donner du sens aux dispositions juridiques propres au droit administratif. C'est en réalité l'objectif même que se posent des auteurs comme Bonnin et Vivien, qui souhaitent remonter aux principes qui irriguent l'action administrative. Pour ces auteurs, le droit administratif apparait alors uniquement « *comme un élément constitutif d'une science administrative, science "sociale" au sens fort du terme et "totale", puisqu'elle entend maîtriser l'ensemble des données*

---

[216] VIVIEN (Auguste), Occ. « Droit administratif », *in Dictionnaire de la conversation et de la lecture*, Belin-Mandar, 1835, Tome 22, p. 103.
[217] *Idem.*
[218] GILBERT (Simon), « Léon Michoud et la doctrine publiciste française de son temps », *in* DUPRÉ DE BOULOIS (Xavier) (alii) (dir.), *Léon Michoud*, Institut Universitaire Varenne, 2014, p. 88.
[219] *Idem.*
[220] V. JAUME (Lucien), « Entre droit de l'État et droits de la société : le choix de Tocqueville », *Historia Constitucional*, 2005, n° 6 ; en ligne.

sociales de l'action administrative »[221]. L'approche sociale cultivée notamment par Bonnin et Vivien a ainsi permis de mettre en valeur une conception enrichie de l'administration.

191. La présence axiomatique du principe chez Macarel et Foucart. Mais un second type d'auteurs, d'autre part, va ériger de façon axiomatique la nécessité pour l'administration de faire plier les différents intérêts privés qui s'opposent à elle. Il s'agit de Macarel, dans la seconde partie de sa carrière, et de Foucart. Leur point commun est d'aborder le droit administratif en partant des libertés individuelles, pour mieux ensuite examiner les restrictions dont elles font preuve. Cette méthode est particulièrement présente chez Foucart, mais on en ressent déjà les prémices chez Macarel, notamment dans ses développements relatifs aux rapports de l'administration avec les industries agricole, manufacturière et commerciale, qui constituent l'ensemble du Tome 3 de son *Cours de droit administratif.* Il commence par examiner la « liberté du cultivateur, du sol et de la culture » avant d'examiner les restrictions qui lui sont apportées. L'idée de sacrifice des intérêts privés devant l'intérêt général rythme alors l'ensemble de ce troisième tome, notamment lorsqu'il étudie toutes les « restrictions » faites aux libertés individuelles sur le fondement de l'intérêt général. L'expropriation en fait évidemment partie : il y retrace les différentes étapes, chacune constituant une période de « *lutte de l'intérêt général contre les droits privés* »[222]. Le paradoxe ici demeure : c'est quand les administrativistes font une place plus importante aux libertés que la puissance de l'administration est la plus perceptible. De façon plus générale, en 1844, il érige en principe général, avant même d'étudier le détail des législations et en dehors de la question de l'expropriation, l'idée selon laquelle « *dans le cours de son action, l'administration, même éclairée et bienveillante, peut froisser quelques droits privés qui lui opposent alors une résistance* »[223]. Un face à face entre l'administration et l'administré, concrétisé par l'opposabilité à l'État de véritables « droits » privés, affleure. Ce type de développements au sein de la littérature administrativiste de l'époque est rare : et pour cause, l'individu n'étant pas encore véritablement pensé en dehors de l'État, l'idée d'un face à face entre l'État et l'individu apparait malvenue. Macarel est le seul à évoquer l'opposition entre l'État et l'individu en ces termes.

Foucart, dont on a vu précédemment qu'il était l'un des premiers à étudier les matières administratives en partant des libertés individuelles[224] – et des

---

[221] CHEVALLIER (Jacques), « Le droit administratif entre science administrative et droit constitutionnel », *in* CURAPP, *Le droit administratif en mutation*, PUF, 1993, p. 15.
[222] MACAREL (Louis-Antoine), *Cours de droit administratif*, Tome 3, *op. cit.*, 1e éd., 1846, p. 442.
[223] MACAREL (Louis-Antoine), *Cours d'administration et de droit administratif*, Tome 1, *op. cit.*, 2e éd., 1852, p. 180.
[224] Cf. *supra.* § 128.

restrictions qui leur étaient faites – suivra une voie plus étatiste. Dès la première édition de ses *Éléments de droit public et administratif* parue en 1834, il écrit que « *l'administration, n'agissant toujours que dans un intérêt général* […] *ne doit rencontrer aucun obstacle qu'elle ne puisse surmonter* »[225], à savoir les intérêts des particuliers. Quelques années plus tard, dans la deuxième édition de ses *Éléments*, les références à l'opposition entre l'intérêt général et les intérêts particuliers jalonnent l'ensemble de l'ouvrage. Ainsi considère-t-il qu'« *une association [politique] ne peut exister sans imposer des sacrifices aux intérêts particuliers au profit de l'intérêt général* »[226]. Ce recours à la notion d'intérêt général, chez Foucart comme chez la majorité des administrativistes, n'est pas anodin : il « *sert tout à la fois d'explication et de justification à la latitude d'action normative dont jouit l'administration* »[227], et permet d'ancrer la figure d'un État administratif, dans lequel l'administration définit elle-même ce qu'est l'intérêt général. De ce principe général d'un intérêt général intrinsèquement supérieur aux intérêts privés découle par ailleurs une multitude d'applications concrètes. Foucart le décline concernant des foires et marchés[228] ou encore concernant la réglementation des établissements insalubres et dangereux[229]. Ici, contrairement à Macarel, seuls des *intérêts* s'opposent, et non de véritables *droits*. Il ne s'agit dès lors pas véritablement d'entrer dans un face à face juridique entre l'État et l'individu, mais plutôt de reconnaitre que l'État et l'individu ne poursuivent pas nécessairement les mêmes finalités, n'ont pas les mêmes besoins. On y voit l'expression flagrante d'un étatisme-libéral, lequel consiste en l'expression contradictoire de deux préoccupations, qui ne revêtent pas la même importance : d'une part, l'*attention* portée à certaines libertés individuelles, et d'autre part la *nécessité* d'affirmer la puissance étatique. Cette opposition entre intérêt général et intérêts particuliers semble en tout état de cause devenir chez Foucart l'axiome du droit administratif tout entier, idée qui sera consacrée dans son *Précis de droit public et administratif* en 1844, où il définit dès les premières pages de l'ouvrage le droit administratif comme étant celui qui « *détermine la nature et l'étendue des*

---

225 FOUCART (Émile-Victor), *Éléments de droit public et administratif*, Tome 2, Videcoq, 1e éd., 1834, p. 557.

226 *Ibid.*, p. 142. Le terme d'association doit ici être entendu au sens large.

227 ROLAND (Sébastien), « La notion d'exécution dans la doctrine du XIXe siècle », *RFHIP*, 2011, n° 34, p. 329.

228 FOUCART (Émile-Victor), *Éléments de droit public et administratif*, Tome 2, *op. cit.*, 1e éd., 1834, p. 345. Il considère que leur règlementation doit être appréciée en fonction de « *considérations d'intérêt général* » car « *tout cela ne peut être fait par l'intérêt individuel qui s'aveugle facilement et se nuit souvent lui-même par son ardeur irréfléchie.* »

229 *Ibid.* p. 321 : « *Les établissements industriels peuvent nuire à la santé ou à la vie des hommes, soit parce qu'ils répandent des exhalations délétères, soit parce qu'ils présentent le danger d'une explosion ; dans ces différents as, il est juste que l'intérêt privé cède à l'intérêt général.* »

charges que doivent supporter, dans l'intérêt général, les personnes et les propriétés »[230].

Alors qu'ici Foucart évoque l'intérêt général, et non l'intérêt social, tant ce dernier semble rassembler, quand le premier semble s'imposer, on perçoit de mieux en mieux le caractère coercitif de l'action administrative. C'est en réalité la puissance de l'État qui affleure et qui permet de cultiver une conception transcendantale de l'intérêt général, primant sur les intérêts particuliers. Pour Benoît Plessix, c'est l'idée de souveraineté, dont la puissance d'État n'est qu'une facette, qui apparait dans ce cadre comme étant « *le moteur, la force, la source d'énergie de l'intérêt général* »[231]. Mais la force de cet intérêt général n'a de sens que s'il s'oppose à des intérêts particuliers. On voit donc que c'est à partir du moment où l'individu est pour partie pensé en dehors de l'État que la puissance de l'État peut concrètement être mise en valeur via l'administration. L'administration apparait à cet égard de plus en plus comme « *l'appareil chargé de mettre en œuvre la puissance d'État* »[232], pour reprendre les mots de Jacques Chevallier. Or, au cours du XIXe siècle, cette dissociabilité de l'État et de l'individu n'en est qu'à ses prémices : pour l'heure, l'individu – et ses libertés – ne sont pas véritablement et unanimement conçues en dehors de l'État. En témoigne particulièrement un auteur comme Pradier-Fodéré, répétiteur, lorsqu'il définit la liberté : celle-ci recouvre selon lui « *l'exercice des facultés de l'homme mises en harmonie avec les exigences de la vie sociale* »[233]. La liberté ne peut dès lors être conçue en dehors de la société et des limites que cette dernière lui assigne. Il déduit de cette définition l'idée selon laquelle « *la liberté de chaque citoyen n'est respectable qu'autant qu'elle ne nuit pas à la liberté des autres. D'où la nécessité de certaines restrictions apportées à la liberté de chacun, dans l'intérêt de tous* »[234]. Un pareil syllogisme, auquel adhérerait sans doute la grande majorité des auteurs du XIXe siècle, témoigne de l'idéologie étatiste-libérale qui règne et de la nécessité de ne concevoir l'individu, sa liberté et ses intérêts, que dans un rapport de soumission, si ce n'est d'intégration, vis-à-vis de la puissance publique.

192. Un principe fondamental chez Aucoc. C'est riche de toutes ces avancées qu'un auteur comme Aucoc, qui clôt la génération des précurseurs et annonce celle des théoriciens du droit administratif, hissera au rang de principe général la toute-puissance de l'intérêt général face aux intérêts privés.

---

230 FOUCART (Émile-Victor), *Précis de droit public et administratif*, *op. cit.*, 1844, p. I.

231 PLESSIX (Benoît), « Intérêt général et souveraineté », *in L'intérêt général. Mélanges en l'honneur de Didier Truchet*, Dalloz, 2015, p. 522.

232 CHEVALLIER (Jacques), « Les fondements idéologiques du droit administratif français », *in* CURAPP, *Variations autour de l'intérêt général*, PUF, 1979, p. 31.

233 PRADIER-FODÉRÉ (Paul), *Précis de droit administratif*, *op. cit.*, 7e éd., 1872, p. 307. Nous soulignons.

234 *Idem.*

Lors de sa première leçon à l'École des Ponts et Chaussées en 1865, Aucoc introduit le droit administratif aux étudiants de la façon suivante : « *Vous verrez que le droit administratif, dont nous allons étudier les règles, impose très fréquemment à l'intérêt privé des charges, des sacrifices en vue de l'intérêt public.* »[235] Bien qu'il s'agisse là encore d'un rapport entre des *intérêts*, non des *droits*, il n'en reste pas moins que la formule acquiert une certaine généralité. Il ajoute ensuite à l'attention de ses étudiants et animé par son esprit quelque peu libéral : *« Ne faites pas trop sentir le sacrifice, adoucissez-le ; ou du moins restreignez-le dans la limite de ce qui est strictement nécessaire »*[236]. Le droit administratif tout entier semble, pour Aucoc, être irrigué par le fait que l'intérêt public que poursuit l'administration est amené à rencontrer sans cesse les intérêts privés des individus. De ces prémices de théorisation vont peu à peu naître un principe général auquel le droit administratif contemporain est encore attaché, à savoir son caractère exorbitant[237]. Aucoc le reconnait d'ailleurs lui-même, en rappelant à ses étudiants que « *le caractère dominant du droit administratif, c'est que l'intérêt public fait imposer à l'intérêt privé une série de sacrifices* » et que cela est « *dans la nature des choses* »[238]. Le terreau est dès lors préparé pour la génération qui suivra, laquelle systématisera une grande partie du droit administratif sur ce principe. Tout converge néanmoins vers la légitimation du modèle de l'État administratif, dont on se souvient qu'il est fondé sur le principe d'obéissance[239] et qui distille en cela l'idée d'une incommensurabilité entre l'administration et les individus. Ainsi se révèle la pensée d'État des administrativistes, laquelle se fond dans leur étatisme-libéral, ce que l'on peut également relever à propos de la continuité administrative de l'État.

Section 2. **L'administration, vecteur de continuité de l'État**

193. Les ordonnateurs comme les précurseurs optent généralement pour une séparation bipartite des pouvoirs, entre le pouvoir législatif et le pouvoir exécutif. On l'a vu[240], cette division a contribué au remodelage du pouvoir exécutif, qui comprend alors plusieurs branches, à savoir le pouvoir judiciaire et le pouvoir administratif. Mais une autre distinction tend également à

---

[235] Cité dans AUCOC (Léon), *Conférences sur l'administration et le droit administratif, op. cit.*, 1e éd., 1869, p. XI. Dans sa préface, Aucoc cite une partie de la conférence qu'il avait tenue lors de sa première leçon, en 1865, à l'École des Ponts et Chaussées.
[236] *Idem.*
[237] V. SAILLANT (Élodie), *L'exorbitance en droit public, op. cit.*, 2014, p. 84 s.
[238] AUCOC (Léon), *Introduction à l'étude du droit administratif*, Dupont, 1865, p. 38.
[239] Cf. *supra.* § 159.
[240] Cf. *supra.* § 164.

s'imposer au sein même du pouvoir exécutif : la distinction entre le gouvernement et l'administration (**§ 1**). Cette distinction permet aux administrativistes d'affirmer progressivement le rôle fondamental de la seule administration dans la continuité de l'État, qui constitue à n'en pas douter l'une des caractéristiques principales de ce dernier. On peut à cet égard parler des prémices de la construction d'une véritable « constitution administrative » (**§ 2**).

§ 1. *Un préalable : la distinction de l'administration et du gouvernement*

194. La distinction entre l'administration et le gouvernement, qui recouvrira une importance certaine pour mieux affirmer la continuité administrative de l'État, a été progressivement construite par les administrativistes du XIXe siècle. Il convient toutefois de s'interroger sur les origines d'une telle distinction, qui sont multiples (**A**), ainsi que sur les critères employés par les auteurs pour différencier ces deux notions (**B**).

A- **Les origines multiples de la distinction**

195. La distinction entre l'administration et le gouvernement a été peu à peu adoptée par l'ensemble des administrativistes, quelle que soit la génération à laquelle ils appartiennent. Il ne faut toutefois pas s'y tromper : elle ne semble pas provenir d'une approche contentieuse quelconque. En effet, il convient de relativiser l'idée selon laquelle la distinction entre les fonctions gouvernementale et administrative aurait été utilisée « *pour identifier l'acte de gouvernement et expliquer l'incompétence du juge administratif pour le connaître* »[241]. Si une réflexion sur les différences entre le gouvernement et l'administration prospère (**2**), cela s'opère de façon autonome de la question « actes de gouvernement » (**1**).

1- *L'adoption de la notion d'« acte de gouvernement » indépendante de la distinction entre l'administration et le gouvernement*

196. Il s'agit ici de se défaire d'un *a priori* que l'on pourrait avoir en appréhendant la question de la séparation entre l'administration et le gouvernement et selon laquelle cette distinction serait induite de la catégorie

[241] SERRAND (Pierre), « Administrer et gouverner. Histoire d'une distinction », *Jus Politicum*, 2010, n° 4, p. 3 ; en ligne.

contentieuse des actes de gouvernement. En réalité, seul Henrion de Pansey, en 1810, adopte un tel raisonnement. Cherchant à définir ce qu'est le pouvoir administratif, il s'attache à diviser le pouvoir exécutif en trois branches : celle relative au droit des gens, au droit politique, et au droit civil[242]. Le premier, on l'a vu[243], conduit à l'édiction d'actes de gouvernement, le deuxième est l'expression du pouvoir administratif et le troisième est l'antre du pouvoir judiciaire. Cette division permet à Henrion de Pansey de donner une signification à la jurisprudence du Conseil d'État de l'époque : il induit des solutions jurisprudentielles une certaine organisation étatique, liée à la séparation des pouvoirs. Les actes de gouvernement répondent à une division spécifique du pouvoir exécutif, lequel voit alors sa structure repensée. Si, de cette manière, Henrion de Pansey tend à distinguer l'administration et le gouvernement, il faut bien voir qu'à l'époque, ceux-ci sont souvent confondus. Portiez de l'Oise écrit par exemple que « *gouverner c'est* [...] *administrer l'universalité des parties constitutives de l'État* »[244]. Quant à Bonnin, il considère dans son édition de 1809 de ses *Principes d'administration publique* que « *l'administration semble se confondre avec le gouvernement* »[245]. Henrion de Pansey fait donc figure de précurseur en affirmant que les actes propres au gouvernement, distincts de l'administration, n'entrent pas dans la fonction administrative et ne peuvent ainsi faire l'objet d'un recours pour excès de pouvoir. Il les définit comme ceux qui permettent « *d'envoyer et de recevoir des ambassadeurs, de déclarer la guerre* », etc. : ils ne sont dès lors pas des « *actes administratifs, mais [des] actes de gouvernement* »[246]. Cette présentation tardera à être reprise par les administrativistes, lesquels n'analysent pas ces actes injusticiables à l'aune de la séparation entre l'administration et le gouvernement. Il faut dire que les dénominations jurisprudentielles de ces actes sont à l'époque pléthoriques[247] : « actes de souveraineté », « actes politiques », « mesures de haute police », etc. La créativité du Conseil d'État en la matière est remarquable. Il est vrai que ces actes sont parfois reliés à la notion de gouvernement par le Conseil d'État. Dès 1822, ce dernier considère dans un arrêt *Lafitte* que le recours porté par le requérant – qui concernait une affaire de paiement d'arrérages de rentes – doit être rejeté dans la mesure où celui-ci tient « *à une question politique dont la décision appartient exclusivement au gouvernement* »[248].

---

[242] HENRION DE PANSEY (Pierre-Paul-Nicolas), *De l'autorité judiciaire dans les gouvernements monarchiques*, *op. cit.*, 1810, p. 298.
[243] Cf. *supra.* § 173.
[244] PORTIEZ DE L'OISE (Louis), *Cours de législation administrative*, Tome 1, *op. cit.*, 1808, p. 32.
[245] BONNIN (Charles-Jean-Baptiste), *Principes d'administration publique pour servir à l'étude des lois administratives*, *op. cit.*, 2e éd., 1809, p. 28.
[246] HENRION DE PANSEY (Pierre-Paul-Nicolas), *De l'autorité judiciaire dans les gouvernements monarchiques*, *op. cit.*, 1810, p. 299.
[247] Sur ce point, v. BURDEAU (François), *Histoire du droit administratif*, *op. cit.*, 1995, p. 188.
[248] CE, 1er mai 1822, *Lafitte*, *Rec.*, p. 377.

Dans son arrêt *Duc d'Aumale*[249] de 1867, le Conseil d'État retient une position similaire, qualifiant l'acte litigieux d'« acte politique » ne pouvant faire l'objet d'un recours pour excès de pouvoir. Celle-ci est éclairée par le commissaire du gouvernement Aucoc, qui dans ses conclusions affirme que l'acte litigieux n'est pas « *une mesure d'administration* » mais « *un acte de l'ordre politique et gouvernemental qui, à ce titre, ne peut être soumis au conseil d'État* »[250].

Si les auteurs de l'époque, et notamment les ordonnateurs qui revêtent souvent la qualité de conseillers d'État, intègrent ces jurisprudences dans leurs enseignements, ils ne les relient pas à la distinction entre le gouvernement et l'administration. L'exemple topique est celui de Cormenin, qui, au cours de l'analyse des différentes matières qui intéressent le droit administratif, ou plutôt le Conseil d'État, fait une large part à l'étude des irrecevabilités, au nombre desquelles figurent les « *actes de haute administration* »[251] ou encore les « *actes du gouvernement ayant un caractère essentiellement politique* »[252] à propos d'actes relatifs à des traités internationaux et conventions diplomatiques. Il ne fait toutefois pas référence à une quelconque fonction gouvernementale. Macarel développe sensiblement la même analyse. Son premier ouvrage, intitulé *Des tribunaux administratifs* et paru en 1828, est également tourné vers la juridiction administrative. Tâchant de mieux saisir ce que sont les actes administratifs, il en dégage deux types : les actes d'administration intérieure et les actes d'administration extérieure[253]. Ces derniers sont relatifs à l'exécution des lois concernant les traités de paix, d'alliance, de commerce, etc. ; ils revêtent également selon lui le nom d'« *actes de gouvernement* » ou d'« *actes de haute administration* »[254]. Il convient par ailleurs ici de relever que, s'ils tâchent d'expliquer – voire de systématiser – cette catégorie d'actes, il ne s'agit jamais d'en contester le fondement. Forts de leur étatisme-libéral, Cormenin et Macarel légitiment incontestablement l'existence d'une série d'actes qu'aucun juge ne peut connaitre, en dehors de la distinction entre administration et gouvernement, qui apparaîtra dans un contexte non contentieux.

---

[249] CE, 9 mai 1867, *Duc d'Aumale*, *Rec.*, p. 472, concl. L. Aucoc ; *S.*, 1867, II, p. 124, concl. L. Aucoc.
[250] AUCOC (Léon), Conclusions sur CE, 9 mai 1867, *Duc d'Aumale*, *Rec.* p. 474.
[251] CORMENIN (Louis-Marie), *Droit administratif*, Tome 1, *op. cit.*, 5e éd., 1840, p. 95 ; note.
[252] *Ibid.*, p. 106 ; note.
[253] MACAREL (Louis-Antoine), *Des tribunaux administratifs, ou introduction à l'étude de la jurisprudence administrative*, *op. cit.*, 1828, p. 6.
[254] *Idem.*

2- *La perspective non contentieuse de la distinction entre l'administration et le gouvernement*

197. Le consensus autour de la distinction entre administration et gouvernement. Tous les administrativistes consentent rapidement à faire la distinction entre administration et gouvernement. Il ne s'agit toutefois pas pour eux de mieux appréhender la jurisprudence du Conseil d'État ; c'est dans le cadre de la séparation des pouvoirs qu'apparait cette distinction. Gérando, dès 1829, adopte la distinction entre le « gouvernement » et l'« administration civile et ordinaire »[255], de même que Macarel[256], et ce au titre de la séparation des pouvoirs. Seul Cormenin, parmi les ordonnateurs, n'adoptera pas une telle distinction – et pour cause : il ne fait pas référence à la séparation des pouvoirs ni même à la structure du pouvoir exécutif. Ce n'est que dans un ouvrage sur la centralisation, qu'il publiera sous le pseudonyme de Timon en 1842, qu'il évoquera une telle distinction, pour mieux la renier. Il écrit ainsi : « *Est-ce que le gouvernement n'est pas l'administration ? Est-ce que l'administration n'est pas le gouvernement ? Le gouvernement en action, c'est l'administration. L'administration en principe, c'est le gouvernement.* »[257]. Aucune véritable division ne doit donc exister entre eux car « *si l'administration venait à être séparée du gouvernement, la France tomberait dans une immense faiblesse* »[258]. Il convient toutefois de remettre ces assertions dans leur contexte : farouche défenseur de la centralisation, Cormenin s'oppose de cette manière à ceux qui plaident pour une décentralisation administrative tout en conservant une centralisation gouvernementale[259]. En effet, s'il reconnaissait la distinction entre administration et gouvernement, il accomplirait un premier pas vers ceux à qui il s'oppose. En réfutant la distinction entre administration et gouvernement, il tâche donc de conserver l'application globale de la centralisation.

Parmi la génération suivante, dite des précurseurs, le consensus est là encore très large sur la question. Foucart distingue ainsi, à partir de 1843 (et non dans les précédentes éditions de ses *Éléments*) trois branches au sein du pouvoir exécutif : le « pouvoir gouvernemental », le « pouvoir administratif » et le « pouvoir judiciaire »[260]. Aucoc, qui clôt cette période, maintiendra cette division du pouvoir exécutif en trois branches, entre l'« autorité

---

[255] GÉRANDO (Joseph-Marie de), *Institutes du droit administratif français*, Tome 1, *op. cit.*, 1e éd., 1829, p. 107.
[256] MACAREL (Louis-Antoine), *Cours de droit administratif*, Tome 1, *op. cit.*, 1e éd., 1844, p. 12.
[257] CORMENIN (Louis-Marie) (dit TIMON), *De la centralisation*, 2e éd., 1842, p. 128.
[258] *Ibid.*, p. 129.
[259] Cf. *supra*. § 114.
[260] FOUCART (Émile-Victor), *Éléments de droit public et administratif*, Tome 1, *op. cit.*, 3e éd., 1843, p. 123.

gouvernementale », l'« autorité administrative » et l'« autorité judiciaire »[261]. L'exemple de ces trois auteurs, qui balisent la génération des précurseurs, est en réalité largement représentatif. Qu'il s'agisse de Serrigny[262], de Vivien[263], de Chauveau[264], de F. Laferrière[265] ou encore de Trolley[266], tous adoptent cette distinction : administrer n'est pas gouverner. Seul Bouchené-Lefer ne s'y ralliera pas. Faut-il vraiment s'en étonner ? On s'en souvient, Bouchené-Lefer, avocat puis maître des requêtes au Conseil d'État, tient une place particulière parmi les ordonnateurs du droit administratif, puisqu'il dénie l'expression même de « droit administratif ». Le droit administratif doit selon lui être intégré pleinement « *au droit public et politique* », dans la mesure où « *il n'existe pas à proprement parler de droit particulier à l'administration* »[267]. Originale, cette idée n'est toutefois pas développée au cours de son *Traité*, qui n'est que la compilation des diverses réglementations relatives aux compétences du pouvoir exécutif. C'est d'ailleurs pour cette raison qu'il constitue selon nous davantage un ordonnateur qu'un précurseur, ne faisant qu'ordonner la matière administrative dans le digne héritage de Domat. Concernant la distinction entre l'administration et le gouvernement, Bouchené-Lefer n'y fait donc pas référence dans l'unique page dédiée à l'appréhension théorique de la séparation des pouvoirs. Corollaire d'une distinction entre le droit administratif et le droit constitutionnel qu'il nie, l'absence de cette distinction dans ses écrits n'est pas étonnante.

198. L'absence de prédétermination contentieuse de la distinction entre administration et gouvernement. Un tel consensus entre les ordonnateurs et les précurseurs, sans être rare, mérite d'être souligné. La distinction entre l'administration et le gouvernement, loin d'être mobilisée à fin de systématiser la jurisprudence du Conseil d'État, leur permet de restituer le plus fidèlement possible l'organisation étatique française. Car de façon générale, « *le pouvoir exécutif se renforçant, il devenait de plus en plus difficile de ranger toutes les attributions exercées par lui sous le label "exécutif" sans faire perdre toute signification à cette notion* »[268]. Elle permet ainsi de distinguer par exemple les membres du gouvernement des membres de l'administration.

---

[261] AUCOC (Léon), *Conférences sur l'administration et le droit administratif*, Tome 1, *op. cit.*, 1e éd., 1869, p. 11 s.
[262] SERRIGNY (Denis), *Traité de droit public des français*, Tome 1, Joubert, 1846, p. 96.
[263] VIVIEN (Auguste), *Études administratives*, Tome 1, Guillaumin, 2e éd., 1852, p. 30.
[264] CHAUVEAU (Adolphe), *Principes de compétence et de juridiction administratives*, Tome 1, *op. cit.*, 1841, p. 2.
[265] LAFERRIÈRE (Firmin), *Cours de droit public et administratif*, *op. cit.*, 2e éd., 1841, p. 46.
[266] TROLLEY (Alfred), *Cours de droit administratif*, Tome 1, *op. cit.*, 1844, p. 163
[267] BOUCHENÉ-LEFER (Adèle-Gabriel-Denis), *Droit public et administratif français*, Tome 1, *op. cit.*, 1831, p. xlvii.
[268] SERRAND (Pierre), « Administrer et gouverner. Histoire d'une distinction », *Jus Politicum*, 2010, n° 4, p. 2.

En réalité, ce n'est qu'à partir des années 1860 que certains auteurs vont et expressément exploiter la distinction entre l'administration et le gouvernement pour expliquer, et ainsi justifier, l'existence d'actes de gouvernement insusceptibles de recours. Il s'agit de Ducrocq et Aucoc. Ce dernier, à l'occasion de l'étude des actes de gouvernement, rappelle à titre préliminaire qu'« *il faut appliquer ici [la] distinction* » entre l'œuvre du gouvernement et l'œuvre de l'administration. Après avoir rappelé les attributions du gouvernement, il conclut : « *Les actes faits dans cet ordre d'idées par le pouvoir exécutif ne peuvent donner lieu à un recours devant une juridiction administrative.* »[269] De la même façon, Ducrocq, lorsqu'il opère la distinction entre les actes gouvernementaux et les actes administratifs, estime qu'« *ici se présente la distinction du droit constitutionnel et du droit administratif, du gouvernement et de l'administration* »[270]. Ils font ainsi le lien entre les développements théoriques relatifs à la séparation des pouvoirs et la jurisprudence du Conseil d'État.

Une chose est en tout état de cause certaine : la séparation des termes entre administration et gouvernement est actée et ancrée dès le XIXe siècle, ce qui nous pousse à présent à nous demander quel sens les administrativistes donnent aux termes de la séparation.

B- L'évolution progressive des critères de la distinction

199. Si la majorité des auteurs de droit administratif du XIXe siècle défend l'idée d'une distinction entre le gouvernement et l'administration, ceux-ci n'ont pas recours aux mêmes critères pour les distinguer. Jusqu'aux années 1870, les critères de distinction entre l'administration et le gouvernement sont en réalité de deux types, même si ceux-ci peuvent en réalité être utilisés pas un même auteur. De façon marginale, certains défendront un critère d'ordre hiérarchique **(1)** quand d'autres, plus nombreux, recourront à un critère d'ordre matériel, propre là encore à appuyer l'autonomie de l'administration dans la perspective de légitimation de l'État administratif **(2)**.

1- *Le recours marginal au critère hiérarchique de distinction*

200. Un critère défendu par les ordonnateurs. De façon générale, la distinction entre l'administration et le gouvernement ne s'opère jamais d'un point de vue organique : les administrativistes sont en effet bien conscients

[269] AUCOC (Léon), *Conférences sur l'administration et le droit administratif*, Tome 1, *op. cit.*, 1e éd., 1869, p. 377.
[270] DUCROCQ (Théophile), *Cours de droit administratif*, Tome 1, *op. cit.*, 6e éd., 1881, p. 233.

que ces deux fonctions sont parfois exercées par les mêmes organes[271]. En revanche, un certain nombre d'entre eux recourra à un critère d'ordre « *hiérarchique* », lequel « *procède de l'étymologie du terme "gouverner"* », qui signifie « *diriger avec un gouvernail* »[272]. Entendue dans son sens le plus fort, les fonctions gouvernementales et administratives seraient ainsi hiérarchisées au bénéfice de la première : l'administration est alors subordonnée au gouvernement. Cette idée est particulièrement exploitée par les ordonnateurs. Elle est déjà présente chez Gérando pour qui l'administration « *demeure subordonnée* » au gouvernement dans la mesure où elle « *émane de lui* »[273]. Plus concrètement, elle est en effet souvent « *appelée à servir ses vues, à lui prêter son ministère* »[274]. L'administration apparait ainsi comme un simple instrument au service du gouvernement. Macarel, qui partage également ce point de vue, aura une formule pour éclairer cette distinction entre le gouvernement et l'administration : « *il est la tête, elle est le bras de la société* »[275]. L'image montre bien à quel point la tâche du gouvernement est de décider, de diriger, quand celle de l'administration est d'agir et d'exécuter[276]. On voit ici à quel point la fiction d'un pouvoir exécutif chargé d'appliquer sans réfléchir, présente lors de la Révolution[277], est peu à peu abandonnée au profit de la seule administration. Il existe à cet égard incontestablement un décalage entre la présentation théorique de l'administration, qui ne ferait qu'exécuter, et le fait que celle-ci détienne, selon les auteurs, un certain pouvoir discrétionnaire, ainsi qu'on l'a vu précédemment[278].

201. Un critère défendu par Ducrocq. Cela sera toutefois largement nuancé par les auteurs qui suivront, en vue de justifier l'hypertrophie de l'administration – laquelle coïncide avec l'existence d'un État administratif. Seul Ducrocq ne s'inscrira pas dans ce courant, alors même qu'il écrit à partir des années 1860. Le droit administratif qu'il enseigne se rapproche en effet de façon générale davantage de celui de Cormenin ou de Macarel que de celui de F. Laferrière ou de Foucart. Attaché au caractère pratique du droit administratif plutôt qu'à sa teneur théorique, ses développements extrêmement précis n'en font pas un précurseur de première ligne. Benoît

---

271 Dans le même sens, v. SERRAND (Pierre), « Administrer et gouverner. Histoire d'une distinction », *Jus Politicum*, 2010, n° 4, p. 7.

272 *Ibid.*, p. 8.

273 GÉRANDO (Joseph-Marie de), *Institutes du droit administratif français*, Tome 1, *op. cit.*, 1e éd., 1829, p. 107.

274 *Idem.*

275 MACAREL (Louis-Antoine), *Cours de droit administratif*, Tome 1, *op. cit.*, 1e éd., 1844, p. 12.

276 V. notamment PLESSIX (Benoît), *Droit administratif général*, *op. cit.*, 2e éd., 2018, p. 373-374.

277 Sur ce point, v. notamment VERPEAUX (Michel), *La naissance du pouvoir réglementaire (1789-1799)*, Thèse, PUF, 1991, spéc. p. 23 s.

278 Cf. *supra*. § 180 s.

Plessix ira même jusqu'à considérer ses *Traités* comme des « *compilations besogneuses et sans âme de textes législatifs et réglementaires* »[279], tant il est vrai que Ducrocq est un technicien et non un théoricien. Alors que la nouvelle génération dont il fait partie reconnait peu à peu l'autonomie de l'administration vis-à-vis du gouvernement, Ducrocq reprend pour sa part l'expression de Macarel selon laquelle le gouvernement « *est la tête* » quand l'administration « *est le bras de la société* », c'est-à-dire le « *complément* » de l'action gouvernementale, laissant deviner un rapport de subordination entre les deux. Cet exemple est selon nous révélateur du fait que Ducrocq est un auteur davantage tourné vers le passé que vers l'avenir. L'écart avec les administrativistes de son époque est à cet égard flagrant.

2- *Le recours grandissant au critère matériel de distinction*

202. La relativisation du critère hiérarchique chez les précurseurs. À partir de la génération des précurseurs, la majorité des auteurs va tâcher de combiner ce premier critère, relatif à la subordination de l'administration au gouvernement, avec un second critère, d'ordre plus matériel, tourné vers les divergences de matières sur lesquels l'une et l'autre sont compétents. En un mot, il s'agit alors de discriminer les fonctions compte tenu de leur caractère politique ou non. Sans disparaitre, l'idée d'une subordination de l'administration au gouvernement va s'estomper. On sait F. Laferrière peu disert sur ces questions. Il émet toutefois l'idée selon laquelle le gouvernement serait chargé d'« *exercer l'action du pouvoir exécutif en général* » tandis que l'administration serait chargée d'« *exercer l'action exécutive aux détails* »[280]. Si cette idée ne vient pas révolutionner la distinction, il semble toutefois que l'idée d'une subordination absolue ait été relativisée par cet auteur, le premier ayant un caractère plus global quand la seconde agirait plus concrètement. De plus, il ne définit pas la fonction administrative par rapport à la fonction gouvernementale mais par rapport à la fonction exécutive tout entière, ce qui montre que le rapport de subordination n'est pas absolu.

De la même façon, chez Vivien, il n'est pas question de réduire la fonction administrative a une fonction purement subordonnée. La distinction se déplace quelque peu, si bien que pour lui le gouvernement « *exerce sur la société une surveillance permanente, observe ses besoins, suit ou redresse ses tendances, écoute ses vœux, modère ses passions* »[281]. En d'autres termes, « *sa fonction est toute d'initiative, d'appréciation, de direction, de conseil* » quand celle de l'administration « *est réservée à l'action, c'est-à-dire à l'exécution*

---

279 PLESSIX (Benoît), « Rodolphe Dareste ou le droit administratif vu par un avocat aux conseils érudits au XIXe siècle », *RHFD*, 2004, n° 24, p. 66.

280 LAFERRIÈRE (Firmin), *Cours de droit public et administratif*, *op. cit.*, 2e éd., 1841, p. 46.

281 VIVIEN (Auguste), *Études administratives*, *op. cit.*, 1e éd., 1845, p. 12.

des lois et l'exercice matériel et pratique des pouvoirs confiés au gouvernement »[282]. Il y a bien sûr, ici encore, l'idée d'une certaine subordination, dans la mesure où le gouvernement est chargé de donner l'impulsion à l'administration. Pour autant, cette subordination ne peut selon nous être entendue de la même façon qu'à l'orée du XIXe siècle, où elle sous-entendait alors l'idée d'une absence totale de marge d'appréciation au profit de l'administration. À partir des années 1850, l'idée de subordination va même tendre à disparaitre chez Vivien. À cet égard, il est en effet remarquable que certains éléments contenus dans les *Études administratives* de 1845 disparaissent lors de la seconde édition en 1859. Alors que Vivien écrivait en 1845 que l'administration était « *l'agent le plus utile* » du gouvernement, cette référence disparait dans l'édition de 1859 pour faire place à davantage de développements sur le fait que les pouvoirs administratif et gouvernemental « *doivent se séparer, non pour se contrarier, mais pour se tenir dans leurs conditions respectives* »[283]. De la même façon, Vivien attire l'attention de ses lecteurs sur le fait que « *l'administration est toujours exposée aux envahissements du pouvoir politique* » et s'oppose ouvertement, dans l'édition de 1859, à ceux « *qui professent ouvertement la subordination de l'administration à la politique* »[284]. L'évolution du discours montre à quel point la subordination se mue peu à peu en indépendance, ce qui est propre à faire de l'administration l'expression privilégiée de la puissance étatique.

Le recours au critère matériel de distinction progresse également chez Trolley, lequel distingue l'« administration politique » de l'« administration civile », la première désignant selon lui le gouvernement. C'est donc avant tout selon un critère matériel – le caractère politique de l'activité – qu'il distingue la fonction gouvernementale de la fonction administrative. L'idée de subordination n'est toutefois pas tout à fait absente chez Trolley, car si l'« *administration politique* [...] *organise le gouvernement et les grands rapports des gouvernants et des gouvernés* » et s'occupe « *plutôt des intérêts moraux et de la liberté que des intérêts matériels* »[285], l'« *administration civile* [...] *règle les intérêts matériels et les rapports secondaires de l'administration et les administrés* »[286]. Ainsi la distinction matérielle entre le « politique » d'une part et le « civil » d'autre part se double de la question des rapports primaires et secondaires entre les gouvernants et les gouvernés. L'idée d'une subordination, ou du moins d'une hiérarchisation entre la fonction gouvernementale et la fonction administrative semble donc bien présente. Doublée d'une distinction matérielle, on perçoit toutefois à quel

[282] VIVIEN (Auguste), *Études administratives*, Tome 1, *op. cit.*, 2e éd., 1852, p. 30.
[283] VIVIEN (Auguste), *Études administratives*, Tome 1, Guillaumin, 3e éd., 1859, p. 31.
[284] *Ibid.*, p. 32.
[285] TROLLEY (Alfred), *Cours de droit administratif*, Tome 1, *op. cit.*, 1844, p. 163.
[286] *Ibid.*, p. 164.

point il n'est plus possible d'envisager l'administration dans son seul rapport de subordination vis-à-vis du gouvernement.

203. L'abandon total du critère hiérarchique chez Foucart et Aucoc. Dans cette même dynamique, Foucart, qui fait partie de la même génération d'auteurs mais se distingue par une plus grande audace, abandonnera même tout à fait l'idée d'un rapport de subordination – quel qu'il soit – entre le gouvernement et l'administration pour ne faire référence qu'aux différences de champ matériel qui les séparent. Ce genre de parti pris explique pourquoi il peut être considéré comme l'un des chefs de file des précurseurs. Cette idée témoigne de la volonté de faire de l'administration, et ainsi du droit administratif, un champ autonome et, là encore, de dégager progressivement l'existence d'un véritable pouvoir administratif. En effet, un tel pouvoir ne peut exister que si une certaine marge de manœuvre lui est accordée. S'agissant du gouvernement, il dispose selon Foucart de deux types de compétence : « *à l'extérieur, il règle les rapports de l'État avec les nations étrangères ; à l'intérieur, il dirige la marche générale des affaires publiques* »[287]. Pour résumer, le gouvernement a alors « *un caractère politique* »[288]. Quant à l'administration, elle « *garantit la sûreté des personnes, le libre usage des choses communes, par des règlements de police* » ; elle « *gère la fortune de l'État, surveille la gestion des intérêts collectifs, prépare et fait exécuter les mesures d'intérêt général* »[289]. Il n'est ainsi aucunement question de subordonner la fonction administrative à la fonction gouvernementale ; chacune appartient au même titre au pouvoir exécutif. Aucoc prolongera cette idée dans ses *Conférences sur l'administration et le droit administratif* : « *Quand on distingue le gouvernement de l'administration*, écrit-il, *on entend mettre dans une catégorie spéciale la direction des affaires auxquelles on réserve le nom de politiques.* »[290] En d'autres termes, le critère de distinction entre la fonction gouvernementale et la fonction administrative est là encore d'ordre matériel : il s'agit du caractère politique des missions menées. La question se pose toutefois du sens alloué au terme « politique » : ne contiendrait-il pas en germe l'idée d'une supériorité ? Il est difficile de répondre à cette question, notamment parce que les auteurs de l'époque ne définissent pas ce qu'ils entendent par « politique ». Pour autant, on voit que même s'il peut être affublé de l'idée d'une supériorité, ce n'est pas par ce prisme que le pouvoir politique est défini, le terme étant relié aux affaires internationales et aux relations entre les institutions étatiques.

---

287 FOUCART (Émile-Victor), *Éléments de droit public et administratif*, Tome 1, Marescq et Dujardin, 4e éd., 1855, p. 122.
288 *Idem.*
289 *Ibid.*, p. 122-123.
290 AUCOC (Léon), *Conférences sur l'administration et le droit administratif*, Tome 1, *op. cit.*, 1e éd., 1869, p. 66.

204. La distinction entre l'administration et le gouvernement, outil de légitimation de l'administration. En dehors de Ducrocq, les précurseurs tendent à adopter un critère matériel relatif au caractère politique de l'activité en cause pour distinguer le gouvernement de l'administration. Une telle distinction, qui a le mérite de se départir d'un critère de hiérarchisation et de subordination pour mieux mettre en valeur l'existence d'un véritable pouvoir administratif, est le vecteur de légitimation de l'administration et du droit administratif. L'administration apparait en effet comme relevant du « public » sans tomber dans le champ du « politique ». En d'autres termes, les ordonnateurs comme les précurseurs parviennent, avec l'aide de la jurisprudence, à faire de l'administration une « *zone neutralisée* », selon les termes de Jacques Caillosse, c'est-à-dire détachée des contingences politiques : en garantissant « *sa mise hors politique* », ils participent à la « *neutralisation du champ administratif* »[291]. Cela est particulièrement visible chez un auteur comme Vivien, qui parce qu'il n'est pas encore conseiller d'État, peut insister sur le fait que « *le territoire de l'administration* [...] *est encore exposé aux incursions du pouvoir politique, despote exigeant et dédaigneux de la règle* »[292]. Pour protéger et légitimer le rôle de l'administration, Vivien construit ainsi une administration apolitique, détachée des caractères négatifs qui affublent le pouvoir politique. S'il n'y a pas ici chez lui une volonté de légitimer le pouvoir en place car – contrairement à la grande majorité des auteurs de son époque – il n'est ni administrateur, ni professeur de droit, ni encore conseiller d'État, sa volonté de légitimer le modèle étatique de façon générale est bien présente. L'administration apparait comme un espace neutre, uniquement déterminée par la poursuite du bien-être général. Il s'agit bien là, encore une fois, d'une construction, car un tel partage entre l'administration et le gouvernement, entre les choses politiques et celles qui ne le sont pas, ne sont que le résultat d'une représentation mentale de l'État par les auteurs. Or, celle-ci trouve selon nous sa source dans la volonté, même inconsciente, d'assoir l'autorité de l'administration et de permettre son expansion : n'étant pas déterminée par des fluctuations politiques, lui obéir ne revient pas à se soumettre à un despote. Ainsi se trouve progressivement consolidé tout le système administratif : une administration détachée des influences politiques exerce son action dans l'intérêt général et peut à cet effet sacrifier des intérêts privés. Parce qu'ils posent les jalons de ce récit, les ordonnateurs comme les précurseurs participent indéniablement à la légitimation du modèle étatique[293]. En tout état

---

[291] CAILLOSSE (Jacques), « Le partage administration/politique : un impensé des doctrines de la séparation des pouvoirs ? », *in* MBONGO (Pascal) (dir.), *La séparation entre administration et politique en droits français et étrangers*, Berger-Levrault, 2014, p. 32.

[292] VIVIEN (Auguste), *Études administratives*, *op. cit.*, 1e éd., 1845, p. 12.

[293] Dans le même sens, v. CAILLOSSE (Jacques), « Le partage administration/politique : un impensé des doctrines de la séparation des pouvoirs ? », *in* MBONGO (Pascal) (dir.), *La*

de cause, une telle distinction – outre la légitimation de l'institution étatique qu'elle emporte – permettra de mettre en lumière d'une véritable constitution administrative, véritable pilier de l'État administratif.

§ 2. *La concrétisation : la mise au jour d'une constitution administrative*

205. On voit progressivement poindre chez les administrativistes du XIXe siècle l'idée selon laquelle l'administration serait le vecteur principal de la continuité de l'État : l'administration se perpétue en dépit des changements affectant la vie politique. Cela est permis par la distinction opérée entre l'administration et le gouvernement, laquelle annonce une dissociation des temporalités entre une temporalité gouvernementale et une temporalité administrative. Pour cela, les auteurs vont insister sur l'indépendance du droit administratif lui-même, compris comme ensemble de règles juridiques, vis-à-vis des changements politiques (**A**). Ces règles étant présentées comme se perpétuant en dépit des changements de régimes, par une logique propre et non pas prédéterminée par les gouvernements successifs en place, il y a lieu de mettre au jour les prémices d'une constitution administrative – même si une telle expression n'est pas employée[294]. La continuité des règles profite en effet également à l'institution administrative elle-même, progressivement conçue comme un « *roc de solidité* »[295] se maintenant malgré les gouvernements successifs (**B**).

A- L'indépendance du droit administratif vis-à-vis des changements politiques

206. L'idée de continuité administrative s'exprime tout d'abord par la continuité des règles propres à l'administration, c'est-à-dire du droit administratif. La volonté sans cesse renouvelée par les auteurs de faire du droit administratif une science véritable, imperméable aux fluctuations politiques, permet en effet de pallier les changements politiques du XIXe siècle. Le droit administratif constitue ainsi progressivement une garantie de stabilité pour l'administration et pour l'État tout entier. Afin de construire la continuité du droit administratif, les ordonnateurs (notamment) ont dû toutefois

séparation entre administration et politique en droits français et étrangers, *op. cit.*, 2014, p. 28 s.

[294] Sur l'idée de constitution administrative, v. BIENVENU (Jean-Jacques), PETIT (Jacques), PLESSIX (Benoît) et SEILLER (Bertrand) (dir.), *La Constitution administrative de la France*, Dalloz, 2012.

[295] VEDEL (Georges), « Discontinuité du droit constitutionnel et continuité du droit administratif. Le rôle du juge », *in Mélanges offerts à Marcel Waline*, LGDJ, 1974, p. 793.

déconstruire un certain nombre de préjugés portant sur la matière administrative (**1**). Mais ce n'est que grâce au renouvellement de la méthode scientifique portée par les précurseurs que l'idée de continuité du droit administratif a pu véritablement s'ancrer, mettant ainsi à mal les critiques qui lui étaient souvent adressées (**2**).

1- *Les prémices de la continuité du droit administratif : la déconstruction des préjugés relatifs au droit administratif*

207. Le soupçon d'un droit administratif versatile. De façon générale, le premier combat que les ordonnateurs mènent est relatif à la stabilité et la continuité des règles administratives : si celles-ci perdurent dans le temps, alors le droit administratif pourra véritablement exister. Il suppléera de cette manière à l'instabilité des règles constitutionnelles, dont le caractère éminemment politique est alors synonyme de versatilité. Ainsi, les premiers auteurs de droit administratif, on s'en souvient[296], sont focalisés sur la nécessité de compiler et de mettre en ordre les différents lois et règlements qui forment la matière administrative, parfois sous l'appellation de « code administratif ». La finalité d'une telle entreprise est de donner au droit administratif le caractère de science[297], en offrant un cadre et une base solide à cette discipline en construction. Mais il s'agit également selon nous de faire revêtir un caractère pérenne au droit administratif. En effet, une discipline juridique ne peut se construire si les règles qui la composent changent sans cesse. Les auteurs ont donc dû démontrer, pour mettre en évidence l'existence d'une véritable discipline juridique, que les règles qui composaient le droit administratif existaient de façon durable et qu'ainsi, elle n'était pas une discipline vouée à disparaître à chaque changement de régime constitutionnel ou, pire encore, à chaque changement de gouvernement. Ils s'évertuent pour cela à combattre un préjugé largement répandu au début du XIXe siècle selon lequel les lois administratives seraient « *susceptibles de changer fréquemment, et que l'arbitraire [pourrait] plus facilement s'y introduire* »[298]. À cet égard, les propos les plus vifs viennent des quelques observateurs extérieurs du droit administratif. Un certain Augustin Ménestrier, par exemple, ancien magistrat et avocat à la Cour royale, écrit ainsi en 1831 dans le *Journal des débats politiques et littéraires* un article relatif à la parution du *Manuel complet des maires, de leurs adjoints*. Regrettant dans un premier temps l'absence d'un véritable code administratif, il fait état de la complexité et de l'enchevêtrement des lois administratives à son époque – ce que l'on ne

---

[296] Cf. *supra*. § 47.
[297] Cf. *supra*. § 47.
[298] PORTIEZ DE L'OISE (Louis), *Cours de législation administrative*, Tome 1, *op. cit.*, 1808, p. XVI.

saurait nier. Mais les raisons qu'il avance pour expliquer un tel état de fait sont significatives de la façon dont est alors perçu le droit administratif naissant. Il écrit ainsi : « *Peut-il en être autrement ? Les lois administratives sont sous l'influence des lois politiques, elles en suivent les phases et sont destinées à en faciliter l'action. Elles naissent et meurent avec elles.* »[299] Les lois administratives, qui composent le droit administratif, seraient donc caractérisées par leur caractère temporaire et versatile du fait de leur détermination par le pouvoir en place, lui-même régulièrement changeant. On perçoit là l'utilité de séparer clairement l'administration du gouvernement. Car c'est le caractère politique des lois administratives, et avec elles du droit administratif, qui pourrait nuire à sa scientificité. Portiez de l'Oise, dès les débuts du XIXe siècle, en est bien conscient. Pourtant, pour lui, ceux qui opposent le caractère changeant des lois administratives pour réfuter le caractère scientifique du droit administratif « *confondent ce qui a existé avant et pendant la révolution, dans des momens* (sic) *passagers de troubles, avec ce qui existe aujourd'hui, avec ce qui doit être la base d'un système continu et permanent* »[300]. Il s'agit ainsi pour Portiez de l'Oise de poser les bases d'un nouveau système, stable et fertile pour faire naître cette nouvelle discipline afin notamment d'ancrer l'administration dans la continuité. Il désamorcera de cette manière les critiques qu'on peut lui adresser.

Les autres ordonnateurs de la discipline s'associent également à ce combat, même s'ils partagent les constats du désordre administratif. Le plus sévère à l'égard de la législation administrative est indubitablement Cormenin, pour qui elle n'est qu'un « *entassement incohérent d'articles où tout est confondu* »[301]. Et pour cause, Cormenin n'est pas encore conseiller d'État à l'heure où il écrit. Si l'on a vu que sa pensée était l'archétype d'un fort étatisme-libéral et de la volonté tangible de légitimer le modèle étatique, cela ne se confond pas toujours chez lui avec la volonté de légitimer le pouvoir en place. Il aura alors l'occasion de dire ce qu'aucun de ses contemporains administrativistes ne formulera, à savoir que la législation administrative est « *si tellement soudée au Gouvernement politique, qu'elle en a subi la dure empreinte* »[302]. Elle a alors pu être réduite à être « *le docile instrument de sa cupidité, de son arbitraire et de ses vengeances* »[303]. Il relève par ailleurs que, bien souvent, le but qu'elle se proposait d'atteindre « *a été continuellement déplacé ou même renversé par le triomphe et la défaite de tous les systèmes*

[299] MENESTRIER (Augustin), « Variétés. Manuel complet des Maires, de leurs adjoints, etc. par MM. Dumont de Sainte-Croix et Massé, etc. », *Journal des débats politiques et littéraires*, 15 juillet 1831, p. 3.
[300] PORTIEZ DE L'OISE (Louis), *Cours de législation administrative*, Tome 1, *op. cit.*, 1808, p. XVI-XVII.
[301] CORMENIN (Louis-Marie), *Droit administratif*, Tome 1, *op. cit.*, 5e éd., 1840, p. XXVI.
[302] *Idem.*
[303] *Idem.*

de gouvernement »[304]. Ceci explique selon lui la complexité de la tâche qui lui revient. La nécessité de mettre en ordre la législation administrative se double en effet nécessairement de la nécessité de démontrer sa pérennité en évitant les empiètements politiciens sur les matières administratives.

Quant à Macarel, sans reprendre ces arguments à son compte, il relève leur existence. Il aurait ainsi souvent entendu dire « *par des personnes graves et très éclairées d'ailleurs, que, dans l'administration, tout est vague, indéfini, incertain, variable ; qu'elle n'a pas de principes ; que, de ses dispositions, il serait impossible de former un corps de doctrine, et que, par conséquent, elle ne saurait prendre rang parmi les sciences* »[305]. Tels sont les préjugés contre lesquels les ordonnateurs de l'époque ont à lutter. Il convient donc, pour contrer le soupçon d'arbitraire et pour justifier l'existence d'un droit administratif, de fixer un certain nombre de règles immuables sans pour autant la priver de toute évolution. Cette contradiction est particulièrement bien mise en exergue par Gérando, qui insiste sur le fait qu'« *il est dans la nature de la législation administrative d'être en partie mobile comme les circonstances du temps auxquelles elle vient s'adapter ; elle suit les progrès de la civilisation, de l'aisance, de l'industrie* »[306].

208. Le droit administratif, un droit politique non politicien. Avant de voir comment les ordonnateurs ont réussi à contrecarrer ce désordre administratif, il semble nécessaire d'opérer une distinction : le droit administratif a pu à l'époque être qualifié de « politique » pour deux séries de raisons. D'une part, il est politique car ses règles découlent directement de choix faits par certains hommes politiques et sont ainsi soumises aux fluctuations gouvernementales et constitutionnelles. En ce sens, toutes les branches du droit sont politiques – le droit public comme le droit privé – car elles sont le produit de *la* politique, c'est-à-dire d'une « *activité pratique et contingente qui s'exprime dans des institutions variables et dans des évènements historiques de toute sorte* »[307]. C'est donc de l'empreinte de *la* politique dont veulent se débarrasser, au moins en apparence, les ordonnateurs pour affirmer la continuité et la scientificité du droit administratif. C'est en effet une telle influence qui viendrait, pour les contempteurs du droit administratif, pour les auteurs, discréditer le droit administratif et sa scientificité.

---

[304] *Idem.*

[305] MACAREL (Louis-Antoine), *Cours d'administration et de droit administratif*, Tome 1, *op. cit.*, 2e éd., 1852, p. 21.

[306] GÉRANDO (Joseph-Marie de), *Institutes du droit administratif français*, Tome 1, *op. cit.*, 2e éd., 1842, p. XI.

[307] FREUND (Julien), *L'essence du politique*, 3e éd., 1986, réimp. Dalloz 2003, p. 1.

Mais d'autre part, si le droit administratif peut être qualifié de politique, c'est parce qu'il est « *destiné à encadrer l'activité des organes de l'État* »[308] et repose pour cela sur une véritable philosophie politique, un « *substrat idéologique* »[309] relatif aux rapports entre les gouvernants et les gouvernés, au rôle de l'État, etc.[310] Il porte ainsi l'empreinte *du* politique. Ainsi que le relève Pierre Legendre, « *les fondateurs de la science du droit administratif ne pouvaient se contenter d'inventorier et de classer les textes selon l'ordre purement formel des matières ; ils eurent à découvrir les idées sous-jacentes, à les discuter, à prendre parti* »[311]. De là découle selon lui un « *glissement insensible vers l'analyse politique, et la revendication d'un enseignement des problèmes administratifs relié à la Science politique* »[312]. Si les auteurs de l'époque cherchent ainsi à évincer *la* politique comme facteur de prédétermination du droit administratif, tant elle est facteur d'instabilité et de ruptures, et tant elle ne peut être contrebalancée par l'existence d'un code, ils ne souhaitent pas voir échapper le droit administratif au politique. En cela, l'ensemble des auteurs reconnait l'importance de faire évoluer le droit administratif au gré des évolutions sociales, mais également de faire émerger un certain nombre de principes irriguant l'ensemble de la matière. Il n'est ainsi pas question de fixer les règles administratives dans le marbre, tant elles sont censées saisir de telles évolutions. Il s'agit donc pour les ordonnateurs de trouver un juste milieu entre la codification stricte de la législation administrative, qui reviendrait à anéantir le caractère politique du droit administratif (*i.e. le* politique), et la résignation face à une législation qui paraît en proie aux changements politiques (*i.e. la* politique). Cela explique d'ailleurs pourquoi, en dépit de l'appellation trompeuse de « code », les administrativistes d'alors ne souhaitent pas reproduire le code civil dans le champ voisin de la législation administrative[313]. Ils sont en effet conscients que les rapprochements avec la matière civile peuvent constituer des « *analogies souvent trompeuses* » si bien qu'il semble plus pertinent de puiser « *le principe de la méthode dans les conditions essentielles de la matière* »[314], ainsi que le propose Gérando. L'inapplicabilité des méthodes codificatrices au droit administratif peut donc s'expliquer par son caractère politique et sa perméabilité sociale. Aussi Gérando considère-t-il que « *la législation administrative, par son essence même, ne se prête pas à une vraie*

---

308 *Idem.*

309 MELLERAY « L'exorbitance du droit administratif en question(s) », *AJDA*, 2003, p. 1961.

310 En ce sens, v. WEIL (Prosper), *Le droit administratif*, PUF, 4e éd., 1971, p. 7.

311 LEGENDRE (Pierre), *Trésor historique de l'État en France*, Fayard, 1992, p. 34.

312 *Idem.*

313 Sur ce point, v. PLESSIX (Benoit), *L'utilisation du droit civil dans l'élaboration du droit administratif*, Thèse, éd. Panthéon-Assas et LGDJ, 2003, p. 357 s. V. également LEGENDRE (Pierre), *Histoire de l'administration de 1750 à nos jours*, PUF, 1968, p. 10.

314 GÉRANDO (Joseph-Marie de), *Institutes du droit administratif français*, Tome 1, *op. cit.*, 1e éd., 1829, p. 10-11.

codification, en tant, du moins, qu'il s'agirait de construire un code fixe et immuable »[315].

209. La recherche de principes fondamentaux et immuables à la discipline. Faute de pouvoir constituer un code en matière administrative, qui aurait permis de fonder sa continuité à travers les âges, les ordonnateurs s'en remettront à d'autres méthodes. Ils tâcheront notamment d'exhumer certains principes dont la continuité leur semble indéniable. C'est notamment le cas de Gérando. Outre qu'il espère que les « *lois administratives ne se modifieront dans l'avenir que pour se perfectionner* », il insiste surtout sur le fait que « *les principes fondamentaux, d'ailleurs, ne varient pas* »[316]. Sa méthode consiste ainsi à induire des règles particulières certains « *principes fondamentaux qui régissent la matière* »[317] et qui concrétisent la continuité du droit administratif. Quant à Macarel, qui écrit quelques années plus tard, il ne s'en tiendra pas uniquement à cela. On retrouve en effet chez lui la volonté très forte de dégager certains principes immuables, communs à tous les États, qu'importent les règles constitutionnelles en vigueur. Il affirme non seulement que l'administration est régie par des « *principes, des déductions et des règles* » mais de surcroit que ceux-ci sont « *d'une éternelle vérité, d'une application universelle* »[318]. Par-là, il veut démontrer que les principes administratifs ne sont pas uniquement « *la conséquence de la forme de son gouvernement politique* »[319], mais qu'elles peuvent aussi s'en départir, qu'elle soit parlementaire ou non. Il ne nie pas pourtant l'influence qu'a la « *forme du gouvernement* » sur l'administration du pays ; mais cette influence, écrit-il, « *ne se fait généralement sentir que sur les formes même de l'administration* »[320], non sur ses principes. Les principes qui guident l'administration échappent de cette manière à la temporalité constitutionnelle. La question peut toutefois se poser de savoir comment Macarel fait émerger de telles règles. Sa méthode est en tout état de cause empreinte d'un certain jusnaturalisme : « *mon but*, écrit-il, *a été d'établir enfin que ces principes sont le résultat logique des données invariables de notre nature, et que par conséquent ils méritent d'être généralisés* »[321]. La référence à la « nature » permet ainsi, sans le figer, de donner des bases stables au droit administratif. De telles velléités de la part des ordonnateurs pour ancrer la discipline dans le

---

[315] GÉRANDO (Joseph-Marie de), *Institutes du droit administratif français*, Tome 1, Nêve, 2e éd., 1842, p. XI.
[316] *Idem*.
[317] *Ibid.*, p. XII.
[318] MACAREL (Louis-Antoine), *Cours d'administration et de droit administratif*, Tome 1, *op. cit.*, 2e éd., 1852, p. 22.
[319] *Ibid.*, p. 20.
[320] *Idem*.
[321] *Ibid.*, p. 22.

temps ne seront qu'accentuées par la suite, grâce au renouvellement de la méthode par les précurseurs.

2- *Le renouvellement de la méthode scientifique : l'accomplissement de la continuité du droit administratif*

210. L'abandon de l'idée de codification. La génération des précurseurs va s'inscrire très largement dans la trame dégagée par la génération précédente : prouver que le droit administratif peut être qualifié de véritable « science » en démontrant le caractère pérenne des règles qu'il contient. La question qui se pose est ardue : il s'agit de savoir comment parvenir à constituer la discipline juridique de droit administratif, dont le corpus est nécessairement composé de lois et règlements, sans être dépendant de la fluctuation de ces derniers. C'est un véritable défi que les précurseurs ont à relever. Leurs travaux vont s'articuler autour de deux axes. Le premier est l'abandon général de la volonté de codifier le droit administratif. Les raisons d'un tel abandon sont en réalité déjà contenues en germe chez les ordonnateurs, lesquels ne souhaitaient pas reproduire le code civil dans le champ du droit administratif. Pour les précurseurs, l'idée de codification apparait dépassée. Ainsi, Foucart et F. Laferrière n'y font même plus référence, alors même qu'ils consacrent de larges développements à leur méthode et à l'évolution de la science du droit administratif. Il faut sans doute en déduire le caractère suranné qu'ils attachent à cette question. Un auteur comme Chauveau, professeur de droit administratif à la Faculté de droit de Toulouse, annonce dans sa préface qu'il ne traitera pas de « *cette grave question de savoir si oui ou non le droit administratif, si mobile qu'il doit l'être, pourrait supporter complètement une codification législative* »[322]. Ainsi, bien qu'il qualifie cette question de « grave », il estime que ce débat ne doit pas être la première préoccupation des juristes chargés d'ordonner et de vulgariser la matière. Tout se passe comme si la codification des lois administratives était une entreprise impossible[323]. À la même époque, Serrigny se fait plus vindicatif à l'encontre de la codification : « *Si je n'avais pas été convaincu de la chimère caressée par ceux qui rêvent un code administratif,* écrit-il dès les premières lignes de son Traité, *mon nouveau travail serait venu me révéler la fausseté de cette idée, qui ne peut prendre naissance que dans le cerveau de gens complètement étrangers à cette branche du droit.* »[324] Cette idée est également défendue par Dufour, qui juge

---

[322] CHAUVEAU (Adolphe), *Principes de compétence et de juridiction administratives*, Tome 1, *op. cit.*, 1841, p. XIII.

[323] GUGLIELMI (Gilles J.), « L'idée de codification dans la construction du droit administratif français au XIXe siècle », *Jahrbuch für Europäische Verwaltungsgeschichte (Annuaire d'histoire administrative européenne)*, 1996, n° 8, p. 123 s.

[324] SERRIGNY (Denis), *Traité de l'organisation de la compétence et de la procédure en matière contentieuse administrative*, Tome 1, *op. cit.*, 2e éd., 1865, p. IX.

une telle codification « *impossible* »[325] ou par Aucoc[326]. Sans doute ces auteurs ont-ils rêvé d'être chacun le premier codificateur du droit administratif, mais face à la complexité de la tâche, ils (se) convainquent alors de l'inopportunité d'une telle entreprise.

À ce titre, le caractère changeant et évolutif du droit administratif est souvent mis en lumière. Dufour argue par exemple du « *caractère de mobilité inhérent aux prescriptions administratives* »[327] quand Chauveau évoque également son caractère « *mobile* »[328]. Mais loin de décrédibiliser leur discipline, cette mobilité est due à sa nécessaire adaptabilité aux évolutions sociales – motrices *du* politique. C'est également ce qu'avance Mallein[329]. Chauveau tient d'ailleurs à apporter un « *démenti formel* » à l'idée selon laquelle « *les lois étaient saturées de principes politiques, et que la plupart de ces lois périssaient par leur propre infamie* »[330]. Il tient en effet à démontrer que « *la législation administrative existe, vit, et se meut en dehors des principes politiques* »[331]. De manière générale, seul Trolley conservera l'idée d'une codification de la législation administrative. Titulaire de la chaire de droit administratif de Caen entre 1836 et 1869, il est avant cela chargé du cours de droit commercial au sein de la même Faculté, ce qui suscite peut-être chez lui la comparaison entre les deux disciplines – le code de commerce existant depuis 1807. Le droit administratif est selon lui « *variable* » du fait de son accointance avec les « *institutions politiques* »[332]. Il précise toutefois, loin de porter injure au pouvoir en place, que « *l'influence politique a, jusqu'en 1815, paralysé le Droit administratif* »[333] sans s'épancher sur les gouvernements ultérieurs. S'il note de nombreuses améliorations, dues tant aux Gérando, Cormenin, Macarel, etc. qu'au Conseil d'État, sa volonté d'ériger un code administratif reste intacte[334].

211. La complétion des principes structurants du droit administratif. Le second axe retenu par les précurseurs, qui s'inscrit plus clairement dans la continuité des ordonnateurs, consiste à faire émerger de grands principes

---

325 DUFOUR (Gabriel), *Traité général de droit administratif appliqué*, Tome 1, *op. cit.*, 1e éd., 1843, p. VI.

326 AUCOC (Léon), « Observations sur la codification des lois », *Bull. sté de législ. comparée*, Cotillon, 1874, p. 6.

327 *Idem.*

328 CHAUVEAU (Adolphe), *Principes de compétence et de juridiction administratives*, Tome 1, *op. cit.*, 1841, p. XIII.

329 MALLEIN (Jules), *Faut-il codifier les lois administratives. Examen de cette question*, Durand, 1860, p. 6.

330 *Ibid.*, p. XI.

331 *Idem.*

332 TROLLEY (Alfred), *Cours de droit administratif*, Tome 1, *op. cit.*, 1844, p. II.

333 *Ibid.*, p. XIII.

334 *Ibid.*, p. VI : « *Un Code aurait cependant pour le droit administratif plus d'importance que pour le droit civil.* »

capables de pérenniser la matière administrative. Ils partent ainsi à la recherche de grands principes pour donner des bases solides au droit administratif. Si l'édiction d'un code administratif aurait incontestablement constitué un élément de continuité des règles de droit administratif, en se perpétuant par-delà les changements constitutionnels et politiques, les auteurs de droit administratif n'ont pas pour autant abandonné l'objectif qu'ils poursuivaient. C'est ainsi que les précurseurs vont tâcher de mettre en lumière la continuité des règles qui s'appliquent à l'administration. À ce titre, le droit constitutionnel et le droit naturel ont notamment été d'un grand secours. C'est surtout à partir de Foucart que les auteurs vont explorer d'autres branches du droit, voire d'autres branches des sciences sociales, afin de donner du sens aux règles administratives. Ils tâchent ainsi d'en dégager des grands principes, autour desquels s'articulent les matières administratives. Il apparait ici qu'en l'absence d'une telle prospection au sein de ces différents domaines, le droit administratif serait encore probablement aujourd'hui qu'un répertoire des différents organes et matières administratifs, semblables à ceux que l'on rencontre au début du XIXe siècle. L'audace dont ils ont fait preuve a donc permis de densifier et d'enrichir considérablement les études de droit administratif.

C'est pourquoi Foucart et F. Laferrière revêtent selon nous une importance cruciale, car ils constituent de véritables précurseurs sur ce point. Foucart a ainsi largement recours au droit constitutionnel, au droit naturel ainsi qu'à la philosophie, laquelle représente pour lui une source d'inspiration non négligeable. Il cherche à trouver un juste milieu entre « *les ouvrages spéculatifs* » et les « *compilations* » de lois, « *dont la lecture est si fatigante* »[335]. Afin de trouver un tel équilibre, il s'attèle à « *chercher l'esprit de ces lois, enchaîner les conséquences aux principes, et présenter ainsi quelque chose qui pût éclairer l'esprit sans le fatiguer, et le rendre propre à faire plus tard des recherches fructueuses* »[336]. C'est donc un long travail d'induction qu'entame Foucart, en tentant de relier des règles pratiques d'administration à certains principes structurants. Il poursuit également une méthode de déduction en se fixant pour but de « *donner la clef de la législation* » en disant « *comment le droit positif a formulé les principes du droit naturel* »[337]. Cela permet en tout état de cause à ses développements d'acquérir un certain degré théorique, mais également d'ancrer les grands principes du droit administratif dans la durée.

Quant à F. Laferrière, la méthode qu'il suit est sensiblement la même : « *ramener la science à ses véritables bases, simplifier les choses et les détails*

---

335 FOUCART (Émile-Victor), *Éléments de droit public et administratif*, Tome 1, *op. cit.*, 3e éd., 1843, p. II.
336 *Idem.*
337 *Ibid.*, p. 4.

par une méthode rigoureuse, telle a été ma pensée »[338], écrit-il au début de son Cours de droit public et administratif. Ce n'est donc pas vers l'exhaustivité que tend F. Laferrière, mais vers l'intelligibilité de la matière. Cela explique sans doute pourquoi Hauriou, des années plus tard, évoquait cette période comme étant celle de la « *vulgarisation* »[339] du droit administratif. Le fait que cette génération soit faite autant de professeurs que de seuls praticiens a ici son importance : les ouvrages de droit administratif n'ont plus seulement vocation à être des guides à l'endroit des administrateurs, mais également – et peut-être surtout – des ouvrages scientifiques. F. Laferrière, plus encore que Foucart, ira puiser dans le droit naturel et la philosophie pour établir les grands principes du droit administratif, capables de le pérenniser[340]. Il considère en effet que « *séparer le droit public des principes philosophiques, pris dans la nature de l'homme et de la société, ce serait lui enlever sa base scientifique* »[341]. Par « *nécessité logique* », il convient selon lui de passer « *du droit administratif au droit public, du droit public au droit philosophique* »[342]. Cela explique pourquoi il consacre un chapitre entier de son Cours au « droit philosophique », dans lequel il s'interroge surtout sur l'origine de la société, et un autre au « droit politique », dans lequel il étudie le fonctionnement constitutionnel de l'État, avant d'entamer l'étude du droit administratif.

Foucart et F. Laferrière seront suivis dans leur démarche par leurs contemporains, bien que de façon moins poussée. Le but poursuivi reste en tout cas intact : prouver que le droit administratif est une discipline scientifique, car fondée sur des principes *pérennes* et des bases solides, ce qui renforcera la continuité de l'administration elle-même. On peut à cet égard citer Chauveau[343] ou encore Dufour, qui dénonce « *les esprits superficiels, impuissants à percer l'obscurité qui les couvrait, [et qui] déniaient l'existence des principes fondamentaux* »[344] du droit administratif. Il se fixe alors comme mission de « *mettre en lumière* »[345] ces derniers. Il suit, pour ce faire, là encore une méthode inductive : « *Je me suis efforcé*, écrit-il, *de remonter jusqu'à la source des principes pour les suivre au travers de la législation positive.* »[346] Cette méthode, qui permet de « *saisir et d'isoler la cause efficiente des*

---

338 LAFERRIÈRE (Firmin), *Cours de droit public et administratif*, *op. cit.*, 2e éd., 1841, p. vi.
339 HAURIOU (Maurice), « Droit administratif », *in* BÉQUET (Léon) (dir.), *Répertoire du droit administratif*, Tome XIV, Dupont, 1897, p. 23.
340 V. JULIEN-LAFERRIÈRE (François), « Firmin et Édouard Laferrière, juristes Français », *La Revue Administrative*, 1994, n° 282, p. 636 s.
341 LAFERRIÈRE (Firmin), *Cours de droit public et administratif*, *op. cit.*, 2e éd., 1841, p. viii.
342 *Idem.*
343 CHAUVEAU (Adolphe), *Principes de compétence et de juridiction administratives*, Tome 1, *op. cit.*, 1841, p. XIII.
344 DUFOUR (Gabriel), *Traité général de droit administratif appliqué*, Tome 1, *op. cit.*, 1e éd., 1843, p. VI.
345 *Idem.*
346 *Ibid.*, p. XI.

phénomènes » pour en dégager le « *principe des lois* »[347], est à l'origine de développements plus théoriques que pratiques ; elle constitue en cela une certaine rupture avec la période précédente des ordonnateurs.

212. La construction d'un droit administratif indépendant des changements constitutionnels. Mais l'idée de continuité du droit administratif, qui constitue elle-même un socle solide pour le pouvoir administratif et ainsi pour l'État, se dégage également des écrits de certains auteurs de façon médiate. On trouve de tels indices chez deux auteurs, Serrigny et Pradier-Fodéré, lorsqu'ils évoquent dans leurs préfaces respectives la date de publication de leurs ouvrages. Serrigny justifie en effet, dans la préface de son *Traité de l'organisation de la compétence et de la procédure en matière contentieuse administrative*, la publication de la seconde édition d'un tel ouvrage en 1865, alors même qu'un projet de loi relatif aux conseils de préfecture a été présenté à l'Assemblée législative en avril 1864, sans être encore adopté. Si Serrigny décide ici en pleine connaissance de cause de publier son *Traité*, c'est parce qu'il est convaincu qu'une telle loi, aussi importante soit-elle, n'aura qu'un impact réduit sur son ouvrage. Il développe la même argumentation à propos de la révolution de 1848 et le coup d'État du 2 décembre 1851. Or, ces changements radicaux, « *loin de faire tomber la première édition de ce même ouvrage, publiée avant ces deux grandes révolutions [en 1842], l'avaient fait rechercher davantage* »[348]. Par analogie, il en déduit donc qu'« *une loi ou un règlement sur les conseils de préfecture, comme ceux annoncés dans la session de 1864, ne sauraient avoir d'influence sur [s]on livre* »[349]. Il y a là la preuve que le droit administratif est peu à peu conçu à partir de ses grands principes, qui demeurent intacts, qu'importent les modifications législatives et règlementaires – aussi importantes soient-elles.

Cependant, l'exemple le plus frappant demeure celui de Pradier-Fodéré, lequel décide de publier la 7e édition de son *Précis de droit administratif* en 1872. Il s'agit pourtant d'une période de troubles politiques et constitutionnels majeurs qui annoncent la IIIe République. Il désamorce pourtant la critique selon laquelle il aurait dû attendre que la France se dote d'une constitution définitive en rappelant qu'il s'est occupé uniquement « *des principes administratifs, qui sont les mêmes, à peu de restrictions près, sous les gouvernements des empereurs, des rois ou des présidents de république* »[350]. On ne saurait trouver un meilleur indice de ce que le droit administratif a peu à peu voulu être déconnecté de la chronologie constitutionnelle et de son emprise politicienne, par la volonté inépuisable de l'ancrer sur des principes

[347] GÉNY (François), *Science et technique en droit privé positif : nouvelle contribution à la critique de la méthode juridique*, LGDJ, 1922, p. 168.
[348] SERRIGNY (Denis), *Traité de l'organisation de la compétence et de la procédure en matière contentieuse administrative*, Tome 1, *op. cit.*, 2e éd., 1865, p. XI.
[349] *Idem.*
[350] PRADIER-FODÉRÉ (Paul), *Précis de droit administratif*, *op. cit.*, 7e éd., 1872, p. VI.

philosophiques ou constitutionnels intangibles. L'idée de faire émerger un droit administratif stable constitue ainsi une première étape vers l'affirmation d'une constitution administrative, propre à donner progressivement une assise théorique à la continuité de l'État. Il ne faudrait pas y voir là une rupture avec leur pensée d'État : en insistant expressément sur le fait que le droit administratif se perpétue en dépit des changements politiques, les administrativistes s'attachent à répondre aux critiques faites à l'encontre de leur discipline, et non à désavouer le Roi ou l'Empereur.

B- La continuité de l'administration en dépit des changements politiques

213. La concrétisation de l'idée de constitution administrative, qui passe par l'affirmation de la continuité de *l'administration* en dépit des changements politiques – marqueur d'un État administratif –, n'a pu avoir lieu que grâce à deux impulsions. La première vient de la science administrative, qui a permis grâce à un prisme différent à capter certains aspects du fonctionnement de l'administration qui n'étaient pas saisis par le droit (**1**). La seconde est un évènement historique : la révolution de 1848 a en effet permis aux auteurs de prendre conscience de la place et du rôle de l'administration dans la continuité de l'État (**2**).

1- *Les intuitions avant-gardistes de la science administrative*

214. La continuité administrative de l'État chez Bonnin. Il convient ici de remarquer l'impact qu'a pu avoir la science administrative pour développer l'idée d'une administration stable, solidement ancrée, et ce en dépit des bouleversements politiques et constitutionnels. Si l'ensemble des ouvrages des auteurs du début du XIXe sont plus ou moins empreints de science administrative, dans la mesure où ils ne s'intéressent pas uniquement à la législation et à la jurisprudence, mais également à la pratique administrative[351], deux noms doivent être distingués : ceux de Bonnin et de Vivien. Ceux-ci, bien qu'ils n'appartiennent pas à la même génération d'auteurs, vont en effet y consacrer leurs ouvrages de façon globale si bien que leurs écrits semblent ici devoir être mis en parallèle. Bonnin, considéré à juste titre comme le « *précurseur de la science administrative* »[352], publie ses *Principes d'administration publique* dès 1808. Son objectif est de faire de l'action administrative une science, en mettant en lumière, d'un point de vue

[351] BURDEAU (François), « Les tribulations de la science administrative en France. Essai d'explication », *in Mélanges Langrod*, Éditions d'organisation, 1980, p. 13.
[352] ESCOUBE (Pierre), « Charles-Jean Bonnin, précurseur de la science administrative », *La Revue administrative*, 1958, n° 61, p. 15.

théorique, « *le jeu de l'action sociale* », mais également « *l'art de mettre cette action en pratique* »[353] – dimension pratique qu'il ne peut écarter étant lui-même un administrateur. En cela, ses analyses sont souvent originales et vivifiantes. La façon dont il perçoit les rapports entre le gouvernement et l'administration est à ce titre remarquable : il affirme en effet expressément la supériorité de l'administration sur le gouvernement, et en tire un certain nombre de conséquences. Son postulat de départ consiste à dire que le gouvernement « *tient tout de la loi* » ; « *il en est la création dans son mode et dans ses effets* » si bien qu'il « *n'existe pas naturellement* »[354]. Il diffère en cela radicalement de l'administration, qui a « *sa racine dans la communauté même* »[355] et peut être considérée comme la « *conséquence naturelle de la société politique* »[356]. En d'autres termes, le gouvernement est créé de toute pièce par une volonté humaine quand l'administration est une institution naturelle, inhérente à toute association politique.

Cette différence implique nécessairement une hiérarchisation entre ces deux organes : pour Bonnin, le gouvernement n'est ainsi qu'une « *conséquence de l'administration publique, en ce sens qu'il n'est institué que comme centre de l'administration générale* »[357]. En tant que *« rouage central surajouté »* au rouage essentiel que constitue l'administration, il ne tient pas un rôle d'impulsion, comme le défendent un certain nombre d'auteurs au XIXe siècle, mais est plutôt chargé de « *la transmission, la direction et la surveillance* »[358] de l'administration. Le gouvernement joue ainsi un rôle secondaire par rapport à l'administration, seule véritable interface entre le législateur et la société. Plus encore, il apparait selon lui que si « *la société ne pourrait [exister] sans administration* », il est en revanche possible de « *la concevoir sans gouvernement* »[359]. C'est donc l'administration, et non le gouvernement, qui constitue l'armature de l'État. De cette construction, qui prolonge la distinction faite entre l'administration et le gouvernement, Bonnin en déduit une idée majeure, qui permet d'ancrer solidement l'existence d'un pouvoir administratif et la place centrale de l'administration au sein de l'État : c'est dans les règles de nature administrative que résident « *la perpétuité de l'établissement politique* »[360]. En d'autres termes, c'est entre les mains de l'administration, et non de celles du gouvernement, que réside le salut de l'État et, *a fortiori*, sa continuité. Le mérite de Bonnin, nous semble-t-il, est d'avoir

---

353 BONNIN (Charles-Jean-Baptiste), *Principes d'administration publique*, Tome 1, *op. cit.*, 3e éd., 1812, p. XIV.

354 BONNIN (Charles-Jean-Baptiste), *Abrégé des principes d'administration publique*, *op. cit.*, 1829, p. 489.

355 *Idem.*

356 *Ibid.*, p. 446.

357 *Ibid.*, p. 489.

358 *Idem.*

359 *Ibid.*, p. 491.

360 *Idem.*

fait le lien entre la continuité des règles applicables à l'administration – par l'érection d'un certain nombre de principes immuables – et la continuité de l'administration elle-même, conçue comme structure. Ce lien n'a selon nous pu se faire que grâce à une approche de science administrative, qui mêle les deux aspects, matériel et institutionnel. Ainsi, Bonnin est le premier ordonnateur du droit administratif à avoir émis l'idée selon laquelle on doit la perpétuité de l'État à l'administration.

215. La continuité administrative de l'État chez Vivien. L'idée d'une continuité administrative de l'État sera étayée quelques années plus tard par Vivien, lui aussi tenant de la science administrative davantage que du droit administratif. Alors que le droit administratif prend selon lui « *sa source dans les lois positives* », tel n'est pas le cas de la science administrative, qui « *a devant elle un horizon plus étendu* » dans la mesure où « *elle interroge les phénomènes sociaux plus que les lois écrites* »[361]. Vivien plaide pour une méthode éclectique, s'appuyant tant sur la philosophie, l'histoire, l'économie politique, etc.[362]. Grâce à cette méthode pluridisciplinaire, Vivien ne s'intéresse pas seulement aux lois qui régissent le fonctionnement de l'administration, mais appréhende également l'administration du point de vue des sciences sociales – ce qui donne incontestablement du relief à l'étude des dispositions législatives et réglementaires. Cette méthode, parce qu'elle s'intéresse aux faits plutôt qu'aux règles posées, est également plus à même de reconnaitre l'existence d'un véritable pouvoir administratif[363]. On se souvient à cet égard que Vivien attachait une importance particulière à détacher l'administration de toute emprise politique, tant cette dernière pourrait venir vicier la marche de l'administration, « *qui n'est instituée dans aucun intérêt personnel, et [qui] ne représente jamais que l'état* (sic) *lui-même* »[364]. On voit, ici encore, que l'administration n'est pas considérée comme une simple composante du pouvoir exécutif, mais comme représentant l'État tout entier. Rappelant la nécessité d'éviter les empiètements du gouvernement sur l'administration, Vivien se félicite qu'à ce stade, « *l'administration a pu faire respecter le domaine qui lui appartient exclusivement, et se préserver des écarts des divers gouvernements qui se sont succédé* »[365], ce que lui permet de dire son indépendance vis-à-vis du gouvernement en place, Vivien étant alors député.

Cette séparation des domaines de compétences administrative et gouvernementale est à l'origine d'une dissociation de leurs temporalités respectives : l'administration demeure quand les gouvernements passent.

---

361 VIVIEN (Auguste), *Études administratives*, *op. cit.*, 1e éd., 1845, p. VI.
362 *Ibid.*, p. VII.
363 Cf. *supra.* § 174 s. V. également BURDEAU (François), « Les tribulations de la science administrative en France. Essai d'explication », *in Mélanges Langrod*, *op. cit.*, p. 15.
364 VIVIEN (Auguste), *Études administratives*, *op. cit.*, 1e éd., 1845, p. 14.
365 *Ibid.*, p. 15.

C'est d'ailleurs ce que soutient expressément Vivien, qui relève qu'une telle « *sagesse* » de l'administration lui a permis « *d'assister sans secousse violente aux ébranlements généraux de la société, et de conserver, malgré les fréquentes vicissitudes du pouvoir suprême, la considération publique* »[366]. L'administration n'a ainsi pas besoin du gouvernement pour exister, bien au contraire : il est préférable qu'elle existe en dehors de lui, pour mieux servir l'État et ainsi, la société. L'administration apparait alors comme étant l'incarnation de la stabilité étatique, déliée des soubresauts politiques. Cette construction, qui conduit à la dépolitisation de l'action administrative, a permis de légitimer l'administration, qui ne peut dès lors plus être conçue par ses contempteurs comme le produit d'un arbitraire politicien. C'est par là l'État tout entier qui en sort renforcé. Non seulement son existence n'est plus liée aux destins des gouvernements successifs, mais l'action étatique – par le biais de son action administrative – est « purifiée » des soupçons d'arbitraire – l'administration étant uniquement guidée par la volonté de satisfaire l'intérêt général. Le mérite de Bonnin, puis de Vivien, a été de dégager de tels principes en dehors de tout bouleversement constitutionnel. Pour le reste des administrativistes, c'est seulement avec la Révolution de 1848 qu'ils se formaliseront l'importance de l'administration pour la continuité de l'État.

2- *L'impact décisif de la révolution de 1848*

216. La pérennité de l'administration soulignée par F. Laferrière. La Révolution de 1848 va constituer un véritable déclic pour les auteurs de droit administratif de l'époque. Celle-ci annonce en effet un changement politique et constitutionnel d'ampleur, dans la mesure où elle proclame la République, étend le suffrage universel, et reconnait de nouveaux droits dans son Préambule. Elle est également accompagnée de nombreux débats qui concernent plus directement l'administration, comme l'élection au suffrage universel masculin des conseillers des départements, des arrondissements et des communes, ou encore des discussions relatives au Chapitre VII de la Constitution de 1848 relative à la décentralisation[367]. Sans qu'il soit utile d'entrer dans le détail de ces nouvelles dispositions, la question se pose de savoir comment les auteurs de droit administratif ont pris en considération de telles évolutions. En réalité, seul Foucart s'empresse de publier un supplément à ses *Éléments de droit public* en 1850 pour prendre en compte les évolutions constitutionnelles dans ses développements[368]. Cette réaction tranche avec

---

[366] *Idem.*

[367] BIGOT (Grégoire), *L'Administration française. Politique, droit, société*, Tome 1 : 1789-1870, LexisNexis, 2e éd., 2014, p. 233.

[368] FOUCART (Émile-Victor), *Supplément aux Éléments de droit public et administratif : suivi d'un appendice contenant le texte de la Constitution de 1848 et les principaux décrets, lois et règlements publiés depuis la révolution*, Videcoq, 1850, avis non-paginé : « *la révolution de*

celles des autres auteurs de l'époque, qui prennent le contrepied de ces changements brusques de régimes en affirmant la continuité de l'administration en dépit des secousses constitutionnelles. F. Laferrière est le premier à réagir de cette façon. Il publie ainsi la troisième édition de son *Cours de droit public et administratif* en 1850, deux ans après la Révolution de 1848, et dont il relève brièvement les différents changements qu'elle a entrainée. Il semble en réalité que cette révolution témoigne de la stabilité de l'administration. Il écrit, avec un ton empli de reconnaissance : « *La mobilité dont les institutions politiques sont frappées dans notre pays n'a pas atteint nos institutions administratives, et en a fait ressortir, au contraire, la force et la stabilité. L'administration, malgré la tourmente révolutionnaire, a contribué grandement, par l'excellence de son organisation, au salut du pays.* »[369] Pour F. Laferrière, la révolution est ainsi venue mettre en lumière la stabilité et la continuité de l'institution administrative, par contraste avec les institutions politiques. La continuité de l'État ne repose ainsi nullement sur les gouvernements politiques, mais sur l'administration elle-même. Cette conviction sera encore renforcée chez F. Laferrière avec le changement de régime qui fait suite au coup d'État de Louis-Napoléon Bonaparte en 1851. C'est alors une nouvelle constitution qui voit le jour, venant encore modifier le jeu politique et constitutionnel avec le retour de l'Empire. F. Laferrière décompte alors deux révolutions politiques depuis les premières éditions de son *Cours* : celle de 1848 et celle de 1851. Mais, là encore, « *au milieu des secousses politiques qui ont ébranlé le sol du pays* », l'administration s'est démarquée par sa « *stabilité* »[370]. Il ne tarit pas d'éloges à propos de cette administration qui « *a été plus forte que les hommes et les évènements* » et dont il relève que « *par l'excellence de ses principes d'organisation, elle a puissamment contribué en 1848 au salut du pays* »[371]. C'est ainsi la permanence de l'administration que loue F. Laferrière, qui s'est établie notamment grâce à la continuité des principes qui la régissent.

Il convient de noter ici qu'aucune référence de la sorte n'est présente chez Foucart, qui constitue pourtant l'un des chefs de file de sa génération. Il ne semble en effet pas avoir été particulièrement sensible aux influences de la science administrative, qu'il ne définit même pas à titre préliminaire dans ses *Éléments*. La corrélation entre la sensibilité d'un auteur vis-à-vis de la science administrative et le développement d'idées sur la continuité de l'administration semble donc patente. Ainsi Macarel, dont on ressent à

1848 rendait nécessaire un supplément à la 3e édition de nos Éléments de droit public et administratif, qui mit cet ouvrage en harmonie avec la Constitution et les lois nouvelles ».

369 LAFERRIÈRE (Firmin), *Cours théorique et pratique de droit public et administratif*, Tome 1, Cotillon, 3e éd., 1850, p. 47.

370 LAFERRIÈRE (Firmin), *Cours de droit public et administratif*, Tome 1, Cotillon, 5e éd., 1860, p. XLVII.

371 *Idem.*

quelques occasions l'influence de la science administrative[372] tant il ne se limite pas à l'étude de la législation en vigueur, aura de brefs développements sur la continuité de l'administration. Toutefois, quittant sa chaire de droit administratif en 1849 et décédant en 1851, il n'offrira aucun développement sur la Révolution de 1848. La seconde édition de son *Cours d'administration et de droit administratif*, qui parait à titre posthume en 1852, n'y fait aucunement mention. Il n'en restera pas moins convaincu, déjà en 1844, que l'administration est « *l'action vitale du gouvernement* »[373]. En d'autres termes, le gouvernement, entendu par Macarel de façon relativement large comme l'exercice du pouvoir politique ou encore l'ensemble des pouvoirs publics[374], ne peut exister sans l'administration, qui constitue le moteur de l'État.

217. La pérennité de l'administration encensée. L'affirmation de la position centrale de l'administration au sein de l'État, rapportée à sa nécessaire continuité, est encore renforcée par les auteurs qui adopteront une démarche historique pour appréhender le droit administratif. C'est le cas de Serrigny et d'Aucoc, qui apportent à ce sujet deux types de réflexions d'une égale importance et ancrent en cela la figure de l'État administratif. L'apport de Serrigny est en effet d'avoir formulé cette idée avec une clarté et une force inégalée, en s'appuyant sur une approche historique. Déjà en 1862, il relève dans son ouvrage de *Droit public et administratif romain*, qu'une lutte s'est établie en France depuis 1789 entre le gouvernement d'une part et l'administration d'autre part. De ce bref panorama historique, il relève que « *de 1800 à 1851, la forme administrative est restée invariable en France, malgré tous les changements de constitutions* », ce qui prouve que « *l'administration est plus forte que le gouvernement* »[375]. Il convient ici de faire le parallèle avec Tocqueville, qui développa sensiblement les mêmes idées et à qui l'on doit l'expression de « constitution administrative » – par opposition aux constitutions politiques. Ce dernier relève en effet, comme Serrigny, que « *depuis [17]89, plusieurs révolutions* [...] *ont changé de fond en comble la structure du gouvernement* »[376]. Pour autant, il apparait selon lui que « *le désordre qu'elles ont fait naître n'a jamais été ni long ni général* »[377] ; il n'a parfois pas même été ressenti par la population. Il en donne l'explication suivante : « *c'est que, depuis [17]89, la constitution administrative est*

[372] Le fait même qu'il fasse référence dans le titre de son ouvrage à un Cours « d'administration » et non seulement de « droit administratif » est révélateur de cette approche.
[373] MACAREL (Louis-Antoine), *Cours de droit administratif*, Tome 1, *op. cit.*, 1e éd., 1844, p. 12.
[374] MICHOUD (Léon), *Des actes de gouvernement*, Allier, 1889, p. 49.
[375] SERRIGNY (Denis), *Droit public et administratif romain*, Tome 1, Durand, 1862, p. 133.
[376] TOCQUEVILLE (Alexis de), *L'Ancien régime et la Révolution*, Michel Lévy Frères, 7e éd., 1866, p. 297.
[377] *Idem.*

toujours restée debout au milieu des ruines des constitutions politiques. »[378] S'opposant aux constitutions politiques, la « constitution administrative » ne doit assurément pas être comprise en son sens formel ni même strictement juridique[379] : elle s'analyse plutôt comme un ensemble d'institutions, de mécanismes et de règles caractérisées par leur permanence. S'attachant davantage à la pratique administrative qu'aux lois et règlements qui la régissent, c'est par l'observation que l'idée d'une telle constitution administrative émerge chez Tocqueville. Il observe ainsi que l'« *on changeait la personne du prince ou les formes du pouvoir central ; mais le cours journalier des affaires n'était ni interrompu ni troublé ;* [...] *car, si à chaque révolution l'administration était décapitée, son corps restait intact et vivant ; les mêmes fonctions étaient exercées par les mêmes fonctionnaires ; ceux-ci transportaient à travers la diversité des lois politiques leur esprit et leur pratique* »[380]. On comprend ainsi pourquoi Tocqueville s'intéressera à l'enseignement du droit administratif[381] et à l'administration de façon plus générale : elle constitue l'élément conservateur de l'État, qui demeure en dépit des changements politiques, par opposition au gouvernement.

On perçoit, toutefois, à quel point Tocqueville, tenant d'un libéralisme individualiste, et un auteur comme Serrigny, davantage tenant de la tradition d'un étatisme-libéral, n'appréhendent pas l'existence d'une telle constitution administrative avec le même enthousiasme. Serrigny, comme le reste des administrativistes de son époque, en tire une certaine « *admiration* » lorsqu'il « *contempl[e] cette merveilleuse organisation qui répand la vie et le mouvement dans tout le corps social, organisation tellement forte et puissante, qu'elle résiste à tous les changements politiques* »[382]. Tel n'est pas le cas de Tocqueville, qui se montre davantage circonspect vis-à-vis de cette constitution. En effet, le coup de maître de Tocqueville n'est pas seulement d'avoir exhumé la notion de « constitution administrative », il est surtout dans le fait d'avoir porté un regard nouveau sur la Révolution de 1789. Pour Tocqueville, le lien entre l'Ancien Régime et la Révolution ne doit pas s'analyser en termes de rupture, mais plutôt en termes de continuité[383]. C'est précisément à cela que lui sert l'idée de constitution administrative ; qu'il

378 *Idem.*

379 DELVOLVÉ (Pierre), « Rapport introductif », *in La constitution administrative de la France*, *op. cit.*, 2012, p. 5.

380 TOCQUEVILLE (Alexis de), *L'Ancien régime et la Révolution*, *op. cit.*, 1866, p. 297.

381 Sur ce point, v. notamment TOCQUEVILLE (Alexis de), « Lettre à Hubert de Tocqueville, le 15 février 1854 », *in Œuvres complètes d'Alexis de Tocqueville publiées par Mme de Tocqueville*, Tome 7, Michel Lévy Frères, 1865, p. 313 s. ; TOCQUEVILLE (Alexis), « Rapport sur le cours de droit administratif de M. Macarel », *in Œuvres Complètes*, *op. cit.*, 1865, Tome 9, p. 60 s.

382 SERRIGNY (Denis), *Traité de l'organisation de la compétence et de la procédure en matière contentieuse administrative*, Tome 1, *op. cit.*, 2e éd., 1865, p. VIII.

383 TOCQUEVILLE (Alexis de), *L'Ancien régime et la Révolution*, *op. cit.*, 1866.

s'agisse de la centralisation administrative, de la tutelle administrative, de la garantie des fonctionnaires ou encore de la justice administrative, Tocqueville considère qu'elles caractérisaient déjà l'Ancien Régime – ce qu'il déplore. Serrigny, on l'a vu, ne va pas aussi loin et se contente d'analyser la continuité administrative depuis 1789. Mais tel n'est pas le cas d'Aucoc.

L'apport d'Aucoc est en effet d'avoir étendu l'idée d'une constitution administrative à l'avant-1789. Sans qu'il ne se réfère à Tocqueville, il considère lui aussi qu'un certain nombre de principes ont perduré après la Révolution. Il récuse ainsi l'idée selon laquelle il se serait opéré depuis 1789 « *un changement radical dans les habitudes de l'administration, et que ce soit seulement de cette époque fameuse que date en France la justice* »[384]. Aucoc s'attarde beaucoup sur l'histoire du droit administratif – l'ensemble de ses développements comprenant en amont l'étude de notions historiques. Il apparait en effet selon lui que seule l'« *étude de l'histoire* » « *peut faire comprendre le sens exact de beaucoup de textes anciens qui ont survécu aux changements de notre organisation politique et administrative, par exemple de ces règlements antérieurs à 1789 auxquels il faut remonter si souvent pour trouver les règles du service de la voirie et des eaux* »[385]. Sans ambages, Aucoc fait ainsi le lien entre le droit de la période monarchique et celui de l'après-Révolution – ce qui, de nos jours encore, paraît insolite. Pourtant, Pierre Legendre encore rappelait ce qui constitue pour lui une évidence : sur un certain nombre de sujets, on peut observer « *le prolongement contemporain d'anciens courants juridiques dont fut traversée la doctrine savante avant la Révolution* »[386]. Il en déduit ainsi que « *par là survit encore de nos jours* [...] *le droit monarchique* »[387]. Telle est bien la pensée d'Aucoc, et tel est bien ce que l'on a également perçu à travers la tradition persistante des légistes de l'Ancien Régime.

L'idée selon laquelle certaines règles du droit administratif ainsi que l'institution administrative elle-même pourrait se perpétuer en dehors des changements politiques, même majeurs, est révélateur des rapports qu'entretiennent l'État et l'administration. Ce n'est pas une simple divergence de temporalité qui distingue l'administration du gouvernement ; c'est une divergence de logique. Alors que les changements politiques et constitutionnels s'effectuent généralement suivant l'idée de rupture, l'administration est en revanche chargée de temporiser ces changements trop brusques, qui pourraient conduire à la mise en péril de l'État tout entier, et suit ainsi une logique de continuité ; elle est « *l'incarnation de la continuité de*

---

384 AUCOC (Léon), *Conférences sur l'administration et le droit administratif*, Tome 1, *op. cit.*, 1e éd., 1869, p. 25.
385 *Ibid.*, p. 578.
386 LEGENDRE (Pierre), « La royauté du droit administratif », *in Trésor historique de l'État en France*, Fayard, 1992, p. 591.
387 *Idem.*

l'État »[388]. L'ensemble de la littérature administrativiste du XIXe siècle allègue dont du fait selon lequel, « *en France, l'instabilité politique consécutive à 1789 a trouvé l'administration comme remède* »[389]. En mettant cette idée en lumière, ils font de l'administration la pierre angulaire de l'État, celle-ci ayant permis à l'État de perdurer par-delà les révolutions politiques.

---

[388] MONNIER (François) et THUILLIER (Guy), *Administration. Vérités et fictions*, Economica, 2007, p. 210.

[389] BIGOT (Grégoire), *L'Administration française*, Tome 1, *op. cit.*, 2e éd., 2014, p. 2.

Conclusion du Chapitre

218. La question des rapports entre l'État et l'administration dans la pensée administrativiste du XIXe siècle montre au premier abord à quel point il s'agit d'une pensée en construction. Le sentiment qui domine est celui d'un entremêlement perpétuel de concepts aujourd'hui structurants. Ce premier sentiment ne doit toutefois pas tromper : il ne correspond pas à un chaos intellectuel de la part des administrativistes. Leur pensée d'État est en effet solide. Or c'est elle qui détermine la façon dont ils se représentent l'administration : ils légitiment l'État administratif tel qu'il est mis en place depuis Napoléon. À cet égard, tout est mis en œuvre pour que l'administration acquière une place particulière au sein de l'État. D'une part, et alors que l'administration aurait pu être réduite à une simple autorité chargée d'appliquer mécaniquement la loi, les administrativistes vont faire d'elle la composante principale du pouvoir exécutif. On lui reconnait alors une certaine autonomie, qu'il s'agisse de son pouvoir discrétionnaire ou de son pouvoir réglementaire, ou encore de sa capacité à définir elle-même ce qu'est l'intérêt général. Plus encore, on lui reconnait une certaine puissance, laquelle lui appartient par nature, et qui lui permet d'imposer les actes qu'elle prend en faisant plier les intérêts privés devant elle. Il y a là toutes les marques de l'État administratif, lequel recherche avant tout l'obéissance des individus en entendant « *définir en dehors de l'avis des citoyens ce qui est bon pour eux* »[390], tout en demeurant irresponsable. C'est en un mot la puissance administrative de l'État qui est glorifiée.

D'autre part, l'administration est présentée comme le roc de solidité sur lequel peut s'appuyer l'État. Alors que le XIXe siècle est traversé par une série de ruptures constitutionnelles, l'administration incarne la continuité de l'État. L'idée d'une « constitution administrative » affleure, permise par la dissociation progressive de l'administration et du gouvernement. On voit bien, à travers les écrits des administrativistes, à quel point l'administration a « *permis qu'émerge l'État ; elle a contribué à ce qu'il soit précisément l'État, c'est-à-dire ce qui est stable en dépit des fréquents changements de régime* »[391]. Il y a là les ressorts de leur pensée d'État, laquelle consiste à légitimer la figure de l'État administratif. Celle-ci consiste à confier à l'administration, entité dépolitisée et dévouée à l'intérêt social[392], les plus précieux attributs de l'État : sa puissance et sa continuité. À la puissance administrative de l'État répond la continuité administrative de l'État. Pour

---

[390] JAUME (Lucien), « Entre droit de l'État et droits de la société : le choix de Tocqueville », *Historia Constitucional*, 2005, n° 6 ; en ligne.
[391] BIGOT (Grégoire), *L'Administration française*, Tome 1, *op. cit.*, 2e éd., 2014, p. 2.
[392] Cf. *supra*. § 137.

compléter ce schéma, il restait aux administrativistes de défendre l'idée selon laquelle l'État trouvait la seule mesure de son pouvoir dans l'administration.

Chapitre 2
L'administration, seule mesure de l'État

> « *Je déteste ces grandes robes, ils voudraient me mettre en tutelle, ils finiront par perdre l'État.* » Louis XV[1].
>
> « *En parlant de la justice administrative, j'ai montré que cette institution avait sa racine, et, pour ainsi dire, son principe générateur, dans une certaine conception de l'État, malheureusement trop répandue dans les esprits. On peut en dire autant de l'irresponsabilité des fonctionnaires.* » Eugène Poitou[2].

219. L'idée selon laquelle moins le pouvoir apparait arbitraire, plus il a de chance d'être pérennisé est une idée qui a traversé l'histoire française depuis l'Ancien Régime[3]. Elle ne sera que peu affectée par la Révolution. Forts de leur pensée d'État, les administrativistes du XIXe siècle vont largement la défendre. Ils donneront pour cela à l'administration un rôle déterminant pour régler le pouvoir de l'État, dans la droite lignée de ce que les régimes successifs perpétuent. Il s'agit alors non pas tant de *limiter* le pouvoir de l'État par un contre-pouvoir extérieur au pouvoir exécutif, que serait l'individu, le juge judiciaire ou encore les corps intermédiaires. Les ordonnateurs comme les précurseurs légitimeront plutôt, grâce au droit administratif, l'idée selon laquelle l'administration doit être la seule *mesure* de l'État. Nous ne nous situons donc ni dans le cadre du développement d'un État légal, et encore

[1] Louis XV à l'égard des parlementaires en 1756, cité par Pierre Lecoq, « Pouvoir et autorité judiciaires dans les constitutions françaises », *in Être juge demain*, Presses universitaires de Lille, 1983, p. 113.
[2] POITOU (Eugène), *La liberté civile et le pouvoir administratif en France*, Charpentier, 1869, p. 186.
[3] BURDEAU (François), *Histoire du droit administratif*, PUF, 1995, p.

moins dans celui d'un État de droit[4] – si tant est qu'il existe une différence entre les deux[5]. Il ne s'agit pas vraiment de donner des limites au pouvoir de l'État, propres à le contraindre dans sa marche, mais plutôt de régler son exercice afin de mieux pérenniser son pouvoir. La mesure du pouvoir d'État n'est donc pas à proprement parler juridictionnelle ; elle est avant tout administrative. En cela, l'emploi par les auteurs du XIXe siècle du terme de « justice administrative », au prix d'une confusion entre l'idée de contentieux et celle de juridiction[6], ne doit pas tromper. Intégré à l'administration, le contentieux administratif n'a encore rien à voir avec ce que l'on qualifierait aujourd'hui de juridiction administrative. La lecture des écrits de cette époque peut dès lors paraitre déroutante, tant ils ne peuvent véritablement être analysés à l'aune de nos catégories actuelles. Les administrativistes défendront quoiqu'il en soit, d'une part, l'existence d'une justice au sein de l'administration, c'est-à-dire le modèle qui combine la justice retenue, tant celui-ci permet de protéger l'État des assauts du juge judiciaire, avec le système du ministre-juge (**Section 1**). Ils s'attacheront également, d'autre part, à promouvoir l'existence et l'efficacité des recours propres au contentieux administratif, archétypes d'une administration qui s'autorégule (**Section 2**).

Section 1. **La défense d'une justice au sein de l'administration**

220. Au début du XIXe siècle, la justice administrative suscite de nombreux débats, tant politiques que juridiques. Les origines d'une telle justice ont pour sûr de quoi susciter la crainte de la part de certains auteurs libéraux. Au-delà du principe de la justice retenue, qui implique que le Roi ou l'Empereur approuve les avis rendus par le Conseil d'État pour qu'ils deviennent des arrêts, elle s'inscrit en effet dans le prolongement du système de

---

[4] On doit cette distinction à Carré de Malberg. V. CARRÉ DE MALBERG (Raymond), *Contribution à la théorie générale de l'État*, Tome 1, Sirey, 1920, réimp. Dalloz, 2003, p. 490. V. également sur ce point REDOR (Marie-Joëlle), *De l'État légal à l'État de droit. L'évolution des conceptions de la doctrine publiciste française. 1879-1914*, Economica, 1992.

[5] Sur ce point, v. BEAUD (Olivier), « État légal et État de droit », *in* BIENVENU (Jean-Jacques), PETIT (Jacques), PLESSIX (Benoît) et SEILLER (Bertrand) (dir.), *La Constitution administrative de la France*, Dalloz, 2012, p. 67 s.

[6] On a souvent tendance à assimiler les termes de « contentieux » et de « juridiction ». Or, il apparait qu'un contentieux peut naitre sans être relié à proprement parler à une juridiction, comme cela était le cas, nous le verrons, pour la justice administrative – intégrée à l'administration jusqu'à la fin du XIXe siècle. V. notamment CHEVALLIER (Jacques), « Fonction contentieuse et fonction juridictionnelle », *in Mélanges en l'honneur du professeur Michel Stassinopoulos*, LGDJ, 1974, p. 275 s. ; PERROUD (Thomas), *La fonction contentieuse des autorités de régulation en France et au Royaume-Uni*, Thèse, Dalloz, 2013, p. 7 s.

l'administrateur-juge, suivant lequel le contentieux administratif doit être confié à l'administration elle-même. La loi des 6, 7-11 septembre 1790 donne en effet compétence aux administrateurs eux-mêmes pour trancher les questions relatives au contentieux administratif[7]. Il s'agissait par-là, sous la Révolution, d'échapper tant à la création d'un tribunal d'exception[8] que de donner trop de pouvoir au juge judiciaire[9]. Il ne fallait ni créer un tribunal administratif *ex nihilo*, ni confier le contentieux administratif aux tribunaux judiciaires. La création du Conseil d'État en 1799 puis d'une commission du contentieux par le décret du 11 juin 1806 vient toutefois amender ce schéma en séparant au sein de l'institution la fonction contentieuse de la fonction administrative. De cette manière, « *l'administrateur juge de la Révolution – système qui préjudiciait à l'expédition rapide des affaires – laisse sa place à une justice au sein de l'administration* [...] *avec le Conseil d'État au sommet* »[10]. Dans ce schéma, les ministres demeurent titulaires d'attributions contentieuses – ils sont le premier échelon de juridiction avant le Conseil d'État – et le principe d'une justice retenue n'est pas remis en cause. Créés par la loi du 17 février 1800 (28 pluviôse an VIII), les conseils de préfecture,

---

[7] C'est un député du Tarn, Jean-Pierre Pézous, qui propose lors d'une séance de remettre aux administrateurs la compétence de régler les litiges qui s'élèvent en matière administrative (« Séance du 9 août 1790 », *Archives parlementaires*, Tome 17, p. 672-675. L'idée selon laquelle Pezous serait à l'origine d'une telle idée, si elle est défendue par Jacques Chevallier et Jean-Louis Mestre, est combattue par Anissa Hachemi dans sa thèse. Cf. HACHEMI (Anissa), *Le juge administratif et la loi*, Thèse dact., 2016, p. 476). La Constituante entérinera cette proposition, « *rassurée par la légitimité de l'administrateur élu et séduite par la simplicité du traitement bureaucratique des contestations* » (PLESSIX (Benoît), *Droit administratif général*, LexisNexis, 2e éd., 2018, p. 386).

[8] Un tel refus fut particulièrement bien exprimé à propos d'une proposition soumise au comité de la constitution, qui visait à créer dans chaque département un « tribunal d'administration » compétent en matière de contentieux administratif. Mais là encore, un tel projet se heurte à l'esprit de l'époque, animé par la volonté d'éradiquer les juridictions d'exceptions souvent visé dans les cahiers de doléances comme l'« *un des maux les plus criants de l'Ancien Régime* » (CHEVALLIER (Jacques), « Du principe de séparation au principe de dualité », *RFDA*, 1990, p. 718). Certains dénoncent alors cette solution qui reviendrait à « *supprimer des tribunaux d'exception pour créer d'autres tribunaux d'exception* » (Il s'agit ici de Jean-Baptiste-Charles Chabroud *in* « Séance du 30 mars 1790 », *Archives parlementaires*, Tome 12, p. 450 ; cité par CHEVALLIER (Jacques), « Du principe de séparation au principe de dualité », *RFDA*, 1990, p. 718).

[9] Un tel refus est mis en exergue par le traitement fait du rapport présenté par Bergasse le 17 août 1789, qui prévoyait l'unité de juridiction. Toutefois, cette idée est rapidement évincée, tant parce qu'elle conduirait à donner trop de pouvoirs au juge judiciaire, qui fait encore l'objet de nombreuses suspicions que parce que certains révolutionnaires ont conscience de la spécificité du contentieux administratif. Il apparait ainsi notamment pour Thouret que les tribunaux « *ne pourraient sans de graves inconvénients juger certaines discussions d'une nature particulière* » (« Séance du 22 décembre 1789 », *Archives parlementaires de 1787 à 1860*, Tome 10, Paul Dupont, p. 718). La spécificité du contentieux administratif, mêlée à la crainte développée à l'endroit du juge judiciaire, expliquent ici ce refus.

[10] BIGOT (Grégoire), « La dictature administrative au XIXe siècle : théorie historique du droit administratif », *RFDA*, 2003, p. 438.

qui héritent des compétences en matière contentieuse des administrateurs départementaux, viennent compléter ce schéma.

De cette manière apparait en France une justice administrative. L'existence d'une dualité de juridiction n'est donc ni une conséquence de la séparation des autorités administratives et judiciaires prononcée en 1790, ni même de l'idée plus générale de la séparation des pouvoirs[11]. La loi des 16-24 août 1790, que l'on considère souvent comme étant l'acte de naissance de la dualité de juridiction et ainsi de la création du juge administratif[12], n'avait en réalité pas pour but d'interdire aux tribunaux judiciaires de connaitre du sort du contentieux administratif[13]. L'existence de la justice administrative tient donc avant tout à une certaine conception de l'État, ce qui explique que le débat soit à l'époque polarisé entre les libéraux-individualistes et les étatistes-libéraux. Pour davantage de lisibilité, nous adopterons la classification proposée par Jacques Chevallier, pour qui le débat sur le contentieux administratif est au cours du XIXe siècle articulé autour de trois thèses : la thèse judiciaire, la thèse administrative et la thèse quasi-judiciaire. Si la première « *prône l'assimilation du contentieux administratif au contentieux judiciaire* », la deuxième souhaite en revanche « *le maintien du* statu quo *et du rattachement de la juridiction administrative à l'administration active* » quand la troisième « *désire maintenir l'existence d'une juridiction administrative distincte de la juridiction judiciaire, mais en lui conférant les mêmes garanties d'organisation et de procédure* »[14]. Ces thèses se retrouvent tant dans les années 1830 que dans les années 1860. Nous les explorerons singulièrement concernant le Conseil d'État, même si la question des conseils de préfecture révèle des enjeux similaires, tant celui-ci est au cœur de toutes les controverses. Aucun administrativiste parmi les ordonnateurs comme parmi les précurseurs ne défendra la thèse judiciaire. Fidèles à leur étatisme-libéral, ordonnateurs comme précurseurs ne cesseront de réaffirmer l'impossibilité totale de remettre aux juges judiciaires le contentieux administratif. La question de l'adoption de la thèse quasi-judiciaire ou de la thèse administrative fait davantage débat parmi les administrativistes. Après un soutien éphémère à la thèse quasi-judiciaire par Cormenin et Macarel (**§ 1**), un ralliement rapide s'opèrera à la thèse administrative, laquelle promeut l'intégration de la justice administrative au sein de l'administration (**§ 2**).

---

[11] V. notamment CHEVALLIER (Jacques), « Du principe de séparation au principe de dualité », *RFDA*, 1990, p. 12 s. ; VELLEY (Serge), « La constitutionnalisation d'un mythe : justice administrative et séparation des pouvoirs », *RDP*, 1989, p. 767 s.

[12] CC, décision n° 86-224 DC du 23 janvier 1987, *Loi transférant à la juridiction judiciaire le contentieux des décisions du Conseil de la concurrence*, *Rec*. p. 8.

[13] MESTRE (Jean-Louis), « Aux origines du contentieux administratif », *RFDA*, 1996, p. 291 s.

[14] CHEVALLIER (Jacques), *L'élaboration historique du principe de séparation de la juridiction administrative et de l'administration active*, LGDJ, 1970, réimp. LGDJ-Lextenso, 2015, p. 95.

§ 1. *Le soutien éphémère à la thèse quasi-judiciaire*

221. Avant l'avènement de la Monarchie de Juillet en 1830, deux administrativistes s'attacheront à défendre la thèse quasi-judiciaire en proposant la création d'un tribunal administratif indépendant : Cormenin et Macarel. Gérando, qui écrit à la même période, ne prend quant à lui pas part à ces débats. Cormenin et Macarel réclament quant à eux, « *dans l'intérêt même du pouvoir, une justice administrative déléguée* » sans doute afin de « *corriger les excès de la centralisation napoléonienne* »[15]. Il y a là une certaine force de proposition qui peut étonner pour l'époque. Il convient toutefois de noter à cet égard que le premier, alors auditeur au Conseil d'État, fait paraitre son ouvrage de façon anonyme. Quant au second, il n'est pas encore conseiller d'État ni même professeur de droit au moment où il formule ces propositions : il est alors avocat, ce qui lui laisse assurément une plus grande marge de manœuvre. Par cette position médiane d'une certaine modernité (**C**), ces deux auteurs témoignent pendant un temps de leur refus de défendre tant la thèse administrative (**A**) que la thèse judiciaire (**B**).

A- **L'impossible défense de la thèse administrative**

222. La thèse quasi-judiciaire de Macarel et Cormenin part de présupposés communs avec les tenants de la thèse judiciaire, laquelle connait un certain nombre de défenseurs au XIXe siècle, singulièrement sous la Restauration[16]. La thèse judiciaire est en effet soutenue par de nombreux hommes politiques, tenants d'un libéralisme-individualiste[17]. Ceux-ci se font les pourfendeurs de cette justice qui sacrifie selon eux les intérêts privés et qui, jusqu'aux années 1830, ne connait aucune des garanties propres à la fonction de juger. En réalité, tout le nœud du débat réside dans la question de savoir si juger l'administration, c'est encore juger (**1**). Macarel et Cormenin, en répondant par la positive, ne pourront qu'exclure la thèse administrative (**2**).

---

[15] BIGOT (Grégoire), *L'Administration française. Politique, droit et société*, Tome 1 : 1789-1870, LexisNexis, 2e éd., 2014, p. 304.

[16] Frédéric Rolin explique le fait que la Restauration soit le théâtre des multiples débats à propos de la justice administrative par la réforme initiée par Bonaparte en 1815, qui a mécontenté tout le monde. V. ROLIN (Frédéric), « Les projets de réforme du Conseil d'État établis par Benjamin Constant en 1830 », *La Revue administrative*, 2000, n° 317, p. 464.

[17] À cet égard, Christophe Auzanneau relève que, sous la Restauration, la forte critique formulée par les ultra-royalistes et les libéraux à l'encontre du Conseil d'État apparait davantage motivée par la volonté de faire chuter les ministères que d'abolir le Conseil d'État. V. AUZANNEAU (Christophe), « La justice administrative vue par la doctrine de Locré à Aucoc », *in* BIGOT (Grégoire) et BOUVET (Marc) (dir.), *Regards sur l'histoire de la justice administrative*, Litec, 2006, p. 110-111.

1- *Le nœud du débat : juger l'administration, est-ce encore juger ?*

223. Le souhait d'une véritable justice chez les libéraux-individualistes. La première vague de critiques portant sur la justice administrative a lieu pendant la Restauration[18]. Puisque, pour les libéraux individualistes, justice est synonyme de liberté[19], il leur est impossible de reconnaitre en l'état qu'il existe une *justice* administrative. Outre le manque de garanties accordées au justiciable – les audiences ne sont pas publiques, le rôle de l'avocat est quasi-inexistant – on redoute que l'intérêt individuel n'y soit « *envisagé que du point de vue de la puissance publique* », ce qui la rend « *inéquitable* », « *arbitraire et despotique* »[20]. Bien que la commission du contentieux du Conseil d'État – lequel cristallise la majorité des critiques – ait été créée en 1806, celle-ci n'est pas une instance de jugement ; son rôle est limité à l'instruction et à la préparation d'un rapport sur l'affaire en question[21]. L'identité et les caractéristiques de la justice administrative heurtent donc la sensibilité des libéraux. Ses détracteurs estiment que la justice administrative ne présente pas les garanties d'une véritable *justice* ; elle serait dès lors contraire aux principes véhiculés par la Charte de 1814[22]. En effet, ainsi que le relève Grégoire Bigot, « *dès lors que la Charte de 1814 renoue avec le libéralisme, pour partie révolutionnaire, de la représentation politique (pour moitié élective) et de la garantie des droits (Titre premier de la Charte), le Conseil [d'État] est par principe inconciliable avec le nouveau régime : il est inconstitutionnel parce que, par essence, il ne relève pas d'une organisation des pouvoirs garante du double domaine de la liberté ; il est contraire au vœu même formulé par Louis XVIII à Saint-Ouen en mai 1814 de fonder une monarchie libérale* »[23]. Cette distorsion conduit par exemple Joseph Fiévée, journaliste de renom, à faire le

[18] De façon générale, François Burdeau note que, entre 1800 et 1870, l'hostilité vis-à-vis de l'existence d'une dualité des ordres juridictionnels est particulièrement perceptible à deux moments : dans les dernières années de la Restauration (1814-1830) et du milieu des années 1860 au début des années 1870. À ces deux moments, principalement, les débats sur le Conseil d'État, lequel concentre toutes les critiques adressées à la justice administrative, sont particulièrement vifs (BURDEAU (François), « Les crises du principe de dualité de juridictions », *RFDA*, 1990, p. 724).

[19] POITOU (Eugène), *La liberté civile et le pouvoir administratif en France*, *op. cit.*, 1869, p. 14 : « *Justice et liberté sont deux termes synonymes.* »

[20] JAUME (Lucien), *L'individu effacé, ou le paradoxe du libéralisme français*, Fayard, 1997, p. 354.

[21] BURDEAU (François), *Histoire du droit administratif*, PUF, 1995, p. 71.

[22] De façon plus prosaïque, de nombreux députés libéraux condamneront la juridiction du Conseil d'État en tant que celle-ci n'est pas reconnue expressément dans la Charte. On peut citer par exemple Jacques-Charles Dupont de l'Eure, cité par MACAREL (Louis-Antoine), *Des tribunaux administratifs, ou introduction à l'étude de la jurisprudence administrative*, Roret, 1828, p. 378 : « *Ce Conseil n'existe ni par la Charte, ni par aucune loi spéciale* ».

[23] BIGOT (Grégoire), « Justice administrative et libéralisme sont-ils compatibles ? », *RDP*, 2012, p. 441.

constat d'« *un combat ouvert entre la Charte qui veut des libertés et l'administration qui n'en veut pas* »[24].

Cet argument est encore relevé par le Duc de Broglie, connu pour son libéralisme individualiste, qui critique de la même façon la justice administrative de son temps dans un article paru anonymement à la *Revue française* en 1828[25]. Il réfute ainsi le qualificatif de « justice » pour désigner cette administration qui se juge elle-même, rejoignant l'idée développée par certains hommes politiques selon laquelle « *à chaque fois qu'un particulier se trouve en face de l'État, c'est l'État qui est juge et en même temps partie* »[26]. En d'autres termes, il y a l'idée que la justice administrative *devrait* être une vraie justice, mais qu'en état des choses elle ne l'est pas. Regrettant qu'en vertu du principe du ministre-juge, elle soit à la fois juge et partie, ces auteurs relèvent de surcroit l'absence des garanties d'indépendance et d'inamovibilité, pourtant inhérentes à toute « justice ». Le Duc de Broglie aura alors cette expression devenue célèbre pour désigner la justice administrative : il s'agit d'« *une justice de cadi ou de pacha* »[27]. Cette critique rejoint celle de Duvergier de Hauranne, député sous la Restauration et la Monarchie de Juillet. Il intègre la question de la justice administrative dans un ouvrage consacré aux abus d'autorité en France. Se fondant sur des arguments libéraux de type individualiste, il développe l'idée selon laquelle « *dans l'état actuel des choses, la prétendue séparation de la justice ordinaire et de la justice administrative n'est que la réunion de tous les pouvoirs dans les mains du ministère et l'organisation légale de l'exercice du pouvoir arbitraire* »[28]. La justice administrative constitue donc à ses yeux un « abus de pouvoir », tant elle revient à anéantir les libertés individuelles. On le voit, les critiques adressées – notamment au Conseil d'État – reposent sur un postulat selon lequel pour juger, il faut impérativement que certaines garanties existent. En pointant du doigt l'absence d'indépendance du Conseil d'État, par exemple, les libéraux souhaitent que les litiges administratifs soient confiés au juge judiciaire, c'est-à-dire à un *vrai* juge. Ils ne dénient donc pas le caractère juridictionnel de la mission qui est allouée au Conseil d'État, mais davantage la façon dont il tranche les litiges. Juger l'administration, ce devrait être encore

[24] FIÉVÉE (Joseph), *Examen du rapport fait à la chambre des députés au nom de la commission nommée pour le projet d'organisation municipale*, Le Normant, 1821, p. 6.

[25] BROGLIE DE (Victor), « Compte rendu sur l'ouvrage de M. Macarel, Des tribunaux administratifs ou introduction à l'étude de la jurisprudence administrative », *Revue française*, 1828, vol. 6, p. 58.

[26] BETHMONT (Paul), « Discussion de la loi du 21 juin 1865 relative aux conseils de préfecture », *in* DUVERGIER (Jean-Baptiste) (dir.), *Collection complète des lois, décrets, ordonnances, règlements, et avis du Conseil d'État*, 1865, p. 252.

[27] BROGLIE DE (Victor), « Compte rendu sur l'ouvrage de M. Macarel, Des tribunaux administratifs ou introduction à l'étude de la jurisprudence administrative », *Revue française*, 1828, vol. 6, p. 61.

[28] DUVERGIER DE LA HAURANNE (Jean-Marie), *De l'ordre légal en France et des abus d'autorité*, Boudouin, 1826, p. 193.

juger. Ils s'opposent en cela à Henrion de Pansey qui, à la même époque, considère que juger l'administration est une mission avant tout administrative, et non juridictionnelle.

224. Le refus d'une véritable justice pour les « observateurs »[29] étatistes du droit administratif. Les principaux chantres de la thèse administrative, entre 1800 et 1820, ne figurent pas parmi les auteurs qui ont véritablement forgé le droit administratif comme discipline ; il s'agit plutôt de personnages importants de l'époque, souvent juristes, qui ont fait des incursions dans le champ du droit administratif. C'est le cas par exemple de Henrion de Pansey ou de Portalis, qui ont eu leur importance dans la formation du droit administratif, mais de façon relativement périphérique – notamment compte tenu du fait qu'ils n'ont jamais écrit d'ouvrages consacrés à la discipline du droit administratif[30]. Jean-Baptiste Sirey, avocat à la Cour de cassation et au Conseil d'État, auteur d'un *Recueil général des lois et des arrêts*, a également consacré un ouvrage en 1818 au *Conseil d'État selon la Charte constitutionnelle.* Il fait toutefois là encore davantage figure de « *témoin du droit administratif, au moment où il prend corps, qu'un organisateur de ce droit* »[31]. Il se focalise sur la nécessité de laisser au Conseil d'État, et ainsi à l'administration, la compétence en matière de contentieux administratif par opposition à la création d'une Cour administrative indépendante. En d'autres termes, Sirey souhaite que la justice administrative reste « *sous l'influence du Gouvernement* »[32] et ne soit assimilée d'aucune manière au fonctionnement de la justice judiciaire ; elle n'est pas créée pour défendre les droits des administrés mais pour régler la mécanique du pouvoir administratif. La raison qui anime sa position réside en ce que « *dans une foule de cas où les lois civiles sont inapplicables et où les réglemens* (sic) *sont muets, la justice administrative doit s'élever jusqu'à la raison d'état* (sic) *; elle doit pressentir, deviner, interpréter la pensée gouvernementale* »[33]. Pour Sirey, il est donc impensable de confier le contentieux administratif au juge judiciaire et même de créer une Cour administrative indépendante, tant celle-ci serait incapable de saisir cette raison d'État. Il ne fait en effet pas de doute pour lui que « *la* justice *administrative complète et perfectionne l'*action

---

[29] BURDEAU (François), *Histoire du droit administratif, op. cit.*, 1995, p. 108 ; note 1.
[30] Il convient à ce titre de relever la similarité de leurs profils : tous deux sont en effet à la fois membres de la Cour de cassation et membres du Conseil d'État et ont exercé de hautes fonctions politiques – au gouvernement ou à la chambre des députés. Henrion de Pansey fut ainsi proche de Napoléon, puis intégra le gouvernement provisoire en 1814 en tant que ministre de la justice. Quant à Portalis, il est appelé à exercer une fonction ministérielle dans tous les régimes constitutionnels mis en place entre 1814 et 1851.
[31] BURDEAU (François), *Histoire du droit administratif, op. cit.*, 1995, p. 108 ; note 1.
[32] SIREY (Jean-Baptiste), *Du Conseil d'État selon la Charte constitutionnelle*, Imprimerie de Mme Veuve Agasse, 1818, p. 462.
[33] *Idem.*

administrative »[34]. Elles poursuivent en effet toutes deux le même but : faire prévaloir les intérêts de l'administration sur les intérêts privés, ce qui est le propre de la raison d'État. Or, « *les intérêts administratifs, en conflit avec les droits privés, n'auraient plus de garantie, si le grand juge de l'administration n'était aussi le grand administrateur* »[35]. On le voit, il semble que pour Sirey, juger l'administration, ce n'est pas juger (contrairement aux auteurs libéraux), mais c'est avant tout administrer. Dans ce cadre, il est inutile, voire néfaste que les litiges propres à l'administration ne soient pas tranchés par l'administration elle-même[36].

C'est également la position que défend Henrion de Pansey, conseiller d'État et membre de la Cour de cassation, à qui l'on attribue souvent l'adage « juger l'administration, c'est encore administrer »[37], bien qu'il ne l'ait jamais formulé de cette manière[38]. Il n'en reste pas moins l'un des plus fervents défenseurs de la thèse administrative, et semble être à l'origine de cette idée, puisqu'il existe selon lui deux manières d'administrer. En effet, d'une part, « *pourvoir, par des ordonnances, à l'exécution des lois, à la sûreté de l'État, au maintien de l'ordre public, aux différents besoins de la société, c'est administrer* »[39]. Mais, d'autre part, « *statuer, par des décisions, sur les réclamations auxquelles ces ordonnances peuvent donner lieu, et sur les oppositions que des particuliers se croiroient* (sic) *en droit de former à leur exécution, c'est encore administrer* »[40]. On comprend dès lors que pour lui, juger l'administration, c'est encore administrer, ce qui implique de juger l'administration de la même façon que l'on administre. Il en déduit ainsi qu'« *il faut être investi de la qualité d'administrateur pour avoir le droit de*

---

[34] *Ibid.*, p. 467. L'auteur souligne.

[35] *Idem.*

[36] Il convient toutefois ici de relever que Sirey se distingue de Henrion de Pansey et de Portalis, puisqu'il propose d'établir l'inamovibilité des conseillers d'État (SIREY (Jean-Baptiste), *Du Conseil d'État selon la Charte constitutionnelle*, *op. cit.*, 1818, p. 474). Sirey considère en effet que « *les garanties réelles et véritables que l'on doit chercher dans la justice administrative, ce sont les garanties que nous offre l'ordre judiciaire* » en se gardant toutefois de « *presser la similitude ; et de ne demander, pour les droits privés, que les garanties compatibles avec le maintien des grands intérêts administratifs* » (*ibid.*, p. 473). L'inamovibilité constitue selon lui une telle garantie. Bien que tenant de la conservation du Conseil d'État, hostile à une Cour administrative indépendante, Sirey se rapproche ainsi quelque peu de la thèse quasi-judiciaire.

[37] Selon François Burdeau « *la formule apparaît, semble-t-il pour la première fois dans une communication du garde des Sceaux Barthe, à la Chambre des pairs le 15 mai 1833, Arch. parlem. 83, p. 657 et sera, depuis lors, abondamment reprise sous des formulations diverses* » (BURDEAU (François), « Les crises du principe de dualité de juridictions », *RFDA*, 1990, p. 727 ; note 25).

[38] Dans le même sens, v. PACTEAU (Bernard), « Vicissitudes (et vérification… ?) de l'adage "Juger l'administration, c'est encore administrer" », *in Mouvements du droit public. Mélanges en l'honneur de Franck Moderne*, Dalloz, 2004, p. 319.

[39] HENRION DE PANSEY (Pierre-Paul-Nicolas), *De l'autorité judiciaire en France*, T. Barrois, 1818, p. 458.

[40] *Idem.*

statuer sur le contentieux administratif »[41], ce qui exclut d'emblée la compétence du juge judiciaire, mais également celle d'un juge qui ne serait pas administrateur. En réalité, pour Henrion de Pansey, juger l'administration, ce n'est pas juger.

Joseph-Marie Portalis, à la fois conseiller d'État et conseiller à la Cour de cassation – avant de devenir en 1829 premier président de la Cour de cassation – s'inscrit également dans la lignée de Sirey et Henrion de Pansey. À la Chambre des pairs, il défend l'idée selon laquelle « *l'administration ne cesse point d'administrer, même lorsqu'elle statue sur des matières contentieuses* »[42]. Ainsi « *la juridiction qu'elle exerce est le complément de l'action administrative* »[43]. Dans ce cadre, « *attribuer [la juridiction administrative] à un tribunal d'exception composé de juges spéciaux mais inamovibles, ce serait la dénaturer, la rendre purement judiciaire* »[44]. Le risque de la thèse quasi-judiciaire serait donc d'altérer la spécificité du contentieux administratif, et de faire de l'État un justiciable comme un autre. Un tel contentieux, pour Portalis, ne doit en aucun cas être étranger « *à la marche du Gouvernement* » tant le juge serait amené sinon à « *déshonorer des agents de l'administration qui n'auront point perdu la confiance du Roi* »[45]. Dénier le caractère véritablement juridictionnel du contentieux administratif permet ainsi à Portalis comme à Henrion de Pansey ou Sirey de soutenir l'intégration du contentieux administratif à l'administration. Il ne s'agit en aucune façon de contraindre la puissance publique, mais uniquement de régler sa marche dans une perspective étrangère à tout libéralisme. Rien ne sert de confier le contentieux administratif à de véritables juges, puisqu'il ne s'agit pas là d'une mission juridictionnelle ! Cormenin et Macarel, sous la Restauration, écarteront cet argument.

2- *La fonction juridictionnelle du Conseil d'État reconnue par Macarel et Cormenin*

225. Juger l'administration, c'est encore juger. Si les critiques formulées sous la Restauration par les auteurs libéraux trouvent un certain écho chez des administrativistes comme Macarel et Cormenin c'est que, comme eux – et à l'opposé d'Henrion de Pansey, Sirey et Portalis –, ils estiment que juger l'administration, c'est juger[46], c'est exercer une véritable mission

---

[41] *Ibid.*, p. 459.

[42] « Séance du 25 janvier 1834 », *Procès-verbal des séances de la Chambre des pairs*, 1833, p. 146.

[43] *Idem.*

[44] *Idem.*

[45] *Idem.*

[46] Contrairement aux précurseurs qui suivront, les ordonnateurs ne se sont que peu prononcés sur la question de la séparation des pouvoirs. On ne sait donc pas s'ils conçoivent plutôt une

juridictionnelle. L'emploi du terme de pouvoir « juridictionnel » peut paraitre anachronique pour analyser les écrits du début du XIXe siècle. Mais c'est en réalité bien de cela dont il s'agit[47]. Pour Macarel par exemple, l'administration se dédouble : elle exerce tantôt une mission purement administrative, tantôt une fonction *juridictionnelle.* Il aura même l'occasion de se demander en 1819 : « *Y a-t-il une juridiction administrative ?* »[48] Pour lui, la réponse est assurément positive. En effet, dans la mesure où il existe une véritable jurisprudence administrative, c'est-à-dire des « *arrêts rendus par les corps administratifs* »[49], alors il faut parler de juridiction administrative. Car « *qui parle de jurisprudence suppose une juridiction, et toute juridiction veut des juges* »[50]. Il s'oppose de cette manière frontalement à l'idée développée par Henrion de Pansey : s'interrogeant sur les réclamations qui s'élèvent en matière administrative, il affirme que « *statuer par des décisions sur de telles réclamations, c'est juger, ou si l'on veut, ce n'est qu'administrer la justice* »[51]. Bien que confuse, cette formulation semble pencher vers l'idée que juger l'administration, c'est avant tout juger, même si on peut regretter que Macarel n'ait pas plus amplement développé sa pensée sur ce point. Quant à Cormenin, l'intitulé de son ouvrage « Du Conseil d'État considéré comme conseil et comme *juridiction* » laisse à penser qu'il exerce parfois une mission juridictionnelle, semblable à celle du juge judiciaire. Il pose très ouvertement la question de savoir si « *le Conseil d'État peut-il ou doit-il aujourd'hui exercer une juridiction ?* »[52] C'est parce qu'il répond de façon positive à cette question qu'il rejoindra un certain nombre de critiques libérales relatives au Conseil d'État. Ainsi que le relève Anissa Hachemi, « *Cormenin considère que juger l'administration, ce n'est rien d'autre que juger* »[53] : il place en effet à égalité la justice civile et la justice administrative, qui toutes deux découlent du Roi[54]. Par conséquent, si pour Cormenin et Macarel, juger l'administration,

---

séparation bipartite ou tripartite des pouvoirs, question qui a ici son intérêt : si le pouvoir juridictionnel est un pouvoir à part entière, alors la question de l'administration demeure. L'administration peut être soit intégrée au pouvoir *exécutif*, soit au pouvoir *juridictionnel*, soit aux deux (en fonction des missions assumées).

[47] Sur ce point, v. notamment HACHEMI (Anissa), *Le juge administratif et la loi*, Thèse dact., 2016, p. 790 s.

[48] MACAREL (Louis-Antoine), « Introduction à la jurisprudence administrative », *Thémis*, 1819, vol. 1, p. 232.

[49] *Ibid.*, p. 31.

[50] *Idem.*

[51] MACAREL (Louis-Antoine), « Suite de l'introduction à la jurisprudence administrative », *Thémis*, 1820, vol. 2, p. 340.

[52] CORMENIN (Louis-Marie), *Du Conseil d'État envisagé comme conseil et comme juridiction sous notre monarchie constitutionnelle*, Pillet, 1818, p. 87.

[53] HACHEMI (Anissa), *Le juge administratif et la loi*, Thèse dact., 2016, p. 613.

[54] CORMENIN (Louis-Marie), *Du Conseil d'État envisagé comme conseil et comme juridiction sous notre monarchie constitutionnelle*, *op. cit.*, 1818, p. 3-4 : « *le Roi, dans la Monarchie française, est la source éminente d'où découlent la justice civile et la justice administrative, pour se répandre ensuite dans tous les canaux du corps social qu'elles vivifient. La justice civile*

c'est avant tout juger, cela interdit de remettre cette tâche directement à l'administration.

226. Les critiques constructives formulées à l'encontre de la justice administrative. Forts de ces présupposés, Cormenin et Macarel se font relativement critiques à l'endroit de la justice administrative telle qu'elle est exercée. Cormenin déplore ainsi en 1818 le fait qu'elle « *n'offre pas aux citoyens à peu près les mêmes garanties et les mêmes bienfaits que la distribution de la justice civile* »[55], même s'il ne conteste pas l'existence de principe d'une justice administrative. La perspective suivie par Cormenin consiste davantage à proposer des pistes en vue de l'améliorer, et ainsi de la conserver, plutôt que de tendre vers sa suppression. D'ailleurs, sa critique est davantage tournée vers le Conseil d'État que vers la justice administrative tout entière. En effet, la juridiction du Conseil d'État lui apparait inconstitutionnelle, dans la mesure où la Charte ne la reconnait point[56], mais également dangereuse pour les citoyens dans la mesure où elle conduit à remettre « *la puissance de juger* [...] *dans une commission temporaire et révocable à volonté* »[57]. Il y aurait donc une distorsion entre la fonction qui est allouée au Conseil d'État et la façon dont il s'en empare. Alors que certains libéraux individualistes s'insurgent contre le principe même de la justice administrative, Cormenin déplore son organisation au sein du Conseil d'État, qui la rend « *arbitraire et sujette du pouvoir exécutif* »[58], preuve encore que, puisqu'il exerce une mission juridictionnelle, toutes les garanties qui s'y rapportent doivent lui être allouées.

Quant à Macarel, la critique qu'il forme à l'encontre de la justice administrative se veut là encore constructive : loin d'être hostile au principe de la justice administrative c'est son organisation et son fonctionnement qui cristallisent ses critiques. En effet, dans la mesure où les membres des conseils de préfecture comme du conseil d'État sont des « juges », ils devraient être « *indépendans* (sic), *c'est-à-dire* [...] *à l'abri de l'influence, soit du pouvoir, soit du besoin de leur propre conservation* »[59]. La justice administrative doit échoir à une véritable juridiction. En réalité, jamais les auteurs de droit administratif ne se seront faits aussi critiques vis-à-vis de la justice administrative. Cela peut paraitre étonnant, notamment dans la mesure où les

---

se distribue par les juges de paix, les tribunaux de première instance, les cours d'appel, et vient aboutir à la cour de cassation. La justice administrative se distribue par les administrations municipales, les conseils de préfecture, les préfets, les commissions extraordinaires, les directeurs généraux des administrations, les ministres, et vient aboutir au Conseil d'État. »

[55] CORMENIN (Louis-Marie), *Du Conseil d'État envisagé comme conseil et comme juridiction sous notre monarchie constitutionnelle*, *op. cit.*, 1818, p. 1.

[56] *Ibid.*, p. 89.

[57] *Ibid.*, p. 90.

[58] *Ibid.*, p. 92.

[59] MACAREL (Louis-Antoine), *Des tribunaux administratifs, ou introduction à l'étude de la jurisprudence administrative*, *op. cit.*, 1828, p. 49.

auteurs de cette époque sont souvent présentés comme avoués au pouvoir en place. Faut-il ainsi voir Cormenin et Macarel comme des auteurs émancipés de la pensée d'État ? On ne saurait s'en convaincre. Si leurs arguments rejoignent sur certains points ceux des libéraux individualistes, il apparait toutefois que ces critiques ne sont pas dirigées vers le même but. Si celles de libéraux tendent peu ou prou à supprimer la justice administrative, sans doute y a-t-il plutôt chez les administrativistes de l'époque – face à un Conseil d'État en péril – la volonté de réformer la juridiction administrative afin d'éviter qu'elle ne soit supprimée. Ainsi s'exprime leur pensée d'État, source de leur rejet de la thèse judiciaire.

B- **L'impossible défense de la thèse judiciaire**

227. S'il parait impossible pour Macarel et Cormenin de remettre le contentieux administratif au juge judiciaire, ce n'est pas en raison d'une certaine conception de la séparation des pouvoirs, mais en raison de la façon dont ils conçoivent l'État : il ne peut pas être jugé à la façon d'un individu. S'ils n'iront pas jusqu'à rejoindre l'argument phare des tenants de la thèse administrative tenant à la « raison d'État » (**1**), ils mobiliseront des arguments étatistes-libéraux du même acabit tendant à écarter la compétence du juge judiciaire (**2**).

1- *L'invocation de la raison d'État par Locré et Henrion de Pansey*

228. Au début du XIXe siècle, deux auteurs auront particulièrement recours à l'argument tiré de la « raison d'État » pour défendre la thèse administrative : il s'agit de Locré, conseiller d'État, et d'Henrion de Pansey, déjà rencontré. La raison d'État, en ce qu'elle vise de façon générale la « *sécurité de l'État* »[60] et ainsi sa sauvegarde, recouvre dans ce contexte deux choses : d'une part la volonté de préserver le pouvoir d'État, d'autre part la possibilité pour l'État d'échapper aux règles qu'il a fixées. Habituellement invoquée dans des situations d'urgence[61], la raison d'État est entendue par Locré et Henrion de Pansey de façon large, comme si l'État était en péril lorsque les litiges auxquels il était partie étaient soumis au juge judiciaire.

---

[60] SENELLART (Michel), « Raison d'État et science de la police : deux technologies de l'ordre », *in* LEMAITRE (Alain J.) et KAMMERER (Odile) (dir.), *Le pouvoir réglementaire : dimension doctrinale, pratiques et sources, XVe et XVIIIe siècles*, PUR, p. 107.

[61] NAUDÉ (Gabriel), *Considérations politiques sur les coups d'État*, Éditions de Paris, 1988, p. 101 : la raison d'État peut être comprise comme l'exercice d'« *actions hardies et extraordinaires auxquelles les princes sont contraints d'avoir recours, dans les affaires difficiles et désespérées, contre le droit commun* ».

Locré, dont les écrits connaissent un certain rayonnement, refuse ardemment de confier le contentieux administratif au juge judiciaire – ce dont on ne saurait s'étonner compte tenu de son statut de conseiller d'État –, en se fondant là encore sur des arguments empreints d'étatisme. Selon lui, si les litiges de nature administrative se caractérisent par une contestation portant sur « *des intérêts* [...] *de nature purement civils* », ils prennent place dans des « *affaires où l'intérêt général et la raison d'État se trouvent plus ou moins mêlés* »[62]. Dans la mesure où « *la raison d'État et l'autorité du droit civil se rencontrent également, il devient indispensable de les combiner ensemble et de les tempérer l'une par l'autre* »[63]. Ce rôle ne peut selon lui revenir aux tribunaux judiciaires. En effet, « *indépendamment de ce que ces Tribunaux sont trop loin pour apercevoir la raison d'État, quand ils l'entreverroient, ils se trouveroient entrainés, sans s'en douter, vers le principe du droit civil, auquel ils sont plus accoutumés* »[64]. Il est donc impensable pour Locré de laisser la raison d'État aux mains du juge judiciaire : dans la mesure où celle-ci doit prévaloir sur les intérêts privés, elle ne peut être le fait que d'une justice réglée par le pouvoir administratif lui-même. Juger l'administration nécessite en effet de pouvoir « apercevoir » la raison d'État : la justice administrative doit être rendue par un organe proche, géographiquement et institutionnellement, du pouvoir politique. Elle doit surtout être rendue par des administrateurs dont la connaissance des rouages de l'administration s'avère indispensable pour la juger.

Henrion de Pansey rejoindra très explicitement cette analyse, considérant que le contentieux administratif nécessite « *une espèce de tribunal qui, comme le conseil d'État, soit* dans le gouvernement, *qui en ait toujours l'esprit, quelquefois le secret, et dont la marche rapide soit toujours en accord avec ce qu'exigent la sureté de l'état et les besoins de la société* »[65]. Cet argument, imprégné d'une forte pensée d'État, est fondé sur la peur de confier les litiges administratifs à une autre entité que l'administration elle-même : elle doit s'autoréguler. Dans ce sillage, on pourrait aller jusqu'à se demander pourquoi ces auteurs tiennent à ce qu'il existe une justice, dans la mesure où elle n'a de justice que le nom. À cet égard, il faut bien voir qu'elle est bénéfique pour le pouvoir en place : elle « *s'inscrit dans une tradition [celle de l'Ancien Régime], où se lit le grand principe que la puissance doit être réglée, pour réaliser ses buts et s'inscrire dans la durée* »[66]. L'existence de cette justice administrative ne tient donc pas d'un quelconque libéralisme mais des

[62] LOCRÉ (Jean-Guillaume), *Du Conseil d'État, de sa composition, de ses attributions, de son organisation intérieure, de sa marche, et du caractère de ses actes*, Garnery, 1810, p. 166.
[63] *Ibid.*, p. 168.
[64] *Idem.*
[65] HENRION DE PANSEY (Pierre-Paul-Nicolas), *De l'autorité judiciaire en France*, *op. cit.*, 1818, p. 504. Nous soulignons.
[66] BURDEAU (François), *Histoire du droit administratif*, *op. cit.*, 1995, p. 22.

« *ressorts mêmes de la mécanique du pouvoir* »[67], lequel désire se pérenniser ; elle permet de régler son exercice[68]. Bien que Macarel et Cormenin ne rejoignent pas la thèse administrative, ils gardent en partie leurs arguments teintés d'étatisme-libéral, en se départissant toutefois de son expression la plus pure que constitue la défense d'une raison d'État.

2- *Les arguments étatistes-libéraux de Macarel et Cormenin*

229. L'étatisme-libéral de Cormenin et Macarel explique pourquoi ils rejettent la possibilité de confier le contentieux administratif au juge judiciaire. Ils s'accordent dès lors dans une certaine mesure avec les arguments d'Henrion de Pansey et de Locré, lesquels invoquent la raison d'État. En effet, même s'ils rejoignaient par endroits les critiques libérales formulées à l'encontre du Conseil d'État, ils ne s'accordent pas sur la solution en découlant. Il est hors de question de supprimer la justice administrative. Cormenin consacre de ce fait un chapitre entier au fait que « *la juridiction administrative ne peut être placée dans les Tribunaux* »[69]. À l'appui de cette idée, il estime que la qualité des parties au litige justifie l'existence de deux justices parallèles : « *Dans les matières civiles,* écrit-il, *les deux parties, égales en faveur aux yeux de la loi, doivent recevoir d'elle la distribution de la même justice faite par les mêmes juges.* »[70] Tel ne doit toutefois pas être le cas dans les « *matières administratives* » : « *l'intérêt public étant plus pressant que l'intérêt particulier, la garantie la plus forte doit être raisonnablement pour la partie la plus favorable* »[71]. Cormenin reconnait ainsi indiscutablement l'existence d'une inégalité des parties inhérente aux litiges administratifs, que la justice administrative a pour objet de conserver. Cette dernière doit en effet veiller « *avec plus de soin sur les intérêts de l'État* »[72]. C'est donc en vue de défendre les intérêts de l'État que la justice administrative doit être conservée, voire réformée, ce qui est la marque de son étatisme-libéral. De la même manière, pour Macarel, l'impossibilité de remettre le contentieux administratif aux juges judiciaires s'explique selon lui par l'existence du principe de séparation des autorités administrative et judiciaire, duquel il fait découler cette interdiction[73]. Bien qu'il utilise des arguments d'une vigueur moins forte que Cormenin, il rappelle que « *les*

---

[67] *Idem.*
[68] Dans le même sens, v. ELLUL (Jacques), *Histoire des institutions. Le Moyen Âge*, PUF, 2013, p. 350.
[69] CORMENIN (Louis-Marie), *Du Conseil d'État envisagé comme conseil et comme juridiction sous notre monarchie constitutionnelle*, *op. cit.*, 1818, p. 1.
[70] *Ibid.*, p. 105.
[71] *Idem.*
[72] *Ibid.*, p. 106.
[73] MACAREL (Louis-Antoine), *Des tribunaux administratifs, ou introduction à l'étude de la jurisprudence administrative*, *op. cit.*, 1828, p. 540.

attributions de la justice administrative ne sont donc point des démembremens (sic) *de la justice ordinaire, et c'est vraiment à tort qu'on a dit d'elle qu'elle est une justice exceptionnelle ; elle tient seulement à un ordre de choses tout-à-fait distinct et séparé [de la justice dite « ordinaire »]* »[74]. Il n'y apporte toutefois pas de plus amples développements.

Mais si Cormenin et Macarel refusent de confier le contentieux administratif, c'est plus profondément en raison de leur conception qu'ils se font de la liberté et de l'État, loin d'être similaire à celle des libéraux-individualistes. Dans un chapitre qu'il consacre à la question de la liberté civile, Cormenin considère en effet que « *plus la liberté civile sera pleinement assurée, plus les sujets seront heureux, et plus le trône sera stable* »[75]. Dès lors, il ne s'agit pas de protéger les libertés en soi, ce qui interdit de parler de libéralisme[76], mais plutôt de les protéger *en vue de* préserver la stabilité du trône, et ainsi celle de l'État. Il ouvre en effet son chapitre consacré à la liberté civile par l'adresse suivante : « *je ne sais pas,* écrit-il, *pourquoi on affecte dans mon pays de regarder comme incompatibles sous la Monarchie constitutionnelle deux choses, qui pourtant s'accorderaient si bien, le plein exercice de la liberté civile et le plein exercice de la prérogative royale.* »[77] Il n'existe ainsi aucune antinomie entre les libertés et l'exercice de la puissance étatique. Son modèle de justice administrative doit s'inscrire dans ce schéma. Bien que Cormenin ne soit pas encore conseiller d'État, il y a là toutes les marques d'un étatisme-libéral capable de légitimer l'institution étatique. On retrouve chez Macarel la même idée : déclinant les diverses garanties qu'il faudrait apporter aux citoyens devant la justice administrative, il tâche de rassurer ses lecteurs : « *ne craignez point d'affaiblir par ces garanties la puissance royale : qui ne sait que maintenir la liberté civile c'est affermir les bases de l'État !* »[78] La protection des libertés, là encore, se met au service de l'État. Elle rend possible la défense de la thèse quasi-judiciaire. Forts de ces postulats étatistes-libéraux, Cormenin et Macarel vont respectivement proposer l'érection d'un « Tribunal administratif supérieur » pour le premier et d'une « cour de justice administrative » pour le second.

---

[74] *Idem.*

[75] CORMENIN (Louis-Marie), *Du Conseil d'État envisagé comme conseil et comme juridiction sous notre monarchie constitutionnelle*, *op. cit.*, 1818, p. 128.

[76] V. JAUME (Lucien), *L'individu effacé*, *op. cit.*, 1997, p. 12.

[77] CORMENIN (Louis-Marie), *Du Conseil d'État envisagé comme conseil et comme juridiction sous notre monarchie constitutionnelle*, *op. cit.*, 1818, p. 126.

[78] GÉRANDO (Joseph-Marie de), « Discours d'ouverture du Cours de Droit public et administratif », *Thémis*, 1820, vol. 1, p. 340.

C- La proposition de création d'un tribunal administratif supérieur

230. Macarel et Cormenin, en proposant la création d'un tribunal administratif, s'accordent à dire que le Conseil d'État doit se cantonner à sa fonction de conseiller du gouvernement[79] et que la justice administrative doit lui être retirée. Cette dernière nécessite donc d'être placée au sein d'un tribunal indépendant du gouvernement. Car l'un des problèmes majeurs que pose le Conseil d'État, c'est qu'il est à la fois « *juge et partie* » à la cause, et ce dans la mesure où il « *fait corps avec le Gouvernement lui-même* »[80]. Dans la mesure où, pour ces auteurs, la justice administrative relève de la fonction juridictionnelle, elle ne doit dès lors pas être dépendante du pouvoir politique ; elle doit jouir de toutes les garanties données à la justice. Inspirée de Montesquieu, que Macarel cite expressément, cette remarque montre leur sollicitude à l'égard des libertés individuelles. Laisser l'administration être à la fois « *juge et partie dans sa propre cause* », relève pour Cormenin d'une « *maxime des Gouvernemens arbitraires* »[81] ; elle est pour Macarel le propre des « *états despotiques* »[82].

Il est par ailleurs particulièrement intéressant de relever l'assimilation qui se produit ici entre l'État et le pouvoir exécutif[83]. En effet, si Cormenin et Macarel dénoncent l'État comme étant juge et partie[84] de sa propre cause, c'est uniquement parce que la puissance de juger était alors placée dans le pouvoir exécutif : le pouvoir exécutif étant juge et partie, cela revient pour ces auteurs à dire que *l'État* est à la fois juge et partie. Il parait donc nécessaire d'éloigner la justice administrative du pouvoir exécutif en lui accordant des garanties d'indépendance. Pour Cormenin, l'indépendance des juges est dès lors « *la seule condition qui, [aux yeux du citoyen], complète, fixe et perpétue toutes les garanties d'une bonne distribution de la justice administrative* »[85]. À ce titre, tous deux insistent sur la nécessaire mise en place de l'inamovibilité des juges administratifs[86] – que Cormenin considère comme étant « *la première condition de l'indépendance de ce tribunal [administratif]* »[87] – et de la

---

[79] MACAREL (Louis-Antoine), *Des tribunaux administratifs*, *op. cit.*, 1828, p. 482 ; CORMENIN (Louis-Marie), *Du Conseil d'État envisagé comme conseil et comme juridiction sous notre monarchie constitutionnelle*, *op. cit.*, 1818, p. 136.
[80] CORMENIN (Louis-Marie), *Du Conseil d'État envisagé comme conseil et comme juridiction sous notre monarchie constitutionnelle*, *op. cit.*, 1818, p. 140.
[81] *Ibid.*, p. 185.
[82] MACAREL (Louis-Antoine), *Des tribunaux administratifs*, *op. cit.*, 1828, p. 489.
[83] Cf. *supra.* § 64.
[84] MACAREL (Louis-Antoine), *Des tribunaux administratifs*, *op. cit.*, 1828, p. 470.
[85] CORMENIN (Louis-Marie), *Du Conseil d'État envisagé comme conseil et comme juridiction sous notre monarchie constitutionnelle*, *op. cit.*, 1818, p. 152.
[86] MACAREL (Louis-Antoine), *Des tribunaux administratifs*, *op. cit.*, 1828, p. 496.
[87] CORMENIN (Louis-Marie), *Du Conseil d'État envisagé comme conseil et comme juridiction sous notre monarchie constitutionnelle*, *op. cit.*, 1818, p. 154.

publicité des débats[88]. Ces mesures constituent à n'en pas douter des garanties pour les justiciables, sans que celles-ci ne s'opèrent – Macarel et Cormenin y veillent – au détriment de l'État.

C'est le cas concernant la publicité des débats, dont Macarel estime par exemple qu'elle peut se faire au bénéfice de l'État : « *Ouvrez donc les portes,* écrit-il, *et que chacun puisse apprendre qu'il vit sous une administration sage, et que le devoir des citoyens est de respecter sa voix, quand elle réclame les sacrifices que la paix et le bon ordre commandent.* »[89] Arroger de telles garanties pour les administrés se fait donc également au bénéfice de l'État. Cette idée est de la même façon présente chez Cormenin, qui n'a de cesse de répéter que « *l'État n'a pas moins d'intérêt que les citoyens à l'affranchissement du tribunal administratif* »[90]. Il développe en effet l'idée selon laquelle l'érection d'un tel tribunal, indépendant et inamovible, outre le fait qu'il « *affermit la division des pouvoirs* » et qu'il « *détend tous les ressorts de l'administration* », « *développe surtout et attire la confiance publique* »[91]. Si les juges administratifs deviennent indépendants du pouvoir politique, alors le citoyen ne sentira plus « *la main du Gouvernement levée sur lui* »[92] et développera nécessairement une certaine confiance envers cette justice indépendante et impartiale. Or, pour Cormenin, « *la confiance des citoyens est aujourd'hui le plus riche trésor de l'État* »[93]. Cela signifie en creux qu'en accordant plus de garanties aux citoyens, on conforte en réalité l'autorité et la stabilité de l'État. Il apparait donc clairement, chez ces auteurs, que la proposition d'un Tribunal administratif ne s'est pas faite dans une visée libérale (quel qu'en soi le courant), mais d'abord étatiste. Cette sensibilité ne sera pas remise en cause par les précurseurs ; elle en sortira même confortée.

§ 2. *Le ralliement rapide à la thèse administrative*

231. Contrairement à ce que l'on pourrait penser au premier abord, la thèse administrative, qui promeut l'intégration de la justice administrative au sein de l'administration, a été davantage soutenue par les précurseurs – que l'on présente pourtant souvent comme étant plus libéraux que leurs prédécesseurs[94] – que par les ordonnateurs. Cela peut surprendre. Mais en réalité, il convient ici tout particulièrement de remettre ce débat dans son contexte : il se trouve

[88] MACAREL (Louis-Antoine), *Des tribunaux administratifs*, *op. cit.*, 1828, p. 522.
[89] *Ibid.*, p. 523.
[90] CORMENIN (Louis-Marie), *Du Conseil d'État envisagé comme conseil et comme juridiction sous notre monarchie constitutionnelle*, *op. cit.*, 1818, p. 142.
[91] *Ibid.*, p. 153.
[92] *Ibid.*, p. 152.
[93] *Ibid.*, p. 153.
[94] V. notamment TOUZEIL-DIVINA (Mathieu), *Éléments d'histoire de l'enseignement du droit public : la contribution du doyen Foucart (1799-1860)*, LGDJ, 2007, p. 8 s.

que le cadre législatif et réglementaire relatif à la justice administrative et aux garanties qu'elle offre a été pour partie renouvelé à partir des années 1830. Le développement de ces garanties a conduit à ce que les derniers ordonnateurs, puis les précurseurs, se rallient massivement à la thèse administrative. De surcroit, les précurseurs n'ont paradoxalement pas la même distance vis-à-vis du pouvoir en place que l'avait Macarel et Cormenin dans les années 1820. La pensée d'État rattrape donc vite les précurseurs et les pousse à défendre le *statu quo*. Unanimement adoptée dès la Monarchie de Juillet (**A**), la thèse administrative sera encore défendue après la IIe République (**B**).

A- **La thèse administrative unanimement adoptée dès la Monarchie de Juillet**

232. Les réformes législatives de 1831, en ce qu'elles donnent de nouvelles garanties à l'administré devant le Conseil d'État, entrainent un déclin brutal de la thèse quasi-judiciaire parmi les administrativistes (**1**). Leur adoption subséquente de la thèse administrative est commandée par une certaine conception de la séparation des pouvoirs (**2**) et par la rémanence d'une certaine raison d'État (**3**). Elle témoigne de façon générale de leur volonté de légitimer l'État administratif : l'administration, principal vecteur de la puissance étatique, doit également œuvrer à *régler* une telle puissance.

1- *Le déclin brutal de la thèse quasi-judiciaire*

233. Un contexte déterminant. Longtemps verrouillé, le statut du Conseil d'État va connaitre une réforme significative à partir de la Monarchie de Juillet. Or, ainsi que le relève Christophe Auzanneau, « *la Révolution de 1830 aurait pu signifier la disparition du Conseil d'État* »[95]. En effet, ni Louis-Philippe, ni Dupont de l'Eure, alors Ministre de la Justice, ne sont favorables à cette institution. C'est Victor de Broglie, alors Ministre des Cultes et de l'Instruction publique, et bien qu'auteur en 1828 d'un article particulièrement véhément à l'endroit du Conseil d'État[96], qui viendra demander le salut de cette institution. Nommé à sa présidence par Louis-Philippe en 1830, il charge alors une commission – dont Macarel est l'un des membres – de réformer le Conseil d'État. Les travaux de cette commission se concrétiseront par l'adoption de deux ordonnances, qui ont permis d'ancrer le Conseil d'État en tant que juge administratif. La première, adoptée le 2 février 1831, consacre

[95] AUZANNEAU (Christophe), « La justice administrative vue par la doctrine de Locré à Aucoc », *in* BIGOT (Grégoire) et BOUVET (Marc) (dir.), *Regards sur l'histoire de la justice administrative*, *op. cit.*, 2006, p. 119.

[96] BROGLIE (Victor de), « De la juridiction administrative », *Revue française*, nov. 1828, p. 60 s.

la publicité des audiences et la possibilité pour les avocats d'émettre des observations orales quand la seconde, adoptée le 12 mars 1831, crée un ministère public auprès du Conseil d'État, qui deviendra le commissaire du gouvernement[97]. Ce ministère public peut être compris, ainsi que l'indique Bernard Pacteau, comme la « *contrepartie aux nouvelles facultés de défense des parties* »[98]. En dépit de cela[99], et faute pour le Conseil d'État d'être supprimé, ses contempteurs obtinrent donc « *un heureux renforcement des garanties offertes aux justiciables* [...] *qui contribua finalement à une meilleure acceptation de ces institutions spécialement chargées des litiges administratifs* »[100].

Ces deux ordonnances vont profondément apaiser le débat relatif à la justice administrative et vont conduire la majorité des auteurs de l'époque, ordonnateurs comme précurseurs, à se positionner en faveur du *statu quo*. Cormenin, pourtant favorable sous la Restauration à l'avènement d'un Tribunal administratif supérieur, dont les membres seraient inamovibles, se ravise dès 1840. Il écrit ainsi : « *Nous avons demandé l'inamovibilité sous la restauration, quand nous n'avions pas encore la publicité des audiences et la plaidoirie orale, garanties supérieures et préférables, nous l'avouons.* »[101] Il considère à présent qu'il est possible de constituer, même sans la garantie d'inamovibilité, « *une assez bonne justice* »[102], en faisant tomber les principales objections qui pesaient sur le Conseil d'État. Il ne s'agit donc pas pour Cormenin de la solution optimale, mais d'un compromis qui tente de satisfaire des différentes parties en présence. Quant à Macarel, il abandonnera lui aussi dès le début des années 1840 l'idée d'une « Cour de justice administrative ». En 1844, il écrit ainsi que la justice administrative nécessite « *une juridiction particulière et spéciale, qui ne peut être placée qu'au sein même de l'administration* »[103]. L'administration est alors mieux placée pour statuer sur les litiges qu'elle fait naître, si bien qu'il ira même jusqu'à affirmer

---

[97] BIGOT (Grégoire), *L'Administration française*, Tome 1, *op. cit.*, 2e éd., 2014, p. 299.

[98] PACTEAU (Bernard), *Le Conseil d'État et la fondation de la justice administrative française au XIXe siècle*, PUF, 2003, p. 99.

[99] L'institution du commissaire du gouvernement a toutefois pu être réinterprétée par le conseiller d'État Aucoc, quelques décennies plus tard, comme une garantie pour les justiciables, le commissaire du gouvernement n'étant « *pas le défenseur exclusif de l'administration* » mais « *compt[ant] au rang de ses devoirs les plus stricts l'obligation de demander justice pour les citoyens dont la réclamation lui parait fondée* » (AUCOC (Léon), *La juridiction administrative et les préjugés*, Panckouke, 1864, réimp. Dalloz, 2012, p. 9).

[100] SEILLER (Bertrand), « Les juges de l'administration », *in* GONOD (Pascale), MELLERAY (Fabrice) et YOLKA (Philippe) (dir.), *Traité de droit administratif*, Tome 2, Dalloz, 2011, p. 442.

[101] CORMENIN (Louis-Marie), *Droit administratif*, Tome 2, Pagnerre-Thorel, 5e éd., 1840, appendice, p. 56.

[102] *Idem.*

[103] MACAREL (Louis-Antoine), *Cours d'administration et de droit administratif*, Tome 2, Gustave Thorel, 1e éd., 1844, p. 685.

qu'« *il est de l'essence des fonctions administratives d'être révocables* »[104], abandonnant toute idée d'inamovibilité. Il faut ici relever un fait majeur qui a très certainement infléchi la position de Macarel à l'égard du Conseil d'État : il y est en effet nommé en tant que conseiller d'État en 1830[105]. Il lui est donc difficile de jouir de la même liberté de ton qu'en 1828, date à laquelle il n'était encore qu'avocat. Compte tenu du revirement de position de Cormenin et de Macarel, la thèse quasi-judiciaire n'aura plus de soutien dans les rangs des administrativistes à partir des années 1840. Une nouvelle loi verra de surcroit le jour sous la Monarchie de Juillet, propre encore à affaiblir les critiques à l'encontre de la justice administrative : après des années de tergiversation[106], la loi du 19 juillet 1845 vient en effet parachever les évolutions déjà entamées par les ordonnances de 1831. Elle consacre l'incompatibilité des fonctions de conseillers d'État et de maîtres de requêtes avec toute autre fonction publique et encadre la révocation des membres du Conseil d'État. De l'aveu d'É. Laferrière, « *cette loi avait donné satisfaction aux griefs les plus sérieux de l'opinion libérale* »[107].

234. La rémanence des critiques libérales. La justice administrative suscitera pourtant encore des critiques chez des libéraux individualistes comme Tocqueville et Poitou. Tocqueville se montrera particulièrement vif à l'encontre du Conseil d'État, qu'il considère comme étant une « *institution de l'ancien régime* »[108] : la justice qu'il consacre, dite « réservée », a été érigée selon des « *axiomes de droit qu'aucun peuple libre* [...] *n'admettra jamais* »[109], écrit-il en 1846. En phase avec le libéralisme individualiste qui l'anime, Tocqueville récuse l'existence de cette justice qui lui semble « *contraire à toutes les notions de l'équité naturelle et de la liberté* »[110]. Il défend alors l'idée selon laquelle « *la règle générale, c'est que tout procès*

---

104 *Ibid.*, p. 879.
105 Occ. « Macarel » *in* DRAGO (Roland) (alii) (dir.), *Dictionnaire biographique des membres du Conseil d'État. 1799-2002*, Fayard, 2004, p. 295.
106 V. CHALINE (Jean-Pierre), « Le Conseil d'État de 1830 à 1848 », *La Revue administrative*, 1998, n° 301, p. 10 : « *La vigueur de l'épuration permet en fait de surmonter la mise en cause de l'institution elle-même et d'en ajourner la réforme. Car celle-ci va être un peu le « serpent de mer » de la Monarchie de Juillet, la loi espérée par la commission de Broglie dès 1830 étant constamment remise à l'étude et n'aboutissant qu'après douze ans de discussions et six projets successifs, le 21 juillet 1845.* »
107 LAFERRIÈRE (Édouard), *Traité de la juridiction administrative et des recours contentieux*, Tome 1, Berger-Levreault, 2e éd., 1896, p. 240.
108 TOCQUEVILLE (Alexis de), *L'ancien régime et la révolution*, Michel-Lévy Frères, 1856, Livre II, chapitre 4, p. 81.
109 TOCQUEVILLE (Alexis de), « Rapport fait à l'Académie des sciences morales et politiques (1846) sur le livre de Macarel intitulé : Cours de droit administratif », i*n Séances et travaux de l'Académie des sciences morales et politiques*, Tome 9, 1846, p. 112. Également *in Œuvres complètes d'A. de Tocqueville publiées par Mme de Tocqueville*, Paris, Michel Lévy frères, 1865, Tome 9, p. 67 et *in* GILBERT (Simon), « Rapport de M. de Tocqueville sur le *Cours de droit administratif* de M. Macarel (1846) », *RFDA*, 2007, p. 1119-1120.
110 *Idem.*

doit aller devant la justice qui présente le plus de garanties aux deux plaideurs, quels que soient ces plaideurs »[111]. S'il assortit cette règle générale d'exceptions pour « *certaines affaires* » qui nécessiteraient l'établissement d'une justice administrative, il considère que ces cas-là sont « *très rares* » et qu'ils « *ne se justifient que par des circonstances très exceptionnelles* »[112]. Ainsi que le relève Grégoire Bigot, le raisonnement de Tocqueville est le suivant : dans la mesure où une telle justice « *offense l'indépendance de la justice, porte potentiellement atteinte à la garantie des droits* », elle « *ne peut donc avoir cours sous un régime représentatif* »[113]. En d'autres termes, l'existence de la justice administrative ne coïncide pas avec les principes libéraux dégagés notamment par les Chartes.

Un autre auteur, déjà rencontré[114], s'insurgera également au nom d'un certain libéralisme – et ce dans le prolongement de Tocqueville – contre la justice administrative : il s'agit d'Eugène Poitou. Auteur d'un ouvrage intitulé *La liberté civile et le pouvoir administratif en France*, il condamne expressément l'existence de la justice administrative, qui ne présente pas « *de garanties suffisantes contre les abus du pouvoir* »[115]. La partialité, la révocabilité et la dépendance[116] des juges administratifs à l'égard du pouvoir en place ne permet pas selon lui de protéger les « *libertés des citoyens* »[117], pourtant proclamés par les Chartes et la Déclaration de 1789. Poitou relève là encore la distorsion qui existe entre les droits proclamés constitutionnellement et leur existence concrète devant la justice administrative : pour reprendre ses mots, l'arbitraire administratif vient encore anéantir la liberté civile[118]. Il n'existe pour lui qu'une seule « *protection efficace du droit individuel* », qu'une seule « *garantie toujours sûre et toujours présente de cette liberté civile* » : le « *pouvoir judiciaire* »[119]. Il prônera ainsi la suppression de la justice administrative et la compétence subséquente des tribunaux judiciaires en matière de contentieux administratif. Mais cette fois, cette critique ne trouvera peu d'écho. Forts d'une certaine conception de la séparation des pouvoirs, ils se rattachent pleinement à la thèse administrative.

---

[111] *Ibid.*, p. 113.
[112] *Idem.*
[113] BIGOT (Grégoire), « Justice administrative et libéralisme sont-ils compatibles ? », *RDP*, 2012, p. 441.
[114] Cf. *supra*. § 173.
[115] POITOU (Eugène), *La liberté civile et le pouvoir administratif en France*, *op. cit.*, 1869, p. 11.
[116] *Ibid.*, p. 10.
[117] *Ibid.*, p. 11.
[118] *Ibid.*, p. 6.
[119] *Ibid.*, p. 13.

2- *Une certaine conception de la séparation des pouvoirs*

235. L'autorité administrative comme émanation du pouvoir exécutif. La défense de la thèse administrative repose en partie sur une certaine conception de la séparation des pouvoirs. Pour nos yeux du XXIe siècle, les distinctions opérées à cet égard peuvent dérouter. Il convient en effet, plus que jamais, de remettre ici en cause nos constructions mentales. L'argument tiré de la séparation des pouvoirs constitue de surcroit à l'époque un argument à double tranchant : il est autant utilisé par les défenseurs que par les opposants à l'existence d'une justice administrative distincte. François Burdeau note à ce titre qu'« *un dialogue de sourds commence à s'établir entre les deux camps* » car « *des deux côtés, on se drape sous les mêmes plis du drapeau tutélaire de la séparation des pouvoirs* »[120]. Deux conceptions de la séparation des pouvoirs s'opposent à cette époque, comme on a déjà eu l'occasion de le constater[121]. Les libéraux de l'époque défendent une séparation tripartite des pouvoirs[122] : la justice doit constituer un pouvoir à part. Lorsque l'on juge – qu'il s'agisse de l'administration ou non –, seul le pouvoir judiciaire doit être compétent. Afin de contrer ces arguments, les administrativistes défendent une conception bipartite des pouvoirs[123], entre pouvoir législatif et pouvoir exécutif. Cette conception permet subséquemment l'étroit rattachement de l'administration au pouvoir exécutif[124]. C'est ce que l'on a pu appeler la théorie des bases constitutionnelles de l'administration : le droit administratif « *doit jouir du privilège de juridiction pour cette raison qu'il s'inscrit dans le prolongement organique du pouvoir exécutif* »[125]. Cette théorie permet en effet de légitimer l'intégration de la justice administrative à l'administration, composante principale du pouvoir exécutif, et d'exclure la compétence du juge judiciaire en la matière – ce qui n'est pas exempt d'un certain nombre de contradictions[126].

---

120 BURDEAU (François), « Les crises du principe de dualité des juridictions », *RFDA*, 1990, p. 726.

121 Cf. *supra*. § 165 s.

122 FUZIER-HERMAN (Édouard), *La séparation des pouvoirs d'après l'histoire et le droit constitutionnel comparé*, Marescq Ainé, 1880, p. 488.

123 Cf. *supra*. § 166.

124 Dans la mesure où la justice administrative est réputée être intégrée au pouvoir exécutif et non au pouvoir judiciaire, alors les administrativistes de l'époque – faisant l'amalgame entre fonction juridictionnelle et fonction judiciaire – considèrent que juger l'administration, ce n'est pas véritablement juger. Il faut laisser la possibilité à l'administration de s'autoréguler. Une telle présentation n'est rendue possible que par une conception très extensive de la fonction administrative : « *administrer,* écrit F. Laferrière, *c'est donc non seulement exécuter, mais décider les difficultés d'exécution et juger les réclamations que l'exécution provoque* » (LAFERRIÈRE (Firmin), *Cours de droit public et administratif*, Joubert, 1e éd., 1839, p. 890).

125 BIGOT (Grégoire), « Les bases constitutionnelles du droit administratif avant 1875 », *RFDA*, 2003, p. 221.

126 On a vu en effet que le pouvoir judiciaire était de ce fait également compris dans le pouvoir exécutif. Dès lors, il est particulièrement facile de remettre en cause l'idée selon laquelle cette

Quoi qu'il en soit, cet argument est particulièrement répandu. On pense notamment à Foucart, qui prend pour point de départ l'idée selon laquelle l'autorité administrative est une « *émanation du pouvoir exécutif* »[127]. L'administration dispose donc d'une base constitutionnelle : le pouvoir exécutif. De cela, il déduit que « *l'administration a le droit de prendre des mesures qu'elle juge convenables, mais encore qu'elle seule a le droit d'interpréter ses actes, de connaitre de difficultés auxquelles leurs exécution donne lieu, de juger les réclamations de l'intérêt privé qu'elle soulève* »[128]. Car « *s'il en était autrement* », c'est-à-dire si le juge judiciaire pouvait en juger, l'administration « *ne serait plus ni discrétionnaire ni responsable, car ses actes pourraient être mal compris, leur exécution pourrait être faussée ou devenir impossible* »[129]. Puisque l'administration est rattachée constitutionnellement au pouvoir exécutif, il en fait découler la compétence de l'administration pour statuer sur le contentieux administratif. On voit là la contradiction : Foucart, bien qu'il reconnaisse que le pouvoir judiciaire est lui aussi intégré au pouvoir exécutif[130], lui refuse de connaitre le contentieux administratif. Loin d'être embarrassé par cette contradiction, il persiste à vouloir exclure tant la compétence des tribunaux judiciaires que celle d'un tribunal indépendant, qui ne relèveraient pas du pouvoir exécutif. Cela lui permet en tout état de cause d'exclure les tribunaux judiciaires mais également la compétence d'un tribunal indépendant, qui ne relèveraient pas du pouvoir exécutif. Plus fondamentalement, il est en effet nécessaire selon lui que « *l'administration ne soit soumise à aucune autorité qui lui soit étrangère* »[131]. Ainsi est exprimée la volonté de légitimer l'autorégulation de l'administration, d'une administration comme seule mesure de l'État caractéristique de l'État administratif. S'il convient de régler, voire de mesurer le pouvoir de l'administration, cela ne peut être fait que par l'administration elle-même. Il y ajoute l'argument corolaire tiré de la « responsabilité ministérielle ». Selon cet argument, l'administration doit juger de son propre contentieux car, dans la mesure où elle est rendue par les ministres sur délégation du Roi, ceux-ci peuvent être appelés à en répondre devant les Chambres. Si la justice était confiée à une entité indépendante, alors les potentiels abus que celle-ci commettrait ne pourrait faire l'objet d'aucune mise en responsabilité. Les ministres, qui jugent, sont ainsi responsables politiquement des solutions qu'ils rendent. Cette idée, déjà développée par

---

séparation bipartite des pouvoirs impliquerait automatiquement la compétence de la justice administrative pour statuer sur les actes du pouvoir exécutif.

[127] FOUCART (Émile-Victor), *Éléments de droit public et administratif*, Tome 3, Videcoq, 1e éd., 1839, p. 266.

[128] *Ibid.*, p. 266-267.

[129] *Ibid.*, p. 267.

[130] Cf. *supra.* § 168.

[131] FOUCART (Émile-Victor), *Éléments de droit public et administratif*, Tome 3, *op. cit.*, 1e éd., 1839, p. 267.

Hély d'Oissel en 1828[132], témoigne de la volonté de régler les litiges administratifs au sein même de l'administration, c'est-à-dire au sein même de l'État, à l'exclusion des individus. Tout doit se régler *à l'intérieur* de l'État, et même à l'intérieur du pouvoir exécutif – dont on a vu qu'il était souvent assimilé à l'État[133].

L'invocation des bases constitutionnelles de l'administration pour parvenir à une telle conclusion est également largement présente chez un précurseur comme Chauveau, qui consacre un chapitre entier à la question de la « *constitutionnalité et de la légalité des tribunaux administratifs* »[134]. Son argument matriciel consiste à dire que « *la compétence administrative dériv[e] du pouvoir exécutif* »[135]. Il apparait selon lui que « *le pouvoir de prononcer sur le contentieux en administration est dans le pouvoir exécutif, parce que l'administration même dont il est inséparable y est certainement* »[136]. Cette affirmation repose sur deux postulats : d'une part que l'administration et le contentieux administratif sont « inséparables », d'autre part que l'administration est intégrée au pouvoir exécutif, contrairement au pouvoir judiciaire qui constitue pour lui un véritable pouvoir à part, contrairement à Foucart. Il peut dès lors en conclure que le contentieux administratif doit lui aussi être intégré au pouvoir exécutif. De cette façon, Chauveau s'oppose logiquement à la compétence des tribunaux judiciaires, mais également à la création d'un tribunal administratif supérieur. Un tel tribunal, indépendant, « *abandonné à son isolement* », deviendrait en effet « *l'arbitre souverain de l'administration* » et le « *régulateur du pouvoir exécutif* », ce qui aurait pour conséquence de créer « *un quatrième pouvoir* »[137]. Non sans dramaturgie, il en conclut qu'il n'y aurait alors « *plus de justice administrative,* [...] *plus d'administration, il y aurait deux pouvoirs judiciaires* »[138]. Il est ainsi selon lui de l'essence de la justice administrative d'être dépendante du pouvoir exécutif ; si elle devient indépendante, elle est alors synonyme de pouvoir judiciaire.

236. Une garantie de l'indépendance de l'administration. F. Laferrière tient un raisonnement relativement proche de celui de Foucart, bien qu'il ne retienne pas l'argument de la responsabilité ministérielle, progressivement

---

[132] Sur ce point, v. JAUME (Lucien), *L'individu effacé*, *op. cit.*, 1997, p. 359 s.

[133] À cet égard, Lucien Jaume relève en effet que « *pour ce libéralisme soucieux d'autorité, le gouvernement se confond avec l'État, conservateur de l'ordre social et de l'ordre public* » (*ibid.*, p. 361).

[134] CHAUVEAU (Adolphe), *Principes de compétence et de juridiction administratives*, Tome 1, Cotillon-Durand, 1841, p. XXVII.

[135] *Ibid.*, p. XXIX.

[136] *Ibid.*, p. XXXII.

[137] CHAUVEAU (Adolphe), *Principes de compétence et de juridiction administratives*, Tome 1, *op. cit.*, 1841, p. XXXV.

[138] *Idem.* L'auteur souligne.

décrédibilisé[139], et qu'il soit favorable à une séparation tripartite des pouvoirs[140]. En 1841, il évoque, dans un chapitre relatif aux « *principes constitutifs de la juridiction et de la compétence administratives* » la question de la justice administrative, qui découle selon lui de la « *séparation des pouvoirs administratif et judiciaire* »[141]. Rattachant l'administration au pouvoir exécutif, il considère que « *pour assurer cette exécution, il faut donner au pouvoir exécutif le droit d'écarter les obstacles ou de statuer sur les réclamations* »[142]. Si F. Laferrière fait donc du pouvoir judiciaire un troisième pouvoir, c'est pour faire de l'autorité administrative la seule capable de statuer sur les actes du pouvoir exécutif. En d'autres termes, tout doit être fait pour que le pouvoir exécutif puisse véritablement et concrètement poursuivre sa tâche sans entrave, sans quoi « *l'administration serait impossible ou dépendante* » : impossible parce que « *sans cesse entravée par des difficultés* » ; dépendante car « *forcée de se soumettre au pouvoir qui aurait le droit de prononcer entre elle et les citoyens* »[143]. Confier le contentieux administratif à une entité autre que l'administration reviendrait ainsi à s'immiscer dangereusement dans la sphère de compétence de l'administration. Duguit résumera bien à cet égard l'esprit de l'époque : puisque « *tout acte administratif est une manifestation de la puissance publique incarnée dans le pouvoir exécutif,* [...] *par conséquent celui-ci seul peut en apprécier la validité* » ; dès lors, « *si l'on donnait compétence à cet effet aux tribunaux judiciaires il y aurait une violation flagrante du principe intangible de la séparation des pouvoirs* »[144].

Cette conception se retrouvera encore tout au long du XIXe siècle, notamment chez des auteurs comme Trolley[145] ou Serrigny[146]. Ce dernier développe sensiblement la même argumentation que F. Laferrière en considérant notamment que « *si les juges ordinaires pouvaient connaitre des contestations administratives, ils pourraient, à chaque instant, entraver et arrêter*

---

139 Sur ce point, v. HACHEMI (Anissa), *Le juge administratif et la loi*, Thèse dact., 2016, p. 293 s.

140 Cf. *supra*. § 165.

141 LAFERRIÈRE (Firmin), *Cours de droit public et administratif*, Joubert, 2e éd., 1841, p. 597.

142 *Ibid*., p. 598.

143 *Idem*.

144 DUGUIT (Léon), *Les transformations du droit public*, Colin, 1913, p. 150.

145 Sans la séparation des autorités administrative et judiciaire, « *la marche de l'administration eût été sans cesse entravée ; le pouvoir judiciaire, avec son inamovibilité, eût fini par absorber la puissance administrative* » (TROLLEY (Alfred), *Traité de la hiérarchie administrative*, Tome 1, Thorel, 1844, p. 45).

146 SERRIGNY (Denis), *Traité de l'organisation de la compétence et de la procédure en matière contentieuse administrative*, Tome 1, Joubert, 1e éd., 1842, p. 21 : « *ainsi, réglementer, agir, c'est administrer ; lever les obstacles, en prononçant sur les réclamations que soulève l'action administrative, c'est encore faire acte d'administration. L'administration ne serait pas entière, ne serait pas complète, si, au moindre obstacle que rencontre l'action de ses agens, elle était obligée de s'arrêter, sans pouvoir le surmonter.* »

l'administration »[147]. Or, pour que l'administration conserve son indépendance vis-à-vis du juge judiciaire et qu'elle garde sa qualité de « pouvoir » indépendant, il faut qu'elle « *trouve en elle-même la force de lever les obstacles qu'on oppose à sa marche : autrement elle ne serait qu'une moitié de pouvoir, elle ne serait pas un pouvoir entier, elle ne serait rien* »[148]. On comprend alors que par le principe d'indépendance de l'autorité administrative vis-à-vis de l'autorité judiciaire, c'est en réalité l'intégrité du *pouvoir* administratif que l'on protège. En effet, si le juge judiciaire était compétent pour statuer sur le contentieux administratif, non seulement on violerait le principe de la séparation des autorités administrative et judiciaire, mais on remettrait surtout en cause le pouvoir de l'administration en le rendant dépendant du juge, dont on a vu pourtant qu'elle était la pierre angulaire de l'État[149]. En toute logique, Serrigny comme les autres se pose donc comme un fervent défenseur de la thèse administrative, en condamnant par là même l'inamovibilité des membres du Conseil d'État[150]. En creux, il faut bien voir ici ce que cela signifie : juger l'administration, pour eux, ce n'est toujours pas véritablement juger.

3- *La rémanence d'une certaine raison d'État*

237. Le maintien résiduel de l'argument tiré de la raison d'État. L'argument tiré de la raison d'État, déjà utilisé par des auteurs comme Locré ou Henrion de Pansey, sera repris par certains administrativistes à compter des années 1840. Foucart semble être celui, parmi les précurseurs, qui développera les arguments empreints d'un plus grand étatisme. Il s'inscrit directement dans la lignée d'Henrion de Pansey – qu'il cite à de nombreuses reprises. Dans ce sillage étatiste-libéral, Foucart invoque l'incommensurabilité de l'intérêt public pour justifier l'incompétence des tribunaux judiciaires en matière de contentieux administratif : il apparait en effet selon lui qu'« *il ne peut y avoir de société si l'intérêt privé ne cède pas dans les choses essentielles à l'intérêt public* »[151]. Partant de ce postulat, il estime que lorsque « *l'intérêt public se complique des droits des particuliers* », ces litiges ne doivent pas être tranchés par des juges judiciaires car alors « *il pourrait y avoir préjudice pour l'État si ces droits restaient soumis à la règle générale et devaient être appréciés par les tribunaux ordinaires* »[152]. En d'autres termes, il ne faudrait donc pas que

---

[147] *Ibid.*, p. 49.
[148] *Ibid.*, p. 50.
[149] Cf. *supra.* § 160 s.
[150] SERRIGNY (Denis), *Traité de l'organisation de la compétence et de la procédure en matière contentieuse administrative*, Tome 1, *op. cit.*, 1e éd., 1842, p. 54.
[151] FOUCART (Émile-Victor), *Éléments de droit public et administratif*, Tome 3, *op. cit.*, 1e éd., 1839, p. 269.
[152] *Ibid.*, p. 270.

les litiges impliquant l'administration conduisent à causer un préjudice à l'État, c'est-à-dire à remettre en cause son autorité ou encore sa continuité. C'est ainsi selon lui la « *raison d'État* »[153], qui trouve ses racines dans l'adage « *salus populi suprema lex* », qui justifie cette « *dérogation au droit commun* »[154] – faisant montre de son profond étatisme-libéral.

De la même façon, Macarel, alors qu'il défendait auparavant la thèse quasi-judiciaire, mobilisera l'argument tiré de la raison d'État dans la seconde partie de sa carrière. Exprimant son hostilité quant à la remise au juge judiciaire du contentieux administratif, il considère que « *l'unique mission de l'autorité judiciaire, c'est de terminer par des décisions les débats entre particuliers* »[155]. Or, le contentieux administratif naît d'un litige entre « *la société, dont l'administration est l'organe* » et « *un particulier* »[156], c'est-à-dire entre l'intérêt public et l'intérêt privé. Cette spécificité impose que le litige ne soit pas tranché par les tribunaux judiciaires. Cette argumentation semble relativement classique et pourrait encore sans doute être soutenue aujourd'hui. Mais Macarel ne s'arrête pas là, et fait montre d'un étatisme-libéral certain lorsqu'il affirme les raisons pour lesquelles il est impossible de remettre le contentieux administratif aux juges judiciaires : ceux-ci, écrit-il, « *ne sont pas placés de manière à apercevoir, ou du moins à apprécier les raisons d'État et d'intérêt public qui peuvent souvent dominer de semblables affaires* »[157]. En effet, la justice administrative « *connait mieux les motifs qui ont fait agir les administrateurs, les causes qui ont déterminé leurs actes, et qu'alors elle est vraiment plus à portée de mettre en balance l'intérêt public et l'intérêt privé, et de faire prévaloir, au besoin, l'équité tout ensemble et l'intérêt social, qui, en définitive, est l'intérêt de tous* »[158]. Macarel rapproche ici l'intérêt public de la raison d'État : l'intérêt public, finalité poursuivie par l'administration, n'est l'intérêt de tous qu'à condition d'être l'intérêt de l'État. L'étatisme-libéral de Macarel est ici prégnant. L'administration doit se juger elle-même et ne pas prendre le risque d'être dénaturée par l'intervention du juge judiciaire, trop éloigné des considérations d'intérêt public. Tout est donc bon pour légitimer la forme que prend alors la justice administrative.

Il peut paraitre étonnant d'invoquer la « raison d'État » pour justifier l'évincement du droit civil : le droit administratif ne constitue-t-il pas lui aussi un ensemble de règles juridiques capables de s'imposer à l'État et ainsi de permettre sa limitation ? En réalité, en dépit des efforts des auteurs pour

---

153 *Idem.* À noter toutefois qu'il abandonnera cette formulation au profit « salut d'État » dans les éditions ultérieures de ses *Éléments*.
154 *Idem.*
155 MACAREL (Louis-Antoine), *Cours d'administration et de droit administratif*, Tome 2, *op. cit.*, 1e éd., 1844, p. 684.
156 *Idem.*
157 *Idem.*
158 *Ibid.*, p. 685.

constituer le droit administratif en véritable discipline juridique, celui-ci ne semble pas avoir atteint à l'époque le même degré de juridicité que le droit civil, si bien que les règles juridiques formelles ne s'y imposent pas de la même façon. Rappelons à cet égard que les arrêts rendus par le Conseil d'État sont soumis, pour être exécutés, à l'accord du chef de l'État – selon le modèle de la justice retenue. Mais, plus encore, il y a l'idée selon laquelle le droit administratif permet avant tout de faire prévaloir la raison d'État, l'intérêt étatique, sur les droits des individus, voire sur les lois et règlements eux-mêmes. En témoigne d'ailleurs, quelques années plus tôt, la présentation que fait Gérando du droit administratif, où il considère que « *l'expression droit, dans le droit administratif, ne se prend pas suivant un sens rigoureux ; elle se réfère à la notion d'équité, plus qu'à celle de la justice* »[159]. Au XIXe siècle, l'équité se comprend en effet comme ce qui se situe au-dessus de la justice[160], comme ce qui permet de prendre des mesures contraires aux règles de droit posées. En cela, elle s'oppose même au droit positif. L'équité peut alors se confondre avec la raison d'État, tant elles permettent toutes deux de faire échapper l'État non seulement aux règles de droit civil, mais également dans une certaine mesure aux règles juridiques. Gérando en déduisait l'idée selon laquelle les droits des individus n'auraient pas la même valeur selon qu'ils se retrouvent face à d'autres droits individuels ou « *dans leurs rapports avec la société* »[161]. Dans ce dernier cas, Gérando considère qu'il s'agit de « *droits imparfaits* », « *non absolus* »[162]. Cela implique que, face aux intérêts de la société, c'est-à-dire de l'État[163], les tribunaux judiciaires soient incompétents dans la mesure où ils protègent davantage les intérêts privés que l'ordre social. Locré, lui aussi, faisait déjà montre de la nécessité de faire prévaloir, au sein du contentieux administratif, « *l'équité et l'intérêt de tous sur les dispositions inflexibles et plus étroites de la législation positive* »[164]. C'est à la loi elle-même qu'il faut pouvoir déroger pour parvenir à saisir la raison d'État, et ainsi trancher les litiges du contentieux administratif. Cette citation de Locré jouira d'une certaine postérité, notamment chez Chauveau, dont il dit qu'elle « *résume toute [sa] pensée* »[165]. Cette affirmation montre par ailleurs à quel point la loi ne semble pas être, dans les rangs des administrativistes, dotée

---

159 GÉRANDO (Joseph-Marie de), *Institutes du droit administratif*, Tome 1, Nêve, 1e éd., 1829, p. 63.
160 En témoigne par exemple la citation de Victor Hugo issue de *Quatreving-treize*, III, VII, V : « – Qu'y a-t-il donc au-dessus de la justice ? – L'équité. »
161 GÉRANDO (Joseph-Marie de), *Institutes du droit administratif*, Tome 1, *op. cit.*, 1e éd., 1829, p. 63.
162 *Idem.*
163 Cf. *supra.* § 90.
164 LOCRÉ (Jean-Guillaume), *Du Conseil d'État, de sa composition, de ses attributions, de son organisation intérieure, de sa marche, et du caractère de ses actes*, *op. cit.*, 1810, p. 168.
165 CHAUVEAU (Adolphe), *Principes de compétence et de juridiction administratives*, Tome 1, *op. cit.*, 1841, p. liv.

d'un caractère suprême ; la « *nomophilie* »[166] qui touche le siècle postrévolutionnaire à l'endroit de la loi ne semble pas véritablement caractériser les auteurs du droit administratif de l'époque. Puisque les règles posées par la loi peuvent en effet être outrepassées, on comprend que cette tâche ne puisse revenir au juge judiciaire. Elle ne peut, dans le cadre d'un État administratif, ne revenir qu'à l'administration.

238. L'édulcoration de l'argument tiré de la raison d'État. Chauveau, s'il n'invoque pas expressément la raison d'État, en partage donc l'idée. Son argumentaire est similaire à celui de Foucart et Macarel lorsqu'il considère que « *vouloir appliquer à l'état* (sic) [...] *les maximes du droit civil, les entraves de la juridiction ordinaire, ce serait méconnaitre les règles les plus vulgaires de la conservation de la société, ce serait pour chacun de nous, si porté à s'individualiser, si enclin au stérile égoïsme, sacrifier notre grandeur nationale, notre force intérieure, notre position extérieure* »[167]. Ainsi, pour Chauveau, admettre la compétence des juges judiciaires reviendrait à nier l'identité singulière de l'État. Or, toujours selon Chauveau, « *l'assimilation de l'état* (sic) *avec un particulier est* [...] *contraire au véritable esprit de notre régime constitutionnel* »[168]. Il convient donc d'ériger une justice particulière pour l'État, sans quoi c'est la société tout entière qui pourrait vaciller. S'il n'invoque pas expressément la « raison d'État », ses lignes en sont toutefois imprégnées. On retrouve un argument d'une portée similaire chez Vivien[169] et F. Laferrière : pour réfuter la compétence des tribunaux judiciaires en matière de contentieux administratif, ce dernier considère que « *la loi et la justice civiles règlent, en général, les rapports privés entre les citoyens* »[170]. Or, lorsque l'on est en présence d'actes administratifs, qui « *touchent aux intérêts de l'administration publique* », il faut les interpréter et les exécuter « *conformément au but que l'administration s'est posée* »[171]. On voit ici à quel point le cœur de l'État, pour les administrativistes, ne se situe donc pas au sein du pouvoir judiciaire mais davantage au sein du pouvoir administratif – seul capable de saisir la raison d'État. Seul un juge administratif, placé à l'intérieur de l'administration et ainsi conscient des enjeux de son action, serait donc à même de trancher les litiges administratifs. En construisant tout cet

---

[166] RIALS (Stéphane), *La déclaration des droits de l'homme et du citoyen*, Hachette, 1988, p. 369-370.

[167] CHAUVEAU (Adolphe), *Principes de compétence et de juridiction administratives*, Tome 1, *op. cit.*, 1841, p. 93-94.

[168] *Ibid.*, p. LI.

[169] VIVIEN (Auguste), *Études administratives*, Guillaumin, 1e éd., 1845, p. 305 : *l'esprit de la juridiction administrative* », par opposition à l'esprit judiciaire, se caractérise par le fait que « *l'État, c'est à dire la collection de tous les citoyens, et le trésor public, c'est-à-dire l'ensemble de tous les contribuables, doivent passer avant le citoyen ou le contribuable isolés, défendant un intérêt individuel* ».

[170] LAFERRIÈRE (Firmin), *Cours de droit public et administratif*, *op. cit.*, 2e éd., 1841, p. 598.

[171] *Ibid.*, p. 599.

argumentaire, les auteurs justifient donc le *statu quo*, preuve que leur pensée d'État, en plus de légitimer la spécificité même de l'État, tâche de justifier juridiquement les solutions adoptées par le pouvoir en place.

239. La coloration libérale de l'étatisme des administrativistes. De façon générale, dire que les administrativistes s'inscrivent dans la tradition étatiste-libérale ne signifie pas qu'ils sont totalement hostiles au progrès des libertés individuelles. Leur étatisme ne se confond pas avec un despotisme. Même Foucart, dont on a vu qu'il mobilisait la « raison d'État » pour justifier l'exclusion de la compétence judiciaire, tient dans son argumentaire à expliquer que la solution retenue permet au mieux de « *concilier les principes du droit public avec l'intérêt des particuliers* »[172]. Sans doute faut-il comprendre ici que la poursuite de la raison d'État est la meilleure façon de satisfaire les intérêts particuliers, ce qui ne manque pas de contradictions. Ainsi doit être compris l'étatisme-libéral des administrativistes du XIXe siècle. Il nous semble dès lors difficile de souscrire à l'idée défendue par Mathieu Touzeil-Divina selon laquelle les auteurs du XIXe siècle étaient « *des libéraux convaincus et non des défenseurs des prérogatives de la Puissance publique* »[173]. Sur ce point, nous considérons en effet que si les administrativistes de l'époque ne sont pas nécessairement hostiles au progrès des libertés individuelles, leur attachement à l'État et à l'assise de son pouvoir s'avère toujours plus déterminant[174]. La question du traitement du contentieux administratif présente sur ce point les mêmes enjeux que la définition de l'État comme personnification de la société[175] : elle démontre à quel point l'individu est, dans le cadre du droit administratif, absorbé par la puissance sociale. L'administré est à cet égard un « *citoyen amputé* »[176]. Tout se passe comme si il était impossible de cultiver un rapport d'extériorité avec l'État. Il n'est donc que peu question des libertés individuelles. Forts de ce postulat, les administrativistes continueront de défendre la thèse administrative, même après l'avènement de la IIe République.

---

172 FOUCART (Émile), *Éléments de droit public et administratif*, Tome 3, Videcoq, 1e éd., 1839, p. 269.

173 TOUZEIL-DIVINA (Mathieu), *Le doyen Foucart (1799-1860), un père du droit administratif moderne*, ANRT, 2014, p. 472.

174 Dans le même sens, v. PLESSIX (Benoît), « Nicolas Delamare ou les fondations du droit administratif français », *Droits*, 2003, n° 38, p. 134 : « *Quels que soient les débuts du droit administratif moderne, la science du droit administratif moderne, elle, n'est manifestement née qu'avec Laferrière et Hauriou ; car avant, de Gérando à Aucoc, c'est l'Ancien Régime qui s'est poursuivi* ».

175 Cf. *supra*. § 86.

176 BIGOT (Grégoire), « Les habitudes de l'administration : l'histoire irrésolue de la police administrative », *in* DISSAUX (Nicolas) et GUENZOUI (Youssef) (dir.), *Les habitudes du droit*, *op. cit.*, 2015, p. 123.

B- La thèse administrative paradoxalement confortée à partir de la IIe République

240. La thèse administrative n'est pas remise en cause par les administrativistes après la IIe République, laquelle aurait pourtant pu permettre de faire évoluer les positions (**1**). Une légère évolution est toutefois notable chez Ducrocq et Aucoc, qui feront une place plus importante aux garanties accordées aux individus, bien qu'ils persistent à défendre la thèse administrative propre à la figure d'un État administratif dans lequel l'administration constitue le principal vecteur de la puissance étatique, et par conséquent la seule mesure de l'État (**2**).

1- *Des positions globalement conservées après la IIe République*

241. L'avènement de la IIe République en 1848 aurait pu changer la donne et conduire les précurseurs à opter en faveur d'une justice administrative indépendante et déléguée. En effet, la loi du 3 mars 1849 entraine la consécration de la justice déléguée ; le Conseil d'État se trouve « *nettement désengag[é] de l'administration active ou consultative* »[177]. Aucun administrativiste ne saisira toutefois véritablement cette occasion. Il faut d'emblée préciser que très peu d'auteurs de droit administratif écrivent entre 1848 et 1852. Seuls F. Laferrière et Macarel s'y sont risqués. De façon particulièrement étonnante, le premier ne modifie qu'à la marge son argumentaire, alors même que la loi organique du 3 mars 1849 donna compétence au Conseil d'État pour « *statuer en dernier ressort sur le contentieux administratif* »[178], rompant ainsi avec le modèle de justice retenue. Pour Macarel, cette loi ne vient que confirmer ses opinions en la matière[179], puisqu'il soutenait l'idée, déjà sous la Monarchie de Juillet, que la justice administrative était déléguée au Conseil d'État. En tout état de cause, une telle organisation ne perdura pas, puisque le coup d'État de Louis-Napoléon Bonaparte en 1851 renoue avec le système de la loi de 1845.

Sous le Second Empire, les précurseurs déjà rencontrés sous la Monarchie de Juillet, qu'il s'agisse de Foucart, F. Laferrière, Chauveau ou encore

[177] BURDEAU (François), *Histoire du droit administratif, op. cit.*, 1995, p. 95.

[178] Art. 6 de la loi organique du Conseil d'État du 3 mars 1849, *Recueil complet des lois, décrets, ordonnances par C.-M. Galisset*, Tome 9 (1847-1849), De Cosse et N. Delamotte, p 872.

[179] MACAREL (Louis-Antoine), *Cours d'administration et de droit administratif*, Tome 2, Plon Frères, 2e éd., 1852, p. 596 : « *Ainsi, voilà le principe aujourd'hui en vigueur : le conseil d'État statue sur le contentieux administratif ; il y statue en dernier ressort. Le pouvoir que toute la législation antérieure s'était attachée à lui dénier, c'est-à-dire la juridiction souveraine, lui est donc aujourd'hui attribué.* »

Serrigny[180], ne changent pas leur argumentaire. Ils restent toujours favorables à la thèse administrative. Seul Vivien change sa position : auparavant favorable à une telle thèse, il se pose dès 1852 – après avoir quitté la vice-présidence du Conseil d'État – en défenseur de la thèse quasi-judiciaire. Et pour cause, « *en cette matière comme en toute autre,* [...] *juger c'est juger* »[181]. Par conséquent, Vivien considère que la justice administrative n'est qu'un démembrement du pouvoir juridictionnel, et non du pouvoir administratif. Il lui apparait pourtant impossible de confier une telle tâche au juge judiciaire, car pour ce dernier « *l'État n'est à leurs yeux qu'un être abstrait qui les touche moins que le citoyen contre lequel il plaide* » si bien que « *trop souvent le premier leur parait un oppresseur et l'autre une victime* »[182]. Combiné au risque de voir le juge judiciaire accaparer la puissance administrative[183], et aux lenteurs de la justice judiciaire[184], Vivien se montre résolument hostile à la compétence de cette dernière dans le champ du contentieux administratif, et ce en s'appuyant largement sur l'idée qu'il se fait de l'État. À ce titre, on peut déduire *a contrario* que l'État n'est pas pour lui un « être abstrait », mais une entité concrète dont les intérêts ne peuvent être mis en balance avec les intérêts privés. On voit ici que, bien que Vivien ne soit plus conseiller d'État ni même professeur ou administrateur, il ne rejoint pas un libéralisme individualiste. Sa pensée est encore empreinte d'étatisme.

2- *L'apport novateur de Ducrocq et Aucoc*

242. La prise en considération des garanties individuelles. En dehors du cas de Vivien, de nouvelles voix se feront toutefois entendre à partir des années 1860 : il s'agit principalement de Ducrocq et Aucoc. Si tous deux se montrent favorables à la thèse administrative, leur argumentaire s'avère quelque peu novateur. Il est en effet davantage empreint de considération pour

---

[180] Serrigny développera même une position encore plus étatiste qu'auparavant. Alors qu'il se limitait auparavant à la seule question de la séparation des pouvoirs, il écrit qu'« *il y aurait danger pour l'administration à la soumettre à des juges qui ne sont pas initiés à ces nécessités, à ses usages, à ses besoins, qui, par devoir, se préoccupent presqu'exclusivement du droit privé, et dont l'invasion aurait bientôt détruit le principe tutélaire de la séparation des pouvoirs* » (SERRIGNY (Denis), *Traité de l'organisation de la compétence et de la procédure en matière contentieuse administrative*, Tome 1, Auguste Durand, 2e éd., 1865, p. 66). En d'autres termes, il apparait clair pour Serrigny que l'on ne peut juger des personnes privées de la même manière que l'on ne juge l'État. Or, le juge judiciaire, s'il était investi de cette dernière mission, nierait ainsi la spécificité de l'État en plaçant les parties au litige à égalité, et contreviendrait dès lors à une certaine raison d'État qui implique de faire toujours prévaloir l'intérêt étatique, devenu intérêt général, sur les intérêts privés.

[181] VIVIEN (Auguste), *Études administratives*, Tome 1, Guillaumin, 3e éd., 1859, p. 132.

[182] VIVIEN (Auguste), *Études administratives*, Tome 1, Guillaumin, 2e éd., 1852, p. 141.

[183] *Ibid.*, p. 142.

[184] *Idem.*

les individus et les garanties dont ils peuvent jouir que chez les autres administrativistes. Ils insistent alors sur les bénéfices que peuvent tirer les administrés de la justice administrative. Sans doute peut-on y voir ici l'influence de Dareste[185], avocat aux conseils et auteur en 1862 d'un ouvrage remarqué sur la justice administrative en France. Il s'affaire en effet dans cet ouvrage à démontrer que, si la justice administrative est à l'origine « *une invention du despotisme* »[186], elle n'est plus ce qu'elle était : rappelant l'ensemble des réformes dont elle a fait l'objet, il estime que le Conseil d'État au contentieux est désormais « *une Cour de justice* »[187]. La justice administrative constitue dès lors « *la garantie la plus efficace qui puisse être donnée à l'administré contre l'administrateur* »[188]. Ce type d'argument, en ce qu'il porte une considération aux administrés, est nouveau. Il sera repris dans une certaine mesure par Aucoc et Ducrocq.

La position de Ducrocq peut étonner : il a à la fois recours à des arguments particulièrement datés et étatistes tout en faisant une place – certes réduite mais jusqu'alors inédite – aux garanties des administrés. Cela le conduit par exemple à affirmer que le jugement des litiges administratifs, « *tout en garantissant les droits privés, [a] principalement en vue l'intérêt général* »[189]. Même si elle ne doit pas entraver le but poursuivi par l'administration, il n'en reste pas moins que la garantie des droits privés est invoquée, ce qui n'était pas le cas quelques décennies auparavant. Ducrocq relève encore que la justice administrative, et surtout le Conseil d'État, « *forme la seule garantie efficace qui puisse être donnée à l'administré contre l'administrateur* » dans la mesure où « *elle contrôle l'administration, et offre aux droits privés la plus sérieuse protection contre ses abus de pouvoir* »[190]. Ducrocq a bien perçu, alors qu'il écrit sous l'Empire libéral, qu'une attention plus importante devait être portée aux administrés. Cela ne l'empêche pas toutefois de considérer que « *juger le contentieux administratif, c'est encore administrer ; la juridiction contentieuse administrative est le complètement nécessaire de l'action administrative* »[191], reprenant ainsi l'idée développée par Henrion de Pansey. La place accordée dans son argumentaire aux droits privés et aux libertés individuelles se fait donc plus prégnant tout en laissant intacte la défense de la thèse administrative.

---

185 Sur la figure de Dareste, v. PLESSIX (Benoît), « Rodolphe Dareste ou le droit administratif vu par un avocat aux conseils érudits au XIXe siècle », *RHFD*, 2004, n° 24, p. 65 s.
186 DARESTE (Rodolphe), *La justice administrative en France ou Traité du contentieux de l'administration*, Auguste Durand, 1e éd., 1862, p. 675.
187 *Ibid.*, p. 677.
188 *Ibid.*, p. 679.
189 DUCROCQ (Théophile), *Cours de droit administratif*, Auguste Durand, 2e éd., 1863, p. 93.
190 *Ibid.*, p. 95.
191 *Ibid.*, p. 93.

Aucoc s'inscrit dans cette même lignée. Il relève que la justice administrative « *concilie les garanties données à l'administration avec les garanties données aux particuliers* »[192], preuve là encore que les individus acquièrent une place plus importante dans son système. Hostile à la thèse judiciaire, il insiste toutefois sur la spécificité du contentieux administratif. En droit civil, « *deux intérêts privés sont en présence* » et ceux-ci doivent être traités « *sur le pied d'égalité* »[193]. Tel n'est pas le cas en droit administratif, où « *c'est l'intérêt public qui impose des sacrifices à l'intérêt privé* »[194]. L'esprit qui anime le juge judiciaire le rend ainsi incompétent pour trancher les litiges faisant intervenir l'État, tant il risquerait là encore de dénier sa spécificité. Aucoc relève en effet que les juges judiciaires « *se laissent aller souvent à un excès d'indulgence ou à un excès de rigueur également regrettables* » : « *tantôt ils ont plus d'égards pour les intérêts du citoyen qui se présente à leur barre que pour l'État, personne abstraite* », tantôt, au contraire, « *l'autorité judiciaire* […] *s'attache strictement à la lettre de la loi, de peur de compromettre le service public, et dépasse le but, en rendant la législation administrative et l'administration odieuse* »[195]. Dans cette mesure, il est nécessaire de remettre le contentieux administratif à l'administration elle-même[196]. L'administration et le traitement de son contentieux doivent ainsi rester indiciblement liés. L'étatisme d'Aucoc dépasse de cette façon largement son libéralisme. Sa pensée d'État, qui le pousse à justifier juridiquement le *statu quo*, est ici patente.

243. Le maintien d'une posture étatiste-libérale. Ces postulats conduisent les deux auteurs à récuser de concert l'idée d'inamovibilité des juges administratifs. Alors que Dareste l'appelait de ses vœux, tant « *elle augmenterait la confiance des citoyens dans l'indépendance et l'impartialité du juge* »[197], telle n'est pas l'opinion de Ducrocq et Aucoc. Pour Ducrocq, il est impossible « *de donner cette garantie aux justiciables, sans compromettre l'indépendance de l'administration active* »[198]. Des tribunaux inamovibles, libérés de toute sanction potentielle, entraveraient en effet l'action administrative et, ainsi, la marche de l'État. Telle est également l'argumentation d'Aucoc sur ce point : l'inamovibilité conduirait les juges à

---

192 AUCOC (Léon), *Conférences sur l'administration et le droit administratif*, Tome 1, Dunod, 1e éd., 1869, p. 337.
193 *Ibid.*, p. 331.
194 *Idem.*
195 *Ibid.*, p. 333.
196 AUCOC (Léon), *Conférences sur l'administration et le droit administratif*, Tome 1, *op. cit.*, 1e éd., 1869, p. 352 : « *les membres des juridictions administratives sont d'autant plus propres à remplir leurs fonctions, qu'ils sont mêlés à l'action administrative, à titre de conseils* ».
197 DARESTE (Rodolphe), *La justice administrative en France*, *op. cit.*, 1e éd., 1862, p. 677.
198 DUCROCQ (Théophile), *Cours de droit administratif*, *op. cit.*, 2e éd., 1863, p. 95.

dominer l'administration, « *qui doit être libre pour être responsable* »[199]. Il est donc important que les juges administratifs restent révocables pour qu'ils ne soient pas tentés d'entraver la marche de l'administration[200]. Sans doute Dareste serait-il surpris de voir que l'inamovibilité des conseillers d'État n'est pas encore formellement acquise aujourd'hui, lui qui faisait d'elle la « *dernière trace du caractère primitif de l'institution [du Conseil d'État]* » et dont il certifiait qu'elle « *disparaîtr[a] sans doute aussi quelque jour* »[201].

La pensée de Ducrocq et d'Aucoc, bien qu'ils fassent une place plus importante aux libertés individuelles dans leurs développements, n'est donc pas dénuée de tout étatisme. En tâchant de concilier ces deux impératifs, ils parviennent en réalité à dégager un équilibre salvateur pour la pérennité de la justice administrative. Se dégage en effet en creux l'idée selon laquelle la justice administrative, en dépit de l'absence des garanties similaires aux tribunaux judiciaires, est mieux à même de protéger les intérêts individuels parce qu'elle est mieux à même de préserver les intérêts de l'État. Comme le relève François Burdeau, Ducrocq et Aucoc ont ainsi « *à cœur de soutenir que, loin de* [...] *bafouer [la liberté des individus], les juridictions administratives la protègent autrement mieux que ne le feraient les tribunaux judiciaires* »[202]. Naît alors ce paradoxe : « *produit de la marge d'arbitraire nécessaire à l'État, la justice administrative en vient à se ranger parmi les garanties des libertés publiques* »[203]. Tel est le tour de force qu'ont progressivement réussi les ordonnateurs puis les précurseurs : parvenir à défendre un modèle où l'administration elle-même constitue la seule mesure de l'État. Ils légitiment de ce fait non pas uniquement le modèle étatique en soi, mais l'État tel qu'il existe au XIXe siècle, à savoir un État administratif. Une telle velléité, qui permettra sans doute à la justice administrative de survivre à l'avènement de la IIIe République, s'est également concrétisée par la manière dont ils ont tâché de mettre en ordre le contentieux administratif.

---

199 AUCOC (Léon), *Conférences sur l'administration et le droit administratif*, Tome 1, *op. cit.*, 1e éd., 1869, p. 351.

200 Il ajoute pour récuser l'inamovibilité des juges administratifs le fait que ceux-ci perdraient « *l'occasion de puiser, dans la pratique des affaires, ces lumières qui les amènent à rendre une justice plus modérée et plus équitable* » (*ibid.*, p. 352).

201 DARESTE (Rodolphe), *La justice administrative en France*, *op. cit.*, 1e éd., 1862, p. 676-677.

202 BURDEAU (François), « Les crises du principe de dualité de juridictions », *RFDA*, 1990, p. 731.

203 *Idem.*

Section 2. **La mise en ordre du contentieux administratif**

244. Pour les ordonnateurs comme pour les précurseurs, qui se sont rapidement intéressés au contentieux de l'administration, la nécessité de le mettre en ordre est vite apparue nécessaire. Il convient toutefois dès à présent de faire la distinction entre le contentieux de l'administration et le contentieux administratif. Tous les actes de l'administration, conçue organiquement, ne ressortissent pas à l'époque du contentieux administratif. On se souvient ainsi de la distinction faite entre les actes d'autorité et les actes de gestion, qui révèle à cette époque deux façons d'être de l'État : l'État-puissance publique et l'État-personne privée[204]. Seuls les actes du premier entrent dans le contentieux administratif, ceux du second étant dévolus à la compétence du juge judiciaire. Au sein du contentieux proprement administratif, auquel s'applique donc le droit administratif, deux types de contentieux vont particulièrement nous intéresser : le premier, relatif aux actes de l'administration ; le second, relatif à la responsabilité administrative. Ils ne cesseront, au cours du XIXe siècle, de se développer et présentent des enjeux particulièrement intéressants pour saisir la façon dont ils se représentent l'État. Que ces évolutions soient réceptionnées par les administrativistes avec ferveur ou avec crainte, il n'y a en réalité à leurs yeux qu'un seul impératif : leur opportunité pour l'autorité et la légitimité de l'État, voire du pouvoir en place. Ces deux recours en sont en effet défendus qu'en tant qu'ils permettent de mesurer administrativement le pouvoir de l'État, l'administration devant être « *ce qui protège le pouvoir d'État à travers la juridiction qu'elle exerce* »[205]. Les ordonnateurs comme les précurseurs ne consentent donc à limiter le pouvoir d'État que si celui-ci en tire finalement un certain avantage, dans le fil de la jurisprudence de l'époque. Suivant cette logique, les administrativistes, rapidement conscients de l'opportunité d'un contentieux des actes de l'administration, vont allègrement participer à son développement (**§ 1**), ce qui n'est pas le cas du contentieux de la responsabilité, dont ils ne perçoivent pendant longtemps que la dangerosité pour l'État (**§ 2**).

---

[204] Cf. *supra.* § 148.

[205] JAUME (Lucien), *L'individu effacé*, *op. cit.*, 1997, p. 352.

§ 1. *L'opportunité d'un contentieux des actes de l'administration*

245. Le contentieux des actes de l'administration, autre nom donné au recours pour excès de pouvoir, naît au milieu du XIXe siècle[206]. Le Conseil d'État n'est pas seul à son origine : le recours pour excès de pouvoir tel qu'on le connait aujourd'hui n'aurait jamais pu naître sans la systématisation à laquelle ont procédé les ordonnateurs puis les précurseurs. Quantitativement parlant, le recours pour excès de pouvoir ne recouvre pas une importance majeure au début du XIXe siècle. Il connaitra toutefois un développement fulgurant à partir de la seconde moitié de ce siècle : les administrativistes s'en saisiront alors, mesurant son importance pour le droit administratif et pour l'État. Sa systématisation, au début du XIXe siècle, bien que laborieuse (**A**), se développera toutefois lorsque les administrativistes se rendront compte que les progrès du recours pour excès de pouvoir constituent *in fine* une véritable opportunité pour l'État ; il lui permet de réguler son pouvoir, d'en repérer les *excès* sans que cela ne provienne d'un tiers à l'administration (**B**).

A- **La conceptualisation difficile du contentieux des actes de l'administration**

246. Au XIXe siècle, le contentieux administratif ne fait pas l'objet d'une systématisation aboutie. On prendra comme point d'attache le recours pour excès de pouvoir, qui présente des enjeux particulièrement intéressants pour comprendre l'autorégulation de l'administration, propre à montrer la volonté de légitimer la figure de l'État administratif. Le recours pour excès de pouvoir naît, sous la Restauration, au creux de la distinction alors structurante entre l'administration active et l'administration contentieuse, dont il convient de préciser la portée (**1**). Sans véritablement s'en émanciper, le recours pour excès de pouvoir ne cessera toutefois de se développer, à compter des années 1860, sous le regard bienveillant des administrativistes (**2**).

1- *Freiner la propagation des recours contentieux : la distinction entre l'administration active et l'administration contentieuse*

247. L'amorce de la distinction entre administration active et administration contentieuse. Du fait de l'adoption globale de la thèse

[206] Sur le développement tortueux du recours pour excès de pouvoir, v. notamment LAMPUÉ (Pierre), « Le développement historique du recours pour excès de pouvoir depuis ses origines jusqu'au début du XXe siècle », *RISA*, 1954, n° 2, p. 359 s.

administrative par les auteurs du XIXe siècle, une nouvelle distinction va voir le jour au sein même du pouvoir administratif : celle entre l'administration active et l'administration contentieuse. Une telle distinction n'a pu en effet naître que parce que le contentieux administratif était retenu au sein de l'administration (et non délégué à un tribunal indépendant ou judiciaire). C'est donc au sein même de l'administration que joue la distinction. Elle fait figure de palliatif d'une justice administrative indépendante : même si la justice administrative n'est pas organiquement séparée de l'administration active, on tient à distinguer ces deux missions. Il y a d'un côté l'action, et de l'autre le contentieux. Cette idée est à l'origine de la création d'une commission du contentieux distincte au sein du Conseil d'État en 1806. Avant cela, Roederer, proche de Napoléon, affirmait déjà dans son rapport fait à la loi le 28 pluviôse an VIII la nécessité de séparer l'« *administration proprement dite* » des « *jugements du contentieux* »[207]. Cette distinction, fondée sur l'idée selon laquelle « *administrer, doit être le fait d'un seul homme, et juger, le fait de plusieurs* »[208], fut à l'origine de la création des conseils de préfecture créés par la même loi. Une telle distinction entre l'administration active et l'administration contentieuse sera relayée quelques années plus tard par les administrativistes. Ce n'est en effet qu'« *à partir des années 1830, [qu'elle] pren[d] de plus en plus d'importance en doctrine* » : « *le déclin de la solution judiciaire se fait à son profit* »[209]. Déjà présente en filigrane chez Gérando et Cormenin, Macarel s'en fera le héraut à partir des années 1840 (c'est-à-dire à partir du moment où ils ne défend plus la thèse quasi-judiciaire[210]). Il estime en effet que « *l'administration active et la justice administrative sont deux choses distinctes ; il importe qu'elles soient réunies dans la même sphère, mais elles doivent être remises à des mains différentes : l'administration active à un seul administrateur, la justice administrative à plusieurs* »[211]. Le pouvoir administratif se montre ainsi sous deux facettes : celle qui juge, et celle qui agit. Les critiques à l'encontre du Conseil d'État, lequel cumule ces deux fonctions sans les confondre, peuvent ainsi être endiguées.

Parmi les précurseurs, Foucart, dont on se souvient qu'il défend la thèse administrative avec ardeur, distingue également « *l'administration active, chargée d'exécuter* », et « *l'administration contentieuse, au contraire,*

---

207 ROEDERER (Pierre-Louis), « Motifs du projet de loi, concernant la division du territoire, et l'administration, présentés au corps législatif, le 18 pluviôse », *reproduit in Mémoire d'économie publique, de morale et politique*, Tome 1, Impr. Du Journal de Paris, 1800, p. 270.

208 *Idem.*

209 CHEVALLIER (Jacques), *L'élaboration historique du principe de séparation de la juridiction administrative et de l'administration active*, *op. cit.*, p. 101.

210 Cf. *supra.* § 221 s.

211 MACAREL (Louis-Antoine), *Cours de droit administratif*, Tome 2, *op. cit.*, 1e éd., 1844, p. 700.

appelée à connaitre des réclamations »[212]. Si les dénominations varient quelque peu en fonction des auteurs, l'idée générale est conservée et se perpétue chez la majorité des précurseurs. On la retrouve encore chez Trolley qui qualifie la distinction entre l'administration active et le contentieux administratif de « *capitale* »[213] ou encore chez Chauveau[214] et Serrigny[215] – de façon plus effacée toutefois. Bouchené-Lefer, estime quant à lui qu'il s'agit de l'« *une des conditions essentielles pour l'étude et pour la pratique du droit public administratif* [...] *[que] de se bien rendre compte de la différence qui existe entre autorité et juridiction* »[216]. En progressant, l'idée d'une distinction entre l'administration active et l'administration contentieuse rend peu à peu obsolète la théorie de l'administrateur-juge[217], qui impliquait au contraire une fusion de ces deux missions, même si elle est loin d'être formellement abandonnée par l'ensemble des auteurs[218]. Seul Bouchené-Léfer émettra véritablement le souhait de s'en défaire[219] – alors qu'il n'est plus conseiller d'État – et ce pour mieux assoir la légitimité de la justice administrative. Si la distinction entre administration active et administration contentieuse apparait pour de nombreux auteurs comme étant primordiale, c'est parce qu'elle est assortie de nombreuses conséquences concrètes. La séparation entre l'administration active et l'administration contentieuse répond à cet égard à un objectif précis lié à l'ouverture des recours contentieux, car si les actes de la seconde peuvent en faire l'objet, tel n'est pas le cas de la première. Les auteurs légitiment de cette manière la faible ouverture du contentieux des actes du gouvernement.

248. Une distinction épineuse. Mais un premier obstacle se dresse quant à la mise en œuvre concrète de la distinction entre administration active et administration contentieuse : ainsi que le relève Grégoire Bigot, « *la répartition entre l'administration dite active et l'administration contentieuse, nonobstant la création des conseils de préfecture et du Conseil d'État, est loin*

---

[212] FOUCART (Émile-Victor), *Éléments de droit public et administratif*, *op. cit.*, 2e éd., 1839, p. 161.

[213] TROLLEY (Alfred), *Cours de droit administratif*, Tome 1, *op. cit.*, 1844, p. V.

[214] CHAUVEAU (Adolphe), *Principes de compétence et de juridiction administratives*, Tome 1, *op. cit.*, 1841, p. 23.

[215] SERRIGNY (Denis), *Traité de l'organisation de la compétence et de la procédure en matière contentieuse administrative*, Tome 1, *op. cit.*, 1e éd., 1842, p. 21.

[216] BOUCHENÉ-LEFER (Adèle-Gabriel-Denis), « De la distinction entre l'autorité et la juridiction administratives, ou du contentieux et du non-contentieux administratif », *Revue pratique de droit français*, 1864, p. 433.

[217] V. BIGOT (Grégoire), « La théorie du ministre-juge : endoscopie d'une fiction juridique », *in* BIGOT (Grégoire), BOUVET (Marc) (dir.), *Regards sur l'histoire de la justice administrative*, *op. cit.*, 2006, p. 230 s.

[218] Pour les critiques qui sont adressées à ce système, v. HACHEMI (Anissa), *Le juge administratif et la loi (1789-1889)*, *op. cit.*, 2016, p. 828 s.

[219] BOUCHENÉ-LEFER (Adèle-Gabriel-Denis), « De la justice administrative », *Revue pratique de droit français*, 1863, Tome 15, p. 354 s.

d'être réalisée sous le règne de la justice dite retenue »[220]. Il est vrai que dans le cadre du Conseil d'État et des conseils de préfecture, la division entre l'administration active et l'administration contentieuse est relativement aboutie. Le cas complexe concerne en réalité les administrateurs eux-mêmes, dont certains se voient investis des deux missions. On ne s'étonnera pas dès lors de trouver dans les ouvrages de droit administratif du XIXe siècle des développements sur les attributions contentieuses des ministres ou des préfets[221]. En effet, alors qu'à partir de 1815, le Conseil d'État impose au requérant de saisir préalablement le ministre, ce dernier va progressivement être conçu comme un *juge* à part entière[222]. Le Conseil d'État ne statue alors qu'en appel de la décision rendue par le ministre. Une question épineuse se pose alors : lorsqu'un ministre prend une décision, comment savoir si celle-ci ressort de l'administration active ou de l'administration contentieuse ? C'est cette question que vont tâcher d'éclairer les administrativistes de l'époque, légitimant cet état de fait.

Au temps des ordonnateurs, on se fonde pour ce faire sur l'existence d'une « réclamation ». Gérando écrit ainsi que lorsque l'administration « *commence à rencontrer une sorte de droits acquis ; droits qu'on pourrait appeler, non des droits absolus, mais des droits imparfaits, qui supposent cependant et une possession et une jouissance* », « *alors elle devient contentieuse* »[223]. Dans la mesure où un administré réclame quelque chose à l'administration, alors l'acte pris par l'administrateur pour y répondre devra être considéré comme un jugement – c'est-à-dire comme la première étape avant de pouvoir saisir le Conseil d'État en appel. On retrouve la même idée chez Macarel en 1828, pour qui « *l'administration active prend le caractère contentieux, dès qu'elle est en opposition avec des droits privés* »[224]. Dès lors, « *le contentieux en administration existe, dès qu'il y a réclamation formée au nom de droits ou d'intérêts privés qu'un acte administratif a lésés* »[225]. Macarel, de la même façon que Gérando, se fonde ici davantage sur l'existence d'une « réclamation » faite par un individu que sur l'objet de sa requête : il est selon lui très clair que, dans certains cas où une autorité administrative répond à la réclamation d'un individu, elle « *n'use assurément pas du simple pouvoir administratif ; sa décision est empreinte de la main du juge* »[226]. Si un particulier *réclame* par exemple une autorisation administrative au maire ou

---

[220] BIGOT (Grégoire), *L'Administration française*, Tome 1, *op. cit.*, 2e éd., 2014, p. 327.
[221] Dans le même sens, v. BIGOT (Grégoire), « La théorie du ministre-juge : endoscopie d'une fiction juridique », *in* BIGOT (Grégoire) et BOUVET (Marc) (dir.), *Regards sur l'histoire de la justice administrative*, *op. cit.*, 2006, p. 230 s.
[222] BURDEAU (François), *Histoire du droit administratif*, *op. cit.*, 1995, p. 162 s.
[223] GÉRANDO (Joseph-Marie de), « Discours d'ouverture du Cours de Droit public et administratif », *Thémis*, 1820, vol. 1, p. 79.
[224] MACAREL (Louis-Antoine), *Des tribunaux administratifs*, *op. cit.*, 1828, p. 114.
[225] *Ibid.*, p. 130.
[226] *Ibid.*, p. 131.

au préfet, alors celui-ci sera considéré comme exerçant une mission administrative *contentieuse*.

Macarel va toutefois initier une évolution à ce propos en tâchant à partir des années 1840 de fixer un certain nombre de matières qui seront, *par nature*, contentieuses – qu'importe l'existence d'une réclamation. Il en dresse toute une liste qu'il ne nous appartient pas de restituer ici[227]. Mais, à titre d'exemple, Macarel considère que si un Ministre prend de lui-même la décision de conserver une digue construite par un particulier, alors même que celle-ci nuit au terrain des riverains, il prononce alors une décision contentieuse[228]. François Burdeau relève à ce titre qu'« *une décision peut être dite ainsi "contentieuse", alors qu'elle a été prise spontanément par une autorité* »[229]. Cormenin s'engagera également dans cette voie, bien qu'il ne définisse à aucun moment ce qu'il entend par « *contentieux administratif* »[230]. Dédiant tout un chapitre au « rejet des requêtes », qui n'est qu'une énumération de jurisprudences du Conseil d'État, on peut toutefois relever qu'il recourt à un critère matériel : le rejet des requêtes peut en effet être prononcé par le Conseil d'État « *parce que la matière n'est pas contentieuse* »[231]. Ce n'est qu'avec les précurseurs que la distinction entre administration active et administration contentieuse va davantage prendre forme, en s'éloignant de la distinction absconse faite par Macarel : il ne s'agit plus, pour savoir ce qui est contentieux ou non, de s'intéresser aux *matières* en question.

249. La formalisation de la distinction par les précurseurs. La distinction entre administration active et administration contentieuse va alors s'ordonner autour de la question de savoir si l'activité menée ouvre des « droits » ou de simples « intérêts » aux administrés[232]. Dans le premier cas, elle sera contentieuse ; dans le second, elle sera active. Foucart considère ainsi que « *l'administration agit de deux manières : tantôt elle est revêtue d'un pouvoir*

---

[227] Pour cette recension, v. IMBERT (Louis), *L'évolution du recours pour excès de pouvoir 1872-1900*, Thèse, Dalloz, 1952, p. 190 s.

[228] Macarel donne entre autres l'exemple suivant : « *Supposons qu'un particulier fasse construire une digue pour prévenir les débordemens d'une rivière qui traverse sa propriété ; Que les propriétaires d'un marais limitrophe se plaignent de cette entreprise, disant qu'elle occasionne la stagnation des eaux sur leur héritage ; Que le débat soit porté devant le ministre de l'intérieur, et que celui-ci décide que la digue sera conservée, sauf à ses auteurs à indemniser les propriétaires dont il sera prouvé qu'elle aggrave le sort. Le ministre qui aura rendu cette décision n'aura- t-il pas prononcé sur un véritable litige, dans lequel l'administration n'est pas seule intéressée ?* » (MACAREL (Louis-Antoine), *Des tribunaux administratifs*, *op. cit.*, 1828, p. 835).

[229] BURDEAU (François), *Histoire du droit administratif*, *op. cit.*, 1995, p. 155.

[230] Sur ce point, v. CHAUVEAU (Adolphe), *Principes de compétence et de juridiction administratives*, Tome 2, *op. cit.*, 1841, p. 154.

[231] CORMENIN (Louis-Marie), *Droit administratif*, Tome 1, *op. cit.*, 5e éd., 1840, p. 87.

[232] Si cette distinction se retrouve également dans le droit civil de l'époque, elle n'a pas la même teneur. Sur ce point, v. GIRARD (Anne-Laure), *La formation historique de la théorie de l'acte administratif*, Thèse, Dalloz, 2013, p. 397 s.

discrétionnaire ; tantôt elle est renfermée dans les limites étroites de l'application d'une loi, d'une ordonnance ou d'un contrat »[233]. Dans le premier cas, lorsque l'administration agit discrétionnairement, « *les particuliers ne peuvent s'appuyer sur un droit, puisqu'ils critiquent une mesure à laquelle ils sont forcés de se soumettre ; ils ne fondent leur réclamation que sur leur intérêt* »[234]. L'administration est alors active. À l'inverse, lorsque le pouvoir de l'administration est contraint par une règle juridique, alors « *il ne s'agit plus d'un simple intérêt ; le réclamant invoque un droit qui résulte d'une loi, d'une ordonnance ou d'un contrat* »[235]. L'administration est alors contentieuse. C'est ainsi l'existence d'un pouvoir discrétionnaire de l'administration ou non qui détermine la matière contentieuse. Lorsque l'administration agit discrétionnairement, l'individu qui invoque son *intérêt* pourra le faire par la voie d'un recours gracieux à l'administration, sans qu'un véritable litige contentieux ne naisse – l'administration n'étant pas même tenue d'y répondre. En revanche, lorsque l'administration était censée agir en fonction de règles définies, l'individu peut invoquer son *droit*, ce qui ouvre un véritable contentieux avec l'administration, propre à répondre aux formes d'un jugement. Les droits reconnus aux individus n'existent ainsi pas en soi ; ils n'existent que parce que l'État leur a reconnu dans des situations données. Les droits des individus ne sont que des concessions faites par l'État, dont on se souvient qu'il se donne pour rôle d'administrer les libertés[236]. Cela témoigne encore du prisme étatiste-libéral adopté, car l'État est alors réputé comme préexistant à l'individu auquel il arroge occasionnellement des droits lorsque cela ne lui nuit pas, dans le droit sillage d'un État administratif qui recherche avant tout l'obéissance et non la satisfaction des droits des citoyens.

F. Laferrière reprend lui aussi, à la même époque que Foucart, la distinction entre les « droits » et les « intérêts » pour distinguer l'administration contentieuse de l'administration active. Cependant, il ne se fonde pas comme Foucart sur l'existence d'un pouvoir discrétionnaire de l'administration pour régler la question, mais davantage sur la « *nature de l'intérêt qui réclame* »[237]. Il apparait en effet selon lui que « *la juridiction administrative ne peut s'appliquer à toutes les réclamations qui s'élèveraient à l'occasion des actes administratifs, et qui ne s'appuieraient que sur des intérêts de convenance, d'utilité, sur des vues de critique ou d'amélioration ; elle a pour objet seulement de statuer sur les réclamations qui allèguent des droits particuliers, comme droits acquis et préexistans* (sic), *auxquels l'acte de l'administration*

233 FOUCART (Émile-Victor), *Éléments de droit public et administratif*, Tome 1, Videcoq, 3e éd., 1843, p. 174.
234 *Idem.*
235 *Idem.*
236 Cf. *supra.* § 93.
237 LAFERRIÈRE (Firmin), *Cours de droit public et administratif*, *op. cit.*, 2e éd., 1841, p. 599.

porterait atteinte »[238]. La mise en place des garanties propres à l'existence d'un jugement est ainsi liée à l'existence d'un « droit acquis » et préexistant, c'est-à-dire reconnu par un acte juridique préalable, présentation que prendra également Aucoc[239]. Ils suivent en cela – et légitiment du même coup – la jurisprudence du Conseil d'État, dont « *les arrêts exigent* [...] *que le requérant oppose à la décision un droit certain, un droit spécifiquement protégé, un droit possédé à titre privatif* »[240].

Quant à Serrigny, il mêlera les critères érigés par Foucart et F. Laferrière pour systématiser la distinction entre administration contentieuse et administrative active (ou « pure »). Il apparait selon lui que les actes émanés du pouvoir discrétionnaire de l'administration ne peuvent ouvrir un recours *contentieux*, et ce dans la mesure où de tels actes ne peuvent pas blesser que de simples « *intérêts* » et non des « *droits légitimes* »[241]. L'administration peut en effet toujours « *blesser les intérêts des individus à l'égard desquels il statue ; mais [alors] il ne leur enlève pas des droits fondés sur la loi* »[242]. Ainsi, dès lors qu'un droit individuel est fondé sur une loi, l'administration doit le respecter. Mais quand l'administration agit discrétionnairement, les administrés peuvent seulement faire un recours gracieux, car la règle reste que « *l'intérêt particulier doit fléchir devant l'intérêt général* »[243]. Outre Vivien[244], une telle présentation sera encore reprise par Chauveau[245]. Ce dernier tâche toutefois de prendre une certaine hauteur de vue sur la question, démontrant qu'elle est en réalité empreinte d'enjeux majeurs pour l'État. Chauveau justifie en effet la distinction entre les recours contentieux et les recours administratifs par le fait que « *l'administration active a souvent besoin de sacrifier l'intérêt*

238 *Idem.*

239 AUCOC (Léon), *Conférences sur l'administration et le droit administratif*, Tome 1, *op. cit.*, 1e éd., 1869, p. 102.

240 GIRARD (Anne-Laure), *La formation historique de la théorie de l'acte administratif*, *op. cit.*, 2013, p. 397.

241 SERRIGNY (Denis), *Traité de l'organisation de la compétence et de la procédure en matière contentieuse administrative*, Tome 1, *op. cit.*, 1e éd., 1842, p. 25.

242 *Ibid.*, p. 34.

243 *Ibid.*, p. 28.

244 VIVIEN (Auguste), *Études administratives*, *op. cit.*, 1e éd., 1845, p. 283-284 : « *au moment où des réclamations s'élèvent, il devient nécessaire de savoir à quel ordre d'autorité appartiennent les actes attaqués, et si l'on impute à l'administration d'avoir blessé des intérêts, ou porté atteinte à des droits. Dans le premier cas, les réclamations sont purement administratives ; elles appartiennent à ce qu'on désigne sous le titre de juridiction gracieuse, pour indiquer que toute concession est purement chose de grâce et de bon vouloir. Dans le second cas, elles appartiennent au contentieux administratif.* »

245 Selon lui, un simple « intérêt », c'est-à-dire un « *avantage que peut retirer tel individu d'une mesure administrative ou du désir d'obtenir une gratification, une faveur spéciale* » (CHAUVEAU (Adolphe), *Principes de compétence et de juridiction administratives*, Tome 1, *op. cit.*, 1841, p. 24), etc. ne révèle que l'administration comme « pouvoir gracieux » et ne peut donner lieu à un recours contentieux. À l'inverse, un « droit », dont il en dégage plusieurs types, peut ouvrir droit à un recours contentieux.

particulier à l'intérêt général. La lutte sera vive, car l'intérêt particulier peut être immense, mais cet intérêt particulier doit céder sans discussion *à l'intérêt général. Le droit seul* discute *et obtient satisfaction.* »[246]. En d'autres termes, qu'importe l'importance de l'intérêt individuel invoqué, celui-ci sera toujours sacrifié à l'intérêt général. Seul un *droit* peut faire face à l'État, et ainsi ouvrir un véritable contentieux.

250. Une distinction favorable à l'autorégulation de l'administration. Au fil du XIXe siècle, la distinction entre l'administration active et l'administration contentieuse s'est donc structurée ; elle n'en reste pas moins complexe et difficile à appréhender. Elle sera toutefois encore adoptée par l'ensemble des auteurs favorables à la thèse administrative jusqu'à la fin du Second Empire comme Ducrocq[247] ou le commissaire du gouvernement L'Hôpital dans ses conclusions sur l'arrêt *Gazette de France* de 1866[248]. Au-delà des différents critères adoptés, elle montre à quel point il apparait important à l'époque de limiter drastiquement la possibilité pour les individus de faire des recours à l'encontre de l'action administrative. Indéniablement, une telle construction est donc loin d'être neutre ; elle témoigne de la volonté de faire du contentieux, qui met en place une sorte de face à face entre l'État et l'individu, une exception. Cela laisse ainsi le champ libre aux recours gracieux, exemptés des garanties juridictionnelles classiques (comme le principe du contradictoire[249]), et qui restent à la libre appréciation de l'administration. En effet, ainsi que le relève Grégoire Bigot, avec les recours gracieux, « *l'État se trouve être la mesure de sa propre puissance ; il s'autorégule à sa guise en donnant ou non suite à ces recours* »[250]. Avec les recours gracieux, l'administration s'érige donc comme la seule mesure de l'État[251]. De surcroit, la zone réduite dans laquelle un contentieux peut naître montre la faible « *autonomie des droits de l'individu* »[252], dont l'existence est

---

[246] *Ibid.*, p. 29. L'auteur souligne.

[247] DUCROCQ (Théophile), *Cours de droit administratif*, Tome 1, Ernest Thorin, 3e éd., 1868, p. 121-122 : « *Nous avons dit que pour appartenir au contentieux administratif il fallait que la réclamation, dirigée contre un acte administratif proprement dit fût fondée sur la violation d'un droit acquis, et non sur la lésion d'un simple intérêt. Il y a droit acquis chaque fois que l'acte ou le fait contre lequel on réclame a été accompli au mépris d'une obligation légale de l'administration : alors seulement la voie contentieuse est ouverte contre l'acte administratif ; il en est ainsi parce que, si l'on ne peut opposer à l'administration un droit qu'elle soit tenue de respecter, elle est autorisée par la loi à répondre.* »

[248] CE, 31 mai 1866, *Gazette de France*, *Rec.*, p. 1332 s.

[249] V. par exemple AUCOC (Léon), *Conférences sur l'administration et le droit administratif*, Tome 1, *op. cit.*, 1e éd., 1869, p. 393-394 : « *Les organes de l'administration active, chargés de la satisfaction des intérêts publics, sont souvent dominés par la préoccupation du but qu'ils doivent atteindre. Ils ne statuent pas après un examen contradictoire comme les juges.* »

[250] BIGOT (Grégoire), *L'Administration française*, Tome 1, *op. cit.*, 2e éd., 2014, p. 328.

[251] Et ce d'autant plus qu'il n'existe pas à cette époque de juge constitutionnel, qui aurait pu lui aussi s'ériger en mesure de l'État en contrôlant les actes du pouvoir législatif.

[252] JAUME (Lucien), *L'individu effacé*, *op. cit.*, 1997, p. 352.

conditionnée à leur reconnaissance expresse par le pouvoir central. Or, l'autonomie des droits individuels constitue un marqueur révélateur de l'empreinte du libéralisme, quel qu'il soit. Cette empreinte se mesure selon Lucien Jaume par « *le droit qu'aurait l'individu de juger de son droit et de le faire sanctionner par une instance équitable* »[253]. Force est alors de constater sa relative faiblesse selon les administrativistes du XIXe siècle, qui s'inscrivent alors pleinement dans la volonté de justifier juridiquement les restrictions faites à l'ouverture des recours devant le Conseil d'État. Cette faible autonomie s'opère au profit de l'autorité de l'État, dont les actes ne peuvent dès lors n'être que très rarement contestés. En défendant cet état de fait, les ordonnateurs comme les précurseurs s'insèrent un peu plus dans une certaine pensée d'État, qui sera encore révélée lors de l'apparition et de la systématisation du recours pour excès de pouvoir.

2- *Émanciper le recours pour excès de pouvoir*

251. La naissance hasardeuse du recours pour excès de pouvoir. La question des origines du recours pour excès de pouvoir a fait couler beaucoup d'encre. Il ne sera pas ici question pour nous d'ajouter une nouvelle pierre à ce débat, déjà savamment discuté, mais plutôt de voir comment les administrativistes du XIXe siècle se sont emparés de la question. Le recours pour excès de pouvoir, compris comme le contentieux de la légalité, n'est étudié à part entière par les auteurs qu'à partir des années 1845. Il ressort pourtant des études dédiées à ses origines – et même s'il n'existe pas de consensus précis sur la question – que le recours pour excès de pouvoir apparait à la fin de la Restauration, soit à la fin des années 1820. En effet, pour des auteurs comme Grégoire Bigot, François Burdeau ou encore Pierre Sandevoir, l'arrêt *Flandrin* du Conseil d'État en date du 4 mai 1826 revêt une importance toute particulière et peut d'une certaine façon être considéré comme l'acte de naissance du recours pour excès de pouvoir. Pierre Sandevoir relève qu'avec cet arrêt, « *le contentieux de la légalité était créé* »[254], et ce dans la mesure où l'arrêt d'alignement dont il était question, qui n'était pas considéré comme un acte de type « contentieux » mais comme relevant de l'administration active, fut annulé par le Conseil d'État. Ce dernier ne s'enquit d'ailleurs aucunement de l'existence d'un droit acquis du requérant, mais trancha le conflit en se fondant uniquement sur l'incompétence de l'autorité. François Burdeau rejoint cette analyse dans la mesure où, avec cet arrêt, le Conseil d'État « *au lieu* […] *de statuer sur des droits, comme il était coutume,* […] *s'érigeait en juge de la légalité de l'action administrative* »[255]. De la

---

[253] *Idem.*

[254] SANDEVOIR (Pierre), *Études sur le recours de pleine juridiction*, LGDJ, 1964, p. 257.

[255] BURDEAU (François), *Histoire du droit administratif*, *op. cit.*, 1995, p. 168.

même façon, Grégoire Bigot relève que cette décision a eu « *de quoi révolutionner le droit administratif* »[256]. Jean-Louis Mestre a pu réfuter dans un article l'importance de l'arrêt *Flandrin* dans l'avènement du recours pour excès de pouvoir : il date sa naissance à partir du début des années 1820[257]. En dépit des controverses sur la question, la période 1820-1830 apparait donc comme étant celle de l'apparition de ce recours. Avec l'arrêt *Dailly*[258] de 1833, le Conseil d'État donne une base légale au recours pour excès de pouvoir grâce à l'exhumation de la loi des 7-14 octobre 1790, et fait ainsi *formellement* naitre un tel recours comme moyen pour « *pénétrer dans une aire qui lui était traditionnellement fermée* »[259]. Le Conseil d'État y affirme en effet qu'« *aux termes de la loi du 14 octobre 1790, c'est à nous qu'il appartient de statuer, en Conseil d'État, sur les réclamations d'incompétence et d'excès de pouvoir, à l'égard des autorités administratives* »[260].

252. L'émancipation progressive du recours pour excès de pouvoir. Si l'on peut dater la naissance du recours pour excès de pouvoir sous la Restauration, cela ne signifie pas que notion d'« excès de pouvoir » n'existait pas avant cela. Celle-ci est bel et bien présente dans les ouvrages de droit administratif, mais elle ne vise toutefois pas ce contentieux de la légalité. Pendant les premières décennies du XIXe siècle, l'excès de pouvoir, rattaché à l'incompétence, n'est utilisé que pour réguler les compétences *contentieuses* des différentes autorités administratives[261], et non leurs compétences administratives à proprement parler. En effet, dans la mesure où de multiples autorités détiennent des compétences administratives contentieuses, le Conseil d'État est chargé par le biais de l'excès de pouvoir de contrôler la compétence de chacune d'entre elle. Il s'agissait dès lors en quelque sorte d'un règlement des conflits entres juridictions où le Conseil d'État jouait son rôle de juge de cassation. Le Conseil d'État s'inspire en effet largement, ainsi que le relève Benoît Plessix[262], de la Cour de cassation, qui dès la fin de la Révolution, faisait déjà usage du terme d'« excès de pouvoir » pour contrôler les jugements rendus par les juridictions inférieures. Devant la Cour de cassation, le recours pour excès de pouvoir visait en réalité l'« *excès de pouvoir du juge* »[263], si bien que la notion était purement contentieuse. L'analogie semble donc pouvoir être faite. Cette conception purement

---

256 BIGOT (Grégoire), *Introduction historique au droit administratif depuis 1789*, PUF, 2002, p. 97. Il faut toutefois noter que dans son ouvrage l'Administration française, l'auteur ne fait plus référence à cet arrêt.

257 *Ibid.*, p. 96-97.

258 CE, 22 mars 1833, *Dailly*, *Rec.*, p. 175.

259 BURDEAU (François), *Histoire du droit administratif*, *op. cit.*, 1995, p. 170.

260 CE, 22 mars 1833, *Dailly*, *Rec.*, p. 175.

261 V. SANDEVOIR (Pierre), *Études sur le recours de pleine juridiction*, *op. cit.*, 1964, p. 257.

262 PLESSIX (Benoît), *Droit administratif général*, *op. cit.*, 2e éd., 2018, p. 1358-1359.

263 Sur ce point, v. WALINE (Marcel), *La notion judiciaire de l'excès de pouvoir. L'excès de pouvoir du juge*, Dalloz, 1927.

contentieuse de l'excès de pouvoir sera parfois encore retenue par les auteurs jusque dans les années 1860, par un auteur comme Dareste par exemple, pour qui « *il y a excès de pouvoir quand le juge saisi d'une affaire de sa compétence prend des dispositions qui lui sont interdites* »[264].

Tous les administrativistes de l'époque n'accusent toutefois pas ce retard : le recours pour excès de pouvoir se détache peu à peu de la seule question des conflits entre autorités contentieuses. En 1843, Dufour définit ainsi l'excès de pouvoir comme une « *usurpation de la part d'un fonctionnaire sur un pouvoir d'une autre nature que le sien* »[265]. La difficulté réside toutefois en cela que, à l'époque, les fonctionnaires peuvent aussi bien être partie à l'administration active qu'à l'administration contentieuse. Dufour donne alors comme exemple d'excès de pouvoir l'usurpation « *de la part d'un juge sur le pouvoir municipal ou préfectoral, ou même sur le pouvoir d'un juge d'une autre sphère* »[266]. L'usurpation provient bien ainsi d'un fonctionnaire, c'est-à-dire de l'administration active comme de l'administration contentieuse. On retrouve la même idée chez Serrigny[267], Foucart[268], F. Laferrière[269], Ducrocq[270] ou encore Aucoc, pour qui il « *est de principe que tout acte émané d'un agent de l'administration peut être attaqué devant l'Empereur en*

[264] DARESTE (Rodolphe), *La justice administrative en France*, *op. cit.*, 1e éd., 1862, p. 225.
[265] DUFOUR (Gabriel), *Traité général de droit administratif appliqué*, Tome 1, Delamotte, 1e éd., 1843, p. 193.
[266] *Ibid.*, p. 193-194.
[267] SERRIGNY (Denis), *Principes de compétence et de juridiction administratives*, Tome 1, *op. cit.*, 1e éd., 1842, p. 242 : « *Le pouvoir de juger ou d'administrer dérive d'un mandat. Quand le juge ou l'administrateur sort des limites de ce cercle, il n'a plus de pouvoir pour administrer, ni pour juger : il commet un excès de pouvoir* ».
[268] FOUCART (Émile-Victor), *Éléments de droit public et administratif*, Tome 3, Marescq-Dujardin, 4e éd., 1856, p. 664-665 : « *Les actes purement administratifs des ministres, des préfets, des maires, peuvent se diviser en trois classes : tantôt ils émanent de l'autorité agissant dans la sphère d'action de son pouvoir discrétionnaire ; par exemple, lorsqu'un préfet détermine la direction et la largeur d'un chemin vicinal, il n'y a de recours que devant l'administration pure, à moins d'incompétence , excès de pouvoir, violation des formes* ».
[269] LAFERRIÈRE (Firmin), *Cours de droit public et administratif*, *op. cit.*, 2e éd., 1841, p. 51 : « *Il exerce sur tous les actes des fonctionnaires publics une attribution régulatrice en cas d'incompétence ou d'excès de pouvoir.* »
[270] DUCROCQ (Théophile), Cours de droit administratif, Tome 1, *op. cit.*, 2e éd., 1863, p. 93. : « *Ces actes d'administration pure tenant au pouvoir discrétionnaire n'échappent pas entièrement au contrôlé du conseil d'État, auquel ils peuvent toujours être déférés pour incompétence ou excès de pouvoir. Il y a incompétence quand l'agent a accompli un acte dans une matière dont il n'avait pas le droit de connaître. Il y a excès de pouvoir lorsque l'agent, investi du droit de connaître de l'affaire sur laquelle il a statué, a pris une disposition qui lui était interdite ; il y a encore excès de pouvoir lorsque l'acte a été rendu en violation des formes substantielles. Ce droit de recours au conseil d'État pour incompétence ou excès de pouvoir, est général ; il s'applique indistinctement à tous les actes émanés d'une autorité, d'un conseil ou d'un tribunal administratif ; il se fonde sur la loi des 7-14 octobre 1790 rapportée ci-dessous, dont la jurisprudence libérale du conseil d'État développe le principe de la manière la plus large.* »

Conseil d'État pour excès de pouvoirs, alors même que la matière serait de celles où l'appréciation des intérêts qui sont en jeu a été laissée d'une manière discrétionnaire à l'administration »[271]. La possibilité de sanctionner un excès de pouvoir s'est dès lors étendue en dehors de l'administration contentieuse. Sans doute les prémices d'une telle conception peuvent là encore se trouver dans le recours comme d'abus, que l'on a pu rencontrer précédemment[272], et qui prospère tout au long du XIXe siècle. Régi par la loi organique du 18 germinal an X et permettant de régler les litiges qui s'élèvent entre le pouvoir temporel et le pouvoir spirituel dans le cadre du Concordat de 1801, l'article 6 de ladite loi dispose en effet qu'« *il y aura recours au conseil d'état* (sic) *dans tous les cas d'abus de la part des supérieurs et autres personnes ecclésiastiques. Les cas d'abus sont : l'usurpation ou* l'excès de pouvoir »[273]. L'excès de pouvoir permet ici au Conseil d'État, dès 1802, de sanctionner les cas où l'autorité spirituelle se serait emparée d'un domaine relevant de l'autorité temporelle, sans qu'il ne s'agisse ici de questions contentieuses. Sans doute cela a-t-il pu constituer un repère pour les administrativistes de l'époque pour émanciper progressivement le recours pour excès de pouvoir.

253. L'intégration du recours pour excès de pouvoir aux recours contentieux. Aux précurseurs qui abordent cet office renouvelé de l'excès de pouvoir, la question se pose toutefois de savoir si ce dernier recours doit être ou non intégré à la catégorie des recours contentieux, subordonnés à l'existence d'un droit acquis, ou à l'inverse à la catégorie des recours administratifs[274]. Les auteurs, dans la lignée du Conseil d'État, répondront par la positive[275] : le recours pour excès de pouvoir est un recours contentieux. En effet, comme que le relève Pierre Sandevoir, « *le recours pour excès de pouvoir n'était recevable, à ses origines et lors de son premier développement, que sur le fondement de la violation d'un droit acquis* »[276]. Foucart note ainsi, par exemple, que « *si le décret, quel qu'il soit, est attaqué pour excès de pouvoir, il y a là matière à un recours par la voie contentieuse, puisque le droit qui protège chaque citoyen contre les empiétements d'une autorité sur l'autre est violé* »[277]. Cette présentation sera encore adoptée par

---

271 AUCOC (Léon), *Conférences sur l'administration et le droit administratif*, Tome 1, *op. cit.*, 1e éd., 1869, p. 391. Nous soulignons.

272 Cf. *supra.* § 118 s.

273 Art. 6 de la loi organique du 18 germinal an X. Nous soulignons.

274 On se souvient en effet que, jusqu'à la fin du Second Empire, la distinction entre administration active et administration contentieuse demeure. Les actes pris dans le cadre de la première donnent lieu à un recours administratif ; ceux pris dans le cadre de la seconde à un recours contentieux.

275 Sur ce point, v. PLESSIX (Benoît), *Droit administratif général*, *op. cit.*, 2e éd., 2018, p. 1357 s.

276 SANDEVOIR (Pierre), *Études sur le recours de pleine juridiction*, *op. cit.*, 1964, p. 279-280.

277 FOUCART (Émile-Victor), *Éléments de droit public et administratif*, Tome 1, *op. cit.*, 4e éd., 1855, p. 131.

Vivien[278], Dufour[279], Serrigny[280] ou encore un répétiteur comme Cabantous[281]. Il est intéressant de voir que le recours pour excès de pouvoir permet aux administrés de contester des actes qu'il était auparavant impossible de remettre en cause par la voie contentieuse. S'il est soumis, en tant que recours contentieux, à l'existence d'un droit acquis – et non d'un simple intérêt – il n'en reste pas moins qu'il constitue véritablement d'une nouvelle voie de recours. Foucart le premier défend l'idée selon laquelle un acte peut toujours faire l'objet d'un recours pour excès de pouvoir, même si celui-ci a été pris dans le cadre d'un pouvoir discrétionnaire, ce qui le rend pourtant en principe insusceptible de recours[282]. Pourtant, les administrativistes de l'époque n'ont pas immédiatement conscience de la nouveauté d'une telle voie de recours : le recours pour excès de pouvoir est relativement peu étudié dans la première moitié du XIXe siècle. Il faut dire, et ainsi que le relève François Burdeau, qu'il est alors d'une « *utilisation fort restreinte* »[283] : elle se limite aux cas d'incompétence et ne s'aventure jamais sur le terrain de la violation de la loi[284].

Le recours pour excès de pouvoir connait en réalité une forte croissance qu'à partir des années 1860. C'est ce que relève Édouard Laferrière quelques décennies plus tard, en s'intéressant aux évolutions historiques du recours pour excès de pouvoir : selon lui, c'est dans la période de 1860 à 1870 que

---

278 VIVIEN (Auguste), *Études administratives*, *op. cit.*, 1e éd., 1845, p. 284 : « *Ainsi, le contentieux administratif se compose de toutes les réclamations fondées sur la violation des obligations imposées à l'administration par les lois qui la régissent ou par les contrats qu'elle souscrit ; ainsi, toute loi qui établit une* compétence, *qui trace une forme d'instruction ou qui pose une règle de décision, peut donner ouverture à un débat contentieux, s'il est allégué que* la compétence soit intervertie, *la forme inobservée ou la règle enfreinte.* » Nous soulignons.

279 DUFOUR (Gabriel), *Traité général de droit administratif appliqué*, Tome 1, Cotillon, 2e éd., 1854, p. 92-93 : « *La voie contentieuse n'est ouverte que contre les décrets qui, directement ou indirectement, statuent sur des droits, dans le sens juridique de ce mot ; mais est-elle ouverte contre tout décret ayant cet effet ? Dans certains cas, l'administration se montre investie d'un pouvoir essentiellement discrétionnaire, et ses décisions échappent à tout contrôle.* [...] *Contre les actes qui empruntent ainsi leur base légale à une attribution de pouvoir absolu, il n'y a de protection que dans les limites qui circonscrivent le pouvoir conféré ou dans les conditions assignées à son exercice ; ce n'est que sous ce double rapport qu'ils peuvent être critiqués, ce qu'on exprime en disant qu'il n'y a lieu au recours que pour cause d'excès de pouvoir.* »

280 SERRIGNY (Denis), *Traité de l'organisation de la compétence et de la procédure en matière contentieuse administrative*, Tome 1, *op. cit.*, 2e éd., 1865, p. 48 : « *Les règlements d'administration publique pourraient être attaqués par la voie contentieuse pour incompétence ou excès de pouvoir, ou pour violation des formes légalement prescrites.* »

281 CABANTOUS (Louis), *Répétitions écrites sur le droit public et administratif*, A. Marescq et E. Dujardin, 1857, p. 404.

282 FOUCART (Émile-Victor), Occ. « Contentieux administratif », *in Encyclopédie du droit*, Tome 6, Videcoq-Delamotte et Cosse, 1846, p. 168. Sur ce point, v. FOUCART (Émile-Victor) et TOUZEIL-DIVINA (Mathieu), *Aux origines des branches du contentieux administratif*, Dalloz, 2017.

283 BURDEAU (François), *Histoire du droit administratif*, *op. cit.*, 1995, p. 172.

284 *Ibid.*, p. 171.

« se produit le développement le plus notable des recours pour excès de pouvoir »[285]. De nombreux actes, qui échappaient alors à tout contrôle contentieux, vont être soumis au Conseil d'État. Le décret du 2 novembre 1864 formalise cette avancée : il l'individualise ce recours en le dotant d'un régime procédural particulier. De lui-même, le Conseil d'État tâchera également d'ouvrir davantage son prétoire tant par l'interprétation de plus en plus large des vices de formes et d'incompétence – seuls initialement compris dans un tel recours – que par la mise au jour de nouveaux cas d'ouverture. À ce titre, le Conseil d'État intégrera progressivement au titre de l'incompétence certains cas de violation de la loi[286], dégageant ainsi progressivement un contrôle de légalité interne des actes administratifs. Contrepartie de cet élargissement, une nouvelle catégorie prend véritablement forme, même si on peut en saisir les prémices avant les années 1850 : celle des actes de gouvernement, déjà étudiée[287], qui permet au Conseil d'État d'exclure certains actes de son contrôle. Elle ne vient toutefois pas entacher le développement manifeste du recours pour excès de pouvoir à partir du Second Empire. S'il n'engendre d'ailleurs pas de craintes chez les précurseurs, c'est en réalité parce que ceux-ci perçoivent rapidement l'opportunité qu'il revêt pour l'État.

B- Le développement bienvenu du recours pour excès de pouvoir

254. Le développement du recours pour excès de pouvoir à partir des années 1860 est sans précédent[288] ; il peut *a priori* être vu comme l'expression d'une poussée libérale, en accordant des garanties procédurales nouvelles pour les individus. Un tel progrès, qui conduit les précurseurs de l'époque à repenser les cadres du contentieux administratif par le prisme de la compétence (**1**), est en réalité surtout perçu par les auteurs comme une véritable opportunité pour l'État autant que pour les individus, dans la mesure où il permet de renforcer le fonctionnement hiérarchique de l'administration ; il est là encore davantage un moyen de régler la puissance de l'État que de la contraindre. Dans le sillage de l'État administratif, c'est donc « *l'État qui progresse dans la voie du droit, non les garanties des particuliers* » car « *si le juge administratif concède des droits aux administrés, c'est à seule fin de tempérer la puissance de l'État* »[289] et non dans une perspective libérale (**2**).

[285] LAFERRIÈRE (Édouard), *Traité de la juridiction administrative et des recours contentieux*, Tome 1, Berger-Levrault, 1e éd., 1887, p. 226.
[286] BURDEAU (François), *Histoire du droit administratif*, *op. cit.*, 1995, p. 177.
[287] Cf. *supra.* § 196 s.
[288] Sur ce point, v. notamment BIGOT (Grégoire), « Le Conseil d'État, juge gouvernemental », *in* BLUCHE (Frédéric) (dir.), *Le Prince, le peuple et le droit. Autour des plébiscites de 1851 et 1852*, PUF, 2000, p. 183 s.
[289] *Ibid.*, p. 176.

1- *L'idée de compétence au centre du recours pour excès de pouvoir*

255. Le recours salvateur à l'idée de compétence. L'évolution la plus remarquable du recours pour excès de pouvoir se trouve certainement dans l'avènement du « détournement de pouvoir », dont l'origine remonte à l'arrêt *Lesbats*[290] du Conseil d'État en date du 25 février 1864. Plus que l'arrêt en lui-même, les conclusions rendues par Georges L'Hôpital, alors commissaire du gouvernement au Conseil d'État, nous paraissent d'une incroyable modernité. Dans cette affaire, le Préfet du département de la Seine et Marne avait pris un arrêté au cours de l'année 1862 lequel conférait à M. Richard, entrepreneur d'un service d'omnibus, un monopole pour le service de correspondance entre la gare et la ville de Fontainebleau. M. Lesbats, lui aussi entrepreneur d'un service d'omnibus, se voyait alors manifestement lésé par cet arrêté, pris en vertu des pouvoirs de police du préfet sur l'entrée, le stationnement et la circulation des voitures dans les gares (art. 1er de l'ordonnance royale du 15 novembre 1846). L'Hôpital résume alors juridiquement la situation de cette façon : « *L'intérêt général est le but. Le monopole est le moyen pour l'atteindre. Le pouvoir de police est le procédé pour constituer le monopole* »[291]. Mais il poursuit : « *Nous rendons hommage aux intentions. Nous ne saurions admettre ni le moyen, ni le procédé* »[292]. En effet, par un tel arrêté, le préfet poursuit, selon L'Hôpital, « *un but très louable assurément, mais très étranger à l'idée de police* »[293] puisqu'il n'était aucunement fondé sur l'idée de sécurité, de tranquillité ou de salubrité publiques[294]. Il fait ainsi entrer dans le contentieux administratif un nouveau paramètre qui dépasse le simple contrôle extrinsèque de l'acte, bien qu'il se rapporte à l'idée d'incompétence. Le détournement de pouvoir, qui connaitra une certaine expansion au cours du XIXe siècle, est un moyen de rappeler, ainsi que le souligne Benoît Plessix, « *que les collectivités publiques n'existent jamais pour elles-mêmes, qu'elles n'ont pas de raison d'être propre et ne sauraient poursuivre des fins d'intérêt privé* »[295]. La notion de compétence est donc au cœur de cette évolution, puisque le détournement de pouvoir sanctionne avant tout l'incompétence de l'autorité administrative. Il convient ici de revenir sur la généalogie de l'idée de compétence chez les administrativistes, et ce afin de mieux mettre en lumière le rôle qu'elle a pu avoir pour faire de la justice administrative, intégrée à l'administration, la véritable mesure de l'État. L'idée de compétence permet en effet en elle-même de fixer des limites

[290] CE, 25 février 1864, *Lesbats*, *Rec.*, p. 210, concl. G. L'Hôpital.
[291] L'HÔPITAL (Georges), Conclusions sur CE, 25 février 1864, *Lesbats*, *Rec.*, p. 211.
[292] *Idem.*
[293] *Ibid.*, p. 212.
[294] Selon les termes de l'article 50 de la loi du 14 décembre 1789 *relative à l'organisation des communes du royaume de France.*
[295] PLESSIX (Benoît), *Droit administratif général*, *op. cit.*, 2e éd., 2018, p. 1429.

objectives au pouvoir des administrateurs et d'exclure toute limite subjective, qui proviendrait de l'individu par exemple. Les fonctionnaires qui outrepasseraient leurs compétences ne seront plus jugés personnellement, devant le juge judiciaire ; seul l'acte qui en résulte pourra être remis en cause par le juge administratif. De cette manière, c'est l'administration qui s'autorégule.

La notion de compétence était déjà utilisée au début du XIXe siècle ; elle concernait toutefois les autorités *juridictionnelles* entre elles, comme en témoignent les dictionnaires juridiques[296] et non-juridiques[297] de l'époque. Avec l'arrêt *Lesbats*, elle pénètre dans la sphère non juridictionnelle[298]. En ce sens, le développement du recours pour excès de pouvoir, notamment par l'avènement du détournement de pouvoir, fait apparaitre une conception renouvelée de la compétence, car émancipée de sa dimension uniquement juridictionnelle. Les premières pierres de cette notion fondamentale du droit public étaient alors posées[299]. Plus tard théorisée par Jellinek, l'idée de compétence recèle une importance certaine pour la conceptualisation de l'État. En reliant les compétences à des organes étatiques définis, on en vient

---

296 Occ. « Compétence » *in* DELBREIL (Frédéric) (dir.), *Dictionnaire du droit, ou Résumé de la législation et de la jurisprudence française*, Durand, 1849, p. 273 : « *La compétence, dit M. Carré, est l'attribut de chaque fonctionnaire ou de chaque corps de fonctionnaires. Ce mot est particulièrement employé pour désigner les attributions des tribunaux et des officiers de justice. La compétence est la mesure de la juridiction.* » V. aussi occ. « Compétence » in BOITARD (Claude), *Dictionnaire portatif de droit français*, Rousselon, 1825, p. 39 ; occ. « Compétence », *in* BOUSQUET (Joseph-Claude-François) (dir.), *in Nouveau dictionnaire de droit*, Tome 1, Hingray, 1843, p. 509 ; occ. « Compétence » in GUY DE L'HERAULT (dir.), *Dictionnaire national de droit français*, Librairie scientifique, 1850, p. 290 ; qui ne font état que de la compétence des tribunaux. Ces auteurs ont semble-t-il été fortement influencé par l'ouvrage de Guillaume-Louis-Justin Carré, éminent professeur de droit civil et auteur d'un Traité des lois, de l'organisation judiciaire et de la compétence des juridictions civiles dont provient la définition sus-mentionnée (Tome 1, Dupont et Cailleux, 1833, p. 45 ; note 1).

297 Occ. « Compétence », *in* LAROUSSE (Pierre) (dir.), *Grand dictionnaire universel du XIXe siècle*, Tome 4, Administration du grand Dictionnaire universel, 1869, p. 778. La définition donnée est alors quasi-exclusivement tournée vers son sens juridique : « *Droit de juger, de connaitre* » ; et plus loin : « *Jurisp. La compétence d'un juge ou d'un tribunal dépend :* [...] ». Il n'est jamais question de compétence dans un sens autre que juridictionnel.

298 À ce propos, Pierre Sandevoir a pu écrire qu'« *au début du XIXe siècle, la notion de compétence était demeurée exclusivement juridictionnelle et n'avait pas encore pénétré dans le secteur purement administratif* » (SANDEVOIR (Pierre), *Études sur le recours de pleine juridiction, op. cit.*, 1964, p. 257). Jean-Louis Mestre s'est opposé à cette idée, invoquant l'idée selon laquelle « *si l'on peut être sûr de l'existence des significations [que ces dictionnaires] donnent, on ne peut être certain de l'inexistence des significations qu'ils ne donnent pas* » (MESTRE (Jean-Louis), « L'arrêt Landrin, acte de naissance du recours pour excès de pouvoir ? », *RFDA*, 2003, p. 212). : on ne pourrait déduire de l'absence d'une définition non-juridictionnelle de la compétence son inexistence. Les formulations employées dans les dictionnaires de l'époque nous semblent pourtant relativement explicites, dans la mesure où leurs auteurs précisent d'eux-mêmes que la notion de compétence est « *particulièrement employé[e] pour désigner les attributions des tribunaux* » (cf. supra ; note n° 297).

299 SEILLER (Bertrand), « Avant-propos », in AFDA, *La compétence*, LexisNexis, 2008, p. XI.

à « *penser l'État moderne comme étant l'opposé de l'État patrimonial qui confond le pouvoir et la chose* »[300]. Car en effet, les *compétences* n'appartiennent pas en propre à celui qui les exerce ; elles constituent un cadre strict pour celui qui en est le dépositaire. Le recours à la notion de compétence permet de dépersonnaliser le pouvoir exercé, qui n'appartient dès lors plus à la personne qui l'exerce, mais qui est relié de façon inaltérable à un organe. C'est ce qu'Olivier Beaud appelle « *la théorie impersonnelle de la compétence* »[301] et qui revient, selon les mots de Jellinek, à « *séparer de la manière la plus nette le droit de l'individu et la compétence de l'organe* »[302].

256. La compétence, point nodal du détournement de pouvoir. De cette manière, les illégalités qui peuvent survenir dans le cadre de l'activité administrative ne sont pas analysées par le prisme du fonctionnaire fautif, mais par le biais de la compétence de l'organe administratif. Les auteurs qui ont écrit à cette époque, qui font partie de la génération de précurseurs, ont d'ailleurs vite saisi l'importance de cette nouvelle jurisprudence. Pour Dufour, par l'arrêt *Lesbats*, « *le Conseil d'État n'a pas permis que le pouvoir de police, détourné de son but naturel, servît à protéger d'autres intérêts que ceux de la sûreté et de la tranquillité publique auxquels le dépositaire de ce pouvoir est préposé* »[303]. Il y a donc l'idée selon laquelle le pouvoir de police ne peut outrepasser sa compétence en poursuivant un but autre que celui pour lequel il a été institué – ce qui n'est que la manifestation du principe d'indisponibilité des compétences[304]. Chaque organe administratif doit respecter les bornes de sa compétence préalablement définie : en posant très clairement ces balises objectives, on permet à l'administration de s'autoréguler. Nul corps étranger à l'administration ne pourra juger de ce détournement de pouvoir. Citant également l'arrêt *Lesbats*, Serrigny considère que le Conseil d'État fait usage de l'excès de pouvoir « *toutes les fois que l'administrateur a fait ce qu'il n'aurait pas dû faire s'il s'était conformé aux devoirs de ses fonctions* »[305].

---

300 BEAUD (Olivier), « Compétence et souveraineté », *in* AFDA, *La compétence*, *op. cit.*, 2008, p. 31.

301 *Idem.*

302 JELLINEK (Georg), *L'État moderne et son droit*, Tome 2, Giard & Brière, 1913, p. 254 ; cité par BEAUD (Olivier), *idem.*

303 DUFOUR (Gabriel), *Traité général de droit administratif appliqué*, Tome 3, Delamotte, 3e éd., 1868, p. 267.

304 Sur ce point, v. AZOUAOU (Philippe), *L'indisponibilité des compétences en droit public interne*, Thèse, Mare & Martin, 2015.

305 SERRIGNY (Denis), *Traité de l'organisation de la compétence et de la procédure en matière contentieuse administrative*, Tome 1, *op. cit.*, 2e éd., 1865, p. 50. Il est toutefois intéressant de voir que Serrigny relève plusieurs autres arrêts antérieurs à 1864 pour fonder son analyse. Il cite ainsi entre autres les arrêts du Conseil d'État *Fournier*, du 12 janvier 1844 ; *Canal de la Durançole*, du 24 janvier 1856, *Rec.*, p. 72 (« *il ne résulte pas de l'instruction que l'arrêté attaqué* [...] *ait eu pour cause un intérêt public* ») ; *Chenantais*, du 18 août 1856, *Rec.*, p. 537 (« *les préfets ont, en ce qui concerne les cours d'eau non navigables ni flottables, le droit et le devoir d'assurer le libre écoulement des eaux dans un but de police et d'utilité*

Encore relevé par Ducrocq[306], cet arrêt donnera l'occasion à Aucoc de faire naître l'expression de « détournement de pouvoir ». Reprenant les faits d'espèce, il affirme que le préfet a commis « *un excès de pouvoirs, parce qu'il se sert de son autorité dans un but tout différent que celui que le législateur avait en vue* »[307]. Puis, conclut-il, « *les cas d'abus, et nous dirons volontiers de* détournement du pouvoir *de police confié à l'administration sont assez variés* »[308]. Cette expression sera ensuite formalisée par É. Laferrière quelques années plus tard[309].

257. La compétence, substitut à l'éthique du fonctionnaire. Si le détournement de pouvoir, propre à limiter le pouvoir des autorités administratives à leurs seules compétences naît donc au milieu du Second Empire, faut-il pour autant en déduire que cette règle n'existait pas auparavant ? En réalité, durant la première moitié du XIXe siècle, le problème n'est pas posé de la même façon : on s'intéresse alors davantage à l'éthique du fonctionnaire qu'à la question de ses compétences. La visée est donc davantage subjective. Les auteurs s'efforcent alors de décliner les différentes règles morales que doivent suivre les fonctionnaires pris en tant qu'individus. Le fonctionnaire doit s'autoréguler. Il ne s'agit pas encore d'une théorisation sur les compétences et les fonctions des autorités administratives prises comme institutions, mais de la mise en place d'une « éthique » du fonctionnaire. Celle-ci s'avère nécessaire : elle peut sans doute être comprise comme une contrepartie du mécanisme de garantie dont jouit ce dernier vis-à-vis de l'autorité judiciaire[310].

Dès le début du XIXe siècle, certains auteurs insistent ainsi sur ce que le fonctionnaire doit à l'État. Bonnin, dès 1829, et avec une verve remarquable, soutient ainsi que « *les emplois publics sont un dépôt, non une faveur ni un privilège* »[311]. Or ce « dépôt » est sacré, si bien que « *ne point remplir sa magistrature comme on le doit, et abuser de ce dépôt pour son compte, c'est un vol public* »[312]. L'utilisation du mot « vol » témoigne du fait que l'on ne s'intéresse qu'aux devoirs du fonctionnaire pris en tant qu'individu pénalement sanctionnable, et non à l'exercice de ses compétences. Point

---

générale […], *il ne saurait leur appartenir de modifier la largeur et le régime de ces cours d'eau dans un autre but* »).

306 DUCROCQ (Théophile), *Cours de droit administratif*, Tome 1, Ernest Thorin, 4e éd., 1874, p. 185.

307 AUCOC (Léon), *Conférences sur l'administration et le droit administratif*, Tome 1, *op. cit.*, 1e éd., 1869, p. 399.

308 *Ibid.*, p. 399-400.

309 LAFERRIÈRE (Édouard), *Traité de la juridiction administrative et des recours contentieux*, Berger-Levrault, Tome 2, 1e éd., 1887, p. 521 s.

310 Cf. *infra*. § 264 s.

311 BONNIN (Charles-Jean-Baptiste), *Abrégé des Principes d'administration*, Amable-Costes, 3e éd., 1829, p. 44.

312 *Idem*.

toutefois déjà l'idée, chez Bonnin, de la nécessité d'un exercice impersonnel du pouvoir : il écrit ainsi que « *les emplois publics ne sont point le patrimoine de ceux qui les exercent* »[313], ce dont on peut déduire que le fonctionnaire ne doit pas détourner son pouvoir du but qui lui a été assigné. Ainsi, « *le savoir, le talent et les qualités, qui donnent tant de prix à l'homme privé,* écrit-il, *n'ont donc de valeur en l'homme public qu'autant qu'il les fait servir à la chose commune, et qu'il en fait la fusion dans l'intérêt général* »[314]. Le fonctionnaire est investi de sa fonction sur laquelle il n'a pas de prise ; il ne peut user de ses pouvoirs que pour réaliser l'intérêt général, ce qui argue du fait qu'il n'en est pas le propriétaire.

Macarel s'intéresse également à la question de savoir ce que doivent les agents administratifs à l'État. Il tient ainsi à rappeler que « *les fonctions publiques sont bien loin d'être, comme on se l'imagine communément, ou une satisfaction pour les prétentions privées, ou un arrangement pour les convenances de familles* »[315], etc. En effet, les fonctions publiques revêtent davantage le caractère d'un véritable devoir car « *pour ceux à qui elles sont confiées, ces fonctions ne sont qu'un service rigoureux, pénible, qui demande beaucoup plus de dévouement que les professions indépendantes* »[316]. Les fonctionnaires, à en croire Macarel, sont de véritables serviteurs de l'État – tel est en tout cas l'esprit qu'il souhaite que les fonctionnaires adoptent. Aussi insiste-t-il sur le fait que « *l'administrateur doit* [...] *être possédé du zèle du bien public* »[317], ce qui fait écho aux écrits de Bonnin quelques années plus tôt. Ainsi « *le zèle sera le souffle qui l'inspire, le moteur qui l'anime, la sève qui circule dans son sein, sa vie, son âme entière : ce sera pour elle le feu sacré qui ne doit jamais s'éteindre* »[318], déclare-t-il avec passion. Le fonctionnaire doit se fondre dans sa fonction sans l'outrepasser ; il fait corps avec l'État. Là encore, cependant, la visée de ces développements ne concerne pas le fonctionnement de l'administration dans son ensemble, mais davantage le comportement des fonctionnaires – auxquels ils tentent d'inculquer le sens (si ce n'est la passion) d'État[319]. Alors que de nombreux auteurs de l'époque

[313] *Idem.*
[314] *Ibid.*, p. 45.
[315] MACAREL (Louis-Antoine), *Éléments de droit politique*, Nêve, 1833, p. 379.
[316] *Idem.*
[317] *Idem.*
[318] *Idem.*
[319] Cf. *supra.* § 63.

comme Gérando[320] ou Vivien[321] développent encore ces idées, propres à faire des fonctionnaires des serviteurs dociles de l'État, le développement du détournement de pouvoir viendra objectiver, grâce à la notion de compétence, la problématique de l'éthique du fonctionnaire.

258. La compétence, un outil au service de la légitimation du contentieux administratif. On glisse ainsi progressivement d'un point de vue purement subjectif, focalisé sur l'éthique du fonctionnaire, à un point de vue plus objectif, grâce à la problématique des compétences. Olivier Beaud relève en effet à cet égard que « *le sens le plus profond de la découverte de la compétence est sa qualité objective* »[322]. Tel est donc ce qu'a permis le développement du recours pour excès de pouvoir en réussissant à capter des problématiques depuis longtemps traitées par les administrativistes du XIXe siècle. L'intégration progressive du détournement de pouvoir a ainsi eu pour effet d'objectiver la relation entre l'État et le fonctionnaire, par le biais des compétences qui lui sont allouées, et dont les limites sont contrôlées par le Conseil d'État. En cela, on ne saurait s'étonner que le déclin actuel du détournement de pouvoir – entamé depuis quelques décennies – ait entrainé l'apparition du thème de la déontologie du fonctionnaire[323]. Quoi qu'il en soit, au XIXe siècle, la justice administrative permet là encore de devenir la mesure de l'État, tout en ne relevant pas du pouvoir juridictionnel, mais du pouvoir exécutif. Cette autorégulation du pouvoir exécutif par lui-même apparait par ailleurs à l'époque comme une avancée indéniable pour les libertés des individus. Le Conseil d'État en ressort grandi et légitimé. Il convient en effet de noter qu'avec l'arrêt *Lesbats*, le Conseil d'État s'était posé comme un plus large défenseur des droits des administrés que la Cour de cassation. Saisie de la même affaire quelques années auparavant, celle-ci avait considéré que l'arrêté litigieux du préfet était une « *mesure d'ordre et de sûreté qu'il était dans le droit de l'autorité administrative de pouvoir ordonner* »[324], rejetant ainsi le pourvoi de M. Lesbats. Si le Conseil d'État apparait ici indéniablement

---

[320] Gérando développe sensiblement la même idée en déclinant les différents devoirs des fonctionnaires qui, bien que n'étant « *point émis dans le texte de la loi* », doivent être « *gravés[s] dans leur âme [et] toujours présent[s] à leur pensée* » (GÉRANDO (Joseph-Marie de), *Institutes du droit administratif français*, Tome 5, Thorel, 2e éd., 1846, p. 365). Au titre de ces devoirs, Gérando considère par exemple qu'« *ils doivent à l'État, à la société, un dévouement absolu et sans bornes* », qu'« *ils leur doivent leur renoncement à toute vue personnelle* », ou encore qu'« *ils leur doivent de se diriger en tout par l'amour du bien public* » (*idem.*)

[321] VIVIEN (Auguste), *Études administratives*, *op. cit.*, 1e éd., 1845, p. 135.

[322] BEAUD (Olivier), « Compétence et souveraineté », *in* AFDA, *La compétence*, *op. cit.*, 2008, p. 31.

[323] Loi n° 2016-483 du 20 avril 2016 *relative à la déontologie et aux droits et obligations des fonctionnaires*. Sur ce point, v. notamment AUBIN (Emmanuel), « L'entrée de la déontologie dans le titre Ier du statut général. Vers une meilleure prévention des risques dans la fonction publique ? », *AJDA*, 2016, p. 1433.

[324] Cass. Crim. 6 décembre 1862, *Bull. C. cass.*, 1862, n° 12, p. 454.

plus « libéral » que la Cour de cassation, il faut en réalité se méfier des faux semblants : il s'agit plutôt, sous le Second Empire, d'adopter un mécanisme favorable au pouvoir d'État.

2- *La défense des intérêts de l'État au cœur du développement du recours pour excès de pouvoir*

259. Le caractère initialement peu libéral du recours pour excès de pouvoir. Il faut avant tout partir d'un constat : les phases de grand développement du recours pour excès de pouvoir coïncident souvent avec les périodes les plus autoritaires de l'histoire constitutionnelle depuis la Révolution, c'est-à-dire sous le Premier Empire (1804-1814) et le Second Empire (1852-1870). Cela a particulièrement été mis en lumière par René Jacquelin dans son ouvrage sur les principes dominants du contentieux administratif paru en 1899. Avec une clairvoyance certaine, Jacquelin met ainsi en évidence « *le lien intime qui unit la destinée du recours pour excès de pouvoirs à celle de l'organisation de la justice administrative supérieure* »[325]. Il part du constat que, sous le Second Empire, « *grâce à l'idée toujours vivace alors de la justice retenue, [jamais] le recours n'a été aussi largement ouvert à l'individu, jamais ses conditions de succès n'ont été aussi facilitées* »[326]. En d'autres termes, et aussi paradoxal que cela puisse paraitre, c'est le maintien de la justice retenue qui a selon Jacquelin permis de développer le recours pour excès de pouvoir, dont l'une des externalités est de renforcer les garanties accordées aux individus. Puisque l'Empereur craint d'être renversé du fait de l'agissement de l'un de ses agents, il se doit de vérifier que tous les actes pris par ses agents n'ont pas été entachés d'un excès de pouvoir. Un tel recours lui permet donc d'accueillir les éventuelles contestations pour mieux les anéantir ; c'est un « *moyen de gouvernement* »[327]. Le recours pour excès de pouvoir ne serait-il pas aussi libéral que l'on pourrait le penser ? C'est en effet la thèse que l'on souhaiterait défendre. Pour Pierre Landon, l'apparition de ce recours à partir des années 1860 répond à deux objectifs. D'une part, il permet de « *compenser par une initiative centralisatrice les mesures de déconcentration décidées au bénéfice des préfets par les décrets des 25 mars 1852 et 13 avril 1861* »[328]. Le recours pour excès de pouvoir constitue une contrepartie aux pouvoirs nouveaux qui ont été attribués aux autorités préfectorales et permet de renforcer le contrôle hiérarchique des actes qui seront pris à l'échelon local. Cette justification est clairement énoncée par

---

[325] JACQUELIN (René), *Les principes dominants du contentieux administratif*, Giard & Brière, 1899, p. 235.
[326] *Idem.*
[327] *Idem.*
[328] LANDON (Pierre), *Histoire abrégée du recours pour excès de pouvoirs des origines à 1954*, LGDJ, 1962, p. 11.

Ducrocq, pour qui l'administration centrale, en dépit de ces nouveaux décrets, « *a conservé sur les actes de ses délégués le droit de contrôle* », contrôle qui se double « *de la puissante garantie qu'offre aux citoyens le recours toujours ouvert au conseil d'État pour excès de pouvoir et pour incompétence* »[329]. Ce recours, ouvert largement, permet ainsi de pallier les éventuels désordres que pourraient causer ces mesures de déconcentration. Les individus peuvent donc, par le biais du recours pour excès de pouvoir, rendre service à l'administration centrale en dénonçant les illégalités commises localement. D'autre part, le début de ce que l'on a appelé l'Empire libéral, phase qui s'ouvre à partir de 1860 et qui annonce une libéralisation du régime de Napoléon III, a eu son influence sur le développement du recours pour excès de pouvoir. Il ne faut toutefois pas s'y tromper : il s'agit avant tout de « *mettre le pouvoir central à l'abri des mécontentements accumulés contre lui, par les maladresses de ses représentants locaux* »[330]. Les actes de ces derniers peuvent être annulés, ce qui permet d'en limiter l'impact sur la légitimité du pouvoir central. La disparition de la responsabilité ministérielle sous l'Empire, dont on a vu qu'elle permettait souvent d'endiguer les contestations[331], doit également trouver un palliatif.

260. Le recours pour excès de pouvoir, soupape de sureté. Le développement du recours pour excès de pouvoir se construit ainsi sur cette contradiction : s'il permet assurément de donner de nouvelles garanties aux administrés, il permet surtout de renforcer la légitimité du pouvoir politique central. Le recours pour excès de pouvoir constitue en réalité une mesure de centralisation, qui permet de faire respecter le principe hiérarchique et d'affirmer la supériorité du pouvoir central sur les pouvoirs locaux. Tout acte pris localement par un préfet ou par un maire pourra être annulé par le Conseil d'État, qui ressort encore pleinement de l'administration. Les développements de Ducrocq sur ce point attestent de cette interprétation : tâchant d'expliquer pourquoi le recours pour excès de pouvoir est ouvert si largement aux administrés, il avance l'idée selon laquelle « *il y a urgence de rétablir l'ordre troublé au sein de l'organisation administrative* »[332]. Outre Ducrocq, ce sont quasi-exclusivement les membres du Conseil d'État qui se sont intéressés au recours pour excès de pouvoir et à ses justifications jusqu'aux années 1870. Il convient dès lors ici de s'intéresser notamment aux conclusions des commissaires du gouvernement de l'époque, qui recèlent une grande richesse. Ils appuient particulièrement les hypothèses posées par Pierre Landon, preuve que la pensée d'État des conseillers d'État est particulièrement prégnante.

---

329 DUCROCQ (Théophile), *Cours de droit administratif*, Tome 1, *op. cit.*, 3e éd., 1868, p. 56.

330 SANDEVOIR (Pierre), *Études sur le recours de pleine juridiction*, *op. cit.*, 1964, p. 11.

331 Cf. *supra.* § 235.

332 DUCROCQ (Théophile), *Cours de droit administratif*, Tome 1, *op. cit.*, 3e éd., 1868, p. 124.

Les conclusions du commissaire du gouvernement Charles Robert sur l'arrêt *Académie des Beaux-Arts*[333] de 1864, en sont le témoin. Il y plaide en effet pour une plus large ouverture du recours pour excès de pouvoir. Il commence par relever que c'est paradoxalement pendant la période impériale que le recours pour excès de pouvoir est le plus enclin à se développer. Et pour cause, sous le régime passé de la IIe République, on comprend qu'« *il n'ait paru ni opportun, ni utile, de donner au recours pour excès de pouvoirs toute l'extension qu'il comporte* »[334] car tous les actes de l'Administration étaient alors supposément placés sous le contrôle de la chambre parlementaire. Le recours pour excès de pouvoir devient en revanche, sous l'Empire, un moyen efficace pour l'Empereur de « *redresser lui-même* [...] *les actes qui lui sont signalés comme lésant des droits acquis* »[335]. Ce recours permet selon lui de « *protéger l'intérêt privé comme l'est déjà l'intérêt général* »[336] en venant pallier les insuffisances du régime politique en place. S'il présente le recours pour excès de pouvoir comme un instrument libéral destiné avant tout à prodiguer des garanties aux administrés, quelques paradoxes demeurent : que penser du fait que seul l'Empereur puisse redresser les torts faits aux particuliers ? À cet égard, il ne faut pas oublier que ce recours permet assurément de légitimer le Conseil d'État. On le sait[337], la période du Second Empire ne fut en effet pas exempte de critiques à l'endroit de la justice administrative et la discussion de la loi du 21 juin 1865 sur les Conseils de préfecture fut l'occasion pour certains parlementaires de démontrer leur hostilité vis-à-vis de l'institution. Face à ces critiques récurrentes, il s'agit pour les membres du Conseil d'État de défendre leur institution ; le recours pour excès de pouvoir paraît être une voie idéale vers cet objectif.

D'autres commissaires du gouvernement adoptent toutefois une argumentation moins libérale dans la défense du recours pour excès de pouvoir. Ainsi, Georges L'Hôpital, dans ses conclusions sur l'arrêt *Andigné de Resteau*[338] en date du 9 février 1865, considère que le recours pour excès de pouvoirs « *a pour raison d'être, un intérêt politique de premier ordre, la nécessité pour le chef du gouvernement de connaitre et de corriger immédiatement les excès de pouvoirs* »[339]. Ce recours, même s'il peut contribuer à offrir des garanties plus importantes aux individus, est avant tout un instrument au service du gouvernement pour ordonner l'administration et restaurer le principe hiérarchique. Il s'agit bien dès lors d'une volonté

---

[333] CE, 21 juillet 1864, *Académie des Beaux-Arts*, *Rec.*, p. 682.
[334] ROBERT (Charles), Conclusions sur CE, 21 juillet 1864, *Académie des Beaux-Arts*, *Rec.*, p. 682.
[335] *Idem.*
[336] *Idem.*
[337] Cf. *supra.* § 234.
[338] CE, 9 février 1865, *Andigné de Resteau*, *Rec.* p. 171, concl. G. L'Hôpital.
[339] L'HÔPITAL (Georges), Conclusions sur CE, 9 février 1865, *Andigné de Resteau*, *Rec.*, p. 173.

d'autorégulation de l'administration qui ne recherche qu'accessoirement la protection des intérêts privés. Ainsi que le révèle Grégoire Bigot, le recours pour excès de pouvoir est alors « *un recours contentieux par sa forme mais demeure un recours hiérarchique et administratif par son esprit* »[340]. Cette conception est encore consolidée par l'opinion d'Aucoc qui, dans ses conclusions sur l'arrêt *Bizet*[341] de 1867, s'interroge sur la raison pour laquelle, « *devant la juridiction administrative, les recours sont facilités et presque provoqués* »[342]. Quel intérêt, pour l'administration, d'ouvrir aussi largement les voies de recours à l'encontre de ses actes ?

Selon Aucoc, il s'agit pour le gouvernement, en recevant les plaintes de tous les citoyens dont les droits ont été lésés par les actes de ses agents locaux, de « *se décharger de la responsabilité qui pèserait sur lui* »[343]. Il développe cette pensée en affirmant que « *les griefs les plus minimes peuvent, en se multipliant, causer de graves mécontentements* »[344]. Le recours pour excès de pouvoir permet dès lors d'endiguer les éventuelles contestations des administrés en les canalisant pour éviter que le pouvoir en place soit démis ; il joue, selon les mots d'Aucoc, le rôle d'une « *soupape de sureté* »[345]. En effet, « *dans un régime où les particuliers sont sans moyens d'expression – et de plainte – au plan politique, l'État a intérêt à leur ouvrir la possibilité de réclamer au plan juridictionnel et administratif* »[346]. Les auteurs de l'époque, qui écrivent entre 1860 et 1870, sont ainsi particulièrement conscients de cela. Il est en effet frappant de voir à quel point ils ne dissimulent pas l'intérêt strictement politique que revêt le recours pour excès de pouvoir ; celui-ci semble même faire partie de leur argumentaire pour légitimer son existence. Les commissaires du gouvernement ne tâchent-ils pas ici de légitimer ce recours à l'attention des membres du gouvernement et du Parlement, plutôt qu'à l'attention des citoyens ? Sans cesse critiqué et malmené par les libéraux, le Conseil d'État justifie auprès des organes étatiques centraux le développement de ce recours. Le soutien global, depuis le milieu du XIXe siècle, des administrativistes à l'égard de ce recours témoigne de la même façon d'une certaine pensée d'État : tout est bon pour préserver l'autorité du gouvernement en place. Le sort que ces auteurs réservent au contentieux de la responsabilité confirme cette analyse.

---

[340] BIGOT (Grégoire), *L'Administration française*, Tome 1, *op. cit.*, 2e éd., 2014, p. 329.

[341] CE, 13 mars 1867, *Bizet*, *Rec.*, p. 273, concl. L. Aucoc.

[342] AUCOC (Léon), Conclusions sur CE, 13 mars 1867, *Bizet*, *D.*, 1867, III, p. 99.

[343] *Idem.*

[344] *Idem.*

[345] *Idem.*

[346] BIGOT (Grégoire), *L'Administration française*, Tome 1, *op. cit.*, 2e éd., 2014, p. 329.

§ 2. *Le recadrage du contentieux de la responsabilité administrative*

261. Les administrativistes du XIXe siècle sont rapidement confrontés à la naissance puis au développement du contentieux de la responsabilité administrative. Leur posture, à cet égard, répond à leur volonté d'empêcher que les nouvelles garanties accordées aux citoyens échappent à l'emprise de l'administration. Coûte que coûte, ils défendront ainsi le mécanisme de garantie des fonctionnaires, instauré en l'an VIII et qui ne tombera qu'en 1870, tant celui-ci permet un contrôle de l'administration sur les recours faits à l'encontre des fonctionnaires (**A**). De la même façon, et en dehors de la seule question de la responsabilité des agents de l'administration, ils tâcheront de maintenir le plus longtemps possible le paradigme de l'irresponsabilité de l'État (**B**).

A- **Contraindre le développement de la responsabilité des agents de l'administration : la défense de la garantie des fonctionnaires**

262. Il est hors de question, pour les administrativistes du XIXe siècle, de rejoindre les positions des libéraux-individualistes de l'époque, lesquels prônent la suppression du mécanisme de garantie des fonctionnaires (**1**). Ils mobiliseront toute une série d'arguments pour défendre un tel mécanisme (**2**).

1- *Les critiques libérales-individualistes à l'encontre de la garantie des fonctionnaires*

263. Le mécanisme de la garantie des fonctionnaires est celui qui révèle le mieux la façon dont l'État s'autorégule grâce à l'administration. Un tel mécanisme fut particulièrement défendu, et ainsi légitimé, par les ordonnateurs, puis par les précurseurs. Il est directement issu de l'article 75 de la Constitution de l'an VIII, qui proclame que les « *agents du gouvernement autres que les Ministres, ne peuvent être poursuivis pour des faits relatifs à leurs fonctions, qu'en vertu d'une décision du Conseil d'État* »[347]. Il s'agit de protéger les fonctionnaires des actions de justice que les administrés pourraient engager contre eux – en conditionnant l'éventualité d'un recours à l'accord préalable du Conseil d'État, c'est-à-dire l'administration elle-même. Car en réalité, le Conseil d'État va interpréter de façon très extensive les termes de cet article. Par « agents du gouvernement », on comprend progressivement la grande majorité des fonctionnaires ; le nombre de

[347] Article 75 de la Constitution du 22 frimaire an VIII.

bénéficiaires s'élèveraient en effet à près de 150 000 agents en 1835[348]. De la même façon, les « faits relatifs aux fonctions » furent interprétés très largement. Ainsi que le relève Jean-Louis Mestre, « *peu importe que le fait incriminé soit, par nature, étranger à la fonction de l'agent du gouvernement. Il suffit qu'il ait été accompli à l'occasion de l'exercice de cette fonction* »[349]. De surcroit, il faut noter que le Conseil d'État refuse majoritairement d'accorder les poursuites civiles[350] ou pénales[351] à l'encontre des fonctionnaires.

La garantie des fonctionnaires, dans son principe comme dans son application, a logiquement subi les foudres des libéraux-individualistes de l'époque, en tête desquels figure Tocqueville. Ce dernier y consacrera un chapitre entier dès 1835, dans son ouvrage *De la démocratie en Amérique*. Il estime en effet que « *chez un peuple libre, comme chez les Américains, tous les citoyens ont le droit d'accuser les fonctionnaires publics, tant la chose est naturelle* »[352]. En contrepoint, il faut en déduire que pour Tocqueville, la France ne peut être un peuple libre tant que cette « garantie des fonctionnaires » perdurera. De tels arguments seront encore repris par les libéraux de l'époque, comme Eugène Poitou[353], Édouard Laboulaye[354], Jules Simon[355] ou encore Auguste Casimir-Périer – qui dénonce « *le plus puissant instrument d'arbitraire et d'oppression*

---

348 MESTRE (Jean-Louis), « La garantie des fonctionnaires », *in* CLÉMENT (Jean-Paul), JAUME (Lucien) et VERPEAUX (Michel) (dir.), *Liberté, libéraux et Constitutions*, Economica, 1997, p. 81.

349 *Idem.*

350 Sur 150 demandes, 22 ont été accordées entre 1861 et 1865. C'est ce que relève Jean-Louis Mestre (*ibid.*, p. 85 ; note n° 39). En effet, pour Grégoire Bigot, une « *très large majorité de fonctionnaires ou d'agents jouit du privilège de l'autorisation préalable : il y aurait eu, selon les débats parlementaires sous la monarchie de Juillet, quelque 150 000 bénéficiaires de ce système.* » (BIGOT (Grégoire), *L'Administration française*, Tome 1, *op. cit.*, 2e éd., 2014, p. 315).

351 219 refus contre 136 autorisations pour la période 1852-1860, selon Jean-Louis Mestre (*ibid.*, p. 85).

352 TOCQUEVILLE (Alexis de), *De la démocratie en Amérique*, Tome 1, Pagnerre, 13e éd., 1850, p. 124 ; Chapitre VI.

353 POITOU (Eugène), *La liberté civile et le pouvoir administratif en France*, *op. cit.*, 1869, p. 161 : « *Qui donc est plus tenu de respecter la loi que ceux qui sont chargés d'en imposer le respect aux autres ? Qui donc doit être plus strictement ramené au devoir plus promptement et plus sévèrement puni que celui qui ayant le pouvoir en main pour maintenir la justice et l'ordre ne s'en est servi que pour troubler l'ordre et violer la justice ? Comment donc se fait il que ce soit justement pour ceux là qui ont le pouvoir qu'on ait institué la protection que ce soit à ceux là qui ont le devoir le plus strict qu'on accorde le privilège ? Enfin que ceux là qui devraient être plus responsables que tous échappent précisément à la responsabilité qui pèse sur tous ?* »

354 LABOULAYE (Édouard), *Le Parti libéral, son programme et son avenir*, Charpentier, 1863, p. 15 : « *Chez nous, au contraire, la police n'est -elle pas un pouvoir indépendant et irresponsable ? Ne fait-elle pas pour son propre compte des perquisitions, des saisies, des arrestations ? L'article 75 de la constitution de l'un VIII n'est-il pas un rempart qui met les agents de l'autorité à l'abri des plaintes les plus légitimes ?* »

355 SIMON (Jules), *La liberté politique*, Hachette, 3e éd., 1867, p. 271 s.

qu'aient jamais pu rêver les plus ardents fauteurs du pouvoir absolu »[356]. Pour ces auteurs, ce mécanisme ne permet pas aux individus de défendre leurs libertés *face à* l'État tant l'engagement de la responsabilité des fonctionnaires est réglée *au sein de* l'administration et non devant un juge indépendant. Et pour cause, le but de ce mécanisme est bien « *d'éviter l'immixtion des juges dans le fonctionnement de l'administration* »[357]. Jules Simon, homme politique libéral et opposé au Second Empire, l'a à l'époque bien perçu : relevant que les conseillers d'État ne sont qu'une « *compagnie de fonctionnaires* », il en déduit qu'« *il devient parfaitement exact de dire que l'administration, en France, ne peut être poursuivie qu'à la condition qu'elle y consente* »[358]. Le mécanisme de la garantie des fonctionnaires constitue à cet égard un exemple topique de la volonté d'exclure l'individu, et par là même le juge, du fonctionnement et du contrôle de l'administration étatique : le pouvoir de l'État, tel qu'il s'exprime via l'administration, ne peut être réglé que par l'administration elle-même, non par les individus – ce qui témoigne encore de la « *précarité du droit individuel* »[359] devant l'administration, pour reprendre les mots de Lucien Jaume. Forts de leur pensée d'État, les administrativistes défendront ce mécanisme.

2- *La défense générale de la garantie des fonctionnaires par les administrativistes*

264. L'opposition aux thèses libérales-individualistes. Sans surprise, les administrativistes du XIXe siècle, ordonnateurs comme précurseurs, s'opposeront – souvent avec vigueur – aux arguments développés par les libéraux-individualistes. Il s'agit pour eux de démontrer à quel point le système de la garantie des fonctionnaires permet d'allouer des garanties aux citoyens tout en préservant le pouvoir de l'administration. Là encore, leurs positions sont l'expression d'un étatisme-libéral compris comme la volonté de protéger les libertés des citoyens *pour* renforcer l'autorité de l'État. L'intérêt de l'État passe donc avant ceux des individus. L'expression la plus flagrante se trouve par exemple chez Albin Le Rat de Magnitot, préfet de profession et auteur d'un *Dictionnaire de droit public et administratif* en 1836 (qui connaitra une seconde édition en 1841). Bien qu'il ne fasse pas partie des auteurs classiquement cités, son article relatif à la mise en jugement des fonctionnaires nous semble représentatif de la pensée des administrativistes du XIXe siècle. La mise en jugement des fonctionnaires, de façon générale,

---

356 CASIMIR-PERIER (Auguste), *L'article 75 de la Constitution de l'an VIII sous le régime de la Constitution de 1852*, Armand Le Chevallier, 1867, p. 32.

357 LAIDIE (Yan), « Les libéraux et la justice administrative au XIXe siècle : un mariage de raison ? », *La Revue administrative*, 2001, n° 319, p. 8.

358 SIMON (Jules), *La liberté politique*, *op. cit.*, 3e éd., 1867, p. 272-273.

359 JAUME (Lucien), *L'individu effacé*, *op. cit.*, 1997, p. 367.

doit selon lui répondre à la nécessité « *d'assurer la répression des abus commis par les agents du pouvoir* », tout en rendant impossible le fait de « *laisser les fonctionnaires en butte à toutes les passions, à toutes les jalousies* »[360]. En cela, le système de garantie des fonctionnaires tel qu'il est prévu assure « *d'une part la juste garantie que les citoyens réclament, de l'autre la protection indispensable aux fonctionnaires publics* »[361]. Sensibles aux « garanties » que l'on doit allouer aux citoyens, Le Rat de Magnitot opte pourtant pour un système qui les prend peu en considération. Usant d'un argument libéral pour mieux appuyer son étatisme, il considère par là même que « *plus un pays est libre et constitutionnellement régi, plus cette protection des agents du gouvernements est indispensable* »[362]. Les avancées constitutionnelles conquises au profit de la liberté des citoyens permettent ainsi d'en être exempté sur le plan administratif, ce qui est le propre d'un État administratif.

265. L'argument tiré de la responsabilité ministérielle. Dans le sillage de Le Rat de Magnitot, les ordonnateurs comme les précurseurs défendront de concert le mécanisme de garantie des fonctionnaires, en développant trois séries d'arguments. Le premier argument, peu utilisé, est relatif à la responsabilité ministérielle, censée couvrir les actes pris par les agents administratifs chargés d'une simple mission d'exécution. Gérando, Serrigny, Vivien et Aucoc soutiendront cette idée, le premier considérant ainsi que la garantie des fonctionnaires a pour objet « *de ne pas détruire la subordination, ni déplacer la responsabilité dans l'ordre de la hiérarchie administrative, de ne pas la faire tomber sur celui qui exécute, lorsqu'il se conforme aux ordres qu'il a reçus de celui auquel il est subordonné* »[363]. En d'autres termes, c'est celui qui a le pouvoir de décision – c'est-à-dire le ministre – qui doit être tenu pour responsable des actes pris par les agents administratifs – qui n'ont fait qu'exécuter les décisions prises par les ministres. Gérando écrit pourtant à la fin de la Restauration, régime qui ne connait pas formellement de la responsabilité politique des ministres[364]. Quant à Vivien, qui écrit sous la Monarchie de Juillet et alors que la responsabilité des ministres n'est que de nature pénale – et non politique –, il justifie lui aussi cette garantie des fonctionnaires par l'existence d'une responsabilité ministérielle. Il parait en effet logique selon lui que « *si l'agent inférieur a obéi à un ordre, la responsabilité doi[ve] remonter à l'auteur de l'ordre, et ne saurait peser sur*

---

360 Occ. « Mises en jugement », *in* LE RAT DE MAGNITOT (Albin), *Dictionnaire de droit public et administratif*, Tome 2, Joubert, 1841, p. 198.

361 *Ibid.*, p. 199.

362 *Ibid.*, p. 198.

363 GÉRANDO (Joseph-Marie de), *Institutes du droit administratif*, Tome 1, *op. cit.*, 1e éd., 1829, p. 407.

364 Sur ce point, v. HAVAS (Nathalie), « De la manière de penser la responsabilité des ministres sous la Restauration », *Jus Politicum*, 2008, n° 1 ; en ligne.

qui n'en a été que l'exécuteur passif»[365]. Cela permet de protéger le fonctionnaire en soumettant l'engagement de sa responsabilité à l'autorisation du Conseil d'État.

Serrigny et Aucoc écrivent quant à eux sous le Second Empire, où la responsabilité politique des ministres n'existe pas formellement, même si le régime s'est assoupli à partir des années 1860[366]. Ils défendront pourtant le même argument que Gérando, faisant eux aussi découler la garantie des fonctionnaires du principe hiérarchique entre les ministres et leurs agents. La responsabilité ministérielle constitue selon eux une garantie suffisante qui rend inutile la possibilité d'engager la responsabilité des fonctionnaires. Pour Aucoc, il apparait «*juste que l'agent supérieur, qui a commandé à son inférieur un acte d'administration, prenne sur lui la responsabilité de cet acte et ne laisse pas poursuivre son inférieur, lorsque celui-ci n'a fait que lui obéir*»[367]. En accord avec Aucoc, Serrigny note que « *la responsabilité morale, pénale et politique se déplace et passe de l'inférieur au supérieur* »[368], c'est-à-dire de l'agent vers le ministre. Il serait donc en quelque sorte injuste de rendre possible l'engagement de la responsabilité du simple agent, alors que celui-ci ne faisait qu'exécuter les actes pris par le ministre. L'absence formelle dans la Constitution du Second Empire d'une responsabilité politique des ministres n'a donc en tout état de cause pas eu pour effet d'ajourner un tel argument, qui repose également sur la présence d'une responsabilité pénale des ministres[369]. Ces auteurs plaident donc pour que les litiges qui s'élèvent à la suite d'actes pris par des agents de l'administration se règlent sur un terrain politique, c'est-à-dire au sein de l'État, en engageant la responsabilité politique des ministres devant les chambres parlementaires. On le voit, malgré la faiblesse de ces arguments, tout est bon pour légitimer la façon dont fonctionne alors l'État.

266. L'argument tiré de la séparation des autorités administrative et judiciaire. Le deuxième argument utilisé par les ordonnateurs comme par les

---

[365] VIVIEN (Auguste), *Études administratives*, *op. cit.*, 1e éd., 1845, p. 168.

[366] Sur ce point, v. HAVAS (Nathalie), *La responsabilité ministérielle en France*, Dalloz, 2012, p. 382 s.

[367] AUCOC (Léon), *Conférences sur l'administration et le droit administratif*, Tome 1, *op. cit.*, 1e éd., 1869, p. 564.

[368] SERRIGNY (Denis), *Traité de l'organisation de la compétence et de la procédure en matière contentieuse administrative*, Tome 1, *op. cit.*, 2e éd., 1865, p. 128-129.

[369] Les auteurs se fondent en effet sur l'article 114 du Code pénal de 1810 : « *Lorsqu'un fonctionnaire public, un agent ou un préposé du gouvernement, aura ordonné ou fait quelque acte arbitraire, et attentatoire soit à la liberté individuelle, soit aux droits civiques d'un ou de plusieurs citoyens, soit aux constitutions de l'empire, il sera condamné à la peine de la dégradation civique. Si néanmoins il justifie qu'il a agi par ordre de ses supérieurs pour des objets du ressort de ceux-ci, et sur lesquels il leur était dû obéissance hiérarchique, il sera exempt de la peine, laquelle sera, dans ce cas, appliquée seulement aux supérieurs qui auront donné l'ordre.* »

précurseurs est relatif à la séparation des autorités administrative et judiciaire, laquelle est rattachée à la séparation des pouvoirs. Cette dernière est là encore instrumentalisée aux fins de défendre la garantie des fonctionnaires, et dont Lucien Jaume relève à cet égard qu'elle est « *utilisée dans des sens opposés* »[370]. Parmi les ordonnateurs, déjà Gérando relevait qu'une telle garantie avait pour objet « *d'empêcher que les tribunaux [judiciaires] ne connaissent de l'acte administratif, ou que l'administration ne se trouve, soit troublée, soit arrêtée dans ses opérations* »[371]. En d'autres termes, il y a la crainte qu'en l'absence de protection du fonctionnaire par son administration, celui-ci doive rendre compte de ses actes devant le juge judiciaire, ce qui reviendrait à paralyser son action – et dès lors celle de l'administration tout entière. Il apparait alors que « *la garantie des fonctionnaires [soit] pour Gérando avant tout une garantie de l'administration plus qu'une garantie des fonctionnaires* »[372]. Telle semble également la pensée de Cormenin, pour qui sans une telle garantie, « *le pouvoir exécutif succomberait sous la tyrannie des juges* »[373]. Toujours chez les ordonnateurs, une telle idée est développée chez Macarel de façon très explicite, qui relève les inconvénients de l'absence d'une telle garantie pour le pouvoir que détiennent les fonctionnaires : « *ce pouvoir serait bientôt paralysé par le découragement,* écrit-il, *si ces dépositaires avaient à craindre d'être incessamment appelés ou traînés devant les tribunaux, pour y répondre à toutes les récriminations de l'esprit de parti, à toutes les inimitiés particulières et locales.* »[374] C'est donc avant tout la paralysie de l'administration tout entière que craint Macarel : si le juge judiciaire abusait en effet de ses pouvoirs, « *l'effet inévitable serait d'affaiblir, de troubler et même de suspendre l'action administrative* »[375]. L'administration ne doit relever que d'elle-même. Macarel reprend ici à dessein les termes de la loi des 16-24 août 1790 sans la nommer, qui interdit aux juges judiciaires de « *troubler, de quelque manière que ce soit, les opérations de corps administratifs* »[376], afin de montrer la potentielle violation de ce principe.

La génération des précurseurs usera encore plus explicitement de cet argument, à commencer par Foucart, pour qui « *c'est en vain qu'on enlèverait aux tribunaux le jugement des actes de l'administration, s'ils pouvaient librement traduire devant eux et juger ses agents ; car alors, en frappant sur*

---

370 JAUME (Lucien), *L'individu effacé*, *op. cit.*, 1997, p. 376.

371 GÉRANDO (Joseph-Marie de), *Institutes du droit administratif français*, Tome 1, *op. cit.*, 1e éd., 1829, p. 407.

372 CAMGUILHEM (Benoît), « La garantie des fonctionnaires. La séparation des autorités administratives et judiciaires selon Gérando », *RHFD*, 2013, n° 33, p. 475.

373 CORMENIN (Louis-Marie), *Questions de droit administratif*, Tome 2, Ridler, 1822, p. 334.

374 MACAREL (Louis-Antoine), *Cours d'administration et de droit administratif*, Tome 1, *op. cit.*, 1e éd., 1844, p. 637.

375 *Idem.*

376 Article 13 de la loi sur l'organisation judiciaire des 16-24 août 1790.

les personnes, ils condamneraient indirectement les actes »[377]. La garantie des fonctionnaires permet ainsi de ne pas réduire à néant le principe de séparation des autorités, déjà solidement ancré dans le paysage des administrativistes. Parmi les autres chefs de file de cette génération, l'argument relatif à la séparation des pouvoirs est également utilisé, qu'il s'agisse de F. Laferrière[378], Serrigny[379] ou d'Aucoc[380]. Il est donc impératif que le Conseil d'État donne son autorisation pour poursuivre un fonctionnaire, sans quoi l'administration « *se trouverait abandonnée à la domination et à la tyrannie des corps judiciaires* »[381], ainsi que l'écrit Dufour, qui se fonde également sur le principe de séparation des pouvoirs[382]. Ce principe permet en réalité à l'époque de fonder constitutionnellement l'hostilité politique qui existe à l'endroit du juge judiciaire, dont on craint les abus de pouvoir et dont on craint son inclination pour les intérêts privés. Il s'agit donc bien, là encore, d'éviter qu'un tiers à l'administration – et le plus redoutable d'entre eux – ne s'immisce dans son fonctionnement. L'administration doit être la seule mesure de l'État, ce qui est l'un des crédos de la figure de l'État administratif de l'époque.

267. L'argument tiré de la distinction entre la personne du fonctionnaire et la fonction exercée. Le troisième argument, développé de façon relativement large par les ordonnateurs et les précurseurs est davantage remarquable par sa portée théorique. La formulation même de l'article 75 de la Constitution de l'an VIII, qui fait référence à la mise en jugement des fonctionnaires « pour les faits relatifs à leurs fonctions » a en effet conduit à l'adoption d'une distinction très porteuse pour la théorie de l'État : celle entre

---

377 FOUCART (Émile-Victor), *Éléments de droit public et administratif*, *op. cit.*, 4e éd., 1855, p. 209.

378 LAFERRIÈRE (Firmin), *Cours de droit public et administratif*, *op. cit.*, 2e éd., 1841, p. 627 : « *la garantie des fonctionnaires publics tient à la nature même de l'action qu'ils exercent et à la séparation constitutionnelle des pouvoirs* ». En effet, « *l'autorité judiciaire dominerait l'autorité administrative, si elle pouvait citer devant elle les fonctionnaires publics à raison de leurs fonctions ou les juger sur la citation immédiate des citoyens* ».

379 SERRIGNY (Denis), *Traité de l'organisation de la compétence et de la procédure en matière contentieuse administrative*, Tome 1, *op. cit.*, 2e éd., 1865, p. 128-129 : la garantie des fonctionnaires repose selon lui entre autres sur « *la règle sur la séparation des pouvoirs administratif et judiciaire, qui emporte pour conséquence l'interdiction de citer les administrateurs devant les tribunaux pour raison de leurs fonctions, à moins qu'ils n'y aient été renvoyés par l'autorité supérieure* ».

380 AUCOC (Léon), *Conférences sur l'administration et le droit administratif*, Tome 1, *op. cit.*, 1e éd., 1869, p. 563 : « *La principale raison de cette règle est donc le principe de la séparation des pouvoirs.* »

381 DUFOUR (Gabriel), *Traité général de droit administratif appliqué*, Tome 6, *op. cit.*, 2e éd., 1857, p. 360.

382 On peut encore citer VIVIEN (Auguste), *Études administratives*, *op. cit.*, 1e éd., 1845, p. 169 : « *Que l'autorité judiciaire soit appelée à prononcer sur des questions de cette nature, l'administration tout entière passera entre ses mains; elle en pourra citer les agents à sa barre, et les frapper d'interdit. Le principe de la séparation des pouvoirs disparaîtrait dans cette confusion.* »

l'agent, conçu en tant qu'individu, et la fonction qu'il exerce. De nombreux auteurs, à l'instar de Gérando, insisteront sur le fait que « *la garantie est accordée, non à la personne du fonctionnaire ou agent,* mais aux fonctions seulement »[383]. On protège donc le fonctionnement régulier de l'administration bien que l'agent en tant que tel. On retrouve de telles occurrences chez les précurseurs comme F. Laferrière pour qui *« l'article 75 de la Constitution de l'an VIII* [...] *protège l'intérêt public de l'administration, bien plus que la personne des fonctionnaires* »[384] ou comme Dufour pour qui « *c'est moins la personne que la fonction que la loi a songé à défendre* »[385]. Cet argument perd en réalité de sa pertinence lorsque l'on se souvient à quel point le Conseil d'État comme la Cour de cassation interprètent de façon extrêmement large la condition relative à « l'exercice des fonctions » pour faire jouer le mécanisme de la garantie. Comment dire en effet que ce n'est pas le fonctionnaire que l'on protège mais les fonctions lorsque l'on actionne la garantie pour un vol[386] ? Pour autant, cette distinction entre le fonctionnaire et les fonctions revient à dire que les fonctions n'appartiennent pas à l'agent qui les exerce, en rupture avec une conception patrimoniale de l'État et le principe de vénalité des offices sous l'Ancien-Régime : le fonctionnaire n'est pas entièrement couvert derrière les fonctions qu'il exerce ; il ne se confond pas en principe avec elles. La garantie des fonctionnaires constitue donc un moyen de démontrer que le fonctionnaire n'exerce jamais ses fonctions personnellement – sans quoi la garantie doit alors être levée. Sans doute peut-on voir ici les prémisses intellectuelles de la faute de service[387], laquelle s'opposera à la faute personnelle du fonctionnaire. Puisque le fonctionnaire, lorsqu'il exerce ses fonctions, n'est pas un individu comme un autre, il convient de ne pas le soumettre aux actions de justice classiques possibles à l'encontre des particuliers. Foucart rappelle ainsi que « *c'est toujours l'administration qu'on poursuit dans l'acte d'un de ses agents* »[388], et non l'agent pris en tant qu'individu. Cette argumentation sera encore employée par Aucoc des décennies plus tard lorsqu'il érige en principe le fait que ce soit « *l'acte administratif et non la personne qui est protégé* »[389]. De cette façon, on protège le fonctionnement de l'administration des

[383] GÉRANDO (Joseph-Marie de), *Institutes du droit administratif français*, Tome 1, *op. cit.*, 1e éd., 1829, p. 407. L'auteur souligne.

[384] LAFERRIÈRE (Firmin), *Cours de droit public et administratif*, Tome 1, Cotillon, 5e éd., 1860, p. 134

[385] DUFOUR (Gabriel), *Traité général de droit administratif appliqué*, Tome 6, *op. cit.*, 2e éd., 1856, p. 372.

[386] V. JAUME (Lucien), *L'individu effacé*, *op. cit.*, 1997, p. 375.

[387] TC, 30 juillet 1873, *Pelletier*, Rec. 1er supplt, p. 117, concl. E. David. ; *D.* 1874, III, p. 5, concl. E. David.

[388] FOUCART (Émile-Victor), *Éléments de droit public et administratif*, *op. cit.*, 4e éd., 1855, p. 215.

[389] AUCOC (Léon), *Conférences sur l'administration et le droit administratif*, Tome 1, *op. cit.*, 1e éd., 1869, p. 569.

immixtions des tiers. On légitime également le système de garantie des fonctionnaires[390], pourtant largement décrié. Sauf rares exceptions, la sanction des agissements d'un fonctionnaire est du ressort du seul supérieur hiérarchique, et non du juge. Il y a donc là, dans la défense continue de la garantie des fonctionnaires, la volonté de laisser aux mains de la seule administration le sort de ses agents. Un tel raisonnement se retrouve encore à propos de la responsabilité de l'État lui-même.

B- Retenir le développement de la responsabilité de l'administration : le maintien du paradigme de l'irresponsabilité de l'État

268. La question de la responsabilité de l'État pour les actes commis par son administration connait un tournant au cours des années 1850. La Cour de cassation se fait en effet plus offensive en la matière en voulant lui appliquer les articles 1382 et suivants du Code civil, ce qui pousse le Conseil d'État à rompre progressivement avec l'idée d'une irresponsabilité principielle de l'État. Contraints de s'adapter à ces évolutions jurisprudentielles, les administrativistes tâchent jusqu'au bout de faire échapper l'État au mécanisme de responsabilité civile (**1**). Avant de se résigner sur ce point, ils déplacent leur combat : s'ils ne peuvent faire échapper l'État au mécanisme de la responsabilité civile[391], il faut au moins garder celle-ci dans le giron de la compétence administrative (**2**).

1- *1830-1850 : la volonté d'échapper au mécanisme de responsabilité civile de l'État*

269. Des ministres responsables, une administration irresponsable. L'idée d'une responsabilité de l'administration, dans la littérature des administrativistes, met particulièrement longtemps à éclore. Elle implique en effet de reconnaitre l'État comme étant lui-même responsable du fait des agissements de son administration. Du point de vue de la technique juridique, elle implique de reconnaitre la personnalité civile de l'État, ce qui n'est que partiellement acquis à l'époque[392]. Dans la première moitié du XIXe siècle, les auteurs résolvent donc bien souvent la responsabilité de l'administration par la responsabilité politique des ministres ou par la responsabilité personnelle

---

[390] Dans le même sens, v. CAMGUILHEM (Benoît), « La garantie des fonctionnaires. La séparation des autorités administratives et judiciaires selon Gérando », *RHFD*, 2013, n° 33, p. 476.

[391] La responsabilité civile est ici comprise par opposition aux responsabilités pénale et politique. Elle vise l'indemnisation pécuniaire d'un dommage.

[392] Cf. *supra*. § 148.

des agents. Dans cette mesure, il convient ici pour nous de relever les occurrences du terme de « responsabilité » dans les ouvrages de droit administratif afin de percevoir ce qu'ils entendent par un tel terme.

D'une part, l'usage du terme de « responsabilité » est souvent employé pour désigner la responsabilité politique des ministres. Celle-ci capte très largement la problématique de la responsabilité propre à l'administration. Puisque les ministres peuvent être destitués devant les chambres pour des faits relatifs au fonctionnement de leurs services, ils doivent s'en porter garants. En cas de dommage, il convient donc d'engager la responsabilité politique du ministre, et non celle de l'administration elle-même. Au-delà de la faiblesse de cet argument, il apparait de surcroit que cette responsabilité politique n'est conceptuellement pas aboutie. En effet, comme l'a souligné Alain Laquièze, « *ce qui frappe tout particulièrement dans les représentations constitutionnelles des Français du début de la Restauration, c'est leur difficulté à concevoir une responsabilité politique des ministres qui s'affranchisse complètement d'une acception pénale de la responsabilité* »[393]. En réalité, sous la Restauration comme sous la Monarchie de Juillet, la responsabilité politique des ministres n'existe pas ; seule leur responsabilité pénale fait l'objet d'une consécration constitutionnelle[394]. Bien que l'utilisation de cet article soit relativement rare, il n'en reste pas moins que cet argument est pleinement exploité par les ordonnateurs comme par les précurseurs, et ce jusqu'à la fin des années 1850. La responsabilité ministérielle joue ainsi, là encore, et selon les mots de Lucien Jaume, le rôle de « *brise-lame des contestations* »[395]. Déjà utilisé pour justifier la garantie des fonctionnaires[396], l'argument est ici employé par les ordonnateurs puis par les précurseurs pour couvrir l'ensemble des actes pris par l'administration. Macarel écrit ainsi en 1844 que tous les actes pris par un agent de l'administration peuvent « *donner lieu à l'application du principe de la responsabilité ministérielle* »[397]. Se trouvent déjouées les critiques relatives à l'arbitraire de l'administration : bien que celle-ci ne soit pas civilement responsable, ses supérieurs hiérarchiques doivent rendre des comptes devant les chambres. Cette idée sera encore développée par un ordonnateur comme

---

393 LAQUIÈZE (Alain), *Les origines du régime parlementaire en France (1814-1848)*, PUF, 2002, p. 151.

394 HAVAS (Nathalie), *La responsabilité ministérielle en France*, Dalloz, 2012, p. 303.

395 JAUME (Lucien), *L'individu effacé*, *op. cit.*, 1997, p. 358.

396 Cf. *supra.* § 264.

397 MACAREL (Louis-Antoine), *Cours d'administration et de droit administratif*, Tome 1, *op. cit.*, 1e éd., 1844, p. 52.

Cormenin[398] mais également par les précurseurs qui suivront comme Foucart[399], Trolley[400] ou encore Vivien[401].

Plus encore, cette responsabilité ministérielle, outre le fait qu'elle permet de déjouer le principe d'une responsabilité civile de l'État, est même l'occasion pour les auteurs de renforcer la nécessité d'un fonctionnement hiérarchique de l'administration. Ainsi, Foucart, chef de file des précurseurs, affirme que dans la mesure où « *chaque ministre répond devant les Chambres des ordres qu'il donne ; il doit donc trouver dans ses auxiliaires une obéissance absolue* »[402]. Macarel développe également cette idée lorsqu'il considère que « *chacun des ministres doit avoir nécessairement le droit d'exercer un contrôle sévère sur tous les actes des agents qui lui sont subordonnés, afin d'éviter le contrôle plus élevé des chambres législatives, ou de se préparer à le subir* »[403]. Dans la mesure où le ministre est *in fine* responsable des actes pris par l'ensemble de ses agents, alors il ne peut y avoir de dissension au sein de l'administration. Ce mécanisme de la responsabilité ministérielle constitue donc une parade particulièrement efficace pour dénier toute responsabilité civile de l'administration. Réglée politiquement, elle témoigne d'un « *libéralisme sans individus* »[404] : elle constitue en effet indéniablement un mécanisme libéral sur le plan politique, dans le sens où elle consacre le refus des abus de pouvoir de la part des gouvernants, mais tout cela s'opère en marge des individus, qui ne peuvent engager directement la responsabilité des agents de l'administration. On assiste, là encore, à une autorégulation de l'administration étatique, l'individu étant « *dépourvu de moyens efficaces d'opposition à l'État* »[405].

270. Des fonctionnaires responsables, une administration irresponsable. Outre la responsabilité ministérielle, qui reste l'argument le plus utilisé, l'idée d'une responsabilité civile de l'administration est encore déjouée, d'autre part, par le recours à la responsabilité personnelle de ses agents. Il faut dire en réalité que, jusqu'aux années 1850, les administrativistes peinent à concevoir la responsabilité d'une entité, ce mécanisme étant habituellement rattaché à une personne physique. C'est en effet ce qui apparait si l'on recense les différents usages du terme de « responsabilité » voire de « responsabilité administrative » dans les ouvrages de droit administratif des ordonnateurs, puis de certains précurseurs. Tout au long de ses *Institutes*, Gérando fait par

---

398 CORMENIN (Louis-Marie), *Droit administratif*, Tome 1, *op. cit.*, 5e éd., 1840, p. XIV : « *la responsabilité des ministres garantit les citoyens contre les vexations de l'agent secondaire.* »
399 FOUCART (Émile-Victor), *Éléments de droit public et administratif*, Tome 1, *op. cit.*, 3e éd., 1843, p. 154.
400 TROLLEY (Alfred), *Cours de droit administratif*, Tome 1, *op. cit.*, 1844, p. 194.
401 VIVIEN (Auguste), *Études administratives*, *op. cit.*, 1e éd., 1845, p. 19.
402 FOUCART (Émile-Victor), *Éléments de droit public et administratif*, Tome 1, *op. cit.*, 3e éd., 1843, p. 154.
403 *Idem.*
404 BIGOT (Grégoire), *L'Administration française*, Tome 1, *op. cit.*, 2e éd., 2014, p. 180.
405 *Idem.*

exemple référence à la responsabilité du trésorier, du chargé de transports, du chef de troupe des armées, de l'agent comptable, de l'architecte, etc. mais jamais de la responsabilité de l'administration ou de celle de l'État. Plus encore, lorsqu'il évoque la « responsabilité administrative », celle-ci ne vise en réalité « *la réprimande, la censure, la suspension, la révocation, la destitution du fonctionnaire* »[406] : la responsabilité administrative se confond alors avec la responsabilité personnelle des agents administratifs. De la même façon, Cormenin et Macarel n'évoquent lorsqu'ils parlent de responsabilité, et en dehors de la question de la responsabilité ministérielle, que de celle des comptables, des préfets, des receveurs, etc. À ce titre, le cas de Macarel est particulièrement éclairant : dans son *Cours* publié en 1844, il fait en effet de la responsabilité un « *caractère propre aux fonctions administratives* »[407]. À ce titre, outre la responsabilité constitutionnelle des ministres, il évoque l'existence d'une « *responsabilité administrative* »[408]. Il ne faut toutefois pas s'y tromper : celle-ci vise à engager la responsabilité des agents administratifs lorsqu'ils ont commis une « *faute grave* »[409] : on engage alors la responsabilité, non pas de l'administration, mais de l'agent en personne. On retombe alors sur le mécanisme de garantie des fonctionnaires, dont on a vu qu'il était particulièrement verrouillé.

Outre les ordonnateurs, les précurseurs attacheront également l'idée de responsabilité à la seule responsabilité personnelle des agents. C'est par exemple le cas de F. Laferrière, qui évoque l'existence d'une « responsabilité administrative ». Or, là encore, celle-ci n'est pas propre à l'administration, mais à ses agents. Il écrit ainsi que « *les simples fonctionnaires, agents et dépositaires de l'autorité publique, sont soumis aussi à la responsabilité chacun en ce qui les concerne* »[410]. Tel est donc ce qu'il vise lorsqu'il évoque la « responsabilité administrative ». Cela peut étonner. En effet, le mécanisme d'engagement de la responsabilité de l'administration, par lequel l'administration indemnise des particuliers pour répondre de l'un de ses actes, est déjà présent dans la jurisprudence[411], mais les auteurs ne s'en font que peu le relais. C'est le cas notamment en matière de dommages de travaux publics, lesquels peuvent être réparés en vertu de l'article 4 de la loi du 28 pluviôse an

---

406 GÉRANDO (Joseph-Marie de), *Institutes du droit administratif*, Tome 5, *op. cit.*, 2e éd., 1846, p. 366.
407 MACAREL (Louis-Antoine), *Cours d'administration et de droit administratif*, Tome 1, *op. cit.*, 1e éd., 1844, p. 634.
408 *Idem.*
409 *Ibid.*, p. 635.
410 LAFERRIÈRE (Firmin), *Cours de droit public et administratif*, Cotillon, 3e éd., 1850, p. 173-174.
411 V. par exemple CE, 10 mars 1853, *Perregeaux*, *Rec.*, p. 310.

VIII[412]. Aucun auteur n'analysera toutefois cet article dans le cadre d'un mécanisme de responsabilité.

271. Le caractère embryonnaire de la responsabilité de l'administration. Même si le concept de personnalité morale n'est pas encore très développé[413] dans les écrits de droit administratif au début du XIXe siècle, certaines préfigurations offraient déjà la possibilité de concevoir une responsabilité de l'administration, et ainsi de l'État, en dehors de la responsabilité personnelle des agents. La « théorie » de l'État débiteur, issue du décret du 26 septembre 1793 qui dispose que « *toutes les créances sur l'État seront réglées administrativement* »[414], aurait pu jouer ce rôle. Elle ordonnait de régler les créances de l'État devant la seule administration. Il est bien question ici des créances de *l'État*, et non de celles de ses agents. Mais cette théorie n'a pas capté tout de suite le problème de la responsabilité de l'État. Elle fait pourtant l'objet d'un conflit ouvert entre la Cour de cassation et le Conseil d'État. À ce titre, et ainsi que l'a souligné René Chapus dans sa thèse, la période comprise entre 1803 et 1873 est une période de « *divergence des jurisprudences administrative et judiciaire sur la question du choix du principe de compétence* »[415]. Avant l'avènement du Tribunal des conflits sous la IIe République, les positions sont relativement polarisées entre le Conseil d'État, qui se fonde exclusivement sur la théorie de l'État débiteur telle qu'elle résulterait de la loi des 17 juillet-18 août 1790 et d'un décret du 26 septembre 1793[416], et la Cour de cassation, qui se fonde sur la séparation des pouvoirs au visa de la loi des 16-24 août 1790. Les tribunaux judiciaires peuvent selon elle apprécier « *dans les cas prévus par les articles 1382, 1382 et 1384, C. civ., les faits résultant de l'exécution plus ou moins intelligente, plus ou moins prudente, de règlemens et ordres administratifs* »[417]. En d'autres termes, si la séparation des autorités administrative et judiciaire interdit à l'autorité judiciaire de connaitre des actes de l'administration, il ne lui interdit pas de connaitre de sa responsabilité[418].

---

[412] Art. 4 de la loi du 28 pluviôse an VIII *concernant la division du territoire français et l'administration, Rec. Duvergier*, p. 88 : « *Le conseil de préfecture prononcera :* [...] *Sur les difficultés qui pourraient s'élever entre les entrepreneurs de travaux publics et l'administration, concernant le sens ou l'exécution des clauses de leur marché* ». Sur ce point, v. notamment BURDEAU (François), *Histoire du droit administratif*, *op. cit.*, 1995, p. 146.
[413] V. notamment PLESSIX (Benoît), *Droit administratif général*, *op. cit.*, 2e éd., 2018, p. 322 s.
[414] Décret du 26 septembre 1793 *portant que les créances de l'État seront réglées administrativement, Rec. Duvergier*, Tome 6, 1ère éd., 1825, p. 234.
[415] CHAPUS (René), *Responsabilité publique et responsabilité privée*, LGDJ, 1957, réimp. La Mémoire du Droit, 2010, p. 48-49.
[416] BURDEAU (François), *Histoire du droit administratif*, *op. cit.*, 1995, p. 129.
[417] Cass., 1er avril 1845, *Administration des postes c. Depeyre*, *S.* 1845, p. 365.
[418] Sur ce point, v. également BIGOT (Grégoire), « Le Conseil d'État, juge gouvernemental », *in* BLUCHE (Frédéric) (dir.), *Le Prince, le peuple et le droit. Autour des plébiscites de 1851 et 1852*, PUF, 2000, p. 177 s.

Face à cette situation conflictuelle, les administrativistes de l'époque optent visiblement pour l'ignorance vis-à-vis de la Cour de cassation. Ils réaffirment non seulement la théorie de l'État débiteur, mais ne font de surcroit pas état d'un quelconque mécanisme de responsabilité. Recensant, en 1830, les différents cas par lesquels l'État devient débiteur, Gérando évoque limitativement l'existence de rentes, les dettes relatives aux caisses publiques, et celles issues de répétitions[419], qui visent le recouvrement d'une somme avancée par un particulier. Il n'est en tout état de cause pas question de responsabilité, qui n'est alors que personnelle. De la même façon, lorsque Cormenin évoque la question de l'État débiteur et des dettes que l'État peut contracter, il ne fait nullement référence à la responsabilité de l'État[420]. Tel est le constat qui ressort également de la lecture des ouvrages des administrativistes jusqu'au milieu du XIXe siècle comme Macarel[421], ou encore Dufour (dans un premier temps seulement)[422]. Ce n'est qu'à partir des années 1850 que la théorie de l'État débiteur rencontrera le mécanisme de responsabilité de l'État.

Pour l'heure, l'idée d'une responsabilité de l'administration, bien qu'elle ne soit pas formulée de cette façon, apparait progressivement au sein des ouvrages de certains précurseurs. Il s'agit notamment de Serrigny, qui, bien qu'il n'emploie pas le terme précis de « responsabilité », consacre un chapitre aux requêtes en « dommages et intérêts » que peuvent intenter les administrés devant le Conseil d'État. Les exemples tirés des dommages de travaux publics sont alors utilisés. Il cite à cet égard l'arrêt *Loemlé* du 19 décembre 1839, dans lequel le Conseil d'État condamna l'administration à payer à M. Loemlé 3 000 francs de dommages-intérêts « *à raison des blessures qu'il s'était faites en tombant dans un puits laissé ouvert par la faute des agents de l'administration* »[423]. Sans doute s'agit-il ici des prémices d'une conceptualisation de l'idée d'une responsabilité administrative, dans la mesure où c'est l'État lui-même, et non ses agents, qui se trouve débiteur d'une obligation d'indemnisation envers un particulier. Il n'est pourtant nullement question, pour les auteurs, d'élever, grâce à ce type de jurisprudence propre aux travaux publics, une théorie générale de la responsabilité administrative. Sans doute le mythe de l'irresponsabilité de la puissance étatique reste-t-il encore particulièrement présent dans les représentations de

---

419 GÉRANDO (Joseph-Marie de), *Institutes du droit administratif français*, Tome 4, *op. cit.*, 1e éd., 1830, p. 554.

420 V. CORMENIN (Louis-Marie), *Droit administratif*, Tome 2, *op. cit.*, 5e éd., 1840, p. 5 s. (chapitre « Dettes de l'État »)

421 MACAREL (Louis-Antoine), *Cours d'administration et de droit administratif*, Tome 2, *op. cit.*, 1e éd., 1844, p. 800.

422 DUFOUR (Gabriel), *Traité général de droit administratif appliqué*, Tome 2, *op. cit.*, 1e éd., 1843, p. 560 s.

423 SERRIGNY (Denis), *Traité de l'organisation de la compétence et de la procédure en matière contentieuse administrative*, Tome 1, *op. cit.*, 1e éd., 1842, p. 366.

l'époque, imprégnée d'une conception entière de la souveraineté. En effet, ainsi que le relève Benoît Plessix, « *la théorie [française] de la souveraineté n'impliquait pas seulement l'idée que le souverain* [...] *ne pouvait jamais mal faire ; elle faisait obstacle à toute idée de justice commutative, qui aurait pu imposer la règle qu'une condamnation pécuniaire rétablit seulement, entre deux patrimoines, l'égalité arithmétique rompue par la survenance d'un dommage* »[424]. Dufour en offre l'expression la plus entière lorsqu'il estime comme inconcevable le fait que « *le pouvoir social puisse être pris à partie pour cause de partialité, de négligence, d'inhabileté, disons le mot, comme coupable de faute !* »[425] Encore au milieu du XIXe siècle, il apparait donc impossible de penser que l'État puisse être fautif, ce qui complique la possibilité d'engager sa responsabilité. Les administrativistes ne pouvaient toutefois pas lutter indéfiniment contre les progrès jurisprudentiels opérés en la matière ; ils se sont alors résignés à défendre pour le moins la compétence du juge administratif pour en connaître.

2- *1850-1870 : la défense de la compétence administrative pour engager la responsabilité de l'État*

272. Dufour et Cotelle, précurseurs de l'idée de responsabilité de l'État. Si, jusqu'aux années 1850, on ne peut véritablement parler d'une « responsabilité de l'administration »[426] ou d'une « responsabilité de l'État » au sein de la littérature des administrativistes, une évolution va se produire sous l'impulsion de quelques auteurs qui ne peuvent pourtant être habituellement qualifiés de chefs de file de leur génération : Dufour et Cotelle. Un élément extrinsèque semble avoir conduit à la reconnaissance formelle d'une responsabilité de l'État : le fait que, on l'a dit, la Cour de cassation n'hésite pas à reconnaitre la responsabilité de l'État sur le fondement des articles 1382 et suivants du code civil[427]. Cette position ne pouvait pas être indéfiniment ignorée ; elle devait même être combattue. En réalité, deux domaines de l'action administrative tiendront lieu de véritables bancs d'essai en la matière pour les administrativistes : l'administration des postes et les travaux publics, dont la responsabilité est partiellement prévue par la loi[428]. Dufour, avocat et auteur d'un *Traité général de droit administratif appliqué*,

---

424 PLESSIX (Benoît), *Droit administratif général*, *op. cit.*, 2e éd., 2018, p. 632.

425 DUFOUR (Gabriel), *Traité général de droit administratif appliqué*, Tome 3, Cotillon, 2e éd., 1853, p. 18.

426 Expression dont on convient qu'elle manque de rigueur dans la mesure où l'administration n'a pas en tant que telle la personnalité juridique. Sur ce point, v., AMSELEK (Paul), « La responsabilité sans faute des personnes publiques d'après la jurisprudence administrative », *in Recueil d'études en hommage à Charles Eisenmann*, LGDJ, 1975, p. 233.

427 Cass., 1er avril 1845, *Administration des postes c. Depeyre*, *S.* 1845, p. 365.

428 V. BURDEAU (François), *Histoire du droit administratif*, *op. cit.*, 1995, p. 146 s.

développera ainsi la question de la responsabilité de l'État dans son chapitre dédié aux dettes de l'État. Il part de l'idée selon laquelle « *l'État, dans certaines branches de l'administration, est appelé à entrer en rapport avec les particuliers et à leur rendre des services individuels et pour lesquels il perçoit une rémunération de chacun* »[429]. Il part à cet égard de l'exemple de l'administration des postes, dont il estime qu'« *il est juste qu'elle soit tenue de répondre du service qu'elle offre de rendre* »[430]. De surcroit, dans la mesure où l'« *intérêt public* » est alors son « *mobile* », « *la responsabilité qui pèse sur elle n'est pas la responsabilité du droit commun* »[431]. Il est donc bien ici question d'un mécanisme de responsabilité de l'État, peu à peu intégré à la question des dettes de l'État.

Au début des années 1860, Cotelle – alors professeur de droit administratif à l'École impériale des Ponts et Chaussées – opère la même avancée en matière de travaux publics. Il énonce en effet dans son *Cours de droit administratif appliqué aux travaux publics* une distinction fondamentale entre la responsabilité personnelle de l'entrepreneur de travaux publics de celle de l'État. S'il est possible d'engager la responsabilité personnelle de l'agent, Cotelle rappelle que « *lorsqu'un dommage est imputé aux agents de l'administration et qu'on s'adresse à celle-ci sans les mettre en cause, c'est comme si on imputait le préjudice subi au fait personnel et direct de l'administration* »[432]. Il est donc possible d'imputer une action à une entité qui n'est pas une personne physique[433]. Face aux incertitudes qui règnent quant au type de responsabilité à engager, Cotelle fait preuve d'une certaine pédagogie. Partant de ce qui paraît évident pour tous, il écrit : « *Lorsque nous éprouvons un dommage de la part de quelqu'un, il est naturel de s'adresser à cette personne et de lui en demander réparation* »[434]. Tout ne semble toutefois pas toujours aussi simple car cette personne « *a pu agir sous les ordres d'un autre, tel que le gouvernement ou une administration publique* »[435]. Dès lors, conclut-il, « *il s'offrira alors à l'esprit deux sortes de responsabilité : l'une, directe et immédiate, pesant sur l'auteur du dommage ; l'autre médiate et subsidiaire, concernant l'être moral sous la direction et les ordres duquel s'exécutent les opérations et travaux qui auront occasionné le dommage*

429 DUFOUR (Gabriel), *Traité général de droit administratif appliqué*, Tome 4, *op. cit.*, 2e éd., 1855, p. 615.
430 *Ibid.*, p. 616.
431 *Idem.*
432 COTELLE (Toussaint-Ange), *Cours de droit administratif appliqué aux travaux publics*, Tome 2, Dalmont et Dunod, 3e éd., 1859, p. 43.
433 Cela est encore relativement inédit à l'époque. La question de la responsabilité des personnes morales de droit privé n'est ainsi pas enseignée par Aubry et Rau jusqu'à la fin du XIXe siècle. Ils se fondent davantage sur la responsabilité personnelle du commettant ou de la garde. Ils reconnaissent pourtant la responsabilité de l'État ou des communes. V. AUBRY (Charles) et RAU (Charles), *Cours de droit civil français*, LGDJ, Tome 4, 4e éd., 1871, p. 756 s.
434 *Ibid.*, p. 45-46.
435 *Ibid.*, p. 46.

souffert »[436]. Ce second type de responsabilité permet donc d'engager la responsabilité de l'État, des départements et communes. Bien qu'il s'apparente étonnamment à la responsabilité du fait de la garde prévue par l'ancien article 1384 du code civil[437], laissant à penser que l'État a la garde des agents agissant pour lui, il n'en reste pas moins qu'il s'agit ici d'un premier pas vers l'idée d'une responsabilité de l'État.

Dans le même esprit que Cotelle, et sans doute parce qu'il enseigne également à l'École impériale des Ponts et Chaussées, Aucoc développera ainsi la question de la responsabilité de l'État uniquement dans le cadre des travaux publics[438], sans s'étendre davantage. Quant à Ducrocq, si l'idée d'une responsabilité de l'État lui semble admise dès le début des années 1860, il l'intègre à la question de dettes de l'État sans lui faire une place particulière[439].

273. La défense de la compétence administrative dans le règlement des dettes de l'État. Si le thème de la responsabilité de l'État progresse quelque peu chez les précurseurs des années 1850, ils accusent toutefois encore un certain retard face aux avancées de la jurisprudence administrative en la matière. C'est en effet à cette période qu'est rendu l'arrêt *Rothschild*[440] du Conseil d'État, dont on sait qu'il a ouvert la voie à l'arrêt *Blanco*[441]. L'affaire entrait dans le domaine très fructueux de l'administration des postes puisqu'elle concernait un administré qui se plaignait d'une faute commise par un guichetier des postes. Même si le Conseil d'État se fonde encore sur la théorie de l'État débiteur, cet arrêt témoigne néanmoins d'une certaine généralité puisqu'il affirme qu'« *en ce qui touche la responsabilité de l'État en cas de faute, de négligence ou d'erreurs commises par un agent de l'Administration, cette responsabilité n'est ni générale, ni absolue, qu'elle se modifie suivant la nature et les nécessités de chaque service* »[442]. Il est donc explicitement question de la responsabilité de l'État et non de la responsabilité personnelle des agents. La formulation retenue témoigne de surcroit d'un certain degré de généralité. Si les auteurs n'analysent pas distinctement cet arrêt en termes de responsabilité, ils ne se contentent toutefois plus, comme auparavant, de restituer la règle selon laquelle les tribunaux ne peuvent connaître des actions qui tendent à faire déclarer l'État débiteur. Ils tâchent en

---

[436] *Idem.*

[437] Sur ce point, v. PLESSIX (Benoît), *L'utilisation du droit civil dans l'élaboration du droit administratif*, Thèse, Éditions Panthéon-Assas, 2003, p. 693 s.

[438] AUCOC (Léon), *Conférences sur l'administration et le droit administratif*, Tome 2, *op. cit.*, 1e éd., 1870, p. 397 s.

[439] DUCROCQ (Théophile), *Cours de droit administratif*, *op. cit.*, 1e éd., 1863, p. 402 s.

[440] CE, 6 décembre 1855, *Rothschild c. Larcher et Administration des postes*, *Rec.*, p. 707.

[441] TC, 8 février 1873, *Blanco*, *Rec.* 1er supplt., p. 61, concl. E. David ; *D.*, 1873, III, p. 20, concl. ; *S.*, 1873, III, p. 153, concl. ; *GCJA*, vol. 1, n ° 10, concl. E. David.

[442] CE, 6 décembre 1855, *Rothschild*, *Rec.*, p. 707.

effet quelque peu de s'en défaire. Il y a là les premiers pas vers la reconnaissance d'une responsabilité administrative de l'État.

Sans doute les assauts répétés de la Cour de cassation, qui n'ont pas cessés, et l'avènement éphémère du Tribunal des conflits, ont-ils pour partie commandé cette évolution. Sous la IIe République, le Tribunal des conflits vient en effet pendant un temps rebattre les cartes : réfutant le fondement de la théorie de l'État débiteur pour ne se fonder que sur la séparation des pouvoirs, son interprétation de la loi des 16-24 août 1790 diffèrera pourtant largement de celle retenue par la Cour de cassation, en adoptant une conception beaucoup plus large de la compétence administrative[443]. La disparition du Tribunal des conflits sous le Second Empire n'aura pas pour effet d'éteindre la controverse : si, à partir de 1852, le Conseil d'État « *va d'abord accepter les lois de la séparation des pouvoirs comme principe de compétence* », s'inscrivant ainsi dans la ligne de la jurisprudence du Tribunal des conflits, il « *reviendra à sa position traditionnelle* »[444] en renouant avec la théorie de l'État débiteur assez rapidement, notamment par l'arrêt *Rothschild*.

Certains auteurs de l'époque, qui jouissent d'une plus grande indépendance vis-à-vis du pouvoir en place compte tenu de leur statut d'avocat, plaident alors pour l'abandon de la théorie de l'État débiteur. Sans doute perçoivent-ils la fragilité de cette théorie, difficilement applicable en matière de responsabilité extracontractuelle dans la mesure où elle « *suppose un titre de créance préconstitué* »[445]. C'est le cas notamment d'un certain Joseph Jousselin, avocat de profession et auteur d'un article paru en 1852 dans la *Revue critique de jurisprudence*. Jousselin y réfute expressément la théorie de l'État débiteur : celle-ci présente en effet pour lui le défaut de nier la distinction fondamentale qu'il érige entre « *l'État-Gouvernement ou Administration* » et « *l'État-individu ou personne privée* »[446], de même que le principe de la séparation des autorités administrative et judiciaire qui lui est lié, qui seuls doivent guider la compétence du juge administratif. Il propose ainsi de s'en remettre aux « *principes fondamentaux de notre droit public* » selon lesquels les tribunaux judiciaires ne peuvent statuer sur la responsabilité de l'État parce qu'ils n'ont été institués que pour se prononcer sur les litiges entre les particuliers[447]. Bien qu'il s'oppose alors à la position du Conseil d'État, il ne fait en réalité que renforcer sa compétence en lui arrogeant un

443 TC, 7 avril 1851, *Cailliau et autres c. Administration des postes*, *S.*, 1851, II, p. 583. Sur ce point, v. notamment BIGOT (Grégoire), « La responsabilité de l'administration en France. Histoire et théorie », *Jus Politicum*, 2012, n° 8, p. 12.

444 CHAPUS (René), *Responsabilité publique et responsabilité privée*, *op. cit.*, 1957, p. 58.

445 BIGOT (Grégoire), « La responsabilité de l'administration en France. Histoire et théorie », *Jus Politicum*, 2012, n° 8 ; en ligne ; note 44.

446 JOUSSELIN (Joseph), « À quelle autorité appartient-il de prononcer sur les actions qui tendent à faire déclarer l'État débiteur ? », *Revue critique de jurisprudence*, 1852, p. 445.

447 *Idem.*

fondement plus solide. Dufour, lui aussi avocat, rejoint cette opinion et relie l'interdiction faite aux tribunaux judiciaires de statuer sur une dette de l'État au principe de la division des pouvoirs[448]. C'est en réalité une certaine conception de l'État qui soutient l'ensemble de son argumentaire, puisqu'il défend l'idée selon laquelle « *l'administration, dans l'accomplissement de la mission qui lui est confiée, ne doit jamais être assimilée à un individu, à un citoyen : elle n'a pour mobile que l'intérêt général et pour but que le bien public* »[449]. Dès lors, « *l'État ne peut être appelé devant les magistrats délégués par la loi pour intervenir entre les simples particuliers* »[450]. C'est ainsi fondamentalement la différence de nature entre l'État et les individus qui justifie la compétence de l'autorité administrative concernant l'engagement de la responsabilité étatique. Bien qu'il ne soit ni fonctionnaire, ni conseiller d'État, ni professeur de droit, Dufour justifie ici juridiquement l'impossibilité de défaire le Conseil d'État de sa compétence : intégré à l'administration, il doit seul statuer sur la responsabilité de l'État. La séparation des pouvoirs, mobilisée dans le but de donner un fondement purement juridique à cette compétence, est alors tout entière ordonnée à l'idée d'une singularité de l'État. Encore aujourd'hui, la « *conception française de la séparation des pouvoirs* »[451] est invoquée pour justifier de la compétence du juge administratif. Un tel fondement nous semble toutefois n'être que le masque juridique d'un fondement reposant sur une conception plus profonde de l'État, selon laquelle il est impossible de juger la puissance publique de la même manière que les particuliers. La volonté, empreinte d'étatisme-libéral, de défendre la singularité de l'État constitue en tout état de cause pour Dufour un fondement solide pour dénier la compétence judiciaire en la matière.

Outre Jousselin et Dufour, les deux autres auteurs de l'époque qui se prononcent sur cette théorie de l'État débiteur, à savoir Aucoc et Ducrocq, se font beaucoup moins critiques. Aucoc, dont le statut de conseiller d'État s'avère ici déterminant, défend, bien que timidement, la théorie de l'État débiteur : à tout le moins il ne la contestera pas tant qu'elle sera encore reconnue par le Conseil d'État, jusqu'au début des années 1870. Dans la première édition de son *Traité*, parue dès 1869, il se contente ainsi de rappeler que « *la jurisprudence du Conseil d'État a établi, comme un principe fondamental de notre droit public, consacré par la loi des 17 juillet-8 août 1790, par le décret des 26 septembre 1795 et maintenu par toute notre législation sur la liquidation de la dette publique, qu'il n'appartient qu'à la juridiction administrative de constituer l'État débiteur, c'est-à-dire de reconnaître une créance à la charge de l'État, à moins qu'une disposition*

---

448 DUFOUR (Gabriel), *Traité général de droit administratif appliqué*, Tome 4, *op. cit.*, 2e éd., 1855, p. 613.

449 *Ibid.*, p. 612-613.

450 *Ibid.*, p. 613.

451 CC, Décision n° 86-224 DC du 23 janvier 1987, *Conseil de la concurrence*, *préc.*

expresse de la loi n'ait attribué compétence à l'autorité judiciaire »[452]. Il se fondera également sur la théorie de l'État débiteur dans ses conclusions sur l'arrêt *Pinard* du 20 février 1869[453]. Quant à Ducrocq, qui trouve la distinction entre l'État puissance publique et l'État personne privée « *plus spécieuse que réelle* », il soutient le *statu quo* : l'autorité administrative doit être compétente pour déclarer l'État débiteur « *chaque fois qu'un texte ne prescrit pas le contraire* »[454]. S'il n'est pas convaincu par la distinction entre l'État puissance publique et l'État personne privée, il est de surcroit tout à fait hostile à l'idée d'une compétence de principe de l'autorité judiciaire en la matière. Il cite en cela l'arrêt *Baudry* du Conseil d'État, selon lequel « *la responsabilité qui peut incomber à l'État par le fait des personnes qu'il emploie dans le service public, ne peut être régie par les principes du Code Napoléon ; elle a ses règles spéciales qui ne sont pas les mêmes dans toutes les parties du service public* »[455]. Si Ducrocq défend donc encore la théorie de l'État débiteur, il défend en réalité avant tout la compétence du Conseil d'État : engager la responsabilité de État ne peut revenir à un juge qui se situerait en dehors de l'administration. La contrepartie de cette nouvelle garantie accordée aux particuliers, à savoir la possibilité d'être indemnisé d'un dommage résultant de l'activité administrative, se trouve en réalité dans le maintien de la compétence administrative en la matière. L'administration elle-même reste donc compétente pour juger de telles réclamations. D'une certaine façon peut-on estimer que toutes les avancées tendant à donner de plus amples garanties aux administrés n'ont été soutenues par les auteurs à cette époque, que parce que le juge administratif était encore intégré à l'administration, et qu'il n'allait pas dès lors adopter une position trop libérale. Cela permet de renforcer la légitimité de l'État, qui s'ouvre progressivement aux possibilités de contestation, tout en en limitant l'étendue. Il ne fait pas de doute, en tout état de cause, que l'administration, incarnée par le Conseil d'État, doit être la seule mesure de l'État.

---

452 AUCOC (Léon), *Conférences sur l'administration et le droit administratif*, Tome 1, *op. cit.*, 1e éd., 1869, p. 374-375.
453 CE, 20 février 1869, *Pinard*, *Rec.*, p. 188, concl. L. Aucoc.
454 DUCROCQ (Théophile), *Cours de droit administratif*, *op. cit.*, 3e éd., 1868, p. 472.
455 CE, 1er juin 1861, *Baudry*, *Rec.*, p. 478.

Conclusion du Chapitre

274. À la façon dont les administrativistes du XIXe siècle conçoivent la justice administrative, il est possible de mettre en perspective l'idée, souvent soutenue aujourd'hui, selon laquelle « *le juge administratif a été, historiquement, l'instrument qui a permis de forger un contrepouvoir au pouvoir de l'État* »[456]. Une chose est certaine : le juge administratif, s'il a pu sans doute venir encadrer le pouvoir de l'administration, n'est pas pensé à cette époque comme un « contrepouvoir » au pouvoir de l'État, bien au contraire. L'idée de « contrepouvoir » implique qu'une entité *extérieure* vienne limiter le pouvoir d'une autre entité. Or, cette extériorité du juge administratif par rapport à l'État est loin d'être acquise. Forts de leur pensée d'État et de leur volonté de légitimer l'État administratif, c'est même l'idée inverse qui est globalement soutenue : l'administration, intérieure à l'État, doit être la seule *mesure* de son pouvoir. Cela explique pourquoi les ordonnateurs puis les précurseurs ont toujours refusé de confier le contentieux administratif au juge judiciaire, ou encore pourquoi ils défendent l'idée d'un juge administratif intégré à l'administration elle-même – alors même qu'il eut été possible de défendre la création d'un tribunal administratif indépendant. La doctrine dominante, particulièrement bien formulée par Dufour, réside donc dans l'idée selon laquelle « *l'administration n'a de compte à rendre à personne et ne relève que d'elle-même* »[457]. Elle doit s'autoréguler, sans qu'aucun pouvoir extérieur à elle ne puisse intervenir.

L'analyse de la littérature administrativiste du XIXe siècle permet également de mettre en perspective l'idée selon laquelle la justice administrative tiendrait du « *miracle* »[458] ; l'État aurait lui-même consenti à domestiquer son pouvoir. La façon dont les ordonnateurs puis les précurseurs conçoivent la justice administrative et les recours y afférant montre que leur raison d'être n'est pas de l'ordre d'un profond libéralisme. En effet, « *loin d'apparaître comme des contraintes imposées de l'extérieur à la puissance publique, [les règles du droit administratif] sont les ressorts mêmes de la mécanique du pouvoir* »[459] : elles ne viennent pas à proprement parler limiter le pouvoir administratif ; elles viennent le *régler*. Sans doute peut-on ici y voir le résultat d'une longue tradition datant de l'Ancien Régime selon laquelle « *la puissance doit être réglée, pour réaliser ses buts et s'inscrire dans la durée* »[460]. Dans ce sillage,

---

456 PONTIER (Jean-Marie), « Introduction », *in* PONTIER (Jean-Marie) (dir.), *Les états intermédiaires en droit administratif*, PUAM, 2008, p. 65.
457 DUFOUR (Gabriel), *Traité général de droit administratif appliqué*, Tome 4, *op. cit.*, 2e éd., 1855, p. 617.
458 WEIL (Prosper), *Le droit administratif*, PUF, 4e éd., 1971, p. 5.
459 BURDEAU (François), *Histoire du droit administratif*, *op. cit.*, 1995, p. 22.
460 *Idem.*

la ligne de conduite des administrativistes est la suivante : tant que le recours est bénéfique à l'autorité de l'État, alors il faut encourager son développement, notamment en systématisant ses évolutions. Parce que le recours pour excès de pouvoir permet de renforcer le caractère hiérarchique et centralisé de l'administration, il faut l'encourager, et ce d'autant plus dans les périodes où l'autoritarisme politique est le plus fort. C'est pour cette raison que les ordonnateurs et les précurseurs, mus par leur pensée d'État, ont systématisé son développement, ce qui n'est pas le cas pour le contentieux de la responsabilité, où l'irresponsabilité de principe de l'État, archétype de l'idéologie étatiste, est encore très prégnante.

Conclusion du Titre

275. Au terme de ces développements relatifs aux rapports entre l'État et l'administration dans la pensée administrativiste du XIXe siècle, une impression domine. À lire les écrits de cette époque, on se dit sans doute qu'il s'agit d'un temps bien éloigné. Les constructions de l'époque ne peuvent, du point de vue du XXIe siècle, que dérouter. Bien que centrale, la notion d'administration apparait particulièrement malmenée ; elle souffre d'une certaine indétermination conceptuelle. Son hypertrophie au sein de l'État peut sans doute l'expliquer : il semble que l'administration absorbe une grande partie des manifestations de l'État – conformément à la figure de l'État administratif. Il n'en reste pas moins que les administrativistes de l'époque, dont on peut louer le fait qu'ils n'hésitent pas à s'emparer de ces problèmes difficiles, tâchent de mettre de l'ordre pour mieux saisir ce qu'est l'administration. Ils sont en réalité animés par une certaine volonté de clarifier l'état des choses, dans une perspective qui n'est pas contentieuse : il ne s'agit pas, par les multiples distinctions qu'ils mettent en œuvre, de mieux expliquer l'état de la jurisprudence administrative. À cet égard, ils attachent une importante toute particulière à la séparation des pouvoirs. Une chose est sûre : l'administration s'insère au sein du pouvoir exécutif. Conformément au principe de l'administrateur-juge, elle est à la fois active et contentieuse – distinction que les ordonnateurs comme les précurseurs ont tenté de clarifier. Plus encore, ils tâchent de distinguer, au sein même du pouvoir exécutif, l'administration du gouvernement. Là encore, la perspective n'est pas contentieuse. L'administration est également distinguée du pouvoir judiciaire, lui aussi intégrée au pouvoir exécutif. Il fait à ses côtés fait pâle figure ; il est réduit, dans la droite ligne de l'héritage révolutionnaire, à une simple autorité. On voit de cette manière affleurer la représentation qu'il se font de l'institution étatique.

En tout état de cause, si l'impression de confusion peut donc dominer au premier abord, il ne faudrait pas attribuer cela – comme le fera Hauriou à la fin du XIXe siècle – à une piètre intelligence des administrativistes de l'époque. Cette confusion se dissipe de surcroit si l'on trouve la clé de compréhension de leur système : celle-ci ne réside pas dans la volonté de déchiffrer la jurisprudence administrative mais dans leur profonde pensée d'État. L'ensemble des rapports entre l'administration et l'État doivent être analysés à cette aune : il s'agit de légitimer l'État tel qu'il se manifeste au XIXe siècle, à savoir un État administratif, dont nous avons tâché de mieux cerner les contours. En un mot, l'administration doit réaliser l'État : elle est chargée d'exprimer sa puissance, de fonder sa continuité, et de réguler les excès de son pouvoir. Alors que le XIXe siècle, jusqu'à la IIIe République, est globalement marqué par la volonté d'ériger un État fort, l'administration doit jouir d'une large indépendance : elle ne peut être dépendante que d'elle-même, ce qui explique que l'individu, et *a fortiori* le juge judiciaire, soient constamment exclus de son fonctionnement. Elle seule peut protéger l'État contre les assauts qu'ils lui feraient subir ; elle agit à la manière d'un bouclier pour l'État tout entier. Par toutes les constructions qu'ils échafaudent, les administrativistes parviennent à légitimer ce modèle mais également, par ricochet, le pouvoir en place.

Conclusion de la Partie

276. Parmi les mythes de notre droit administratif moderne figure celui selon lequel le droit administratif serait né à compter de l'arrêt *Blanco*[1], ou du moins avec la IIIe République. Si ce mythe a été à plusieurs reprises déconstruit[2], la croyance d'un droit administratif embryonnaire au XIXe siècle, dont la littérature serait limitée à des répertoires classés par ordre alphabétique, n'en reste pas moins tenace. On espère donc avoir montré que le jugement de Maurice Hauriou selon lequel les écrits du XIXe siècle ne seraient que de « *pures compilations indigestes, ou bien des traités sans valeur* »[3] est pour le moins exagéré. Il ne faudrait toutefois pas tomber dans le mythe opposé, lequel consisterait à dire que le droit administratif du XIXe siècle serait un droit aux structures et au contenu aboutis. De nombreuses fragilités conceptuelles et méthodologiques affectent encore la science du droit administratif. Elle n'en reste pas moins fondée sur un socle solide, qui permettra à la discipline d'éclore : la pensée d'État des administrativistes de l'époque. Celle-ci n'a en effet pas vocation à décorer une présentation déjà aboutie des différentes normes en vigueur ; elle conditionne en réalité la façon même de concevoir le droit administratif.

Dans ce sillage, la science du droit administratif, par-delà les différentes règles qu'elle répertorie, donne à voir une certaine *représentation du monde*, et plus particulièrement de l'État. Elle n'est à cet égard pas dépourvue de développements théoriques : on a pu voir par exemple que la question de la séparation des pouvoirs, qui a globalement disparu dans l'enseignement actuel du droit administratif, était prégnante. Tout s'ordonne ainsi pour mieux légitimer le modèle étatique comme le pouvoir en place. Les administrativistes viennent légitimer l'État tel qu'il se présente alors à leurs yeux : un État administratif et instituteur du social, et ce même chez les auteurs qui ne sont ni conseillers d'État, ni professeur de droit, ni administrateurs. Une question demeure alors : aurait-il pu en être autrement ? Pourquoi le droit administratif n'a-t-il pas été construit par des libéraux comme Tocqueville ou Constant, lesquels auraient été capables d'offrir une vision libérale du droit administratif, en en critiquant à l'époque les règles qu'il contenait ? Sans doute le droit administratif n'aurait-il jamais vu le jour.

---

[1] TC, 8 février 1873, *Blanco*, préc.

[2] V. notamment BIGOT (Grégoire), « Les mythes fondateurs du droit administratif », *RFDA*, 2000, p. 527 s.

[3] HAURIOU (Maurice), « De la formation du droit administratif français depuis l'an VIII », *RGA*, 1892, vol. 2, p. 391.

Car force est de reconnaitre ici que la pensée d'État qui nourrit les administrativistes de l'époque, et se concrétise par leur étatisme-libéral – seul à même de légitimer l'État du XIXe siècle – fut la condition de naissance scientifique du droit administratif. Tous ceux qui écrivirent un ouvrage de droit administratif, qu'importe leur statut, ont œuvré en ce sens. S'ils avaient fait preuve de subversion à l'égard du pouvoir en place, en divulguant par exemple une critique de l'administration napoléonienne à la manière de Tocqueville qui relevait que le « *système administratif a été conçu par la liberté, il a été complété par le despotisme* »[4], sans doute le droit administratif n'aurait-il jamais été pérennisé. Bien plus que dans la séparation des pouvoirs ou dans celle des autorités administratives et judiciaires, le droit administratif trouve donc sa profonde raison d'être dans cette pensée d'État. Elle était sa condition de survie. L'avènement de la IIIe République en 1870 va toutefois venir modifier cet ordre établi. Pour être pérennisé, le droit administratif devra cette fois être républicanisé, en donnant notamment à l'individu une place accrue. Sans trahir ses origines, il a dû s'adapter à ce contexte nouveau.

[4] TOCQUEVILLE (Alexis de), « Rapport fait à l'Académie des sciences morales et politiques (1846) sur le livre de Macarel intitulé : Cours de droit administratif », *in Œuvres complètes d'A. de Tocqueville publiées par Mme de Tocqueville*, Michel Lévy frères, 1865, Tome 9, p. 74.

TABLE DES MATIÈRES DU TOME 1

Structures éditoriales du groupe L'Harmattan

L'Harmattan Italie
Via degli Artisti, 15
10124 Torino
harmattan.italia@gmail.com

L'Harmattan Hongrie
Kossuth l. u. 14-16.
1053 Budapest
harmattan@harmattan.hu

L'Harmattan Sénégal
10 VDN en face Mermoz
BP 45034 Dakar-Fann
senharmattan@gmail.com

L'Harmattan Cameroun
TSINGA/FECAFOOT
BP 11486 Yaoundé
inkoukam@gmail.com

L'Harmattan Burkina Faso
Achille Somé – tengnule@hotmail.fr

L'Harmattan Guinée
Almamya, rue KA 028 OKB Agency
BP 3470 Conakry
harmattanguinee@yahoo.fr

L'Harmattan RDC
185, avenue Nyangwe
Commune de Lingwala – Kinshasa
matangilamusadila@yahoo.fr

L'Harmattan Congo
67, boulevard Denis-Sassou-N'Guesso
BP 2874 Brazzaville
harmattan.congo@yahoo.fr

L'Harmattan Mali
ACI 2000 - Immeuble Mgr Jean Marie Cisse
Bureau 10
BP 145 Bamako-Mali
mali@harmattan.fr

L'Harmattan Togo
Djidjole – Lomé
Maison Amela
face EPP BATOME
ddamela@aol.com

L'Harmattan Côte d'Ivoire
Résidence Karl – Cité des Arts
Abidjan-Cocody
03 BP 1588 Abidjan
espace_harmattan.ci@hotmail.fr

Nos librairies en France

Librairie internationale
16, rue des Écoles
75005 Paris
librairie.internationale@harmattan.fr
01 40 46 79 11
www.librairieharmattan.com

Librairie des savoirs
21, rue des Écoles
75005 Paris
librairie.sh@harmattan.fr
01 46 34 13 71
www.librairieharmattansh.com

Librairie Le Lucernaire
53, rue Notre-Dame-des-Champs
75006 Paris
librairie@lucernaire.fr
01 42 22 67 13

www.ingramcontent.com/pod-product-compliance
Lightning Source LLC
LaVergne TN
LVHW021153061026
849535LV00002B/457
* 9 7 8 2 1 4 0 2 5 9 8 0 7 *